BAEDEKER

S SPANIEN

»

An einem Orte der Mancha, an dessen Namen ich mich nicht erinnern will, lebte vor nicht langer Zeit ein Junker …

Miguel de Cervantes,
»Der sinnreiche Junker Don Quijote von der Mancha«

baedeker.com

DAS IST SPANIEN

TOUREN

ZIELE VON A BIS Z IN FESTLAND-SPANIEN

LEGENDE

Baedeker Wissen

● Textspecial, Infografik & 3D

Baedeker-Sterneziele

★★ Top-Reiseziele

★ Herausragende Reiseziele

HINTERGRUND

ERLEBEN & GENIESSEN

PRAKTISCHE INFORMATIONEN

ANHANG

PREISKATEGORIEN

Restaurants
Preiskategorien für ein Hauptgericht ohne Getränke

€€€€	über 24 €
€€€	18–24 €
€€	12–18 €
€	bis 12 €

Hotels
Preis für ein Doppelzimmer in der Zwischensaison

€€€€	über 140 €
€€€	100–140 €
€€	70–100 €
€	bis 70 €

MAGISCHE MOMENTE

ÜBERRASCHENDES

Im Süden Tapas, im Norden Pintxos – jedenfalls unwiderstehliche Häppchen

D

DAS IST …

… *Spanien*

Die großen Themen rund um
das Land der Burgen, des Sherry und Flamenco.
Lassen Sie sich inspirieren!

Auch der Nachwuchs ist schon mit großem Eifer dabei,
wenn es zur Romería del Rocío geht. ►

LEGENDÄRE PILGERROUTE

Die Faszination des Jakobswegs ist nicht zwangsläufig an den Glauben gebunden oder an eine mehrwöchige Pilgerschaft. Entlang seiner Hauptroute von den Pyrenäen nach Santiago de Compostela lassen sich alle wichtigen Stationen auch motorisiert erreichen. Was natürlich nicht ausschließt, dass man trotzdem aktiv die Wanderschuhe anzieht.

Blumen für die Madonna: Nur wenige Kilometer sind es noch von der Vierge de Biakorri in den französischen Pyrenäen, dann haben die Jakobspilger Spanien und bald Roncesvalles erreicht. Dort geht es eigentlich erst richtig los. ▶

UNTER heutigen PR-Gesichtspunkten klingt die Story geradezu genial: Ein über Jahrhunderte vergessenes Grab wird auf wundersame Weise wiederentdeckt und löst einen regelrechten Hype aus. So geschehen im 9. Jh., als das **Grabmal des Apostels Jakobus** (span. Santiago) aufgefunden wurde und Heerscharen an Pilgern sich von Europa aus Richtung Pyrenäen in Bewegung setzten, um durch Spaniens Norden weiter dorthin zu ziehen: zum Jakobusgrab nach Santiago de Compostela im äußersten Nordwesten.

»Ich bin dann mal weg«

Seit einigen Jahrzehnten erlebte der fast 800 km lange **Camino frances** (Französischer Weg, die Hauproute) ab St. Jean Pied de Port an der französischen Grenze eine regelrechte Renaissance und erreichte immer neue Rekordmarken, wobei die Glaubensaspekte für viele fast völlig in den Hintergrund getreten sind. Wichtiger ist der Anstoß des »Ich bin dann mal weg« (so der Titel des einstigen Bestsellers von Hape Kerkeling), sich aus Zwängen zu lösen, eine Auszeit zu nehmen, den Sportsgeist anzustacheln, das Tiefinnere zu finden. Dass es auch noch eine weniger begangene Route gibt, den **Camino del norte**, gerät fast schon in Vergessenheit (▶ Baedeker Wissen, S. 612).

Natur, Kultur und Kuriosa

Gleichwohl ist der Jakobsweg auch für normale Reisende eine perfekte Route, auf der sich Kultur und Natur verzahnen. Es geht von den rauen Bergwelten der **Pyrenäen** durch das Vorgebirge in Navarra, die **Weingärten der Rioja**, die Hochebene in Kastilien-León, die einsamen Berge mit Steineichen, Ginstersträuchern und Frühjahrsblütenmeeren zwischen Astorga und Ponferrada, das grüne Hügelland Galiciens.

Der Weg ist **mit kunsthistorischen Highlights gespickt**: der romanischen Brücke in Puente la Reina, den prächtigen gotischen Kathedralen in Burgos und León, Burgen wie in Ponferrada, Festungsmauern wie in Pamplona, Kuriosa wie dem Bischofspalast von Astorga oder dem Weinbrunnen hinter Estella. Und nicht zu vergessen die zum UNESCO-Weltkulturerbe erhobene Altstadt von **Santiago de Compostela** als würdiger Abschluss.

Endlich am Ziel vor dem Altar der Kathedrale in Santiago de Compostela. Durchatmen und innehalten.

OPTIONEN FÜR »SCHNUPPERPILGER«

Wer den Jakobsweg als Pilger bewältigt, heißt es, kehrt nicht als der zurück, als der er aufgebrochen ist. Auf den Geschmack bringt vielleicht ein »Schnupperpilgern«, ohne dass Sie schweres Gepäck schleppen und in Herbergen übernachten müssen oder einen Pilgerherbergsausweis benötigen.

Vorschlag für eine schöne, stramme **Tagesetappe**: von Pamplona ins 24 km entfernte Puente la Reina (▶ S. 367); die Rückfahrt zum Ausgangspunkt geschieht im Linienbus. Dieses Muster lässt sich auch auf die lohnende Tagesetappe von Puente la Reina nach ▶ Estella, der »Stadt der Kirchen«, anwenden (Entfernung 22 km).

Wer sich dazu entscheidet, doch »richtig zu pilgern«, aber nur wenig Zeit zur Verfügung hat, dem empfiehlt sich als **Tour für 5 bis 6 Tage** das letzte, knapp 110 km lange Stück von Sarria bis Santiago de Compostela.

Wer unterwegs den **Pilgerpass** stempeln lässt, darf sich im Pilgerbüro in Santiago de Compostela die Compostela-Urkunde ausstellen lassen.

VIBRIEREN DER SEELE

Es kracht. Es donnert. Es bebt auf der Bühne. Der Sound, die Vibrationen brennen sich ein. In Spanien steht der Flamenco als Tanz- und Liedgenre ganz obenan. Er ist Kunst, obgleich man dazu neigen mag, ihn folkloristisch zu verklären. Live dabei zu sein, ist immer ein Erlebnis.

Der Flamenco, getanzte Leidenschaft, entstammt der Welt andalusischer Gitanos. ►

DIE großen Drei des Flamencos sind **Gesang** (cante), **Tanz** (baile) und **Gitarrenspiel** (toque). Seine jahrhundertealten Wurzeln lagen im Milieu sozialer Randgruppen, untrennbar verbunden mit dem umherziehenden Volk der **Gitanos**, das in Spaniens Süden, in Andalusien, Fuß fasste. Dort gehörten sie, wie vielerorts, zu den Ausgegrenzten, waren, gemeinsam mit Landarbeitern und Tagelöhnern, auf der untersten Sprosse der sozialen Leiter angesiedelt.
Der sich im Laufe der Zeiten entwickelnde Flamenco spendete Trost, gab Mut. Er ermöglichte es, der **Wehmut** freien Lauf zu lassen und stärkte das Gefühl gegenseitiger **Solidarität** unter den Besitzlosen und Unterdrückten. Mit ihm stemmte man freie Gedanken der Schwere des Lebens, dem Unrecht entgegen, oft verbunden mit dem Thema Liebe, ihrer Dramatik und Tragik. Nach und nach wurde der Flamenco gesellschaftsfähig.

Trommelschritte und Gefühle

Erlebt man eine Show in einem **Tablao**, einer der typischen Flamencotavernen, darf man hinsichtlich des Engagements der Protagonisten die Messlatte durchaus hoch legen. Von ihnen wird erwartet, dass sie alles hineinwerfen, was möglich ist: Sie schwitzen, schnippen mit den Fingern, klappern mit Kastagnetten, stacheln sich mit »Olé«-Rufen gegen-

Trommelschritte, Gesang und Gitarrenspiel – der klassische Dreiklang des Flamenco

seitig an. Tänzerinnen und Tänzer, die **Bailaoras** bzw. **Bailaores**, wirbeln mit Trommelschritten umher.
Mimik und Gestik sind gleichermaßen wichtig, und bei den Damen darf das Kleid gerne durch die Luft wirbeln. Dann holen Sängerinnen und Sänger, die **Cantaoras** bzw. **Cantaores**, das Maximum aus sich heraus. Und bei den Soli der Gitarristen kann man mit bloßem Auge dem Saitenspiel der Finger oft nicht mehr folgen. Nur so gelingt es allen, die für den Flamenco charakteristischen Gefühle überzeugend zu transportieren.
Feeling, Feeling über alles. **Leidenschaft**, genau darum geht es. Besonders aufwühlend wird es, wenn der tiefinnere Gesang (**cante jondo** oder **cante grande**) vor Schwermut und Klage über eine unglückliche Liebe geradezu aus der Seele des Sängers fließt.

Der Tanz war lange allein Sache der Frauen. Und dafür mussten sie vorbereitet sein.

SHOWTIME

Sicher können Sie Glück haben und erleben irgendwo in einer Kneipe im Süden einen spontan angestimmten Flamenco. Eher üblich ist die Teilnahme an einer Show in einem Tablao, wo Tradition und Kommerz eine Allianz eingehen. Der Preis für eine 60- bis 75minütige Show bewegt sich zwischen 20 und 40 Euro. Achtung: Es kann sein, dass – wenn überhaupt – nur das erste Getränk inklusive ist. Unbedingt vorher erkundigen! Mit den Drinks wird gerne Geschäft gemacht.
Beliebt sind in Sevilla der **Tablao Los Gallos** (Plaza de Santa Cruz, 11; Tel. 954 21 69 81; www.tablaolosgallos.com; ▶ S. 458), in Granada die **Casa del Arte Flamenco** (Calle Cuesta de Gomérez, 11; www.casadelarteflamenco.com) und in Jerez de la Frontera der **Tablao Flamenco Puro Arte** (Calle Madre de Dios, 10; http://puroarteflamencojerez.com). Selbst in Madrid gibt es guten Flamenco, etwa im **Tablao Cardamomo** (Calle Echegaray, 15 http://cardamomo.com).

EDLE GEWÄCHSE

Was wäre Spanien ohne seine Weine? Das weltbekannte Anbauland liefert heute Spitzentropfen, aus Regionen von der Rioja bis zur Ribera del Duero. In den Kathedralen des flüssigen Goldes lagern die Schätze über Jahre in Eichenfässern. Kellereien mit topmoderner Architektur veredeln die Eindrücke.

◄ Kellerei ist wohl der nicht mehr ganz so pasende Ausdruck für die Bodegas Ysios bei Laguardia. Für das Gebäude zeichnet Architekt Santiago Calatrava verantwortlich.

Althergebrachtes Handwerk ist aber immer noch gefragt. Dieser Herr baut Fässer für das Weingut Muga in Haro.

NIMMT man das Anbaugebiet der **Rioja** als Beispiel heraus, so stehen vor allem die Rotweine für starke Persönlichkeit und gehaltvolles Erleben (mehr dazu ▶ Baedeker Wissen, 628).

Atlantiisches trifft mediterranes Klima

Die Qualitätsweine in den drei Anbauregionen Rioja Alta (Obere Rioja), Rioja Baja (Untere Rioja) und Rioja Alavesa (im Übergangsraum zum Baskenland mit der Provinz Álava) lassen sich optimal in Eichenfässern ausbauen und besitzen ein **ausgeprägtes Alterungspotenzial.** Die Trauben wachsen im Einzugsbereich des Río Ebro auf Schwemmlandböden und kalk- und eisenhaltiger Tonerde. Erfolgsgarant ist auch das Zusammenspiel von atlantischem und mediterranem Klima, das milde Temperaturen und moderate Niederschlagsmengen bewirkt.

Weiße, Rosés und Süßweine

Natürlich finden auch die fruchtigen Weißen und Rosés ihre Abnehmer, während aus dem Süden Spaniens Süßweine wie der Vino de Málaga stammen. Und nicht zu vergessen der Sherry, ein aufgespriteter Weißwein. Spanien bietet Tropfen für jede Gelegenheit.

Designer-Bodegas

Wer als Produzent im Weinhandel reüssieren konnte, kehrt seinen Erfolg auch gern nach außen. Ließ man sich früher zu diesem Zweck trutzige Güter aus Stein errichten, so kleiden sich die heutigen Wein-Heiligtümer in ausgefallene Formen und Materialien. Mit fürstlich entlohnten Entwürfen setzten **internationale Stararchitekten** Maßstäbe bei der Verbindung zwischen Wein und Baukunst, was wiederum potenzielle Auftraggeber zu weiteren Versuchen motivierte, sich mit ihren Kellereien gegenseitig zu übertrumpfen.
Auch hier gab die Rioja den Trend vor. Ein Prunkstück der Weinarchitektur ist das gleißende Aluminiumdach der Bodegas Ysios, das sich in der Rioja Alavesa durch die Rebgärten bei Laguardia (nordwestl. von Logroño) wellt – ein Werk des spanischen Stararchitekten Santiago Calatrava. Die 2016 verstorbene irakisch-britische Architektin Zaha Hadid schuf die modern geschwungene Pavillonvorhalle in Stahl und Glas für die in Haro ansässige Bodega R. López de Heredia.
Die bisherige Krone der Schöpfung allerdings fand ihren Platz im kleinen Elciego: mit der »Weinstadt« **Ciudad del Vino** des Nordamerikaners Frank O. Gehry für die historischen Bodegas Marqués de Riscal. Die titanverkleidete Dachkonstruktion strebt wie dessen Museo Guggenheim in Bilbao blütengleich himmelwärts – lediglich in kleineren Dimensionen –, durchdrungen von Elementen in Rotweinfarbe.

Bestes Weinmuseum

Das beste Museum zum Thema ist das Weinmuseum Museo de la Cultura del Vino Dinastía Vivanco in **Briones bei Haro** mit Kunstabteilung und angegliederter Bodega (▶ S. 308; http://vivancoculturadevino.es).

KELLEREIBESUCHE

Viele Kellereien öffnen ihre Tore für Besucher. Spontan vorbeizuschauen macht wenig Sinn; Besuche sollten stets per Telefon oder Mail im Voraus abgesprochen werden. Allerdngs sind die Preise happig geworden: Eine 90minütige Tour mit kleiner Verkostung kann 25 bis 35 Euro kosten. Höherpreisige Premium-Angebote unterstreichen den exklusiven Charakter. Das gilt für die **Bodegas Ysios** (Laguardia, La Hoya Bidea, s/n; www.bodegasysios.com) ebenso wie für die **Bodegas Ontañón** (Logroño, Avenida de Aragón, 3; www.ontanon.es) oder die Ciudad del Vino/**Bodegas Marqués de Riscal** (Elciego; Torrea, 1; www.marquesderiscal.com). Führungen gibt es oft nur auf Spanisch oder Englisch, die Kostproben aber sprechen für sich ...

STEINERNE ZEUGEN

Sie thronen zwischen Himmel und Erde mit Zinnenreihen, die wie Zähne den Feinden entgegenbleckten: die Burgen Spaniens, ob sie nun von den Mauren gebaut wurden oder von den christlichen Rückeroberern. Als erstarrte Zeugen der Geschichte künden sie von Abwehr, Kriegen und anderen aufreibenden Ereignissen.

◄ Über 1000 Jahre alt ist die mächtige Alcazaba von Almería.

Das Castillo de Coca in Castilla-León gehört zu den fantastischsten Burgen Spaniens.

BEI der Planung der meisten Festungen stand das Prinzip von Verteidigung und Abschreckung im Vordergrund – doch nicht ausschließlich. Bei der maurischen Alhambra etwa, der »roten Burg« hoch über Granada, trügt der Schein. Und das mit voller Absicht.

Maurische Burgen

Von außen betrachtet wirkte der riesige Komplex der **Alhambra** auf potenzielle Feinde wie eine uneinnehmbare Festung auf einem Bergsporn. Ihren militärischen Charakter bestimmte die wie ein Schiffsbug hinausragende Vorburg Alcazaba, die von mehreren Türmen gekrönt wird. Innen jedoch entpuppte sie sich als orientalische Märchenwelt, als genial geplantes Paradies auf Erden. Aus Hecken und Büschen entströmten berauschende Düfte. Reich ornamentierte Hufeisenbögen zeichneten feine Schatten auf die Steine. Als Sinnbild der Reinheit und des Lebens strömte Wasser dahin. Inschriften zitierten aus dem Koran und priesen Allah, bunte Keramikbänder und Stuckarabesken liefen über die Wände. In Bassins trieben die Spiegelbilder filigraner Arkaden.

Meist wurden Burgen in strategischer Vorzugslage – erhöht über ihrer Umgebung – angelegt. Málaga liefert gleich zwei Beispiele: die **Alcazaba** und das **Castillo de Gibralfaro**. Die Wege hinauf sind lang. Feindesverwirrung lautete für die Bauplaner das Gebot, damit die Abwehr von Angreifern auch im letzten Moment noch möglich war. Deshalb gab es bei maurischen Burgen verschiedene Mauerringe und keine geraden Zugänge. Rückten gegnerische Truppen an, sahen sie sich gezwungen, Rampen und Tore im beschwerlichen

Zickzack zu passieren. Das machte sie im treffendsten Wortsinn verwundbar.

Christliche Burgen

Je weiter die Christen bei der **Reconquista** nach Süden vorrückten, verschoben sie die Grenze zum maurischen Feind, die mit Festungen gesichert werden musste. Städte erhielten den Beinamen **»de la Frontera«**, und woher Kastilien seinen Namen hat, zeigt schon ein Blick in die endlos lange Liste der Burgen in Zentralspanien.
Die abrückenden Mauren hinterließen eine perfekte Festungs-Infrastruktur, sodass die Christen vorhandene Festen meistens übernehmen und ausbauen konnten – letztlich eine Ironie des Schicksals. Dazu gehörte die Burg von **Peñafiel**, die zwar 1013 erobert, aber erst im 14. Jh. zu einer der größten Burgen Kastiliens ausgebaut wurde. Dass die Mauren gute Lehrmeister waren, zeigte sich auch nach der Reconquista: Die mächtige Burg von **Coca**, erst 1453 begonnen, enstpricht in Anlage und Stil ganz den maurischen Vorbildern.

CASTILLO DE COCA

Schon aus der Ferne beginnt das Staunen: ein winziges Dorf mit einer riesigen Burg ganz aus Ziegelsteinen. Lassen Sie vom 40 m hohen Mirador den Blick über die karge Hochebene von Kastilien schweifen. Dort, im Süden, wirbeln da nicht Reiter eine Staubwolke auf? (▶ S. 449)

TRAUM-HAFTE KÜSTEN

Ein Land bestimmt von Meeren. Überall schmeckt die Luft nach Salz: an Küsten, die an Mittelmeer und Atlantik stoßen und allen erdenklichen Vorlieben gerecht werden. Während das Mittelmeer beste Badetemperaturen bietet, herrschen am Atlantik deutlich rauere Bedingungen.

An der Costa de la Luz weht immer eine frische Atlantikbrise für Kitesurfer. ▶

DIE Küsten des spanischen Festlands an Atlantik und Mittelmeer lassen sich kaum auf einen Nenner bringen. Schon das macht sie so besonders.

Vom Mittelmeer bis zum Atlantik

Die Mittelmeerküste steht für lange Sandstrände und Urlaubsparadiese, ob an der »Sonnenküste« **Costa del Sol** ganz im Süden oder der »Weißen Küste« **Costa Blanca**. Dort kann es im Sommer an den Stränden eng werden, auch der Fun-Faktor spielt für viele Urlauber eine Rolle. Etwas weniger bekannt und touristisch weniger erschlossen sind die »Orangenblütenküste« **Costa del Azahar** am Golf von Valencia und die zur Provinz Granada gehörende »Tropische Küste« **Costa Tropical**.
Im Nordosten nimmt die Landschaft an der »Wilden Küste« **Costa Brava** an Schroffheit zu; hier breiten Sie Ihr Hand-

FELSKUNSTWERK

Auch am »Strand der Kathedralen« **Praia das Catedrais** (▶ S. 386) in Galicien geht es weniger ums Baden (wegen Unterströmung und Wellengang nicht ungefährlich). Bei Flut herrscht komplett Land unter, doch bei Ebbe spazieren Sie zwischen freigespülten Felsformationen hindurch, die den Unterbauten gotischer Kathedralen ähneln. Ostern und Juli biis Sept. Zugang nur mit online-Reservierung (http://ascatedrais.xunta.gal).)

See-Kajak-Tour im glasklaren Mittelmeer bei Lloret de Mar (unten). Auch die grünen Küsten der Biskaya haben ihre Reize: Playa de Laida beim baskischen Ibarrangelu (rechts).

tuch in romantischen, felsflankierten Strandbuchten aus, sehen am Cap de Creus die östlichsten Ausläufer der Pyrenäen in der See versinken.

Spannt man den Bogen hinüber auf die andere Seite der Pyrenäen, so landet man an der »Baskischen Küste« **Costa Vasca**. Dort vermischt sich das Meeresblau mit dem Grün des Hinterlands, ein wahres Fest fürs Auge. Westwärts geht es in ähnlichen Farbspielen weiter mit der »Kantabrischen Küste« **Costa de Cantabria**, der »Grünen Küste« **Costa Verde** Asturiens und der Küste Galiciens mit ihren Rías, tief ins Land einschneidenden Meeresarmen von rauer Schönheit.

Die Grenze zu Portugal setzt den geografischen Schlusspunkt im Nord- und Südwesten, wo Andalusiens »Küste des Lichts« **Costa de la Luz** am Atlantik endet. Dort ist der Tidenhub beträchtlich, zwischen Ebbe und Flut liegen mehrere Meter. Kein Vergleich mit den Verhältnissen am Mittelmeer.

Mehr als (Sonnen-)Baden

Die Strände eigen sich nicht nur zum Schwimmen und Sonnenbaden, wie schon die zahlreichen Wassersport-Aktivitäten am Mittelmeer beweisen: von Schnorcheln und Tauchen über Segeln und Stand-up-Paddeln bis hin zu See-Kajak-Touren. Die **Straße von Gibraltar vor Tarifa** ist wie geschaffen zum Windsurfen. Geht der Schwenk wieder an den Nordsaum Spaniens, stößt man auf beliebte Reviere für Wellenreiter.

Die **Playa de Zurriola** im baskischen San Sebastián gilt als bester Stadtstrand für Surfer, »gut geschützt und einfach perfekt. Es gibt keine Felsen, nur Sand. Und gute Wellen an 340 Tagen im Jahr«, so der Surflehrer Oscar García.

Ebenfalls populär am Atlantik ist **Beach Walking**, nachdem die Flut sich zurückgezogen und einen harten Untergrund geschaffen hat.

T
TOUREN

Durchdacht, inspirierend, entspannt

Mit unseren Tourenvorschlägen
lernen Sie Spaniens beste Seiten kennen.

Kalebasse, Stab und Jakobsmuschel:
die Grundausstattung für das Pilgern auf dem Jakobsweg ►

UNTERWEGS IN SPANIEN

Ganz Spanien kann man kaum abfahren. Umso wichtiger ist es, je nach Interessenslage seine Route zu planen: Burgen, Schlösser und Kirchen oder eher Badespaß und Wassersport. Die folgenden Touren bringen Sie in ganz unterschiedliche Ecken: nach Nordwesten ins »Grüne Spanien«, vom Atlantik zum Mittelmeer, durch die karge Extremadura oder in den »südländischsten« Teil des Landes: nach Andalusien

2000 km Strände

Wer von Urlaub in Spanien spricht, meint nicht selten **Badeferien**: Über 2000 km Strände bieten ausreichend Gelegenheit, sich im Meer zu tummeln oder die Lieblings-Wassersportart zu betreiben (▶ Das ist ..., S. 25).

Einzelne Küstenabschnitte und ausgewählte Strände: ▶ S. 617

Wandern in geschützter Natur

Zunehmend locken auch Naturschutzgebiete Besucher zu **Wanderferien**. Infrastruktur und Wegmarkierungen haben sich deutlich verbessert, vor allem im Norden, in den sehr gut erschlossenen Picos de Europa und Teilen der Pyrenäen. Im Süden des Landes bietet u. a. der Naturpark Sierras de Cazorla y Segura, größtes Naturschutzgebiet Andalusiens, wunderbare Naturerlebnisse.

Städtereisen

Kulturelle Attraktionen zu entdecken, ist angesichts ihrer Fülle nicht schwer. Als Ziele für Städtereisen werden von Deutschland aus u. a. Madrid, Barcelona, Bilbao und Sevilla direkt angeflogen. **Madrid** mit dem Prado ist ein Hort der Künste und bietet zudem ein tolles Nachtleben, **Barcelona** eine der europäischen Trendstädte schlechthin mit großartiger Architektur, **Bilbao** besitzt mit dem Museo Guggenheim eine Ikone moderner Architektur, und **Sevilla** gilt als die Seele Andalusiens.

Von Barcelona aus kann man nach Figueres reisen, auf Spuren Salvador Dalís wandeln und die romanischen Kirchen der Pyrenäentäler erkunden. Im erweiterten Umkreis von Madrid liegen herrliche Städte wie Ávila, Segovia und Toledo. Und **Zentralspanien** ist fast ein Geheimtipp: mit wunderbaren Städten (neben den erwähnten Salamanca, Valladolid, Ciudad Real oder Cuenca) und Dörfern mit hübschen Windmühlen.

Andalusien-Rundfahrt

Fast obligatorisch ist eine Rundreise durch Andalusien, wo das **maurische Erbe** in Córdoba oder Granada lebendig ist wie nirgends sonst. Für viele Besucher ist das Spanien schlechthin, denn hier sind auch **Flamenco** (▶ Das ist ..., S. 12) und Sherry zu Hause.

Am Jakobsweg

Die älteste **Pilgerstrecke** Europas (▶ Das ist ..., S. 8; Baedeker Wissen, S. 612) ist gleichzeitig eine grandiose Kultur- und Architekturroute, führt sie doch in großartige Kathedralenstädte wie Burgos und León. Auch Logroño, Astorga und Ponferrada liegen am Weg. Abschließender Höhepunkt ist Santiago de Compostela.

Das richtige Verkehrsmittel

Das Fortbewegungsmittel wählt man entsprechend der Art des Urlaubs. Wer Badeurlaub samt Hotel bucht und nicht mit dem eigenen Auto anreist, benötigt für Ausflüge gelegentlich einen Mietwagen, ebenso wer das Land näher erkunden will. Alternativen sind das gut ausgebaute Busnetz (für Spanier Verkehrsmittel Nr. 1) und die Bahn, mit der man jedoch nicht zu abgelegeneren Zielen kommt.

Tipp für die Hauptstadt

Es bestehen Fahrbeschränkungen für Kfzs von Nicht-Anwohnern im Madrider Kernraum – Mietwagen also immer kurzfristig und nur für Ausflüge buchen. Zähen Verkehr, Parkplatzsuche und teure Parkhäuser kann man sich dann sparen. Die Metro funktioniert hervorragend.

VOM ATLANTIK ZUM MITTELMEER

Start: San Sebastián | **Ziel:** Figueres | **Strecke:** etwa 900 km
Dauer: mind. 1 Woche

Tour 1

Zwei Meere und ein Gebirge dazwischen versprechen bei einer Fahrt vom Baskenland nach Katalonien Abwechslung und Spannung. Eben noch in mondäner Atmosphäre am Atlantik schwelgend, taucht man ein in die Weinregion La Rioja, um sich später in herrlichen Küstenorten an der Costa Brava bezaubern zu lassen.

Atlantikluft an der Muschelbucht

Startpunkt ist ❶ ★ **San Sebastián** (bask. Donostia), das traditionelle Seebad an der baskischen Küste. Es liegt 20 km hinter dem französisch-spanischen Grenzübergang von Hendaye/Irun. Lassen Sie sich in der städtischen Muschelbucht (Bahia de la Concha) ein wenig Atlantikluft um die Nase wehen, bevor Sie wie die Einheimischen an der Bucht entlang promenieren und sich in der Altstadt bei ein paar Häppchen (Pintxos) ausruhen.

Durch grüne Landschaft nach Bilbao

Autobahn (teuer!) oder – beschwerlicher, aber deutlich schöner – Landstraßen führen westwärts durch eine wunderbar grüne Landschaft aus Wäldern und Hügeln. Auf der Landstraße fährt man zu Beginn ein Stück an der Küste entlang, besonders reizvoll um Zarautz und Getaria. Schließlich ist ❷ ★★ **Bilbao** (bask. Bilbo) erreicht, wo das Museo Guggenheim ein Muss auf jedem Reiseplan darstellt. Darüber hinaus gibt es hier eine nette Altstadt und etwas außerhalb die zum UNESCO-Welterbe erhobene Schwebebrücke Puente Colgante (auch Puente Bizkaya).

Ins Anbaugebiet berühmter Weine

Von Bilbao geht es auf der Autobahn oder der N-240 nach Süden in die Hauptstadt des Baskenlands, ❸ **Vitoria** (bask. Gasteiz). Lassen Sie sich nicht von den umliegenden Hochhausringen abschrecken (was für viele Städte Spaniens gilt), das historische Viertel und Museen (wie der Bibat-Komplex) verdienen einen Stopp. Touristenmassen sind hier unbekannt. Gleiches gilt für Haro, Hauptort des

berühmten Weinbaugebiets Rioja Alta, das die besten Roten hervorbringt. Nutzen Sie in oder um Haro die Gelegenheit, einen Weinkeller (Bodega) zu besuchen!

Am Ebro zur Provinzhauptstadt

Dem Ebro folgend, erreicht man 4 ★ **Logroño**, die Hauptstadt der Rioja, mit einer einladenden Altstadt. Seit dem Mittelalter machen hier die Jakobspilger Station. Dennoch ist die Stadt nicht überlaufen. In der Calle del Laurel ballen sich Wein- und Tapas-Kneipen!

Den Jakobsweg in Gegenrichtung

Auf Landstraße oder Autobahn den Jakobsweg in Gegenrichtung durch die Region Navarra, kommt man nach 5 **Estella** (bask. Lizarra), die Stadt der Kirchen, und den Ort Puente la Reina mit der schönsten und bekanntesten Brücke des Jakobswegs. Nächstgrößere Station ist 6 ★ **Pamplona** (bask. Iruña, Iruñea), die von Hemingway in der Weltliteratur verewigte Stadt, berühmt für ihre Fiesta de San Fermín (8 Tage im Juli), bei der Kampfstiere durch die Straßen getrieben werden. Doch den Rest des Jahres geht es im historischen Viertel, rund um die Stadtmauern und in den Parks gemächlicher zu. Pamplona ist die größte Stadt am klassischen Jakobsweg.

An den Pyrenäen entlang

Am Südfuß der Pyrenäen entlang geht es nun auf der N-240 bzw. der gebührenfreien Autobahn A-21 durch schöne Grün- und Hügelgebiete nach 7 ★ **Jaca**, das sich gut als Ausgangspunkt für Fahrten hinauf in die Pyrenäentäler eignet. Dahinter geht die Tour weiter über 8 ★ **Huesca** und von dort nach 9 **Lleida**, beides freundliche Städte, die von Touristen weniger frequentiert werden.

An der Steilküste bei Cala Maset nahe Sant Feliu de Guíxols: Die Costa Brava heißt nicht umsonst »Wilde Küste«.

Abstecher nach Andorra

Von dort lassen sich schöne Ausflüge ins Gebirge unternehmen, etwa ins Bischofs- und Landstädtchen ⑩ **La Seu d'Urgell** mit seiner romanischen Kathedrale und weiter in den winzigen Staat ⑪ ★ **Andorra** (160 km). Von dort könnte man Spanien verlassen und nach Frankreich ausreisen.

Highlight »Heiliger Berg«

Zurück in ⑨ **Lleida**, fährt man auf der N-II Richtung Costa Brava weiter; einen Abstecher lohnt die Auffahrt zum Kloster ⑫ ★ **Montserrat** , das von dem gleichnamigen, bizarren Gebirge eingefasst wird. In der Kirche wird die Schutzheilige Kataloniens, die Schwarze Madonna, verehrt.

Herz Kataloniens

Ebenso eindrucksvoll geht es in der Region weiter. Die katalonische Hauptstadt ⑬ ★★ **Barcelona** ist mit all ihrer reichen historischen Substanz, Architektur und Atmosphäre eine Klasse für sich. Für sie sollte man mehrere Tage einplanen.

Nordöstlich von Barcelona können Sie die Schönheit der Costa Brava und Originelles wie in 14 ★ **Figueres** das Teatre-Museo Salvador Dalí kennenlernen.

DURCH DAS »GRÜNE SPANIEN«

Start und Ziel: Madrid
Strecke: etwa 2500 km
Dauer: 3 Wochen

Bei der längsten der vorgeschlagenen Touren schnuppert man viel gesunde Meeresluft, sieht aber auch die schönsten Städte Alt-Kastiliens. Die fruchtbaren Landschaften, die man dabei durchquert, machen die Fahrt zu einem besonderen Genuss.

Tour 2

Welterbe Klosterschloss

Ausgangspunkt der großen Rundfahrt durch den Nordwesten Spaniens ist die Hauptstadt 1 ★★ **Madrid**. Man verlässt sie auf der Autobahn A-6 Richtung Nordwesten, um eine der größten Sehenswürdigkeiten Spaniens anzusteuern: die einstige königliche Sommerresidenz 2 ★★ **El Escorial**, das Klosterschloss mit seinen Kunstschätzen (UNESCO-Welterbe).

Alte Mauern, junges Leben

Nach Besichtigung des Escorial durchquert man die Sierra de Guadarrama weiter Richtung Westen nach 3 ★★ **Ávila**, einer der ältesten Städte Spaniens, die noch vollständig von einer mittelalterlichen Mauer umgeben ist. Westlich davon liegt die herrliche Universitätsstadt 4 ★★ **Salamanca**, eine typisch kastilische Metropole, in der sich junges Leben mit alten Monumenten (Plaza Mayor, Universidad) harmonisch vereint.

Romanik und (Neo-)Gotik

Hinter Salamanca wendet man sich nach Norden, um über 5 ★ **Zamora** (ein »Museum« romanischer Kirchen!) nach 6 ★★ **León** zu kommen, das eine der vollendetsten gotischen Kathedralen des Landes besitzt. Auch die Altstadt rundherum ist einen Besuch wert, ebenso ein Bauwerk Antoni Gaudís (Casa Botines).

Auf dem Jakobsweg nach Westen

Ab León bewegt man sich auf Spuren des uralten Jakobswegs (N-120, dann N-VI) nach Westen. Über 7 **Astorga** (Stadtmauern, Kathedrale, Palacio Episcopal von Gaudí) erreicht man 8 **Ponferrada**, wo sich die gewaltige Burg der Tempelritter aufwirft.

Ein Tipp für die Strecke Astorga – Ponferrada: Wer statt der Schnellstraße die kurvige, zeitintensivere Gebirgsstrecke wählt, die hinter dem Dorf Castrillo de los Polvazares beginnt, kommt an einem magischen Punkt des Jakobsweges vorbei, dem Cruz de Ferro.

Ins Bergland von Galicien

Nach dem Besuch in Ponferrada geht es hinauf in die Berge zum Pass Puerto de Pedrafita, wo Galicien beginnt. Wer dem Jakobsweg folgen möchte, fährt hinauf zum schönen Steinhausdorf O Cebreiro und weiter durchs Gebirge.
Auf der Weiterfahrt Richtung Santiago de Compostela lohnt sich ein längerer Abstecher nach 9 ★ **Lugo**, das noch vollständig von einer römischen Stadtmauer umgürtet ist (UNESCO-Welterbe).

Auf dem letzten Stück des Jakobswegs machen Sie dann ausgiebig Bekanntschaft mit dem grünen Galicien, durchsetzt mit Wiesen, Wäldern, Rinderweiden und Hügeln.

Ziel der Jakobspilger

Schließlich erreichen Sie 10 ★★ **Santiago de Compostela**, (vermeintlicher) Begräbnisort des Apostels Jakobus und berühmtes Pilgerziel (▶ Baedeker Wissen, S. 429) mit seiner imposanten Kathedrale. Ebenfalls nicht versäumen sollten Sie die arkadengesäumten Altstadtgassen und den Stadtpark.

Abstecher in die Rías Baixas

Von Santiago de Compostela können Sie eine Rundfahrt (etwa 290 km) nach Süden ins Gebiet der Unteren Meeresarme Galiciens starten, die Rías Bajas (gal. Rías Baixas). Dort liegen große Muschelzuchtgebiete und attraktive Strände und Städte. Über Pontevedra kommt man in Galiciens größte Stadt 11 **Vigo** mit Naturhafen an der gleichnamigen Ría, von wo man ins Landesinnere in die Provinz- und Thermalstadt 12 **Ourense** mit schöner Kathedrale und von dort wieder zurück nach Santiago de Compostela fährt.

Küstenlandschaft im Nordosten

Die Rundfahrt setzt sich von 10 ★★**Santiago de Compostela** weiter Richtung Norden fort. Wer genügend Zeit mitbringt, benutzt die Küstenstraßen entlang den herrlichen Rías Altas, den Oberen Meeresarmen Galiciens , was allerdings zunächst einen Schlenker nach Westen erfordert. Besonders schön sind die Ría de Muros und die Ría de Cosme e Laxe, auch ein Zusatzabstecher zum Cabo Fisterra (Finisterre) mit Leuchtturm und grandiosem Atlantikblick kommt in Betracht.

La Coruña und die Nordküste

Wer weniger Zeit hat, fährt von Santiago de Compostela auf der N-550 oder Autobahn direkt nordwärts in die Hafenstadt 13 ★ **La Coruña** (gal. A Coruña) auf einer Landzunge im Nordwesteck mit einem römischem Leuchtturm (Torre de Hércules). Von dort geht es wieder nach Osten auf der A-6 in den versandeten Hafen Betanzos und weiter an die galicische Nordküste bis Foz. Dort trifft man auf die N-634 bzw. die Autobahn, die weiter zur Costa Verde führt.

Abstecher ins Landesinnere

Nicht versäumen sollten Sie einen Inlandsabstecher in die Apfelweinhochburg 14 ★ **Oviedo**, wegen ihrer stimmungsvollen Altstadt, der Kathedrale und der am Stadtrand gelegenen präromanischen Kirchen Santa María del Naranco und San Miguel de Lillo (UNESCO-Welterbe).

Herrliche Gebirgslandschaft

Östlich von Oviedo halten Sie auf die Ausläufer der Picos de Europa zu, eine herrliche Gebirgslandschaft. Eine schöne Nebenroute verläuft über Cangas de Onís durch die Berge und kehrt auf der Höhe von Unquera auf die küstennahe Autobahn zurück.

Etwa 25 km vor Kantabriens Hauptstadt Santander sollten Sie den Abzweig nach 15 ★ **Santillana del Mar** nehmen, einen malerischen Ort aus Stein mit romanischer Stiftskirche La Colegiata. Etwas südwestlich liegt die Höhle von Altamira (UNESCO-Welterbe), heute nur noch als originalgetreuer Nachbau samt Museum zu besichtigen.

Kathedrale und El Cid

Zurück im tieferen Inland Kantabriens zweigt ebenfalls noch vor Santander die N-623 nach Süden ab und überquert das Kantabrische Gebirge nach 16 ★★ **Burgos** mit seiner einzigartigen Kathedrale Santa María. Folgen Sie dort den Spuren von El Cid und genießen Sie das Altstadtflair.

Städte abseits des Tourismus

Von Burgos geht es auf der A-62 Richtung Südwesten. Man gelangt in Städte, die ein wenig im touristischen Abseits liegen und dennoch ihre Reize haben: zunächst 17 **Palencia** (Kathedrale mit wertvollem Skulpturenschmuck), dann 18 ★ **Valladolid**, die Hauptstadt von Kastilien-León (Altstadt mit interessantem Renaissance-Ensemble, prächtiges Colegio de San Gregorio im isabellinischen Stil).

Via Segovia zurück

Schließlich fährt man auf der N-601 oder der Autobahn zurück nach Madrid. Vorher sollte man unbedingt einen Abstecher in die UNESCO-Welterbe-Stadt 19 ★★ **Segovia** einschieben – mit ihrem einzigartigen römischen Aquädukt und dem Alcázar, Musterbeispiel einer kastilischen Burg (► Baedeker Wissen, S. 445)!

VON MADRID NACH OSTEN

Start und Ziel: Madrid | **Strecke:** etwa 1200 km
Dauer: 10–14 Tage

Tour 3

Streckenweise werden Sie auf dieser Tour begleitet vom süßlichen Duft der Orangenblüten entlang der Costa del Azahar. Mit Madrid, Zaragoza und Valencia bietet auch diese Fahrt drei große Zentren von kulturpolitischer Bedeutung.

Historische Orte im Nordosten

Die A-2 verlässt 1 ★★ **Madrid** in nordöstlicher Richtung und berührt **Alcalá de Henares** (berühmte Universität, nachempfundenes Geburtshaus von Cervantes), Guadalajara, 2 **Sigüenza** (Castillo, spätromanische Catedral), Medinaceli und das nach einer maurischen Burg benannte 3 **Calatayud** (schöne Mudéjar-Altstadt).

Stolze Hauptstadt Aragóns

Schließlich erreicht man die Hauptstadt Aragoniens, das stolze 4 ★ **Zaragoza** (früher dt.: Saragossa). Basilica de Nuestra Senora del Pilar, Kathedrale und Río Ebro komponieren im Zentrumsbereich herrliche Stadtansichten.

Nach Südosten Richtung Meer

Ab Zaragoza folgen Sie der A-68/N-232 Richtung Mittelmeer, allerdings ist dies eine verstecktere Route. Dabei kommt man nach 5 **Alcañiz** in einer Schleife des Río Guadalupe (Castillo des Calatrava-Ordens) und Morella in einem Bergkessel mit seiner mächtigen Burg. Hier wendet sich die Straße endgültig zum Meer, das man an der Costa del Azahar erreicht.

»Orangenblütenküste« Die N-340 bzw. Autobahn führt an der »Orangenblütenküste« Costa del Azahar entlang nach Süden, wo sich bald ein kleiner Abstecher nach Peñíscola anbietet (Altstadthügel mit Wehrmauer, Burg, Fischerhafen und schöne Strände).

Costa de Valencia Über die karthagische Gründung 6 **Sagunt** (Sagunto: Römisches Theater, Burganlage) bereits an der Costa de Valencia geht es in die Provinzhauptstadt 7 ★★ **Valencia** selbst, wo sich tolle Facetten eröffnen: von der gotischen Catedral bis zur modernen »Stadt der Künste und Wissenschaften«, ein Konglomerat zeitgenössischer Architektur. Die drittgrößte Stadt Spaniens bietet neben Museen, Shopping und viel Kultur auch eine Strandzone.

Strandabstecher Weiter führt es süd-südostwärts auf Landstraße oder Autobahn, wo sich Abstecher zu den Stränden von Dénia oder Calpe (val. Calp) anbieten.

Zurück durch die Mancha Landeinwärts führt die Fahrt zurück durch die Mancha. Über die »Messerschmiede«-Stadt 8 **Albacete** und das romantische 9 ★★ **Cuenca** (UNESCO-Altstadt mit »Hängenden Häusern«) kommt man schließlich wieder den Ausgangspunkt 1 **Madrid**.

TOUR DE KULTUR

Start und Ziel: Madrid | **Strecke:** etwa 370 km
Dauer: 5–6 Tage

Tour 4 *Eine Urlaubsfahrt, ohne das Meer zu sehen, ist selbst in Spanien möglich. Etwa bei dieser etwas kürzeren Tour rund um die Hauptstadt. Unterwegs lernen Sie Städte mit Kulturdenkmälern ersten Ranges kennen: Toledo, Ávila, Segovia und El Escorial.*

Stimmungsvoller Sommersitz In der erweiterten Umgebung von 1 ★★ **Madrid** lassen sich einige der bedeutendsten und schönsten Städte des Landes besuchen. Man verlässt die Hauptstadt Richtung Süden und kommt zunächst in das für seine Gärten samt historischem Königspalais berühmte 2 ★ **Aranjuez** (Barockanlage des Palacio Real samt Park UNESCO-Welterbe).

Alte Hauptstadt Spaniens Von Aranjuez geht es weiter Richtung Südwesten am Río Tajo entlang zum wunderschönen, atemberaubend gelegenen 3 ★★ **Toledo**, der alten Hauptstadt Spaniens und »Stadt der drei Kulturen« (Römer, Westgoten, Mauren). Hier können Sie das Gassengeflecht der Altstadt

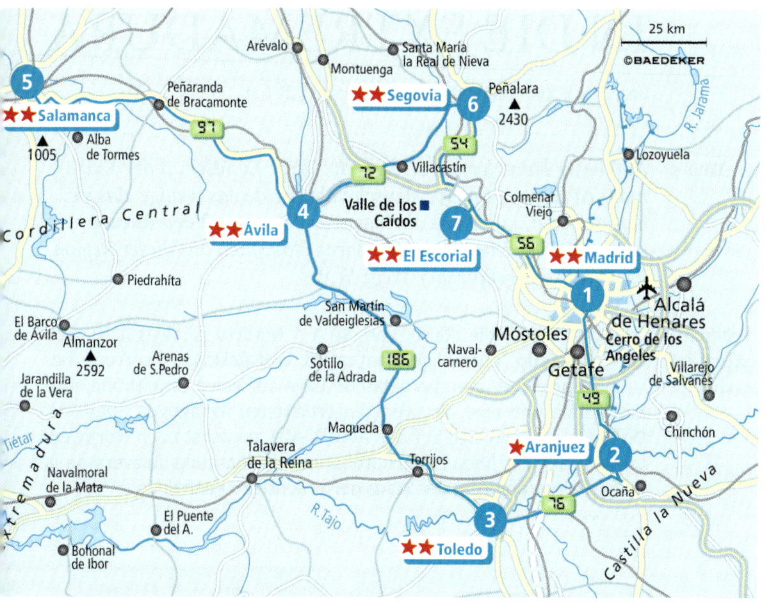

erkunden und der Fährte des Malers El Greco folgen. Wahrzeichen ist die Catedral de Santa María de la Asunción.

Stadtmauern und Hl. Teresa

Hinter Toledo überquert die A-40/N-403 die Sierra de Gredos. In deren Schutz liegt ④ ★★ **Ávila**, eine Provinzhauptstadt in Kastilien-León, mit einem unschätzbaren Fundus historischer Bauten (verwinkelte **Altstadt** mit Stadtmauer UNESCO-Welterbe) und Geburtsort der charismatischen Mystikerin Hl. Teresa von Ávila.

Historische Universität

Von Ávila lässt sich ein Abstecher Richtung Nordwesten (hin und zurück 194 km) in die historische Universitätsstadt ⑤ ★★ **Salamanca** am Río Tormes unternehmen, einst Nahtstelle von Orient und Okzident, mit ihrer anregenden Mischung aus quirligem Studentenleben und hochrangiger Bausubstanz im plateresken Stil (UNESCO-Welterbe).

Von Ávila nach Madrid

Etwa 60 km nordöstlich von Ávila liegt das herrliche ⑥ ★★ **Segovia** auf einem Hügel (Aquädukt und Alcázar; ▶ Baedeker Wissen, S. 445). Man verlässt es wieder Richtung Süden, um über die einstige königliche Sommerresidenz ⑦ ★★ **El Escorial** (als Gesamtkunstwerk UNESCO-Welterbe; ▶ Baedeker Wissen, S. 336) nach Madrid zurückzukehren.

IN DIE EXTREMADURA

Start und Ziel: Madrid | **Strecke:** etwa 820 km
Dauer: 10–14 Tage

Tour 5

Auf dieser Fahrt lernen Sie u. a. die karge Landschaft der Extremadura kennen, der die Menschen bis heute das wenige, das sie hervorbringt, mit Mühe abringen, und der sie oft den Rücken kehren. Die meisten Konquistadoren stammten aus dieser Region, die abseits ausgefahrener Wege liegt.

Freilichtmuseum der Geschichte

Zunächst führt die Reise von 1 ★★ **Madrid** südwestlich nach 2 ★★ **Toledo**, ehemalige Hauptstadt und geistiges Zentrum, berühmt durch ihre atemberaubende Lage auf einer Granithöhe, ihre Kathedrale und eine der wenigen erhaltenen Synagogen Spaniens. Dort wendet man sich auf der A-40/N-403 zunächst nach Nordwesten, um auf der bequemen Autobahnroute Richtung Talavera de la Reina weiterzufahren, der Stadt der prächtigen Kacheln.

Richtung Südwesten geht es weiter nach 3 ★ **Trujillo**, »Stadt der Konquistadoren« und Geburtsort des Peru-Eroberers Francisco Pizarro mit einigen Konquistadoren-Palästen), und nach 4 ★ **Mérida**, das die bedeutendsten römischen Ausgrabungen Spaniens besitzt (Puente und Teatro Romano, Museo Nacional de Arte Romano; UNESCO-Welterbe).

Konquistadoren und Römer

In 5 **Badajoz**, auf einem niedrigen Höhenrücken an der Grenze zu Portugal gelegen (maurische Festung Alcazaba mit weitem Ausblick in die Extremadura), ist der westlichste Punkt der Route erreicht.

Ausblicke in Grenznähe

Hinter Badajoz auf der Landstraße Richtung Nordosten, erreichen Sie das mittelalterliche 6 ★★ **Cáceres**. Dessen Altstadt mit Palästen der Konquistadoren-Familien zählt zum UNESCO-Welterbe.

Prächtige Stadtpaläste

Ab Cáceres wählt man die A-66/N-630 Richtung Norden nach 7 **Plasencia** mit seiner mittelalterlichen Altstadt, gelegen auf einer Bergkuppe. Anschließend folgt man der N-110 nordöstlich nach 8 ★★ **Ávila**, das sich schon aus der Ferne mit seinem mittelalterlichen Ringwall ankündigt (Stadtmauer und Altstadt UNESCO-Welterbe).

Geschütztes Mittelalter

Bevor man wieder den Ausgangspunkt Madrid ansteuert, hat man noch die Möglichkeit, nordwestlich der Hauptstadt einen Abstecher zur historischen Klosterresidenz 9 ★★ **El Escorial** mit ihren beeindruckenden Kunstschätzen zu unternehmen (UNESCO-Welterbe; ▶ Baedeker Wissen, S. 336).

Königliche Klosterresidenz

ANDALUSIEN-RUNDFAHRT

Start und Ziel: Málaga | **Strecke:** etwa 850 km | **Dauer:** 2 Wochen

Auf dieser Rundfahrt lernen Sie die ganze Pracht und das kulturelle Erbe Andalusiens kennen. Man spürt südländische Lebensart und kann in zwei Meeren verschiedenste Wassersportarten ausüben.

Tour 6

Ausgangspunkt ist 1 ★ **Málaga**, einer der ältesten Mittelmeerhäfen und touristische Drehscheibe des spanischen Südens. Für sein touristischen Potenzial bürgen neben der palmengesäumten Promenade u. a. zwei Festungsanlagen und das Museo Picasso. Also: Vor oder nach der Rundtour ausreichend Zeit einplanen!

Tor zum Süden

Küstenblicke, Berglandschaften

Von Málaga geht es Richtung Osten entlang der Costa del Sol über Nerja (Aussichtsterrasse Balcón de Europa) bis zum Abzweig landeinwärts nach Granada; unterwegs passieren Sie die urtümliche Berglandschaft der Alpujarras rechter Hand .

Maurisch-arabisches Märchen

❷ ★★ **Granada** mit seiner sagenhaften Alhambra ist einer der Höhepunkte jeder Spanienreise (Alhambra-Tickets unbedingt rechtzeitig vor Reiseantritt reservieren!). Das historische Maurenviertel Albaicín, die Museen oder die Altstadt samt Kathedrale und Königsgrablege Capilla Real sind nur einige der vielen Highlights.

Olivenland und Renaissance

Nach diesem ersten Eintauchen in die maurische Kultur geht es nach Norden ins spektakulär von einer Festung überragte ❸ ★ **Jaén**. Das unverfälschte Städtchen ist ein gutes Sprungbrett in das Olivenland Ostandalusiens und in die Renaissancestädte ❹ ★ **Baeza** und ❺ ★ **Úbeda**, beide städtebauliche Perlen und Teil des UNESCO-Welterbes.

Zurück in Jaén, geht es westwärts in das »abendländische Mekka« 6 ★★ **Córdoba**, wo mit der berühmten Mezquita-Catedral erneut ein großartiges Zeugnis maurischer Kultur wartet. Lassen Sie sich unbedingt auch ein wenig durch die bezaubernden Gassen mit weiß getünchten Häusern und netten Tapas-Kneipen treiben.

Islamische Baukunst par excellence

Durch die sommerheiße Ebene des Guadalquivir führt die A-4 über Écija und das Landstädtchen Carmona mit römischer Nekropole weiter Richtung Westen nach 7 ★★ **Sevilla**. Einige der »vielen Wunder« der andalusischen Hauptstadt sind Kathedrale mit Giralda und Real Alcázar (Gesamtkomplex UNESCO-Welterbe), hübsch auch Barrio Santa Cruz und Stadtpark – und die Lage am Guadalquivir. Wer hier übernachtet, kann abends eine der Flamenco-Shows besuchen .

Mythen Andalusiens

Auf der Autobahn AP-4 Richtung Süden gelangt man in die Heimat des Sherry 8 ★ **Jerez de la Frontera**, ebenfalls mit maurischer Festung. Hier kann man eine der zahlreichen Sherry-Bodegas besuchen, zudem steht die Stadt für hohe andalusische Reitkunst mit den edlen Andalusre-Pferden (Vorführungen der Real Escuela Andaluza del Arte Ecuestre).

Sherry und edle Pferde

Etwas südwestlich erstreckt sich die Strand- und Hafenstadt 9 ★ **Cádiz** über eine riesige Halbinsel am südlichen Teil der Costa de la Luz. Von dort aus sieht man – erreichbar nach Umrundung der Landspitze, vorbei an Tarifa, der südlichsten Stadt Kontinental-Spaniens – bereits den weit ins Meer hinausragenden Felsen der britischen Kronkolonie 10 ★ **Gibraltar**. Dorthin lässt sich (zu Fuß oder per Taxi) ein Tagesausflug unternehmen (Zoll- und Passformalitäten).

Blick hinüber nach Gibraltar

Nordöstlich von Gibraltar beginnt der westliche Teil der Costa del Sol mit bekannten Badeorten. Ein Abstecher ins Landesinnere führt ins fantastisch gelegene 11 ★★ **Ronda**, wo sich mitten in der Stadt vom Puente Nuevo der Blick in die spektakuläre Tajo-Schlucht öffnet. Zudem gibt es eine schöne Aussichtspromenade. Wieder zurück an der Costa del Sol, geht es über das mondäne 12 ★ **Marbella** mit großer Promi-Dichte und schicker Strandpromenade zurück nach 1 ★ **Málaga**.

Westliche Costa del Sol

Alternativ zur Küstenstrecke kann man von 8 ★ **Jerez de la Frontera** auch landeinwärts auf der A-382/A-372 nach 11 ★★ **Ronda** fahren. Dabei lernt man einige der schönsten »Weißen Dörfer« Andalusiens kennen, wie Arcos de la Frontera hoch über dem Río Guadalete , und die wildromantische Sierra de Grazalema . Von Ronda aus fährt man dann weiter wie beschrieben an die Costa del Sol.

Alternative: »Weiße Dörfer«

Z
ZIELE

Magisch, aufregend, einfach schön

Alle Reiseziele sind alphabetisch geordnet. Sie haben die Freiheit der Reiseplanung

Zum Säulenwald in der Mezquita-Catedral von Córdoba gibt es nichts Vergleichbares in der Welt. ▶

ALBACETE

Provinz: Albacete | **Höhe:** 686 m ü. d. M.
Region: Castilla-La Mancha | **Einwohner:** 172 000

Eines ist sicher: Nach Albacete kommt nicht jeder! Die Stadt in der Mancha liegt abseits der Mainstreams und zeichnet sich – samt näherer Umgebung – eher durch ein Mosaik an kleineren Zielen aus.

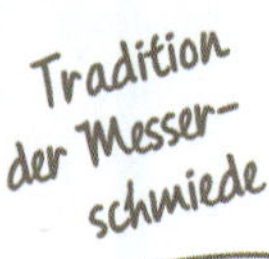

Kennen Sie »navajas« und »puñales«? Dafür nämlich ist die in der Mancha gelegene Provinzhauptstadt bekannt. »Navajas« sind Messer und »puñales« Dolche. Seit dem 15. Jh. wird hier die Schmiedekunst für derlei Waffen gepflegt. Das historische Bauerbe hinkt eher etwas hinterher. Die Umgebung bildet ein fruchtbares, weinreiches Flachland; der Stadtname leitet sich vom arabischen »al-Basīta« (Ebene) ab.

Wohin in Albacete?

Gotische Kathedrale hoch über der Stadt

San Juan Bautista

Bedeutendstes Bauwerk in der Oberstadt (El Alto de la Villa) ist die gotische Kathedrale San Juan Bautista aus dem 16. Jh. Sie besitzt einen churrigueresken Hochaltar von 1726, das **Marien-Retabel** (Retablo de la Virgen de los Llanos) ist ein Werk des sog. Meisters von Albacete aus dem 16. Jh.

Archäologie und Kunst im Provinzmuseum

Museo Arqueológico Provincial

Unter den archäologisch-historischen Provinzmuseen Spaniens ist dies eines der besten. Zu sehen sind u. a. bronzezeitliche Funde, iberische Skulpturen vom **Cerro de los Santos** (75 km südöstl.), römische Gliederpuppen aus Elfenbein und Bernstein aus Ontur (80 km südöstl.), römische Mosaiken aus Balazote, ein spätgotisches Kreuz und ein kleiner Münzschatz aus dem 18./19. Jahrhundert. Das Museum liegt im **Parque de Abelardo Sánchez**.

Juli–Mitte Sept. Di.–Sa. 10–14, Mitte Sept.–Ende Juni auch 16.30–19, So. 9.30–14 Uhr | Eintritt frei

Scharfe Kunst

Museo Municipal de la Cuchillería

Das moderne Museum in der **Casa de Hortelano**, einem Gebäude von 1912 mit neugotischer Fassade gegenüber der Kathedrale, widmet sich der lokalen Messerschmiedekunst (cuchillería).

Plaza de la Catedral | Juli–Sept. Di.–Sa. 10–14 u. 17.30–20.30, So. nur 10–14; Okt.–Mai Di.–Sa. nachm. nur 17–20 Uhr | Eintritt 3 €, Mi. frei
www.museocuchilleria.es

Rund um Albacete

Mittelalter pur

Chinchilla de Monte Aragón

13 km südöstlich von Albacete liegt auf einem steilen Felsen Chinchilla de Monte Aragón (896 m). Es wird überragt vom **Castillo**, das, im 15. Jh. von Don Juan de Villena errichtet, zeitweise Cesare Borgia als Wohnung diente. Von hier führen enge, von gotischen Häusern und Palästen im Mudéjarstil gesäumte Gassen hinab zur Plaza Mayor. Dort erhebt sich die gotische Kirche **Santa María del Salvador** (15./16. Jh.), an der vor allem die reich geschmückte plattereske Apsis bemerkenswert ist. Der **Convento de Santo Domingo** (14. Jh.) mit einem sehenswerten Kreuzgang weist noch mudéjare Elemente auf. Das Kloster liegt auf einem 200 m hohen Tuffberg, der mit heute aufgegebenen **Höhlenwohnungen** durchsetzt ist.

Oficina de Turismo: Calle Obra Pía, 1 | www.webchinchilla.com/turismo

Bebendes Osterfest

Hellín

Das Städtchen Hellín (566 m), 61 km südlich von Albacete in Sichtweite der Sierra de Alcaraz gelegen, erbebt zur Osterzeit. Dann finden, außer Prozessionen, diverse Trommelparaden (**Tamboradas**) statt. 20 000 Teilnehmer mischen dabei mit! Sehenswert ist auch der prächtige barocke Camarín in der **Iglesia de los Conventos Franciscanos**. 8 km östlich von Hellín liegen die **Cuevas de Minateda**, Höhlen mit steinzeitlichen Tier- und Menschendarstellungen (Weltkulturerbe).

Parque Arqueológico Tolmo de Minateda: April – Sept. Fr., Sa. 10 bis 14 u. 17 – 21, So. 10 – 14; Okt. – März Fr., Sa. 10 – 18, So. 10 – 14 Uhr
Eintritt 5 € | http://tolmodeminateda.es

ALBACETE ERLEBEN

OFICINA DE TURISMO

Plaza del Altozano
Tel. 967 63 00 04
www.turismoenalbacete.com

MESÓN EL SOL €€–€

Reisgerichte der Extraklasse, die sich, wie die gesamte Karte (inklusive der Fleischgerichte), durch ein gutes Preis-Leistungs-Verhältnis auszeichnen. Das erklärt auch den Zulauf der Locals.

Calle Calderón de la Barca, 21
Tel. 967 24 52 05
http://mesonelsolalbacete.com
So. abends, Mo. geschl.

PARADOR DE ALBACETE €€–€

Das Landhaus im La-Mancha-Stil liegt einige Kilometer außerhalb. Das **Restaurant** tischt regionale Spezialitäten auf, etwa sehr gute Wildgerichte.

Carretera Nacional 301, km 251
Tel. 967 24 53 21
http://paradores.es

ALCAÑIZ

Provinz: Teruel | **Höhe:** 381 m ü. d. M. | **Region:** Aragón
Einwohner: 16 000

Das Binnenstädtchen in Aragonien schmiegt sich in eine Schleife des Río Guadalupe und erhebt sich auf einer steilen Anhöhe, umgeben von Bergen und Hügeln.

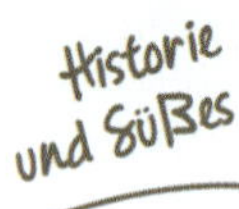

Zwischen Burg und Untergrund – lassen Sie sich in Alcañiz vom baugeschichtlichen Erbe überraschen. Und von süßen, kalorienträchtigen Leckereien, wie den **Tortesas de Alma** und **Roscones de Zurra**.

Wohin in Alcañiz und Umgebung?

Castillo de los Calatravos

Ritterszenen in der Ordensburg
Im 12. Jh. ließ Alfons I. auf dem Cerro de Pui Pinos eine Burg errichten, die zum Hauptquartier des Calatrava-Ordens in Aragonien wurde. Aus der Anfangszeit sind Kreuzgang und die Festungskapelle erhalten, über der sich der Bergfried erhebt. Das Erdgeschoss des Turms, gleichzeitig Eingang zur Kapelle, und der Hauptsaal sind mit **Wandmalereien** aus dem 14. Jh., hauptsächlich ritterlichen Szenen, ausgeschmückt. Im 18. Jh. wurde die Burg umgebaut. Ihren Südteil nimmt heute der von zwei Türmen flankierte **Palacio de los Comendadores** mit der typischen aragonischen Galerie ein. Heute befindet sich in den Gemäuern ein Parador (► S. 51).

Führungen im älteren Burgteil: tgl. außer So. 12.30 und 16.15 bzw. im Juli u. Aug. um 19 Uhr

Ayuntamiento, Lonja

Historisches Ensemble und unterirdische Gänge
An der **Plaza de España** bilden die reich verzierte, italienisch anmutende Lonja – die einstige Markthalle (15. Jh.) – und das strenge Rathaus (16. Jh.) ein schönes Ensemble.
Alcañiz ist von imm Mittelalter gegrabenen unterirdischen Gängen durchzogen (Subterráneos medievales; Zugang auf Nachfrage über das Tourismusbüro).

Morella

Alte Grenzfeste
Die alte Grenzfeste Morella (52 km südl.) liegt in einem Bergkessel knapp über 1000 m hoch im Gebirge **Maestrat** (Maestrazgo), in der Provinz Castellón. Der Maestrat war einst im Besitz des Montesa-Ordens, der zahlreiche Befestigungen gegen die Mauren anlegte. Den alten Kern Morellas umgibt eine 2 km lange Mauer aus dem 14. Jh.; über den Häusern thront das imposante **Kastell**.

Prachtstück in Santa María la Mayor in Morella: die reliefgeschmückte Wendeltreppe

Die gotische Kirche **Santa María la Mayor** (13. Jh.) besitzt ein schönes Portal mit Darstellungen der Jungfrau und der Apostel, einen Chor (15. Jh.) mit prachtvoller Wendeltreppe und eine churrigueresque Capilla Mayor.

Kastell: tgl. 11–17, im Sommer bis 19 Uhr | Eintritt 3,50 €

ALCAÑIZ ERLEBEN

OFICINA DE TURISMO

Calle Mayor, 1; Tel. 978 83 12 13
www.alcaniz.es

Alcañiz ist berühmt für seine **Semana Santa**, die lautstark mit Tamburinen, Trommeln, Rasseln und Trompeten begangen wird. Höhepunkte sind Karfreitag und Ostersamstag, wenn bei den Prozessionen zahlreiche Trommler in Aktion treten.

PARADOR DE ALCAÑIZ €€€

Im später errichteten Palastteil der Burg des Calatrava-Ritterordens auf dem Cerro Pui Pinos logiert man iin diesem Parador. Breite Preisspanne, selbst in Zwischen- und Nebensaison. Im **Restaurant** werden deftige Spezialitäten der Küche Aragoniens geboten.

Castillo de Los Calatravos
Tel. 978 83 04 00
http://paradores.es

ALICANTE · ALACANT

Provinz: Alicante | **Höhe:** Meereshöhe | **Region:** Valencia
Einwohner: 338 600

Was für ein glasklares Licht, was für ein Klima! Schon die alten Römer schätzten Alicante und nannten es seiner Helligkeit wegen »Lucentum«, die »Stadt des Lichts« was im maurischen »al-Lucant« weiterlebte. Fast 3000 Sonnenstunden pro Jahr sprechen für sich, und auch im Winter herrscht noch ein angenehmes Klima.

Lebendige Mittelmeerstadt

Natürlich ist nicht alles attraktiv, was in der Sonne glänzt: gesichtslose Haus- und Hotelfassaden zum Beispiel. Doch die Bergburg **Santa Bárbara**, der Hafen, gepflegte **Grünanlagen**, **Strände** und Strandpromenaden machen so manche Schattenseite wett. Hier spüren Sie den lebendigen Charakter einer typischen Mittelmeerstadt, die früh zu einem touristischen Brennpunkt an der ▶ Costa Blanca aufstieg. Längst ist Alicante (valencianisch: Alacant) auch wirtschaftlicher und administrativer Mittelpunkt dieses Küstenabschnitts.

ALICANTE · ALACANT

©BAEDEKER

1 Dársena
2 El Buen Comer

1 Hotel Eurostars Mediterránea Plaza
2 Tryp Gran Sol

ALICANTE ERLEBEN

TOURIST INFO ALICANTE

Muelle de Levante, 6 (Hafenbereich, gegenüber der Plaza Puerta del Mar)
Tel. 965 177201
Bahnhof RENFE
Avda. de Salamanca, s/n
Tel. 965 12 56 33
www.alicanteturismo.com

SEMANA SANTA

Die Karwoche wird mit zahlreichen Prozessionen gefeiert.

ROMERÍA DE SANTA FAZ

Zur Romería pilgern Tausende Gläubige bei der Wallfahrt »La Peregrina« zum Schweißtuch der hl. Veronika im Klarissinnenkloster ins nordöstl. gelegene Santa Faz.
2. Do. nach Ostern

MOROS Y CRISTIANOS

► Magischer Moment, S. 55
Ende April

FOGUERES DE SANT JOAN (HOGUERAS DE SAN JUAN)

Die **Johannisfeuer** – in den Nächten um die Sommersonnenwende – feiert man mit Umzügen, bei denen übermannsgroße Figurendurch die Straßen getragen und anschließend auf großen Scheiterhaufen verbrannt werden, und einem Feuerwerk-Wettbewerb.
20 – 24. Juni | http://hogueras.com

❶ DÁRSENA €€€

Traditionelles Spitzenrestaurant am stimmungsvollen Hafen, mit Vorzugsplätzen auf der Terrasse.Mediterrane Küche vom Feinsten, schmackhafte Reisgerichte.
Avenida Perfecto Palacio de la Fuente, 6 / Muelle Poniente
Tel. 965 20 73 99 | https://darsena.com | So.-abend, Mo. geschl.

❷ EL BUEN COMER €€–€

Typisches Altstadtrestaurant mit Tapas und Reisgerichten.Auch Tapas Menü (€€€).
Calle Mayor, 8
Tel. 965 21 35 41
www.elbuencomer.es

❶ HOTEL EUROSTARS MEDITERRÁNEA PLAZA €€€

Strategisch ideal: mitten im Herzen der Stadt in Nachbarschaft des Rathauses gelegen, trotzdem sind Hafen und Strand gut zu Fuß erreichbar.
Plaza del Ayuntamiento, 6
Tel. 965 21 01 88
www.eurostarshotels.com

❷ TRYP GRAN SOL €€€–€€€€

Unweit des Hafens gelegen. Modern eingerichtete Zimmer und gute Gastronomie. Sehr schöne Ausblicke.
Rambla de Méndez Núñez, 3
Tel. 965 20 30 00
www.melia.com

Badevergnügen

Ausgedehnte Strände in Stadtnähe sind die **Platja de Sant Joan** im Nordosten und die **Platja dels Arenals del Sol** im Süden; zur **Isla de Tabarca** kann man in der Saison per Boot übersetzen. Strände

Wohin in Alicante und Umgebung?

Im magischen Licht

Explanada de España

Alicantes **Hafen** ist nicht nur Anlaufstelle für Boote, sondern ein beliebtes, stimmungsvolles Ausgehziel. Ein Stückchen dahinter verläuft die fast 600 m lange, palmenbestandene und mosaikgeschmückte Explanada de España. Wer es den Einheimischen nachmacht, die **Promenade** auf und ab bummelt und das bunte Treiben verfolgt, kann neben der lebhaften Stimmung auch dieses besondere Licht Alicantes in sich aufnehmen und die Nähe des Meeres spüren.
Die bei der Plaza Puerta del Mar beginnende nordöstliche Verlängerung der Explanada de España führt zum Stadtstrand **Platja del Postiguet**.

Reicher Barock im Altstadtviertel

Santa María

Im alten **Viertel Santa Cruz** wurde die Kirche Santa María von den Katholischen Königen errichtet, später wurde sie reich im Barockstil ausgestattet.

Erste Adresse für zeitgenössische Kunst

Museo de Arte Contemporáneo

Nahe der Kirche zeigt das Museo de Arte Contemporáneo de Alicante (MACA, Museum für Zeitgenössische Kunst) eine ausgezeichnete Sammlung von Kunstwerken des 20. Jh.s, darunter Arbeiten von Salvador Dalí (▶ S. 600), Eduardo Chillida, Max Ernst, Marc Chagall, Joan Miró und Pablo Picasso. Auch Wechselausstelluungen

Plaza Santa María, 3 | Di.–Sa. 10 /11–20, So. bis 14 Uhr | Eintritt frei
http://maca-alicante.es

Churrigueresque Fassade

Ayuntamiento

Unweit der Kirche liegt das zwischen 1696 und 1760 erbaute Rathaus, das zwei 35 m hohe Türme flankieren und das eine schöne churrigueresque Fassade besitzt.

Schlicht

San Nicolás de Bari

Nordwestlich des Rathauses erhebt sich die Kirche (offiziell »Concatedral«) San Nicolás de Bari, im 17. Jh. erbaut und dem Schutzheiligen der Stadt geweiht. Sie besitzt einen eindrucksvollen **Kreuzgang**.

Alle Genüsse der spanischen Mittelmeerküste

Mercado Central

Es lohnt sich, den Weg nach Norden zum Zentralmarkt an der Av. Alfonso X el Sabio einzuschlagen – alle Genüsse der spanischen Mittelmeerküste sind in der riesigen **Art-déco-Halle** erhältlich.

Mit dem Aufzug hinauf zur Stadtburg

Castillo de Santa Bárbara

Das Castillo de Santa Bárbara (166 m) thront auf dem Berg Benacantil. Am besten, man nimmt ab der Avenida Juan Bautista Lafora den Fahrstuhl (»ascensor«) für die Auffahrt (oder per Minibus ab der

Plaza Puerta del Mar). Von oben genießen Sie eine prächtige **Aussicht** auf die Stadt, die Küste, die Huerta und die Serra d'Aitana. Die Burg geht auf eine karthagische Befestigung zurück.
Einen Teil der Anlage nimmt das **Stadtmuseum** (Museo de la Ciudad de Alicante) ein; dazu gehören das Haus das Gouverneurs (Casa del Gobernador), Zisterne (Aljibe) und Kerker (Calabozo).

Castillo: Anf. Sept. – Mitte Juni tgl. 10 – 20, Mitte Juni – Anf. Sept. bis 23 Uhr | Eintritt 2,70 € (mit Aufzug) | http://castillodesantabarbara.com

Stadt der Mega-Fiesta

Alcoy (Alcoi)

Das Städtchen Alcoi (Alcoy; 60 km nordwestl.; 562 m) steht ganz im Zeichen des »Mauren-und-Christen-Festes« (▶ Magischer Moment). In der Stadt gibt es ein Museum zum Thema, zudem Jugendstilbauten und einen interessanten Friedhof.
www.alcoyturismo.com

MOROS Y CRISTIANOS

Eines der vibrierendsten Feste feiern die Spanier im Städtchen **Alcoy** (Alcoi). Das mehrtägige »Mauren-und-Christen-Fest« steigt mit bunten, stundenlangen, farbsatten Umzügen Ende April und erinnert an die Rettung der Stadt vor den Mauren 1276. (www.asjordi.org)

ALMERÍA

Provinz: Almería | **Höhe:** 0–50 m ü. d. M. | **Region:** Andalusien
Einwohner: 199 200

Die Vorzugslage am Golf von Almería hat die Stadt geprägt. Einst rückten Seeräuber an, heute blasen Besucher zur Attacke – nicht zuletzt auf Tapas-Bars und die schön restaurierte Alcazaba, die größte maurische Festung Andalusiens.

Voraus glitzert das Meer im **Golf von Almería**, im Hinterland steigen karge Hänge und schrundige Flanken auf. Mittendrin gibt sich die ausgeuferte Provinzhauptstadt lebendig und modern und pflegt gleichermaßen historische Spuren. Hier konzentrierte sich von alters her ein Kulturgebiet am Kreuzungspunkt der Seefahrtswege von Nordafrika nach Europa und vom östlichen Mittelmeer in den Atlantik. Schon die Römer nutzten den bedeutenden **Hafenplatz**. Im Mittelalter führten die Mauren die Stadt zur Blüte und nannten sie **Al-Mariyya**: »Spiegel des Meeres«. Heute ist Almería ein wichtiger Anflughafen für Besucher des östlichen Südspaniens. Die **Strände** östlich der Stadt sind angenehmer und weniger überlaufen als die von Aguadulce und Roquetas de Mar im Westen. Außer dem Tourismus spült die **Landwirtschaft** Geld in die Kasse; im Umland werden vor allem Südfrüchte und Gemüse angebaut. Vieles reift rasend schnell in Treibhäusern und geht in den Export.

Wohin in Almería?

La Alcazaba

Maurische Burg auf hohem Felsplateau

Auf der Höhe westlich über der Stadt erhebt sich die maurische **Festung** Alcazaba. Sie wurde unter Abd ar-Rahman III., Kalif von Córdoba, erbaut, von Almansur vergrößert und von Hairán vollendet, schließlich unter Karl V. abermals erweitert. 20 000 Menschen konnten hier Zuflucht finden.

Besonders beeindruckend ist die gewaltige **Torre del Homenaje** (Huldigungsturm) aus dem 15. Jh. mit gotischem Tor und Wappenschild der Katholischen Könige; ein Museum zeigt Grabungsfunde. Innerhalb des ersten Mauerrings wurde ein schöner **Park** angelegt (▶ Magischer Moment).

Eine Festungsmauer läuft zu den nördlich angrenzenden Ruinen des **Castillo de San Cristóbal.**

Mitte Sept. – März Di. – Sa. 9 – 18, April – Mitte Juni Di. – Sa. 9 – 21,
Mitte Juni – Mitte Sept. Di. – Sa. 9 – 15 u. 19 – 22, So. immer 9 – 15 Uhr
Eintritt frei fü EU-Bürger, sonst 1,50 €

OASE DES FRIEDENS

Planen Sie ein Plus an Zeit für die Alcazaba ein: für den ersten Burgbezirk, der nach dem Zugang beginnt. Die dort angelegten **Festungsgärten** befreien die Anlage von ihrer Urfunktion der Militärarchitektur. Lassen Sie sich irgendwo nieder. Wasser fließt durch Bodenkanäle, Vögel zwitschern, Hibiskus und Bougainvilleen setzen leuchtende Blütenfarben. Welch ein Wandel von einer Stätte der Krieger in eine Oase des Friedens!

Typisches Maurenviertel

La Chanca

Den Burgberg hinauf zieht sich das Stadtviertel La Chanca, das noch maurische Züge trägt. So ist in der Kirche **San Juan** der Mihrāb der einstigen Moschee erhalten. Achtung: Die Gegend hat nicht den allerbesten Ruf!

Spaziergang zur Kirche

Santiago el Viejo

Der Mittelpunkt der Altstadt ist die **Puerta de Purchena**. Von ihr zieht sich der **Paseo de Almería** Richtung Hafen. Von der Puerta führt die Calle de las Tiendas zur Kirche Santiago el Viejo (16. Jh.) mit ihrem 55 m hohen romanischen Turm.

Wehrhaft und stark

Catedral

Dass man sich hier an der Küste vor Seeräubern schützen musste, erkennt man auch an der festungsartige **Kathedrale** mit vier mächtigen Ecktürmen, turmartiger Apsis und Zinnenkranz. Bemerkenswerteste Ausstattungsstücke sind ein aus Nussbaumholz geschnitztes

Chorgestühl von Juan de Orea (1558) und eine Statue des Schutzheiligen der Stadt San Indalecio von Salzillo. Der Kathedralvorplatz (**Plaza de la Catedral**) wurde ansehnlich gestaltet.
Mo.–Fr. 10–14.30 u. 16–19, Sa. 10–19, So. 15–18 Uhr | Eintritt 6 € (inkl. Kathedralmuseum) | http://catedralalmeria.com

ALMERÍA ERLEBEN

OFICINA MUNICIPAL DE ALMERÍA
Paseo de Almería, 12
Tel. 950 21 05 38
www.turismodealmeria.org

CARNAVAL
Ausgelassene und farbenfrohe Umzüge.
Feb./März

SEMANA SANTA
Während der Karwoche finden interessante Prozessionen statt.

FERIA DE ALMERÍA
Großes, der Schutzheiligen Jungfrau des Meers gewidmete Stadtfest mit zahlreichen Veranstaltungen.
2. Aug.-Hälfte

Haupteinkaufs- und Flaniermeilen der Stadt sind der **Paseo de Almería** und die **Calle de las Tiendas** mit vielen kleinen Gassen ringsum.

TAPAS-PARADIES
Die Kneipen in Almería punkten mit einer Fülle an Tapas. Da macht die Einkehr Spaß und ist gleichzeitig pures andalusisches Lebensgefühl! Als Klassiker gilt die seit 1870 existierende **Casa Puga:**
Calle Jovellanos, 7
www.barcasapuga.es
So. geschl.

EL QUINTO TORO €€–€
Traditionelle Kneipe mit Kacheldekor und hängenden Schinkenkeulen. Lecker sind die Hackfleischbällchen (»albóndigas«). Es gibt auch Sitzmöglichkeiten, um größere Portionen (»raciones«) zu probieren.
Calle Juan Leal, 6; Tel. 950 23 91 35

JOVELLANOS 16 €
Wer sich hier ins Tapas-Vergnügen stürzt, wird reich belohnt!
Calle Jovellanos, 16
Tel. 660 54 73 54

HOTEL CATEDRAL ALMERÍA €€€–€€
Geschmackvolles Haus in der Innenstadt, gleich am Kathedralplatz, mit baulichen Wurzeln im 19. Jh. Ein herrliches Plätzchen ist die Dachterrasse.
Plaza de la Catedral, 8
Tel. 950 27 81 78
www.hotelcatedral.net

HOTEL LA PERLA €
Für all jene, die sich mit etwas weniger Komfort zufriedengeben. Schlicht und preisgünstig.
Plaza del Carmen, 7
Tel. 950 23 88 77
http://almeria.hotellaperla.es

ECHTE STRANDPERLEN

Trauen Sie sich in die steppen- und halbwüstenhafte Wildnis. Abseits touristischer Infrastruktur erwarten Sie im Naturpark **Cabo de Gata-Níjar** echte Strandperlen, rau, schattenlos und (außeerhalb der Saison) oft einsam zum (Sonnen-) Baden. Sichelförmig breitet sich die **Playa de los Genoveses** über etwa 1 km aus, deutlich kleiner und versteckter die »Halbmondbucht« **Cala de la Media Luna**. Wie herrlich, sich hier ins Nass zu stürzen!

Rund um Almería

Im Plastikmeer

Westliche Costa de Almería

Der Küstenstreifen westlich der Stadt ist touristisch am stärksten erschlossen. Am lebhaftesten ist es in **Aguadulce**, **Roquetas de Mar** und **Almerimar**, das den zweitgrößten Jachthafen Andalusiens besitzt. In **Adra** Richtung Grenze zur Provinz Granada geht es etwas ruhiger zu. Unterwegs nicht zu übersehen: das unwirkliche Plastikmeer der Gewächshäuser um die Gemüseanbaustadt **El Ejido** etwas nördlich im Landesinneren.

Eindrucksvolle Steilküste

Östliche Costa de Almería

Die Küste weit östlich der Stadt fällt oft steil ins Meer ab – am eindrucksvollsten am **Cabo de Gata**; dahinter steigt die Sierra del Cabo de Gata 500 m hoch auf (Naturpark).

Traumhafte Sandbuchten

San José

Wo es Strände gibt, hat auch hier der Tourismus Einzug gehalten, besonders nordöstlich des Kaps: in **San José**, wo es nette Unterkünfte und einen Hafen gibt.

Außerdem beginnt hier eine Piste, von der man Zugang zu den traumhaften, heißen **Strandbuchten** weiter südwestlich hat, darunter Los Genoveses und Media Luna (im Sommer Zubringer im Linienbus).

Stelzenläufer, Zwergpalmen und Reptilien

★ Parque Natural Cabo de Gata-Níjar

Hier befindet man sich bereits mitten im **Naturpark** Cabo de Gata-Níjar, wo seltene Reptilien und Vögel wie der Stelzenläufer und der Habichtsadler leben. Hier wachsen auch Zwergpalmen. Der Naturpark (▶ Magischer Moment, S. 59) bietet sich zu **Wanderungen** an, bei denen man aber an ausreichend Wasservorräte denken muss.

www.cabogataalmeria.com

Vom Küstenort ins Landesinnere

Carboneras, Mojácar

Touristisch frequentierter sind Carboneras und Mojácar. Die Küstensiedlung Carboneras am Nordende der Costa de Almería bietet alles, was zu einem gelungenen Strandurlaub gehört; der landeinwärts auf der Höhe gelegene alte Ort **Mojácar** will, romantisch herausgeputzt, die Atmosphäre eines alten maurischen Dorfes schaffen.

Über Garrucha und Vera kommt man zu den Höhlenwohnungen der Gemeinde **Cuevas del Almanzora**. Sie wurden in den Fels rund um die Stadt gebaut und sind teilweise heute noch bewohnt.

Die Kraft der Sonne

Sierra de Alhamilla

Ein Ausflug in die Sierra de Alhamilla führt nordostwärts zunächst nach **Níjar**, bekannt für Keramik aus der roten Erde der Umgebung. Noch weiter im Nordosten liegt sehr malerisch **Sorbas**, denn viele Häuser kleben dort 40 m über dem Tal am Fels. Von Sorbas kann man nach Mojácar weiterfahren. Oder man macht sich auf den Weg Richtung Tabernas und kommt dabei durch ein beeindruckendes Halbwüstengebiet (Naturpark **Desierto de Tabernas**).

Etwa 10 km vor Tabernas zweigt eine Straße zum Sonnenkraftwerk ab, der nach Voranmeldung besuchbaren **Plataforma Solar de Almería**. Hunderte von Spiegeln, die dem Lauf der Sonne folgen, bündeln das Licht und werfen es auf einen 80 m hohen Empfänger, wo es in Energie umgewandelt wird.

Plataforma Solar: Führungen (1,5 – 2 St.), Reservierung per Mail visitas@psa.es o. Tel. 950 38 79 90 | Gebühr 8 € | www.psa.es

Im Wilden Westen

Fort Bravo, Oasys Mini-Hollywood

Wieder auf der Hauptstrecke, erreicht man über Tabernas die Westernkulissenorte Fort Bravo und Oasys, wo so mancher Spaghetti-Western gedreht wurde. Stuntmen führen **Westernshows** vor; die Cowboy-Stadt Oasys Mini Hollywood ist überdies mit einem Tierpark und einer Außenpoolanlage kombiniert.

Stark wechselnde Öffnungszeiten, s. Jahreskalender online
Fort Bravo: Eintritt 19,40 € | www.fortbravo.org
Oasys: Eintritt 26 € | www.oasysparquetematico.com

ARANJUEZ

Provinz: Madrid | **Höhe:** 492 m ü. d. M. | **Region:** Madrid
Einwohner: 59 800

Wer Gärten und herrschaftliche Palastanlagen mag, wird auch Aranjuez lieben, genauer: die barocke Anlage der ehemaligen königlichen Sommerresidenz, die 47 km südlich von Madrid liegt. Sie strahlt heute noch eine klassische Ruhe aus, und man ahnt, weshalb Joaquín Rodrigo sein wunderbar leichtes »Concierto de Aranjuez« so nannte und Schillers Don Carlos die »stillen Tage von Aranjuez« vermisst. Die zauberhafte Kulturlandschaft am Río Tajo wurde ins UNESCO-Welterbe aufgenommen.

Wohin in Aranjuez und Umgebung?

Klassische Strenge

Palacio Real

Der königliche Palast wurde 1560 auf Geheiß Philipps II. nach Plänen des Escorial-Erbauers Juan Bautista de Toledo begonnen. Juan de Herrera führte das Projekt fort und drückte den Bauten sein unverwechselbares Siegel auf: die klassische Strenge. Zwei Brände, 1660 und 1665, zerstörten das Schloss, doch Philipp V. ließ es wiederaufbauen. Unter dem Bourbonenkönig Karl III., der die Residenz nach den rationalistischen Prinzipien der Aufklärung erweiterte und ordnete, fügte Francesco Sabatini zwei Seitenflügel an, die einen weiten Paradeplatz bilden. Die Hauptfassade des Palastes ist vom Renaissancestil Herreras bestimmt, doch der barocke Einfluss seiner Nachfolger ist deutlich spürbar.

Die **Innenräume** sind mit wertvollen Teppichen, Möbeln, Porzellanen, Uhren, Gemälden und anderen Kunstgegenständen ausgestattet. Beachtenswert sind die großzügige, von Giacomo Bonavia angelegte Treppe, die königliche Kapelle von Sabatini, der mit Samt ausgekleidete Thronsaal und als Höhepunkt der **Porzellansaal** (Sala de China), üppig mit Porzellantafeln aus den Madrider Buen-Retiro-Werkstätten geschmückt, auf denen in feiner Malerei chinesische Szenen dargestellt

sind. Weitere bemerkenswerte Räume sind der Arabische Salon und der mit Reispapiermalereien ausgestattete Salon der Infanten (Sala de Papeles Chinos). Die künstlerische Ausschmückung der Räume oblag den Malern Giordano, Mengs, Bayeu und Maella.

Plaza de Parejas | April–Sept. Di.–So. 10–19, Okt.–März Di.–So. 10–18 Uhr | Eintritt: 9 €, Mi. u. So. für EU-Bürger ab 15 Jahren frei
www.patrimonionacional.es

Stimmungsvoller Lustgarten

Parkanlagen

Die Gärten von Aranjuez sind zu Recht berühmt. Sie umgeben den Palast und säumen mit ihren uralten Bäumen das Tajo-Ufer. Die monumentalen **Wasserspiele** (fuentes monumentales) werden zwischen April und Oktober i.d.R. ab 11.30 bzw. 12 Uhr (im Jardín del Príncipe) angestellt.

Südlich der Plaza de San Rusiñol erstreckt sich der **Jardín de Isabel II**, die Lieblingspromenade der Bourbonenkönigin. An der Ostseite des Schlosses ließ Philipp V. 1726 das sog. **Parterre** im französischen Stil anlegen. Darin liegt der schöne Park **Jardín de las Estatuas** aus der Zeit Philipps II., in dem neben Büsten römischer Kaiser auch Götter- und Heldenfiguren aufgestellt sind.

Der **Jardín de la Isla** auf einer künstlichen Insel im Tajo ist der älteste Garten von Aranjuez. Isabella die Katholische ließ hier eine Huerta in

Man erahnt die stillen Tage von Aranjuez ....

eine Gartenanlage umwandeln, die unter Philipp II. erweitert wurde. Am Tajo führt eine dichte Platanenallee entlang.
Der größte und schönste der Gärten ist der **Jardín del Príncipe** nordöstlich des Palasts. Er wurde 1763 auf Veranlassung Karls III. vom französischen Gartenbaumeister Pablo de Boutelou gestaltet, der schon das Parterre geschaffen hatte. Außer einigen Brunnen und den teilweise exotischen Pflanzen ist hier besonders die **Casa del Labrador** (»Haus des Landmanns«) im östlichsten Bereich des Gartens sehenswert, ein reizendes Schlösschen, das 1803 von Isidro González Velázquez für Karl IV. errichtet wurde. Die Fassade ist mit Statuen antiker Helden geschmückt, die Innenräume sind prachtvoll im Louis-Seize- und im Empirestil ausgestattet. Das **Museo de Falúas Reales** zeigt verschiedene königliche Barken wie die besonders prächtige neapolitanische Barke für Karl II.

Gärten: tgl. ab 8 Uhr, Schließzeiten variabel | frei

Eine Landpartie

Chinchón

Am Wochenende zieht es viele Madrilenen in die 21 km nordöstlich von Aranjuez gelegene Kleinstadt Chinchón (753 m). Sie locken der hier produzierte Anisschnaps und die ländlichen Gasthöfe. Außerordentlich schön ist die **Plaza Mayor**, umschlossen von Häusern mit bis zu dreistöckigen offenen Galeriegängen.

ARANJUEZ ERLEBEN

OFICINA DE TURISMO

Plaza de San Antonio, 9
Tel. 918 91 04 27
http://visita.aranjuez.es

1 CASA PABLO €€

Unverfälschte kastilische Küche mit moderner Note. Typische Gerichte seit der Eröffnung 1941 sind Fischsuppe (»sopa de pescado«), Kutteln (»callos«) und Schnecken (»caracoles«).
Calle del Almíbar, 42
Tel. 918 91 14 51

1 NH COLLECTION PALACIO DE ARANJUEZ €€€–€€

Das in einem geschichtsträchtigen Gebäude (18./19. Jh.) eingerichtete Vier-Sterne-Haus liegt im historischen Zentrum der Stadt. Breites Preisgefüge, oft gute Online-Angebote.
Calle San Antonio, 22
Tel. 918 09 92 22
www.nh-collection.com

ARANJUEZ
300 m
©BAEDEKER
Madrid
Ocaña, Toledo
Jardín de la Isla
Tajo
Casa de Marinos
Pradera
Casa del Labrador
Jardín del Príncipe
Reina
Estación
Plaza de Armas
Palacio Real
Plaza de las Parejas
Plaza de San Antonio
Plaza de S. Rusiñol
Príncipe
Infantas
Alpagés
Moreras
San Antonio
Teatro
Mercado
Ayuntamiento
Rey
Foso
Palacio de Medinaceli
Florida
Andalucía
Capitán
Convento de San Pascual
Plaza de Toros

1 Jardín del Parterre
2 Jardín de Isabel II
1 Casa Pablo
1 NH Collection Palacio de Aranjuez

ASTORGA

Provinz: León | **Höhe:** 869 m ü. d. M. | **Region:** Castilla y León
Einwohner: 10 400

Die Stadt mag eher klein sein, doch reich an Geschichte und Monumenten. Hier machen Jakobspilger seit dem Mittelalter Station. Die beste Ansicht bietet sich von dem Sträßchen, das am nüchternen Busbahnhof vorbeiführt: auf Stadtmauern, Kathedrale und den Bischofspalast von Antoni Gaudí. Ein fantastisches Ensemble!

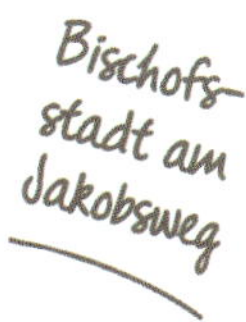

Schon Plinius d. Ä. nannte das römische **Asturica Augusta** »urbs magnifica«, prächtige Stadt, denn hier trafen sich Handelswege und Heerstraßen der römischen Provinz. Noch heute umspannen (restaurierte) spätrömische Mauern einen Teil der Bischofsstadt. Der Blick reicht hinaus auf die Montes de León. Der hiesige Landstrich heißt Maragatería, seine Bewohner sind die Maragatos.

Volk der Händler und Fuhrleute

Maragatería

Nordwestlich von Astorga leben in etwa 30 Dörfern am Südosthang der Montes de León Nachfahren der einst in ganz Spanien als Fuhrleute tätigen **Maragatos**. Deren Herkunft wird in Nordafrika vermutet. Sie kamen im Gefolge der Mauren nach Spanien und vermischten sich mit den Westgoten. Ab und an legen ihre Nachfahren an Festtagen die traditionelle Tracht mit Pluderhose, Schärpe und Weste an.

Wohin in Astorga und Umgebung?

Neogotikpalast des berühmten Gaudí

Palacio Episcopal

Das bekannteste Bauwerk ist der 1889 begonnene Bischöfliche Palast schräg gegenüber der Kathedrale, der unverkennbar die Handschrift des berühmten katalanischen Modernisme-Architekten Antoni Gaudí trägt. 1913 von einem Gaudí-Nachfolger fertiggestellt, beherbergt er das **Museo de los Caminos** (Museum des Jakobsweges), das aber nur zum Teil das Pilgerwesen anhand von Skulpturen thematisiert. Hier ist auch eine archäologisch-historische Abteilung untergebracht.
Interessant ist auf jeden Fall die Architektur der Räume – samt Hauskapelle und Thronsaal für den Bischof, doch ein solcher ist kurioserweise nie eingezogen. Ein Beispiel für gigantische Geldverschwendung des Klerus.

Mai – Okt. tgl. 10 – 14 u. 16 – 20, Nov. – April tgl. 10 – 14 und 16 – 18.30 | Eintritt 6 € | www.palaciodegaudi.es

Der Modernisme hat auch in Astorga seine Spuren hinterlassen, wie der Bischofspalast von Gaudí zeigt

Kreuzessplitter

Catedral

Die zweitürmige Kathedrale mit Elementen aus Spätgotik und Barock (15.–18. Jh.) trägt an ihrer Hauptfassade drei platereske Portale mit Reliefs aus dem Leben Christi. Den Hochaltar schmückt ein Retablo von Gaspar de Hoyos und Gaspar de Palencia von 1562 mit wertvollen Holzschnitzereien von Gaspar Becerra. Am überreich beschnitzten Chorgestühl von 1551 arbeitete u. a. Hans von Köln.

Im **Museo Diocesano** (Diözesanmuseum) wird ein wertvoller Kirchenschatz gezeigt, darunter ein von König Alfons III. (866–910) gestiftetes, mit vergoldetem Silber beschlagenes Kästchen, ein Reliquienschrein mit einem Splitter vom Kreuz Christi und ein Kelch aus dem 11. Jh.

Tgl. 10/10.30–18/20.30 Uhr (bei Messen kein Besuch der Kathedrale)
Eintritt 7 € | http://catedralastorga.com

Man beachte das Glockenspiel

Casa Consistorial

An der arkadenumgebenen Plaza Mayor steht die Casa Consistorial (**Rathaus**) aus dem 17. Jh.; sie ist bemerkenswert wegen ihrer Uhr, deren Glockenspiel zwei Maragatos-Figuren schlagen.

Unverfälschte Natur am Jakobsweg

Cruz de Ferro

Das 50-km-Stück bis ▶ Ponferrada durch nahezu unverfälschte Natur zählt zu den schönsten Abschnitten des Jakobswegs und ist

ASTORGA ERLEBEN

OFICINA DE TURISMO
Plaza de Eduardo de Castro, 5
Tel. 987 61 82 22
http://turismoastorga.es

Überall in der in der Innenstadt Astorgas gibt es **Konditoreien**, die schmackhaftes Schmalzgebäck (»mantecadas«) und Blätterteiggebäck (»hojaldres«) verkaufen.

Um die **Plaza Mayor** findet dienstags ein stimmungsvoller **Markt** statt (8–14/14.30 Uhr).

HOTEL GAUDÍ €€
Von vielen Zimmern des modernen, komfortabel ausgestatteten Hauses hat man einen schönen Blick auf das Bischöfliche Palais und die Kathedrale. Mit Restaurant.
Plaza de Eduardo de Castro, 6
Tel. 987 61 56 54
http://gaudihotel.es

auch für Motorisierte gut erkundbar, denn das Sträßchen hält sich nah am Pilgerpfad. Mitunter geht es für Pilger auch über den Asphalt. Zwischenziel aller ist das **Cruz de Ferro**, das legendäre »Eisenkreuz« auf über 1500 m in einem Steinhaufen, der von Pilgern kontinuierlich vergrößert wird.

Deftig
Auf dem Weg dorthin führt ein Schlenker durch das rostrote Steindorf Castrillo de los Polvazares (5 km westl. von Astorga), bekannt für seinen deftigen Eintopf Cocido maragato.
Pittoresk ist auch ein Dorf hinter dem Abstieg bzw. der Abfahrt vom Cruz de Ferro: **El Acebo** (1150 m) mit seiner schmalen Straßenschneise samt Holzbalkonen und schiefergedeckten Häusern.

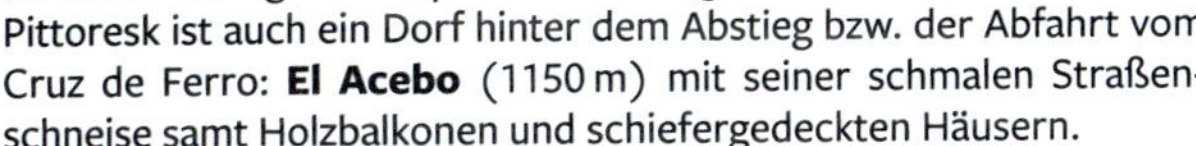

Castrillo de los Polvazares

★★ ÁVILA

Provinz: Ávila | **Höhe:** 1128 m ü. d. M. | **Region:** Castilla y León
Einwohner: 57 700

Welch ein Rückgrat aus Mauerwirbeln! Bereits aus der Ferne kündigt sich Ávila mit seinem Wahrzeichen an, einem gigantischen Ringwall aus dem Mittelalter. Diese Stadtmauern umschließen unverändert einen großen Teil der verwinkelten Altstadt und stehen auf der UNESCO-Liste des Weltkulturerbes.

Geburtsort der Nationalheiligen

Ávila ist Spaniens höchstgelegene Provinzhauptstadt, von hohen Gebirgen umgeben und nur nach Norden offen. Das Klima ist oft rau, doch was macht das schon, wenn es so viel zu entdecken gibt? Romanische Kirchen und gotische Herrenhäuser fügen sich harmonisch ins Stadtbild, überall spürt man eine ganz eigene Atmosphäre.
Ávila ist zudem eine Hochburg des Kunsthandwerks, vor allem Leder und Keramik, und natürlich **Wallfahrtsziel**: Hier ist der Geburtsort der heiligen Teresa, der spanischen Nationalheiligen.

Römer, Mauren und christliche Ritter

Geschichte

Ein Blick ins Geschichtsbuch zeigt römische Wurzeln. Nach dem Einfall der Mauren (714) war die Stadt über 300 Jahre lang abwechselnd unter maurischer und christlicher Herrschaft, bis sie 1085 von Alfons VI. endgültig eroberte. Die hierher ziehenden Adligen brachten der Stadt den Namen »Ávila de los Caballeros« (»Ávila der Ritter«) ein.

- 1 Fuente del Sol
- 2 Casa de Aguila
- 3 Casa de los Verdugos
- 4 Humilladero
- 5 Casa de Velada
- 6 Santa Teresa
- 7 La Magdalena
- 8 Puerta del Alcázar
- 9 Las Nieves
- 10 Palacio Episcopal
- 11 Torréon de los Guzmanes
- 12 Casa de Núñez Vela
- 13 Puerta de la Malaventura
- 14 Puerta del Puente
- 15 Puerta del Carmen
- 16 Puerta del Mariscal

Restaurants:
1. Gloria Bendita
2. Mesón del Rastro

Hotels:
1. Parador de Ávila
2. Palacio Valderrábanos

ÁVILA ERLEBEN

CENTRO DE RECEPCIÓN DE VISITANTES

Avenida de Madrid, 39
Tel. 920 35 00 00
www.avilaturismo.com

FIESTAS SANTA TERESA

Großes Stadtfest zu Ehren der hl. Teresa mit Konzerten, Stierkämpfen und Feuerwerk.
1 Woche rund um den 15. Oktober

Rund um die **Plaza del Mercado Chico** (Plaza Mayor) gibt es alles, was der Mensch (und Tourist) braucht.
Die von Produkten der Region überquellende Markthalle **Mercado de Abastos** östlich davon ist ab Calle Comuneros de Castilla oder Calle Tomás Luis de Victoria zugänglich.

1 GLORIA BENDITA €€€–€€

Das Restaurant liegt in der Spitzengruppe empfehlenswerter Einkehradressen in Ávila. Die schönen Blicke auf die Stadtmauer gibt's obendrauf.
Bajada de la Losa, 2
Tel. 920 23 80 50
www.gloriabenditaavila.com

2 MESÓN DEL RASTRO €€€–€€

Wer's deftig liebt, sollte hier einkehren – Spezialität Bohnengericht (»judías«). Hier bekommt man gutes Essen zum fairen Preis. Fleischfans ordern das T-Bone-Steak (Chuletón de Ávila)..
Plaza del Rastro, 1
Tel. 920 21 12 18
http://elrastroavila.com

1 PARADOR DE ÁVILA €€€€–€€

Der ruhig gelegene Parador mit 61 gut ausgestatteten Zimmern wurde auf den Resten eines Renaissance-Palasts aus dem 16. Jh. errichtet. Hier gibt es auch ein gutes Restaurant. Schöne Blicke auf Garten und Stadtmauer.
Calle Marqués Canales de Chozas, 2; Tel. 920 21 13 40
www.parador.es

2 PALACIO VALDERRÁBANOS €€€–€€

Die noble Herberge in der Nähe der Kathedrale befindet sich in einem Herrenhaus aus dem 14. Jh. Hinter der stellenweise museal wirkenden historischen Fassade verstecken sich modernisierte Zimmer.
Plaza de la Catedral, 9
Tel. 920 21 10 23
www.granhotelpalaciodevalderrabanosavila.com

Mystikerin und Ordensreformerin

Heilige Teresa von Ávila

Die hl. Teresa gilt als die größte christliche Mystikerin und prägte mit ihren theologischen Werken nachhaltig die spanische Sprache. Sie wurde als Teresa de Ahumada am 28. März 1515 in der Stadt geboren

Ein unvergesslicher Anblick: die Mauern von Ávila bei Nacht,

und trat 1535 dem Bettelorden der **Karmeliter** im Monasterio de la Encarnación in Ávila bei. Nach schwerer Krankheit erlebte sie mystische Zustände und **Visionen**, die sie schließlich 1560 zu dem Gelübde veranlassten, nach dem Vollkommenen zu streben und die Ordensregeln vollständig zu beachten. Sie wurde damit zu einer der Hauptverfechterinnen der katholischen Reform, die sich gegen die Dekadenz der Kirche im 16. Jh. wandte. Unterstützt von **Juan de la Cruz** (Johannes vom Kreuz) reformierte sie ihren Orden und gründete mehrere Klöster der »Unbeschuhten Karmeliterinnen«. 1622, 40 Jahre nach ihrem Tod am 4. Oktober 1582 in Alba de Tormes (▶ S. 411), wurde sie heiliggesprochen; Papst Paul VI. ernannte sie 1970 als erste Frau in der Kirchengeschichte zur Kirchenlehrerin.
Die mit ihr verbundenen Stätten in Ávila kann man auf dem »Rundgang der Teresa« **Itinerario Teresiano** erkunden (Infos im Touristenbüro). Am 15. Oktober wird ihr **Festtag** begangen (▶ S. 69).

Ein besonderer Heiligenkult

Gebäck und Souvenirs

Die Spanier pflegen ein »entspanntes« Verhältnis zu ihren Heiligen. Wen wundert's da, dass man überall in der Stadt der hl. Teresa begegnet, in Souvenirläden und sogar beim Bäcker – in Gestalt des süßen runden, orangegelben Gebäcks **Yemas de Santa Teresa**.

am besten zu genießen vom Mirador de los Cuatros Postes (Im Vordergrund).

Innerhalb der Stadtmauer

Stadtmauer

Befestigungswerk gegen die Mauren

Nach ihrer Rückeroberung wurde die Stadt zu einem wichtigen Teil einer Befestigungslinie gegen die Mauren ausgebaut. Im Auftrag seines Schwiegervaters Alfons VI. ließ Raimundo de Borgoña 1090–1099 von maurischen Gefangenen die gewaltige Stadtmauer errichten. Das zinnenbesetzte Werk, u. a. aus römischen Resten, ist 2557 m lang, durchschnittlich 12 m hoch und 3 m dick (▶ Baedeker Wissen, S. 72). 88 halbrunde Türme im Abstand von 20 m sorgen für einen imposanten Anblick, besonders vom westlich des Orts an der Straße nach Salamanca liegenden **Mirador** (Aussichtspunkt; Calle Cuatro Postes). Neun Tore gewähren Einlass. Die mächtigsten sind die **Puerta de San Vicente** (Nordosten) und die noch römische Quader aufweisende **Puerta del Alcázar** an der Südostseite; zwischen beiden fällt besonders die »Cimorro« genannte Apsis der Kathedrale auf, die als größter Festungsturm Teil der Verteidigungsanlage ist.

Besucherzugänge: Puerta del Alcázar, Carnicerías, Puente Adaja
Ende März - Ende Juni u. Sept./Okt. tgl. 10 - 20, Juli/Aug. tgl. 10 - 15 u. 17 - 23, Nov. - Ende März Di. - So. 10 - 18 Uhr | Eintritt: 5 €
http://muralladeavila.com

EIN STEINERNES BAND

Wegen seiner gewaltigen Befestigungsanlage gehört Ávila heute zum UNESCO-Welterbe – die Wehranlage zählt zu den weltweit besterhaltenen und vollständigsten mittelalterlichen Stadtbefestigungen des 11. Jahrhunderts..

Aufstiege befinden sich an der Casa de las Carnicerías, an der Puerta de la Adaja und in der Puerta del Alcázar

1 Puerta de la Adaja
Die Westseite des Mauerrings war wesentlich stärker befestigt als ihre Süd- und Nordflanke.

2 Puerta de San Vicente
Dieses Tor gehört mit dem baugleichen Alcázar-Tor zu den wichtigsten Zugängen der Stadt. Beide Tore haben jeweils 20 m hohe Türme mit 13 m Vorsprung. Überspannt werden sie von einer kleinen Brücke mit Wehrgang, von wo aus das Tor zusätzlich verteidigt werden konnte.

3 Puerta del Alcázar

4 Südmauer
Die gesamte Südmauer ist schwächer befestigt als die übrigen drei Seiten der Stadtbefestigung. Durch das steil abfallende Gelände war wohl eine aufwendige Befestigung im Süden nicht erforderlich. Die Mauern und Türme sind niedriger. Letztere springen auch nicht so wuchtig aus der Mauerflucht heraus.

5 Puerta del Rastro
Auf der Puerta del Rastro thront ein balkonartiger Bogen, der bei Wiederaufbaumaßnahmen im 16. Jh. errichtet wurde.

6 Puerta de la Malaventura
Durch das kleine Tor in der Südmauer, dessen spanischer Name »Unglückliches Abenteuer« bedeutet, ritten einst sechzig Ritter aus, um sich als Geiseln während einer Belagerung auszuliefern. Auf königlichen Befehl wurden sie, so jedenfalls die Legende, ermordet und ihre Köpfe in Öl gesotten.

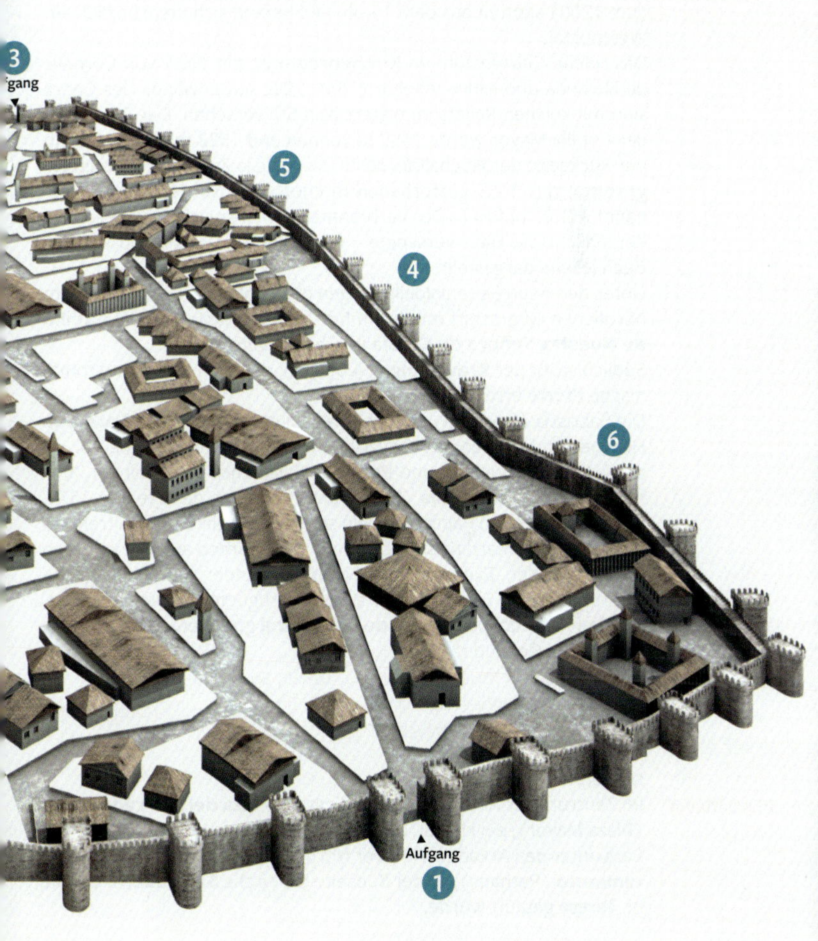
3
5
4
6
Aufgang
1
BAEDEKER

Catedral de San Salvador

Teil der Verteidigungsanlage

In den östlichen Mauerring hineingebaut wurde die mächtige Catedral de San Salvador, 1091 begonnen und im 14. Jh. vollendet. Von den beiden Türmen ihrer Westfassade ist nur der nördliche (14. Jh.) ausgebaut. Das Portal von Juan Guas (15. Jh.) wurde 1779 verändert. Der Figurenschmuck des »Apostelpforte« genannten **Nordportals** (um 1200) stammt aus dem 15. Jh. und befand sich ursprünglich am Westportal.

Das reiche Chorgestühl im **Kirchenraum** ist ein Werk von Cornelis de Holanda und Isidro Villoldo (1544). Die Außenwände des Chors sind mit reichen Reliefs im plateresken Stil versehen. Der Retablo in der Capilla Mayor wurde 1499 begonnen und 1522 fertiggestellt. An der Rückseite des Hochaltars schuf Vasco de la Zarza das **Alabastergrabmal** des 1455 gestorbenen Bischofs Alfonso de Madrigal, genannt »El Tostado« (»Der Verbrannte«), weil er sich beim Lesen bei Kerzenlicht die Haut versengte – folgerichtig ist er sitzend und ein Buch lesend dargestellt.

Unter den neun Seitenkapellen ragen die **Capilla de San Antolín** im nördlichen Querschiff mit ihrem herrlichen Retablo und die **Capilla de Nuestra Señora de Gracia** im Chorumgang hervor.

Südlich stößt der **Kreuzgang** (14. Jh.) an, den man durch eine romanische Pforte erreicht.

Die Sacristía (Sakristei) gehört bereits zum **Museo de la Catedral**. Hier bewundert man das Kreuzrippengewölbe, eine Alabaster-Gruppe von Isidoro Villoldo und Pedro de Salamanca sowie eine 1,70 m hohen silberne **Custodia** (Monstranz) von Juan de Arfe von 1571. Im anschließenden Raum fallen ein schönes isabellinisches Gitter und ein Porträt des Kardinals Bracamonte von El Greco auf. Die weiteren Räumen zeigen Exponate aus Silber, Gewänder, Gemälde, große Chorbücher und Skulpturen, u. a. von Berruguete und Juan de Frías.

Um den Kathedralplatz **Plaza de la Catedral** gruppieren sich mehrere historische Gebäude.

Kathedrale und Museum: Mo.–Sa. 10–20, So. 12.30–20 Uhr
Eintritt 6 €, Turmbesteigung (nur nach Buchung auf der Website) 3 €
http://catedralavila.es

Plaza Mayor

Mittelpunkt der Altstadt

Im Zentrum der Altstadt von Ávila liegt die **Plaza del Mercado Chico** (Plaza Mayor), ein kleiner, abgeschlossener Platz mit Geschäften und Bars unter den Arkaden. An ihrer Nordseite steht das hübsche **Ayuntamiento** (Rathaus), an der Südseite die Kirche **San Juan**, in der die hl. Teresa getauft wurde.

Convento de Santa Teresa de Jesús

Wo die hl. Teresa geboren wurde

Im südlichen Bereich der Stadtmauer stand das Geburtshaus der hl. Teresa. An dessen Stelle entstand 1638 die **Kirche** des sich dahinter

anschließenden Klosters der Unbeschuhten Karmeliterinnen, der Convento de Santa Teresa de Jesús. Die verhältnismäßig schlichte barocke Fassade zeigt über dem Portal eine Statue der Heiligen.
Das durch das linke Querschiff zugängliche **Geburtszimmer Teresas** wurde zu einer überschwänglich ausgestatteten Barockkapelle umgestaltet. Das Zentrum des Altars bildet eine reich verzierte, mit Schmuck und kostbaren Stoffen behängte Statue der Mystikerin, die der spanische Bildhauer Gregorio Fernández (um 1576–1636) im Moment der Kreuzesvision darstellte.
Casa Museo de Santa Teresa: April - Okt. Di.-So. 10-14 u. 16-19, Nov. - März Di.-So. 10-13.30 u. 15.30-17.30 Uhr | Eintritt 2 €
www.teresadejesus.com

Schlupfloch

Casa de los Dávila

Ein Stück östlich des Konvents stößt man mit der Casa de los Dávila auf einen der größten Adelspaläste der Stadt. Er besteht aus mehreren Gebäuden und wurde vom 13. bis 15. Jh. an die Stadtmauer angebaut. Die mächtige Familie ließ sich in ihren Palast eine geheime Tür einbauen, durch die sie die nächtllche Schließung der Stadtore umgehen konnte.

Außerhalb der Stadtmauer

Geschwisterliche Märtyrer

San Vicente

Die Basilika San Vicente, nach der Kathedrale bedeutendster Sakralbau der Stadt, wurde Anfang des 12. Jh.s unmittelbar gegenüber der Puerta de San Vicente im Norden an jener Stelle errichtet, an der **der hl. Vicente mit seinen Schwestern Sabina und Cristeta** 306 n. Chr. den Märtyrertod erlitten haben soll.
An der südlichen Längsseite fällt der im 14. Jh. angefügte Säulengang auf, einst war er vermutlich Gerichtsstätte. Das Portal aus der ersten Bauphase zeigt im Gewände eine sehr schöne romanische Verkündigungsgruppe. Eine der feinsten romanischen Skulpturengruppen findet man an dem mit einer Vorhalle versehenen Westportal. Die Säulenstatuen stellen Jesus und die Apostel dar.
Unter der Vierungskuppel überdacht ein Baldachin des 16. Jh.s den Grabschrein der drei Heiligen (Ende 12. Jh.). Die beiden Seitenreliefs zeigen Christus als Pantokrator bzw. die Anbetung der Könige; auf der Frontseite wird in sieben Bildern die Geschichte des hl. Vicente und seiner Schwestern erzählt.
Die Krypta umschließt einen Felsen, auf dem sie gestorben sein sollen. Hier sieht man mehrere Darstellungen der Muttergottes, unter denen die romanische Virgen de la Soterraña herausragt.
Mo., Mi. - Sa. 10 - 18.30, Di. 10 - 13.30 u. 15 - 18.30 Uhr, So. 16-18 Uhr (je nach Messe) | Einttritt 3 € | http://basilicasanvicente.es

Der einzige Sohn

Monasterio de Santo Tomás

Das Dominikanerinnenkloster im Südosten wurde 1483 von María Dávila und Tomás de Torquemada nach dessen Ernennung zum ersten Großinquisitor Spaniens gegründet. Die Katholischen Könige nutzten es auch als Sommerresidenz. Von außen wirkt die Klosterkirche fast abweisend, lediglich Kugelfriese und das Zeichen der Katholischen Könige, Joch und Pfeilbündel, schmücken die Fassade.

Im düsteren Inneren der Kirche stehen sich Hauptaltar und Chorraum auf zwei Emporen gegenüber, die von den Kreuzgängen, also nur für die Mönche, erreichbar waren. Im Chor tagten die Tribunale der Inquisition, von hier aus verfolgten die Katholischen Könige die Messe. Das um 1499 entstandene Retablo des Hauptaltars stellt das Leben des Thomas von Aquin dar und ist das Hauptwerk von Pedro de Berruguete. Unter der Vierungskuppel erkennt man das prächtige **Grabmal des Infanten Don Juan**, des einzigen, 1497 mit 19 Jahren verstorbenen Sohns des Königspaares Ferdinand II. und Isabella I. Der Florentiner Künstler Domenico Fancelli schuf 1510–1513 die Grablege und die alabasterne Liegefigur. Das Kloster besitzt drei Kreuzgänge. Der einfachste ist der Claustro del Noviciado (Kreuzgang der Novizen), durch den man in den Claustro del Silencio (Kreuzgang des Schweigens) gelangt, von wo eine Treppe zum Chorgestühl führt. Prächtig ist der doppelstöckige Claustro de los Reyes (Kreuzgang der Könige).

Pl. de Granada, 1 | Sept.–Juni tgl. 10.30–14 u. 15.30–19.30, Juli/Aug. tgl. 10.30–21 Uhr | Eintritt 4 € | http://monasteriosantotomas.com

Ordenskloster mit Museum der hl. Teresa

Real Monasterio de la Encarnación

Teresa de Ávila (1515–1582) verbrachte 29 Jahre ihres Lebens im Kloster La Encarnación (»Menschwerdung«) nordwestlich der Mauer, dessen Priorin sie war. Über ihrer Zelle wurde 1630 eine Kapelle errichtet. Das **Museum** bewahrt Andenken an die Heilige.

Paseo de la Encarnación, 1 | Di.–Sa. 10-14 u. 16–18.30, So. 10–15 Uhr Eintritt 6 €, Mi.- u. Do.-nachm. frei

Rund um Ávila

Steinerne Stiere

Toros de Guisando

Die N-403 führt nach Süden über den Puerto de Paramera (1416 m) und **El Tiemblo** (689 m) nach gut 50 km zum Kloster **San Jerónimo de Guisando** (14. Jh.), wo Isabella die Katholische 1468 zur Königin proklamiert wurde. Nicht weit vom Kloster stehen auf einer Wiese die berühmten »Toros de Guisando«, vier keltiberische **Steinskulpturen** aus Granit in Stierform (3./4. Jh. v. Chr.).

www.monasteriodeguisando.es | Stiere: meist nur Fr.–So ab 10 Uhr Eintritt 2 € | www.torosdeguisando.org

In Reih und Glied stehend und streng nach Norden ausgerichtet sind die Toros de Guisando aus keltiberischer Zeit.

Ausflug ins ländliche Kastilien

Arévalo

Wer die ursprüngliche ländlich-kastilische Atmosphäre schnuppern möchte, sollte einen Ausflug ins 38 km nördlich an der Mündung des Río Arevalillo in den Río Adaja gelegene Arévalo unternehmen, um dort die **Plaza de la Villa** zu genießen: weitläufig, hell gepflastert und gesäumt von alten Häusern, deren oberes Stockwerk, von Holz- oder Steinsäulen gestützt, weit hervorspringt und schattige Arkadengänge schafft. An der Ostseite ragen die beiden Mudéjar-Türme der Kirche **San Martín** empor. Sie stammt aus dem 13.–14. Jh. und besitzt in der Vorhalle Reste romanischer Malereien. In der über dem Río Adaja am Nordwestrand der Stadt errichteten **Burg** (14. Jh.) verbrachte Isabella die Katholische ihre Kindheit.

2 km südlich von Arévalo erkennt man auf einem Hügel die Überreste eines der einst schönsten kastilischen Mudéjar-Bauwerke, der Kirche **La Lugareja**. Nur Apsis und Querschiff sind von dem Bau erhalten, der auf ein im 13. Jh. wiederaufgebautes westgotisches Kloster zurückgeht.

BADAJOZ

Provinz: Badajoz | **Höhe:** 183 m ü. d. M. | **Region:** Extremadura
Einwohner: 153 600

Südlicher Charme, die Grenznähe zu Portugal, die Lage auf einem niedrigen Höhenrücken an den Ufern des Río Guadiana – Badajoz hat ein ganz eigenes Gepräge und liegt fern ausgefahrener Touristenrouten.

Tor nach Portugal

Badajoz, das römische Colonia Pacensis, verdankt seinen Namen den **Mauren**, die es Badaljóz nannten. Nach dem Untergang des Kalifats von Córdoba gründeten die muslimischen Aftassiden hier ein kleines Königreich, dem Alfons IX. von León 1229 ein Ende bereitete. Durch die Lage 4 km von der Grenze zu Portugal wurde Badajoz immer wieder mit Krieg überzogen und besetzt. Heute herrscht tiefer Friede.

Es wird Abend über der Plaza Alta von Badajoz. Man schaut dem Sonnenuntergang zu.

BADAJOZ ERLEBEN

OFICINA MUNICIPAL DE TURISMO
Paseo de San Juan, s/n
Tel. 924 22 49 81
http://turismo.aytobadajoz.es

Der **Carnaval de Badajoz** im Februar bzw. März ist einer der lebhaftesten in ganz Spanien.

EL ALMA DEL GENIO €€€–€€€€
Das originelle Interieur ist nur Beigabe zur viel gerühmten, ideenreichen Fusionsküche.
Calle Bartolomé José Gallardo, 4
Tel. 924 10 65 95
http://elalmadelgenio.com
So.–Di. geschl.

PAPABUEY €€€–€€
Wer Fleischeslust verspürt, darf sich hier bestens aufgehoben fühlen: bei hervorragenden Grillgerichten. Zur kulinarischen Einstimmung bieten sich luftgetrocknetes Rindfleisch (cecina) oder Blutwurst (morcilla) an.
Calle Vicente Barrantes, 5
Tel. 924 18 15 93

GRAN HOTEL ZURBARÁN €€
Modernes Vier-Sterne-Haus im Zentrum mit attraktiven Preisen
Gómez de Solís, 1
Tel. 924 00 14 00
www.sercotelhoteles.com

BADAJOZ CENTER €€
Die Standardzimmer sind nicht allzu groß, doch modern und ordentlich. Im Sommer mit Pool- und Terrassenbereich. Stärken kann man sich im Restaurant-Café La Torre.
Avenida Damián Téllez Lafuente, 19; Tel. 924 21 20 00
www.hotelescenter.es

Wohin in Bajadoz und Umgebung?

Maurische Festung

Alcazaba

Im Nordosten der Stadt erhebt sich die Alcazaba, einst Sitz der maurischen Herrscher, heute öffentlicher Park. Bemerkenswert ist die achteckige **Torre de Espantaperros** (Torre del Apéndiz), ein unter den Almohaden erbauter zinnenbekränzter Festungsturm, von dem man einen weiten Ausblick auf den Río Guadiana und die Extremadura hat. Zur Alcazaba gehört der Palast der Herzöge von Roca, in dem das **Museo Arqueológico** eingerichtet ist.

Museo Arqueológico: Plaza José Alvarez y Sáenz de Buruaga
Di.–Sa. 9–15, So. 10–15 Uhr | Eintritt frei

Ein Maler aus Badajoz

Catedral de San Juan

An der Plaza de España in der Altstadt erhebt sich die **Kathedrale San Juan Bautista**, eine 1232–1284 errichtete, festungsartige dreischiffige

Basilika. Die neue Fassade wurde in der Renaissance vollendet; das Portal stammt von 1619. Innen fällt ein großer Renaissancechor von Jerónimo de Valencia mit schönem Gestühl auf. Unter den zwölf Kapellen stechen die Capilla de Santa Ana und die Capilla de los Duques hervor, in denen Gemälde des in Badajoz geborenen Malers Luis de Morales (um 1509–1586) hängen. Sechs flämische Tapisserien schmücken die Sakristei.
Im **Diözesanmuseum** (Museo de la Catedral Metropolitana) sind u. a. Bilder von Luis de Morales zu bewundern.
Museo de la Catedral Metropolitana: Calle San Blas, 1 | Di.–Sa. 10.30–13.30 u. 17–19 Uhr | Eintritt 4 € | http://catedraldebadajoz.es

Gemälde und Skulpturen

Museo Provincial de Bellas Artes

Das Provinzmuseum der Schönen Künste (Museo Provincial de Bellas Artes, MUBA) besitzt eine beachtliche Sammlung, darunter Gemälde von Luis de Morales und Francisco de Zurbarán.
Duque de San Germán, 3 | ganzjährig Di.–So. 10–14, Juni–Aug. zusätzl. 18–20, Sept.–Mai 17–19 Uhr | Eintritt frei | http://muba.badajoz.es

Auf römischen Fundamenten

Puente de Palmas

Vom Museum führt die Calle Santa Lucía zum Ende des 16. Jh.s erbauten, mit Zinnen bekrönten Stadttor **Puerta de Palmas**. Hier beginnt die 1596 vollendete, auf römische Fundamente gesetzte Granitbrücke Puente de Palmas, die den Río Guadiana auf 582 m Länge mit 32 Bogen überspannt.

Durch die südliche Extremadura

Aus der Extremadura in die Neue Welt

Go West!

Die meisten **Konquistadoren** stammten aus der Extremadura und verübten in der »Neuen Welt« Mittel- und Südamerikas barbarische Gräueltaten. Der kargen Extremadura-Landschaft müssen die Menschen bis heute alles abringen – kein Wunder, dass dies im 16. Jh. für viele Grund genug war, ihr Glück in der Neuen Welt zu suchen.

Stadt der Tempelritter und Eroberer

Jerez de los Caballeros

Jerez de los Caballeros (N-435; 60 km südöstl.) verdankt seinen Namen dem Orden der Tempelritter, die es 1229 den Mauren abrangen. Hier wurde **Vasco Núñez de Balboa** (1475–1519) geboren, der als erster Europäer die Landenge von Panama durchquerte und den Pazifischen Ozean erreichte, und **Hernán de Soto** (1496–1542), der an Francisco Pizarros Eroberung von Peru teilnahm und später Florida und den Südosten der heutigen USA bis zum Mississippi erkundete. Die Bedeutung der Stadt drückt sich auch in den vielen aus dem 16. Jh. stammenden Häusern rund um die Plaza Mayor aus.

Die **Fortaleza Templaria** (Burg der Tempelritter) erstreckt sich auf einem Hügel am südöstlichen Stadtrand. Als eine päpstliche Bulle die Auflösung des Ordens verkündete, leisteten die Ritter von Jerez den Truppen Ferdinands IV. erbitterten Widerstand. In der Torre Sangrienta (»Blutiger Turm«) wurden die überlebenden Templer nach Eroberung ihrer Burg hingerichtet.
Santa María unterhalb der Burg, älteste Kirchengründung der Extremadura, geht auf einen 559 geweihten westgotischen Bau zurück. Weithin sichtbar ragt der Turm der Kirche **San Miguel** von 1749 aus dem Stadtzentrum hervor. Ein Ziegelsteinkörper ist Basis für mehrere reich skulptierte Turmstockwerke.
Als Pendant zum Turm San Miguels erhebt sich **San Bartolomé** über die Oberstadt, begonnen im 16. Jh. – mit blauem und gelbem Glas sowie blauen Azulejos deutlich spielerischer.
Oficina de Turismo: Plaza San Agustín, 1 | Tel. 924 73 03 72
http://jerezcaballeros.es

Südspanisches Flair

Zafra

Wer ganz typische Atmosphäre erleben will, sollte das Städtchen Zafra östlich von Jerez de Caballeros besuchen. Die palmenbestandene, von Häusern aus dem 18. und 19. Jh. umgebene Plaza Grande und die

Noch ist ein Tisch frei an der Plaza Grande in Zafra.

verträumte, arkadengesäumte Plaza Chica verbreiten südspanisches Flair. Beeindruckendstes Bauwerk ist der gotische **Alcázar** der Herzöge von Feria (15./16. Jh.), Beispiel eines altspanischen Adelsschlosses maurischen Ursprungs. Die Festung dient heute als stilvolles Parador-Hotel.

Die Kirche **La Candelaria** nördlich der Festung, 1546 begonnen, besitzt einen 1644 von Francisco de Zurbarán bemalten Retablo und ein kleines sakrales Museum.

Oficina de Turismo: Plaza de España, 8 | Tel. 924 55 10 36
http://zafra.es | **Parador:** http://paradores.es

Heimat des großen Barockmeisters

Fuente de Cantos

Der große Barockmaler **Francisco de Zurbarán** (1598–1664) stammt aus Fuente de Cantos 25 km südl. von Zafra. Sein Geburtshaus ist heute Museum.

Casa-Museo Francisco de Zurbarán: Calle Águilas, 37
Di.–Fr. 17–21, Sa., So. 10.30/11–13.30 Uhr | Eintritt frei

Zeugin portugiesischer Vergangenheit

Olivenza

Dass das 26 km südwestlich von Badajoz gelegene Olivenza auch **Stadt des Emanuelstils** genannt wird, liegt an der portugiesischen Vergangenheit. Da es bis 1801 zu Portugal gehörte, dominiert dieser sonst in Spanien kaum verbreitete, nach König Emanuel I. von Portugal (reg. 1495–1521) benannte prunkvolle Architekturstil. Er vereint maurisch-spätgotische Elemente mit der frühen Renaissance und von den Eroberungen in Amerika und Asien inspirierte Formen, wie exotische Pflanzen, Korallen, Muscheln, Seemannsknoten und -taue).

Schöne Beispiele sind die Kirche **Santa María Magdalena** (16. Jh.), deren Kreuzrippengewölbe schiffstauähnliche Säulen tragen, und das Portal des **Rathauses**, an dem zwei steinere Armillarsphären die Geltung Portugals als Seefahrernation und Weltmacht symbolisieren.

Die Kirche **Santa María del Castillo** bewahrt in ihrer linken Seitenapsis einen gotischen Flügelaltar mit Stammbaum der Jungfrau Maria. Der rechte Seitenaltar ist emanuelinisch. Bei der Kirche erhebt sich als Rest der 1306 begonnenen **Burg** der wuchtige Bergfried (mit Ethnografischem Museum).

Die **Santa Casa de Misericordia**, ein dicht außerhalb der Stadtmauer beim Stadttor Puerta de los Ángeles gelegenes ehem. Hospital, überrascht durch eine verschwenderisch mit portugiesischen Azulejos (Kacheln) ausgestattete Kapelle.

Oficina de Turismo: Plaza de San Juan de Dios, Paseo Pizarro, 24
Tel. 924 49 01 51 | www.turismodeolivenza.com
Museo Etnográfico González Santana: Plaza de Santa María |
Mai–Sept. Di.–Fr. 10.30–14 u. 17–20, Sa. 10–14.15 u. 17–20, So. 10–14.15, Okt.–April nachm. jew. 16 –19 Uhr | Eintritt 2,50 € | http://museodeolivenza.com

Ein Gedicht in Stein – der Palacio de Jabalquinto in Baeza

★ BAEZA UND ★ ÚBEDA

Provinz: Jaén | **Region:** Andalusien | **Höhe:** 760 · 743 m ü. d. M.
Einwohner: 15 800 bzw. 34 100

»Land um Baeza, von dir werde ich träumen, wenn ich dich nicht mehr sehe«, schwärmte der andalusischen Dichter Antonio Machado (1875–1939), der hier eine Zeit lang Französisch lehrte. Unerwähnt bleibt in diesem Zitat die Schwesternstadt Úbeda, ein weiteres »Freilichtmuseum der Renaissance«.

Renaissance-Perlen

Baeza und Úbeda sind städtebauliche Perlen, die auf der Liste des **UNESCO-Welterbes** stehen. Warum eigentlich solch eine gebündelte Pracht in den entlegenen Winkeln der Provinz Jaén?

Geschichte

Adliger Wohlstand

Alles begann mit der **Reconquista**, nach deren erfolgreichem Abschluss Mitte des 13. Jh.s sich die alten maurischen Siedlungen zum Tummelbecken altadeliger Geschlechter entwickelten. Sie wurden mit

Ländereien und Sonderrechten belohnt. Grafen, Markgrafen und andere Adelige bauten sich im Laufe der Zeiten kleine Land- und Viehwirtschaftsimperien auf, ihr Wohlstand spiegelte sich in den städtischen Anwesen wider.
Apropos Landwirtschaft: Im erweiterten Umland haben bis heute die Anbaukulturen von **Oliven** ein enormes Gewicht.

BAEZA ERLEBEN

OFICINA DE TURISMO

Plaza del Pópulo, s/n; Tel. 953 77 99 82; http://turismo.baeza.net

CASA DEL ACEITE

Hier bekommt man feinste kaltgepresste Olivenöle, auch aus ökologischem Anbau.
Paseo de la Constitución, 9
www.casadelaceite.com

Wichtig im Festkalender sind die **Karwoche** (Semana Santa) und **Fronleichnam** (Corpus Christi).

ROMERÍA DEL CRISTO DE LA YEDRA

Wallfahrt mit Musik und Tanz
1. Sa. im Sept.

❶ PALACIO DE GALLEGO €€€€–€€€

Nahe der Kathedrale gehen in dem Boutique-Restaurant in einem Palast des 16. Jh.s exquisite Küche und Geschichte eine gelungene Symbiose ein. Schwerpunkt: Grillgerichte.
C/Santa Catalina, 5 | Tel. 695 11 71 75 | http://palaciodegallego.com

❷ TABERNA EL ARCEDIANO €€–€

Traditionelle Taverne mit Wohlfühl-Ambiente. Einfach und authentisch.
Calle Barbacana, 4
Tel. 641 33 23 77

❸ PACO'S €

Angeblich eine der besten Tapas-Adressen der Stadt, in der es weit mehr gibt als nur Häppchen ...
Calle Canónigo Melgares Raya, 7
Tel. 953 74 70 19

❶ TRH BAEZA €€

In einem ehem. Nonnenkloster aus dem 16. Jh. gruppieren sich im modern ausgebauten Vier-Sterne-Hotel mit Renaissance-Hof 84 Zimmer um den Kreuzgang des einstigen Konvents.
Calle Concepción, 3
Tel. 953 74 81 30
www.trhbaeza.com

❷ HOTEL CARMEN BOUTIQUE €€

Liebevoll eingerichtetes Designhotel in einem ehemaligen Frauengefängnis aus dem frühen 19. Jh. Hier zeigt man sich freundlich und servicebewusst, hier sind Gäste noch Individuen.
Calle Carmen, 15
Tel. 953 18 95 10
www.carmen-hotel.com

Wohin in Baeza?

Einstimmung auf den Stadtrundgang

Die kleine Plaza del Pópulo stimmt ideal auf Baeza ein. Für die **Fuente de los Leones** in ihrer Mitte verwendete man vier Löwenfiguren der römischen Ruinen von Cástulo und eine iberisch-römische Frauenfigur.

Der Brunnen auf der Plaza de Santa María in Baeza zeigt das Wappen Philipps II. Hinten ragt der Turm der Kathedrale auf.

Rundum gruppieren sich schöne Gebäude: die **Antigua Carnicería** (Fleischhalle) aus dem 16. Jh., trotz ihres profanen Verwendungszwecks mit Galerie und prächtigem Wappen Karls V. versehen; die **Casa del Pópulo** mit plateresker Fassade (Tourismusbüro); schließlich die **Puerta de Jaén** und der Renaissance-Bogen **Arco de Villalar**.

Im Wandel der Baustile

Kathedrale Santa María

Der Weg ab der **Plaza de Santa María** führt zur gotischen Kathedrale Santa María, errichtet auf den Grundmauern der einstigen Moschee und 1567–1593 umgebaut. Maurischen Stil zeigt an der Außenseite die Puerta de la Luna; die eine Gasse überspannende Puerta del Perdón ist gotisch. Im von Andrés de Vandelvira gestalteten Innenraum beeindrucken die **Capilla Mayor** mit ihrem Sterngewölbe und einem vollständig vergoldeten Retablo sowie die **Capilla del Sagrario**, die ein Chorgitter von Bartolomé de Jaén besitzt. Im Kreuzgang sind Bögen der einstigen Moschee erhalten.

Mo. – Fr. 10 – 14.30 u. 16.30 – 20, Sa. 10 – 20, So. 10 – 14.30 u. 16 – 8.30 Uhr | Eintritt 6 € | http://catedraldebaeza.es

Palacio de Jabalquinto

Ein isabellinisches Gedicht in Stein

Der Palast der Grafen von Benavente ist ein Unikat, ein Gedicht in Stein! Die isabellinische Fassade mit Diamantspitzen und maurischen Strebepfeilern ist ein Werk Juan Guas' (Ende 15. Jh.; Abb. ▶ S. 83).
Eine Gasse trennt den Palacio vom Gebäude der **Antigua Universidad**, der Alten Universität, die, 1542 gegründet, 1875 in eine Schule umgewandelt wurde. Hier unterrichtete der Dichter Antonio Machado Französisch.

Mo.–Fr. 9–14 Uhr | Eintritt frei

Schöne Balkons und prächtige Wappen

Ayuntamiento

Unter den übrigen Bauwerken der Stadt ist vor allem das **Rathaus** (Ayuntamiento) am Paseo del Cardenal Benavides zu nennen. Seine Fassade besticht durch schöne Balkons und prächtige Wappen, darunter dasjenige Philipps II. Das Gebäude diente früher auch als Gefängnis.

Wohin in Úbeda?

Im »Andalusischen Salamanca«

Plaza de Vázquez Molina

Die schönsten Bauten des »Andalusischen Salamanca«, der 9 km östlich gelegenen Schwesterstadt mit ihrem geschlossenen Stadtbild, entdecken Sie rings um die Plaza de Vázquez Molina, den prächtigen Hauptplatz am Rand der Altstadt.
An der Nordostseite ragt die einschiffige Kirche **El Salvador** empor, in der ersten Hälfte des 16. Jh.s von Andrés de Vandelvira nach Plänen von Diego de Siloé erbaut. Die figurengeschmückte Fassade flankieren zwei Rundtürme. Die Capilla Mayor birgt unter ihrer hohen Kuppel hinter einem Chorgitter einen Retablo, dessen Schnitzfigur »Verklärung Christi« Alonso de Berruguete schuf. Nicht minder prachtvoll gestaltete Andrés de Vandelvira die Sakristei.
Vorbei am rechts der Kirche liegenden, in einem alten Adelspalast eingerichteten Parador-Hotel »Condestable Dávalos« (▶ S. 89), erreichen Sie den **Palacio de las Cadenas**, das heutige Rathaus, ebenfalls errichtet von Vandelvira; zwei Löwen, die einen Wappenschild halten, bewachen seinen Eingang.
Ins Blickfeld geraten südlich davon die beiden schmalen Glockentürme der Kirche **Santa María de los Reales Alcázares** mit reichen gotischen Kapellen.

Auf den Spuren eines Mystikers und Kirchenlehrers

Plaza del Primero de Mayo

Nördlich der Plaza de Vázquez Molina kommt man – vorbei an der **Casa de los Salvajes**, wo zwei »Wilde« den bischöflichen Wappenschild halten – zur Plaza del Primero de Mayo mit dem Denkmal **Monumento a Juan de la Cruz** (Johannes vom Kreuz; 1542–1591).
Der Mystiker starb in Úbeda in einem Kloster, das heute als **Museo**

de San Juan de la Cruz zu besichtigen ist. Interessant ist auch die dazugehörige Kirche der Unbeschuhten Karmeliter.

Museo: Calle del Carmen, 13 | Mo. geschl. | Eintritt 3,50 €
http://sanjuandelacruzubeda.com

Rund um Baeza und Úbeda

★ Sierras de Cazorla, Sierra de Segura

Größtes Naturschutzgebiet Andalusiens

45 km sind es in südöstlicher Richtung von Úbeda nach Cazorla, dem von einer Burg überragten Hauptort des Fremdenverkehrs in der Sierra de Cazorla. Dieses Gebirge steigt 2000 m hoch auf und bildet mit der Sierra de Segura das größte Naturschutzgebiet Andalusiens, den **Parque Natural de las Sierras de Cazorla, Segura y Las Villas**. Hier verläuft die Wasserscheide zwischen Mittelmeer und Atlantik, hier entspringt der Guadalquivir. Das Gebiet ist für seinen Pflanzenreichtum bekannt, unberührte Wälder und seltene Tiere wie den iberischen Steinbock und den Zwergadler. Es gibt Wanderrouten; Straßen führen u. a. zum Embalse del Tranco auf dem Weg zum Infozentrum Torre del Vinagre und zum Parador. In **Cazorla** geht es etwas lebhafter zu, bietet es doch Unterkunftsmöglichkeiten, Bars und Restaurants. Abends trifft man sich auf der Plaza de la Corredera und der Plaza de Santa María.

Oficina de Turismo: Cazorla, Ruinas de Santa María
Tel. 953 71 01 02 | http://cazorla.es/turismo
Parque Natural: www.juntadeandalucia.es

ÚBEDA ERLEBEN

OFICINA DE TURISMO

Plaza de Andalucía, 5
Tel. 953 75 01 38
www.ubedaybaezaturismo.com

Haupteinkaufsstraßen sind Calle Mesones, Calle Obispo Cobos und die Straßen zwischen der Plaza de Andalucía und dem Hospital de Santiago.

ALFARERÍA TITO

Geschäft mit ausgefallener Keramik.
Plaza del Ayuntamiento, 12
www.alfareriatito.com

Prozessionen in der Semana Santa. Stadtfest seit 1233 ist die **Fiesta San Miguel** mit Feuerwerk, Stierkämpfen, Konzerten, Acts auf der Straße (Ende Sept./Anf. Okt.).

❶ CANTINA DE LA ESTACIÓN €€€

»Bahnhofskantine« klingt zunächst einmal nicht sehr einladend. Doch inmitten eines originellen Zug-Dekors tischt man kreative andalusische Kost auf, die für Überraschungen bürgt.

Calle Corredera, 1
Tel. 687 77 72 30
http://cantinalaestacion.com

❷ ASADOR AL-ANDALUS €€€–€€€€

Ein Dorado der traditionellen Küche Andalusiens, inklusive leckerem Grillfleisch.
Calle de los Canos, 28
Tel. 953 79 18 62

❶ PARADOR DE ÚBEDA €€€€

35 Zimmer und ein herrlicher Innenhof, unschlagbar gelegen in einem Renaissancepalast am schönsten Platz im historischen Zentrum. Das Restaurant serviert frisch zubereitete regionale Gerichte; die Weinauswahl ist beachtlich.
Plaza de Vázquez Molina, s/n
Tel. 953 75 03 45
http://paradores.es

❷ HOTEL BOUTIQUE NUEVE LEYENDAS €€ – €€€

Dieses Hotel, untergebracht in einem historischen Gebäude aus dem 18. Jh., zeichnet sich durch seine geschmackvolle. elegante Dekoration aus. Faires Preis-Leistungs-Verhältnis. Nur neun Zimmer, daher frühzeitig reservieren. Zentrale Lage.
Plaza de López Almagro, 1
Tel. 953 79 22 97
www.nueveleyendashotel.com

❶ Cantina de la Estación
❷ Asador Al Andalus

❶ Parador de Úbeda
❷ Hotel Boutique Nueve Leyendas

★★ BARCELONA

Provinz: Barcelona | **Höhe:** 0–532 m ü. d. M. (Tibidabo)
Region: Katalonien | **Einwohner:** 1,66 Mio.

Barcelona – wie das schon klingt! Elegant fließt der Name dahin und weist bereits auf Glanz und Extravaganz einer jungen, alten Dame, der man ihr Alter fürwahr nicht ansieht. Mehr als 2000 Jahre Geschichte prägen Spaniens bekannteste Mittelmeermetropole – und jeden Tag zeigt sie ein neues Gesicht.

Glanz und Extravaganz

Was hat die traditionsreiche Hafen- und Handelsstadt eigentlich nicht zu bieten? Eingefasst zwischen Bergen und Meer, pflegt sie ihr Image als schickes **Shopping-Pflaster** und bietet mit all ihren Vierteln, Theatern und Museen blühende Landschaften voller Leben und Kultur. Sie lockt mit Plätzen und Parks und entblättert, wo man auchhinkommt, ihre architektonischen Glanzstücke, von Römerzeiten über die Gotik und den Modernisme bis ins 3. Jahrtausend. Hier haben sich schon immer avantgardistische Architekten und Designer ausgetobt. Und als Zugaben gibt es noch **Strände** und die **Rambles**, eine einzigartige Prachtpromenade.

Ausführlich beschrieben im Baedeker-Reiseführer »Barcelona«.

Barcelona ist **Hauptstadt und politisch-ökonomisch-soziales Herz Kataloniens** und auch des Widerstands gegen die spanische Hauptstadt Madrid. Die Rufe nach **Unabhängigkeit** sind ein brennendes Thema im Spanien der Gegenwart und haben 2017 zu einer ernsten politischen Krise im Land geführt. Inzwischen haben sich die Gemüter wieder etwas beruhigt.

Hafengebiet und Parc de la Ciutadella

Mit den Schwalben durch den Hafen

Hafen

Die schönste Möglichkeit, Barcelona und den modernen Handelshafen vom Wasser aus zu erkunden, ist die Tour in einem der traditionellen **Ausflugsboote**, den »Golondrinas« (»Schwalben«), die nahe der Plaça del Portal de la Pau starten. Dort erhebt sich auch das 1888 errichtete, 60 m hohe **Kolumbus-Denkmal** (Monumento a Colom) mit Bronzestatue des Entdeckers auf der Spitze. Ein Aufzug im Säuleninnern fährt zur Aussichtsplattform Mirador de Colom.

Metro: Drassanes (L3), Barceloneta (L4)
Mirador de Colom: tgl. 8.30 – 14.30, Kassenschluss 13.30 Uhr
Eintritt 8 €
Hafenrundfahrten: 8 € (40 Min., nur Hafen u. meist nur an den Wochenenden), 10 € (1 St., Hafen und ein Stück Küste; tgl. normalerweise fünf Ausfahrten) | http://lasgolondrinas.com

Alles über Schifffahrt in der einstigen Werft

Museu Marítim de Barcelona (MMB)

Die historischen Werften **Drassanes** beherbergen heute das Seeschifffahrtsmuseum, das allein durch seine Bogenhallen und Ausmaße beeindruckt. Die Ursprünge liegen im 13. Jh., bis zum 18. Jh. erweiterte man die Werft auf zwölf Hallen. Einst wurden hier Galeeren gebaut und gewartet. Im Port Vell ankert der **Dreimastschoner** »Santa Eulàlia« .

Museu Marítim: Av. de les Drassanes s/n | tgl. 10 – 20 Uhr | Eintritt 10 € (inkl. »Santa Eulalia«), So. ab 15 Uhr frei | www.mmb.cat

»Santa Eulalia: Moll de Bosch i Alsina | April – Okt. Di. – Fr. u. So. 10 – 20, Sa. 14 – 20; Nov. – März Di. – Fr. u. So. 10 – 17.30 , Sa. 14 – 17.30 Uhr | Eintritt 3 €

Unterwasserwelten am Alten Hafen

Port Vell

Der Alte Hafen, Port Vell, bietet nahe dem Kolumbus-Denkmal gute Fotomotive. Über einen breiten Fußgängersteg geht es dort entlang zum Einkaufs- und Einkehrkomplex **Maremàgnum** (▶ S. 97).

Von der Terrasse vor dem Palau Nacional liegt Barcelona einem zu Füßen.

BAEDEKER ÜBERRASCHENDES

6X DURCHATMEN

Entspannen, wohlfühlen, runterkommen

1. PAUSE IM PARK

Wenn **Barcelona** anstrengend wird, dann nichts wie ab in den **Parc de la Ciutadella**. Die Füße ins weiche Gras stecken, genüsslich ein Eis schlecken, im Schatten der Bäume dösen – oder eine Runde rudern. (▶ **S. 93**)

2. ABEND-STIMMUNG

Frigiliana im Hinterland der Costa del Sol ist ein typisches »**Weißes Dorf**«. Dessen einmalige Stimmung genießen Sie am besten, wenn die Besuchermassen abends wieder weg sind ... (▶ **S. 223**)

3. GLASKLARES MEER

Weder Bettenburg noch Sonnenschirme, sondern glasklares Mittelmeer, das zum Baden einlädt, finden Sie am **Cabo de Gata** mit umgebendem Naturpark. Hier locken einsame und raue Strandperlen. (▶ **S. 618**)

4. THRON ÜBER DER KÜSTE

Einfach abschalten und weit hinaus aufs Meer blicken, die Berge im Rücken. Steigen Sie dazu im Küstenstädtchen **Almuñécar** an der Costa Tropical zwischen den Stränden hinauf auf den Küstenfelsen **Peñón del Santo**. (▶ **S. 224**)

5. SAKRALE UNTERWELT

Tief hinab geht es in die kunstvoll ausgestaltete **Krypta der Catedral Nueva von Cádiz**, wo neben Bischöfen der berühmte Komponist Manuel de Falla begraben liegt. Die sakrale Unterwelt ist ein Ort der Ruhe. (▶ **S. 145**)

6. BLICKE AUS LUFTIGER HÖHE

Mit der Seilbahn **Teleférico** geht es in 11 Min. in den einstigen königlichen Wald und heutigen Stadtpark **Casa de Campo** hoch über Madrid – mit schönen Blicken auf die Hauptstadt. (▶ **S. 330**)

Als Hauptattraktion auf der Moll d'Espanya rückt das **Aquarium** diverse Meeresökosysteme in den Fokus. Nonplusultra ist das riesige Hauptbassin mit dem verglasten **Unterwassertunnel**. Hier spaziert man trockenen Fußes zwischen Haien und Muränen.

Aquarium: tgl. ab 10 Uhr | Eintritt 25 € | www.aquariumbcn.com

Zur Schutzptaronin

Passeig de Colom

Der breite, palmengesäumte Passeig de Colom zieht sich in nordöstlicher Richtung vom Kolumbus-Denkmal zu Hauptpost (1928) und **Ljotja** (Börse), einer Gründung von 1382. An der Plaça de la Mercè (etwa auf halber Strecke westl.) erhebt sich die Kuppelkirche **La Mercè** (Mitte 18. Jh.), in der die Schutzpatronin Barcelonas, die Marienstatue »Mare de Déu de la Mercè« (13. Jh.), verehrt wird.

Entspannen mitten in der Stadt

Parc de la Ciutadella

Die Grünanlagen ersetzten die 1715 errichtete Zitadelle. In diesem Naherholungsgebiet inmitten der City fand 1888 die **Weltausstellung** statt. Davon zeugt u. a. das **Castell dels Tres Dragons** (»Drei-Drachen-Schloss«), in pseudomaurischem Mischstil von Lluís Domènech i Montaner geschaffen. Den südöstlichen Teil des Parks nimmt der **Zoo Barcelona** ein.

Metro: Barceloneta, Ciutadella (L4)

Zoo: tgl. ab 10 Uhr | Eintritt 21,40 € | www.zoobarcelona.cat

Nach dem Museum an den Strand

Barceloneta

Südlich des Bahnhofs Estació de França beginnt das im 18. Jh. angelegte Viertel Barceloneta. Außer Fischrestaurants und Gassenschneisen findet man hier das ehem. Lagerhaus **Palau de Mar**, in dem das Geschichtsmuseum **Museu d'Història de Catalunya** seinen Sitz hat. Zum Meer hin liegen traumhafte **Stadtstrände**.

Museu d'Història de Catalunya: Pl. de Pau Vila, 3 | Di.–Sa. 10–19, Mi. bis 20, So. bis 14.30 Uhr | Eintritt 6 € | www.mhcat.cat

Per Seilbahn über den Alten Hafen

Telefèric del Port

Südlich davon lässt sich vom **Torre de Sant Sebastià** aus (Lift auf 78 m) mit der Telefèric del Port von Barceloneta zum Hausberg Montjuïc schaukelnd das Panorama des Alten Hafens genießen.

Telefèric del Port: Jan., Feb., Nov., Dez. tgl. ab 11, übrige Monate tgl. ab tgl. 10.30 Uhr | einfach 12,50, hin und zurück 20 €
www.telefericodebarcelona.com

Olympische Sommerspiele 1992

Port Olímpic, Vila Olímpica

Entlang der Küste gelangen Sie auch zum Olympiahafen. Hier stoßen Sie auf beliebte **Ausgehzonen**, das Hotel »Arts Barcelona« (▶ S. 98) und einen goldenen **Mega-Fisch** aus Stahl des nordamerikanischen Stararchitekten Frank O. Gehry.

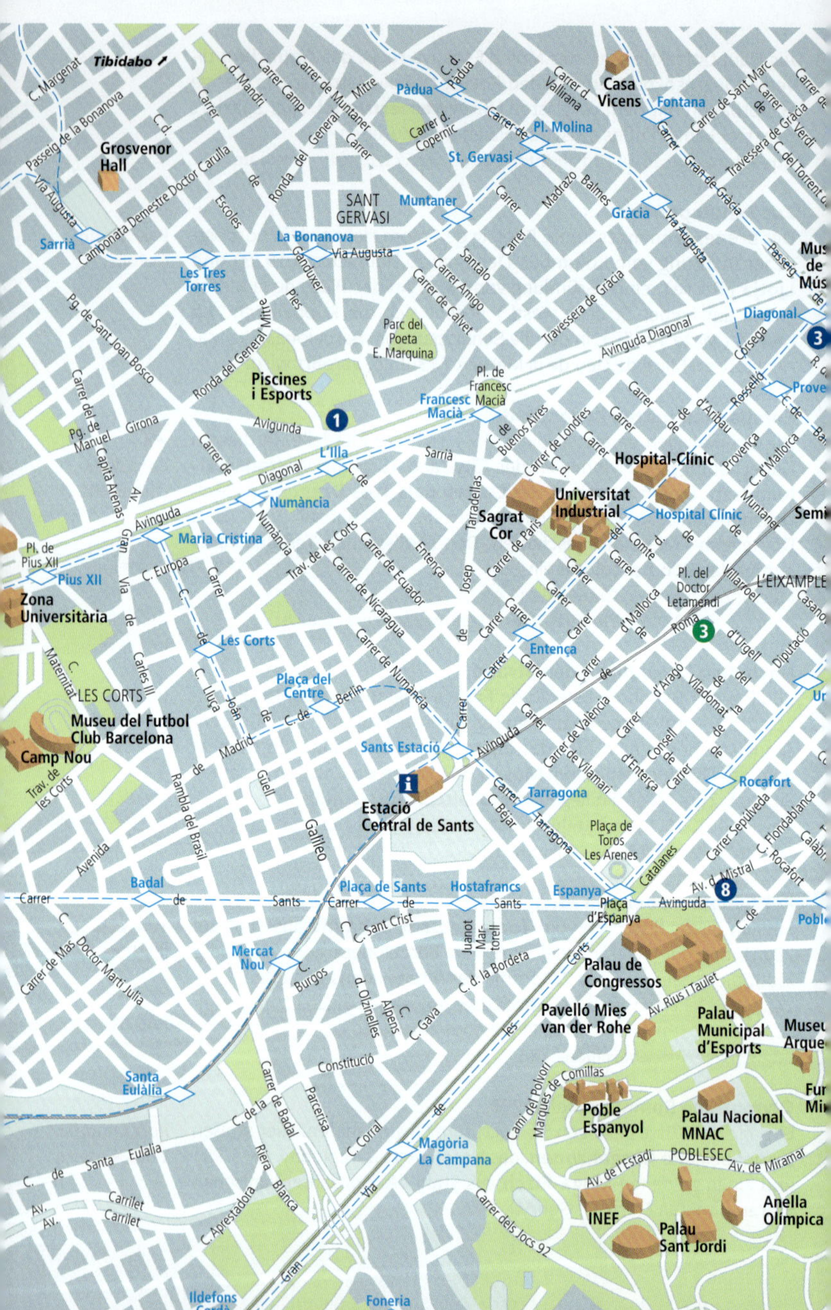
Tibidabo
Grosvenor Hall
Casa Vicens
SANT GERVASI
Pàdua
Pl. Molina
St. Gervasi
Fontana
Muntaner
Gràcia
Sarrià
La Bonanova
Les Tres Torres
Parc del Poeta E. Marquina
Piscines i Esports
Pl. de Francesc Macià
Francesc Macià
Diagonal
Avinguda Diagonal
L'Illa
Numància
Maria Cristina
Pl. de Pius XII
Pius XII
Zona Universitària
Hospital-Clínic
Universitat Industrial
Hospital Clínic
Sagrat Cor
Pl. del Doctor Letamendi
L'EIXAMPLE
Les Corts
LES CORTS
Plaça del Centre
Entença
Museu del Futbol Club Barcelona
Camp Nou
Sants Estació
Estació Central de Sants
Tarragona
Plaça de Toros Les Arenes
Rocafort
Badal
Plaça de Sants
Hostafrancs
Espanya
Plaça d'Espanya
Mercat Nou
Palau de Congressos
Pavelló Mies van der Rohe
Palau Municipal d'Esports
Poble Espanyol
Palau Nacional MNAC
POBLESEC
Santa Eulàlia
Magòria La Campana
INEF
Palau Sant Jordi
Anella Olímpica
Ildefons Cerdà
Foneria
Via Augusta
Passeig de la Bonanova
Ronda del General Mitre
Travessera de Gràcia
Avinguda
Gran Via de Carles III
Rambla del Brasil
Carrer de Sants
Gran Via de les Corts Catalanes
Av. Rius i Taulet
Av. de l'Estadi
Av. de Miramar
Carrer dels Jocs 92

Sagrada Família
Pl. de la Sagrada Família
Pl. de Gaudí
Plaça de les Glòries Catalanes
Glòries
Girona
Torre Agbar
Museu del Disseny
Teatre Nacional
Auditori
Monumental
La Monumental
Verdaguer
Pl. de Pablo Neruda
POBLENOU
Llacuna
Cementiri de l'Est
Concepció
Girona
Tetuan
Pl. de Tetuan
Estació de Autobuses
Marina
Bogatell
Parc Estació Nord
Arc de Triomf
Palau de Justícia
Tàpies
Passeig de Gràcia
Pl. de Catalunya
Catalunya
Teatre
El Corte Ingles
Sant Pere
Palau de la Música
Urquinaona
Museu Zoològic
Parc de la Ciutadella
Museu de Geologia
Zoo
Vila Olympica
Nova Icària
Port Olimpic
Ciutadella Vila Olímpica
Santa Ana
Betlem
Palau Reial
S. Maria del Mar
Museu Picasso
Catedral
Jaume I
Estació de França
Parc Barceloneta
Mar Mediterrània
Museu d'Art Contemporani
Pal. Generalitat
Liceu
Boqueria
Pal. d. l. Virreina
BARRI GOTIC
Llotja
Barceloneta
Palau de Mar
La Mercé
Liceu
Pl. Rejal
Palau Güell
LA BARCELONETA
Imax
L'Aquàrium
Sant Pau
Drassanes
Museu Marítim
Mon. a Colom
Aduana
Paral-lel
Moll Nou
St. Sebastià
Port
Teleféric del Port
World Trade Center
Port Vell
Miramar
Montjuïc
POBLESEC
Mirador
Castell
Moll de Ponent
BARCELONA
500 m
© BAEDEKER
Jamboree
Razzmatazz
Antilla
Harlem Jazz Club
Via Veneto
Can Culleretes
Tragaluz
Chicken Bar
Blu Bar
Los Caracoles
Els Quatre Gats
La Gastronómica
Arts Barcelona
Hotel Sitytwo
Condes de Barcelona
Colón
Acta Antibes
Roma Reial

BARCELONA ERLEBEN

BARCELONA TURISME

Plaça de Catalunya
(unterirdisches Büro)
Tel. 932 85 38 34
www.barcelonaturisme.com

BARCELONA CARD

Die Barcelona Card spart Zeit und Geld: Nutzung öffentlicher Verkehrsmittel, freie/ermäßigte Eintritte, gültig 3–5 Tage für 53–75 €.
www.barcelonacard.org

ARTICKET BARCELONA

Kunstfreunden erlaubt das »Articket« (38 €) Eintritt in sechs Museen (u. a. Museu Picasso, MNAC, Fundació Joan Miró). Erhältlich in den teilnehmenden Museen und bei Barcelona Turisme oder unter
http://articketbcn.org

Der **Flughafen Barcelona-El Prat** liegt 12 km südwestl. (Nahverkehrszüge und Busse ins Zentrum, Metro-Anbindung).
www.barcelona-airport.com

ÖFFENTLICHE VERKEHRSMITTEL

Das Stadtgebiet ist durch 8 Metro-Linien und Busse der **TMB** (Transports Metropolitans de Barcelona) gut erschlossen. Die **Hola Barcelona Travel Card** der TMB erlaubt unbegrenzte Nutzung (48 St./ 16,40 €; 72 St./23,80 €; 96 St./31 €; 120 St./38,20 €;)
Einige Sehenswürdigkeiten erreicht man mit **FGC**-Zügen (Ferrocarril Generalitat de Catalunya;
Der **Bus Turístic** steuert auf verschiedenen Routen regelmäßig die meisten Sehenswürdigkeiten der Stadt an (24 St./33 €; 48 St./44 €; Night Tour Bus 22 €).
www.tmb.cat
www.fgc.cat/en
www.barcelonabusturistic.cat

Cavalcada dels Reis Mags – Ankunft der Hll. Drei Könige im festlich erleuchteten Boot an der Moll de la Fusta, anschließend Reiterumzug (»cavalcada«) durch die Innenstadt (Abend des 5. Jan.).
Festa Major de Gràcia – Beliebtes zehntägiges Straßenfest mit Musik, Tanz, Theater, Cava und Tapas (Aug.).
Festes de la Mercè – Wichtigstes Fest der Stadt, mit viel Folklore, Musik und Theater, Umzügen, akrobatischen Darstellungen, wie den »castellers« (Menschentürmen), Auftritten der feuerspeienden »gegants« (um den 24. Sept.).
www.festamajordegracia.cat

SARDANA

Ohne folkloristischen Kitsch bekommt man den **katalanischen Nationaltanz** Sardana oft Sa. oder So. auf einem der Plätze zu sehen (wechselnde Anfangszeiten): Pl. de la Seu, Pl. de la Sarrià, gelegentlich auch Pl. d'Eivissa, Pl. de Sant Jaume, Pl. de Can Fabra oder Pl. de la Bonanova.
Infos: Barcelona Turisme

BARRI GÒTIC

In den engen Gassen des Gotischen Viertels buhlen Schmuck-, Textil-, Leder- und Souvenirgeschäfte um Kundschaft. Im Eixample wird es im Einzugsbereich um den **Passeig de Gràcia** deutlich eleganter.

Delikates in der Boqueria

EINKAUFSZENTREN

Diverse Einkaufszentren mit breitem Angebot: **Maremàgnum** (am Alten Hafen), **Arenas de Barcelona** (Gran Vía de les Corts Catalanes, 373; www.arenasdebarcelona.com) oder **La Maquinista** (Passeig Potosí, 2; außerhalb der City).
http://maremagnum.klepierre.es
www.westfield.com/spain/lamaquinista

MERCAT DE LA BOQUERIA

Einer der schönsten Märkte Europas mit überwältigendem Frischeangebot, etwas zurückversetzt von den Rambles (▶ S. 100)
www.boqueria.barcelona

❶ JAMBOREE JAZZ CLUB

Beliebter Jazzkeller mit Live-Auftritten.
Plaça Reial, 17
http://jamboreejazz.com

❷ RAZZMATAZZ

Riesiges Loft mit Bereichen für Techno, Pop/Rock und Weltmusik. Hier treten nationale und internationale Bands auf.
Carrer Almogàvers, 122
www.salarazzmatazz.com

❸ ANTILLA SALSA BARCELONA

Abtanzen zu Salsa und anderen Latino-Rhythmen ab spät abends.
Carrer d'Aragó, 141
http://antillasalsa.com

❹ HARLEM JAZZ CLUB

Beste Live-Musik.
Carrer Comtessa de Sobradiel, 8
www.harlemjazzclub.es

❶ VÍA VENETO €€€€

Klassisch katalanische, durch Anklänge an die Haute Cuisine subtil verfeinerte Küche, gute Weinkarte.
Ganduxer, 10,
Tel. 932 00 72 44
www.viavenetobarcelona.com
So., Mo. geschl.

❷ CAN CULLERETES €€€

Speisetradition seit Ende des 18. Jh.s, marktfrisch, mit katalanischer Note. Rustikales Interieur. Und als Verdauungsspaziergang: Rambles und Gotisches Viertel.
Carrer Quintana, 5
Tel. 933 17 30 22
http://culleretes.com

❸ TRAGALUZ €€€

Das moderne Lokal wurde für sein ausgefallenes Interieur von Stardesigner Javier Mariscal preisgekrönt (Von ihm stammt auch das Maskottchen »Cobi« der Olympiade 1992). Gekocht wird italienisch inspiriert.
Passatge de la Concepció, 5
Tel. 934 87 06 21
http://grupotragaluz.com

❹ CICKEN BAR €
Die besten Argumente sind die Nähe zum Hafen, das relativ moderate Preisniveau und die Terrasse als Treffpunkt. Beliebt sind die Cocktails. Eher jüngeres Publikum.
Carrer Marina, 16
Tel. 932 21 38 83
http://monchos.com

❺ BLU BAR €€–€
Veganes Restaurant mit chilliger Atmosphäre. Tapas, Gourmet-Sandwiches, Cocktails. Ein bunter, nationaler und internationaler Treff.
Rambla Poblenou, 11
Tel. 932 21 09 71
www.blubar.es

❻ LOS CARACOLES €€€–€€
Schnecken sind die Spezialität des rustikalen Lokals, das schon Dalí schätzte. Ausgezeichnete katalanische Küche und Grillgerichte.
Carrer Escudellers, 14, Tel. 933 01 20 41, www.loscaracoles.es
Di. geschl.

❼ ELS QUATRE GATS €€
Schon vor über hundert Jahren waren die »Vier Katzen« (▶ S. 104) ein legendärer Künstlertreff (1900 hatte Picasso hier seine erste Ausstellung). Heute werden traditionelle katalanische Gerichte serviert.
Carrer de Montsió, 3, Tel. 933 02 41 40, http://4gats.com

❽ LA GASTRONÓMICA €
Netter, kleiner Spot. Warum nicht einmal Gourmet-Hamburger und Bier beim Citytrip? Wer das mag, ist hier richtig aufgehoben. Ein zweites »Gastronómica«-in der Carrer Calabria 118 ist auf Tapas und kleine Tellergerichte spezialisiert..
Carrer Vilamarí, 15
Tel. 934 24 90 28
http://lagastronomicabcn.com
So., Mo. geschl.

❶ ARTS BARCELONA €€€€
Unmittelbar am Olympiahafen. Von den edel eingerichteten Zimmern und Terrassen atemberaubender Blick auf Meer und Stadt.
Carrer de la Marina, 19 - 21
Tel. 932 21 10 00
www.hotelartsbarcelona.com

❷ HOTEL SIXTYTWO €€€€
Wohliger Luxus in dem Boutiquehotel in exzellenter Stadtlage unweit der Gaudí-Villen. Mit pfiffigen Dekos und Ausleuchtungen.
Passeig de Gràcia, 62
Tel. 932 72 41 80
www.sixtytwohotel.com

❸ CONDES DE BARCELONA €€€€
Jugendstilhotel hinter denkmalgeschützter Fassade. Ein Highlight in jeder Hinsicht ist die Terrassenbar Alaire im achten Stock..
Passeig de Grácia, 73–75
Tel. 934 45 00 00
www.condesdebarcelona.com

❹ COLÓN €€€€
Klassisches Altstadthotel mit Tradition gegenüber der Kathedrale.
Avinguda de la Catedral, 7
Tel. 933 01 14 04
www.colonhotelbarcelona.com

❺ ACTA ANTIBES €€€–€€€€
Ordentliches Haus im Jugendstilviertel Eixample.
Diputació, 394. Tel. 932 32 62 11
www.hotel-antibesbcn.com

❻ ROMA REIAL €€–€€€
Sympathisches Hotel in zentraler Lage, eher für (jüngere) Gäste, die das quirlige Nachtleben auf der Plaça Reial nicht stört.
Plaça Reial, 11. Tel. 933 02 03 66
www.hotel-romareial.com

Les Rambles

Barcelonas Schaufennster

Fünf Abschnitte

Vom Kolumbus-Denkmal verlaufen die Rambles (Ramblas) landeinwärts: fünf ineinanderfließende Abschnitte, die man als einen einzigen wahrnimmt: Rambla de Santa Mònica, Rambla dels Caputxins, Rambla de Sant Josep, Rambla dels Estudis, Rambla de Canaletes. Spaniens bekanntester **Flanierboulevard** ging aus einem Bachbett hervor.

Das pulsierende Schaufenster Barcelonas erstreckt sich über eine **Länge von 1,2 km**. Unterwegs laden Restaurants und Cafés zur Rast ein, gibt es Kioske und Blumenhändler, sind Stegreifakrobaten und Straßenmusiker auf der Suche nach klingender Münze. Aber auch Taschendiebe, also Vorsicht!

Metro: Drassanes, Liceu Catalunya (L3)

Les Rambles, Flanierboulevard und Hauptschlagader im Großstadtdschungel

Kunst, Wachsfiguren und pompöse Oper

Attraktionen nebenan

Kleine Attraktionen an den Seiten der Rambles sind das **Centre d'Art de Santa Mònica** (zeitgenössische Kunst) und das **Museu de Cera** (Wachsfigurenkabinett). Richtig pompös wird es mit dem Opernhaus **Gran Teatre del Liceu.**

Centre d'Art de Santa Mònica: La Rambla, 7 | Di.–So. 11–20.30 Uhr
Eintritt frei | http://artssantamonica.gencat.cat

Museu de Cera: Passatge de la Banca, 7 | tgl. 10.30–20 Uhr
Eintritt 23 € | www.museocerabcn.com

Gran Teatre del Liceu: La Rambla, 51–59 | Führungen: nur für Gruppen, s. www.liceubarcelona.cat

Gaudís legendäres Frühwerk

★ Palau Güell

Die schönsten Abstecher unterwegs führen zum Palau Güell (1885 bis 1889), von Antoni Gaudí auf einem unebenen Grundstück als großbürgerliches Wohnhaus eigenwillig gestaltet (UNESCO-Welterbe), und zur **Plaça Reial**, einer geschlossenen, schönen Platzanlage mit Arkadengängen und klassizistischen Häusern. Gute Gelegenheit, eine Pause einzulegen.

Carrer Nou de la Rambla, 3–5 | April–Okt. Di.–So. 10–20, Nov.–März 10–17.30 Uhr | Eintritt 12 € | www.palauguell.cat

Im »Bauch von Barcelona«

★ Mercat de la Boqueria

Die Rambles laufen weiter der Plaça de Catalunya entgegen. Leicht versetzt liegt der Mercat de la Boqueria; in dieser historischen **Markthalle** herrscht ein fantastisches Flair. Obst und Gemüse werden zu wahren Kunstwerken aufgeschichtet, auch Käse und Würste gibt es im Überfluss. Hier können Sie gut irgendwo in einer kleinen Bar frische Kräfte sammeln.

Der nächste Schlenker bringt Sie zum modernen **Museu d'Art Contemporani (MACBA)** für zeitgenössischer Kunst, entworfen vom US-Architekten Richard Meier – stilvoller Rahmen für wechselnde Ausstellungen.

Mercat de la Boqueria: La Rambla, 91 | Mo.–Sa. 8–20 Uhr
www.boqueria.barcelona

Museu d'Art Contemporani: Mo., Mi.–Fr. 11–19.30, Sa. 10–20, So. 10–15 Uhr | Eintritt 12 € | www.macba.cat

Bindeglied zwischen Alt- und Neustadt

Plaça de Catalunya

Den Abschluss der Ramblas und des alten Stadtkerns bildet die verkehrsreiche Plaça de Catalunya. An den weiten, großzügig gestalteten Platz mit seinen Grünanlagen und Wasserbecken grenzt u. a. das Kaufhaus Corte Inglés. Wegen seiner Haupt-**Touristeninformation** und als Schnittpunkt der beiden wichtigsten Linien des »Bus Turístic« ist der Platz für Besucher interessant.

Metro: Catalunya (L1, L3, L6, L7)

Kein Geheimtipp, aber kulinarisch top: der Mercat de la Boqueria

 Ciutat Vella und Barri Gòtic

Mittelalterlicher Kern der Altstadt

Barri Gòtic

Östlich der Rambles und nördlich des Hafens erstreckt sich die Altstadt, deren Kern und bedeutendster mittelalterlicher Rest das Barri Gòtic (Gotische Viertel) ist.

Metro: Liceu (L1), Jaume (L4)

Historisches und politisches Zentrum

Plaça de Sant Jaume

An der Plaça de Sant Jaume steht die ursprünglich aus dem 14. Jh. stammende **Casa de la Ciutat** (Rathaus) mit ihren teils gotischen Seitenfassaden; gegenüber hat die Generalitat de Catalunya, die Regierung der autonomen Gemeinschaft Katalonien ihre Diensträume im Sitz der Landstände aus dem 15. Jh., dem heutigen **Palau de la Generalitat**.

Steil geht der Blick hinauf zur Kuppel der Kathedrale La Seu

Prachtvolle Gotik

Catedral (La Seu)

Die Kathedrale der hl. Eulalia am höchsten Punkt der Altstadt wurde 1298 an der Stelle eines romanischen Baus begonnen und 1448 bis auf Hauptfassade und Kuppelturm vollendet, die 1898 bzw. 1913 angefügt wurden.

Das hochgotische **Innere** der Kathedrale ist in drei Schiffe gegliedert. Die farbenprächtigen Glasgemälde entstammen teilweise dem 15. Jh.; Beachtung verdienen das mitten im Hauptschiff stehende Chorgestühl (15. Jh.) sowie die schöne Kanzel (1403). Eine Treppe führt hinab zur **Krypta**, wo in einem Alabastersarkophag aus Italien (um 1330) die Reliquien der hl. Eulalia ruhen.

Die stattlichste der Seitenkapellen, die **Capella del Santíssim Sagrament,** birgt den »Christus von Lepanto«, angeblich Galionsfigur des Flaggschiffs, das Don Juan de Austria in der gegen die Türken gewonnenen Seeschlacht von 1571 kommandierte.

Der magnolien- und palmenbestandene **Kreuzgang** (Claustre) entstand 1380–1451. Die 13 dort lebenden Gänse symbolisieren das Lebensalter, in dem die hl. Eulalia ihr Martyrium erlitt. Im Kapitelsaal zeigt das **Kathedralmuseum** Gemälde spanischer Meister aus dem Mittelalter.

Eine gesonderte Besichtigung verdient die **Dachterrasse** mit weiter Aussicht über die Stadt.

Mo–Fr. 9.30–18.30, Sa. 9.30–17.15, So. 14–17 Uhr | Eintritt 9 € inkl. Chor, Dachterrasse, Kapitelsaal bzw. 11 € mit Museum
http://catedralbcn.org

Stimmungsvoll

Pla de la Seu

Vor der Hauptfassade der Kathedrale öffnet sich die Pla de la Seu, ein stimmungsvoller Dreh- und Angelpunkt im städtischen Treiben. Hier hatten schon die alten Römer einen Fixpunkt in ihrer Stadt.

Ein passionierter Sammler

Museu Frederic Marès

Ein weiteres Museum in Kathedralnähe (nordöstl.) bewahrt die Privatsammlung des Bildhauers Frederic Marès (1893–1991) im einstigen **Palau Reial**, dem Palast der Grafen von Barcelona und der Könige von Katalonien und Aragonien. Die reichhaltige Skulpturensammlung umfasst überwiegend spanische Objekte aus Romanik, Gotik und Barock sowie dem 19. Jh. Hinzu kommen von Marès zusammengetragene Erinnerungsstücke.

Plaça de Sant Iu, 5 | Di.–Sa. 10–19, So. 11–20 Uhr | Eintritt 4,20 €
www.barcelona.cat/museufredericmares

Schönster Platz des Barri Gòtic

Plaça del Rei

Der schönste Platz im Gotischen Viertel (östlich des Museums) blieb weitgehend mittelalterlich erhalten. Auf ihm erhebt sich der fünfstöckige **Wachturm** des Königspalasts Palau Reial, daran schließt der Treppenaufgang zum 1370 erbauten **Salò de Tinell** an. Auf diesen Stufen empfingen die Katholischen Könige Kolumbus nach der Rückkehr von seiner ersten Amerikafahrt. Gegenüber erkennt man die profanierte Kirche **Santa Agata** (Santa Agueda).

Stadtgeschichte von der Römerzeit bis heute

Museu d'Història de la Barcelona

Kirche und Salò de Tinell sind heute Teil des Museu d'Història de la Barcelona, das seine Sammlung in einem typischen Stadtpalais des Spätmittelalters präsentiert. In der Tiefe liegen bedeutende **Reste der einstigen Römerstadt.** Die eigentlichen Exponate beschreiben die vorrömische Zeit, das Mittelalter, die Epoche der katalanischen Seemacht sowie volkskundliche Themen.

Hauptsitz: Plaça del Rei | Di.–Sa. 10–19, So. 10–20 Uhr (weitere Standorte abweichend; s. Website) | Eintritt 9 €
www.barcelona.cat/museuhistoria

Beim Malergenie

Museu Picasso

Ein historisches Palast-Ensemble (13./14. Jh.) bildet den Rahmen für das Museu Picasso. **Pablo Picasso** lebte 1895–1904 in Barcelona. Aus dieser Schaffensphase, in die seine »Blaue Periode« fällt, besitzt das Museum etliche Werke – allerdings eine vollständige Werkschau, sondern vor allem Gemälde, Zeichnungen und Druckgrafik aus der Frühphase des Künstlers, darunter Ansichten von Barcelonas Strönden und vom Montjuïc. Prädikat: wertvoll und fantastisch.

Carrer Montcada, 15–23 | Di.–So. 10–20, Do. bis 21.30 Uhr
Eintritt 15 €, Do. ab 17 Uhr frei | http://museupicassobcn.cat

Rauf aufs Dach

Santa María del Mar

Etwas südlich erhebt sich Santa María del Mar (1329–1383). Der dreischiffige gotische Kirchenbau ohne Querhaus gilt nach der Kathedrale als bedeutendstes Gotteshaus der Stadt. Errichtet wurde er im alten Handwerkerviertel über einer spätrömischen Nekropole, wo laut Legende die hl. Eulalia bestattet wurde. Die farbigen Glasfenster stammen meist aus dem 15.–17. Jahrhundert.

Die schöne **Dachterrasse** und erst recht den Ausblick von ihr sollte man sich nicht entgehen lassen!

Plaça de Santa María | Mo–Sa. 10–18, So. 13.30–17 Uhr | Eintritt 5 € inkl. Krypta und Espai/Museu de les Tribunes, Dachterrasse zusätzl. 10 € | www.santamariadelmarbarcelona.org

Legendäres Modernisme-Lokal

Els Quatre Gats

Wenn es **Picasso** nach einer Pause war, ging er gerne ins »Els Quatre Gats«, wo er stets Künstlerfreunde traf. Schon vorher waren die 1896 eröffneten »Vier Katzen« für ihre gewagt modernistische Innengestaltung von Josep Puig i Cadafalch und als einer der wichtigsten Treffpunkte der Modernisten bekannt. Das Lokal in der Carrer de Montsío lebt unverändert fort.

► S. 98

Montjuïc

Panoramen und Erholung

Barcelonas Hausberg

Südlich über dem Hafen erhebt sich der zur Küste steil abfallende **Montjuïc** (213 m) mit Festung und herrlichen Panoramen. Sein Name »Berg der Juden« verweist darauf, dass hier einst ein großer jüdischer Friedhof lag. Heute verteilt sich über das Gelände ein beliebtes Naherholungsgebiet, das Erinnerungen an die Weltausstellung von 1929 und hervorragende Museen versammelt.

Zu Fuß können Sie von der **Plaça d’Espanya** im Norden die große Treppenanlage zum Palau Nacional mit dem MNAC (► S. 106) hochsteigen. Auch der Bus Turístic bringt Sie auf den Montjuïc sowie die Seilbahn vom Alten Hafen (**Telefèric del Port**, ► S. 93) oder Eine andere Seilbahn (**Telefèric de Montjuïc**, ► S. 107) gondelt von der Station Parc de Montjuïc über die Station Castell (Burg) bis zur Station Mirador (Aussichtspunkt).

Immer noch: modernste Architektur

Avantgardistisches Ensemble

Ikonisch die Olympiabauten von 1992: das **Estadi Olímpic** und der **Palau Sant Jordi** (Sportpalast) von Arata Isozaki. Weitere Stararchitekten sind auf dem Gelände vertreten: Santiago Calatrava mit dem futuristischen **Sendemast** der Telefongesellschaft und Ricardo Bofill mit dem Gebäude der **Sporthochschule** – ein avantgardistisches Architekturensemble, das einst das 21. Jh. vorwegnahm.

»Kunstdorf« für die Weltausstellung

Poble Espanyol

Vom **Pavellò Mies van der Rohe**, dem ehem. Deutschen Pavillon der Weltausstellung 1929 im Nordwesten der Anlage, erreicht man das **Spanische Dorf** (Poble Espanyol), das ebenfalls für für die Weltausstellung als Nachbildung charakteristischer Bauten der spanischen Provinzen angelegt wurde. Das einem Freilichtmuseum gleichkommende »Kunstdorf« setzt sich aus malerischen Straßen und Gässchen zusammen, Plätzen, Geschäften (u. a. mit Kunsthandwerk) und natürlich **Restaurants**. Außerdem gibt es Shows und Ausgehmöglichkeiten.

Metro: Plaça d'Espanya (L1, L3) | Av. Francesc Ferrer i Guàrdia, 13
Mo. 9–20, Di.–So. 10–24 Uhr | Eintritt 14 € | www.poble-espanyol.com

Museums-Highlight im Weltausstellungpalast

Museu Nacional d'Art de Catalunya (MNAC)

Die Freitreppe endet vor dem riesigen, neobarock überladenen **Palau Nacional**, Herzstück der Weltausstellung von 1929. Hier ist das Nationalmuseum katalanischer Kunst untergebracht, dank seiner hervorragenden Sammlungen aus allen Epochen der katalanischen Kunst eine der bedeutendsten Sehenswürdigkeiten der Stadt.

Die hochrangige **Abteilung romanischer Kunst** (11.–13. Jh.) präsentiert herrliche Fresken aus Kirchen des katalanischen Pyrenäenraums in originalgetreu nachgebauten Gewölben und Apsiden. Einen weiteren Schwerpunkt der Ständigen Sammlung bilden Exponate der **Gotik**,

LICHTSPIELE

Auf der **Plaça d'Espanya** wird das Brunnendenkmal zu ausgewählten Zeiten mit Musikbegleitung farbig illuminiert und so zum »Magischen Brunnen«: **Font Màgica** (i. d. R. Nov.–Anf. Jan., März Do.–Sa. 20–21, April/Mai/Okt. Do.–Sa. 21–22, Juni–Sept. Mi.–So. 21.30–22.30 Uhr).

Was von außen schon mächtig beeindruckt, überwältigt erst recht innen. Mit dem Palau de la Música Catalana gelang Lluís Domènech i Montaner ein Jugendstiljuwel.

neben **Gemälden** bedeutender Meister wie Zurbarán, El Greco oder Rubens. Planen Sie unbedingt ausreichend Zeit ein!

Mai–Sept. Di.–So. 10–20, Okt.–April 10–18 Uhr | Eintritt 12 € (zwei Besuche innerhalb eines Monats), Dachterrasse 2 €, Sa. ab 15 Uhr und 1. So. im Monat frei | www.museunacional.cat

Fundació Joan Miró

Interdisziplinäres Gesamtkunstwerk

In die Nordflanke des Montjuïc eingebettet sind die schneeweißen kubischen **Gebäude** der Fundació Joan Miró, errichtet 1975 vom Corbusier-Schüler Josep Lluís Sert. Die von dem in Barcelona geborenen **Joan Miró** (1893–1983) ins Leben gerufene Stiftung zeigt einen repräsentativen Querschnitt seinerArbeiten (Gemälde, Zeichnungen, Skulpturen, Bühnenentwürfe) neben Werken anderer zeitgenössischer Künstler – ein Muss für Kunstinteressierte!

Metro: Paral·lel (L2, L3); weiter mit unterirdischer Standseilbahn (Funicular zum Metro-Tarif) | Di.–Sa. 10–20, So. bis 18 Uhr
Eintritt 14 € | www.fmirobcn.org

Schaukelndes Vergnügen

Ein Schaukelvergnügen mit prächtiger Aussicht ist die Auffahrt zur Festung mit der Gondelbahn Telefèric de Montjuïc, die auf einer Streckenlänge von 750 m 84,5 m Höhenunterschied überbrückt. Es gibt drei Stationen: Parc de Montjuïc, Castell de Montjuïc und Mirador.

Telefèric de Montjuïc

Tgl. ab 10 Uhr | einfach 10 €, hin und zurück 15 €
www.telefericdemontjuic.cat

Gigantischer Ausblick

In exponierter Berglage erhebt sich die im 18. Jh. errichtete Festung: schöne Blicke über Meer, Hafen, Stadt und Gebirge. Die Vergangenheit des Kastells ist ein kritisches Thema, benutzte es das Franco-Regime als Gefängnis und Hinrichtungsstätte.

Castell de Montjuïc

März- Okt. tgl. 10-20, Nov.-Febr. bis 18 Uhr | Eintritt 9 €, So. ab 15 Uhr u. 1. So. im Monat ganztägig frei

Und noch ein Aussichtspunkt

Nördlich unterhalb der Festung liegt der **Aussichtspunkt** Mirador del Alcalde. Westlich davon erstrecken sich hangabwärts die **Jardins de Mossèn Jacinto Verdaguer**. Die meerwärtige Flanke des Montjuïc bedecken die **Jardins de Mossèn Costa i Llobera**, berühmt für ihre Sukkulenten, Kakteen und Euphorbien.

Mirador del Alcalde

Modernisme in Barcelona

Die katalanische Spielart des Jugendstils, der Modernisme (▶ Baedeker Wissen, S. 594), feierte in Barcelona seinen Höhepunkt. Nachfolgend die interessantesten Beispiele; die Eintrittspreise sind oft horrend (v. a aus Sicht der Spanier), nicht weniger die Besucherschlangen.

Konzertsaal-Ikone als UNESCO-Welterbe

Die überreiche und hervorragend erhaltene Dekoration des 1700 Besucher fassenden Konzertsaals gehört zu den glänzendsten Beispielen jener Epoche. Der 1908 vollendete Palau de la Música Catalana weckt aber bereits in Außenansicht die Neugier; Architekt war **Lluís Domènech i Montaner**. Das Bauwerk ist UNESCO-Weltkulturerbe, ein Konzert schon wegen der Akustik ein Ereignis.

Palau de la Música Catalana

Metro: Urquinaona (L1, L4) | Carrer Palau de la Música/Carrer Sant Pere Més Alt | Führungen: tgl. 10-15.30, Juli oft 10-18, Aug. 9-18 Uhr 20 € | www.palaumusica.cat

»Goldquadrat« im visionären Stadtviertel

Der größte Komplex modernistischer Bauten konzentriert sich im Stadtteil Eixample (»Erweiterung«), vor allem in dessen mittlerem

Eixample, Quadrat d'Or

Teil, dem sog. »Goldquadrat« **Quadrat d'Or** zwischen den Straßen Aribau und Passeig de Sant Joan. Die Höhepunkte berühren den **Passeig de Gràcia**, die prächtige Hauptachse des Eixample, das ab 1859 zwischen Gran Via dels Corts Catalanes und Avinguda Diagonal angelegt wurde.

Nur wenig nördlich der Plaça de Catalunya kommen Sie zu einem aus drei spektakulären Häusern bestehenden Block, der Manzana/ **Mansana de la Discòrdia**. Er beginnt mit der **Casa Lleó i Morera** (Passeig de Gràcia Nr. 35), 1905 von Domènech i Montaner erbaut, gefolgt von der **Casa Amatller** (Nr. 41, 1900) von Puig i Cadafalch.

Metro: Passeig de Gràcia (L2, L3, L4)

Casa Batlló

Völlig gelöst ...

... von überkommenen Bauprinzipien zeigt sich die Fassade der Casa Batlló (Passeig de Gràcia Nr. 43, 1904–1906) von **Antoni Gaudí**, sowohl was ihre ornamentale Struktur als auch was Baumaterial (Keramikfliesen und getriebenes Stahlblech) betrifft.

Tgl. 9–20 Uhr | Eintritt 29–39 € je nach Tag und vorab zu reservierender Uhrzeit, Frühbesuch (weniger Andrang) um 8.30 Uhr 45 €
www.casabatllo.es

In Gaudís Gesamtkunstwerk Park Güell sind selbst die Sitzbänke mit Mosaiken aus Kachelbruch überzogen.

Casa Milà

Pflanzenhaft geschwungener »Steinbruch«
Highlight am Passeig de Gràcia (Nr. 92) ist die Casa Milà (im Volksmund »La Pedrera«: Steinbruch), UNESCO-Welterbe und ebenfalls von Antoni Gaudí (1910). Mehr noch als bei der Casa Batlló bricht der Architekt bei seinem spätesten profanen Bau mit allen Traditionen: Das Haus gleicht mehr einer Skulptur als einem Gebäude. Krönung in doppeltem Sinne ist die **Dachterrasse**.

Tgl. 9–20.30, letzter Einlass 19 Uhr | Eintritt 25 € (La Pedrera Esencial/das Wichtigste, 35 € (La Pedrera Completa), 38 € (La Pedrera Night Experience/Spätabendbesuch), 39 € (La Pedrera Sunrise/ 8 Uhr morgens) | www.lapedrera.com

Temple de la Sagrada Família

Grandios und unvollendet
Schier übermächtig erhebt sich der Temple de la Sagrada Família (Kirche der Heiligen Familie), an dem bis heute gebaut wird. **Antoni Gaudí** (1852–1926) übernahm das bereits 1882 begonnene Objekt 1883 und gestaltete es nach eigenen Vorstellungen völlig um (▶ Baedeker Wissen, S. 110). Die Baukosten für diese »Kirche der Armen« werden aus Almosen und Stiftungen zusammengetragen, neben den Eintrittsgeldern der Besucher.

Die Kirche ist auf eine Gesamtlänge von 110 m und eine Höhe von 45 m geplant, wobei die Hauptkuppel 170 m und die zwölf die Apostel symbolisierenden **Türme** bis 115 m Höhe erreichen sollen. Die vollendeten Türme entsprechen der Weihnachts- und der Passionsfassade. Die Westfassade thematisiert die Leidensgeschichte Christi. Künstlerisch ist die Sagrada Família eine höchst eigenwillige Mischung von **Stilzitaten** und **Neuschöpfungen**. Grundriss, Raumaufteilung und Linienführung sind Gotik und Neogotik verpflichtet, verbinden sich mit der pflanzenhaften, fließenden Ornamentik des Modernisme.

Metro: Sagrada Família (L2, L5) | Carrer de Mallorca, 401
Mo.–Sa. ab 9, So. ab 10.30 Uhr | Eintritt 26 €, mit Türmen 36 €
http://sagradafamilia.org

Park Güell

Gaudís Hommage an die Natur
Im Nordwesten der Stadt im Stadtteil Gràcia breitet sich an einer Hügelflanke der 1900–1914 angelegte Park Güell aus, eine weitere Modernisme-Schöpfung Antoni Gaudís (UNESCO-Welterbe). Direkt am Eingang, nach dem von einem Turm gezierten, teils mit farbiger Majolika bedeckten **Pförtnerhaus**, beginnt die doppelläufige **Freitreppe**, die durch ein Wasserspiel mit einem salamanderähnlichen bunten Keramiktier geteilt wird. Sie endet auf dem Platz vor der Säulenhalle, dessen Umfassungsmauer als wellenförmig verlaufende lange Sitzbank gestaltet ist. Besonders hier kann man den originellen **Schmuck aus Keramikfragmenten** in allen Farben bewundern, der die Bank lückenlos bedeckt. Von dieser Terrasse genießt man einen weiten Blick über die Stadt.

BARCELONAS UNVOLLENDETE

Der Architekt Antoni Gaudí soll mit einer Bauzeit von rund 200 Jahren für die Sagrada Família gerechnet haben;. Wann genau seine Sühnekirche definitiv fertiggestellt sein wird, ist Nährboden für Spekulationen. Das rechts abgebildete Modell zeigt einen Ausschnitt des mittlerweile überdachten Längsschiffes.

❶ Kuppel und Türme
Es wird noch einige Zeit verstreichen, bis das Ensemble aus Zentralkuppel undvollendet ist. Das zentrale Kuppelgewölbe symbolisiert Christus, zwei Türme stehen für Maria, und vier weitere Türme repräsentieren die Evangelisten.

❷ Wald aus Stein
Die Lasten tragenden Stützen der Sagrada Família befinden sich im Inneren und erinnern an Bäume, die sich an bestimmten Punkten in mehrere Äste gabeln.

❸ Stein gewordenes Wort Gottes
Nach Gaudís Wunsch soll der Innenraum der Sagrada Família nachts stets erleuchtet sein, sodass das Licht durch das durchbrochene Mauerwerk nach außen strahlt – eine Manifestation der Worte Christi.

❹ Sängeremporen
Die beiden einander gegenüberliegenden Emporen sollen den Chören vorbehalten sein.

❺ Kettenmodell Gaudís
Eine durchhängende Schnur oder Kette repräsentiert den optimalen Kräfteverlauf eines Bogens oder einer Kuppel, nur eben auf dem Kopf. Wenn man das Modell dann umdreht, bekommt man Gewölbe, Bögen und Baumstruktur der Basilika nach dem Verlauf der Ketten.

SAGRADA FAMÍLIA

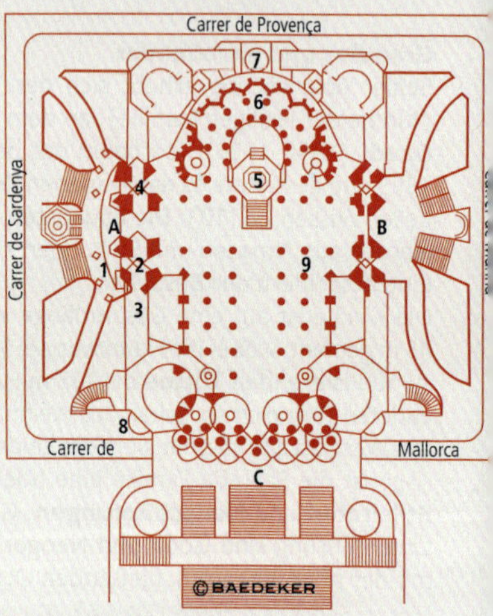

A Passionsportal
B Weihnachtsportal
C Portal der Herrlichkeit

1 Eingang
2 Vorraum
3 Kirchenmodell

4 Verkaufskiosk
5 Altar (darunter Krypta)
6 Apsis
7 Marienkapelle
8 Gaudí-Museum
9 Modellwerkstatt

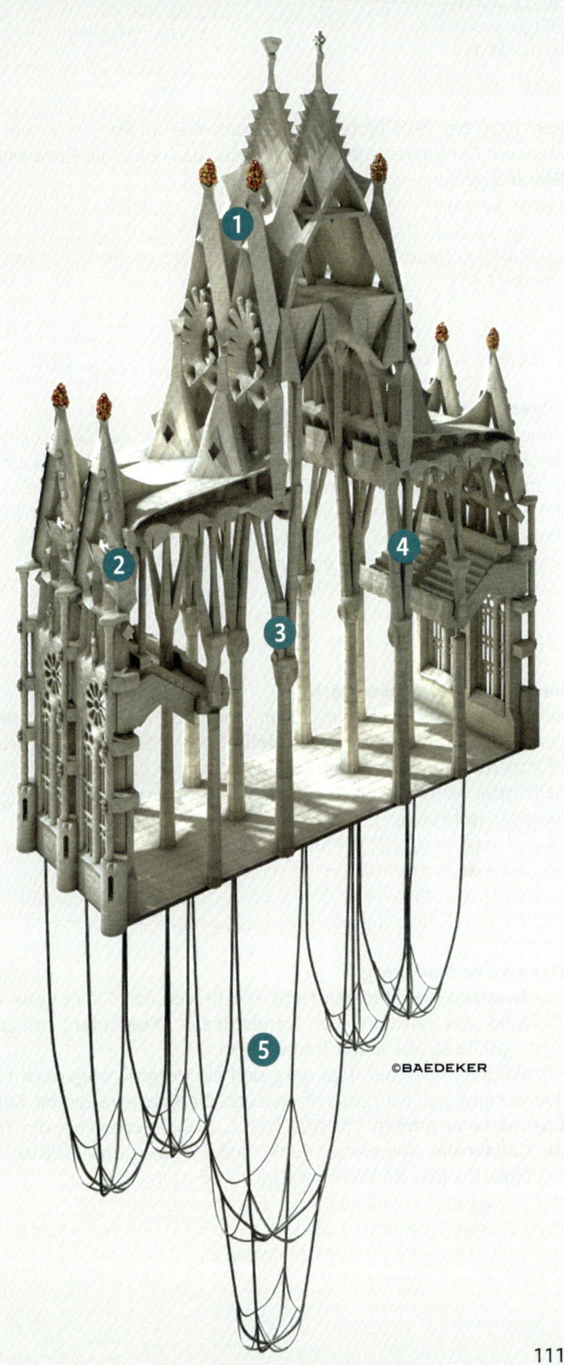
1
2
3
4
5
©BAEDEKER

Von 1906 bis 1926 lebte Antoni Gaudí hier im Park in einem von Francesc Berenguer entworfenen Haus, das heute als **Casa Museu Gaudí** zugänglich ist.

Metro: Lesseps (L3) | **Park Güell:** Juil, Aug. tgl. 9.30–19.30, übrige Monate 9 –19.30 Uhr | Eintritt 10 € | http://parkguell.barcelona
Casa Museu Gaudí: April –Sept. tgl. 9– 20, Okt. –März 10 –18 Uhr Eintritt 5,50 €

Etwas weiter außerhalb

Camp Nou, Museu del FC Barcelona

Pilgerort für »Barça«-Fans

Nahe am Westende der Avinguda Diagonal liegt das Sehnsuchtsziel der Fußballfans: Im Stadion Camp Nou für fast 100 000 Zuschauer bestreitet der FC Barcelona (»Barça«) seine Heimspiele. Im Museu del FC Barcelona kann man Trophäen und die »Ahnengalerie« des Klubs bestaunen, und die »Immersive Tour« stellt virtuell das neue Stadion vor. Im Eintritt ist ein Einblick ins Stadion enthalten.

Metro: Collblanc (L5) | Jahreszeitl. variierend Mo.–Sa. 9.30/10 bis 18.30/19.30, So. 10–14.30 Uhr | Immersive Tour 31,50 € (online 28 €) | www.fcbarcelona.es

Monestir de Pedralbes

Im noblen Pedralbes-Viertel

Sehenswert im noblen westlichen, von Grün und Villen geprägten Stadtteil Pedralbes: die **Finca Güell** (1884–1887 von Gaudí erbaut; Pförtnerhaus mit »Drachentor«) und das 1327 gegründete Klarissinnenkloster Monestir de Pedralbes (Höhepunkt: der Kreuzgang mit Renaissancebrunnen).

Metro: Palau Reial (L3) | **Finca Güell:** tgl. 10–16 Uhr | Eintritt 5 €
Monestir de Pedralbes: April–Sept. Di.–Fr. 10–17, Sa. 10–19, So. 10–20 Uhr; Okt.–März Di–Fr. 10–14, Sa./So. 10–17 Uhr | Eintritt 5 €, So. ab 15 Uhr frei | www.monestirpedralbes.barcelona

Tibidabo

Der zweite Stadtberg

Nordwestlich des Stadtzentrums erhebt sich der 532 m hohe Berg Tibidabo. Zur Talstation der Standseilbahn (**Funicular**) bringt die nostalgische Straßenbahn Tramvia Blau.
Attraktionen oben auf dem Berg sind ein **Vergnügungspark** (Parc d'Atraccions mit Fahrgeschäften) und die mächtige Kirche **Sagrat Cor** mit einer großen Christus-Statue. In Sichtweite liegt die **Torre de Collserola**, Barcelonas Funk- und Fernsehturm (288 m; Aussichtsplattform), ein Werk von Norman Foster.

FGC: Avinguda del Tibidabo (L7) und Tramvia Blau
Parc d'Atraccions: Jahreskalender s. Website) | Eintritt 28,50 €
www.tibidabo.cat/en | **Torre de Collserola:** bis auf Weiteres geschl.
www.torredecollserola.com

Pflichtprogramm für Designfreunde

Disseny de Hub Barcelona

Im **Designmuseum** Disseny Hub Barcelona dreht sich alles um Produkt- und Industriedesign, Keramik, Grafikdesign und Textiles. Hier fanden mehrere Museumsbestände zusammen in einem architektonisch interessanten modernen Gebäude von Mbm Architects.

Metro: Glòries (L1)
Plaça de les Glòries Catalanes, 37 | Mo. 15.30–21, Di.–So. 9–21 Uhr
Eintritt 6 € | http://ajuntament.barcelona.cat/museudeldisseny/en

Rund um Barcelona

Wallfahrtsziel in abenteuerlicher Lage

Montserrat

Das Felsmassiv des Montserrat (»Gesägter Berg«), »Heiliger Berg« der Katalanen, erhebt sich etwa 60 km nordwestlich von Barcelona und steigt bis 1237 m auf. Auf 725 m landschaftlich reizvoll auf einem Felsvorsprung liegt eine große **Klosteranlage**, in der die Gläubigen das wundertätige Bildnis einer **Schwarzen Madonna** verehren. Die farbig gefasste hölzerne Skulptur (12. oder 13. Jh.) machte Montserrat zu einer der bedeutendsten Wallfahrtsziele Spaniens.

Die auf das 16. Jh. zurückgehende **Basilika** wurde im 19. und 20. Jh. stark verändert und erneuert. Der berühmte **Knabenchor** singt für gewöhnlich zur Zeit des Ave Maria das Salve sowie bei der Vesper.

Zum Klosterkomplex Montserrat pilgert man wegen der Schwarzen Madonna.

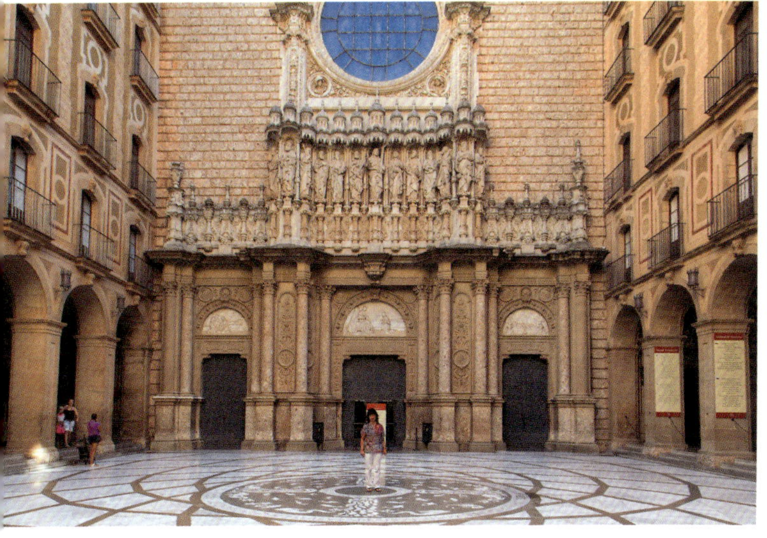

Interessant im Klosterareal ist auch das **Museu de Montserrat,** das neben ägyptischer, römischer und byzantinischer Kunst besonders Gemälde zeigt, darunter El Greco, Monet, Picasso.

Anfahrt: mit eigenem Fahrzeug oder per Seilbahn **Aeri de Montserrat**: tgl. | einfach 8,60 €, hin und zurück 13 €
http://aeridemontserrat.com

Übernachtung: Hostal Abat Cisneros €€ | **Basilika:** tgl. 7–20 Uhr | Kombi-Tickets ab 16 € | www.montserratvisita.com

Museu de Montserrat: tgl. 10–17.45 Uhr | Eintritt 8 €
www.museudemontserrat.com/

Attraktive alte Bischofsstadt

Vic

Knapp 70 km nördlich von Barcelona liegt die alte Bischofsstadt Vic, in der man im **Museu d'Art Medieval** (Museum der mittelalterlichen Kunst) eine der bedeutendsten Sammlungen romanischer Kirchenmalerei bewundern kann. Wertvollstes Objekt der **Kathedrale La Seu** gegenüber dem Museum ist der reich vergoldete gotische Alabasteraltar von Pere Oller (15. Jh.). Attraktiv ist der **Wochenmarkt** (Di., Sa. vorm. auf der Plaça Major).

Oficina de Turismo: Plaça del Pes, s/n | www.victurisme.cat

Museu: April–Sept. Di.–Sa. 10–19, So. 10–14; Okt.–März Di.–Fr. 10–13 u. 15–18, Sa. 10–19, Sp. 10–14 Uhr | Eintritt 8,50 €
www.museuepiscopalvic.com

Klosterkirche und Wanderungen im Gebirge

L'Estany

Auf dem Weg nach Vic lohnen Abstecher ins Dorf L'Estany mit seiner 1133 geweihten Kirche des **Augustinerklosters** Santa María de Estany und ins waldbedeckte Massiv der **Serra de Montseny**. Im östlichen Ausläufer der Pyrenäen mit dem **Turó de l'Home** (1706 m) als höchster Erhebung kann man Wanderungen unternehmen.

★★ BILBAO · BILBO

Provinz: Vizcaya | **Höhe:** 19 m ü. d. M. | **Region:** País Vasco
Einwohner: 341 100 (Großraum: 850 000)

Jeder denkt zunächst nur an »das Eine«: das Guggenheim-Museum, eine legendäre Kunstadresse der Moderne. Die Spannung steigt. Wann taucht es auf? Ist es wirklich so imposant, wie man es zigfach auf Fotos gesehen hat? Ja, tatsächlich. Über den Flussufern des Río Nervión wirft es sich wie ein Ozeanriese auf, der neben der Brücke Salvé angedockt hat.

Unverkennbar Santiago Calatrava: die »Weiße Brücke« Zubizuri über den Río Nervión

Bilbao (bask. Bilbo), politisches und kulturelles Zentrum im **Baskenland**, 1300 begründet, hat sich vom grauen(haften) Industriestandort des 19./20. Jh.s zu einer sehenswerten Metropole des 3. Jahrtausends gemausert. Dahinter steht ein umfangreiches Stadtsanierungsprogramm, zu dem auch das **Museo Guggenheim** zählte.
Geblieben ist der Charakter als Handelsmetropole; der große **Hafen** am Golf von Vizcaya liegt km 10 km entfernt.

Stadt im Wandel

Eigenwillig und überwältigend vital

Architektonisch hoch hinaus

Stillstand scheint Bilbao fremd. Neue Projekte schreiten kontinuierlich voran. Architektonisch ist es überall hoch hinaus gegangen: ob mit dem markanten **Flughafen-Terminal** »La Paloma« von Santiago Calatrava (10 km nördl.) oder nahe dem Guggenheim-Museum mit dem Bürowolkenkratzer **Torre Iberdrola** (165 m) von César Pelli.
Bezeichnend für das ausgeprägte Selbstbewusstsein der Menschen ist die Vereinspolitik des Fußballclubs **Athletic Bilbao**: Dort dürfen nur Basken oder im Baskenland ausgebildete Kicker spielen.
Kulinarisch ist Bilbao gut für **Pintxos** (sprich: pintschos) aller Art, Appetithäppchen, die sonst in Spanien Tapas heißen.

BILBAO ERLEBEN

OFICINA DE TURISMO

Plaza Circular, 1; Tel. 944 79 57 60
www.bilbaoturismo.net

Die **Metro Bilbao** (3 Linien), ist berühmt für ihre von Stararchitekt Norman Foster konzipierten Stationen. .
www.metrobilbao.eus

Die 1,5 km lange **Gran Vía de Don Diego López de Haro** ist die Haupteinkaufsmeile in der Neustadt. Baskische Köstlichkeiten und mehr findet man in der Altstadt im **Mercado de la Ribera** beim Flussufer.
http://mercadodelaribera.biz

ASTE NAGUSIA

Die »Große Woche« feiert die **baskische Kultur**mit Konzerte, Umzügen Feuerwerk).
9 Tage, in der 2. Augusthälfte

❶ LA GAVILLA €€–€€€

Die Fassade macht wenig her, doch dahinter entstehen kulinarische Kunstwerke
Calle Colón de Larreátegui, 32, Tel. 944 25 68 38, www.lagavilla bilbao.com, So., Mo. geschl.

❷ SAIBIGAIN €€

Typische, bei Einheimischen beliebte Adresse im Altstadtviertel Siete Calles. Pintxos, Raciones, Spezialmenü des Hauses (€€€).
Barrenkale Barrena, 16
Tel. 944 5 01 23
http://saibigain.com
So. abends, Mo., Di. geschl.

❸ CAFÉ IRUÑA €€–€

In dem nostalgischen Café von 1903 mit maurisch inspiriertem Dekor lebt das alte Bilbao weiter. Empfehlenswert: Fleischspießchen (»pintxos morunos«) und das Mittagsmenü.
Jardines de Albia, Tel. 944 23 70 21
www.cafeirunabilbao.net

❹ RIO-OJA €

Stilvolle Kneipe in der Altstadt mit deftiger, sättigender Kost. Die Portionen heißen hier »cazuelitas«.
Calle del Perro, 4, Tel. 944 15 08 71
www.rio-oja.com

❶ GRAN HOTEL BILBAO €€€

Überzeugt mit einer modernen Ausstattung und einem fairen Preis-Leistungs-Verhältnis. Dafür ist die Lage nicht ganz zentral, sondern im Südteil der Stadt.
Avenida Indalecio Prieto, 1
Tel. 946 52 84 08
www.hotelgranbilbao.com

❷ ABBA EUSKALDUNA HOTEL €€–€€€

Modernes, geschmackvoll eingerichtetes Hotel beim Fußballstadion.
Camino de la Ventosa, 34, Tel. 946 67 31 69, www.abbahoteles.com;

❸ HOTEL PETIT PALACE ARANA €€–€

Eines der günstigsten der guten Hotels der Stadt. Zentrale Lage beim Theater Arriaga am Rand des Altstadtkerns. .
Calle de Bidebarrieta, 2
Tel. 944 15 64 11, www.petit palacearanabilbao.com

BILBAO • BILBO

1 La Gavilla
2 Saibigain
3 Iruña
4 Rio-Oja

1 Gran Hotel Bilbao
2 Abba Euskalduna Hotel
3 Hotel Petit Palace Arana

Wohin in der Altstadt?

»Sieben Gassen« mit historischem Charme
Kern der an den Río Nervión grenzenden Altstadt sind die sog. »Siete Calles« (»Sieben Gassen«), die wegen ihrer zahlreichen Pintxosbars als Schlemmerparadies gelten. Hier setzen kleine Geschäfte noch auf persönlichen Service, bilden farbenfrohe Fassaden mit Glasvorbauten, schmiedeeiserne Balkongitter mit Blumenkästen historische Akzente. Vereinzelt sind baskische Flaggen zu sehen oder kleine Unabhängigkeitsplakate, obwohl viele Stimmen zur Loslösung von Spanien längst verstummt sind.

Kathedralgotik am Jakobsweg

Catedral de Santiago

Im Zentrum der Altstadt erhebt sich die Kathedrale (Catedral de Santiago), dem hl. Jakobus geweiht und zu Beginn des 14. Jh.s am Jakobsweg (Küstenvariante) errichtet. Der ursprüngliche Bau erlitt bei einem Brand 1571 große Schäden; danach wurde das Gotteshaus mit der Aufsehen erregenden Renaissancepfeilerhalle und **Kreuzgang** wieder aufgebaut. Fassade und **Glockenturm** sind neugotisch.

Mo.–Sa. 10–18.30 Uhr | Eintritt 8 € inkl. Kirche San Antón (s.u.)
http://catedralbilbao.com

Am Rand der Altstadt ...

San Nicolás de Bari

... liegen das 1890 erbaute neobarocke **Teatro Arriaga** (Opernhaus), als kulinarischer Referenzpunkt der **Mercado de la Ribera** (▶ S. 118) mit einer Sektion Gastrobars sowie die Kirchen **San Antón** (15. Jh.; prächtiger Retablo in der Schmerzenskapelle) und **San Nicolás de Bari** aus dem 14. Jh., die 1756 vollständig erneuert wurde.

www.teatroarriaga.eus

Baskische Kultur

Plaza Nueva

Die Plaza Nueva, ein von **Arkaden** gesäumter Platz, ist ein beliebter Treffpunkt mit Cafés und Restaurants. Südlich davon dokumentiert in einem früheren Jesuitenkolleg das **Museo Vasco** (bask. Euskal Museoa) Geschichte und Lebensweise der Basken.

Museo Vasco: Plaza de Miguel de Unamuno, 4 | wg. Renovierung bis auf Weiteres geschl. | www.euskalmuseoa.eus

Wohin in der Neustadt?

Die Neustadt Ensanche (= Erweiterung) nimmt das westliche Ufer des Río Nervión ein. Ihr in Ost-West-Richtung laufendes Rückgrat bildet die **Gran Vía de Don Diego López de Haro**, Haupteinkaufsmeile der Stadt.

Hochrangige Gemäldesammlung

Museo de Bellas Artes

Am Stadtpark **Parque de Doña Casilda Iturriza** liegt das nach Rundumerneuerung 2023 wieder eröffnete Museum der Schönen Künste mit einer umfangreichen Sammlung baskischer Künstler, aber auch internationaler Kunst (12.–20. Jh.), darunter Werke von El Greco, Zurbarán, Goya, Francis Bacon oder Antoni Tàpies in oft origineller Präsentation.

Museo Plaza, 2 | Juli–Sept. Mo.– Sa. 10–20, So. bis 15 Uhr, übrige Monate Di. geschl. | Eintritt frei | https://bilbaomuseoa.eus

Ein technisches Monument aus früheren Zeiten Der Puente Colgante von 1893 hat es sogar zum Weltkulturerbe gebracht (▶ S. 122)

ARCHITEKTUR DER SUPERLATIVE

Das Gebäude bzw. die dafür verwendeten Materialien des Museo Guggenheim haben Symbolkraft: Metall (das Museum trägt eine »Haut« aus Titanplatten), Stein und Wasser stehen für Stärke, die Unabhängigkeit und die industrielle Tradition des Baskenlands. Auf einer Gesamtfläche von 24000 m² bieten 19 Galerien Platz für Ausstellungen und Installationen.

Besucherinfos ► S. 119

1 Werke von Serra
In der größten Galerie, die über 130 m lang ist und bis unter den Puente de la Salve reicht, sind in einer Dauerausstellung Werke von Richard Serra zu sehen: Riesenskulpturen aus Stahl.

2 Wechselausstellungen
Um die Rotunde herum gruppieren sich die weiteren Galerien, die Wechselausstellungen vorbehalten bleiben.

3 Restaurant
Auch im Museumsrestaurant »Nerua« dürfen hohe Maßstäbe angelegt werden – sowohl ans Design als auch an die Küche. www.neruaguggenheimbilbao.com

4 Auditorium
Das Auditorium des Museums, das Platz für 300 Personen bietet, wird für pädagogische Aktivitäten und für Kulturevents genutzt.

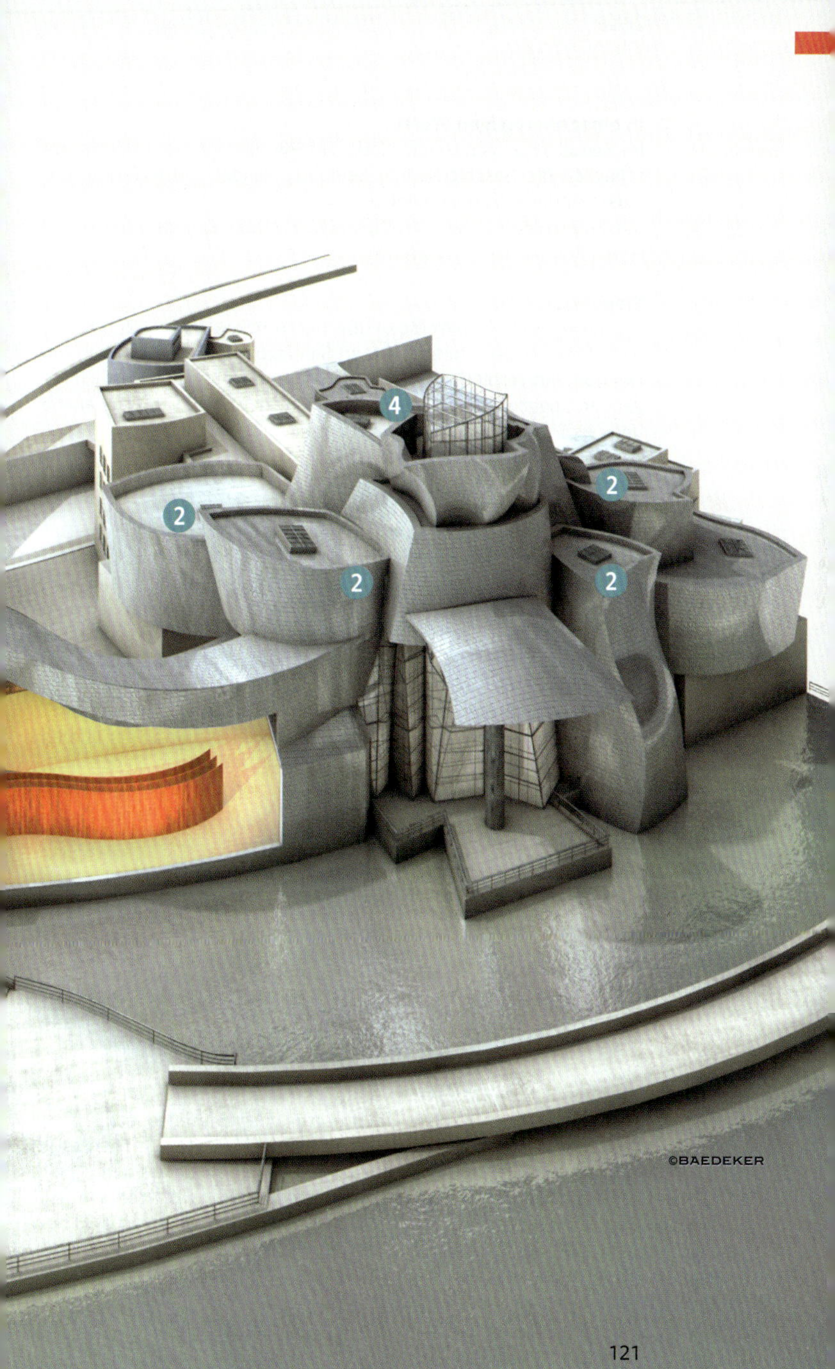
4
2
2
2
2
©BAEDEKER

In einer ehemaligen Werft

Itsasmuseum

Im Seeschifffahrtsmuseum direkt am Río Nervión wird höchst anschaulich die Geschichte von Seefahrt, Handel und Hafen an der Flussmündung Ría dokumentiert.

Muelle Ramón de la Sota, 1 | Di.–So. 11–19 Uhr | Eintritt 6 €, Sept.–Juni Di. frei | http://itsasmuseum.eus

Elegant...

Zubizuri

... schwingt sich die »Weiße« Fußgängerbrücke« (bask. »Zubizuri«) nach Entwurf des Stararchitekten Santiago Calatrava über den Río Nervión und verbindet – bereits in Sichtentfernung des westlich liegenden Guggenheim-Museums – auf Höhe der Uribitarte-Promenade und des Campo Volantín die Ufer der Ría miteinander.

Tourismusmagnet und Wahrzeichen

Museo Guggenheim

Seit 1997 hat Bilbao ein Wahrzeichen, das die Stadt weltberühmt machte und ihr einen mächtigen touristischen Schub versetzte. Der amerikanische Stararchitekt **Frank O. Gehry** pflanzte mit dem Museo Guggenheim einen spektakulären Neubau ans südliche Nervión-Ufer, türmte aus Titan, Kalkstein und Glas ein Gebäude auf, an dem nicht Geraden, sondern Kurven vorherrschen (▶ Baedeker Wissen, S. 120; Abb. ▶ S. 592). Es gibt wenige ständige Exponate, meist laufen zwei bis drei Wechselausstellungen parallel.
Zum Fluss hin öffnen sich **Wassergärten**, über die gelegentlich Nebel-Installationen wabern – auch das ist Kunst. Wahrzeichen an der oberen Esplanade ist der Blumenhund »Puppy« von Jeff Koons, an der unteren Esplanade die Bronzespinne »Mamam« von Louise Bourgeois.

Av. Abandoibarra, 2 | Mitte Juni–Mitte Sept. tgl. 10–20, übrige Monate Di.–So. 10–19 Uhr | Eintritt 18 € | www.guggenheim-bilbao.eus

Entlang der Mündung des Río Nervión

Villen, Hafen und Strand

Vorstadt Getxo

Die Vorstadt Getxo, wo noch großbürgerliche Villen aus dem 19. Jh./Beginn des 20. Jh.s stehen, liegt bereits in Sicht des Hafenbereichs. Es gibt auch einen längeren Strand, um den sich eine **Promenade** zieht.

Technisches Wunderwerk

Puente Colgante (Puente Bizkaya)

Ein von der UNESCO als Weltkulturerbe ausgewiesenes technisches Wunderwerk des Ingenieurs und Architekten Alberto de Palacio ist die auch als Puente Bizkaia bekannte **Schwebebrücke** Puente Colgante (»Hängende Brücke«), die Portugalete mit Las Arenas in der Gemeinde Getxo verbindet. Die Stahlgitterkonstruktion von 1893 besteht aus zwei je 63 m hohen Masten, die einen Gittersteg (pasarela) halten, an dem eine **Seilschwebefähre** (Transbordador) hängt. Der

Gittersteg in etwa 45 m Höhe ist ein atemberaubender Übergang; hinauf geht's per Aufzug.
Seilschwebefähre rund um die Uhr (Fußgänger 0,50 €), Lift und Steg tgl. 10 – 19 Uhr (9,50 €) | http://puente-colgante.com/en

EL BURGO DE OSMA

Provinz: Soria | **Höhe:** 906 m ü. d. M. | **Region:** Castilla y León
Einwohner: 5200

Kastilische Atmosphäre spüren, weit weg vom Massenbetrieb? Dann kommen Sie doch in der entlegenen Provinz Soria in dieses alte Bischofsstädtchen!

Attraktiv ist besonders der alte mittelalterliche Ortskern, der zum nationalen Kulturgut erklärt wurde.

Attraktives Mittelalter

Wohin in El Burgo de Osma?

Wahrzeichen der Stadt

Catedral

Schönstes und bedeutendstes Bauwerk ist die gotische Kathedrale. Der dreischiffige Kirchenbau, im 12. Jh. im romanischen Stil begonnen, wurde ab 1232 gotisch fortgeführt, der barocke Glockenturm (72m), weit sichtbares Wahrzeichen der Stadt, im 18. Jh. vollendet. Das Südportal zur Plaza hin trägt reichen Figurenschmuck (13. Jh.), der Kreuzgang entstand 1512. Mittelpunkt der **Capilla Mayor** ist ein Retablo (1552–1556); die schmiedeeisernen Chorgitter (16. Jh.) stammen von Juan Francés. Das linke Querschiff birgt das Grabmal für den Bischof und Schutzheiligen Pedro de Osma (13. Jh.). Das **Dommuseum** zeigt eine ansehnliche Sammlung von Gewändern und liturgischem Gerät, übertroffen noch von den Miniaturhandschriften in der **Bibliothek**, deren Glanzstück ein reich illustrierter Apokalypsekommentar des Mönchs Beatus von Liébana (1086) ist.
April – Juni, Sept. – Nov. Di. – So. 10.30 – 13.30 u. 16 – 18, Dez. – März. Di. – So. 10.30 – 13.30, nur Sa. auch 16 – 19 Uhr | Eintritt 5 €, 8 € inkl. Turm | www.catedralburgodeosma.com

Am Hauptplatz

Plaza Mayor

Die Plaza Mayor umgeben sehenswerte Bauten wie das **Bischöfliche Palais** (Palacio Episcopal, 17. Jh.) mit einem eigenwilligen Portal, das **Hospital San Agustín** (17. Jh.), dessen Erkennungszeichen zwei wappengeschmückte Barocktürme sind, und das **Rathaus**.

EL BURGO DE OSMA ERLEBEN

OFICINA DE TURISMO
Plaza Mayor, s/n; Tel. 975 36 01 16
www.burgodeosma.com

CASTILLA TERMAL BURGO DE OSMA €€€€
70-Zimmer-Haus mit historischem Flair, wo einst die Universidad de Santa Catalina (16. Jh.) residierte. Mit Restaurant und Thermalbereich.
Calle Universidad, 5, Tel. 975 34 14 19, www.castillatermal.com

VIRREY €€
Das stilvolle Haus bietet 52 rustikal ausgestattete Gästezimmer und ein Restaurant mit klassischer Note.
Calle Mayor, 2, Tel. 975 34 13 11
http://virreypalafox.com

Rund um El Burgo de Osma

Burg der Tempelritter

Ucero

Im winzigen Örtchen Ucero (16 km nördl.) sticht die gut erhaltene Tempelritterburg **San Juan de Otero** hervor.

Spektakuläre Schluchtenlandschaft

Parque Natural Cañón del Río Lobos

Ucero liegt am Südzipfel des Naturparks Cañón del Río Lobos. Die SO-920 umfährt ihn bis zum Parkplatz bei San Leonardo de Yagüe, in dessen Nähe die **Templerkirche San Bartolomé** (13. Jh.) steht.
Von hier kann man durch eine überwältigende Landschaft am **Río Lobos** entlangwandern, der einen bis zu 200 m tiefen Abgrund grub. Der Weg endet außerhalb von Ucero nach der Brücke über den Río Ucero.

Eine der größten maurischen Burgen

Gormaz

Auf der SO-160 erreicht man 15 km südlich Gormaz, wo sich die Reste einer einst gewaltigen maurischen Burg aus dem 10. Jh. erheben – mit 28 Türmen gehört sie zu den größten in Europa.

Und noch eine großartige Burg

Berlanga de Duero

Von Gormaz fährt man weiter nach Berlanga de Duero, das ebenfalls eine großartige **Burg** (15. Jh.) mit mächtigem Bergfried und zwei Mauerringen besitzt. Auch der Ort selbst ist noch von Mauern umschlossen. In der Kirche **La Colegiata** (1530) beeindruckt der Retablo.
9 km südlich stößt man bei Casillas auf die mozarabische Einsiedelei **Ermita de San Baudelio de Berlanga** mit ihrem eigenartigen, von einer einzigen Säule palmenartig ausgehenden Gewölbe und schönen Fresken (12. Jh.).

★★ BURGOS

Provinz: Burgos | **Höhe:** 860 m ü. d. M. | **Region:** Castilla y León
Einwohner: 173 500

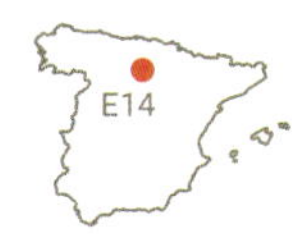

»Es fror uns bitterlich, Kamine hatten wir nicht, und über glühenden Kohlen mussten wir Füße und Hände erwärmen«, schrieb der dänische Dichter Hans Christian Andersen über seinen Aufenthalt in Burgos 1862. Allerdings hatte er keinen »Baedeker« dabei! Dann hätte er gewusst, dass Winter die denkbar schlechteste Zeit ist, um in der Stadt zu weilen.

Kastiliens alte Hauptstadt

Das raue Klima ist hier ein Dauerthema, bedingt durch die Lage auf der Meseta. Während im Winter Eiswinde über die Hochebene peitschen, kann es im Sommer glühend heiß werden: bis zu 40 °C im Schatten. Frühjahr und Herbst sind gewiss die besseren Jahreszeiten für einen Besuch.

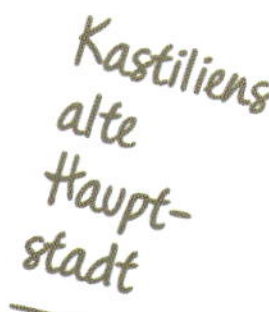

Vor der Kathedrale von Burgos hat man ein Plätzchen für den »Erschöpften Pilger« geschaffen.

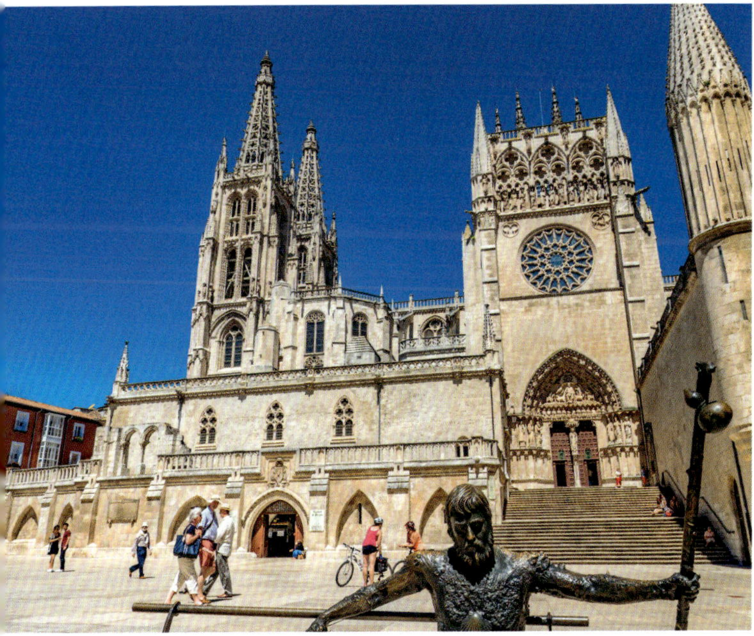

Historische Hauptstadt von Kastilien

UNESCO-Welterbe am Jakobsweg

Burgos am Jakobsweg geht auf eine 884 errichtete **Burg** des Grafen Diego Porcelos zurück. 951 wurde es **Hauptstadt** der Grafschaft Kastilien und 1037 der vereinigten Königreiche Kastilien und León, bis zum Abschluss der Reconquista 1492. Auch danach spielte Burgos als Zentrum des kastilischen **Wollhandels** eine wichtige Rolle, die erst im späten 16. Jh. zu Ende ging.

Das wichtigste Bauwerk prägt bis heute die Stadt: die **Kathedrale** Weltkulturerbe der UNESCO. Ganz in der Nähe strömt der **Río Arlanzón** dahin, wo die Frösche quaken. Da fühlt man sich in der City unvermittelt in der Provinz. Die parallel zum Flussufer verlaufende **Flanierpromenade** gibt Gelegenheit zum Atemholen, um sich dann voller Energie wieder den reichen Kunstschätzen zuzuwenden.

1 San Esteban
2 San Nicolás
3 Arco de Santa María
4 Ayuntamiento
5 Monumento del Cid
6 Arco de San Juan
7 Museo Marceliano Santa María
8 Estación de Autobuses
9 San Cosme y San Damián
10 Palacio Arzobispal
11 Arco de San Martín
12 Arco de San Gil
13 Museo de la Evolución Humana

Essen:
1 Casa Ojeda
2 Saciedad Secreta

Übernachten:
1 Hotel Abba Burgos
2 Hotel Rice Bulevar

BURGOS ERLEBEN

OFICINA DE TURISMO
Calle Nuño Rasura, 7
Tel. 947 28 88 74
http://turismo.aytoburgos.es

Das ausgelassenste der Feste von Burgos ist die **Fiesta de San Pedro y San Pablo** mit Umzügen (u. a. die »gigantillos«), Freiluftkonzerten, Tanz.
Ende Juni/Anfang Juli

Geschäftig geht es in der altstädtischen Fußgängerzone um die **Calle La Paloma** zu; hier dominiert noch der Einzelhandel.

❶ CASA OJEDA €€€
Hier gibt es bodenständige Küche der Region, u. a. ausgezeichnetes Holzofenlamm (»cordero«).
Calle Vitoria, 5; Tel. 947 20 90 52
http://restauranteojeda.com
Mo. geschl.

❷ SACIEDAD SECRETA €€–€
Eine kulinarische Reise der Tapas und Portionen, schön präsentiert. Moderne Küche.
Plaza Vadillos, 5; Tel. 947 72 35 09
So. abends, Mo. – geschl.
www.saciedadsecreta.com

❶ HOTEL ABBA BURGOS €€
Vorteil des Vier-Sterne-Hauses ist die ruhige Altstadtlage – nah an allem. Es gibt ein kleines Hallenbad, Sauna, Fitnessraum und Restaurant. Hauseigener Parkplatz gegen Aufpreis – (nicht preiswert, spart aber Nerven bei der Suche).
Calle Fernán González, 72
Tel. 947 00 11 00
www.abbaburgoshotel.com

❷ HOTEL RICE BULEVAR €€–€
Ordentliche, solide Drei-Sterne-Qualität. Die Altstadt ist zu Fuß erreichbar. Mit Cafeteria. Ein gewichtiges Argument für eine Buchung ist das günstige Preisniveau – Luxus darf man natürlich nicht erwarten.
Bonifacio Zamora de Usabel, 1
Tel. 947 20 30 00
www.hotelbulevarburgos.com

Im Stadtbild fallen die vielen **Jakobspilger** auf (▶ Baedeker Wissen, S. 612): Die Kneipen und Cafés in der Altstadt sorgen bei allen Reisenden für Entspannung.

Nationalheld und Symbolfigur der Reconquista

El Cid

Burgos ist eng verbunden mit **Rodrigo Díaz de Vivar**, genannt »El Cid«, um 1043 in Vivar 9 km nördlich geboren, spanischer Nationalheld und Leitfigur des Kampfs der Christen gegen die maurische Herrschaft (▶ S. 600). Er kämpfte zunächst unter König Sancho II. von Kastilien gegen dessen Bruder Alfons VI. von León und erwarb sich durch Tapferkeit seinen ersten Beinamen »El Campeador« (der

Kämpfer). Nach Ermordung Sanchos 1072 schloss er sich Alfons VI. an, der nun Herrscher beider Königreiche war und ihm seine Cousine Doña Jimena zur Frau gab. 1081 kam es zum Bruch, da Rodrigo Alfons des Mords an Sancho verdächtigte, worauf er verbannt wurde. Als Gefolgsmann des Emirs von Zaragoza schlug er Schlachten gegen die Christen, durch die er seinen Ehrennamen »El Cid« (arab. sayyid = Herr) gewann. Nach Aussöhnung mit Alfons eroberte er 1094 ▶ Valencia von den Almoraviden und fiel am 10. Juli 1099 bei der Verteidigung der Stadt.
El Cids Taten sind überliefert im großen altspanischen **Nationalepos »El cantar de mío Cid«** eines unbekannten Dichters (13. Jh.). Seit 1921 ruhen seine Gebeine inmitten in der Kathedrale von Burgos.

 Catedral de Santa María

Sommer tgl. 9.30–18.30, Winter 10–19 Uhr | Eintritt 10 €, Di. ab 16.30 Uhr frei | http://catedraldeburgos.es

Durch ihre Ausmaße und die Fülle plastischer Kunstwerke gilt die gotische Kathedrale als eine der eindrucksvollsten im Südwesten Europas. Mit Sevilla und Toledo bildet sie die »Top 3« der größten Kathedralen Spaniens.

Eine der imposantesten spanischen Kathedralen

Baugeschichte

Ferdinand III. und Bischof Mauricio legten 1221 den Grundstein für den aus Kalkstein errichteten Bau; die drei Schiffe und die Portale

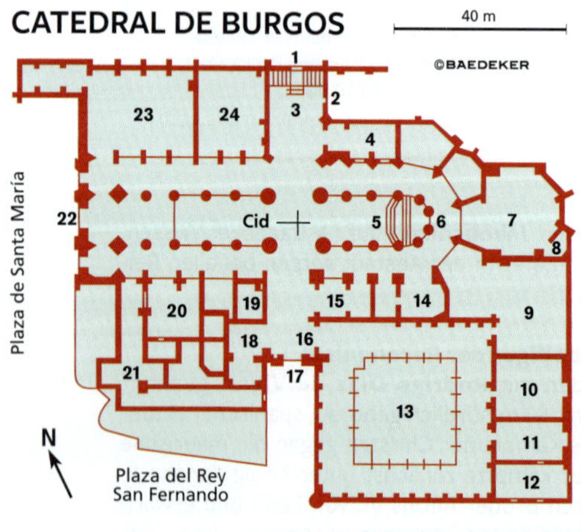

1 Puerta de la Coroner
2 Puerta de la Pellejerí
3 Escalera Dorada
4 Capilla de la Nativida
5 Capilla Mayor
6 Trassagrario
7 Capilla del Condesta
8 Sacristía
9 Capilla de Santiago
10 Capilla de Santa Cat
11 Capilla del Corpus C
12 Sala Capitular
13 Claustro
14 Sacristía Nueva
15 Capilla de San Enriqu
16 Puerta del Claustro
17 Puerta del Sarmental
18 Capilla de la Visitació
19 Relicario
20 Capilla de la Present
21 Capilla del Santísimo
22 Puerta Principal
23 Capilla de Santa Tecl
24 Capilla de Santa Ana

waren Mitte des 13. Jh.s fertig. Die Türme entstanden im 15. Jh., im 16. Jh. war die Kathedrale vollendet. Zunächst leiteten spanische Baumeister die Arbeiten, doch im 15. Jh. kamen mit Felipe Vigarny (Felipe de Borgoña) aus Burgund, Gil de Siloé aus Flandern und Hans von Köln (Juan de Colonia) **internationale Baumeister** nach Burgos.

Umfassend restauriert und sandgestrahlt

Hauptfassade und Portale

Die nach Westen gerichtete Hauptfassade dominieren die 84 m hohen Türme. Über der **Puerta Principal** leuchtet die prächtige Fensterrose mit acht Königsstatuen darüber (Abb. ▶ S. 125)
Die **Puerta del Sarmental im Süden** (Besucherzugang) zeigt die Evangelisten an ihren Schreibpulten und die in Gespräche miteinander vertieften Apostel. Das Bauwerk wurde umfassend restauriert und sandgestrahlt.

19 Kapellen, 35 Gitter, 38 Altäre und 60 Säulen

Innenraum

Blickfang im Innern der Kathedrale ist zunächst im Mittelschiff das **Cimborrio** (Kuppelgewölbe), ein Meisterwerk plateresker Dekorationskunst, das Juan de Vallejo 1568 schuf. Darunter ruhen unter einer einfachen Grabplatte **die Gebeine von El Cid und seiner Gattin Jimena**, 1835 umgebettet aus dem nahe gelegenen Kloster San Pedro de Cardeña. An der Nordseite führt die doppelläufige, nicht für Besucher begehbare **Escalera Dorada** zur 8 m höher gelegenen Puerta de la Coronería; die mit vergoldeten Geländern versehene Treppe ist ein platereskes Meisterwerk von Diego de Siloé.
Chor und Capilla Mayor sind durch hohe Schmiedegitter abgetrennt. Das reich geschnitzte Nussbaumgestühl im **Chor** (1521) stammt überwiegend von Felipe Vigarny. Das Zentrum der **Capilla Mayor** markiert ein reich vergoldeter Hochaltar (1580) von Rodrigo und Martín de la Haya zu Ehren Mariens, der Kathedralpatronin.
Kurios im Innern hoch hinter dem Hauptportal ist eine Uhr mit dem »Fliegenschnapper« **Papamoscas**, der bei Glockenschlägen zu jeder vollen Stunde den Mund öffnet und schließt.
Die **Capilla del Condestable** hinter dem Chorumgang wurde ab 1482 für den Obersten Heerführer Kastiliens und Stellvertreter des Königs, den **Condestable Pedro Hernández de Velasco**, von Simon von Köln nach Entwürfen seines Vaters Hans in reichem Platereskenstil erbaut (vollendet 1494). In ihrer Mitte ruhen der Condestable und seine Gemahlin Mencía de Mendoza, als lebensnahe Plastiken aus Carraramarmor auf den Sarkophagen verewigt. An den Reliefs, Skulpturen und Wappenschilden der übrigen Ausstattung der Grabkapelle war neben Simon von Köln auch Gil de Siloé beteiligt.

Die Truhe des Cid

Kreuzgang

Der Besucherrundgang führt, vorbei an der **Hauptsakristei** (Sacristía) im Rokokostil (18. Jh.), in den doppelgeschossigen Kreuzgang

(Claustro) aus dem 13. Jh. Dort sehen Sie u. a. die eisenbeschlagene **Truhe des Cid** (Cofre de El Cid), die dieser, nur mit Sand und Steinen gefüllt, zwei jüdischen Kaufleuten als Pfand für ein Darlehen zurückließ; später allerdings zahlte er, ganz Ehrenmann, alles ordnungsgemäß zurück.
Der obere Teil des Kreuzgangs gibt Zutritt zum wertvollen **Domschatz** (Capilla de Santiago), der untere Teil ist weniger interessant und führt zum Ausgang.

Hoch verehrte Christusfigur

Capilla del Santísimo Cristo

Durch das Hauptportal (abseits des Besucherrundgangs) erreicht man eine besondere Kapelle, die Gebeten und Messen vorbehalten bleibt: In der Capilla del Santísimo Cristo wird die mit Büffelhaut überzogene Christusfigur »**El Cristo de Burgos**« verehrt.

Wohin in der Altstadt?

Ein Museum für Altaraufsätze

San Nicolás, San Esteban

Die Kirche San Nicolás (15. Jh.), hoch über dem Vorplatz der Kathedrale gelegen, besitzt einen 1505 vollendeten Altar, auf dem Franz von Köln mit 465 Figuren aus mehrfarbigem Alabaster Szenen des Alten und Neuen Testaments darstellte. Nordöstlich davon entstand 1280–1350 die gotische Kirche San Esteban, heute **Museo del Retablo**, in dem prächtige Altaraufsätze (16.–18. Jh.) ausgestellt sind.

Museo del Retablo: Juli–Mitte Sept. Mo.–Sa. 10–14 u. 17–20, Nov.– Mitte März Di.–Sa. 10–14 u. 16–19 bzw. 17–20 Uhr Mitte März– Okt., So. ganzjährig 10–14 Uhr | Eintritt 3 € | www.museodelretablo.com

Stimmungsvolle Flaniermeile am Fluss

Paseo del Espolón

Am Río Arlanzón entlang verläuft nördlich der Paseo del Espolón, die Flaniermeile der Stadt mit ihren **Platanenreihen**, angrenzenden **Cafés** und Geschäften. Typisch und stimmungsvoll!
Den Beginn des Paseo markiert der **Arco de Santa María** aus dem 14. Jh. (1552 umgebaut), ein von zwei halbrunden Türmen flankiertes, mächtiges Stadttor. Seine Schönheit erschließt sich durch einen Blick von der den Río Arlanzón überspannenden **Brücke**. Statuen kastilischer Persönlichkeiten zieren es: unten in der Mitte der Stadtgründer Diego Porcelos, flankiert von Nuño Rasura und Laín Calvo, den beiden ersten Richtern Kastiliens; darüber (v. r. n. l.) El Cid, Karl V. und Graf Fernán González.

Ein Denkmal für den Helden

Plaza Mayor

Vom Paseo del Espolón führt eine Passage auf die arkadengesäumte Plaza Mayor. An ihrer Südseite liegt das **Rathaus** (Ayuntamiento; 1791); in den Arkaden zum Paseo hin sind Hochwassermarken zu erkennen. Die Promenade endet am Theaterplatz, der vom **Monumento del Cid**, einem heroisierenden Denkmal, dominiert wird. Die angrenzende Flussbrücke **Puente de San Pablo** ist mit Denkmälern kastilischer Helden geschmückt.

Menschheitsgeschichte und Evolution

Museo de la Evolución Humana

Hinter der Brücke am Südufer liegt das Museo de la Evolución Humana, ein moderner Museumskomplex, der sich der Entwicklung der Menschheit widmet, ausgehend von Funden des Altmenschen in der nahen Sierra de Atapuerca.

Paseo Sierra de Atapuerca | Di.–Fr. 10–14.30 u. 16.30–20, Sa. 10–205, So. 10–15 Uhr | Eintritt 6 €, Mi. ab 16.30, Di., Do. ab 19 Uhr frei | www.museoevolucionhumana.com

Große Ereignisse im gotischen Stadtpalais

Casa del Cordón

Die Casa del Cordón an der Plaza de la Libertad nördlich des Flusses verdankt ihren Namen dem »cordón«, dem Strick um die Kutte der Franziskaner, der – aus Stein gehauen – das Portal des 1482–1492 für den Obersten Heerführer von Kastilien errichteten Hauses schmückt. Heute gehört es einer Bank und ist innen stark restauriert; ein Teil ist als **Kulturinstitution für Wechselausstellungen** eingerichtet.
Die Casa del Cordón markiert einen überaus geschichtsträchtigen Ort! Hier empfingen die Katholischen Könige 1497 Kolumbus nach

Über den Río Arlanzón geht es hinüber zum Paseo del Espolón und zum ehemaligem Stadttor Arco de Santa María.

seiner zweiten Reise in die Neue Welt, hier starb 1506 Philipp der Schöne; hier machte der französische König Franz I. Station auf dem Rückweg in seine Heimat, nachdem man ihn nach der Schlacht bei Pavia (1525) aus der Gefangenschaft entlassen hatte.

Castillo

Burgberg mit tollem Altstadtblick
Gegenüber der Kirche San Esteban liegt der Aufgang zum historischen Castillo, das zu einem Besuch einlädt und schöne Ausblicke ermöglicht. Rundherum breitet sich der **Burgpark** aus, Führungen leiten durch die Burggalerien.

Zur wärmeren Jahreszeit tgl. 10 – 20 Uhr, sonst wechselnd

Außerhalb der Altstadt

Monasterio de las Huelgas

Königliche Grablege
1,5 km westlich des Stadtzentrums liegt die Klosteranlage Monasterio de las Huelgas Reales, einst Lustschloss der kastilischen Könige. 1187 wurde es auf **Wunsch Eleonores von England**, Schwester Heinrichs II. und **Gemahlin Alfons' VIII.**, in ein **Zisterzienserinnenstift** umgewandelt, das Novizinnen aus vornehmsten Häusern aufnahm. Gleichzeitig bestimmte man zur Grablege für die kastilischen Könige.

Alfons VIII. und seine Gattin Eleonore sind in der Kirche des Klosters Santa María Real de las Huelgas bestatet.

Alfons und Eleonore wurden im Mittelschiff der 1248 im schlichten Zisterzienserstil erbauten **Kirche** in einem Doppelgrab bestattet, auf dem beide als kniende Statuen dargestellt sind. Im rechten Querschiff für die Gräber der Infanten ist u. a. Fernando de la Cerda, erstgeborener Sohn Alfons' X., beigesetzt. Die vergoldete Kanzel war drehbar, damit je nach Anlass gewöhnliche Gläubige oder Nonnen, die durch den Lettner getrennt waren, die Messe hören konnten. Im Querschiff sind Tapisserien aus Beauvais (17. Jh.) beachtenswert.
Ein romanischer **Kreuzgang** führt in den ehem. Palast Alfons' VIII. Die Figur des Apostels Jakobus in der **Capilla de Santiago** besitzt bewegliche Arme – mit ihr sollen die kastilischen Prinzen zu Rittern geschlagen worden sein.
Prächtige Gewänder und Stoffe des kastilischen Hofs, die man in den Sarkophagen der Klosterkirche fand, sind im einstigen Kornspeicher des Klosters zu sehen, heute **Museo de Telas Medievales** (Museum mittelalterlicher Stoffe). Besucht werden kann es nur im Rahmen einer Führung.
Di.-Sa. 10-14, 16-18.30, So. 10.30-15 Uhr | Eintritt 6 €, Mi., Do. ab 16 Uhr frei | www.patrimonionacional.es

Mehr Königsgräber

Cartuja de Miraflores

Auf einer bewaldeten Kuppe 4 km östlich der Stadt gründete **König Johann II.** ein Kartäuserkloster und bestimmte es zur Grabstätte für sich und seine Gemahlin **Isabella von Portugal**. Das Kloster brannte 1452 aus und wurde von Hans von Köln und dessen Sohn Simon neu errichtet. Noch heute leben hier Kartäusermönche
In der äußerlich schlichten gotischen **Kirche** überrascht die Pracht der Innenausstattung, namentlich der große Hochaltar von Gil de Siloé und Diego de la Cruz – mit dem ersten aus der Neuen Welt gebrachten Gold belegt – und das ebenfalls von Siloé stammende Alabastergrabmal des Königspaars, eines der reichsten in Spanien. An der Nordwand der Kirche liegt in einer Nische das von Gil de Siloé in Alabaster ausgeführte, mit üppigem Rankenwerk verzierte Grabmal des 1468 gestorbenen Sohnes Alfons, an dessen Stelle seine Schwester Isabella den kastilischen Thron bestieg. Interessant sind auch die **Museumsräume**.
Mo.-Sa. 10.15 -15, So. 11 -15 u. 16-18 Uhr | Eintritt frei
www.cartuja.org

Rund um Burgos

Eine Prinzessin aus Norwegen

Covarrubias

Südöstlich von Burgos liegt im Tal des Río Arlanza Covarrubias (40 km), einst Mittelpunkt der Grafschaft Kastilien, das unter Fernán González zum Königreich aufstieg. In der **Stiftskirche** (12. Jh.) findet man Grabmäler der Infanten und Äbte, darunter Fernán González und seine Gemahlin sowie Prinzessin Christine von Norwegen, die 1258 den Infanten Philipp heiratete. Glanzstück des Kirchenmuseums **Museo de la Colegiata** ist ein Triptychon der Hll. Drei Könige, wahrscheinlich von Gil de Siloé.

Von den Überresten der alten Befestigung beeindruckt besonders der **Torreón de Doña Urraca** (10. Jh.), der fotogene Dorfplatz mit seinen Fachwerkbauten.

Museo de la Colegiata: Mo., Mi.–Sa. Führungen 11, 12, 13, 16.30, 17.30, So. 11, 12, 16.30 Uhr | Eintritt 4 €

Monasterio de Santo Domingo de Silos

Romanische Bildhauerkunst in Vollendung

Durch eine typisch karge kastilische Landschaft aus Hügeln, Feldern und Steineichenhainen geht es ab Covarrubias südostwärts zum **Benediktinerkloster** Santo Domingo de Silos, dank seines fantastischen Kreuzgangs eines der beeindruckendsten des Landes. Wohl schon von Westgoten gegründet, wurde es von den Mauren zerstört und später wieder aktiviert. Der doppelgeschossige romanische **Kreuzgang** wurde von mehreren unbekannten Steinmetzen mit herrlichen Kapitellen ausgestattet, die Fabelwesen, Löwen, Vögel und reiches Rankenwerk zeigen; in den vier Ecken findet man je zwei Großreliefs mit Motiven aus dem Neuen Testament – einmalige Zeugnisse romanischer Bildhauerkunst. Besonders sehenswert ist das Emmausrelief, das zwei Jünger und Christus als Jakobspilger mit muschelbesetzter Umhängetasche zeigt. Die mudéjare Decke des unteren Kreuzgangs ist mit Szenen mittelalterlichen Lebens bemalt.

In einer Seitenkapelle der **Kirche** befindet sich das Grab des hl. Dominikus von Silos, der 1073 verstarb.

Im **Museum** sind u. a. eine romanische Skulpturengruppe, Filigran- und Elfenbeinarbeiten ausgestellt. Die **Apotheke** wurde im 18. Jh. eingerichtet.

Führungen: Di.–Sa. 10 –13 u. 16.30–18, So. 12 –13 u. 16–18 Uhr
Eintritt 4 €, Mi. nachmittags frei | www.abadiadesilos.es

Garganta de la Yecla

Abenteuerliche Schlucht

3 km südwestlich von Santo Domingo de Silos liegt die Garganta (Desfiladero) de la Yecla, eine Klamm, durch die ein Pfad am Kalkfelsen entlangführt. Oft sieht man **Gänsegeier** am Himmel.

Caleruega

Auf Spuren des Heiligen Dominikus

Folgt man dem Sträßchen ab der Klamm weiter südwärts, kommt man nach Caleruega. Dort kann man sich auf die Spuren des hl. Dominikus (um 1170–1221) begeben, eigtl. Domingo de Guzmán Garcés, Gründer des Dominikanerordens, der hier geboren wurde. Zu sehen sind Kirche und Dominikanerkonvent.

Oficina de Turismo: Calle Obispo, 12 | www.caleruega.es

GREGORIANISCHER GESANG

Ein weiterer Grund nach **Santo Domingo de Silos** zu kommen: Die Mönche sind Meister des **Canto Gregoriano**, mit dem sie einst sogar die Charts stürmten (auch auf Youtube!). Heute wirken die Stimmen bei der musikalisch gestalteten Vesper in der Klosterkirche aus Altersgründen etwas brüchig, doch nicht minder stimmungsvoll, denn alles kommt von Herzen (tgl. 19, im Sommer Do. 20 Uhr; frei)!

Herrschaftliches Flair der Herzogsstadt

Lerma

Das Städtchen Lerma (35 km südl. von Burgos) verdankte seinen Wohlstand dem Herzog von Lerma, Günstling Philipps III., der es im 17. Jh. planmäßig verschönerte. Besonders eindrucksvoll zeigt sich dies am zentralen Platz, dessen Stirnseite der ehemalige **Palast des Herzogs** von Lerma (heute Parador-Hotel), einnimmt; errichtet 1614. Nahebei gelangt man auf einen Wehrgang, von wo man einen weiten Blick hat. An der Westspitze der Altstadt erhebt sich die 1616 erbaute **Stiftskirche**.

Oficina de Turismo: Calle de la Audiencia, 6 | www.citlerma.com

Ins Weinbaugebiet

Aranda de Duero

Weitere 45 km sind es bis Aranda de Duero. Sehenswert ist die spätgotische, um 1500 von Simon von Köln begonnene Kirche **Santa María la Real** dank ihrer herrlichen Fassade mit isabellinischem Portal.

Aranda de Duero gehört zum D.O.-Weinbaugebiet **Ribera del Duero**. Dort können Sie hervorragend Kellereien besuchen. Arrangements von Führungen und Proben sind über Bodegas de Aranda möglich, die Oficina de Turismo hat weitere Adressen.

Oficina de Turismo: Plaza Mayor, 13 | Tel. 947 51 04 76
www.arandadeduero.es

Bodegas de Aranda: Tel. 947 51 09 14 | www.bodegasdearanda.com

Nationalmonument im Mudéjarstil

Sinovas

Die Kirche **San Nicolás de Bari** in Sinovas, 3 km nordöstlich von Aranda de Duero, wurde wegen ihrer kunstvollen polychromen Deckentäfelung im Mudéjarstil des 13./14. Jh.s zum Nationalmonument erklärt.

CÁCERES

Provinz: Cáceres | **Höhe:** 439 m ü. d. M. | **Region:** Extremadura
Einwohner: 95 500

Cáceres atmet Geschichte und Stimmung. Ein Spaziergang durch die herrliche Altstadt, zum UNESCO-Welterbe erklärt, versetzt Sie um Jahrhunderte zurück in Mittelalter und Renaissance.

Rund um die Hauptstadt der gleichnamigen Provinz in der Extremadura, nicht weit der Grenze zu Portugal, wird **Landwirtschaft** betrieben. Darauf basierte bereits der Wohlstand der Adelsgeschlechter der Stadt, den sie als Konquistadoren der Neuen Welt mehrten und nicht zuletzt in ihren **Stadtpalästen** verbauten.

Altstadt (Barrio Monumental)

Zeuge einer glorreichen Vergangenheit

Stadtmauer

Die Altstadt (Ciudad oder Barrio Monumental) trennt eine mittelalterliche, aus maurischer Zeit stammende Ringmauer mit zwölf **Türmen** und fünf **Toren** vom modernen Stadtteil.

Ausgangspunkt für den Stadtrundgang

Plaza Mayor

Ausgangspunkt für einen Stadtrundgang ist die außerhalb der Stadtmauern liegende Plaza Mayor. Hier fällt besonders die nahe der Nordostecke stehende, mit einer Statue der Ceres geschmückte **Torre de Bujaco** (Torre del Reloj = Uhrturm) auf, Überrest der ehemaligen römischen Stadtbefestigung.

Rechts daneben geht es durch den **Arco de la Estrella** – 1723 nach Plänen von Churriguera errichtet – in die Altstadt und auf der Avenida de Estrella zur Plaza de Santa María.

Kathedralplatz, gesäumt von mächtigen Gebäuden

Plaza de Santa María

Um die Plaza de Santa María gruppieren sich mehrere Adelshäuser, darunter im Südwesten der **Palacio Episcopal** von 1567, über dessen Portal ein Alte und Neue Welt darstellendes Medaillon angebracht ist, daneben der **Palacio de Mayoralgo** mit einer Fassade im gotischen Stil (16. Jh.). An der Ostseite der Plaza erhebt sich die dreischiffige spätgotische Kathedralkirche **Santa María la Mayor** (16. Jh.), deren Sakristeitür im Renaissancestil ein Werk Alonso Torralbas (1527) ist. Die **Casa de Carvajal** gegenüber der Kirchenapsis weist Elemente aus Gotik und Renaissance auf. Wenig entfernt in der Calle de las Tiendas erkennt man die **Torre de los Espaderos** an ihrer großen Pechnase.

Der Enkel des Aztekenkönigs

Casa de los Toledo Moctezuma

An der Torre de los Espaderos vorbei, kommt man an der Nordostecke der Stadtmauer zur Casa de los Toledo Moctezuma. Hier wohnte **Juan de Cano Moctezuma**, Enkel des Aztekenkönigs Moctezuma II.

Das Tor steht offen an der Kathedrale Santa María. Also hinein.

Wo die Katholischen Könige zu Gast waren

Palacio de los Golfines de Abajo

Zurück auf die Plaza, die man überquert, erreicht man den **Palacio de los Golfines de Abajo**. In diesem Palast (spätes 15. Jh.) waren die Katholischen Könige oft zu Gast. Die Fassade vereinigt gotische, mudéjare und platereske Stilelemente; herausragend sind das Familienwappen und ein Greifenfries als Abschluss.

Führungen: Sommer Di. - Sa. 10, 11, 12, 13, 18, 19; Winter 10, 11, 12, 13, 16.30, 17.30, 18.30; So. immer 10, 11, 12, 13 Uhr | Eintritt 3 €
http://palaciogolfinesdeabajo.com

Rund um den höchsten Punkt der Stadt

Plaza de San Mateo

Die Cuesta Campaña führt an der Kirche **San Francisco Javier** (18. Jh.) vorbei auf den höchsten Punkt der Stadt, die Plaza de San Mateo mit der anstelle einer Moschee im 15. Jh. errichteten Kirche **San Matteo**. Ihr Hauptportal ist im plateresken Stil (16. Jh.) gestaltet; im Inneren besitzt sie einen eindrucksvollen barocken Retablo.
An der Ecke zur Calle Ancha liegt der Parador Nacional (▶ unten), etwas weiter südlich die **Casa del Comendador de Alcuéscar** mit gut erhaltenem Festungsturm; von der Kirche geradeaus durch die Calle Condes, gelangt man zur **Casa de los Golfines de Arriba** an der Stadtmauer.

CÁCERES ERLEBEN

OFICINA DE TURISMO

Plaza Mayor, 1
Tel. 927 11 12 22
http://turismo.caceres.es

❶ PARADOR DE CÁCERES €€€€-€€€

Beste Küche der Extremadura in stimmiger Umgebung. Natürlich bietet das Viersterne-Haus auch **Zimmer** zum Übernachten.
Calle Ancha, 6
Tel. 927 21 17 59
http://paradores.es

❷ EL 13 DE SAN ANTÓN €€€-€€

Vorzügliche spanische Küche; bester Käse der Extremadura. Diverse Reisgerichte (mind. 2 Pers.); eine exquisite Wahl ist das Extremadura-Menü, gegen Aufpreis mit passender Weinbegleitung..
Calle San Antón, 13, Tel. 927 21 50 07
http://restauranteel13desananton.com; So. abends, Mo. geschl.;

❶ NH COLLECTION PALACIO DE OQUENDO €€

Stimmig vermischen sich hier Geschichte und moderne Eleganz in einem Palast aus dem 16. Jh.
Plaza San Juan, 11, Tel. 927 21 58 00, www.nh-collection.com

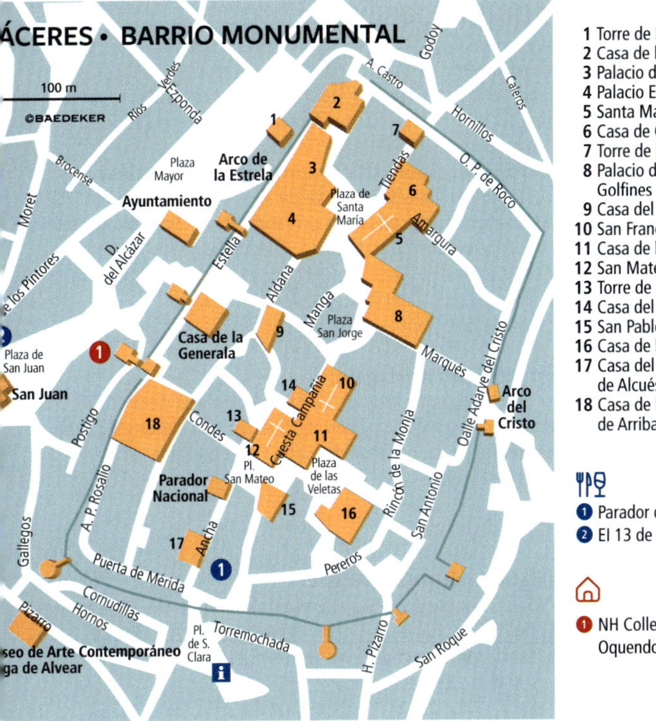

1 Torre de Bujaco
2 Casa de los Toledo Moctezuma
3 Palacio de Mayoralgo
4 Palacio Episcopal
5 Santa María la Mayor
6 Casa de Carvajal
7 Torre de los Espaderos
8 Palacio de los Golfines de Abajo
9 Casa del Mono
10 San Francisco Javier
11 Casa de las Cigüeñas
12 San Mateo
13 Torre de los Plata
14 Casa del Sol
15 San Pablo
16 Casa de las Veletas
17 Casa del Comendador de Alcuéscar
18 Casa de los Golfines de Arriba

1 Parador de Cáceres
2 El 13 de San Antón

1 NH Collection Palacio de Oquendo

Letzter Geschlechterturm »der Störche«

Torre de las Cigüeñas

Auf die Plaza de San Mateo folgt östlich die **Plaza de las Veletas**. Der schlanke, zinnenbewehrte »Turm der Störche« Torre de las Cigüeñas im Stil der Florentiner Renaissance bezeichnet hier die **Casa de los Cáceres-Ovando**. Nur dieser Turm fiel 1477 der Anordnung Isabellas der Katholischen zum Abriss der Geschlechtertürme nicht zum Opfer.

Stadtmuseum im »Haus der Wetterfahnen«

Casa de las Veletas

In der Casa de las Veletas (»Haus der Wetterfahnen«) gegenüber ist das **Museo de Cáceres** zu Hause. Das Gebäude wurde auf den Grundmauern des maurischen Alcázar errichtet, von dem noch der **Aljibe**, eine nach wie vor funktionsfähige Zisterne aus dem 11. Jh., erhalten ist. Das Museum zeigt Funde aus prähistorischer und römischer Zeit, volkskundl iche Exponate und Gemälde.

Di.–Fr. 9–15 u. 16–20, Sa. 10–15 u. 16–20 Uhr (bis 2026 Einschränkungen wg. Renovierung) | Eintritt frei | http://museodecaceres.juntaex.es

Außerhalb der Stadtmauern

Jenseits der Mauer

Iglesia de Santiago

Die Iglesia de Santiago (16. Jh.) Rodrigo Gil de Hontañón nordöstl. der Plaza besitzt einen Retablo von Alonso Berruguete (1558).

Ein neuer Anziehungspunktfür Freunde moderner Kunst

Museo de Arte Contemporáneo Helga de Alvear

Die deutschstämmige Galeristin Helga de Alvear zeigt in diesem 2021 eröffneten Museum Stücke aus ihrer umfangreichen Sammlung spanischer und internationaler Künstler, von Joseph Beuys bis Ai Weiwei.

C/Pizarro, 10 | Juni–Sept. Di.–Sa. 10–14 u. 18–21, übrige Monate Di.–Sa. 10–14 u. 17–20 Uhr | kostenlose Tickets unter http://museodecaceres.juntaex.es

Kloster mit schönem Kreuzgang

San Francisco

Südlich der Stadt liegt das Kloster San Francisco aus dem 15. Jh. mit einem schönen Kreuzgang. Der dreischiffigen, in gotischem Stil erbauten **Klosterkirche** ist eine Barockfassade vorgeblendet.

Rund um Cáceres

Marienheiligtum mit weiter Aussicht

Santuario de la Virgen de la Montaña

Nicht nur am ersten Maisonntag zur Wallfahrt lohnt die Tour zu diesem Marienheiligtum aus dem 17. Jh. Denn von der Anhöhe ca. 2 km östlich der Stadt genießt man eine weite Aussicht über die Altstadt von Cáceres und die Extremadura.

Mai–Sept. tgl. 8–14 u. 17–21, Okt.–April 8.30–14 u. 16–20 Uhr Eintritt frei | http://patronadecaceres.com

Fluxus!

Museo Vostell

Der deutsche Fluxus-Künstler Wolf Vostell (1932–1998) lebte lange in der Extremadura. Bei **Malpartida de Cáceres** (14 km westlich) konnte er in einer alten Wollwaschanlage sein Museum eröffnen. Hier sind nicht nur etliche seiner eigenen Werke zu sehen, wie eines seiner einbetonierten Autos, sondern auch Arbeiten anderer bekannter **Fluxus-Künstler** wie Yoko Ono und Nam June Paik.

Di.–Sa. 9.30–13.30, 16/17–18.30/20, So. 9.30–14.30 Uhr | Eintritt 2,50 €, Mi. frei | http://museovostell.org

Hinter dicken Mauern

Coria

In Coria (70 km nördl.) stammen die 8 m dicken, fast vollständig erhaltenen **Wehrmauern** teis noch aus römischer Zeit. Sehenswert sind die **Burg** (15. Jh.) mit toller Aussicht auf die Altstadt und die im 12. Jh. gegründete und im 16. Jh. vollendete **Kathedrale** mit churriguereskem Hochaltar und prächtigem Chorgestühl.

Ohne Mörtel

Alcántara

Alcántara (65 km nordwestl.), Grenzstädtchen zu Portugal, liegt auf einem Hügel über dem Südufer des hier aufgestauten Río Tajo. Bedeutendstes Monument ist der außerhalb liegende **Puente Romano**, eine 105 n. Chr. vollendete römische Brücke über den Tajo, ganz aus Granit und ohne Mörtel erbaut; 194 m lang und 8 m breit schwingt sie sich in sechs bis zu 58 m hohen Bogen über den Fluss. Mitten auf der Brücke steht ein Triumphbogen zu Ehren Kaiser Trajans.

Das 1550 fertig gestellte Kloster **San Benito** am Ortsrand von Alcántara war Sitz des Alcántara-Ordens; gut erhalten sind der gotische Turm und der zweistöckige Kreuzgang. Auch die platereske Kirche mit ihren wertvoll ausgestatteten Kapellen ist sehenswert.

★ CÁDIZ

Provinz: Cádiz | **Höhe:** 5 m ü. d. M. | **Region:** Andalusien
Einwohner: 114 400

Es riecht nach Meer und weiter Welt: Weit ausgeufert legt sich die atlantische Strand- und Hafenstadt über eine riesige Halbinsel. Zu entdecken gibt es ein Miteinander aus Promenaden, Stränden, Gassen und Monumenten, die Zeugnis von einer langen, wechselvollen Geschichte ablegen.

Cádiz gilt als **älteste Stadt** der Iberischen Halbinsel. Als Gadir (»die Festung«) um 1100 v. Chr. von den Phöniziern als Stapelplatz für Zinn und Silber gegründet, wurde sie um 500 v. Chr. von den Karthagern besetzt. Später führten die Römer den Silber-, Kupfer- und Salzhafen zu hoher Blüte. Im Mittelalter verlor Cádiz an Bedeutung, erst im 16. Jh. begann ein erneuter Aufstieg. Neben Sevilla avancierte Cádiz zum wichtigsten **Hafen** für die mit Schätzen beladenen Schiffe aus den neuen Kolonien. Noch heute profitiert die Stadt vom Wirtschaftsfaktor Hafen samt Werftindustrie und Fischerei. In Spaniens Geschichte ist Cádiz auch deshalb ein Begriff, weil 1812 hier die Cortes eine **liberale Verfassung** verkündeten, obgleich diese zwei Jahre später unter Ferdinand VII. schon wieder abgeschafft wurde.

Historische City mit lauschigen Gassen

Stadtbummel

Besucher von heute müssen Cádiz erst einmal die Außenbezirke mit neustädtischen Betonschluchten und Industriearealen verzeihen. Erst in der historischen City öffnen sich lauschige Plätze und Gassen voll andalusischer Gelassenheit.

Ein Hinweis zum Stadtbummel: In Cádiz sind die Entfernungen auf der Altstadt-Landzunge recht groß. Sie komplett am Stück zu erkunden, dürfte nur erprobten Asphaltwanderern gelingen. Zu empfehlen ist zunächst eine Besichtigung der Kernbereiche, später oder anderntags – wenn man genug Kondition hat – eine lange Außenrunde.

Wohin in Cádiz?

Von der Neustadt zur Plaza de España

Hafengebiet

Durch die **Puerta de Tierra** (1755) im Süden gelangt man von der Neustadt in das alte Cádiz und geht über die Plaza de Santa Elena und durch die **Cuesta de las Calesas** Richtung Norden am Bahnhof vorbei zum Hafen. Gleich links öffnet sich die Plaza de San Juan de Dios mit dem 1799 erbauten stattlichen **Ayuntamiento** (Rathaus).
Am Hafen entlang führt die Avenida 4 de Diciembre zum Gebäude der Provinzialverwaltung (1773). Dahinter erhebt sich inmitten der **Plaza de España** ein Denkmal zur Erinnerung an die 1810–1812 in Cádiz tagende allgemeine **Volksvertretung der Cortes**, die hier die Verfassung von 1812 beschloss.

Die Uferpromenade mit der Kathedrale musste im James-Bond-Film »Stirb an einem anderen Tag« schon als Malecón von Havanna herhalten.

Aussichten auf die Bucht

Nördlich der Plaza de España beginnen mit der Alameda de Apodaca und der sich anschließenden Alameda del Marqués de Comillas die Uferpromenaden. Von beiden Straßen haben Sie eine prächtige Aussicht auf die Nordseite der Bucht. Am Ende der Alameda steht links die zweitürmige Barockkirche **Nuestra Señora del Carmen** (1737–1764) an der Nordspitze, die einen schönen Innenhof und ein Altarbild von El Greco besitzt.

Uferpromenaden

An der Nordwestseite erstreckt sich dicht am Meer der **Parque Genovés** mit einem hübschen Palmengarten; von der Plattform einer Grotte genießt man eine umfassende Aussicht. Südlich der vorgelagerten Balustrade des **Castillo de Santa Catalina** (16. Jh.) schlägt die Bucht La Caleta mit der Playa de la Palma ihren Bogen bis zu einer weit in den Ozean vorspringenden Mole mit dem **Castillo de San Sebastián** und einem Leuchtturm.

Tod eines Malergenies

Entlang der südlichen Kaimauer zieht sich die lange Straße Campo del Sur. Gleich zu Beginn liegt nördlich davon ein ehemaliges Kapuzinerkloster. Für den Hauptaltar der 1639 begonnenen Klosterkirche **Santa Catalina** (Eingang durch den Hof) schuf **Bartolomé Esteban Murillo** mit dem Gemälde »Verlobung der hl. Katharina« sein letztes Werk, denn bei der Ausführung stürzte er vom Gerüst und starb am 3. April 1682 in senier Geburtsstadt Sevilla. Die Kirche besitzt weitere seiner Werke.

Südliches Ufer

CÁDIZ ERLEBEN

CENTRO DE RECEPCIÓN DE TURISTAS

Paseo de Canalejas, s/n
Tel. 956 24 10 01
http://turismo.cadiz.es

PARKEN IN CÁDIZ

Am besten meiden Sie mit dem Auto die Innenstadt. Parkplätze u. a. am Zugang zur Altstadt und am Bahnhof.

Die **Einkaufszone** erstreckt sich zwischen der Plaza de las Flores und der Calle San Francisco und auf der Calle Columela mit ihren Seitenstraßen. Lebhaft geht es im neoklassizistischen **Mercado Central** an der Plaza Libertad zu, Spaniens ältestem überdachten Markt mit den frischesten Produkten der Provinz.

Mo. – Sa. 9 – 15 Uhr
Gastronomische Sektion Mo. 9 – 15.30, Di. – Do. 9 – 5.30 u. 20 – 24, Fr. 9 – 15.30 u. 20 – 1, Sa. 9 – 16 u. 20 – 1 Uhr

KARNEVAL

Nirgends in Spanien wird der Karneval so ausgelassen gefeiert wie in Cádiz. 10 Tage – von Do. vor Rosenmontag bis So. nach Aschermittwoch – herrscht Ausnahmezustand, wenn die »murgas« durch die Straßen ziehen: kostümierte Gruppen, die satirische Lieder und Sketche zum Besten geben.

SEMANA SANTA
Während der Karwoche starten mehrere Prozessionen am Tag.

FESTIVAL INTERNACIONAL DEL TÍTERE CIUDAD DE CADIZ
Internationales Marionettenfestival Mitte Mai

CÁDIZ EN DANZA
Internationales Festival des zeitgenössischen Tanzes Mitte Juni
www.cadizendanza.es

FISH & CHIPS
Nicht die Engländer haben den Bratfisch erfunden, sondern angeblich die Fischer von Cádiz. Probieren kann man ihn in allerlei »**freidurías**« und diversen Restaurants, etwa an den Plazas de las Flores, de San Juan de Dios oder Tía de Tiza.

1 EL FARO €€€€
Ein Klassiker lokaler Speisekunst mit exquisiten frischen Meeresfrüchten und Fisch.
Calle San Félix, 15
Tel. 956 21 10 68
www.elfarodecadiz.com

2 ATXURI €€€€–€€€
Das traditionsreiche Lokal, 1947 von einer Familie aus dem Baskenland eröffnet, kombiniert baskische mit andalusischer Küche. Auch gute Reisgerichte..
Calle Plocia, 15
Tel. 956 25 36 13
www.atxuri.es

3 BALANDRO €€€
Hier sollten Sie angesichts der Vielfalt an Fisch und Krustentieren nicht auf den Cent achten. Probieren Sie die Spezialitäten: roter Tunfisch von der Grillplatte (atún rojo a la plancha), Wolfsbarsch (robalo) und Seebarsch von der Küste (corvina del litoral).
Alameda de Apodaca, 22
Tel. 956 22 09 92
www.restaurantebalandro.com

4 LA TABERNITA €
Paradies der kleinen, einfallsreichen Köstlichkeiten, das vielen als beste Tapas-Bar in der Stadt gilt.
Calle Virgen de la Palma, 32
Mo. geschl.

5 FREIDURIA LAS FLORES €
Typisch für Cádiz: Hier bekommt man täglich frisch gebratenen Fisch und Meeresfrüchte.
Plaza Topete, 4

1 PARADOR HOTEL ATLÁNTICO €€€€
Moderner Parador am Altstadtrand (124 Zi.) mit traumhaftem Meerblick, Pool und Spa. Ein erstklassiges **Restaurant** versteht sich von selbst.
Avenida Duque de Nájera, 9
Tel. 956 22 69 05
http://paradores.e

2 HOTEL ARGANTONIO €€€–€€
Ruhiges, charmantes Hotel in einem historischen Gebäude (19. Jh);
15 stilvoll eingerichtete Zimmer mit großen Badezimmern und Balkonen. Kleines, aber feines Frühstücksbuffet und netter Service.
Calle Argantonio, 3
Tel. 956 21 16 40
www.hotelargantonio.es

CÁDIZ

©BAEDEKER

Restaurants

1 El Faro
2 Atxuri
3 Balandro
4 La Tabernita
5 Las Flores

Hotels

1 Parador Hotel Atlántico
2 Argantonio

Catedral Nueva

Neue und Alte Kathedrale direkt am Meer
Mit Blick auf die hochragende Silhouette der Stadt gelangen Sie zur Catedral Nueva, wichtigste Sehenswürdigkeit der Stadt, deren Hauptfassade zur Plaza de Pío XII zeigt. Das Gotteshaus, 1722 von Vicente de Acero begonnen, wurde erst 1838 im Renaissancestil vollendet. Im Inneren der dreischiffigen Kirche (85 m lang, 60 m breit) beeindrucken gewaltige Pfeiler und die prächtige Vierungskuppel (52 m hoch). Die Krypta enthält Bischofsgräber und das Grabmal des aus Cádiz stammenden Komponisten **Manuel de Falla** (1876–1946). Einen herrlichen Blick über die Stadt genießen Sie vom Uhrturm Torre del Reloj.

Vorgängerin der Neuen Kathedrale war die »Alte Kathedrale« **Santa Cruz** aus dem 13. Jh., die nach ihrer Zerstörung 1596–1602 im Renaissancestil erneuert wurde; sie ist mit Malereien und einem figurenreichen Hochaltar von Saavedra (um 1650) ausgestattet.

Catedral Nueva: Mo.–Sa. 10–20, So. 13.30–20 Uhr
Eintritt 7 € inkl. Torre del Reloj | http://catedraldecadiz.com

Römische Reste

Teatro Romano

Signifikante Römerspuren bewahrt Cádiz mit den teilweise ausgegrabenen Resten des antiken Teatro Romano (1. Jh. v. Chr.). Der Weg zum **Interpretationszentrum** (Centro de Interpretación del Teatro Romano) führt in die Calle Mesón 11–13.

April–Sept. Mo.–Sa. 11–17 u. So. 10–14, übrige Monate nur Mo.–Fr. 10–16.30 Uhr | Eintritt frei

Bilder der Stadt

Torre Tavira

Die **Calle del Sacramento** durchzieht in West-Ost-Richtung die Altstadt. An ihr markiert die 45 m hohe Torre Tavira die höchste Erhebung von Cádiz. Ganz oben bietet die »**Cámara obscura**« eine interessante Vorführung: Im abgedunkelten Raum zaubert sie »Livebilder« der Stadt auf eine Leinwand.

Nordwestlich davon liegt in der Calle Santa Inés die Kapelle **San Felipe Neri** von 1671, in dem 1812 die Cortes tagten. Murillo schuf das Gemälde »Unbefleckte Empfängnis« auf dem Hochaltar.

Torre Tavira: Mai–Sept. tgl. 10–20, Okt.–April bis 18 Uhr
Eintritt 7 € | www.torretavira.com

Antiken und hochrangige Gemälde

Museo de Cádiz

Über die Calle San José Richtung Norden erreicht man die Plaza de Mina. Deren Ostseite nimmt das Museo de Cádiz ein, wo die **archäologische Abteilung** Funde aus der Phönizier- und Römerzeit zeigt, etwa Marmorsarkophage mit Menschendarstellungen (5. Jh. v. Chr.). Die **Gemäldeabteilung** besitzt Werke von Zurbarán, darunter »Verzückung des hl. Bruno« und »Pfingstfest«; weiterhin Murillo (»Verzückung des hl. Franziskus«), Ribera, Rubens (»Heilige Familie«), Alonso Cano, van Eyck und Rogier van der Weyden.

Von der Südostecke der Plaza de Mina gelangt man zur oval angelegten Oratorium **Santa Cueva** (1783), deren Innenraum Francisco de Goya 1795 mit Wandgemälden ausgestaltete.

Museo de Cádiz: Di.–Sa. 9–21, So. 9–15 Uhr | Eintritt 1,50 €; EU-Bürger frei | www.museosdeandalucia.es | **Oratorio de la Santa Cueva:** Mo.–Fr. 10.30–16, Sa. 9–14 Uhr | Eintritt 5 €

Erfrischung

Strände

Zum Baden bieten sich außer dem **Stadtstrand** die langen Playas de Santa María, Victoria und Cortadura an, die südlich parallel zur gro-

OBEN: Eine Blütezeit erlebte Cádiz unter den Römern: Kolossalstatue des Kaisers Trajan aus Baelo Claudia (Bolonia) im Museo de Cádiz.

LINKS: An der Playa de la Caleta stehen noch Badehäuschen aus den 1920ern.

ßen Zufahrtsstraße hinter den Hochhäusern liegen. Die **Playa de la Victoria** wird ihres feinen Sandes wegen gerühmt. Ein Stück weiter südlich geht es an die schon zu Chiclana de la Frontera (▶ S. 219) gehörenden Strände, wie die 7 km lange **Playa de la Barrosa**. Cádiz ist auch Sprungbrett für die Strände an der ▶ Costa de la Luz.
Den Stränden verdanken urbane Siedlungen wie **La Barrosa** oder das am Reißbrett entworfene Edeldomizil **Novo Sancti Petri** ihre Existenz. Golf spielt dort eine wichtige Rolle.

Außerhalb von Cádiz

Maurisch angehaucht

Medina Sidonia

45 km südöstlich liegt Medina Sidonia, das sich über den lang gezogenen Buckel des Cerro del Castillo legt. Die Kleinstadt, Sitz der Familie Guzmán, des ältesten Herzogsgeschlechts Spaniens, bewahrte sich ein altmaurisches Gepräge mit weißen Würfelhäusern. Auch die drei **Stadttore** – Arco de Belén, Arco de la Pastora und Puerta del Sol – stammen aus jener Epoche.
Schmale Gassen führen bergauf in den Festungsbezirk. Bedeutendster Rest der **Burg** ist die Torre de Doña Blanca, in der im 14. Jh. Peter der Grausame seine Gemahlin Blanca de Borbón gefangen hielt, mit der er aus politischen Gründen verheiratet war.
Auf dem Burghügel erbaute man Ende des 15. Jh.s die Kirche **Santa María la Coronada.** In ihr tagte die Inquisition, wie Schnitzereien – Schwert, Palme, Dominikanerkreuz – auf einer Bank hinter dem Chorgestühl belegen. Von der Höhe bieten sich fantastische **Fernblicke**.

Oficina de Turismo: Calle San Juan, s/n | Tel. 956 41 24 04
www.turismomedinasidonia.es

CALATAYUD

Provinz: Zaragoza | **Höhe:** 536 m ü. d. M. | **Region:** Aragón
Einwohner: 19 800

Lust auf ein Stück unbekannteres Aragonien? Dann auf nach Calatayud, im Talgrund des Río Jalón 90 km südwestlich von Zaragoza gelegen. Südlich der Ruinen des römischen Bilbilis errichteten Mauren im 8. Jh. die »Burg des Ayub« (»Kalat-Ayub«), von der die heute auch für Weinbau bekannte Stadt ihren Namen hat. Das erweiterte Umland regt zu Entdeckungen an, vor allem kultureller Art.

CALATAYUD ERLEBEN

OFICINA DE TURISMO
Plaza de España, 1
Tel. 976 88 63 22
www.calatayud.es

SEMANA SANTA
Prozessionen während der Karwoche

FIESTAS DE SAN ROQUE
Meist vom 13.–16. Aug.

VIRGEN DE LA PEÑA
Festtag der Stadtpatronin
8. Sept.

HOSPEDERÍA MESÓN LA DOLORES €€–€
Im einstigen Palais in markgräflichem Besitz bettet man sich angenehm und stilvoll. Rustikale Einrichtung. Auch das Restaurant beweist Geschmack.
Calle Sancho y Gil, 4, Tel. 976 88 90 55, www.mesonladolores.com

HOTEL POSADA ARCO DE SAN MIGUEL €€–€
Die historische Substanz des Gebäudes reicht ins 16. Jh. zurück, das Interieur ist einfach und freundlich. Mit Restaurant.
Calle San Miguel, 18, Tel. 976 88 72 72, www.arcodesanmiguel.com

Wohin in Calatayud?

Mudéjar
Das winklige, enge maurische Viertel hat manches von seinem alten Charakter, insbesondere mudéjare Gebäude, bewahrt. Es wird überragt von den Ruinen der **Burg**, die Stadtgründer Ayub errichten ließ.

Maurisches Viertel

Weltkulturerbe
Weithin sichtbar erhebt sich der achteckige **Mudéjarturm** der Stiftskirche Santa María la Mayor über die Dächer der Altstadt (UNESCO-Welterbe), einst Minarett einer Moschee, die Alfons I. 1120 nach Eroberung der Stadt in eine Kirche umwandeln ließ. Das platereske **Alabasterportal** schufen 1526 Juan de Talavera und Esteban de Obray. Die ältesten Teile der Klosteranlage sind der **Kapitelsaal** und der aus maurischer Zeit stammende Klostergang. Der gotische **Kreuzgang** ist mit Malereien aus dem 15. Jh. verziert.

Santa María la Mayor

Der junge Goya
Die Tempelritter errichteten im 12. Jh. **Santo Sepulcro**, die »Kirche vom Heiligen Grab«, einst spanische Hauptkirche des Ordens. Sie steht im Norden der Altstadt an der Plaza del Sepulcro. Aus dieser Zeit ist noch der gotische Kreuzgang erhalten.

Weitere Kirchen

Deckenmalereien des jungen Goya kann man in der nordöstlich etwas außerhalb Richtung Zaragoza liegenden Kirche **San Juan el Real** aus dem 17. Jh. bewundern.

Rund um Calatayud

Keltiberer und Römer

Bilbilis

3 km nördlich liegen die Ruinen von Bilbilis, einer keltiberischen Gründung, die von den Römern übernommen wurde.

Üppiger Park in karger Landschaft

Nuévalos

27 km südwestlich von Calatayud erreichen Sie bei Nuévalos das Zisterzienserkloster **Monasterio de Piedra**, das im Wesentlichen im 13. Jh. errichtet wurde. Davon zeugen Bergfried, Kapitelsaal und Refektorium der alten Kirche. Der neue Kreuzgang ist zum Hotel umgebaut.
Als echte Überraschung in der sonst kargen Landschaft erweist sich der umgebende Park – üppiges Grün, durchsetzt mit Grotten, Seen und Wasserfällen, gespeist vom Río Piedra. Er wurde im 19. Jh. von Juan Federico Muntadas als erster dieser Art in Spanien angelegt.

Monasterio de Piedra: Park tgl. ab 9, Kloster ab 10 Uhr | Eintritt 18 €
http://monasteriopiedra.com

Mittelalterliches Festungsstädtchen

Molina de Aragón

Vom Kloster Piedra sind es weitere 49 km nach Süden bis Molina de Aragón in der Provinz Guadalajara. Der malerische Ort besitzt eine eindrucksvolle Festungsanlage und einen türmebestückten **Mauerring** oberhalb seines Kerns, aus dem die Torre de Aragón (11. Jh.) herausragt. Sehenswert sind auch das mittelalterliche **Judenviertel** und die Kirche **San Gil** (12. Jh.).

Oficina de Turismo: www.turismomolinadearagon.com

Ein Esel entscheidet

Daroca

Daroca (40 km südöstl. von Calatayud) liegt in einer tiefen Schlucht des Río Jiloca am Abhang des 1421 m hohen Pico de Almenara. Es geht auf das maurische Felsenkastell »Kalat Daruka« zurück, das im 13. und 14. Jh. zur gewaltigen **Festung** mit einer 4 km langen, mit 114 Türmen befestigten Mauer ausgebaut wurde. Deren Reste und die verwinkelten Gässchen lohnen einen Ausflug.
Die Wände der Capilla de los Sagrados Corporales in der romanischen Stiftskirche **Santa María** illustrieren das »Wunder der Messtücher« (**Milagro de los Corporales**). Der Überlieferung nach sollen 1239 während einer Messe nahe der Stadt sechs Hostien blutige Spuren auf den Messtüchern hinterlassen haben. Da auch ► Teruel und Calatayud Anspruch darauf erhoben, lud man zur Entscheidungsfindung die Tücher auf einen Esel und ließ ihn laufen – er rann-

In der Sala de los Conversos versammelten sich die Laienbrüder des Zisterzienserklosters Santa María de Huerta.

te stracks nach Daroca. Die Kirche besitzt auch einen fein gearbeiteten alabasternen Altaraufsatz aus dem 15. Jh.
Oficina de Turismo: Calle Mayor, 44 | Tel. 976 80 01 29
www.daroca.es/turismo

Eines der schönsten Zisterzienserklöster

Santa María de Huerta

Etwa 45 km westlich von Calatayud liegt das 1167 gegründete Zisterzienserkloster Santa María de Huerta. Die barocke kirche besitzt ein Chorgestühl aus Nussbaumholz (16. Jh.) und ein Fresko derSchlacht von Navas de Tolosa, bei der 1212 die Christen die Mauren schlugen. Der zweistöckige Ritterkreuzgang (Claustro de los caballeros), unten gotisch, oben plateresk, erinnert daran, dass hier zahlreiche Ritter begraben wurden, die im Kampf gegen die Mauren fielen. Der große gotische Refektoriumssaal gilt als schönster Raum des Klosters. An das Refektorium schließt die Küche an. Im einfachen **Gästehaus** (Hospedería) kannman einquartieren.
Mo., Di., Do. – Sa. 10 – 13 u. 16 – 18, So. 10 – 11.15 u. 16 – 18 Uhr
intritt frei | http://monasteriohuerta.org

CARTAGENA

Provinz/Region: Murcia | **Höhe:** 0–70 m ü. d. M. | **Einwohner:** 220 700

Welch ein Gigant unter Spaniens Buchten! Sie drückt der Stadt ihren Stempel auf und ist Grund dafür, dass sie zu einem der bedeutendsten Seehäfen und wichtigsten Marinestützpunkt Spaniens am Mittelmeer aufstieg. Heute punket Cartagena mit Baudenkmälern und Museen und ist zudem Sprungbrett ins nordöstlich gelegene Feriengebiet Mar Menor..

Schon in punischer Zeit wurde im Hinterland von Cartagena nach Eisen, Zinn und Blei gegraben. 223 v. Chr. gründete der karthagische Feldherr Hasdrubal bei der iberischen Siedlung Mastia die Stadt Kart Hadast. Als **Carthago Nova** (»Neues Karthago«) war sie lange die bedeutendste römische Niederlassung auf der Iberischen Halbinsel. Eine (historisch nicht belegte) Legende besagt, hier sei der **Apostel Jakobus** (Santiago) aus dem Heiligen Land eingetroffen und habe von Cartagena aus seine Spanienmission begonnen.
Die Festungen **Las Galeras** und **San Julián** erinnern noch an den historischen Schutz von Bucht und Stadt, die heute zunächst einen etwas nüchternen Eindruck macht.

Wohin in Cartagena?

Meeresbrise

Hafen

Stimmen Sie sich mit einem Spaziergang an den Buchtpromenaden ein. Werfen Sie dort auch einen Blick auf eines der weltweit ersten **Unterseeboote**, das 1888 Isaac Peral aus Cartagena konstruierte. Ebenfalls lohnend ist eine eintündige **Hafenrundfahrt** mit dem »Barco Turístico«.

Barco Turístico: Abfahrten ab 11 Uhr, Juli.–Mitte Sept. tgl., übrige Monate Di.–So. | Preis 6 € inkl.Festung Navidad
http://puertodeculturas.cartagena.es

Römische Theaterwelt

Museo Teatro Romano

Bummeln Sie zur Plaza del Ayuntamiento mit den Ruinen der im Spanischen Bürgerkrieg zerstörten Kathedrale **Santa María la Vieja** und weiter zum freigelegten römischen **Amphitheater** aus der Zeit des Kaisers Augustus. Es bot seinerzeit 6000 Zuschauern Platz. Das angegliederte **Museum** wurde vom spanischen Stararchitekten Rafael Moneo entworfen.

Museo Teatro Romano: Mai–Sept. Di.–Sa. 10–20, sonst bis 18, So. immer 10–14 Uhr | Eintritt 6 € | http://teatroromano.cartagena.es

CARTAGENA ERLEBEN

PUNTO DE INFORMACIÓN TURÍSTICA

Calle San Diego, 25 (Muralla Púnica); Tel. 968 12 89 55
http://turismo.cartagena.es

SEMANA SANTA

Die Prozessionen der Bruderschaften sind über die Grenzen der Region hinaus populär.

FIESTAS DE CARTHAGINENSES Y ROMANOS

Zehn Tage lang feiert Cartagena seine karthagisch-römische Vergangenheit. Die Stadt verwandelt sich in ein Heerlager, es gibt Umzüge und nachgestellte Kämpfe.
2. Sept.-Hälfte
http://cartaginesesyromanos.es

MAGOGA €€€€

In modernem, schnörkellosem Ambiente werden höchste kulinarische Ansprüche bedient.
Plaza Dr. Vicente García Marcos, 5
Tel. 968 50 96 78
http://restaurantemagoga.com

LUCES €€-€€

Kreative Küche mit einer respektablen Bandbreite vegetarischer Gerichte. Auch die hausgemachten Desserts sind klasse.
Calle Villamartín, 13
Tel. 968 08 06 47
http://luces.me

B & B HOTEL CARTAGENA CARTAGONOVA €€-€

Gute Adresse in der City.
Calle Marcos Redondo, 3
Tel. 968 50 42 00
www.hotel-bb.com

SERCOTEL ALFONSO XIII €€

Elegantes, stilvolles Hotel im Herzen von Cartagena.
Paseo Alfonso XIII, 40
Tel. 968 52 00 00
www.sercotelhoteles.com

Eine Gaudí-Schüler

Auf der Calle Mayor kommt man zur Casa Cervantes. Den Modernisme-Bau für eine wohlhabenden Bergbaudynastie (1900) entwarf der Gaudí-Schüler Victor Beltrí (1865–1935). Casa Cervantes

Panorama-Aufzug zur Burg

Im oberen Bereich von Cartagena ziehen sich die Reste des Castillo de la Concepción über den Monte de la Concepción. Am bequemsten hinauf geht es mit dem »Panorama-Aufzug« **Ascensor Panorámico**. Im Kastell gibt es eine militärsgeschichtliche Ausstellung und es bieten sich schöne Blicke über Stadt und Hafen. Castillo de la Concepción

Juli–Mitte Sept. tgl. 10–20, Mitte März–Juni u. Mitte Sept.–Okt. Di.–So. 10–19, Nov.–Mitte März Di.–So. 10–17.30 Uhr | Eintritt 4 €, mit Aufzug 4,50 €

Für jede(n) etwas

Weitere Museen

Das Marinemuseum **Museo Naval** liegt direkt am Hafen. Interessanter ist das **Museo Nacional de Arqueología Subacuática**. In einem modernen Ausstellungsgebäude werden aus dem Meer geborgene antike Funde präsentiert.

Das **Museo Arqueológico Municipal** zeigt karthagische, römische, westgotische und arabische Kunstobjekte.

In der Calle San Diego 25 sind Reste der **Punischen Stadtmauer** (Muralla Púnica) zu sehen.

Der modernen Kunst gewidmet ist das **Museo Regional de Arte Moderno** im Palacio de Aguirre.

Museo Naval: Paseo Alfonso XII | Di – Fr. 9–14, So. 10–14 Uhr | Eintritt frei | www.fundacionmuseonaval.com/museonavalcartagena.html

Museo Nacional de Arqueología Subacuática: Paseo Alfonso XII, 22 bis auf Weiteres geschl.

Museo Arqueológico: Calle Ramón y Cajal, 45 | Di.–Fr. 10–14 u. 17–20, Sa., So. 11–14 Uhr | Eintritt frei | http://museoarqueologico.cartagena.es

Muralla Púnica: Di.–So. 10–17.30/19, Juli–Mitte Sept. tgl. 10–20 Uhr Eintritt 3,50 €

Museo Regional de Arte Moderno: Plaza de la Merced, 15 Di.–Fr. 10–14 u. 17–19, Sa. 11–14 u. 17–20 Uhr | Eintritt frei

Rund um Cartagena

An der »Heißen Küste«

Costa Cálida

Die 250 km lange Costa Cálida, die »Heiße Küste« der Region Murcia südwestlich und nordöstlich von Cartagena, besitzt teils ruhige und weite Strände, unterbrochen von felsigen Abschnitten. Entlang des Küstenstreifens bieten Ferienanlagen und Hotels vielerlei Gelegenheiten für **Wassersport.**

Am »Kleinen Meer«

Mar Menor

Zentrum des Badetourismus ist nordöstlich von Cartagena das Mar Menor (Kleines Meer). Der salz- und jodhaltige Binnensee (170 km²) wird durch einen 22 km langen und 50–150 m breiten, **La Manga** Ärmel) genannten Landstreifen vom Meer getrennt. Ihn und den gegenüberliegenden Festlandsstreifen säumen Hotel- und Wohnhochhäuser sowie Touristenzentren, von denen auf dem Festland die wichtigsten das eher ruhigere San Pedro de Pinatar, San Javier (Militärflughafen!), Los Alcázares, Los Urrutias und Los Belones sind; bei Letzterem liegt mit dem Campo de Golf la Manga einer der schönsten und größten Golfplätze Spaniens.

Auf der Manga selbst zieht sich das Urlaubsgebiet **La Manga del Mar Menor** über Kilometer auseinander und bietet eine Reihe von Restaurants und Unterkünften. Auf den ersten Blick wirken die Betonmassen

Bizarre Sandsteinformationen am Strand von Bolnuevo in Puerto de Mazarrón

eher abschreckend. Am Südufer der Manga fällt das markante Kap **Cabo de Palos** mit Leuchtturm steil ins Meer ab, am dortigen Hafen gibt es zahlreiche Restaurants; populär sind Tauchausflüge.

Infos: www.turismoregiondemurcia.es

Hier ist es etwas ruhiger

Golfo de Mazarrón

Die Küste des westlich von Cartagena gelegenen Golfo de Mazarrón ist geruhsamer. Von der AP-7 stoßen Stichstraßen in die kleinen Küstenorte vor. Über den Badeort **Puerto de Mazarrón** mit mehreren schönen Strandbuchten erreicht die Straße die Kleinstadt **Mazarrón** (31 000 Einw.) und strebt dann entlang der Sierra de Almenara nach Águilas.

Águilas, südlichster Ort der Costa Cálida, überragt vom Castillo de San Juan de las Águilas, bietet sehr schöne, kaum überlaufene Strände, etwa die Playa de Calabardina oder die Playa de la Carolina . So beschaulich es auf den Promenaden und um den Hafen zugehen mag – das Städtchen feiert eines der rauschendsten **Karnevalsfeste** in Spanien!

Infos: www.aguilas.es, www.carnavaldeaguilas.org

CIUDAD REAL

Provinz: Ciudad Real | **Höhe:** 632 m ü. d. M.
Region: Castilla-La Mancha | **Einwohner:** 74 900

Die Provinzhauptstadt Ciudad Real ist eine gute Basis für Erkundungen. Sie liegt zwischen dem Río Guadiana und dem Río Jabalón inmitten einer fruchtbaren Landschaft, in der die Weine von Valdepeñas angebaut werden.

Wollen Sie ein wenig an Spaniens ureigener Seele kratzen? Dann fahren Sie in die **Mancha**, wo Don Quijote, Cervantes' »Ritter von der traurigen Gestalt«, zu Hause war.

Wohin in Ciudad Real?

Letztes von acht

Puerta de Toledo

Die mudéjare Puerta de Toledo aus dem 14. Jh. ist das einzige Überbleibsel der einst mächtigen Festungsanlage.

Don Quijote und Sancho Pansa vor dem Rathaus von Villa Nueva de los Infantes. Kein Zweifel: Wir sind an der »Ruta de Don Quijote« in Castilla-La Mancha.

CIUDAD REAL ERLEBEN

OFFICINA MUNICIPAL DE TURISMO
Plaza Mayor, 1
Tel. 926 21 64 86
http://turismo.ciudadreal.es

HOTEL DOÑA CARLOTA €€-€€
Ein modernes, auf guten Service bedachtes Vier-Sterne-Haus mit Restaurant.
Ronda de Toledo, 21, Tel. 926 23 16 10, www.eurostarshotels.com

SANTA CECILIA €€-€€
Dieses Hotel im Zentrum verfügt über solide ausgestattete Zimmer, **Restaurant** und Cafeteria. Im Sommer öffnet der Pool.
Calle Tinte, 3, Tel. 926 22 85 45
www.santacecilia.com

Türme im Dreieck

Kirchen

Die große gotische Kathedrale **Nuestra Señora del Prado**, 1531 erbaut, ist der »Virgen del Prado« geweiht, deren Bildnis auf einem Silberthron steht. Beachtenswert sind das alte Westportal (12. Jh.) und der Retablo von Giraldo de Merlo (1616), in der Sakristei das Gemälde »Die Enthauptung Johannes' des Täufers« von Eugenio Caxés. Von hohem künstlerischem Wert ist die Kirche **San Pedro** (14./15. Jh.) mit ihren Portalen in gotischem und mudéjarem Stil. Die Capilla del Sagrario enthält das bemerkenswerte Alabastergrabmal der Familie Coca. Die **Iglesia de Santiago** dominiert das Stadtbild, denn ihr Turm bildet zusammen mit denen der beiden anderen Kirchen ein gedachtes Dreieck – eine Idee von König Alfons X.

Der »Ritter von der traurigen Gestalt«

Museo del Quijote

Im Museum für Don Quijote erfährt man alles über den tragikomischen Ritter aus der Feder von Miguel de Cervantes, der, gegen die Ungerechtigkeit zu Felde ziehend und einer goldenen Vergangenheit nachtrauernd, (nicht nur) gegen Windmühlen kämpfte (► Baedeker Wissen, S. 160).

Ronda de Alarcos, 1 | Mo.–Sa. 10–13.45 u.17–19.45, So. 10–13.45 Uhr, Juli, Aug. nur vormittags | Eintritt frei

Eine verlorene Schlacht

Cerro de los Alarcos

8 km westlich der Stadt schlugen maurische Reiter am 18. Juli 1195 in der **Schlacht bei Alarcos** das Heer König Alfons' VIII. Daran erinnert eine gotische **Kapelle**.

Parque Arqueológico de Alarcos: N-430, km 8 | Juni–Sept. Do.–So 9.30–14, sonst Do., So. 10.30–13.30 sowie Fr., Sa. 10.30–13.30 und 15–17.30 Uhr | Eintritt frei | http://cultura.castillalamancha.es

Die Windmühlen von Consuegra – Don Quijotes Gegner im Kampf gegen die Riesen?

Die Mancha des Don Quijote

Ab Ciudad Real können Sie zu einer interessanten **Rundfahrt** durch die Mancha (arab. »trockenes Land«) aufbrechen, die zu verschiedenen Orten führt, an denen Don Quijote seine Spuren hinterließ (▶ Baedeker Wissen, S. 160).
www.turismocastillalamancha.es

Consuegra

Die berühmten Windmühlen
Consuegra (knapp 75 km nordöstl.) mit einer Burg und den oft fotografierten Windmühlen, ist ein echter Klassiker. Hier soll Don Quijote seinen vergeblichen Kampf gegen die Windmühlen gefochten haben.
Oficina de Turismo: Av. Castilla la Mancha | Tel. 925 59 31 18
www.consuegra.es

Alcázar de San Juan

Noch einmal Windmühlen – und Karneval
Von Consuegra geht es 46 km ostwärts nach Alcázar de San Juan, einem Ort mit mehreren Kirchen und den für die Mancha typischen Windmühlen. Bekannt ist außerdem der Karneval.
Oficina de Turismo: Plaza de España | http://alcazardesanjuan.es

Immer noch Windmühlen

Campo de Criptana

Nach weiteren 8 km ist Campo de Criptana erreicht, ein freundliches Dorf, wo ebenfalls Don Quijotes Kampf mit den Windmühlen stattgefunden haben könnte, denn auf den Hügeln der Umgebung, der **Sierra de Molinos**, steht noch ein Teil der einst 32 Windmühlen.

Don Quijotes Herzensdame

El Toboso

Kurz hinter Campo de Criptana führt ein Abstecher zum 19 km nordöstlich gelegenen, zauberhaften Dorf El Toboso, wo Don Quijote seine Herzensdame Dulcinea fand. Hier gibt es zwei Museen (▶ S. 161)

Oficina de Turismo: http://eltoboso.es | **Museo-Casa de Dulcinea:** C/ Don Quijote, 1 | Di. – Sa. 10 – 14 u. 15 – 18.30, So. 10 – 14 Uhr | Eintritt 3 €, Mi. ab 15 Uhr frei | http://cultura.castillalamancha.es | **Museo Cervantino:** C/ Daoiz y Velarde, 3 | Di. – Sa. 10 – 14 u. 16 – 18.30, So. 10 – 14 Uhr | Eintritt 2 €

Wo Sancho Pansas Kumpel lebte

Mota del Cuervo

Von El Toboso fahren Sie zur N-301 – an der Einmündung Venta de Don Quijote – und auf dieser nach Mota del Cuervo, einem weiteren typischen Ort der Mancha, in dem Sancho Pansas Kumpan Ricote el Morisco lebte.

Wo Cervantes im Gefängnis saß

Argamasilla de Alba

In Mota del Cuervo wählen Sie die Route süd-südwestlich nach Pedro Muñoz und ab dort nach **Tomelloso**, einem wichtigen Weinbauzentrum der Mancha. Von dort sind es noch wenige Kilometer bis Argamasilla de Alba, wo Cervantes in der **Cueva de Medrano** im Gefängnis saß und seinen berühmten Roman begann; sehenswert sind die Windmühle **Molino Dulcinea** und das **Castillo de Peñarroya**, ein maurisches Schloss (12 km südöstl.).

Freundliches Städtchen am Río Azuer

Manzanares

Über Manzanares, einem freundliches Städtchen am Río Azuer mit der **Burg Peñas Borras**, geht es wieder zurück nach Ciudad Real.

Ausflug ins Valdepeñas

Ein einmaliger Theaterplatz

Almagro

Almagro, historischer Hauptsitz des Calatrava-Ordens, liegt ca. 25 km südöstlich von Ciudad Real. Das Städtchen besitzt eine Reihe stattlicher Renaissance-Herrenhäuser und eine wunderschöne, lang gestreckte **Plaza Mayor**, gesäumt von Arkadengängen und Balkonen, von denen aus man einst die Stierkämpfe auf der Plaza verfolgte.

Almagro wirkt eher mitteleuropäisch. Die **Augsburger Fugger**, Geldgeber Kaiser Karls V., bekamen von diesem 1525 die in der Nähe

AUF DON QUIJOTES SPUREN

»In einem Ort in der Mancha, an dessen Namen ich mich nicht erinnern möchte ...«, beginnt einer der größten Romane der Weltliteratur: die Abenteuer des »sinnreichen Junkers Don Quijote von der Mancha« des Miguel de Cervantes (▶ Interessante Menchen) über einen leicht närrischen Alten, der sich für einen Ritter hält und in die weite Welt aufbricht, um Abenteuer zu suchen.

Sein Wissen bezieht Don Quijote aus der Lektüre von **Ritterromanen**; mit ihnen gewappnet, bricht er auf der Suche nach Ruhm und Ehre in die ferne Welt auf, ohne dabei jedoch je aus seiner Heimat La Mancha herauszukommen. Etliche Orte, in denen er seine skurrilen Abenteuer erlebte, lassen sich noch heute besuchen, wenn es auch die eine oder andere Unstimmigkeit zu ignorieren gilt.

Die Dörfer verlieren sich als weiße Kleckse im staubgrauen, flachen Land. Der Blick endet unweigerlich im Nichts. In dieser Ödnis wuchert Don Quijotes Fantasie umso reichhaltiger, gespeist aus den angelesenen Heldentaten seiner Bibliothek. Kein Wunder, dass wohlmeinende Mitmenschen diese Bücher

Der Mythos lebt! Don Quijote und Sancho Pansa bei einer Parade in Alcalá de Henares

verbrennen, um den Junker zu kurieren. Vergeblich, wie wir wissen. Seine **Locura** (Narrheit) stammt aus seiner **Lectura** (Lektüre), wie der mexikanische Schriftsteller Carlos Fuentes treffend feststellte.

Sein größtes Abenteuer

So hält er denn auch bei seinen irrwitzigen Abenteuern einige **Windmühlen** für gefährliche Riesen mit schauderhaft langen Armen. Als er seinem Knappen in den Kampf gegen diese führen möchte, äußert Sancho Pansa seine Bedenken, doch vergeblich (Üs: Ludwig Braunfels, Stuttgart 1883, Kap. 8):
»*... sich von ganzem Herzen seiner Herrin Dulcinea befehlend und sie bittend, ihm in so entscheidendem Augenblicke beizustehen, wohl gedeckt mit seinem Schilde, sprengte er an im vollsten Galopp Rosinantes und griff die erste Mühle vor ihm an; aber als er ihr einen Lanzenstoß auf den Flügel gab, drehte der Wind diesen mit solcher Gewalt herum, dass er den Speer in Stücke brach und Ross und Reiter mit sich fortriss, dass sie gar übel zugerichtet übers Feld hinkugelten.*«

Offene Fragen

Schauplatz des Kampfes zu sein, beanspruchen gleich mehrere Orte in der Mancha. Schöne Windmühlen finden sich in Campo de Criptana, in Mota del Cuervo und v. a. in Consuegra. Dort stehen sie fotogen auf einer Anhöhe, tragen Namen wie El Blanco, La Turca oder El Sancho Pansa. Kann man da kleinliche Zweifel hegen?
Ebenso die Frage nach der **Herkunft** unseres Helden. Warum bloß will sich der Erzähler nicht an Don Quijotes Heimat erinnern? War es tatsächlich so, weil Autor Cervantes dort im Gefängnis saß? Das behaupten jedenfalls etliche Historiker und tippen auf Argamasilla de Alba als Geburtsort, denn am Ende des ersten Bandes gießt Cervantes Hohn und Spott über dessen Akademiker.

Das Wirtshaus

Eine andere schrullige Szene bestärkt diese Version. Nur einen »Rosinante-Tagesritt« von Argamasilla entfernt, in Puerto Lápice, lässt sich Don Quijote von einem Kneipenwirt, den er für einen Schlossherrn hält, **zum Ritter schlagen**. Doch auch um diese Begebenheit buhlt ein anderer Ort, der sich auch gleich den passenden Namen zulegte: Venta de Don Quijote (Kneipe des Don Quijote) mit einer entsprechend eingerichteten Lokalität.

Die Angebetete

Nur eine halbe »Rosinante-Tagestour« entfernt liegt ein anderer Roman-Ort: **El Toboso**, wo Dulcinea geboren worden sein soll. Ein Ritter vollbringt schließlich all seine Heldentaten nur für seine Herzensdame. Die Angebetete erfährt freilich nichts von ihrem Glück. In El Toboso spielt das keine Rolle, denn noch heute kann man eine **Casa de Dulcinea** (Haus der Dulcinea) besichtigen. Dort lebte im 16. Jh. eine Doña Zarco de Morales – war sie vielleicht die berühmte Dulcinea?
Die Einwohner von El Toboso zumindest sind sich sicher und haben denn auch gleich ein **Museo Cervantino** am Hauptplatz eingerichtet. Dort können verschiedene Ausgaben des Romans bestaunt werden, in allen möglichen Sprachen. Und sagen sie nicht alle dasselbe? Dass Dulcinea aus El Toboso stamme? Na bitte!

gelegene größte Quecksilbermine der Welt überschrieben. Sie bauten die Stadt zu einem wichtigen Handelszentrum aus und ließen Kirchen, Paläste und einen von Fachwerkarchitektur geprägten Marktplatz bauen. Das schönste und interessanteste Gebäude am Platz ist der **Corral de Comedias** aus dem 16. Jh. (Plaza Mayor, 18), der besterhaltene Theaterhof des Landes, wo zwischen rot-weißen Holzgalerien unter freiem Himmel die ersten Komödien Spaniens aufgeführt wurden. Davon berichtet auch das **Museo Nacional del Teatro**. Im Corral de Comedias von Almagro wird etwa Ende Juni bis Ende Juli beim **Internationalen Theaterfestival** (Festival Internacional de Teatro Clásico) das Goldene Zeitalter des spanischen Theaters wiedererweckt.

Theaterfestival: www.festivaldealmagro.com, Tickets auch vor Ort im Teatro Municipal, Calle San Agustín, 20

Museo Nacional del Teatro: Calle Gran Maestre, 2 | Di.–Sa. 10–14 u. 16–18.30 bzw. Juli., Aug. 15–19.30, So. immer 10.30–14 Uhr | Eintritt 3 €, Sa. nachm., So. frei | http://museoteatro.mcu.es

Weinbauzentrum

Valdepeñas

Ab Almagro erreichen Sie 34 km südostlich Valdepeñas, Zentrum des gleichnamigen Weinanbaugebiets, dessen Produkte – besonders leichte Rotweine – man in vielen **Bodegas** verkosten und kaufen kann. Schön ist die Plaza Mayor. In einem Palais aus dem 17. Jh. wurde das **Museo Gregorio Prieto** eingerichtet, in dessen Kunstsammlung auch der aus Valdepeñas stammende Maler Gregorio Prieto (1897–1992) selbst mit einer Werkschau vertreten ist. Sehenswert sind auch das **Weinmuseum** (Museo del Vino) und die große Windmühle.

Museo Gregorio Prieto: Calle Pintor Mendoza, 57 | Di.–Sa. 10–14 u. 17–20, So. 11–14 Uhr | Eintritt 5 € | http://gregorioprieto.org

Museo del Vino: Calle Princesa, 30 | Di.–Sa. 10.30–14 u. 17–20, So. 11–14 Uhr | Eintritt 3 € | http://museodelvinovaldepenas.es

In der La Mancha Húmeda

Ungewöhnlich in der kargen und trockenen Mancha sind die vom Río Guadiana gebildeten **Feuchtgebiete** »La Mancha Húmeda«.

Süßes trifft Salziges

Parque Nacional de las Tablas de Daimiel

Von diesem Winzling unter Spaniens Nationalparks (3030 ha) nördlich von **Daimiel** (20 km östl. von Ciudad Real) werden Vogelbeobachter begeistert sein. Er hat seinen Namen von den »**Tablas**«, seenartigen Verbreiterungen von Flussläufen, zwischen denen sich ein Gewirr von Kanälen bildete. Am Grund der Gewässer wächst ein dichter, »ovas« genannter Teppich aus Wasserpflanzen.

Ein hübsches Angebot unter den Arkaden der Plaza Mayor von Almagro

Das Besondere an dem Gebiet ist, dass der Río Cigüela aus den salzigen Parameras de Cabrejas Brackwasser, der Río Guadiana dagegen Süßwasser heranführt. Im Süßwasser gedeihen hauptsächlich Binsen, im Brackwasser die Sumpfschneide (größter Bestand in Westeuropa). Über **200 Vogelarten** nisten hier, darunter auch Geier. Unter den eingesessenen Arten finden sich u. a. Eisvögel, unter den Zugvögeln Purpur- und Seidenreiher. An den marschigen Uferstreifen tummeln sich Säbelschnäbler, im Schilf nisten Zistensänger und Bartmeise. Über Wege und weitere Erkundungen informiert das **Besucherzentrum**..

Centro de Visitantes Molino de Molemocho: Calle las Tablas, 8, Daimiel | Sommer tgl. 9–21, Winter bis 19 Uhr
www.lastablasdedaimiel.com

Fünfzehn Seen

Parque Natural de las Lagunas de Ruidera

Dieses Naturschutzgebiet (3700 ha) erreicht man am besten via Manzanares (50 km östl. von Ciudad Real) auf der N-430. Hier kann man auch schwimmen und Boot fahren. Die terrassenartigen Seen (Höhenunterschied 120 m) sind äußerst **fischreich**.Im Gebiet sind Wanderwege ausgewiesen; bei **Ruidera** (Infozentrum des Parks;) kann man in der **Cueva de Montesinos** Höhlenwelten erkunden.
www.lagunasderuidera.es, www.cuevademontesinos.es

Wandern in mediterraner Mittelgebirgslandschaft

Parque Nacional de Cabañeros

Der Parque Nacional de Cabañeros (41 804 ha), bekannt für Wild- und Vogelreichtum, beginnt knapp 80 km nordwestlich von Ciudad Real und bietet Gelegenheit zum Wandern sowohl auf freien Wegen als auch mit geführten Touren.
www.visitacabaneros.es

CIUDAD RODRIGO

Provinz: Salamanca | **Höhe:** 658 m ü. d. M. | **Region:** Castilla y León
Einwohner: 12 0000

Wie in einer Zeitblase fühlt man sich mancherorts in Ciudad Rodrigo, das über dem Río Águeda thront und einst eine umkämpfte Grenzfestung gegen Portugal war. Heute herrscht hier eine friedliche Stimmung.

In der denkmalgeschützten Stadt haben sich zahlreiche historische Bauten erhalten. Über 2 km lang und bis zu 13 m hoch umspannt die im 12. Jh. angelegte, bis ins 18. Jh. erweiterte **Stadtmauer** mit sieben Toren die Altstadt.

Einst umkämpft, heute ein Bild des Friedens – Ciudad Rodrigo am Río Águeda

Wohin in Ciudad Rodrigo?

Zentrum des Stadtlebens

Plaza Mayor

Die lang gestreckte Plaza Mayor säumen das von wappengeschmückten Rundtürmen flankierte Renaissance-**Rathaus** aus dem 16. Jh. mit Arkadengang und andere schöne Gebäude, wie die **Casa de los Cueto** mit einem Relieffries.

Sündenfall im Kreuzgang

Catedral

Die dreischiffige romanische Kathedrale Santa María wurde Mitte des 12. Jh.s begonnen und im 16. Jh. mit der Capilla Mayor von Gil de Hontañón vollendet. Sehenswert im Innenraum ist das prachtvoll geschnitzte **Chorgestühl** von Rodrigo Alemán (1498) und der Hauptaltar mit einem Gemälde von Fernando Gallego; der Altar des linken Querschiffs ist mit einer alabasternen Kreuzabnahmegruppe ausgestattet.

Im **Kreuzgang** (13./14. Jh.) befinden sich Grabmäler; die romanischen Säulenkapitelle illustrieren den Sündenfall.

Mo.–Sa. 11.30–14 u. 17–20, So. 11.30–14 u. 17–19 Uhr | Eintritt 8 € inkl. Museum | http://catedralciudadrodrigo.com

CIUDAD RODRIGO ERLEBEN

OFICINA MUNICIPAL DE TURISMO
Calle Juan Arias, 4
Tel. 923 49 84 00
http://turismociudadrodrigo.com

PARADOR DE CIUDAD RODRIGO €€€–€€
In einer Festung aus dem 14. Jh. bettet man sich heute exzellent. Mit regionalem Spezialitäten-Restaurant.
Plaza del Castillo, 1, Tel. 923 46 01 50, http://paradores.es

HOTEL LA BODEGA €
Solides, freundliches Drei-Sterne-Haus das schon durch sein kundenfreundliches Preisniveau überzeugt. Restaurant mit traditioneller Küche.
Calle Badajoz, 15, Tel. 923 49 83 50
http://hotellabodega.com

Nachfahren des Aztekenkönigs

Paläste

Östlich der Kathedrale kommen Sie zum **Palacio de los Castro** mit prächtigem plateresken Portal; schräg gegenüber steht der **Palacio de Moctezuma** (16. Jh.), erbaut von Nachfahren des Aztekenkönigs Moctezuma lebten.

Blick von der Festung auf den Fluss

Castillo

Im Südwesten des Mauerrings erhebt sich über dem Fluss das Castillo de Enrique II de Trastámara aus dem 14./15. Jh., heute als Parador-Hotel genutzt. Von der Burg blickt man hinunter auf die römische Brücke **Puente Antiguo** über den Río Agueda.

Rund um Ciudad Rodrigo

Unberührte Bergwelt

Peña de Francia

Südöstlich bietet die Bergwelt der **Sierra de la Peña de Francia** fast unberührte Natur. Sie verdankt ihren Namen wohl den hier im 11. Jh. heimisch gewordenen Franzosen. Wegen der abgeschiedenen Lage haben sich in den Dörfern noch Traditionen erhalten, die in Kleidung und Festen zum Ausdruck kommen. Vom 1723 m hohen Peña de Francia genießt man eine überwältigende Aussicht. Die **Wallfahrtskapelle** Nuestra Señora de la Peña de Francia bezeichnet den Ort, an dem ein französischer Pilger eine Marienstatue gefunden haben soll.

Bei der Magd der armen Seelen

★ La Alberca

La Alberca, das unter Denkmalschutz steht, zählt zu den reizvollsten Dörfern Spaniens. Hier scheint die Zeit stehen geblieben – jeden Abend macht noch die »Moza de ánimas« (Magd der armen Seelen)

URSPRÜNGLICHE VOLKSFESTE

Die Fiestas in der **Sierra de la Peña de Francia** zeichnen sich durch ihre Ursprünglichkeit aus. In **Miranda del Castañar** begeht man die Fiesta de las Águedas mit typischen Tänzen (i.d.R. 5. Febr.), in **La Alberca** das Patronatsfest El Diagosto mit einer großen Marienprozession und reichlich Trommelklängen, Tanz und Trachten (14.–18. Aug.; http://laalberca.com/tradiciones/diagosto).

ihre Runde und betet für die im Fegefeuer Schmorenden. Die engen Gassen, die Fachwerkhäuser mit vorspringenden Stockwerken und Inschriften – verschlüsselte Glaubensbekenntnisse zum Schutz vor der Inquisition, die hier wütete – und die von hölzernen Arkaden gesäumte Plaza Mayor atmen noch den Geist der ersten aus Frankreich gekommenen Bewohner und der maurischen Herren. Recht abgeschieden gibt sich das **Valle de las Batuecas** südlich von La Alberca jenseits des Passes El Portillo.

Oficina de Turismo: Plaza Mayor, 11 | http://laalberca.com

Noch ein denkmalgeschütztes Dorf

Miranda del Castañar

Mehr von dieser schönen Landschaft erlebt man im Ostteil des Naturparks auf der Fahrt zum denkmalgeschützten Bergdorf Miranda del Castañar, dessen Wehrmauern wappengeschmückte Häuser aus Bruchsteinen und eine **Burg** verbergen.

★★ CÓRDOBA

Provinz: Córdoba | **Höhe:** 106 m ü. d. M. | **Region:** Andalusien
Einwohner: 319 500

Córdoba elektrisiert, das ist Andalusien pur! Sie können gar nicht anders, als sich mitreißen zu lassen: ob in der Mezquita, diesem großartigen Denkmal islamischer Baukunst in Südwesteuropa, oder in stimmungsvollen Tapas-Kneipen und Gassen, auf kleinen Plätzen, in kühlen Innenhöfen, umgeben von weiß getünchten Häusern. In dieser Stadt am Guadalquivir zerfließen südländische Klischees in der Wirklichkeit. Was für ein Flair!

»Abendländisches Mekka«

Ab 756 verwandelten die Mauren das alte Córdoba in ihr »abendländisches Mekka« und (ab 929) zur **Hauptstadt des spanischen Kalifats**. Im 10. Jh. lebten hier 300 000 Menschen, es gab Hunderte Moscheen und Badehäuser. Universitäten zogen Studierende aus ganz Europa an. Mit dem Ende des Kalifats 1031 begann der Niedergang, nach der christlichen Rückeroberung durch Ferdinand III. 1236 geriet Córdoba in Vergessenheit – doch nicht für immer.
Vom **altmaurischen Charakter** profitiert längst der Fremdenverkehr. Zusammen mit Sevilla und Granada formt Córdoba das große Dreigestirn der bedeutendsten Städte Andalusiens. Die Provinzmetropole ist zudem bekannt für ihr **Silber**- und **Lederhandwerk**.
Bonusmaterial beim Besuch: ein Ausflug ins nahe Medina Azahara (► S. 180), einst die Palaststadt der Kalifen.

★★ La Mezquita-Catedral

März–Okt. Mo.–Sa. 10–19, So. 8.30–11.30 u. 15–19, Nov.–Febr. Mo. bis Sa. 8.30–18, So. 8.30–11.30 u. 15–18 Uhr | Eintritt: 13 €, Glockenturm 3 €, nächtlicher Besuch (Visita nocturna El Alma de Córdoba) 20 € | http://mezquita-catedraldecordoba.es

Ein höchst ambivalentes Bauprojekt

Baugeschichte

Die Mezquita, einst Hauptmoschee des westlichen Islam und heute Kathedrale, kann in Schönheit und Größe durchaus mit den großen Moscheen von Mekka und Damaskus, der El-Ashar-Moschee in Kairo und der Blauen Moschee in Istanbul konkurrieren. Anstelle der heutigen Moschee stand eine westgotische Kirche, die die Mauren zunächst für sich nutzten, einen Teil jedoch weiterhin den Christen ließen.
Diesen Teil erwarb Abd ar-Rahman I., und 785 begann unter Verwendung römischer und westgotischer Reste der Bau einer **Moschee** mit elf zum heutigen Orangenhof hin offenen Schiffen und der nach Mekka gerichteten **Gebetsnische** (arab. »mihrāb«). Unter Abd ar-

OBEN: Magische Abendstimmung an der römischen Brücke über den Guadalquivir. Über allem leuchtet die Mezquita.
UNTEN: Über dem Mihrāb (Gebetsnische) der Mezquita spannt sich die aus einem einzigen Marmorblock gehauene Kuppel, die die Weltmuschel symbolisiert.

LA MEZQUITA-CATEDRAL

Die ehemalige Hauptmoschee des westlichen Islam – eine der größten Moscheen der Erde – und heutige Kathedrale (Mezquita-Catedral) ist die bedeutendste Schöpfung maurisch-religiöser Baukunst in Spanien.

1 Maksūra
Ursprünglicher Kalifen-Gebetsraum

2 Kathedrale
Bischof Alonso Manrique beschloss 1523 die Errichtung einer großen Kathedrale inmitten des islamischen Gebetsraums. Sie wirkt in ihrer Stilmischung aus Gotik und Renaissance wie ein architektonischer Fremdkörper.

3 Campanario (Glockenturm)
Nach dem Bau der Kathedrale um 1599 begann man mit dem Umbau des Minaretts zum Glockenturm. Den Turm krönt ein Standbild des Erzengels Raphael, des Schutzheiligen der Stadt.

4 Zinnengekrönte Mauer
Das Bauwerk umgibt eine 9–20 m hohe Mauer mit turmartigen Strebepfeilern und den klassischen Schmuckelementen des Islam – rot-weiße Hufeisenbögen, florale und geometrische Ziermuster und kufische Schriftbänder.

5 Wasserbecken
An großen Wasserbecken im Patio de los Naranjos, Orangenhof, die nicht alle erhalten sind, wurden die rituellen Waschungen vorgenommen, bevor man die einst zum Hof hin offene Gebetshalle betrat.

6 Muslimischer Gebetsraum
793 Säulen tragen die Bögen mt den abwechselnd rot-weißen Keilsteinen aus Kalkstein und Ziegeln. In der Mezquita waren weder Wege noch Richtung vorgegeben, jede beliebige Stelle war ihr Mittelpunkt. Für den Muslim ist jeder Platz, an dem er seine Gebete verrichtet, Allah gleich nah. Damals drang Tageslicht durch die heute zugemauerten Pforten, und Tausende brennende Öllämpchen erhellten den Raum zusätzlich.

❼ Mihrāb Nuevo (Neuer Mihrāb)
Unvergleichbar und unübertroffen ist die Gebetsnische des Vorbeters, die die Richtung nach Mekka anzeigt – sie ist das Allerheiligste der Moschee. Die aus einem einzigen Marmorblock gehauene, die Weltmuschel symbolisierende Kuppel strömt über vor floralen und geometrischen Mustern, Koranversen und Mosaiken, die byzantinischen Künstlern zu verdanken sind.

❽ Capilla del Cardenal
Hier wird der Kirchenschatz aufbewahrt: Größte Kostbarkeiten sind eine silberne Monstranz (1510–1516) und ein Prozessionskreuz von Enrique de Arfe, neun Heiligenstatuen, ein Elfenbeinkruzifix von Alonso Cano sowie arabische Handschriften (9./10. Jh.).

❾ Arkaden
Unter den Arkaden an der Nordseite trafen sich Studenten und Lehrer, um zu disputieren. Westlich des Glockenturms gaben die Ärzte Auskunft, östlich sprachen die Qadi Recht.

Rahman II. wurden die Schiffe verlängert (830–850), Kalif Abd ar-Rahman III. ließ 951 das – heute veränderte – Minarett erbauen, Al Hakam II. vergrößerte die Moschee noch einmal auf ihre heutige Länge von 175 m. Dabei entstanden auch der einzigartige **Neue Mihrāb** und die **Maksūra**. Schließlich ließ sie Almansur auf ihre heutigen Dimensionen ausbauen, indem acht weitere Schiffe auf der gesamten Länge des Baus angefügt wurden, sodass die Gebetshalle insgesamt 19 Schiffe umfasste. Nach Rückkehr der Christen blieb die Moschee lange unangetastet; lediglich Alfons X. ließ am Ort des Mihrāb des zweiten Bauabschnitts die **Capilla Villaviciosa** als Hauptkapelle erbauen.

Unter Karl V. begannen einschneidende Veränderungen. 1523 wurde die Errichtung einer **Kathedrale** inmitten des islamischen Gebetsraums beschlossen. Der Stadtrat erkannte die Gefahr und bedrohte jeden mit dem Tod, der die maurischen Bauten zerstören wollte, doch

Karl V. billigte den Neubau unter Hernán Ruiz, der 1599 weitgehend abgeschlossen war; später soll der Kaiser den Umbau bedauert haben.

Baumbestandener »Orangenhof«

Patio de los Naranjos

Durch die **Puerta del Perdón** tritt man in den mit Orangenbäumen und Palmen bestandenen Patio de los Naranjos (»Orangenhof«), wo die vom Islam vorgeschriebenen Waschungen vorgenommen wurden. Als alle elf Schiffe der Moschee noch nach dieser Seite offen waren, setzten die Orangenbäume die Säulenreihen im Freien fort.

Ein schier endloser Säulenwald

Muslimischer Gebetsraum

Der Eindruck, den der schier endlos scheinende Säulenwald der Gebetshalle hinterlässt, lässt sich schwer in Worte fassen – man muss selbst gesehen und erlebt haben, wie sich im Halbdunkel des nur 11,5 m hohen Raums die Perspektive bei jedem Schritt verschiebt. Ein Teil der frei stehenden **Säulen**, die in der Längsrichtung durch weißrote Doppelhufeisenbögen verbunden sind, stammt aus antiken Gebäuden und christlichen Kirchen (▶ Abb. S. 47). Das Material ist Marmor, Jaspis und Porphyr.

Bei der **Puerta de las Palmas** und zwischen den nach Mekka gerichteten Mihrābs hat man das farbenschöne, reich geschnitzte Balkenwerk der alten Moschee wieder frei gelegt.

Christlicher Teil

Kapellen

Die **Capilla Villaviciosa** gegenüber dem Mihrāb wurde als erste christliche Kapelle in die maurische Moschee gebaut. Sie besticht durch ihren maurischen Säulenschmuck und die gewagte Kuppelkonstruktion. Daneben erkennt man die in mudéjarem Stil gearbeitete **Capilla Real**, einst Grabkapelle der kastilischen Könige Ferdinand IV. und Alfons XI. Im Herzen der Moschee liegt das als Chor dienende gotische Kreuzschiff mit der **Capilla Mayor**, eine Kirche für sich bildend, 1563–1599 nach dem Abbruch von 63 Säulen erbaut. Das reich geschnitzte barocke Gestühl (18. Jh.) ist ein Werk von Pedro Cornejo; der Hochaltar (1618) besteht aus rotem Marmor.

Rund um die Mezquita

16 Bögen, über 2000 Jahre alt

Puente Romano

Südlich des **Bischofspalasts** (Palacio Episcopal; südwestl. der Kathedrale) gehen Sie, vorbei am **Triunfo de San Rafael,** einer 1765 errichteten Säule mit dem Standbild des Erzengels, zur **Puerta del Puente**. Dieser im 16. Jh. erbaute Triumphbogen markiert den Beginn des Puente Romano über den Guadalquivir. Die sechzehnbogige Brücke wurde von den Römern 45 v. Chr. erbaut; auf den Fundamenten entstand die heutige, 223 m lange maurische Brücke.

Torre de la Calahorra

Das maurische Andalusien

Am Südende der Brücke steht der mächtige Brückenkopf Torre de la Calahorra (1369). Hier erzählt das multimediale **Museo Vivo de Al-Andalus** die Geschichte des maurischen Andalusien mit der damaligen Koexistenz zwischen Orient und Okzident.

Von dieser Seite der Brücke bietet sich ein prächtiger **Blick** auf die Stadt, flussabwärts auf verfallene maurische Wassermühlen.

Museo Vivo de Al-Andalus: Juni–Sept. tgl. 10–14 u. 16.30–20.30, März–Mai, Okt. tgl. 10–19, Nov.–Feb. bis 18 Uhr | Eintritt 4,50 €
www.torrecalahorra.es

Alcázar

Prächtige Gärten, schauriger Platz

Über die Brücke zurück wendet man sich nach links zum Alcázar de los Reyes Cristianos. Dessen mächtige Mauern und Türme stammen teils noch vom Kalifenpalast, den größten Teil ließ jedoch Alfons XI. zum Königshof ausbauen. Hinter dem Hauptgebäude schließen sich prächtige Gärten mit Wasserspielen an, davor erstreckt sich der Camposanto de los Mártires, angeblich die Hinrichtungsstätte für christliche Märtyrer. Tipp für einen Spätbesuch im Alcázar: Die multimediale Show **Naturaleza Encendida: Raíces** entführt in Córdobas Geschichte.

Alcázar: Mitte Juni–Mitte Sept. Di.–So. 8.15–14.45 Uhr, sonst Di.–Fr. 8.15–20, Sa. 9.30–18, So. 8.15–14.45 Uhr | Eintritt 5 €
https://alcazardelosreyescristianos.cordoba.es
Naturaleza Encendida: Infos und Buchung unter www.turismodecordoba.org

Caballerizas Reales

Eleganz und Leichtigkeit der andalusischen Pferde

Unweit des Alcázar liegen **die Königlichen Stallungen** (Caballerizas Reales), die Pferdeshows veranstaltet. Dabei werden professionell die Eleganz und Leichtigkeit der andalusischen Pferde (»Pasión y Duende del Caballo Andaluz«) demonstriert, doch auch Verschmelzungen mit folkloristischen Elementen wie demFlamenco. Die Vorführungen dauern etwa 70 Minuten.

Calle de las Caballerizas Reales | Eintritt 16,50 € | Infos und Buchung unter http://cordobaecuestre.c

Judería

Charmante Altstadtgassen

Nördlich der Mezquita beginnt die Judería, im Mittelalter das **Jüdische Viertel**, dessen enge Gassen nahezu unverändert blieben. Ein Fixpunkt ist die **Plaza Maimónides**, ein Höhepunkt die **Sinagoga** von 1315, eine von drei in Spanien (zwei davon in ▶ Toledo), die den jüdischen Exodus von 1492 überstanden. Die Innenräume zeigen mudéjare Schmuckelemente.

Nahebei ehrt ein Denkmal den aus Córdoba gebürtigen jüdischen Philosophen und Gelehrten **Moses Maimónides** (um 1135–1204).

Ein Ständchen für Moses Maimónides in der Judería

Etwas weiter nördlich markiert die **Puerta de Almodóvar**, ein gut erhaltenes Maurentor, den Eingang zum einstigen Viertel.

Sinagoga: Di.–So. | 0,30 €; EU-Bürger frei

Blütenmeer im »Blumengässchen«

Calleja de las Flores

Von der Nordostecke der Mezquita geht ein Sträßchen ab, durch das man wiederum nach rechts in die malerische Calleja de las Flores kommt, das bei allen Fototouristen beliebte »Blumengässchen« mit entsprechender floraler Pracht.

Von den Iberern bis zu den Mauren

Museo Arqueológico

Nordwestlich des Blumengässchens liegt das Archäologischen Museum der Stadt. Es zeigt iberische Gegenstände, römische und frühchristliche Funde sowie eine umfassende Sammlung maurischer Kunstobjekte.

Plaza de Jerónimo Páez, 7 | Mitte Sept.–Mitte Juni Di.–Sa. 9–21, So. 9–15, Mitte Juni.–Mitte Sept Di.–So. 9–15 Uhr | Eintritt 1,50 €, EU-Bürger frei | www.museosdeandalucia.es

CÓRDOBA ERLEBEN

CENTRO DE RECEPCIÓN DE VISITANTES

Plaza del Triunfo und
kleine Infostelle an der Plaza de las Tendillas.
Tel. 957 46 97 07 (Vorsicht vor der gebührenpflichtigen Hochpreisnummer 902 20 17 74!)
www.turismodecordoba.org

Córdoba ist bekannt für seine Ziegen- und Schafsleder-, Keramik- und Silberschmiedearbeiten,die in vielen Läden angeboten werden. Modisches gibt es im Viertel zwischen der **Plaza de las Tendillas** und der **Avenida del Gran Capitán**.

SEMANA SANTA

Beeindruckende Prozessionen während der Karwoche; 35 Laienbruderschaften treten in Aktion.

CRUCES DE MAYO

Fest der Maikreuze.
Ende April/Anf. Mai.

FIESTA DE LOS PATIOS

Viele der blumengeschmückten Innenhöfe (Patios) können besichtigt werden, der schönste wird gekürt.
1. Mai-Hälfte
http://patios.cordoba.es

FERIA DE CÓRDOBA

Das Hauptfest der Stadt steigt auf dem Festgelände Recinto del Arenal, begleitet von Reitern, Flamenco, Folklore, Tapas, Wein.
Ende Mai

FESTIVAL DE LA GUITARRA DE CÓRDOBA

Gitarrenfestival an diversen Schauplätzen.
Ende Julihälfte

1 TABLAO FLAMENCO CARDENAL

Professionelle Flamenco-Shows, die hier begeisterte Anhänger finden.
Calle Buen Pastor, 2
Tel. 691 21 79 22
http://tablaocardenalnuevo.webflow.io
Mo.–Sa. 20.30, Juli u. Aug. erst 21.30 Uhr

1 ALMUDAINA €€€€

Eine der besten Traditionsadressen Córdobas in einem historischen Gebäude mit herrlichem Patio gegenüber dem Alcázar. Gewöhnlich nur Mo. bis Fr. kann man das Menü der cordobesischen Tapas kosten.
Campo de los Santos Mártires, 1
Tel. 957 47 43 42
So. abends geschl.
http://restaurantealmudaina.com

2 RECOMIENDO €€€€

Nehmen Sie an fein gedeckten Tischen Platz – und lassen Sie sich von den fantasievollen Kreationen des Küchenchefs Periko Ortega überraschen. Das hat natürlich seinen Preis und erfordert einen Abstecher in den etwas ferneren Nordteil der Stadt.
Calle Mirto, 7
Tel. 957 10 73 51
www.recomiendopower.com
So. und Mo. geschl.

1 Almudaina
2 Recomiendo
3 El Caballo Rojo
4 Casa Pepe de la Judería
5 Cocina 33
6 Salinas
7 El Pisto

1 NH Collection Amistad Córdoba
2 Eurostars Conquistador
3 Hotel Finca Los Abetos
4 Los Naranjos

1 Tablao Flamenco Cardenal

❸ EL CABALLO ROJO €€€

Eine Herausforderung, an den Tapas vorbei ins Restaurant zu kommen! Dort kocht man traditionell, aber auch mit nordafrikanisch-mozarabischem Touch.
Calle Cardenal Herrero, 28
Tel. 957 47 53 75
www.elcaballorojo.com

❹ CASA PEPE DE LA JUDERÍA €€€€

Einladende Traditionstaverne mit gehobener Regionalküche. Die Dachterrasse bietet bei Dunkelheit eine ganz besondere Stimmung.
Calle Romero, 1; Tel. 957 20 07 44
http://restaurantecasapepedelajuderia.com

❺ COCINA 33 €€€–€€

Originell ist nicht nur die Einrichtung, sondern auch die Küche mit ihren fantasievollen Kreationen.
Paseo de la Ribera, 24
Tel. 957 11 02 78

❻ TABERNA SALINAS €€€–€€

Bei Einheimischen sehr beliebt – seit 1879. Auf der Karte stehen bodenständige Gerichte: Bohnen mit Ochsenschwanz, hausgemachte Kroketten, Fleischbällchen und gebratene Auberginen.
Calle Tundidores, 3
Tel. 957 48 29 50
www.tabernasalinas.com
So.-abends, Mo. geschl.

❼ CASA EL PISTO €€–€

Allein die Dekoration begeistert in dieser typischen, alteingesessenen Taverne (seit 1880, auch als Taberna San Miguel bekannt). Deftig und gut: »Manitas de Cerdo« (Schweinepfoten) oder »Rabo de Toro« (Stierschwanz).
Plaza de San Miguel, 1
Tel. 957 47 01 66
www.casaelpisto.com
So. geschl.

❶ NH COLLECTION AMISTAD CÓRDOBA €€€

Der Luxusbau an der Stadtmauer in der Judería (in zwei Stadtpalästen aus dem 17./18. Jh.; 108 Zi.) kultiviert die Essenz Córdobas. Die historische Atmosphäre schaffen die Innenhöfe, Bögen und kunstvolle Deckenschnitzereien. Oft gute Angebote, selbst in der Preiskategorie €€.
Plaza Maimónides, 3
Tel. 957 42 03 35
www.nh-collection.com

❷ EUROSTARS CONQUISTADOR €€€

EinLeitmotiv ist die neomozarabische Dekoration. Zentrale Lage bei der Mezquita, die man aus vielen der 130 relativ großen Zimmer aus sieht.
Calle Magistral González Francés, 15–17, Tel. 957 48 11 02
www.eurostarshotels.com

❸ HOTEL FINCA LOS ABETOS €€–€

Das Drei-Sterne-Haus im Kolonialstil (36 Zi.) etwas außerhalb der Stadt bietet schöne Gärten und Ausblicke. Weitere Pluspunkte: zwei saisonale Außenpools, Sonnenterrasse und das Restaurant.
Avenida San José de Calasanz, km 2,8; Tel. 957 76 70 63
www.hotelfincalosabetos.com

❹ CASA DE LOS NARANJOS €

Hier logieren Sie in einem gepflegten Haus mit 20 Zimmern, zwei hübschen Patios und schattigen Umgängen. Bis zur Judería sind es nur 10 Min. zu Fuß. Vermeiden Sie aus Lärmgründen besser die Zimmer im Erdgeschoss.
Calle Isabel Losa, 8
Tel. 957 47 05 87
www.casadelosnaranjos.com

Fantastische Innenhöfe

Patios

Die blumengeschmückten, zum UNESCO-Welterbe zählenden Patios (Innenhöfe) bekommt man normalerweise nicht zu Gesicht – außer bei der **Fiesta de los Patios de Córdoba** (▶ S. 175). Ausnahme sind die **Patios de San Basilio**.

Patios de San Basilio: Jan.–Mitte März u. Mitte Nov.–Dez. tgl. außer Di. 10.30–12 u. ab 16.30, Mitte März–Juni u. Aug.–Mitte Nov. tgl. außer Di. 10–12 u. ab 17 Uhr; So. nachmittags sowie Juli geschl. Eintritt 10 € | www.patiosdesanbasilio.com;

Wohin im Zentrum?

Ein Denkmal für den Eroberer

Plaza de las Tendillas

Orientierung gibt die zentrale Plaza de las Tendillas, auf der ein Reiterdenkmal für den »Gran Capitán« **Gonzalo Fernández de Córdoba** (1453–1515) steht, der für die Könige von Aragonien das Königreich Neapel eroberte.

Von hier führt die Calle Conde de Gondómar Richtung Westen zur **Avenida del Gran Capitán**, eine besonders an Sommerabenden belebte Promenade mit dem **Gran Teatro** (19. Jh.; Nr. 3) und zahlreichen **Cafés**.

Gran Teatro: http://teatrocordoba.es

Spanische Kunst im ehemaligen Krankenhaus

Plaza del Potro

Die hübsche Plaza del Potro (»Fohlenplatz«) hat ihren Namen von einer kleinen **Brunnenskulptur** in Gestalt eines Fohlens.

Im angrenzenden Hospital de la Caridad logiert das **Museo de Bellas Artes** (Museum der Schönen Künste). Es besitzt Gemälde spanischer Meister wie Ribera, aber auch Werke des in Córdoba geborenen Antonio del Castillo y Saavedra (1616–1668).

Museo de Bellas Artes: Mitte Sept.–Mitte Juni Di.–Sa. 9–21, So. 9–15, Mitte Juni.–Mitte Sept Di.–So. 9–15 Uhr | Eintritt 1,50 € EU-Bürger frei | www.museosdeandalucia.es

Ein Meister volkstümlicher Bilder

Museo Julio Romero de Torres

Attraktiv aufgezogen ist auch das Museum für Julio Romero de Torres. Der in Córdoba geborene Künstler (1874–1930), Sohn des Direktors des Kunstmuseums, hatte ein ausgesprochenes Faible für Frauenakte und Genreszenen, vor allem aus der Welt der Gitanos und Gitanas, der spanischen Roma. Dabei geizte er bei den Darstellungen nicht mit deren Reizen. Aus den Bildern, die in Córdoba sehr populär sind, spricht eine tiefe Sinnlichkeit

Plaza del Potro, 1 | Mitte Juni–Mitte Sept. Di.–So. 8.15–14.45 Uhr, übrige Monate Di.-Fr. 8.15–20, Sa. 9.30–18, So. 8.15–14.45 Uhr Eintritt 4 € | http://museojulioromero.cordoba.es

Beispielhaftes Stadtpalais

Palacio de los Marqueses de Viana

Beispielhaft für Córdobas Stadtpaläste ist der Palacio de los Marqueses de Viana an der Plaza de Don Gome, 2: mit einem Dutzend herrlicher Innenhöfe samt Brunnen und Pflanzenpracht.

Sept.–Juni Di.–Sa. 10–19, So. 10–15, Juli, Aug. Di.–So. 9–15 Uhr
Eintritt 7 €, Kombiticket mit Führung durch die Innenbereiche 11 €
www.palaciodeviana.com

Rund um Córdoba

Prächtige islamische Palaststadt

★ Medina Azahara

Etwa 10 km westlich von Córdoba liegt Medina Azahara (Madinat az-Zahrá), das den Geist seiner einstigen islamischen Pracht erahnen lässt. Die 936 von Kalif Abd ar-Rahman III. erbaute, nach seiner Favoritin benannte Palaststadt bewohnten einst angeblich 25 000 Menschen. Beim Zerfall des Kalifats wurde Medina Azahara 1010 von den Almoraviden zerstört und als Steinbruch benutzt, doch zumindest Teile wurden wiederhergestellt. Der auf einem Hügel liegende Palast war umgeben von **Terrassengärten**. Einen Eindruck von der Pracht vermitteln der **Saal der Botschafter** mit seinen Bogensäulen und Reliefwänden, das Córdoba zugewandte Stadttor und aich das Museum im großen Empfangsbereich.

Buszubringer ab Córdoba (10 €) | 21. März–20. Juni Di.–Do. 9–18, Fr., Sa. 9–21, 21. Juni–20. Sept. Di.–Sa. 9–15 u. 20–24 Uhr, 21. Sept.–20. März Di.–Sa. 9–18 Uhr; So. ganzjährig 9–15 | Eintritt 1,50 €, EU-Bürger frei | www.museosdeandalucia.es

Spektakuläre Aussicht

Almodóvar del Río

Almodóvar del Río (22 km südwestl.) wird von einer eindrucksvollen **Burg** überragt. Der Aufstieg auf den höchsten Turm wird mit einer spektakulären Sicht über das Tal des Guadalquivir belohnt. Seit »Game of Thrones« ist das Kastell besonders beliebt.

Mo.–Fr. 11–14.30, 16–19/20, Sa., So. 11–19/20 Uhr | Eintritt 10 €
http://castillodealmodovar.com

Fast wie Sherry

Montilla, Lucena

Etwa 45 km südöstlich von Córdoba liegt das Weinstädtchen Montilla im Weinanbaugebiet des sherryähnlichen **Montilla-Moriles**. Mehrere Kellereien öffnen ihre Pforten ins Allerheiligste, eine **Weinroute** führt in weitere Orte wie das alte Weinstädtchen Lucena.

Ende August/Anfang September wird zur Weinlese in verschiedenen Orten die rauschende **Fiesta de la Vendimia** gefeiert.

Oficina de Turismo: Calle Iglesia, s/n, Montilla | Tel. 957 65 23 54
www.montillaturismo.es
Weinroute: www.turismoyvino.es

Der Herkulesturm von La Coruña markiert die Nordwestspitze Spaniens.

★ LA CORUÑA · A CORUÑA

Provinz: La Coruña | **Höhe:** Meereshöhe | **Region:** Galicien
Einwohner: 247 300

Es riecht nach Meer, die Wellen krachen gegen die Felsen: Am schönsten, wildesten und ursprünglichsten ist La Coruña (gal. A Coruña) am äußersten Ende der Landzunge, über die sich ein Teil der Stadt legt. Dort erhebt sich auch der zum UNESCO-Welterbe zählende Herkulesturm, von den Römern als Leuchtturm für ihren Hafen errichtet.

Bis heute drückt der Hafen der Stadt seinen Stempel auf, es gibt aber auch Badestrände: die Praia de Orzán und die Praia de Riazor. Stellen Sie sich darauf ein, dass die Stadt mit gesichtslosen Neubauzonen landeinwärts weit ausgeufert ist – doch **Meeresfront** und **Altstadt** haben ihre Reize.

Römer, Mauren, Portugiesen und Engländer

Geschichte

Die auf eine Iberersiedlung zurückgehende Stadt wurde schon von den Römern als Hafen genutzt, die den Leuchtturm **Torre de Hércules** errichteten. Die Mauren verloren die Stadt an die Portugiesen, die wiederum den Spaniern wichen.
1588 brach die berühmte spanische **Armada** mit 130 Schiffen und 29 000 Mann von La Coruña zur Invasion Englands auf, wo sie durch schwere Stürme und die Gegenangriffe der Engländer die Hälfte der Schiffe und Seeleute verlor. 1589 griff dann eine englische Flotte unter Sir Francis Drake die Stadt an. Der mutige Einsatz einer gewissen **María Pita** bewahrte sie vor der Eroberung – sie war die Ehefrau eines spanischen Kommandanten, der bei dem Angriff ums Leben gekommen war. Bis heute wird sie als Volksheldin verehrt.

»Ciudad de Cristal« – Stadt aus Glas

Glasgalerien

Typisch sind die verglasten »**Galerías**« an den Häuserfronten, die Schutz gegen Regen und Sturm bieten und gleichermaßen das Sonnenlicht einfangen. Daher der Beiname La Coruñas: »Ciudad de Cristal« (Stadt aus Glas). Die Galerías der Häuser an der **Avenida de la Marina** sind die prächtigsten der Stadt.

LA CORUÑA ERLEBEN

OFICINA DE TURISMO
Plaza de María Pita, 6
Tel. 981 18 42 00 u. 661 68 78 78,
www.coruna.gal

❶ TABERNA DA PENELA €€
Hierher kommen die Einheimischen gerne, um das Hausomelette »Tortilla de Betanzos« zu genießen. Galicische Küche.
Praza de María Pita, 9
Tel. 981 20 19 69; Mo. geschl.
www.tabernadapenela.com

❷ A PULPEIRA DO ROMPEOLAS €€-€
Hier steht alles im Zeichen der galicischen Spezialität »pulpo« (Krake). Es gibt auch weitere Meeresfrüchte, doch ist die Karte ist nicht allzu umfangreich. Klein, aber fein ist auch die Auswahl an Weinen.
Rua Manuel Murguia, 8
Tel. 881 92 54 25
http://rompeolaspulpeira.es

❶ ATLÁNTICO €€
Vier-Sterne-Qualität in strategisch guter Lage.
Avenida da Porto da Coruña, 4 A
Tel. 981 22 65 00
www.eurostarshotels.com

❷ PLAZA CORUÑA €€–€
Ansprechendes 94-Zimmer-Haus mit Spa und Skybar.
Avenida Santiago Rey Fernández Latorre, 45
Tel. 981 29 01 11
www.hotelplaza.es

1 Taberna da Penela
2 Pulpeira do Rompeolas

1 Atlántico
2 Plaza Coruña

Wohin in La Coruña?

An der Hafenbucht

Hafenfestung

Zur Bucht hin wenden sich Promenaden, der Haupthandels- und Sporthafen; im Sommer werden dort **Bootstouren** angeboten. Die Hafenfestung **Castillo de San Antón** aus dem 16. Jh. beherbergt heute das Archäologisch-Historische Museum.

Museo Arqueológico e Histórico: Sept.–Juni Di.–Sa. 10–19.30, So. 10–14.30, Juli, Aug. Di.–Sa. 10–21, So. 10–15Uhr | Eintritt 2 € http://museos.xunta.gal/es/arqueoloxico-coruna

Steil hinauf

Praza de Azcárraga

Auf einem Felsen östlich der **Praza de María Pita**, einem wichtigem Platz mit dem Rathaus, dehnt sich die verwinkelte Altstadt aus. Ihr Mittelpunkt ist die Praza de Azcárraga. An deren Westseite erblickt man die Apsiden der Kirche **Santiago**, des ältesten Gotteshauses der Stadt (12./13. Jh.), an der besonders das Westportal mit einer Figur des Apostels Jakobus als Maurentöter (14. Jh.) auffällt.

Gotisch und romanisch

Santa María del Campo

Das schönste der mit Skulpturen geschmückten Portale der Kirche Santa María del Campo (13.–15. Jh.)ist das **Hauptportal** mit seiner großen gotischen Rosette und der Darstellung der Anbetung der Hl. Drei Könige; auf dem Platz davor steht eine **gotische Betsäule**.

Beschauliche Plaza und Blick auf den Hafen

Plazuela de Santa Bárbara

Romantisch-beschaulich gibt sich die Plazuela de Santa Bárbara mit dem gleichnamigen **Konvent** und der barocken Kirche **Santo Domingo**. Leicht bergab führt der Weg zum kleinen, 1843 angelegten **Jardín de San Carlos** auf der einstigen Festungsanlage, von wo man einen guten Überblick über den Hafen hat.

Gemäldesammlung im Kapuzinerinnenkonvent

Museo de Bellas Artes

In einem restaurierten Kapuzinerinnenkonvent in der Rua Zalaeta präsentiert das Museum der Schönen Künste eine sehenswerte Gemäldesammlung mit Werken u. a. von Joaquín Sorolla und galicischen Künstlern des 19. und 20. Jh.s.

Di.–Fr. 10–20, Sa. 10–14, 16.30–20, So. 10–14 Uhr | Eintritt 2,40 €, Sa. nachm., So. frei | http://museobelasartescoruna.xunta.gal

Legendärer Leuchtturm aus Römerzeiten

Torre de Hércules

Spazierpromenaden, Fahrradwege und eine breite Straße führen zum Nordende der Landzunge La Coruñas, wo sich die Torre de Hércules erhebt, **der älteste noch betriebene Leuchtturm** (UNESCO-Welterbe; ▶ Abb. S. 181). Der Herkulesturm wurde im 2. Jh. n. Chr. von den Römern erbaut und im 18. Jh. erweitert.

Der Bullenhai im Aquarium Finisterrae lässt sich von Neugierigen nicht irritieren.

Auf die Spitze führte eine Wendeltreppe. Wer die 242 Stufen schafft, wird mit einer **tollen Aussicht** belohnt, doch auch rund um das Plateau und auf den Spazierwegen bieten sich schöne Panoramen.
Mitte Juni–Mitte Sept. tgl. 9.45–21, sonst tgl. bis 17 bzw. 17.30 Uhr
Eintritt 3 €, Mo. frei | www.torredeherculesacoruna.com

Die ganze Welt des Atlantiks

Aquarium Finisterrae

Das Meeresmuseum ist zwar äußerlich hässlich, doch äußerst informativ. Hier schwimmen Haie und tummeln sich die Fische des Atlantiks, ein weiterer Magnet – vor allem für Kinder – ist das Robbenbecken.
Paseo Alcalde Francisco Vázquez, 34 | tgl. ab 10 Uhr | Eintritt 10 €
ww.coruna.gal/mc2/es

Interaktives Museum in einem markanten Bau

Museo Domus

Zurück auf dem Weg in die Innenstadt, liegt etwas erhöht zur Orzán-Bucht hin das interaktive Museum **Casa del Hombre**. Es widmet sich den verschiedensten Aspekten des Menschen: Körper und Seele, Kultur und Entwicklungsgeschichte, Verstand und Herz. Das Gebäude aus rosa und grauem Granit ist ein Werk des japanischen Architekten Arata Isozaki.
Calle Ángel Rebollo, 91 | tgl. ab 10 Uhr | Eintritt 2 €
www.coruna.gal/mc2/es

COSTA DEL AZAHAR

Provinzen: Castellón, Valencia | **Region:** Valencia

Es riecht nach Orangen, die Sonne scheint wie so oft, Salz legt sich auf die Haut, feine Strandbänder reihen sich auf: Die von Zitrusplantagen gesäumte Costa del Azahar (»Orangenblütenküste«) zählt zu den unbekannteren Abschnitten am spanischen Mittelmeer. Freuen Sie sich auf abwechslungsreiche Entdeckungen in mildem Klima! Gute Basislager sind Benicàssim und Peñíscola.

Wohin an Küste und Hinterland?

Ausgangspunkt Provinzhauptstadt

Castellón de la Plana

Die Provinzhauptstadt Castellón de la Plana (val. Castelló de la Plana; 171 600 Einw.) liegt inmitten einer fruchtbaren Ebene im Hinterland. Die eher nüchterne Stadt ist keine Pflichtstation, doch der **Zentralmarkt** und die ursprünglich gotische **Concatedral de Santa María** mit dem achteckigen Turm (46 m) sind durchaus interessant.

Der Tag bricht an in Peñíscola an der »Orangenblütenküste«. Unter der Burg auf einem

Kahnfahrt auf einem unterirdischen Fluss

Südwestlich von Castellón geht es über Nules nach **Vall d'Uixó** (25 km). Die prächtigen **Tropfsteinhöhlen** Coves de Sant Josep zählen zu den größten Spaniens und können teilweise mit einem Boot oder sogar mit einem Kayak befahren werden – ein grandioses Erlebnis.

Coves de Sant Josep

Bootstouren (45 Min.): 14 € | nur mit Online-Reservierung unter http://covesdesantjosep.es

Strand, Palmenpark und ein netter Bergort

Der zwischen Palmenpflanzungen gelegene, mit allen Annehmlichkeiten ausgestattete **Badeort** Benicàssim (12 km nordöstl.) bietet schöne Promenaden, mehrere Strandabschnitte und Unterkunftsmöglichkeiten. Innerorts kann man die Kellereianlagen der **Bodegas Carmelitano** besuchen; deren Hauptprodukt, der Karmeliterlikör, geht auf Mönche zurück.

Benicàssim

Ausflüge ins Hinterland von Benicàssim führen Richtung Nordwesten ins bis 729 m ansteigende Naturschutzgebiet **Desert de les Palmes** (schöne Aussichten und frei zugängliches Felsenkastell; www.parquesnaturales.gva.es/va/) und weiter Richtung Westen nach **Vilafamés**, einem freundlichen Ort mit Burgruinen und kleinem Museum zeitgenössischer Kunst.

Felsvorsprung verschanzt sich die Altstadt hinter Wehrmauern.

COSTA DEL AZAHAR ERLEBEN

OFICINAS DE TURISMO

Benicàssim: Carrer Santo Tomás, 74–76, Tel. 964 30 01 02
http://turismo.benicassim.es
Peñíscola: Paseo Marítimo, s/n
Tel. 964 48 02 08, www.peniscola.es

PARADOR DE BENICARLÓ

€€€–€€

Eines der unbekannteren Häuser der Paradores-Kette, strandnah gelegen im nördlichen Nachbarort von Peñíscola. Weitläufige Gartenanlagen. Mediterrane Küche im Restaurant.
Benicarló, Av. Papa Luna, 5, Tel. 964 47 01 00, http://paradores.es

PEÑÍSCOLA PLAZA SUITES

€€€–€€

Architektonisch ist der Komplex keine Augenweide, der Strand dafür gleich über die Promenadenstraße erreichbar. Mit Spa und Büffet-Restaurants. Außerhalb des Stadtkerns.
Peñíscola, Av. Papa Luna, 156
Tel. 964 01 07 00
http://peniscola.zthotels.com

Touristenorte direkt am Meer

Orpesa de Mar

10 km nordöstlich von Benicàssim in Orpesa de Mar sind der schöne Sandstrand **Platja de la Concha** und Reste des **Kastells** im Inland einen Besuch wert. El Cid eroberte die Burg 1090, musste jedoch bald darauf die Festung wieder räumen.
Ein echter Küstenkracher ist die aus dem Boden gestampfte Feriensiedlung **Marina d'Or** nördlich von Orpesa, mit viel Kitsch und Trubel und allem, was das Touristenherz begehrt (Kinderpark, Hotels, Bars, Restaurants und Strand).
Deutlich bescheidener und ruhiger geht es weiter nordöstlich an der Küste im Strand- und Hafenort **Alcossebre** zu. Dahinter ziehen sich Autobahn und Nationalstraße landeinwärts um das Küstenmassiv **Serra d'Irta** herum, bis eine Abzweigung (CV-141) Richtung Osten nach Peñíscola führt.
www.marinador.com, www.alcossebre.org/de

Der Gegenpapst in seiner Festung

Peñíscola

Das sehenswerte Städtchen Peñíscola wird beherrscht von einer ins Meer hinausragenden, 54 m hohen Felsenhalbinsel mit **Burg**. Schon Phönizier, Griechen und Karthager nutzten den Vorsprung als Festung, ebenso die Mauren, die sie 1223 an König Jaime I. verloren. Er übergab sie den Tempelrittern, die sie im Wesentlichen in der heutigen Form ausbauten. 1961 war sie Drehort für Szenen des Historienfilms »El Cid« mit Hollywoodstar Charlton Heston.
Die Geschichte der Burg ist eng mit dem Schicksal des aragonesischen Kardinals Pedro de Luna verbunden, der als **Gegenpapst Benedikt**

XIII. den römischen Päpsten Urban VI. und Bonifatius VII. den Heiligen Stuhl streitig machte. Von niemandem mehr unterstützt, zog er sich 1415 von Avignon nach Peñíscola zurück, wo er daran festhielt, der rechtmäßige Papst zu sein, und einen bescheidenen Hof einrichtete. Aus dieser Zeit kann man noch die Kapelle und Gemächer besichtigen. Benedikt XIII. starb 1424 in der Burg. Unter der Burg duckt sich die von einer starken Wehrmauer eingeschlossene Altstadt. Den neueren Teil Peñíscolas prägen die üblichen Hotelbauten und Apartmenthäuser entlang der Strände. Sehenswert ist noch der Fischerhafen.
Wer statt Strand lieber Berge (oder Hügel) mag: Wanderausflüge führen in den südöstlich gelegenen Höhenzug Parque Natural **Serra d'Irta**.

Burg: Mitte Okt. – So vor Ostern tgl. 10.30 – 17.30, übrige Monate 9.30 – 21.30 Uhr | Eintritt 5 € | http://castillodepeniscola.dipcas.es

COSTA BLANCA

Provinzen: Valencia, Alicante | **Regionen:** Valencia

Glasklares Licht, reichlich Sonnenschein, viele Strände mit flachen Wassereinstiegen – an der »Weißen Küste« werden seit Jahrzehnten Urlaubsträume wahr. Das hat sie populär gemacht, doch stellenweise auch unter Beton gepresst.

Der Küstenstreifen ist der am meisten vom Massentourismus heimgesuchte Abschnitt der ostspanischen Küste, Paradebeispiel Benidorm samt überschwappendem Highlife. Doch es gibt auch stillere Fleckchen und interessante Kulturziele. Im südlichen Inland der Costa Blanca etwa lockt die Palmenstadt Elche als Abstecher.

Wohin an Küste und Hinterland?

Eine berüchtigte Familie

Gandia

Südlich von ▸ Valencia erreichen Sie hinter der **Lagune von Albufera** (vielerlei Vogelarten; Bootstouren; rundherum Reisbaukulturen; ▸ S. 513) und **Cullera** den ersten wirklich großen Badeort mit kilometerlangem Sandstrand: Gandia. Die alte Stadt 4 km landeinwärts war Sitz des Geschlechts der Borja (Borgia), aus dem der Bischof von Valencia, Rodrigo (1431–1503), hervorging; dieser hält als **Papst Alexander VI**. einen berüchtigten Platz in der Weltgeschichte. Sein Urenkel Francisco, 1510 in Gandia geboren, wurde der dritte General des Jesuitenordens und später heiliggesprochen.

Am höchsten Punkt der Altstadt steht der Herzogspalast **Palau Ducal**, in seiner heutigen Gestalt aus dem 16. und 18. Jh.; sehenswert sind der Patio de las Armas mit prächtiger Treppe (16. Jh.) und mehrere barocke Prunkräume, besonders die 38 m hohe »Goldene Galerie« mit schönem Mosaikfußboden. Der hl. Francisco de Borja gründete die **Antica Universitat** (Alte Universität). Der im 16. Jh. errichtete Bau, später mit einer Barockfassade versehen, wurde nach dem Verbot des Jesuitenordens dem Orden der Barmherzigen Brüder und Schwestern übergeben.

www.visitgandiacom | **Palau Ducal:** Mo. - Sa. 10-13 u. 15/16 - 18/19, So. 10 - 13 Uhr | Eintritt 8 € | www.palauducal.com

Nicht nur zwei der schönsten Strände

Dénia

Dénia liegt, umgeben von Orangenplantagen, südöstlich von Gandia am Fuß der Serra de Montgó und besitzt mit der flachen **Platja dels Marins** und der felsigen **Platja dels Rotas** zwei der schönsten Strände der Küste. In der Maurenzeit 715–1253 war es eine blühende Hafenstadt, die zeitweilig sogar Mallorca beherrschte. Wichtigstes Baudenkmal ist die **Burg m**it dem Archäologischen Museum.

Museo Arquéológico: tgl. 10 bis je nach Jahreszeit 18/19/19.30 Uhr, Anf. Juli - Mitte Sept. bis Mitternacht | Eintritt 3 €

Von der Burg von Dénia aus wurde einst sogar Mallorca regiert.

Wandern am Schlafenden Elefanten

Parc Natural de Montgó

Schöne Wanderungen können Sie im Naturpark um den »Schlafenden Elefanten«, den Berg **Montgó** (753 m) südlich von Dénia, unternehmen, von seinen Gipfelbereichen bietet sich eine großartige Aussicht auf die Küste. Passende Touren findet man online unter www.denia.net/wanderungen-und-spaziergange

Angenehme Hafenstadt

Xàbia

Die nächsten 10 Straßenkilometer folgen der Steilküste bis zur angenehmen Hafenstadt Xàbia (Jávea) mit einer befestigten gotischen Kirche (14. Jh.) und Burg in der Altstadt. Gebadet wird im neuen Teil südlich davon an der **Platja de l'Arenal**. Etwas nordöstlich bietet sich vom **Cap de Sant Antoni** (174 m) eine großartige Aussicht.

Schöne Strände rund ums Kap

Cap de la Nau

Von dort sieht man auch das 4 km südlich von Xàbia ins Meer vorspringende Cap de la Nau (Cabo de la Nao), den östlichsten Punkt der Betischen Kordillere. Rundherum laden schöne Strände ein. Von der Landspitze erkennt man südlich den aus dem Meer aufragenden Felsklotz **Penyal d'Ifac** (Peñón de Ifach) bei Calp.

Wahrzeichen der Costa Blanca

Calp (Calpe)

Der Blick auf den **Penyal d'Ifac** (332 m) begleitet die Fahrt auf der Straße über der felsigen Steilküste nach Calp. Der imposant aus dem Meer ragende Fels ist das Wahrzeichen der Costa Blanca, von seiner Spitze genießt man herrliche **Aussichten**. Der Aufstieg ist aber nicht ganz ungefährlich und verlangt äußerste Vorsicht und gute Kondition! Im Strand- und Hafenstädtchen Calp (Calpe) dominiert **Badetourismus**, doch es gibt auch noch eine kleine Fischerflotte.
Infos: www.calpe.es

Enge Altstadtgassen und schneeweiße Häuser

Altea

Weiter geht es nach Altea, Kulturzentrum der Region Valencia – links der Straße der Strand, rechts am Berghang der alte Ort mit seinen unter Philipp II. erbauten Befestigungsanlagen und seiner hübschen Kirche mit blauer Kuppel, rosa Dachziegeln und weißem Mauerwerk.
www.visitaltea.es/en

Manhattan am Mittelmeer

Benidorm

Bald erscheint die Skyline von Benidorm (69 800 Einw.), aus der das avantgardistische, 202 m hohe Apartment-Hochhaus **Intempo** heraussticht. Was vor Jahrzehnten ein kleiner Fischerort war, avancierte zum Vergnügungs- und Badezentrum der Costa Blanca. Eine logische Folge, denn feinsandige Strände und über 300 Sonnentage im Jahr bieten bis heute ideale Bedingungen. Die Urlaubermassen wollen untergebracht sein – in Zehntausenden Betten in entsprechenden Hotelburgen.

Ein ins Meer vorspringender Kastellfelsen teilt den Strand in einen östlichen (**Platja de Levant**) und einen westlichen Abschnitt (**Platja de Ponient**); der Trubel hat das einstige Fischerdorf längst geschluckt. Trotzdem gibt es noch durchaus idyllische Gassen; vom **Parque Castillo** genießt man eine schöne Aussicht auf die Bucht. Für Unterhaltung sorgen eine Unzahl von Diskotheken und Bars sowie der alles andere als preiswerte Themenpark **Terra Mítica**; nordöstlich der Stadt lockt der Wasserpark **Aqualandia**.

Terra Mítica: Eintritt Hochsaison 49 € (online 44 €), Nebensaison 39 € | www.terramiticapark.com | **Aqualandia:** Tagesticket ab 26 €, ab 15 Uhr ab 22 € | www.aqualandia.net

Naturparadies Fonts de l'Algar

Serra d'Aitana

Rund 15 km nördlich von Benidorm liegen östlich von **Callosa d'en Sarrià** die Fonts de l'Algar, die »Algar-Quellen«, ein kleines Naturparadies mit rauschenden, glasklaren **Wasserfällen**. Rundherum in der Bergwelt der Serra d'Aitana fallen Mispelanbaugebiete auf.

Fonts de l'Algar: Eintritt 5 €, Nebensaison 4 €
http://lasfuentesdelalgar.com

Vorzeigebergdorf mit Charme

Guadalest

Ein attraktives Ziel ist Guadalest (El Castell de Guadalest; 20 km weiter nordwestl.). Das in den Felsen gebaute Dorf ist nur durch einen Tunnel erreichbar. Es war 1609 letzte Zuflucht der muslimischen Morisken, bevor sie endgültig vertrieben wurden. Von der maurischen **Felsenfestung**t ließ ein Erdbeben 1744 wenig übrig, doch wird der Aufstieg durch die einmalige Lage und herrliche Ausblicke belohnt. In Guadalest kann es drangvoll eng werden, das Ortsgepräge bleibt trotzdem schön.

Ein eigenwilliges Fest

Vila Joiosa

10 km südwestlich von Benidorm folgt Vila Joiosa. Es besitzt noch ein **Fischerviertel**, dessen Bewohner ihre Häuser kunterbunt angestrichen haben. Von der Festung sind Mauerreste und Türme sowie die burgartige, in die Stadtmauer integrierte gotische Kirche mit einem Renaissanceportal erhalten. Auch die Einwohner von Vila Joiosa stellen bei der Fiesta **Moros y Cristianos** die historischen Kämpfe zwischen Mauren und Christen nach. Hier aber ist das Spektakel ein wenig anders: Gefeiert wird Ende Juli der Sieg über die osmanischen Piraten, die 1538 am Strand landeten.

Oficina de Turismo: Carrer Colón, 40 | Tel: 966 85 13 71
www.turismolavilajoiosa.com

Salzstädtchen

Santa Pola

Richtung Süden geht es nach ▶ Alicante und weiter nach Santa Pola, Heimathafen von Fischern, traditionelles Zentrum der Salzgewinnung

COSTA BLANCA ERLEBEN

OFICINAS DE TURISMO

BENIDORM
Plaza de Canalejas, 1
Tel. 965 85 13 11
http://benidorm.org

DÉNIA
Plaza Oculista Buigues, 9
Tel. 966 42 23 67
https://denia.net

SANTA POLA
Plaza Constitución, 1
Tel. 966 69 60 52
www.turismosantapola.es

ELCHE
Plaza Parque, 3
Tel. 966 65 81 96
www.visitelche.com

IM INTERNET

www.costablanca.org/Deu

QUIQUE DACOSTA €€€€

Kreative mediterrane Küche, exzellente Weine. Eines der exklusivsten und teuersten Restaurants dieser Region. Im Hochsommer tgl., sonst Mo., Di. geschl.
Dénia, Carrer Rascassa, 1,
Urb. El Poblet
Tel. 965 78 41 79
www.quiquedacosta.es

MENA €€€€–€€€

Pluspunkte sind die große Terrasse und die Auswahl. Viel Fisch, wie Wolfsbarsch und Dorade.
Dénia, Final de Les Rotes
Tel. 965 78 09 43
www.restaurantemena.es
tgl., aber nur bis 19.30 geöffnet

IANS RESTAURANT €€€

Das einfache Interieur ist so etwas wie Tarnung – und lässt die schmackhafte Küche nicht vermuten. Hier liegt man mit Fisch wie Fleisch gleichermaßen richtig. .
Benidorm, Calle San Vicente, 39
Tel. 683 33 55 22
http://iansrestaurantbenidorm.business.site
So., Mo. geschl

VILLA DEL MAR HOTEL €€€€–€€€

Komfortables Vier-Sterne-Quartier hinter der Playa de Poniente. Mit Spa, Pool, schönen Ausblicken und Dachterrasse zum Chillen.
Benidorm, Avenida de la Armada Española, 1
Tel. 965 85 45 50
www.hotelvilladelmar.com.es

EL PALMERAL €€

Zwar nicht direkt in erster Strandlinie hinter der Playa de Poniente, doch dorthin dauert es nur 2 Min. zu Fuß. Eine gute Alternative zu den überdimensionierten Hotelkästen.
Benidorm, Calle Santander, 12
Tel. 965 85 01 76
http://hotelpalmeral.com

HOTELET LA RACONÀ €€€–€€

Freundliche Herberge an der wildromantischen Küste von Las Rotas. Man kann wählen zwischen einem Zimmer mit Terrasse oder einem zum Meer hin ausgerichteten Apartment.
Dénia, Camí Ample, 19
Tel. 965 78 79 60
www.elhoteletdelaracona.com

Kakteenpracht unter Dattelpalmen im Jardín Huerto del Cura von Elche

und Badeort. Boote legen zur **Insel Tabarca** ab, einst ein Piratenunterschlupf, dann unter König Karl III. im 18. Jh. mit Familien aus Genua neu besiedelt und befestigt. Monumente aus dieser Zeit sind Befestigungsmauern, die Torre de San José und die Puerta de Levante.

Ausflug nach Elche (Elx)

Palmen und Schuhe

In der Stadt

Auf in die Palmenstadt! Elche (val. Elx; 88 m; 235 500 Einw.), 20 km landeinwärts der südlichen Costa Blanca in einer besonders heißen Gegend, besitzt fast so viele Palmen wie Bewohner. Aus maurischer Zeit stammen Reste der **Festung La Calahorra** (14. Jh.) und Badeanlagen. Im **Palacio de Altamira** (15. Jh.) ist das Museo Arqueológico y de Historia untergebracht. Heute ist Elche ein Zentrum der spanischen Schuhindustrie, knapp 10 km nordöstlich kauft man im Ruta Outlet ein.

Über 200 000 Palmen im Wind

El Palmeral

Der größte Palmenbestand Europas ist als **UNESCO-Welterbe** ausgewiesen. Im Palmeral wachsen Dattelpalmen (phoenix dactylifera), deren Früchte von November bis Frühjahr geerntet werden, jeder

Baum trägt alle zwei Jahre etwa 35 kg. Ab April wird ein Teil der männlichen Palmen zum Bleichen eingebunden. Die gebleichten Zweige (»ramilletes«) werden zum **Palmsonntag** an den Balkonen befestigt. Die Palmen, meist 20–25 m hoch, stehen »den Fuß im Wasser, den Kopf im Feuer des Himmels«, wie ein arabisches Sprichwort sagt.

Sisis Palmen

Jardín Huerto del Cura

Das beste Konzentrat an Palmen- und weiterer Pflanzenpracht bietet der Park Jardín Huerto del Cura (12 000 m²) mit der nach Kaiserin Sisi benannten siebenstämmigen »Kandelaberpalme« **Palmera Imperial**.
Carrer Porta de la Morera, 49 | tgl. ab 10 Uhr | Eintritt 6,50 €
http://jardin.huertodelcura.com

Das Mysterium von Elx

Santa María de la Asunción

Die Kirche Santa María de la Asunción (17. Jh.) erkennt man an ihrer großen, blau gekachelten Kuppel und dem festungsartigen, 37 m hohen Turm. Das Gotteshaus ist Schauplatz des Mysterienspiels **Misteri d'Elx** (immaterielles UNESCO-Welterbe), das seine Wurzeln im 13. Jh. hat.
Mysterienspiel: 10.–15. Aug. | www.misteridelx.com

 COSTA BRAVA

Provinz: Girona | **Region:** Katalonien

»Wilde Küste« hat man diese Costa getauft. Felszungen schieben sich weit ins Mittelmeer hinein, Klippen stemmen sich gegen peitschende Winde und Wogen, Inseln ragen wie Haifischflossen empor. Rau kann sie sein, doch andernorts liegt sie verträumt und leicht zugänglich da: mit langen sandigen Strandbändern, kleinen Buchten, dem blau-türkisfarbigen Schimmer des Wassers.

Landschaftliche Kontraste, mildes mediterranes Klima, das Miteinander von Badestränden und Fischerdörfern machen die Costa Brava zu einer der schönsten Küsten Südwesteuropas – und zu einer sommerlichen Besucherhochburg, weshalb manches zubetoniert wurde. Costa Brava bezeichnet den mehr als 200 km langen Küstenabschnitt von der französisch-spanischen Grenze bei Portbou bis hinab nach Blanes, wo der Riu Tordera ins Mittelmeer mündet. Wegen der hervorragenden Umweltqualität wurden viele Strände mit der begehrten »Blauen Flagge« geadelt. Im Inland spürt man Figueres und andernorts **Salvador Dalí** nach.

Wohin an Küste und Hinterland?

Walter Benjamins letzte Station

Portbou

Portbou, Grenzstadt und Fischereihafen, lockt mit Cafés und Restaurants an der Strandpromenade. Am Friedhof ehrt eine Gedenkstätte des israelischen Künstlers Dani Karavan den Philosophen **Walter Benjamin** (1892–1940), der sich hier auf seiner Flucht vor den Nazis das Leben nahm; sein Leichnam kam in ein Massengrab.
http://portbou.cat

COSTA BRAVA ERLEBEN

OFICINAS DE TURISME

CADAQUÉS
Carrer Cotxe, 2 A; Tel. 972 25 83 15; www.visitcadaques.org

FIGUERES
Plaça de l'Escorxador, 2
Tel. 972 50 31 55
http://en.visitfigueres.cat

DURÁN €€€€–€€€

Die schmackhafte katalanische Küche genoss hier schon Salvador Dalí. Ein Klassiker im Restaurant ist die Paella..
Figueres, Carrer Lausaca, 5
Tel. 972 50 12 50
http://restauranthotelduran.com

CA LA PAQUITA €€€–€€

Nahe beim Naturpark Serra de Rodes, direkt am Hafen gelegen. Gute Fischauswahl, auch Menü. Freundlich.
El Port de la Selva, Moll d'en Balleu
Tel. 972 38 70 92

LUA WINE & SOUL FOOD €€

Hier setzt man auf originelle Kreationen in entspannter Atmosphäre. Ein guter Wein darf dazu natürlich nicht fehlen.
Cadaqués, Carrer de Santa María, 1,
Tel. 972 15 94 52

RESTAURANT MONESTIR DE SANT PERE DE RODES €€

Wer den Klosterausflug in die Berge plant, kann sich in der einstigen Anlage der Benediktiner zum Mittagstisch niederlassen. Wirklich lecker!
Monestir de Sant Pere de Rodes
Tel. 610 31 00 73
http://restaurantsantpere derodes.cat, Mo. geschl.

ALMADRABA PARK €€€€–€€€

Vier-Sterne-Komfort mit Meerblick und schönem Garten.
Roses, Platja Almadraba,
Avinguda Díaz Pacheco, 70
Tel. 972 25 65 50
www.almadrabapark.com

PLAYA SOL €€€

Schön gelegenes Haus mit Bar/ Cafeteria, Terrasse und Pool.
Cadaqués, Riba es Pianc, 3
Tel. 972 25 81 00
http://playasol.com

HOTEL CARMEN €€–€

Kleines, bescheidenes, dafür gut bezahlbares Hotel in einem Sträßchen hinter der Strandpromenade. Bis zum Meer sind es 3 Min. zu Fuß.
Roses, Carrer Trinidad, 41
Tel. 972 98 98 00
www.hotelcarmen.es

»WILDE« KÜSTE

Der Duft von Lavendel hängt in der Luft. Schmetterlinge tanzen. Rundherum wachsen Zistrosen, Steineichen, Baumheide, Ginster, Wacholder. Wer von El Port de la Selva zum über 500 m hoch gelegenen wunderbaren **Bergkloster Sant Pere de Rodes** hinaufwandert, wird unterwegs mit mediterraner Naturfülle belohnt. Und ein Teil der »Wilden« Costa Brava liegt Ihnen zu Füßen.

‚Steiniger Strand und glasklares Wasser

Colera

Die Weiterfahrt nach Süden (N-260) verläuft hoch über der klippen- und inselreichen Küste mit prachtvollen Ausblicken nach Colera links unterhalb der Straße. Der Strand ist hier zwar recht steinig, das Wasser dafür umso klarer.

Historischer Ortskern

Llançà

Das südlich folgende Llançà hat sich – besonders dem Hafen zu – schon stärker dem Tourismus verschrieben. In der ummauerten Altstadt verbergen sich die Barockkirche **Sant Vincenç** und ein mittelalterlicher Wehrturm.

Katalanische Romanik

Monestir de Sant Pere de Rodes

Nächste Küstenstation ist **El Port de la Selva**, das mit Hafen und Kiesstrand reizvoll am Fuß der Serra de Rodes liegt.
In diesem Gebirge auf 513 m Höhe erhebt sich das einst reiche und mächtige **Benediktinerkloster** Sant Pere de Rodes, dessen Kirche aus dem 8. Jh. als Vorläufer der katalanischen Romanik gilt, ihr

Tonnengewölbe als das früheste dieser Art; Tierköpfe und Bandornamente zieren die Säulenkapitelle.

Ein kurvenreiches Sträßchen führt hinauf in die Bergwelt, es gibt aber auch **Wanderstrecken** (▶ Magischer Moment, S. 197). Ein Stück höher hinauf wandert man vom Kloster zur Bergfestung San Salvador. Überall genießen Sie prächtige **Ausblicke**. Im Sommer gibt es abends gelegentlich Klosterkonzerte.

Monestir de Sant Pere de Rodes: Juni–Sept. Di.–So. 10–20, übrige Monate bis 17.30 Uhr | Eintritt 6 €

Cadaqués

Weiße Häuschen an muschelförmiger Bucht

Der nächste Küstenhalt, Cadaqués, zog zu Beginn des 20. Jh.s **Künstler** wie Max Ernst, Paul Éluard, André Breton und vor allem Salvador Dalí an, der in Portlligat ein Atelier besaß. Ihnen gefiel das einmalig **schöne Ortsbild** aus weißen Häuschen, die sich noch heute an der muschelförmigen Bucht den Hang hinaufziehen. Kunst wird weiterhin großgeschrieben, etwa im **Museu de Cadaqués**.

Museu de Cadaqués: Carrer d'en Narcís Monturiol | tgl. außer Di. 10.30–17.30, So. 10.30–14 Uhr | Eintritt 5 €

Portlligat

Ikone surrealistischer Kunst

Auch im nordöstlich gelegenen Portlligat dreht sich alles um Kunst. Hier baute Salvador Dalí einige Fischerhäuser für sich und seine Muse Gala um. Die **Casa Salvador Dalí**, eine Ikone des Surrealismus, bietet einen intimen Einblick in das Leben des Künstlers und seiner Frau, weitgehend im Originalzustand, wie sie Dalí bei seinem Auszug nach Galas Tod 1982 verließ (▶ Magischer Moment, S. 601).

Mitte Juni–Mitte Sept. tgl. 9.30 – 19.50, Mitte Sept.–Mitte Juni tgl. außer Mo. 10.30 – 17.10 | Einlass nur in Gruppen zu max. 8 Pers. nach Reservierung (Tel. 972 25 10 15 oder online) | Eintritt 15 €, im Juli u. Aug. 18 €, an der Kasse + 1 € | www.salvador-dali.org

Cap de Creus

Östlichster Punkt der Pyrenäenhalbinsel

Nördlich des Vorgebirges Portlligat reicht das 80 m hohe Cap de Creus, das Kap Aphrodision der Griechen, ins Meer hinaus. Es ist der östlichste Punkt der Pyrenäenhalbinsel; das äußerste Ende ist nur zu Fuß erreichbar.

Touristischer Fixpunkt

Für viele Urlauber ist das Städtchen Roses mit seinen langen **Stränden** ein Fixpunkt. Es bietet beste touristische Infrastruktur und stößt an den riesigen **Golf von Roses** (Bahía de Rosas). Kulturziel ist die **Zitadelle**. Südwestlich von Roses liegen die touristische Retortensiedlung **Empuriabrava** mit künstlichem Kanalnetz und der Naturpark **Parc Natural dels Aiguamolls de l'Empordà**.

http://aiguamollsdelemporda.cat

Auch Künstler müssen mal pausieren. Gelegenheit dazu bietet der Hafen von Cadaqués.

Mittelalterliches Festungsstädtchen

Castelló d'Empúries

Westlich von Roses geht es landeinwärts (C-260) nach Castelló d'Empúries, alte Hauptstadt der Grafschaft Empordà, mit der Kirche **Santa María** (13.–15. Jh.). Sie besitzt ein sehenswertes Portal und ein gotisches Altarbild aus Alabaster.

Oficina de Turisme: Plaça dels Homes, 1 | Tel. 972 15 62 3
http://castelloempuriabrava.com

Die Welt des Salvador Dalí

★ Figueres

Versäumen Sie nicht einen Abstecher noch weiter ins Landesinnere nach Figueres, um die Welt des hier in der Carrer Narcís Monturiol geborenen Salvador Dalí intensiver kennenzulernen.
Schöne Stimmung herrscht auf der städtischen **Flanierpromenade** Rambla. Das **Teatre-Museu Salvador Dalí**, Hauptattraktion von Figueres, ist eine der Top-Sehenswürdigkeiten Katalobniens. Salvador Dalí (1904 bis 1989) gestaltete das historische **Stadttheater** aus dem 19. Jh. nach seinem Gusto um – etwa Skulpturen von Broten

und dazu Rieseneier auf dem Dach. Drinnen tritt Besuchern, wie nirgendwo sonst, das Werk des großen Surrealisten in konzentrierter Form entgegen. Wohl niemand wird sich der Faszination entziehen können, die von den Exponaten ausgeht. Man darf zwar keine großartige Gemäldesammlung erwarten, doch die **Werkschau** ist beeindruckend. Es gibt keine Kunstrichtung, die nicht verfremdet und parodiert, keine Technik, die nicht virtuos gehandhabt, kein Material, das nicht in unerwarteter Weise verwendet ist.

Im Hof steht ein von Dalí auf seine Art umgestalteter Cadillac, auch das Mae-West-Porträt in Plüsch sucht seinesgleichen. Der verstorbene Künstler ist in dem Gebäude begraben, seine letzte Ruhestätte erstaunlich schlicht gehalten.

Ein gesonderter Ausstellungsbereich »**Dalí Joies**« (»Dalí-Juwelen«) ist Dalí als Schmuckdesigner gewidmet.

Plaza Gala-Salvador Dalí, 5 | Juli, Aug. tgl. 9–19.15, sonst Di.–So. 10.30–17.15 Uhr | Eintritt (online) 17 €, im Juli u. Aug. 21 €, an der Kasse + 1 € | www.salvador-dali.org

Púbol

Gala und Dalí, ein ungleiches Paar

In Púbol (40 km südl. von Figueres) erwarb Dalí ein **Schloss** für seine Muse Gala und gestaltete es aus, u. a. mit eigenhändig gemalten Gala-Initialen an den Türen und spinnenbeinigen Elefanten im Garten. Gala gestattete Dalí Besuche allerdings nur nach schriftlicher Anmeldung. In der Remise steht der Cadillac, in dem Dalí seine tote Frau von Portlligat hierher chauffierte. Sie ist im Untergeschoss beigesetzt.

Castell Gala Dalí: Anf. Juli–Mitte Sept. tgl. 10–18.15 Uhr, sonst variierend Di.–So. 10.30–16.15 bzw. 17.15 | Eintritt (online) 9 €, im Juli u. Aug. 11 €, an der Kasse + 1 € | www.salvador-dali.org

Ampurias (Empúries)

Antike Ruinenstätte in Küstenlandschaft

Zurück in der Golfgegend von Roses, erreichen Sie über Sant Pere Pescador die Ruinenstätte von Ampurias (Empúries).

Im 6. Jh. v. Chr. gründeten die Griechen eine erste Siedlung, doch Zuwanderung machte die Gründung der Neusiedlung **Emporion** (griech. Markt) bzw. Neapolis (neue Stadt) weiter südlich notwendig. 218 v. Chr., zu Beginn des 2. Punischen Kriegs, betraten hier römische Truppen erstmals die Iberische Halbinsel; 195 v. Chr. war die Stadt Stützpunkt Catos d. Ä. bei der Unterwerfung der Iberer. Die **Ruinenstätte** besteht heute aus der alten griechischen Stadt (Palaiopolis), der neuen griechischen Stadt (Neapolis, Unterstadt) und der römischen Stadt (Oberstadt).

Man betritt die **griechische Unterstadt** durch ein einst mächtiges Stadttor, gelangt auf einen kleinen Platz und links davon zu den Resten eines dem Heilgott Asklepios (Äskulap) geweihten Tempels mit der Nachbildung einer hier gefundenen Statue; daneben sieht man Fundamente eines wohl Hygieia, seiner Tochter, gewidmeten Tempels.

Jenseits des Platzes stand ein großer Tempel für Zeus Serapis (Wesenseinheit von Zeus und Asklepios). Von hier führt die breite Hauptstraße zur Agora (Marktplatz) – nahebei eine frühchristliche Basilika – und weiter zu Resten einiger Mosaikfußböden. Der Weg endet beim **Museum**, das das Leben in einer antiken griechischen und römischen Stadt anhand von Modellen und Fundstücken zeigt.
Dahinter geht es hinauf zur römischen **Oberstadt** mit dem Forum, auf das von Süden die Hauptstraße Cardo Maximus zuläuft. Er führt zum Stadttor, auf dessen steinerner Schwelle Wagenspuren zu erkennen sind. Im Sommer können stimmungsvolle Konzerte stattfinden.
tgl. ab 10 Uhr, Mitte Nov.–Mitte Febr. Mo. geschl. | Eintritt 7 €
www.macempuries.cat

Mal Sardellen probieren

L'Escala

Als im 17. Jh. das südlich gelegene L'Escala gegründet wurde, lieferten die Ruinen willkommenes Baumaterial. Das Städtchen mit Sand- und Geröllstrand liegt hübsch über dem Südteil des Golfs von Roses; bekannt ist es auch für gesalzene Sardellen.
Oficina de Turisme: Plaça de les Escoles, 1 | www.visitlescala.com

Per Boot zu sieben Inseln

Toroella de Montgrí

Von L'Escala geht es südwärts nach Torroella de Montgrí am Riu Ter. Hier, 5 km landeinwärts, ist es noch beschaulich. Sehenswert in den Gassen sind die gotische Kirche (15. Jh.) und der Renaissance-Palast Palau Solterra. Nordöstlich erhebt sich auf dem **Montgrí** (301 m) das Castell de Torroella (14. Jh.).
Der Badetourismus spielt sich im zur Gemeinde gehörenden **L'Estartit** ab; von hier legen Boote zu den sieben unbewohnten **Illes Medes** ab, beliebtes Tauchrevier und wegen ihrer Heringsmöwen-Kolonie unter Naturschutz gestellt.
Oficina de Turisme: Passeig Marítim, s/n, L'Estartit | Tel. 972 75 19 10
http://visitestartit.com

Burg auf Kegel

Begur

Auf das malerisch-mittelalterliche, wenn auch etwas kommerzialisierte **Pals** (langer Sandstrand) folgt südöstlich Begur. Der Ort gruppiert sich an dieser herrlichen Küste um die frei auf einem kegelförmigen Felsen stehende Burg, von der man einen weiten Panoramablick hat. 2 km südöstlich von Begur liegen die **Strände** Platja de Fornells und Aiguablava an hübschen Buchten mit klarem Wasser.

Iberersiedlung

Poblat Ibèric

Nordwestlich von Pals erwarten Sie zwei weitere lohnende Ziele im Hinterland: der romantisch-lauschige Ort **Peratallada**, ein lebendiges Dorf mit efeubewachsenen alten Häusern, und bei **Ullastret** das Poblat Ibèric.

Poblat Ibèric, eine ausgegrabene **Iberersiedlung**, gehört zu den größten ihrer Art im Nordosten Spaniens. Sie wuchs vermutlich ab dem 7. Jh. v. Chr.; im 5./4. Jh. v. Chr. stand die inzwischen wehrhaft ummauerte Stadt auf der Höhe ihrer Entwicklung. Doch die bereits übermächtig gewordene Konkurrenz der nahen griechischen Gründung Emporion (Empúries) läutete den Niedergang ein; im 2. Jh. v. Chr. wurde die Stadt aufgegeben. Erhalten blieb u. a. die durch sechs große Rundtürme verstärkte westliche Stadtmauer mit sechs Toren. Zum Areal gehört ein **Museum**.

Museum: Juni–Sept. Di.–So. 10–20, sonst bis 18 Uhr | Eintritt 7 €
www.macullastret.cat

Alles über Kork

Palafrugell

Palafrugell, südwestlich von Begur, bildet mit den umliegenden Ferienorten Llafranc, Tamariu und Calella de Palafrugell einen weiteren Tourismuspol. Dabei ist es in dem landeinwärts gelegenen Ort eigentlich ruhig geblieben; erwähnenswert sind die gotische Kirche Sant Martí und das **Korkmuseum** (Museu del Suro) an der Placeta del Museu del Suro. Südöstlich führen Straßen einerseits zu den **Stränden** von Llafranc bzw. Calella mit dem prächtigen Botanischen Garten am **Cap Roig**; andererseits zum **Cap Sant Sebastià** mit dem 1857 erbauten Leuchtturm und einer Ermita und weiter zum Strand von Tamariu, von wo man mit dem Boot in die **Meeresgrotten** Cova del Bisbe und Cova d'en Gisbert fahren kann.

Oficina de Turisme: Av. de la Generalitat, 33 | Tel. 972 30 02 28
www.palafrugell.cat | **Korkmuseum:** Mitte Juni– Mitte Sept. Mo.-Sa. 10–14 u.17–20, sonst Di.–Fr. 10–13 u. 16–19, Sa. 10–14 u. 17–20, So. ganzjährig 10–14 | Eintritt 3 € | http://museudelsuro.cat

Hier Fischer, dort Hochhäuser

Palamós

Palamós, weiter südlich an der Küste, ist geteilt in den alten, immer noch aktiven Fischerhafen sowie in den neueren Teil mit etlichen Hochhausgiganten und einem Jachthafen.

Kleine Buchten, zauberhafte Strände

S'Agaró

Die Siedlung S'Agaró wurde 1923 an einem felsigen, durch kleine Buchten gegliederten Küstenabschnitt für betuchtere Zeitgenossen angelegt. Hier findet man – nur wenn man zu Fuß unterwegs ist – zauberhafte Strände wie die **Cala de Sa Conca** oder die **Cala d'el Pi**.

Baden und Flanieren

Sant Feliu de Guíxols

Sant Feliu de Guíxols mit einer angenehmen Altstadt zieht sich schön an seiner Hafenbucht hinauf. Manche Gebäude entstanden, als es Hauptausfuhrplatz der in dieser Gegend ansässigen **Korkindustrie**

Nach dem Bummel durch Sant Feliu tut eine Pause vor dem Casino gut.

NUEVO CASINO
LA CONSTANCIA

war; heute kommt man hierher zum Baden und zum Flanieren am Passeig de Mar. Zu sehen gibt es die Reste eines im 13. Jh. errichteten **Klosters**. Am nicht allzu langen Strand entlang kommt man zum Aussichtspunkt **Mirador de Sant Elm**, wo eine Einsiedelei (Ermita) liegt.
http://visitguixols.com

Kleines Juwel

★ Tossa de Mar

Auf der herrlichen Küstenstraße am Hang des Puig de Cadiretes (519 m) kurven Sie nach Tossa de Mar, einem der schönsten Orte an der Costa Brava. Reizvoll die Lage, **gute Strände** (vor allem Mar Menuda), eine hübsche Uferpromenade und eine attraktive Altstadt – sind allerbeste Argumente. Die Oberstadt **Vila Vela** umzieht eine mittelalterliche Mauer mit Wehrtürmen aus dem 12. Jh.; an der Plaça Pintor Roig zeigt das **Museu Municipal** moderne Kunst u. a. von Marc Chagall, römische Mosaiken und Steinzeitfunde.
http://visittossa.com | **Museu Municipal**: Juni– Sept tgl. ab 10 Uhr, sonst Mo. geschl. | Eintritt 3 €

Partymeile

Lloret de Mar

Was El Arenal für Mallorca, ist das Küstenstädtchen Lloret de Mar für die Costa Brava: Diskos, Lärm, Bars, Alkohol, englische Pubs und deutsches Schnitzel für massenhaft junges Publikum – vor allem Briten, Deutsche und Niederländer –, das die Hotelbetten nur vormittags für eine kurze Erholungspause vor der nächsten Fete aufsucht. Spanien findet man in den Betonschluchten Llorets nicht, aber das sucht hier auch niemand.

Am Ende

Blanes

Blanes ist der letzte Ferienort der Costa Brava. Hier ist noch eine Fischerflotte zu Hause, die Strände der Gemeinde erstrecken sich über 4 km. Mehrere Campingplätze bieten Alternativen zu den im Sommer ziemlich teuren Hotels. Die Strandpromenade Passeig Maritim trennt den **Hafen** von der **Altstadt**. Erhöht über dem Häusergewirr steht die überwiegend gotische Pfarrkirche **Santa María l'Antigua**.
www.blanescostabrava.cat

Traumgarten

Jardí Botànic Marimurtra

Auf der Landspitze nordöstlich jenseits des Hafenbeckens von Blanes legte der deutsche Biologe Karl Faust (1874–1952) einen Botanischen Garten an, in dem mehr als 4000 mediterran-subtropische Pflanzenarten aus aller Welt gedeihen. Er ist einer der bekanntesten Botanischen Gärten an Spaniens Mittelmeerküste mit toller Lage und fantastischen Ausblicken. Im Hochsommer steigen abends wunderbare Konzerte.
Passeig Carles Faust, 9, Blanes | tgl. ab 10 Uhr | Eintritt 8 €
http://marimurtra.cat

Ziemlich voll

Costa del Maresme

Der Abschnitt südwestlich der Costa Brava bis Barcelona heißt Costa del Maresme (Costa de Barcelona Maresme, »Marschland-Küste«). An Sommerwochenenden ist hier kein Strandplatz frei, wenn die Ausflügler aus der Metropole anrücken. Manches ist auf Low-Budget-Tourismus ausgerichtet und teilweise fest in deutscher Hand. Beliebte Badeorte sind u. a. **Malgrat de Mar**, das trubelige **Calella** und **Arenys de Mar.**

www.turismemaresme.cat

 COSTA DE CANTABRIA

Provinz/Region: Kantabrien

Frische, unverbrauchte Atlantikluft in sich einsaugen, das können Sie überall an der grünen Costa de Cantabria. Sie erstreckt sich zwischen dem Baskenland und Asturien und hält Dutzende Strände jedweder Größe zur Auswahl bereit.

Mittendrin liegt die kantabrische Hauptstadt ► Santander, lohnende Ausflüge führen auch ins Hinterland, gesonderte Exkursionen etwa ins gewaltige Bergland der ► Picos de Europa.

Wohin an der Costa de Cantabria?

Älteste Hafensiedlung

Castro-Urdiales

Das Hafen- und Strandstädtchen Castro-Urdiales im Osten ist wohl die älteste Siedlung an diesem Küstenstrich. Über dem Hafen thronen das **Castillo de Santa Ana**, einst im Besitz der Templer und nun Leuchtturm, daneben die Kirche **Nuestra Señora de la Asunción** (14./15. Jh.). Im Hafenbereich können Sie gut einkehren.

Riesiger Strand

Laredo

Weiter auf prächtiger Strecke Richtung Westen entlang der felsigen Küste sieht man bald auf die Landspitze **Punta de Sonabia** und Laredo an der Bucht von Santoña, das sich wegen seines kilometerlangen Strandes zu einem der wichtigsten Ziele an der Kantabrischen Küste entwickelte.

Neben der engen, verwinkelten **Altstadt** liegt der moderne Stadtteil mit dem üblichen Angebot an Diskos und Bars. Die Betonburgen hinter dem Strand sind ansonsten unüblich für den kantabrischen Küstenstrich. Laredo hat Anschluss zur Autobahn.

Wallfahrtsort mit wundertätigem Kruzifix

Limpias Bei Colindres südwestlich zweigt eine Nebenstraße (7 km) ins Tal des Río Asón zur reizvollen Kleinstadt Limpias (mit Parador) am Flussufer; in der Pfarrkirche Iglesia de San Pedro wird das vermutlich von Juan de Mena geschaffene Christusbild **Santo Cristo de la Agonía** (16. Jh.) verehrt, das 1919 blutige Tränen geweint haben soll.

Fischerhafen an einer kleinen Halbinsel

Santoña Um die Bucht von Santoña herum erreichen Sie die gleichnamige Stadt. Napoleon wollte den auf einer kleinen Halbinsel angesiedelten Fischerhafen zu einem »Gibraltar des Nordens« machen, wovon noch mehrere **Festungsreste** zeugen. Aus Santoña stammen regional bekannte Sardellen. Das südwestlich angrenzende Naturschutzgebiet **Parque Natural Marismas de Santoña** (3800 ha) gegenüber dem Kanal ist ein Refugium für Seevögel.

Oficina de Turismo: Calle Santander, 5 | Tel. 942 66 00 66
www.turismosantona.es

El Capricho in Comillas führt den Namen zurecht: eine »Laune« Gaudís im Stil des Modernisme mit arabisierenden und neogotischen Elementen.

Wenig entdeckte Küstenorte

Urlauber-Gemeinden

Auf dem Weg nach Santander lohnen sich Abstecher in nicht allzu entdeckte Urlauber-Gemeinden wie Noja, Isla und Ajo mit kleinen **Sandstränden** und **Felsenküsten**-Abschnitten.
Ebenfalls attraktiv ist das Gebiet um Somo und Pedreña, das sich mit seinen Stränden und Dünen der Bucht von ▶ Santander zuwendet.

Gaudí hat gebaut

★ Comillas

Zu Zeiten Alfons' XII. war Comillas (50 km westl. von Santander) hinter ▶ Santillana del Mar viel besuchtes Seebad der besseren Gesellschaft. Mittelpunkt des malerischen Städtchens ist die Plaza Mayor mit der **Pfarrkirche**. Nicht versäumen sollte man mehrere sehenswerte Jugendstilgebäude, darunter **El Capricho** von Antoni Gaudí, das Sommerhaus eines vermögenden Geschäftsmanns, und den Palast Sobrellano von Joan Martorell. Lluís Domènech i Montaner schuf im Zentrum den Brunnen Tres Caños. Außerhalb liegt der Friedhof mit kunstvollem Zugangsgitter. Auf einer Anhöhe erhebt sich das mächtige Backsteingebäude der ehem. Universidad Pontíficia.

El Capricho: Juli, Aug. tgl. 10.30 – 21, Nov. – Febr. bis 17.30, sonst bis 20 Uhr | Eintritt 7 € | www.elcaprichodegaudi.com

COSTA DE CANTABRIA ERLEBEN

OFICINAS DE TURISMO

CASTRO-URDIALES
Avenida de la Constitución, Parque Amestoy
Tel. 942 87 15 12
http://turismo.castro-urdiales.net

LAREDO
Alameda de Miramar, s/n
Tel. 942 61 10 96
www.laredoturismo.es

IM INTERNET

http://turismodecantabria.com

COSO BLANCO

Feuerwerk und Kutschenumzug in **Castro Urdiales**.
Erster Fr. im Juli

BATALLA DE FLORES

Umzug mit blumengeschmückten Prunkwagen in **Laredo**.
Letzter Fr. im Aug.
www.batalladeflores.net

PARADOR DE LIMPIAS €€€–€€

Eine echte Entdeckung, ruhig gelegen im Delta des Río Asón. Preislich attraktiv und hervorragende Küche.
Limpias, Fuente del Amor, s/n
Tel. 942 62 89 00, http://paradores.es, Jan., Feb. geschl.

LAS ROCAS €€€–€€

Das Strandhotel besticht dank seiner Lage und der dezenten Moderne der Zimmer.
Castro-Urdiales, C/ Flaviobriga, 1
Tel. 942 86 04 00
www.lasrocashotel.com

San Vicente de la Barquera

Eines der schönsten Küstenstädtchen
Oberhalb des Meeresarms präsentiert sich der Fischer- und Urlaubsort San Vicente fast monumental: mit teilweise erhaltener Zinnenmauer, Burgruine und der festungsartigen Kirche **Santa María de los Ángeles** (13./16. Jh.). Nicht zu vergessen: die vielen guten **Fischrestaurants** und der prächtige lange **Sandstrand** östlich des Orts (über die lang gestreckte Brücke hinweg).
Ein lohnendes Ziel im Hinterland ist auch die Topfsteinhöhle **Cueva El Soplao** (▶ S. 421).
http://turismo.aytosanvicentedelabarquera.es

COSTA DORADA · COSTA DAURADA

Provinzen: Barcelona, Tarragona | **Region:** Katalonien

Über 300 Sonnentage pro Jahr sind bereits schlagende Argumente. Dazu gleißendes Meer, feiner Sand, goldener Schimmer – die Costa Dorada (»Goldene Küste«, kat. Costa Daurada) spricht alle Sinne an, verspricht lange Strände und kleine Buchten. Hier fühlen sich auch Familien wohl. Nicht verschwiegen sei, dass mancherorts einfallslose Hotelblocks und Villensiedlungen die Gegenden verunzieren. Im Kontrast dazu steht jedoch das stille Hinterland mit Weinbau-, Oliven- und Mandelkulturen.

Die Costa Dorada erstreckt sich etwa je 100 km nordöstlich und südwestlich von ▶ Tarragona bis zur Ebro-Mündung. Richtung Barcelona verschmilzt sie unmerklich mit der **Costa del Garraf**; dazu gehören Castelldefels und Sitges.

Wohin an Costa Dorada und Costa del Garraf?

Castelldefels

Strand ohne Ende
Den ersten lohnenden Halt südwestlich von Barcelona bietet die »Burg der Treuen« Castelldefels (67 300 Einw.) wegen ihres hinter Pinien liegenden langen Strandes. Zwölf Wachtürme und die auf das 10. Jh. zurückgehende, im 16. und 17. Jh. in ihrer heutigen Gestalt gebaute Burg rechtfertigen den Ortsnamen.
Oficina de Turisme: | Carrer del Pintor Serra Santa, 4
Tel. 936 35 27 27 | http://castelldefelsturismo.com/en

COSTA DORADA/COSTA DEL GARRAF ERLEBEN

OFICINAS DE TURISME

SITGES
Plaça Eduard Maristany, 2, Tel. 938 94 42 51, www.sitgesanytime.com

SALOU
Passeig de Jaume I, 4, Tel. 977 35 01 02, www.visitsalou.eu

SITGES

Rauschender **Karneval**; Stadtfest **Festa Major** (2. Aug.-Hälfte); **Festival des Fantastischen Films**. Anfang Okt.
http://sitgesfilmfestival.com

CAN BOSCH €€€€

Ausflug in die Sternegastronomie in einem der besten Restaurants an der Costa Dorada.
Cambrils, Rambla de Jaume I, 19
Tel. 977 36 00 19, http://canbosch.com, So. abends, Mo. geschl

VIVERO BEACH CLUB RESTAURANT €€€€–€€€

Fangfrische Fische und Meeresfrüchte. Schöne Ausblicke gibt es obendrauf.
Sitges, Paseo Balmins, s/n
Tel. 938 94 21 49
http://elviverositges.com

EUROSTAR SITGES €€€

Komfortables Haus mit Spa und Pools.
Sitges, Avinguda Camí de Miralpeix, 12, Tel. 938 10 90 17
www.eurostarshotels.com

PARADOR DE TORTOSA €€

Hier sind Sie in Schloss-Ambiente untergebracht, mit Pool, schönen Ausblicken und gutem Restaurant.
Tortosa, Castillo de la Zuda, Tel. 977 44 44 50, http://paradores.es

Badestädtchen mit Gay-Flair
Vorbei am hübschen Fischer- und Badeort **Garraf** (schöner Strand), windet sich die Küstenstraße nun an einem besonders schönen Küstenteil entlang nach Sitges, einem der ältesten Badeorte an der spanischen Mittelmeerküste mit netter Atmosphäre. Hier versammelt sich ein eher distinguiertes, betuchtes Publikum, auch aus der Gayszene. Bars und Restaurants reihen sich am schönen Passeig de la Ribera und Passeig Marítim auf. Dieser begleitet fast 4 km lang die gepflegten Strände. Auch die **Altstadt** sollten Sie sich nicht entgehen lassen.
Direkt am Meer, unweit der barocken Kirche Santa María, liegt das Wohnhaus des Malers und Kunstsammlers **Santiago Rusiñol** (1861 bis 1931), das dieser sich 1891 aus zwei alten Fischerhäusern umbaute und »Cau Ferrat« nannte. Schnell scharte sich ein Volk von Künstlern und Verehrern um ihn, die den Ruf von Sitges als Kultur- und Badeort begründeten. Heute wird hier im **Museu Cau Ferrat** eine Sammlung katalanischen Jugendstils, Gemälde (auch von Picasso), Zeichnungen und Skulpturen aus dem Besitz des Künstlers gezeigt.

Mit dem Museu Cau Ferrat verbunden ist das ehemalige mittelalterliche Spital. Es präsentiert als **Museu Maricel de Mar** die Sammlung von Jesús Pérez Rosales (katalanische Keramik, Gemälde und Objekte vom Mittelalter bis zum 20. Jh.).

Museu Cau Ferrat, Museu Maricel de Mar: April–Okt. Di.–So. 10–19, übrige Monate bis 17 Uhr | Eintritt 10 € | http://museusdesitges.cat

Eisenbahn und Kunst

Vilanova i La Geltrú

8 km südwestlich von Sitges gibt sich das Strandstädtchen Vilanova i La Geltrú recht geschäftig und hat das katalanische **Eisenbahnmuseum** (Museu del Ferrocarril) zu bieten. In Bahnhofsnähe liegt das **Museu Balaguer** mit der Bibliothek des Dichters Víctor Balaguer (1824–1901) sowie wertvollen Gemälden.

Oficina de Turisme: Parc de Ribes Roges | www.vilanovaturisme.cat
Museu del Ferrocarril: Di.–Fr., So. 10–14.30, Sa. 10–14.30 u. 16–18.30/19.30 Uhr | Eintritt 6,50 € | www.museudelferrocarril.org
Museu Víctor Balaguer: wg. Renovierung bis auf Wweitteres geschl. www.victorbalaguer.cat

Ins nördliche »Cava«-Gebiet

Vilafranca del Penedès

Ein Abstecher ins nördliche Hinterland bringt Sie ab Vilanova i La Geltrú nach Vilafranca del Penedès und **Sant Sadurní d'Anoia**. Dort stecken

Nach Sitges zieht es die die Gay-Szene.

Sie mittendrin im Weinbaugebiet Penedès – Hochburg der Produktion katalanischen Schaumweins, besser bekannt als »Cava«. Diverse Wein- und **Sektkellereien** sind zu besichtigen.

Oficina de Turisme: Villafranca del Penedès: Carrer Hermenegild Clascar, 2 | www.turismevilafranca.com | Sant Sadurní d'Anoia: Carrer de l'Hospital, 23 | http://santsadurni.cat

Endlosstrände und Fun im Themenpark

Salou und Cambrils

Die Küste südwestlich von ▶ Tarragona spricht besonders jene an, die Gefallen an langen, flachen Stränden mit Endlos-Campingplätzen und Hotelsiedlungen finden. Beispielhaft dafür stehen Salou und Cambrils, beide extrem stark von Spaniern frequentiert.

Fun auf der ganzen Linie bietet der Themenpark **Port Aventura World** nordöstlich von Salou mit diversen Fahrgeschäften, dem Caribe Aquatic Park und Ferrari Land.

Port Aventura: Av. del Batlle Pere Molas, km 2 | Jahreskalender s. Website | Tageskarte Port Aventura ab 48 €, mit Ferrari Land ab 56 €, zus. mit Caribe Aquatic Park ab 82 € | www.portaventuraworld.com

Altes Bischofsstädtchen am Río Ebro

Tortosa

Begleitet von Küstenlinie/Bahn (links) und Campingplätzen (rechts), nähert man sich dem Ebro-Delta. Bei Aldea zweigt vorher ein Sträßchen rechts nach Tortosa (14 km nordwestl.) ab. Das alte Bischofsstädtchen am Río Ebro wird von der Suda, der heute zum Parador umgewandelten maurischen **Festung**, überragt. In der Umgebung der Stadt tobte im Spanischen Bürgerkrieg von Juli bis November 1938 die blutige Ebro-Schlacht. Schönstes Bauwerk in Tortosa ist die gotische **Kathedrale** mit ihrem maurischem Turm und der klassizistischen Fassade.

Oficina de Turisme: Rambla Felip Pedrell, 3 | Tel. 977 44 96 48
www.tortosaturisme.cat

Eines der größten Feuchtgebiete Europas

Ebro-Delta

Das Mündungsgebiet des Ebro ist eines der größten Feuchtgebiete Europas. Hier wird **Reis** angebaut, zugleich ist das Delta einer der reichsten **Fischgründe** Kataloniens – glücklicher Umstand für die regionale Küche, die mit »arròz a banda« eine eigene Paella-Version hervorbrachte. Große Teile des von Kanälen und Teichen durchzogenen Ebro-Deltas stehen unter Naturschutz. Der Ebro erreicht das Meer in zwei Mündungen, zwischen denen die **Illa Buda** liegt.

Im Ort **Deltebre** liegt das Informationszentrum des Naturparks. Wanderungen sind besonders für **Vogelbeobachter** interessant. Im Delta leben zahlreiche Reiherarten, Blässhühner und Flamingos. Jenseits des Deltas beginnt die ▶ Costa del Azahar.

Parc Natural del Delta de l'Ebre: http://parcsnaturals.gencat.cat
www.deltebre.net

 COSTA DE LA LUZ

Provinzen: Huelva, Cádiz | **Region:** Andalusien

Dieses Licht! Dieses ungetrübte, glasklare Licht, das über See, Küste und Ortsbilder flutet, ist ein ganz besonderes. Daher der Name der südspanischen Atlantikküste, die sich zwischen der Landzunge von Tarifa und der Grenze zu Portugal erstreckt: Costa de la Luz, »Küste des Lichts«.

Küste des Lichts

Doch nicht nur das Licht ist faszinierend, auch die ausgedehnten Sandflächen der **Badestrände**, die abseits der Hauptreiserouten liegen. Dazu kommt ein attraktives Hinterland – die »Weißen Dörfer« Andalusiens sind nicht weit, auch die **Sierra de Aracena** lohnt einen Ausflug.

Zweigeteilt

Guadalquivir

Die Mündung des Guadalquivir, über die keine Brücke führt, teilt die Costa de la Luz in eine nördliche (Provinz Huelva) und eine südliche Hälfte (Provinz Cádiz); will man von der einen zur anderen, muss man den **Parque Nacional de Doñana** umfahren.
Wer Strände wirklich guter Qualität sucht, bewegt sich möglichst weit weg von den Industriegebieten der Provinzhauptstadt Huelva. Fündig werden Sie u. a. zwischen Sanlúcar de Barrameda und Rota, bei Chiclana de la Frontera, Barbate und Tarifa. Dort pfeift beständig Wind – ein Dorado für **Windsurfer**.

Nördliche Costa de la Luz

Vom Tourismus noch ziemlich unberührt

Provinz Huelva

In der Provinz Huelva zeigt sich die Costa de la Luz vom Tourismus noch vergleichsweise unberührt. Ausnahme ist die große Feriensiedlung Matalascañas; ein Teil der Küste gehört zum Naturschutzgebiet des **Parque Nacional de Doñana**.

Richtung Portugal

Strände westlich von Huelva

Der Hausstrand von Huelva liegt auf der Halbinsel **Punta Umbría**. Nennenswerte Strände in Richtung Portugal sind El Rompido, La Antilla und Isla Cristina. Endstation ist das Grenzstädtchen **Ayamonte** an der Mündung des Río Guadiana. Über die breite Mündung des Flusses hinweg führt eine Autobahnbrücke an die Algarve.

Auf den Spuren von Kolumbus

Huelva und Umgebung

Der Hafen- und Industriestandort Huelva gibt, bis auf einige Gotteshäuser wie **La Concepción** (16. Jh.) und **Nuestra Señora de la Cinta**

COSTA DE LA LUZ ERLEBEN

OFICINA DE TURISMO

SANLÚCAR DE BARRAMEDA
Calzada Duquesa Isabel, s/n
Tel. 956 36 61 10
www.sanlucarturismo.com

TARIFA
Paseo de la Alameda, s/n
Tel. 956 68 09 93
http://tarifaturismo.com

PARQUE NACIONAL DE DOÑANA

Centros de Visitantes
www.miteco.gob.es
El Acebuche: 3 km von Matalascañas, 2 km abseits A-483
Tel. 959 43 96 29
La Rocina: bei El Rocío
Tel. 959 43 95 69

ROMERÍA DEL ROCÍO

Die berühmteste Wallfahrt Andalusiens. Unglaubliche Pilgermassen strömen zur schwarzen Madonna »La Rocina«. Bruderschaften reiten aus allen Landesteilen heran – Caballeros im Feiertagsanzug mit den herausgeputzten Señoras hinter sich auf der Kruppe des Pferdes.
Drei Tage an Pfingsten in El Rocío

FIESTAS COLOMBINAS

Erinnerung an Kolumbus und den Beginn der Entdeckungsfahrten.
Anfang August in Huelva

CARRERAS DE CABALLOS

Einzigartige Reitspektakel mit Pferderennen am Strand von Sanlúcar (mehrere Termine).
i.d.R. Mitte und Ende Aug.
www.carrerassanlucar.es

DUQUE DE NÁJERA €€€-€€

Komfortables Haus in Strandnähe, gut eingerichtete Zimmer. Mit Pool und Restaurant.
Rota, Calle Gravina, 2
Tel. 956 84 60 20
www.hace.es

HURRICANE €€€-€€

Strandhotel in nordafrikanischer Bauweise, gepflegtes Interieur. Bei den Zimmern und Preisen gilt es zwischen Strandseite (Playa) und Inlandsseite (Montaña) zu unterscheiden. Das hauseigene Restaurant bietet auch Gerichte für Vegetarier; im Sommer sitzt man im Garten.
Tarifa, Carretera Nacional 340, km 78
Tel. 956 68 49 19
www.hotelhurricane.com

PARADOR DE MAZAGÓN €€€

Naturfans werden begeistert sein von der vorliegenden Küste und den Pinienhainen rundherum. Das Restaurant pflegt andalusische Mittelmeerküche.
Mazagón, Carretera San Juan del Puerto-Matalascañas, km 31
Tel. 959 53 63 00
http://paradores.es

HOTEL TARA LANZES €€€-€€

100-Zimmer-Haus in modernem Mantel und auch innen geschmackvoll dekoriert. Vier verschiedene Zimmerkategorien. Zum Sonnenuntergang genehmigt man sich gerne einen Cocktail auf der Terrasse.
Tarifa, Playa de los Lance
Calle Mar Adriático, 38
Tel. 956 68 12 36
www.hoteltarifalances.com

mit einer Figur der Schutzpatronin der Stadt, eher ein blasses Ziel ab. Interessanter ist es, die Fährte des Entdeckers Christoph Kolumbus aufzunehmen, denn 1492 lief dessen Flotte aus dem nahen, später versandeten Hafen von **Palos de la Frontera** (östl.) in die sog. Neue Welt aus; im März 1493 kehrten er und die Seinen hierher zurück. Heute baut man rundherum übrigens Erdbeeren an – ein Großteil der spanischen Ernte stammt von hier.

Am Südende Huelvas bewacht ein 34 m hohes **Kolumbusdenkmal** (1929) die Brücke über den Río Tinto, weiter stromabwärts liegt das Franziskanerkloster **Monasterio de Santa María de la Rábida**. Nachdem Kolumbus 1485 vergeblich versucht hatte, Juan II. von Portugal für seine Pläne zu gewinnen, fanden er und sein Sohn im Kloster freundliche Aufnahme und in Prior Pérez de Marchena, dem Beichtvater der Königin Isabella, einen Fürsprecher. Schließlich kam ein Vertrag zustande, der Kolumbus zum Vizekönig der zu entdeckenden Länder machte. Fast in jeder Ecke des Klosters stößt man auf Erinnerungen an Kolumbus' Aufenthalt. Unten am Meer liegen an der **Muelle de las Carabelas** Nachbauten der Kolumbusschiffe »Santa María«, »Pinta« und »Niña« .

Oficina de Turismo: Jesús Nazareno, 21 | Tel. 959 65 02 00 http://turismo.huelva.es | **La Rábida:** Di.–So. 10–18 Uhr | Eintritt 3,50 € | www.monasteriodelarabida.com | **Muelle de las Carabelas:** Mitte Juni–Mitte Sept. Di.–So. 10–21, sonst 9.30–19.30 Uhr | Eintritt 3,60 € | www.muelledelascarabelasentradas.com

Britisches Flair

Kupferbergbau am Río Tinto

Nördlich von Huelva geht es der Sierra de Aracena entgegen. Bei **Valverde del Camino** (44 km nordöstl.) begann das historische Kupferbergbaugebiet am Río Tinto. Bereits in der Bronzezeit wurde dieser wertvolle Rohstoff hier abgebaut. Von 1873 bis 1954 waren die Gruben in britischem Besitz. Die Geschichte des Erzabbaus lebt im **Parque Minero de Riotinto** im Ort **Minas de Riotinto** nordöstlich von Valverde del Camino fort. Dort ist das Museo Minero zu sehen, gelegentlich verkehrt ein **historischer Minenzug** (Ferrocarril Minero); das sog. Haus 21 (Casa 21) konserviert das britische Flair.

Parque Minero de Riotinto: Eintritt 5–25 € je nach Kombination, s. http://parquemineroderiotinto.es

Schinken-Hochburg

Gruta de las Maravillas

Von Minas de Ríotinto fahren Sie noch weiter nach Norden in den Luftkurort **Aracena** (682 m), inmitten von Ölbaum-, Feigen- und Mandelgärten gelegen. Sehenswert sind das Kloster Santa Catalina, Reste einer maurischen Burg und die Schlosskirche.

Hauptattraktion jedoch ist die 1200 m lange **Tropfsteinhöhle** »der Wunder« Gruta de las Maravillas im Burgberg mit prächtigen Kalksteinformationen und unterirdischem See.

Hoch zu Ross geht es zur Romería del Rocío, der berühmten Wallfahrt im gleichnamigen Ort inmitten des Nationalparks Doñana.

Ab Aracena geht es in die wunderbare, geschützte Kork- und Steineichenlandschaft der **Sierra de Aracena** fort. Attraktiv sind **Jabugo**, berühmt für seinen luftgetrockneten Schinken, und **Almonaster la Real** (913 m) mit seiner Moschee und Mihrāb aus dem 9./10. Jh.

Gruta de las Maravillas: tgl. 10–13.30 u. 15–18, Sa,. So. bis 19 Uhr
Eintritt: 12,50 €, Sa., So. u. Mitte Juni–Mitte Sept. 15 €
www.aracena.es/es/municipio/gruta

Feinste Endlosstrände und Bettenburgen

Strände südöstlich von Huelva

30 km feinste Strände prägen die Küste weit südöstlich von Huelva. Ein Highlight bildet der wunderbare Pinienstrand **Playa de Mazagón**, auch der dortige Parador ist ein guter Tipp.
Bei **Matalascañas** knickt die Straße scharf nach Norden ab – hier beginnt der Parque Nacional de Doñana. Die Bettenburgen von Matalascañas zeigen, was der restlichen Küste bislang erspart geblieben ist. Trotzdem: auch hier tolle Strände.

Mitreißende Pilgerfahrt

Romería del Rocío

Die Straße führt 16 km landeinwärts zum unscheinbaren **El Rocío** am Nordrand des Nationalparks Doñana. Hier findet zu Pfingsten die berühmteste Wallfahrt Andalusiens statt, die Romería del Rocío.

An der südlichen Costa de la Luz ist Strandurlaub und Enstpannung angesagt, etwa in Conil de la Frontera.

Bedrohtes Naturparadies

Parque Nacional de Doñana

Andalusiens bekanntester Nationalpark (seit 1994 **UNESCO-Welterbe**) erstreckt sich über 54 252 ha im Mündungsdelta des Guadalquivir. Charakteristisch sind **drei Ökosysteme:** die Doñana húmedo (feuchte Doñana) mit der Marisma (Salzmarschen) im Flussdelta und den Lagunen, die weitaus größere Doñana seco (trockene Doñana) und der Dünengürtel.

Das Gebiet wird durch die Wasserzufuhr des **Guadalquivir** geprägt. Während der sommerlichen Trockenzeit, wenn er wenig Wasser bringt, erscheint manches wüst und verlassen. Ende September, wenn es wieder feuchter wird, kommen die ersten Wildgänse. Dann rasten hier auch viele **Zugvögel**, etliche Vogelarten überwintern.

An **Pflanzen** gibt es Korkeichen, Pinien, Baumheide, Ginster und Farne. Auf den Korkeichen findet man ganze Brutkolonien von Graureihern, Seidenreihern, Kuhreihern und Löfflern oder Raubvögel, wie Mäusebussard und Rotmilan. Selten sind Kaiseradler und Flamingos, hier befindet sich auch die einzige europäische Brutkolonie der Purpurralle. Im Wasser leben u. a. europäische Sumpfschildkröten. Unter den **Säugetieren** dominieren Rothirsch, Damhirsch und Wildschwein; Wiesel, Iltis, Wildkatze und Fuchs. Unter kontrollierter Aufzucht lebt

der Pardelluchs. Der Zugang zum Park ist reglementiert. Über ausgewählte **Erkundungswege** (»senderos peatonales«) informieren mehrere **Besucherzentren**. Es gibt Anbieter geführter Wanderungen und Ausritte, zudem halbtägige Touren in geländegängigen Fahrzeugen – nicht unbedenklich in der ökologisch fragilen Doñana. Umweltschonender verläuft eine **Bootsexkursion** mit Landgang; Startpunkt: Sanlúcar de Barrameda.
Die Doñana schafft es leider ein ums andere Mal in die Schlagzeilen, weil Ökonomie letztlich wichtiger ist als Ökologie. So drohen die großen, außerhalb gelegenen Erdbeerfarmen dem Nationalpark buchstäblich das Wasser abzugraben.

Südliche Costa de la Luz

Wein, Geschichte und eine bevorzugte Lage

Sanlúcar de Barrameda

Der erste Ort jenseits der Guadalquivir-Mündung, Sanlúcar de Barrameda, ist berühmt für seinen knochentrockenen **Manzanilla-Wein** aus der Gruppe der Sherrys. In und um Sanlúcar sind mehrere Kellereien zu besichtigen, darunter die **Bodegas** Barbadillo und Argüeso.
Von Sanlúcar trat Christoph Kolumbus 1498 seine dritte Fahrt in die Neue Welt an, Magellan legte 1519 hier zu seiner Weltumsegelung ab, und auch Francisco Pizarro brach von Sanlúcar zur Eroberung des Inkareichs auf. Die aus dem 16. Jh. stammende **Pfarrkirche** Nuestra Señora de la O besitzt ein reich verziertes mudéjares Portal und eine prächtige Deckentäfelung im Stil der Renaissance. Von den **Adelspalästen** ist vor allem derjenige der Herzöge von Medina Sidonia zu nennen. Auf dem höchstgelegenen Teil der Stadt bietet das **Castillo** Santiago Aussicht. Von Sanlúcar können Sie eine **Bootstour** in den Parque Nacional de Doñana über den Guadalquivir starten.
Bodegas: www.barbadillo.com, http://herederosdeargueso.com
Bootstour (20 €, 2,5 Std., inkl. geführtermLandgang): Buchung (frühzeitig!) im Informationszentrum Fábrica de Hielo, Avenida de Bajo de Guía | Tel. 956 36 38 13 | http://visitasdonana.com

Badeorte rund um Sanlúcar

Chipiona

Zwischen Sanlúcar und El Puerto de Santa María liegen mehrere Badeorte mit schönen, oft von **Pinienwäldern** gesäumten Stränden. Chipiona an der Punta Camerón wird hauptsächlich an Wochenenden von Einheimischen besucht. Am Ende des Hauptstrands **Playa de la Regla** verehren die Seeleute in der Kapelle Virgen de la Regla ein Marienbild; hübsch gibt sich die kleine Plaza mit der Kirche Nuestra Señora de la O, abends bummelt man an der kleinen **Strandpromenade** von Bar zu Bar.
Auch das von einer Stadtmauer umgebene **Rota** (großer Marinehafen) und **Fuentebravia** weiter südlich sind beliebte Badeorte.

El Puerto de Santa María

Bedeutender Hafen im Zeichen des Sherry

El Puerto de Santa María, bereits römische Hafenstadt, liegt an der Mündung des Río Guadalete in die Bucht von ▶ Cádiz gegenüber dieser Stadt. Im 15. und 16. Jh. wohnten in ihren Mauern Christoph Kolumbus, dessen Steuermann Juan de la Cosa und Amerigo Vespucci.

Heute lebt die Stadt von Fischfang, Wein- und **Brandy-Produktion** – von hier kommt der »Osborne« mit Stier – und vom gehobenen Tourismus, der seinen Ausdruck in den Villen an der Playa Puntillo und im modernen Sporthafen »Puerto Sherry« findet.

Berühmtester Sohn ist Rafael Alberti (1902–1999), ein spanischer Dichter der sog. Generation von 1927; die **Fundación Rafael Alberti** zeigt eine Dauerausstellung über sein Leben und Werk.

Sehenswert ist auch die Kirche **Nuestra Señora de los Milagros** mit schönem platereskem Portal, benannt nach der im 13. Jh. entstandenen Marienfigur der Schutzpatronin der Stadt. Spazieren Sie auch zum **Castillo de San Marcos**, im 13. Jh. von den Mauren errichtet und später in Besitz der Herzöge von Medinaceli.

Die größte Attraktion aber sind die **Bodegas** für Sherry und Brandy (regelmäßige Besichtigungen u. a. der Bodegas Osborne, Taberna Obregón und Grant). Und an der Hafenpromenade reiht sich eine Tapas-Bar an die andere.

Fundación Rafael Alberti: C/ Santo Domingo, 25 | Di.–Fr. 10–14, Sa., So. 11–14 Uhr | Eintritt 4 €

Sherry- und Brandy-Bodegas: Infos zu Kellereibesichtigungen im Touristenbüro, Plaza del Castillo, 9, Tel. 956 48 37 15
www.turismoelpuerto.com

Chiclana de la Frontera

Sherry und Puppen

Der **Puente Zuazo**, römischen Ursprungs, überquert die Salinen des Caño de la Carraca, aus denen schon die Römer Meersalz gewannen, und verbindet San Fernando und Chiclana de la Frontera mit seiner moscheeartigen Kirche San Juan Bautista. Der Ort ist bekannt wegen seiner Manufakturen für Sherry und Puppen.

Auf der vorgelagerten **Insel Sancti Petri** stand im Altertum ein griechischer Herkulestempel. Was heute ins Auge sticht, ist die Retortensiedlung **Novo Sancti Petri** gegenüber auf dem Festland: 5 km entlang der Playa de la Barrosa reihen sich Hotels und 1700 Ferienhäuser im pseudo-andalusischen Stil.

http://turismo.chiclana.es

Vejer de la Frontera

Eines der schönsten »Weißen Dörfer«

Hoch über dem Río Barbate liegt malerisch der alte Festungsort Vejer de la Frontera (201 m ü. d. M.). Sechs Jahrhunderte maurischer Herrschaft haben das Stadtbild aus engen Gassen und blendend weißen Häusern geprägt.

http://turismovejer.es

Vejer de la Frontera ist das Urbild eines »Weißen Dorfes«.

Berühmte Seeschlacht und schöne Strände

Cabo de Trafalgar

Von Vejer de la Frontera führt ein Abstecher zum eher unspektakulären Cabo de Trafalgar (14 km südl.), wo am 21. Oktober 1805 in der berühmten Seeschlacht die französisch-spanische Flotte unter den Admiralen Villeneuve und Gravina von den Engländern unter **Admiral Horatio Nelson** geschlagen wurde. Nelson fand in der Schlacht den Tod, auch Gravina wurde tödlich verwundet.

Etwa 2 km östlich des Leuchtturms bietet die Steilküste von **Los Caños de Meca** einen sehr schönen langen Sandstrand.

Am endlosen Strand entlang führt vom Kap eine schmale Straße zum Küstenort **Zahara de los Atunes**, bekannt als Zentrum des Thunfischfangs.

Eine der besterhaltenen Römersiedlungen

Bolonia

Von der N-340 führt (km 70,2) eine Abzweigung nach Bolonia, das 171 v. Chr. gegründete römische **Baelo Claudia**. Die 700 Jahre lang bewohnte, von einer 4 m hohen Mauer umgebene Stadt lebte vom Fischfang. Freigelegt wurden das Forum mit halbkreisförmigem Brunnen und drei Tempeln (1. Jh. n. Chr.) neben Resten der Thermen und des Theaters.

Westlich davon liegt der traumhafter Strand **Playa de Bolonia** mit mehreren Restaurants, wo es leckeren Fisch gibt.

Windige Schnittstelle zwischen Europa und Afrika

Tarifa

Tarifa, die südlichste Stadt Kontinental-Europas, war wegen ihrer strategischen Lage an der Meerenge von Gibraltar immer wichtig und wurde schon von Iberern, Phöniziern und Römern besiedelt. Die Westgoten schifften sich 429 n. Chr. hier ein, um die römische Provinz Africa zu erobern. Die Mauren ließen Tarifa unter Tarif Ben Malik befestigen. Heute ist Tarifa ein Fremdenverkehrsort, denn der beständig wehende Wind macht das Meer zu einem der besten **Windsurfreviere** Europas. So wundert es auch nicht, dass hier einer der größten **Windenergieparks** Spaniens betrieben wird.

In der Nähe des Jachthafens steht das **Castillo de Guzmán el Bueno**, das auf die maurische Besetzung im 10. Jh. zurückgeht und im 13. Jh. umgebaut wurde. Der Name erinnert an Alonso Pérez de Guzmán, Kommandant der Festung nach ihrer Eroberung durch die Christen im Jahr 1292. Von der Burg hat man einen schönen **Blick auf die Straße von Gibraltar**.

Blicknach Afrika

Punta Marroquí

Vor Tarifa erreicht man den südlichsten Punkt des europäischen Festlands, die **Punta Marroquí** oder **Punta de Tarifa**. Hier, an der schmalsten Stelle der Meerenge, erkennen Sie bei klarem Wetter die 13,4 km entfernte afrikanische Küste.

★ COSTA DEL SOL

Provinzen: Granada, Cádiz, Málaga | **Region:** Andalusien

Sonne tanken, das können Sie in der Tat reichlich an Spaniens »Sonnenküste« Costa del Sol. Ob in aller Ruhe, steht auf einem anderen Blatt. Denn neben dem Strand- rangiert gleichberechtigt das Nachtleben obenan. Massenweise Diskotheken und Bars geben die Dröhnung.

Rummel und Ruhe

Dann wieder ist es ruhiger, beschaulicher. So wie im Hinterland, einem Spiegelbild Andalusiens mit weiß getünchten Häusern in Dörfern und einer Exotik, die sich aus Agaven und Kakteen, Pinien und Olivenbäumen zusammensetzt. Klassischer Anflughafen ist ▶ Málaga.

Wandel einer Küstenregion

Spaniens Sonnenküste

Als Costa del Sol definiert man den kompletten Küstenstreifen der Provinz Málaga zwischen Nerja im Osten und dem Übergangsraum zur Bucht von Algeciras im Süden. Kern des Gebiets ist die am dich-

BAEDEKER ÜBERRASCHENDES

6X TYPISCH

Dafür fährt man nach Spanien

1.

ENDLOSE STRÄNDE

Sandiges Hauptkapital von Spanien sind die Strände, da kommt **Urlaubsfeeling** auf. Einsamer, frischer und rauer als zwischen Costa Brava und Costa del Sol ist es an der **Costa de la Luz**. (▶ S. 220)

2.

ARCHITEKTUR-PERLEN

Sehenswerte Orte und Städte samt ihren **Architekturschätzen** aus Romanik und Gotik reihen sich in Nordspanien wie Perlen auf einer Kette. Kein Wunder: Hier verläuft der weltberühmte **Jakobsweg** nach Santiago de Compostela. (▶ S. 612)

3.

TOP-MUSEEN

Der **Prado** mit Spitzenwerken von Vélazquez und Goya oder Picassos legendäres Antikriegsmälde »Guernica« im **Centro de Arte Reina Sofía** sind für Kunstliebhaber Grund genug für einen City-Trip nach Madrid. (▶ S. 326, 328)

4.

KULTSTADT BARCELONA

Über die **Ramblas**, die facettenreiche Hauptschlagader Barcelonas, flanieren und dabei das **Barri Gòtic**, das **Nachtleben** und das architektonische Erbe von **Antoni Gaudí** entdecken. Die Stadt ist einfach Kult. (▶ S. 90)

5.

WALD AUS SÄULEN

Inmitten der Säulen mit ihren weiß-roten Doppelhufeisenbögen in der ehemaligen Hauptmoschee von Córdoba, der **La Mezquita-Catedral**, eröffnet sich mit jedem Schritt eine neue Perspektive. (▶ S. 168)

6.

APPETIT-HÄPPCHEN

Tapas – legendäres Fingerfood – oder **Raciones** (2–3 kleine Gerichte) bekommt man überall in Restaurants und Kneipen. Die Auswahl ist oft riesig, legendär der luftgetrocknete **Jamón Serrano**. (▶ S. 621)

testen besiedelte Küste von Málaga bis Estepona, die als größtes zusammenhängendes Feriengebiet Europas gilt.
Bis in die 1950er-Jahre hinein verirrte sich kaum ein Reisender hierher, dann entdeckte der **Massentourismus** die Küste, an der 320 Tage im Jahr die Sonne scheint. Verschlafene Fischerdörfer wurden zu Hotelstädten für Zigtausende hinaufkatapultiert, und später kamen ganze Ferienanlagen und Apartmentsiedlungen für Dauerresidenten hinzu. Der Preis für diese Entwicklung war die Verschandelung der Küstenlandschaft mit Betonburgen und Asphalt. Für zusätzliche Zugkraft sorgen heute Golfplätze und weitere Freizeitangebote sowie neugestaltete Strandabschnitte, Promenaden und Sporthäfen.

Die Küste östlich von Málaga

Kein Ferienstädtchen von der Stange

Nerja

Östlich von Málaga geht es durch die Badeorte Rincón de la Victoria, Torre del Mar und Torrox Costa nach Nerja (21 m; 21 200 Einw.). Diskotheken und Neubauviertel zeigen, dass der Tourismus fest verankert ist, doch verglichen mit dem Rummel südwestlich von Málaga geht es hier noch ruhig zu. Die Aussichts- und Promenierterrasse **Balcón de Europa** bietet einen herrlichen Blick auf die Küste.

Nerja mit dem »Balkon von Europa« ist noch einer der ruhigeren Orte an der Costa del Sol.

COSTA DEL SOL ERLEBEN

OFICINA DE TURISMO

MARBELLA
Glorieta de la Fontanilla, s/n
Tel. 952 76 87 60
http://turismo.marbella.es

TORREMOLINOS
Plaza de las Comunidades Autónomas s/n; Tel. 952 37 19 09
http://turismotorremolinos.es

MARBELLA PATIO €€€–€€

Gemütliches Restaurant, in dem Tradition und Moderne ihre Verbindung eingehen. Mit Terrassenbereich in der Gasse. Tipps sind die Paellas, entweder vegetarisch oder mit Fisch und Meeresfrüchten.
Marbella; Calle Virgen de los Dolores, 4, Tel. 952 77 54 29, http://restaurantemarbellapatio.com

RESTAURANTE PARADOR DE NERJA €€€€–€€€

Ein hervorragender Querschnitt durch die Küche Andalusiens.Auch ansprechende **Zimmer**.
Nerja, Almuñécar, 8, Tel. 952 52 00 50, http://paradores.es

REY ALFONSO €€€–€€

Paella oder Meeresfrüchte – der Ausblick durch die Fensterfronten aufs Meer verleiht die besondere Würze.
Nerja, Paseo Balcón de Europa, s/n
Tel. 952 52 09 58, So. geschl.

ANATANRA VILLA PADIERNA PALACE €€€€

Für höchste Ansprüche! Das Fünf-Sterne-Prachthotel im Stil eines toskanischen Palasts, auf halber Strecke im Hinterland zwischen Marbella und Estepona, grenzt an den Golfplatz Los Flamingos. Mit exzellentem Wellnessbereich.
Marbella, Urbanización Flamingos Golf, Carretera de Cádiz, km 166
Tel. 952 88 91 50
www.anantara.com

MELIÁ COSTA DEL SOL €€€€–€€€

Angesichts seiner Lage beim Strand und der zeitgemäßen Ausstattung tritt die nüchterne Architektur des Hotels in den Hintergrund.
Torremolinos, Paseo Marítimo, 11
Tel. 952 38 66 77, www.melia.com

OCCIDENTAL PUERTO BANÚS €€€€

Dem exklusiven Umfeld n Puerto Banús entsprechen Ausstattung und Preisniveau. Bis zum Hafen sind es etwa 300, bis zum Strand 600 Meter. Modern, 294 Zimmer.
Puerto Banús, Avenida Rotary Internacional, s/n, Tel. 851 81 40 00, www.barcelo.com

Am Stadtrand können Sie in die Höhlenwelt der **Cueva de Nerja** eintauchen und bizarre Tropfsteinformationen bewundern. Ein Abstecher lohnt sich ins hübsche **Frigiliana** (5 km nördl.), um sich durch die schmucken Gassen dieses weißen Bergdorfes treiben zu lassen.
www.nerja-turismo.com | **Cueva de Nerja:** tgl. 9.30 – 16.30, Sommer bis 19 Uhr | Eintritt: 15 €, Sommer 16 € (online) | www.cuevadenerja.es

Stein und Beton

Costa Tropical

Östlich von Nerja erreichen Sie die Provinz Granada. Für den Abschnitt von hier bis zur Provinzgrenze nach Almería hat sich der Name Costa Tropical eingebürgert. Hier wurden Bausünden nur teilweise vermieden; in der Küstenlandschaft gedeihen u. a. Zuckerrohr und subtropische Chirimoyas.

Hauptort der Küste ist **Almuñécar**, das phönizische Sexi, wo 755 der Omaijade Abd ar-Rahman I., Gründer des Emirats und späteren Kalifats von Córdoba, nach seiner Flucht aus Damaskus landete. Maurisch ist die Alcazaba über der Stadt; schön auch der Aufstieg zwischen den Stränden San Cristóbal und Puerta del Mar auf den Küstenfelsen **Peñón del Santo** (herrliche Aussicht!). In Almuñécar muss man sich auf steinige Strände und zubetonierte Abschnitte einstellen, doch Promenaden und die kleine Altstadt haben ihre Reize.

Oficina de Turismo: Avenida de Europa, s/n | Tel. 958 63 11 25
www.visitalmunecar.es

Berggassen, Küstenblicke und lange Strände

Salobreña, Motril

10 km weiter östlich am Küstenhang liegt das beschauliche Salobreña mit steilen Gassen hinauf zur Burg, von der man einen sagenhaften Blick über die Küste hat.

Über Motril, in dessen Burg die Mutter von Boabdil lebte, des letzten maurischen Königs von Granada, erreicht man **Castell de Ferro**. Halb Fischerdorf, halb Badeort und überragt von einer maurischen Burg, bietet es schöne lange Strände. 15 km weiter östlich beginnt die Küste der Provinz Almería.

http://turismosalobrena.com; http://motrilturismo.com

Die Küste südwestlich von Málaga

Legendäre Ferienmaschine

Torremolinos

Nicht weit westlich vom Flughafen Málaga beginnt der vom **Massentourismus** heftigst heimgesuchte Abschnitt der Costa del Sol. Von Torremolinos bis Fuengirola nimmt man **keine Ortsgrenzen** mehr wahr, denn alles ist zu einer einzigen, riesigen Ferienmaschine verschmolzen.

Gleich zu Beginn ragen die Türme von Torremolinos auf – keine Windmühlentürme, wie man vermuten könnte (span. torre = Turm, molinos = Mühlen), sondern **Hotels** mit einigen Zehntausend Betten. Das Kapital des Orts ist der davor verlaufende, 9 km lange, in der Hochsaison bis auf den letzten Fleck von Briten, Deutschen und Skandinaviern bevölkerte **Sandstrand**.

Für Zerstreuung sorgen Dutzende Diskotheken, mehrere Hundert Bars, das Erlebnisbad **Aqualand Tivoli World**.

www.aqualand.es/torremolinos

Vom Massentourismus heimgesucht ist der Küstenabschnitt westlich von Málaga, etwa bei Fuengirola. Der kilometerlange Strand ist für viele aber ein Argument ...

Mit der Seilbahn auf den Aussichtsberg

Benalmádena

Lebhaft bis trubelig geht es auch um den südwestlich gelegenen **Sporthafen** (Puerto Deportivo) von Benalmádena (68 800 Einw.) zu, wo an Restaurants, Pubs und Cafés kein Mangel herrscht. Gehalten ist alles in neomaurischem Stil.
Abwechslung ins Urlaubsleben bringt eine Fahrt in der Seilbahn Teleférico Benalmádena hinauf zum **Monte Calamorro** (769 m), von wo sich eine fantastische Aussicht bietet.

Teleférico Benalmádena: ab 17,90 €, online ab 15,90 €
www.telefericobenalmadena.com

Bettenburgen und Touristen-»Pueblo«

Fuengirola

Nahtlos vollzieht sich der Übergang nach Fuengirola, das sich von Torremolinos im Grunde nur durch seinen Namen unterscheidet.
Beliebtes Ausflugsziel ins Hinterland ist **Mijas**, als »Weißes Dorf« apostrophiert, doch extrem durchkommerzialisiert.
http://turismo.fuengirola.es, http://turismo.mijas.es

Tummelplatz der Reichen und Schönen

Marbella

Hinter Fuengirola wird es keineswegs einsam, doch angenehmer, denn die Hotelburgen weichen Villensiedlungen und gehobeneren Ferienanlagen. Der immer noch glänzende Mittelpunkt der mondäneren Costa del Sol ist Marbella (161 900 Einw.).
Bekannt machte Marbella das von Alfonso zu Hohenlohe-Langenburg in den 1950er-Jahren begründete **rauschende Partyleben**, das den Jetset aus aller Welt noch heute anzieht und auch auf steinreiche arabische Potentaten und dubiose Gestalten mit dubiosen Kontenseine Wirkung nicht verfehlt. Standesgemäß fährt man Rolls Royce und Ferrari und speist in Spitzenrestaurants, von denen es hier mehr gibt als am gesamten Rest der Küste. Marbella ist immer wieder für Schlagzeilen gut: ob durch Auftritte von Stars und Sternchen oder Korruptionsaffären.
Die **Strandpromenade** lädt zum Bummeln ein. Auch die Gassen um die hübsche **Plaza de Naranjos** können sich sehen lassen, hier wechseln sich Bars und Luxusboutiquen ab. Mitten in der Altstadt findet man auch das **Museo del Grabado Español Contemporáneo** mit Druckgrafik u. a. von Miró. Am westlichen Ortsrand leuchtet die weiß gekalkte **Moschee**, die Prinz Salman, Gouverneur vonRiad, errichten und standesgemäß mit Hubschrauberlandeplatz ausstatten ließ.
Den Geldadel zur See kann man im westlich benachbarten Luxusjachthafen **Puerto Banús** bestaunen.
Nordwestwärts im Hinterland liegt das Dorf **Benahavis** (150 m; 8800 Einw.), wo sich ein Freiluftrestaurant ans andere reiht.

Museo del Grabado: Mo.-Sa. 10–20, So. 10–14 Uhr | Eintritt frei
http://museodelgrabado.es

Sogar mit netter Altstadt

Estepona

Estepona ist das letzte große Ferienzentrum der Costa del Sol. Es besitzt eine nette Altstadt mit gemütlichen Bars, nett aufgemacht sind die **Strandpromenaden**. Beliebtes Ausgehpflaster ist der Bereich um den Sporthafen.
Eine Attraktion, nicht zuletzt für Kinder, ist der nordöstlich im Hinterland gelegene **Natur- und Safaripark Selwo,** wo sich Tiere aller Erdteile tummeln.

Selwo Aventura: A7, km 162,5 | Jahreskalender s. Website | Eintritt ab 27,90 €, online ab 19,90 € | www.selwo.es

Weiße Dörfer und ein Künstlerfreilichtmuseum

Ausflüge in die Berge

Von Estepona aus lohnen sich Ausflüge nach Nordwesten in die Bergwelt der **Sierra Bermeja**, wo das weiße Dorf **Casares** (435 m) ein Ziel ist. Auf dem Weg dorthin kommt man durch den Küstenort **Manilva**, wo schon die Römer in den schwefelhaltigen Quellen badeten. Noch weiter nördlich in den Bergen liegt **Genalguacil**, ein hübsches »Museums-Dörfchen«, von Künstlern mit Skulpturen herausgeputzt.

Unverrückbar und »very British«: »The Rock«, der Felsen von Gibraltar

Ausflug nach Gibraltar

Hart umkämpfte Felsenklave

»The Rock«

»The Rock« lockt, der Felsklotz an der Ostseite der Bucht von Algeciras: Gibraltar, britische Kronkolonie, 6,5 km² klein, bis zu 425 m hoch, 30 000 Einwohner und viele Briefkastenfirmen stark. Seit Anfang des 18. Jh.s, den Wirren des Spanischen Erbfolgekriegs, ist die berühmte Felsenhalbinsel **britisches Hoheitsgebiet** und seither Zankapfel zwischen Spaniern und Briten. So kommt es seitens der Spanier immer wieder zu Grenzschikanen.

Keinesfalls mit dem Auto!

Anreise

Fahren Sie deshalb keinesfalls mit dem Auto nach Gibraltar! Das stellt man nahe der Grenze ab, bewegt sich vor Ort mit Taxi, in Bussen oder zu Fuß fort. Oder man bucht ein organisiertes Tourpaket. Hoch hinauf auf den Felsen führt eine Seilbahn, die **Cable Car**. Gibraltar trumpft mit einigen Besonderheiten auf: der Anfahrtsroute über die Start- und Landebahn des Flughafens, Pubs und behelmten Bobbies,

GIBRALTAR
500 m
©BAEDEKER
Av. Principe de Asturias
Málaga, Algeciras
La Línea
Neutral Ground
Winston Churchill Ave.
The British Lines
Airfield
Runway
North Mole Road
Cruise Liner Terminal
Waterport Road
Sir William Jackson Grove
Varyl Begg Estate
Glacis Road
Devil's Tower Road
Eastern Beach
Market
Casemates Square
Moorish Castle
UPPER GALLERIES
Euro-port
Queensway
Road
Main St.
Castle Ramp
Engineer Lane
Willis's Road
Great Siege Tunnels
City Hall (Exchange)
Roman Catholic Cathedral
Upper Rock Nature Reserve
Queen's Road
Detached Mole
Port of Gibraltar
Wall
Main St.
Theatre Royal
Catalan Bay Road
Catalan Bay
Protestant Cathedral
Queensway
Signal Station Road
Governor's Residence/ The Convent
Line
Southport Gates
Old Queen's Road
Green Lane
Signal Station
Water
Trafalgar Road
Boyd St
395 m
Sir Herbert Miles Road
Catch-ments
Apes' Rock
St. Michael's Road
Rosia Road
Red Sands Road
Europa Road
Sandy Bay
South Mole
Theatre
Skywalk
Windsor Suspension Bridge
Alameda Gardens
Highest Point 425 m
Engineer Road
Bahía de Algeciras
Cumberland Road
St. Michael's Cave
Naval Hospital Road
ROSIA
Rosia Bay
Europa Point
Bianca
Rock

GIBRALTAR ERLEBEN

GIBRALTAR TOURIST BOARD

13, John Mackintosh Square
Tel. (00 350) 20 045 000
www.visitgibraltar.gi
http://gibraltarinfo.gi
Für die **Einreise** braucht man einen gültigen Reisepass. Es finden auch für EU-Bürger Ausweiskontrollen statt.

NATIONALFEIERTAG

Am 10. September feiert Gibraltar in Bikini und Shorts.

Gibraltar steckt voller Pubs, wo es das berühmte Pubfood (Fish & Chips...) gibt. Viele Freiluftrestaurants finden Sie am **Casemates Square**.

1 BIANCA'S €€€–€€

In ungezwungener, entspannter Atmosphäre gibt es auch spanisch inspirierte Gerichte. Wenn das Wetter mitspielt, bietet sich ein Plätzchen draußen an.
6–7, Admiral's Walk; Marina Bay
Tel. (00 350) 20 07 33 79
http://biancas.gi

1 ROCK HOTEL €€€€

Hier logieren Sie im Hotelflaggschiff der Kronkolonie direkt an den Felsen, 1932 errichtet und im kolonialen Stil eingerichtet, mittlerweile etwas in die Jahre gekommen, doch renoviert. Von den 104 Zimmern und dem Restaurant herrlicher Panoramablick.
3, Europa Road
Tel. (00 350) 20 07 30 00
www.rockhotelgibraltar.com

---

zollbegünstigtem Einkauf. Allerdings herrscht kein Links-, sondern Rechtsverkehr. Währung ist das Gibraltar-Pfund (GIP).

CableCar: tgl. 9.30 – 19.15 Uhr | Rückfahrtticket 19 GIP, Kombiticket mit Upper Rock Nature Reserve 37 GIP | https://gibraltarinfo.gi

Maurenkastell, Affenfelsen, Tropfsteinhöhle

Sehenswürdigkeiten

Sehenswürdigkeiten in Gibraltar sind: die **City** mit Casemates Square, **Main Street** und Cathedral Square; das historische **Moorish Castle**; der **Apes' Rock** mit frei lebenden Magot-Affen, einer Makaken-Art; die **Upper Galleries**, 1779–1783 während der spanisch-französischen Belagerung in den Fels gegraben; die **St. Michael's Cave** mit ihren Tropfsteinformationen. Wer starke Nerven hat, wagt sich 340 m über dem Meer auf den verglasten **Skywalk**. Auch der Gang über die **Windsor Suspension Bridge** sorgt für Nervenkitzel.

Zur Südspitze Europas

Europa Point

In den Niederungen führt die **Europa Road** von den Alameda Gardens zum Europa Point an der Südspitze der Halbinsel; von hier genießt man prächtige **Ausblicke** bis zur afrikanischen Küste.

COSTA VASCA

Provinzen: Vizcaya, Guipúzcoa | **Region:** Baskenland

Rau wie ein echter Baske ist auch die Küste des Baskenlands, die die verschiedensten Gesichter aufsetzt: von langen Stränden wie in Zarautz und ▶ San Sebastián über Steilküsten bis zu kleinen, pittoresken Buchten. Zugaben sind Fischerdörfer und das Grün des hügeligen Hinterlands. Und Überraschungen wie der »Bemalte Wald«!

Erleben Sie einmal baskische Sportwettbewerbe mit! In fast jedem Dorf findet sich ein **Pelotaspielfeld** (frontón), bei dem im Einzel oder Doppel ein kleiner Gummiball gegen eine Wand geschlagen wird, je nach Disziplin mit Holzschlägern oder bloßen Händen. Dagegen treten an der Küste **Boote mit je zwölf Ruderern** und einem Steuermann auf offener See zu Rennen an.
Bei **Ortsfesten**, vor allem im Sommer, sieht man diese seltsameren Wettstreite: Aizkolaritza (Holzhacken); Trontzalariak (Holzsägen); Soka-tira (Tauziehen); Segalaritza (Grasmähen); Zakua (Sprint mit 80-kg-Sack); Idi-proba (Steineziehen mit Ochsen); Harrijasotzea (Steineheben, mit Brocken, die oft über 6 Zentner schwer sind).

Wohin an der Costa Vasca?

Der längste Sandstrand

Zarautz

Die Kleinstadt Zarautz (23 100 Einw.) am Golf von Biscaya profitiert von ihrem langen Strand und ist beliebtes Surferrevier. Die Strömungen verlangen allerdings nach höchster Vorsicht! Die breite Promenade gibt Möglichkeiten zur Einkehr.
In Zarautz beginnt die **prächtige Küstenstraße**, auf der man unmittelbar an der felsigen Küste nach Getaria im Nordosten entlangfährt.
www.turismozarautz.eus

Drr erste Weltumsegler

Getaria

Malerisch auf einer Landzunge liegt der Fischerhafen Getaria weiter westlich. Der mit dem Ort durch einen Damm verbundene »Mausfelsen« **Ratón de Getaria** schützt den Hafen. Ein Weg führt hinauf An der Hauptstraße steht ein Denkmal für den hier geborenen **Juan Sebastián Elcano** (um 1486–1526), der als Mitglied von Magellans Flotte mit seinem auf der Werft von Zarautz gebauten Schiff »Victoria« zurückkehrte und hier, nach Magellans gewaltsamem Tod auf den Philippinen, die 1519 begonnene Weltumsegelung am 6. August 1522 beendete – somit gilt er als erster Weltumsegler.

Unterhalb der gotischen Kirche San Salvador (13. Jh.) gelangt man zum **Hafen** mit seinen Fischrestaurants. Das **Museo Balenciaga** steht ganz im Zeichen des aus Getaria gebürtigen Modeschöpfers Cristóbal Balenciaga (1895–1972).

Museo Balenciaga: Aldamar Kalea, 6 Juli, Aug. tgl. 10.30–20, April–Juni u. Sept. Di.–So. 11–19, Nov.–März bis 15 Uhr | Eintritt 12 € | www.cristobalbalenciagamuseoa.com

Hafenstädtchen mit außergewöhnlichem Strand

Zumaia

Am östlichen Ortsrand von Zumaia liegt die **Villa Zuloaga**, vom Maler Ignacio Zuloaga (1870–1945) bei den Ruinen des ehemaligen Klosters Santiago Echea (12. Jh.) erbaut. Das Haus zeigt heute als **Espacio Cultural Ignacio Zuloaga** die Sammlung und Werke des Künstlers.

Rund um den Sporthafen und entlang der Flussufer des Río Urola bietet Zumaia hübsche Anblicke. Der Hauptstrand heißt Santiago, der verstecktere zweite Strand, Playa de Itzurun, stößt westlich des Städtchens an die Klippen. Oberhalb des Atlantiks verläuft ein schöner Abschnitt des Küstenjakobswegs Richtung Deba. Die gotische Kirche **San Pedro** besitzt einen Retablo des Basken Juan de Anchieta.

Espacio Cultural Ignacio Zuloaga: Mitte April – Mitte Sept. Mo–Sa. 10–14 u. 16–20 Uhr | Eintritt 48 € für Mindestbesucherzahl 4 Pers. https://espaciozuloaga.com

COSTA VASCA ERLEBEN

OFICINA DE TURISMO

Artekalea, 8, Gernika
Tel. 946 25 58 92
http://gernikainfo.eus

KARLOS ARGUIÑANO €€€€

In jederlei Hinsicht elitäre, exquisite Vier-Sterne Adresse, begründet vom fernsehbekannten baskischen Meisterkoch Karlos Arguiñano, mit entsprechendem Restaurant.
C/ Mendilauta, 13, Zarautz
Tel. 943 13 00 00
www.hotelka.com
Weihnachten–Anf. Febr. geschl.

CASTILLO DE ARTEAGA €€€€–€€€

Rund 5 km nördlich von Gernika liegt dieses Traumschlösschen, das sich zur Einkehr auf gehobenem Niveau anbietet. Die Küche ist kreativ, die Zimmer haben Stil bis ins Detail.
Zelaieta, Gaztelubide Kalea, 7
Tel. 946 24 00 12
https://castillodearteaga.com
Ende Dez.–Anf. Febr. geschl.

PALACIO URIBARREN €€€

Freundliches Hotel aus der Silken-Kette in günstiger Lage über dem Isuntza-Strand. Mit Restaurant und schöner Caféterrasse.
Lekeitio, Santa Elena s/n, Tel. 946 24 35 83, www.hoteles-silken.com

Nach Elantxobe hinab führt nur ein schmales Sträßchen.

Abstecher in die Berge

Azpeitia und Loiola

Südlich von Zumaia liegen im Bergland zwei interessante Ziele nah beinander. Das **Eisenbahnmuseum** (Museo Vasco del Ferrocarril) in Azpeitia bietet an Wochenenden Fahrten im historischen Dampfzug an. Im westlich gelegenen Loiola (Loyola) dreht sich im Santuario de Loyola (bask. Loiolako Santutegia) alles um den Gründer des Jesuitenordens Ignatius von Loyola (1491–1556), im Geburtshaus **Casa Natal** (Familienstammsitz) und in der barocken **Wallfahrtsbasilika** (17./18. Jh.). Das Bauwerk mit 65 m hoher Kuppel von Joaquín de Churriguera ist eines der bedeutendsten dieser Art in Spanien und wurde erst Mitte des 18. Jh.s vollendet. Es ist überreich mit Marmor und Schmucksteinen ausgestattet; am prächtigen Hauptaltar steht zwischen gedrehten Säulen eine Silberstatue des Heiligen.

Museo Vasco del Ferrocarril: Di.–Fr. 10–13.30 u. 15–18.30, Sa. 10.30–14 u. 16–19.30, So. 10.30–14 Uhr | Dampfzugfahrten Sa. 12, 17.30, So. 12 Uhr | Eintritt: Museum 3 €, Museum u. Dampfzug 6 €
Santuario de Loyola: http://loyola.global/es

Fischerhafen zum 1.

Ondárroa

Zurück an die Küste. Über Mutriku mit seinem **Strand** fährt man zu dem in einer Bucht gelegenen Fischerhafen Ondárroa an der Grenze zur Provinz Guipúzcoa. Die festungsartige Kirche **Santa María** wurde 1492 im gotischen Stil erbaut; außerdem ist eine Brücke römischen Ursprungs sehenswert.

Fischerhafen zum 2.

Lekeitio

Auch in diesem Städtchen spielt der Fischfang noch eine große Rolle, doch es besitzt auch gute Strände. Am Hafen fallen die verglasten Hausfronten und die Basilika (14./15. Jh.) **Santa María de la Asunción** mit ihren filigranen gotischen Strebepfeilern auf; innen beeindrucken der Hauptaltar und der gotische Retablo in der dritten Kapelle rechts. Die aus dem 12. Jh. stammende schlichte Holzfigur der Nuestra Señora de la Antigua, Schutzpatronin der Stadt, wird in einer barocken Seitenkapelle verehrt.

Fischerhafen zum 3.

Elantxobe

Wer einen Fischerhafen wie aus dem baskischen Bilderbuch sehen will, nimmt nun die kleine Küstenstraße zum Fischerdörfchen Elantxobe, zu dessen **Hafenbucht** man nur über eine schmale Pflasterstraße hinab gelangt.

Einer der schönsten Strände

Playa de Laga

Westlich des Cabo Ogoño nördlich von Elantxobe breitet sich auf etwa 600 m zwischen schroffen Felsmassiven einer der schönsten Strände im Baskenland aus: die Playa de Laga.

Außerordentliche Natur

Ría de Mundaka

Das Küstensträßchen erreicht beim alten Hafenort **Mundaka** die Ría de Mundaka (UNESCO-**Biosphärenreservat Urdaibai**) und führt an dieser südwärts entlang. Der schönste und längste Strand ist die **Playa de Laida**.

www.euskadi.eus/urdaibai

»Bemalter Wald«

Bosque Pintado de Oma

Bei **Kortezubi** südöstlich von Mundaka liegt der Bosque Pintado (oder Bosque de Oma bzw. bask. Omako basoa nach dem gleichnamigen Dorf), ein fantasievolles **Freilichtkunstwerk** nach einer Idee des Basken Agustín Ibarrola (geb. 1930). Der ursprüngliche »Bemalte Wald« fiel allerdings einer Baumkrankheit zum Opfer, weshalb bis 2023 ein neuer entstand.

Anfahrt: von Kortezubi nach Süden um den Berghang herum bis zum Restaurant Lezika, wo gegenüber der Fußweg beginnt

»Heilige Stadt der Basken«

Guernica (Gernika)

Tiefer im Inland, südlich der Ría de Mundaka, liegt Guernica (auch: Gernika-Lumo), die »heilige Stadt der Basken«. Der spanische Name Guernica wurde zum Synonym für den ersten massiven Luftangriff der Geschichte auf eine bewohnte Stadt. Am 26. April 1937 legten Flugzeuge der deutschen »Legion Condor«, die die Franco-Truppen im Bürgerkrieg unterstützte, die Stadt innerhalb von zwei Stunden in Schutt und Asche. Über 1600 Menschen starben.

Guernica wurde bewusst als Experimentierfeld für großflächige Bombenangriffe ausgewählt. Unter dem Eindruck dieses Gemetzels schuf **Pablo Picasso** sein berühmtes **Monumentalgemälde** »Guernica«, das während der Franco-Zeit im New Yorker Museum of Modern Art hing, heute im Madrider Centro de Arte Reina Sofía (▶ S. 328).

Die klassizistische **Casa de Juntas** wurde 1826–1833 als »Haus der Generalversammlungen« von Vizcaya (bask. Bizkaia) erbaut. Seitlich des Haupteingangs steht unter einem Tempelchen der Stumpf der **mythischen Eiche**, unter der sich schon seit dem frühen Mittelalter der Rat der Ältesten versammelte. Aus einem ihrer Sämlinge wurde 1860 hinter dem Gebäude ein neuer, zu großer Höhe herangewachsener Baum gezogen. Innen ist die Casa de Juntas mit Gemälden verkleidet. Historisch und volkskundlich aufgezogen ist das Museum des Baskenlands, **Museo Euskal Herria,** nördlich davon.

Nach dem Besucht bummelt man durch den mit Skulpturen von Henry Moore und Eduardo Chillida geschmückten Stadtpark (Parque de los Pueblos de Europa).

Casa de Juntas: Calle Allende Salazar, 1 | tgl. 10–14, 16–18/19 Uhr | frei
Museo Euskal Herria: Calle Allende Salazar, 5 | Juni– Okt. Di.–Sa. 10.30–18.30, So., Mo. 11–15, sonst Di.–Sa. 10–14 u. 16–19, So. 10.30–14.30 Uhr | Eintritt 3,50 €

Pablo Picassos berühmtes Gemälde, das die Zerstörung Guernicas anklagt, als Wandbild in der Stadt

Hafenromantik

Die BI-635 folgt der Westseite der **Ría de Gernika** über Mundaka – tolle Surfmöglichkeiten – bis Bermeo, einem reizvollen Fischerhafenstädtchen, das mehr als nur einen Kurzstopp verdient.
Hinter Bermeo führt eine schmale Straße zur Landspitze **Cabo Matxitxako**.

Bermeo

www.bizibermeo.eus

Einsiedelei hoch über der Felsinsel

San Juan de Gaztelugatxe

Nordwestlich von Bermeo jenseits der Landzunge liegt die historische Einsiedelei San Juan de Gaztelugatxe hoch oben auf der gleichnamigen Felsinsel im Golf von Biskaya. Über 230 Treppenstufen führen hinauf, die **Aussichten** sind grandios. Weiter westlich folgt der Strand von **Bakio**. Eine kleine Straße windet sich dann an der Küste weiter nach Gorlitz und Plentzia, bevor schließlich ▶ Bilbao (Bilbo) erreicht ist.

San Juan de Gaztelugatxe: kostenlose Zugangs-Ticket unter www.bizkaia.eus/es/gaztelugatxe

★ COSTA VERDE

Provinz/Region: Asturias

Diesen Kompositionen am Atlantik kann so schnell niemand das Wasser reichen: das tiefe, durchdringende Blau der See, dahinter Wiesen und Wälder in allen Grünfacetten, dazu Brombeerhecken, Farne, Hagebutten. Im Übergangsraum zur ▶ Costa de Cantabria steigen im küstennahen Hinterland die gewaltigen Gebirgsflanken der Cordillera Cantábrica mit den ▶ Picos de Europa an.

Der Atlantiksaum Asturiens hat seinen Namen »Grüne Küste« wahrlich verdient. Der Küstenstreifen ist mitunter nur wenige Kilometer breit, dann beginnt das Hügel- und Bergland. **Malerische Buchten** und kleinere Sandstrände an der ansonsten eher **felsigen Küste** laden zum Verweilen ein, in jedem Küstenort gibt es anständige bis sehr gute Fischrestaurants. Stille Wahrzeichen der Gegenden sind hölzerne **»Hórreos«**, auf Stützen stehende Speicherbauten für Agrarprodukte. Auffällig sind auch immer wieder **»Casas de Indianos«**, kleine Paläste, die sich jene erbauen ließen, die nach Auswanderung in die »Neue Welt« Amerikas wohlhabend in die Heimat zurückkehrten.
Im Küstengebiet wird Fischfang, Viehzucht und Getreideanbau betrieben. Teils industriell geprägt ist Asturiens größte Stadt ▶ Gijón mit ihrem großen Hafen.

Wohin an Costa Verde und Hinterland?

Steinzeitkunst

Pimiango

Zum Örtchen Pimiango gehört die nordwestlich davon oberhalb am Meer liegende **Höhle Cueva del Pindal**, wo steinzeitliche Ritzzeichnungen und Malereien entdeckt wurden. Besonderheiten sind die Darstellung eines Mammuts, bei dem das Herz eingezeichnet ist, und mehrere Bilder, die wahrscheinlich verletzte Tiere zeigen. Leider sind die Öffnungszeiten unzuverlässig, die Besucherzahlen begrenzt.
Reservierung: Tel. 608 17 52 84, Zeitfenster 15–17 Uhr | Eintritt 3,20 € | http://yacimientos.asturias.es/cueva-del-pindal

COSTA VERDE ERLEBEN

OFICINA DE TURISMO

VILLAVICIOSA
Calle Agua, 29
Tel. 985 89 17 59
www.turismovillaviciosa.es

RIBADESELLA
Paseo Princesa Letizia, s/n
Tel. 985 86 00 38
www.ayto-ribadesella.es

DESCENSO INTERNACIONAL DEL SELLA

Auf dem Río Sella findet Anfang August ein großes **Kajak-Rennen** statt, zu dem Sportler von weit her anreisen.
Anfang Aug. in Arriondas und Ribadesella

LA HUERTONA €€€€

In der Spitzengruppe der besten Restaurants in Asturien, 2 km außerhalb von Ribadesella etwas unscheinbar an der Straße gelegen. Kreative Speisekunst, Reservierung empfohlen.
Ribadesella, Carretera de la Piconera; Tel. 985 86 05 53
http://restaurantelahuertona.com
nur Mi.–Mo. mittags, Fr., Sa. abends

SIDRERÍA LA BALLERA €€–€

Schmackhafte Küche Asturiens, darunter Pilze mit Cabrales-Blauschimmelkäse.
Calle General Compomanes, 15
Tel. 653 03 28 28

GRAN HOTEL DEL SELLA €€€–€€

Der elegante Sommerpalast der Markgrafen von Argüelles direkt hinter dem Strand beherbergte bereits illustre Gäste wie König Alfonso XIII.
Ribadesella, Ricardo Cangas, 17
Tel. 985 86 01 50
http://granhoteldelsella.com

LA MONTAÑA MÁGICA €€

Fantastische Landunterkunft, südwestlich von Llanes in den Bergen, etwa 10 km von der Küste entfernt. Im Restaurant gute Qualität zu fairen Preisen.
Allende, Tel. 985 92 51 76
http://lamontanamagica.es

Mitten im Städtchen legen in Llanes die Boote an.

Hafen inmitten der Altstadt

Llanes

Llanes, weiter westlich etwas abseits der Autobahn, ist ein außerordentlich schönes Städtchen, besonders dank seines mitten im Stadtkern liegenden alten **Hafens**, der über einen Kanal mit dem Meer verbunden ist. Nördlich des Hafens kommt man auf die hübsche **Plaza del Cristo Rey** mit der aus dem 13. Jh. stammenden Kirche Santa María (schönes Portal mit Kreuzbogenvorbau und flämisches Altarbild aus dem 16. Jh.). Hinter der Kirche dehnen sich die Ruinen der Stadtbefestigung aus. Von dort erreicht man eine der wunderbaren, klippengesäumten Badebuchten.

Oficina de Turismo: Antigua Lonja, Calle Marqués de Canillejas, 1
Tel. 985 40 01 64 | www.llanes.es

Meeresgeysir

Playa de la Huelga

Westlich von Llanes reihen sich kleine Badeorte, Felsküstenabschnitte und Strände aneinander. Einer der schönsten von ihnen ist die Playa de la Huelga, doch auch die **Bufones de Pría** – Felskanäle, durch die bei schwerer See das Wasser schießt und Geysiren gleich in einer Höhe von gut 20 m zerstäubt – haben ihren Reiz.

Tolle Lage

Ribadesella

Ribadesella, ein gefälliger Fischer- und Badeort, liegt an der Mündung des **Río Sella**. Der Fluss, von einer breiten Brücke überspannt, teilt die Stadt in zwei Hälften: links der neuere Stadtteil mit Hotels, Ferienvillen und einem sehr schönen Strand, rechts der Hafen und der alte Ortskern aus dem 17. und 18. Jh. mit der **Plaza Vieja** und gemütlichen Kneipen und Restaurants. Ein Aufstieg führt auf den **Monte Corberu** (▶ Magischer Moment).

Prähistorische Kunst

★ Cueva Tito Bustello

Ein Stück landeinwärts liegt die Cueva Tito Bustillo (UNESCO-Welterbe), ein Höhlensystem mit 15 000–20 000 Jahre alten **Tiermalereien**. Bei einer Führung durch die Gänge (span.) sehen Sie **Tropfsteinformationen** und schließlich den Saal mit den **Tiermalereien** und Gravuren, wo man dunkel umrandete, farbig ausgeführte Pferde und Hirsche erkennt. Zur Höhle gehört das **Centro de Arte Rupestre**, ein modernes Zentrum Prähistorischer Kunst.

Führungen: Ende März–Ende Okt. Mi.–So. 10.15–17 Uhr, 15 Pers. pro Führung, Reservierung online empfohlen | Eintritt 4,20 € www.centrotitobustillo.com

Centro de Arte: März- Juni, Sept., Okt. Mi.–Fr. 9.45–17.30, Sa., So. 9.45–18.30, Juli, Aug. Di.–So. 9.45–19, sonst Mi.–Fr. 10–14.30, Sa., So. 10.30–18 Uhr | Eintritt 5,45 €

Toller Ausblick auf Küste und Picos

Mirador del Fito

Beim Badeort **La Isla** zweigt eine Nebenstraße nach links ins Landesinnere zum Aussichtspunkt Mirador del Fito (12 km) ab, der einen herrlichen Blick auf die ▶ Picos de Europa bietet.

Bergland und Dinosauriermuseum

Lastres

Parallel zum Atlantik geht es westwärts über **Colunga** – von hier können Sie einen Abstecher nach Norden in den Küstenort Lastres und ins Dinosaurier-Museum (**Museo del Jurásico**) machen – und über den Alto de Buenos Aires (Abstecher zum Kirchlein San Salvador aus dem 10. Jh. in **Priesca**) hinab nach Villaviciosa.

Museo del Jurásico: Juli, Aug. tgl. 10.30–20, sonst Mi.–Fr. ab 10, Sa., So. ab 10.30 | Eintritt 7,50 € | www.museojurasicoasturias.com

Apfelweinzentrum und reizvolle Altstadt

Villaviciosa

Das Städtchen Villaviciosa ist ein Zentrum der Produktion von Apfelwein (Sidra). Im September 1517 bekam es unverhofft prominenten Besuch, denn hier legte nahebei aus Versehen das Schiff mit Kaiser Karl V. an, als es auf dem Weg von Flandern zu dessen erstem Besuch in Spanien eigentlich Santander ansteuerte.

Sehenswert ist an der Plaza Mayor die gotische Kirche **Santa María de la Oliva** mit ihrem figurengeschmückten Portal.

DUFTENDER KÜSTENTHRON

Atemschwer führt der Weg auf den **Monte Corberu**, den schroffen Küstenhügel über Ribadesella an der Costa Verde. Die letzten Häuser verschwinden im Rücken, das Grün gewinnt die Oberhand. Es duftet durchdringend nach Eukalyptus, Brombeerranken wuchern um Felsen. Ziel ist ein **Panorama-Spot** um eine alte Kapelle, die Ermita de Guía. Genießen Sie die Aussichten auf Meer und Berge, und lauschen Sie dem Spiel von Wind und Wellen.

Zisterzienserabtei und malerisches Küstendorf

Abstecher ins Landesinnere

Von Villaviciosa empfiehlt sich ein Abstecher zum alten Zisterzienserkloster **Santa María de Valdediós** (10 km südwestl.). Dessen 893 geweihte Kirche ist ein schönes Beispiel der präromanischen asturischen Kirchenbauweise mit Kordelmotiv, mozarabischen Einflüssen und Resten von Wandmalereien. Als küstenwärtiger Abstecher nördlich von Villaviciosa empfiehlt sich der Fischerhafen **Tazones**.

Zum nördlichsten Punkt Asturiens

Cabo de Peñas

Vorbei an ▶ Gijón, erreicht man den Hafenort **Candás**, in dessen Kirche ein aus Irland stammendes Christusbild von den Seeleuten verehrt wird. Über **Luanco** (mit Schifffahrtsmuseum) und **Bañagues** geht es weiter zur Landspitze Cabo de Peñas, die die Costa Verde in eine östliche und westliche Hälfte teilt, bietet als einer ihrer beliebtesten **Aussichtspunkte** einen tollen Blick über die Steilküste.

Museo Marítimo de Asturias: Juli, Aug. 11 - 14 u. 17.30 - 20.30, sonst Mo. - Sa. 11 - 14 u. 17 - 20, So. 11 - 14 Uhr | Eintritt: 3,50 €

Schwerindustrie

Avilés

Südwestlich des Kaps geht es in die Hafen- und Stahlindustriestadt Avilés, die zwar eine recht nette Ría bietet, aber auch äußerst geruchsintensiv vor sich hindampft.

Architektonisches Kuriosum ist das vom brasilianischen Jahrhundertarchitekten **Oscar Niemeyer** (1907–2012) konzipierte **Kulturzentrum**, das seinen Namen trägt; die grünpflanzenfreie Platz- und Blockarchitektur ist ein Blickfang, spaltet aber den Geschmack.

Oficina de Turismo: Calle Ruiz Gómez, 21 | Tel. 985 54 43 25
http://turismoaviles.com | www.centroniemeyer.es

Ein echter Fischrort

Cudillero

Mangels richtiger Badestrände blieb Cudillero ein Fischerort: Malerisch ziehen sich seine Häuser an den Küstenhängen entlang; besonders hübsch sind die kleine **Plaza** und der **Hafen**, in dem bunte Fischerboote dümpeln.

Vom **Cabo Vidio** (9 km westl.) hat man eine herrliche Aussicht auf das Meer und das Cabo de Peñas.

Malerisches Bucht- und Hafenensemble

Luarca

Einen Besuch verdient Luarca mit seinem Fischerhafen. Eine lange Mole führt um ihn herum zur Hafeneinfahrt, von wo sich der schönste Blick auf Boote und Häuser bietet. Oberhalb erhebt sich ein Felsvorsprung, auf dem heute anstelle der alten Festung eine Kirche und der Friedhof liegen. Berühmter Sohn der Stadt ist der Biochemiker **Severo Ochoa** (1905–1993), der in den 1940er-Jahren Europa den Rücken kehrte und US-Bürger wurde. 1959 erhielt er den Nobelpreis für Physiologie/Medizin.

Oficina de Turismo: Calle Ramón Asenjo, 25 | Tel. 985 64 00 83
www.turismoluarca.com

Ins keltische Dorf

Navia, Castro de Coaña

Auch Navia (20 km westl.) ist ein gefälliger Fischerort an der Mündung des Río Navia. Ein interessantes Ausflugsziel bildet die eisenzeitliche Siedlung Castro de Coaña auf einem Hügel im gleichnamigen Ort am westlichen Flussufer (7 km südwestl.). Hier können Sie ein hervorragend erhaltenes keltisches Dorf mit Rundhäusern, Befestigungen und Zisternen besichtigen.

Castro de Coaña: Mi.–So. 10.30–16.30 Uhr | Eintritt 3,20 €
http://ayuntamientodecoana.com

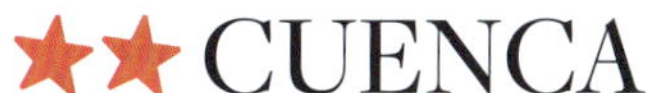

★★ CUENCA

Provinz: Cuenca | **Höhe:** 946 m ü. d. M. | **Region:** Castilla-La Mancha
Einwohner: 53 400

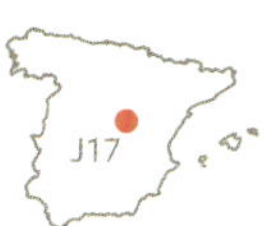

Malerisch thront die als UNESCO-Welterbe ausgewiesene Altstadt auf einem Felssporn zwischen den Schluchttälern der Flüsse Júcar und Huécar. Streifen Sie durch die bestens erhaltene mittelalterliche Stadt, und entdecken Sie interessante Museen!

Wo die Häuser hängen

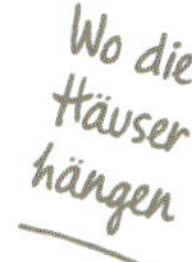

Können Sie sich »Hängende Häuser« vorstellen? Ja genau, solche, die quasi über dem Abgrund schweben. Cuenca gibt dahingehend besten Anschauungsunterricht, denn ihre »Hängenden Häuser«, **Casas Colgadas**, sind Wahrzeichen der Stadt.

Die Bewohner der »Hängenden Häuser« leben wahrlich am Abgrund.

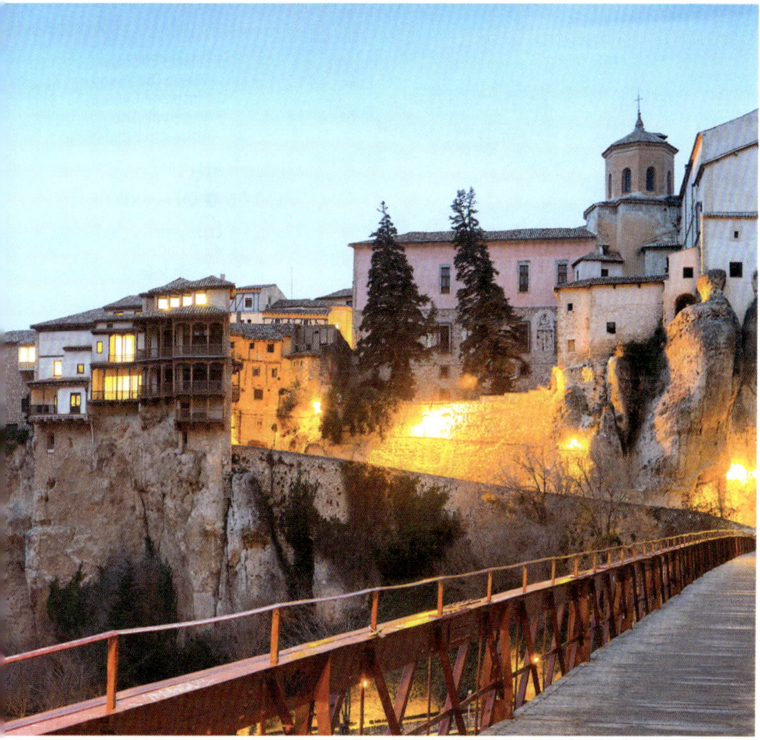

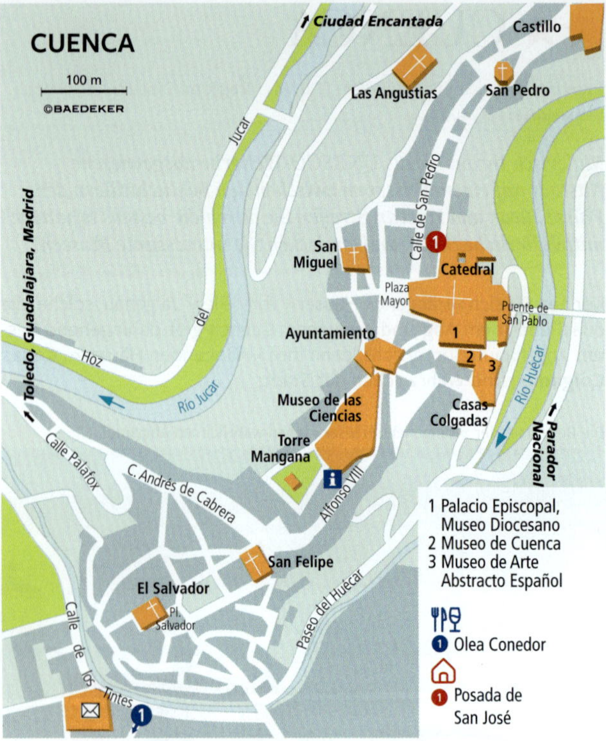

1 Palacio Episcopal, Museo Diocesano
2 Museo de Cuenca
3 Museo de Arte Abstracto Español

1 Olea Conedor

1 Posada de San José

Wohin in Cuenca?

Historischer Kern an Felsenabgründen

Hinein in die Altstadt

Unter dem Torbogen des **Ayuntamiento** (Rathauses) betreten Sie den Eingang zur steilen, engen, von Treppen durchzogenen Altstadt, bewacht von der **Torre Mangana**, einst Teil der maurischen Festung. Gleich daneben präsentiert das **Museo de las Ciencias** Themen wie Astronomie und Geologie.

Museo de las Ciencias: Pl. de la Merced, 1 | Di.–Sa. 10–14, 16–19, So. 10–14 Uhr | Eintritt 5 €, Planetarium zus. 2 € | http://museocienciasclm.es

2 x El Greco

Catedral Nuestra Señora de Gracia

Die von Bogengängen gesäumte Plaza Mayor bildet den Kern der Altstadt. Östlich erhebt sich die **Kathedrale** (12./13. Jh.), deren Fassade nach einem Einsturz 1902 neu aufgebaut wurde. Sie birgt einen Hochaltar (18. Jh.) von Ventura Rodríguez, durch herrliche

Gitter (1557) vom Kirchenraum getrennt; sehenswert sind in der Sakristei auch eine Mater Dolorosa von Juan de Mena (16. Jh.), in der Capilla de los Caballeros eine Kreuzigungsszene von Yañéz de la Almedina und im linken Seitenschiff der schöne Renaissancebogen Arco de Jamete. Das **Triforium** im Chorumgang ist das einzige seiner Art in Spanien.

Durch zwei von Alonso de Berruguete beschnitzte Nussbaumholztüren gelangt man in den **Kapitelsaal** mit dem Kirchenschatz.

Einige der herausragenden sakralen Objekte zeigt das **Museo Diocesano** im **Palacio Episcopal**, der südlich an die Kathedrale grenzt, darunter zwei Gemälde El Grecos (»Christus am Kreuz«; »Gebet im Olivengarten«) und ein byzantinisches Diptychon (13. Jh.).

Calle Obispo Valero, 3 | Juli - Okt. tgl. 10 - 19.30, Nov. - März So. - Do. 10 - 17.30, Sa. bis 19.30, April - Juni Okt. So. - Do. 10 - 17.30, Sa. bis 19.30 Uhr | Eintritt Kathedrale 5,50 €, Museum 4 €, auch Kombitickets | www.catedralcuenca.es

Durch die Ortsgeschichte

Museo de Cuenca

Im benachbarten Museo de Cuenca sind Funde aus der geschichtsträchtigen Umgebung zu sehen, etwa der Marmorkopf des Lucius Caesar (1. Jh. n. Chr.), eine rekonstruierte römische Küche, iberische Püppchen und westgotische Objekte.

Calle Obispo Valero, 12 | Di.-Sa. 10 - 14, 17 - 19 (Winter 16 - 19), So. 10 - 14 Uhr | Eintritt 3 €, Sa., So. frei

CUENCA ERLEBEN

OFICINA MUNICIPAL DE TURISMO

Calle Alfonso VIII, 2; Tel. 969 24 10 51; http://turismo.cuenca.es

1 OLEA COMEDOR €

Wer zeitgenössisch-avantgardistische Küche mag, darf sich hier bestens aufgehoben fühlen. Das Restaurant liegt ein Stückchen außerhalb des historischen Kerns.

Avenida Castilla La Mancha, 3
Tel. 628 85 97 42
http://oleacomedor.es
Mittagessen nur Mi.-So., Abendessen Mi.-Sa.

1 POSADA DE SAN JOSÉ €€

Im 18. Jh. als Klosterschule für die Chorknaben der benachbarten Kathedrale errichtet, wurde das Anwesen in den 1980er-Jahren in ein Gasthaus umgebaut. Die Zimmer sind geschmackvoll und individuell im kastilischen Ambiente eingerichtet; freundlicher Service. Mit Restaurant.

Calle Julián Romero, 4
Tel. 969 21 13 00
www.posadasanjose.com

Casas Colgadas

Über dem Abgrund
Wenige Schritte weiter erreichen Sie die Eingangsfronten der »**Hängenden Häuser**«. Einst war der gesamte Steilabfall zum Río Huécar mit solch kunstvollen, seit dem 14. Jh. konstruierten Bauten besetzt. Heute gibt es nur noch drei Exemplare, deren hölzerne Balkone über dem Abgrund schweben. Den besten Blick hat man von der Talsohle des Río Huécar oder vom **Puente de San Pablo** weiter nördlich.
In einem der Häuser wurde das **Museo de Arte Abstracto Español** (abstrakte spanische Kunst) der Stiftung Juan March eingerichtet. Es zeigt herausragende Werke bekannter spanischer Künstler seit den 1960er-Jahren, wie Saura, Tàpies, Chillida und Guerrero.
Museo de Arte Abstracto Español: Di.–Fr. 11–14 u. 16–18, Sa. bis 20 Uhr | Eintritt frei | www.march.es

Außerhalb der Altstadt

Burgreste, Aussichtsberg und Dinosaurier
Nordwestlich der Plaza Mayor erhebt sich die Kirche **San Miguel** (gelegentlich Konzerte) über der Schlucht des Río Júcar. Weiter aufwärts folgen die Reste der Burg (Castillo) und die Universität von Castilla-La Mancha. Ein beliebter Aussichtsplatz ist der **Cerro del Socorro** mit dem Monumento del Sagrado Corazón de Jesús östlich der Altstadt. Im paläontologischen **Museo de Paleontología** dreht sich alles um Dinosaurierfunde.
Museo de Paleontología: Calle Río Gritos, 5 | Di.–Sa. 10–14, 16–19, So. 10–14 Uhr | Eintritt 5 €, Mi. frei | http://mupaclm.es

Rund um Cuenca

Ciudad Encantada

Die verzauberte Stadt
Folgt man dem Tal des Río Huécar aufwärts, so gelangt man nordöstlich in das wildromantische, von den Kräften der Erosion geschaffene Bergland **Serranía de Cuenca**, das als Naturpark ausgewiesen ist.
Nach 36 km erreicht man die dazu gehörende »Verzauberte Stadt« Ciudad Encantada – keine Geisterstadt, sondern ein faszinierendes Labyrinth aus Felsüberhängen, Pilzfelsen, Felstürmen, Felsbögen und Hohlräumen, als Ergebnis jahrtausendelanger Verkarstungs- bzw. Erosionsvorgänge. Hier glaubt man, Häuser, Plätze und Straßen einer Ruinenstadt zu erkennen. Die imposante Landschaft war schon Kulisse zahlreicher Filmproduktionen. Vom nahen **Mirador de Uña** bieten sich schöne Ausblicke über Tal und Stausee.
Ciudad Encantada: tgl. ab 10 Uhr, Schließzeiten s. Website Eintritt 6 € | www.ciudadencantada.es

Nacimiento del Río Cuervo

Zum Ursprung des Río Cuervo
Ein etwas mühevoller Ausflug führt von hier auf der CM-2105 Richtung Norden zum Ort **Tragacete** (35 km), von wo es noch einmal 12 km

bis zum Ursprung des Río Cuervo (Monumento Natural Nacimiento del Río Cuervo) sind. Hier tritt Wasser aus moosbewachsenen Höhlen aus und sammelt sich in einem Quellteich.

Kirchenkunst mal anders

Alarcón

Südlich von Cuenca liegt der 25 km lange **Embalse de Alarcón,** der durch Aufstauung des Río Júcar entstand. Alarcón (831 m) liegt malerisch an dessen südlichem Ende über einer Júcar-Schleife und begeistert durch sein typisch kastilisches, geschlossenes Gesamtbild mit Mauern und Wehrtürmen. Die Kirche **San Juan Bautista** wurde vom Künstler Jesús Mateo (geb. 1971) fantasiereich ausgemalt.

San Juan Bautista: Juni–Sept. Fr.–So. 11.30–14 u. 18–20.30, sonst Fr.–So. 11.30–14 u. 16–18.30 Uhr, Jan., Febr. geschl. | Eintritt 3 € | www.muralalarcon.org

Imposant

Belmonte

Eeine noch imposantere Festung? Dann sollten Sie die Fahrt Richtung Westen bis Belmonte ausdehnen. Inmitten der kargen Ebene der Mancha erhebt sich auf einem sanft ansteigenden Hügel das **Castillo de Belmonte** (Mitte 15. Jh.). Die sternförmige Festungsanlage besitzt sechs Rundtürme und einen zinnengekrönten doppelten Mauerring. Ins Innere öffnen sich drei Tore, darunter das Pilgertor mit Kreuz und Jakobsmuschel, den Symbolen der Jakobspilger. Den Burghof säumt eine doppelte Galerie mit schönen Reliefs. Von den Wehrgängen hat man einen weiten Blick in die Mancha. Die gotische Stiftskirche **La Colegiata** (15. Jh.) bewahrt das Chorgestühl aus dem Dom von Cuenca, gotische Retablos und das Taufbecken, an dem der Dichter Fray Luis de León (1527–1591) getauft wurde.

Castillo de Belmonte: i.d.R. tgl. ab 10 Uhr, genaue Zeiten s. Website Eintritt 10 €, im Aug. 11 | http://castillodebelmonte.com

Richtung Westen über den Pass

Carrascosa del Campo

Die von Cuenca nach Westen führende N-400 passiert den **Puerto de Cabrejas** (1150 m) und erreicht in der Einsamkeit Carrascosa del Campo (894 m) mit den Resten einer Burg und einer sehenswerten gotischen Kirche mit Barockportal. Hier zweigt ein Sträßchen südwestwärts nach Uclés ab, einst Sitz des Santiago-Ordens.

Der »Escorial von La Mancha«

Uclés

In Uclés (863 m) bauten Santiago-Ritter zwischen 16. und 18. Jh. eine Klosterburg, das **Monasterio de Uclés**, das sich durch einen schönen Patio auszeichnet und der »Kleine Escorial« genannt wird. Herausragend ist das Täfelwerk der **Refektoriumsdecke** mit Porträtmedaillons der Großmeister des Ordens und Kaiser Karl V.

Monasterio de Uclés: Zutritt Di.–So. 11, 12.30 (Sommer 10.30, 12.30), 16, 17.30 Uhr | Eintritt 12 € | www.monasterioucles.com

ESTELLA · LIZARRA

Provinz/Region: Navarra | **Höhe:** 421 m ü. d. M. | **Einwohner:** 14 000

Nicht nur Pilger freuen sich wenn sie auf dem Jakobsweg diese Station zwischen ▸ Pamplona und ▸ Logroño erreichen. »Estella la Bella«, »Estella die Schöne«, die Stadt der Kirchen am Río Ega.

Schon im 12. Jh. wurde Estella (bask. Lizarra) von Aimeric Picaud in seinem »Reiseführer« für den Jakobsweg als gastfreundliche Stadt gelobt. Die Könige von Navarra holten Juden und Franken nach Estella, die eigene Viertel bewohnten. Auch sie mehrten den Reichtum der stolzen Stadt, sodass sie trotz ihrer geringen Größe ein lohnendes Ziel im westlichen Navarra ist.

Wohin in Estella und Umgebung?

Auf die Säulen achten

San Pedro de la Rúa

Direkt über dem Pilgerweg durch einen Teil der Altstadt erhebt sich der Turm von San Pedro de la Rúa (12. Jh.). Das **Kirchenportal** zeigt in seiner Kombination von Spitz- und Zackenbögen maurischen Einfluss. Im Innern fällt eine aus drei ineinander verflochtenen Schlangen bestehende Säule in der zentralen Apsis auf. In der barocken **Capilla de San Andrés** wird in einem silbernen Schrein eine Reliquie des hl. Andreas aufbewahrt, die im 13. Jh. der Bischof von Patras in die Stadt brachte, weil er hier auf Pilgerschaft verstarb. Der bei der Zerstörung der benachbarten Burg 1572 stark in Mitleidenschaft gezogene **Kreuzgang** ist wegen seiner Säulenkapitelle von besonderem Interesse. Sie zeigen die Ermordung der Knaben durch Herodes, Leben und Leiden Christi, die Vita der Hll. Laurentius und Andreas, die Gefangennahme Petri sowie Tier- und Pflanzenmotive.

Mo.–Sa. 10–13.30, 18–19 Uhr, So. 10–13.30 Uhr | Eintritt frei, Führung 6 €

Romanische Profanarchitektur

Palacio de los Reyes de Navarra

Unterhalb der Kirche San Pedro de la Rúa liegt am Pilgerweg der romanische Palast der Könige von Navarra, dessen Grundstruktur aus dem 12. Jh. stammt; Türme und die Galerie wurden im 16. Jh. hinzugefügt. Auffallend sind die beiden **Säulenkapitelle** an der Hauptfassade: Das linke zeigt den Kampf Rolands mit dem Riesen Ferragut; das rechte Teufel, die Geizhälse traktieren, sowie musizierende Tiere. Im Palast widmet sich ein Museum dem Werk des vielseitigen Malers **Gustavo de Maeztu** (1887–1947).

Museo Gustavo Maeztu: Di.–Sa. 9.30–11 u. 16–18, So. 11–14 Uhr, Winter nachm. geschl. | Eintritt frei | www.museogustavodemaeztu.com

ESTELLA · LIZARRA ERLEBEN

OFICINA DE TURISMO
Plaza de San Martín, 4
Tel. 848 42 04 85
www.estellaturismo.com
www.turismotierraestella.com

HOSPEDERÍA CHAPITEL €€
Zentrale Lage, gut als Zwischenquartier. Bodenständige Küche.
Calle Chapitel, 1
Tel. 948 55 10 90
http://hospederia-chapitel.es

YERRI €€
Etwas außerhalb der Altstadt gelegenes Mittelklassehotel mit Restaurant.
Avenida Yerri, 35
Tel. 948 54 60 34
www.hotelyerri.es

Am zentralen Versammlungsplatz

Plaza de San Martín

An der Einmündung der Pilgerstraße in die Plaza de San Martín versammelten sich seit dem 11. Jh. die Bürger der Stadt. Im 16. Jh. errichteten sie das **Rathaus** mit zwei sehr schönen Stadtwappen.

Ein Stück Jakobsweg

Calle de la Rúa

Vom Rathaus führt Richtung Osten die Calle de la Rúa, an der sich Bürgerhäuser und **Adelspaläste** aufreihen, darunter die Casa del Fray Diego de Estella (16. Jh.) und der Palacio del Gobernador (Anfang des 17. Jh.). An ihr entlang verläuft auch der Jakobsweg.
Man passiert auf der rechten Seite (nun den Jakobsweg in Richtung Stadtrand ein Stück in Gegenrichtung gehend) die romanische Kirche **Santo Sepulcro**, begonnen Ende 12. Jh. Im gotischen Tympanon erkennt man Kreuzigung, Begräbnis und Wiederauferstehung Christi, rechts und links vom Portal schöne Apostelstatuen.

Großartige romanische Skulpturen

★ San Miguel Arcángel

Am linken Ufer des Río Ega führt eine Treppe hinauf zu einem Plateau, wo sich die auf den ersten Blick schlichte, im romanisch-gotischen Übergangsstil errichtete Kirche San Miguel Arcángel erhebt.
Ihr **Nordportal** ist eine der schönsten romanischen Bildhauerarbeiten Navarras. Die Kirchentür flankieren je fünf Säulen, deren Kapitelle Geburt und Kindheit Jesu darstellen, die beiden letzten zeigen Jagdszenen und Pflanzenornamente. Der Figurenschmuck setzt sich in den Archivolten fort; im Tympanon thront Christus, umgeben von Evangelistensymbolen. Meisterwerke sind auch die beiden **Reliefs** beiderseits des Portals: links der Kampf des Erzengels Michael mit dem Drachen sowie der Erzengel und Abraham im Kampf mit dem Teufel um die Seelen, rechts die Auferstehung Christi.

Pilgerkloster mit »Weinbrunnen«

Monasterio de Irache

Das Monasterio de Santa María la Real de Irache (3 km südwestl.) ging aus einer der ersten Pilgerstationen am Jakobsweg im 11. Jh. hervor. Im 15. und 16. Jh. hatte hier eine angesehene Universität ihren Sitz. Der Baubeginn der Klosterkirche fällt ins 12. Jh., die Apsis ist noch romanisch, während die Fassade aus dem 17./18. Jh. stammt. Der Kreuzgang ist im Stil der Renaissance gehalten.

100 m vom Kloster entfernt fließt am »Weinbrunnen« **Fuente del Vino** aus zwei Zapfhähnen auf der einen Seite Wasser, auf der anderen kostenloser Rotwein. Vorausgesetzt, es ist noch etwas im Depot!

Mi.–So. 10–13.15 Uhr, 16–19, Nov.–März bis 18 Uhr | frei

GIJÓN

Provinz/Region: Asturias | **Höhe:** Meereshöhe | **Einwohner:** 272 000

Nur nicht erschrecken! Und sich nicht abschrecken lassen von Satellitenquartieren, Industrieanlagen und dem ausufernden Handelshafen! Denn Gijón, aus dem römischen Gegio hervorgegangen, fährt trotzdem lohnende Ziele auf: die Strandbereiche, das Altstadtviertel Cimadevilla und den Aussichtshügel Santa Catalina.

Gijón ist die größte Stadt Asturiens und dessen wirtschaftliches und industrielles Zentrum. Sie wurde im Bürgerkrieg größtenteils zerstört, daher ist vergleichsweise wenig Altes erhalten. Hier legt die ▶ Costa Verde eine urbane Pause ein.

Wohin in Gijón?

Steil und verwinkelt

Altstadt (Cimadevilla)

Der alte Kern Gijóns ist das steile und verwinkelte Viertel Cimadevilla auf einer Landzunge im Zentrum. An der heute nach ihm benannten Plaza wurde **Gaspar Melchor de Jovellanos** (1744–1811), Dichter, liberaler Reformer und einer der Führer des Widerstands gegen Napoleon, in einem stattlichen Gebäude mit langem Eisengitterbalkon geboren. Sein Geburtshauskann besichtigt werden .

Die Termas Romanas del Campo Valdés, Reste einer **Thermenanlage** (1. Jh. n. Chr.) am Südostende der Landzunge, legten die Römer an.

Die **Plaza Mayor**, gesäumt von Cafés und Bars, trennt die Altstadt von den neu erbauten Vierteln. Zum Sporthafen an der Westseite

GIJÓN ERLEBEN

OFICINA DE TURISMO
Casa Paquet, Plaza Fermín García Bernardo, s/n
Tel. 985 34 17 71
www.gijon.es

PARADOR DE GIJÓN €€€€-€€€
Der stilvolle Parador an der grünen Lunge des Parque de Isabel la Católica ist aus einer alten Mühle erwachsen. Die Küche: Extraklasse.
Avenida Torcuato Fernández Miranda, 15
Tel. 985 37 05 11
http://paradores.es

HOTEL ZENTRAL GIJÓN REY PELAYO €€€
Modern, mit 130 geschmackvoll eingerichteten Zimmern und Suiten, gegenüber dem Parque de Isabel la Católica und in Strandnähe. Mit Café. Auch Familienzimmer
Avenida Torcuato Fernández Miranda, 26
Tel. 985 19 98 00
http://hotelzentralgijon.com

ausgerichtet ist der doppeltürmige **Palacio de Revillagigedo** (18. Jh., heute Kulturzentrum).

Museo-Casa Natal Jovellanos: Di.-So. 9.30/10-14, 17-19.30 Uhr | Eintritt frei | **Termas Romanas del Campo Valdés:** Di.-So. 9.30/10-14, 17-19.30 Uhr | Eintritt frei

Kunst aus Beton

Cerro de Santa Catalina

Über den Häusern der Altstadt erhebt sich der Cerro de Santa Catalina, der eine weite, lohnende Aussicht gewährt. Ein Blickfang auf dem Hügel ist die riesige Betonplastik **»Elogio del Horizonte«** (»Lob des Horizonts«, 1990) des baskischen Bildhauers Eduardo Chillida (1924 – 2002).

Badefreuden am langen Stadtstrand

Playa de San Lorenzo

Östlich der Landzunge von Santa Catalina zieht sich der Badestrand San Lorenzo – mit Hochhäusern im Rücken – 1,5 km südöstlich zum Río Piles hin.

Dudelsäcke!

Pueblu d'Asturies

Auf der anderen Seite des Río Piles, dem Parque Isabel La Católica gegenüberliegend, kann man im ethnografischen **Freilichtmuseum** Museu del Pueblu d'Asturies asturianische Hórreos (Agrarspeicher) und Bauernhäuser, vor allem aber das **Museo de la Gaita** besichtigen, eine Sammlung asturischer Dudelsäcke.

Paseo del Doctor Fleming, 877 | Di.-So. 9.30/10-18.30/19 Uhr
Eintritt frei

Flora der Nordküste

Jardín Botánico Atlántico

Im Ostteil der Stadt liegen der **Botanische Garten** Jardín Botánico Atlántico und ein Blicke erscheischender Universitätskomplex aus der Franco-Zeit, die ehemalige **Universidad Laboral**.

www.laboralciudaddelacultura.com/ral | **Jardín Botánico Atlántico:** Di.–So. 10–18/21 Uhr, Juli/Aug. tgl. | Eintritt 2,90 €

GIRONA

Provinz: Girona Höhe: 68 m ü. d. M. | **Region:** Katalonien
Einwohner: 102 700

Einmal die bunten Häuserfronten am Riu Onyar aufnehmen, ihre Mauern und das alte Judenviertel erkunden, eine der katalanischsten Städte in Geschichte und Gegenwart erleben – Girona macht's möglich.

Girona bewahrt eine verwinkelte, **mittelalterliche Altstadt**, die maurische, jüdische und christliche Kultur bezeugt. Zeichen des Glaubens setzen die Basilika San Feliu (Felix) und die Kathedrale. Die strategische Lage an der wichtigsten die Pyrenäen überquerenden Straße brachte es mit sich, dass Girona oft umkämpft war und sich als »Stadt der tausend Belagerungen« bezeichnete.

Wohin in Girona?

Mit »abgeschnittenem« Turm

Sant Feliu

Die einstige Kollegiatskirche Sant Feliu (11.–18. Jh.) zeigt sich als dreischiffiger gotischer Bau mit sehr niedrig gehaltenen Seitenschiffen und das Stadtbild dominierender Turmsilhouette. An ihrer linken Langhauswand ist eine überwölbte barocke Kapelle angefügt, geweiht dem **Hl. Narcissus**, Bischof von Girona in der Zeit Diokletians. Der 1318 abgeschlossene Chor birgt einen gotischen Schnitzaltar, daneben acht frühchristliche **Sarkophage** (2.–6. Jh.).

tgl. 10–18 Uhr | Eintritt 7,50 € (inkl. Kathedrale, Museum, Kreuzgang)

Neunzig Stufen

Catedral

An der rechten Langhauswand von Sant Feliu entlang gelangen Sie zum **Portal de Sobreportes**, einem von zwei Türmen flankierten wuchtigen Stadttor. Dahinter liegt die kleine **Plaza de la Catedral**, die zum größten Teil von der mächtigen barocken Freitreppe (1690) eingenommen wird, die zur Kathedrale hinaufführt.

Die **Kathedrale Santa María** wurde 1312 begonnen und Ende des 16. Jh.s vollendet. Ihr Schiff ist mit 50 m Länge, 23 m Breite und 34 m Höhe einer der größten überwölbten Räume der Gotik. Unter einem Baldachin steht in der Apsis der Hauptaltar mit vergoldetem Aufsatz, eine bemerkenswerte Silberschmiedearbeit aus dem 14. Jh.; dahinter steht der mit Rankenfriesen gezierte steinerne Bischofssitz, gemeinhin als Thronsessel Karls des Großen angesehen.Interessanteste Objekte:im **Domschatzmuseum** (Museu-Tesoro de la Catedral) sind eine romanische Madonna (11./12. Jh.), eine Beatus-Handschrift (975), ein spätgotisches Kreuz (1503–1507) mit Perlen und Emaileinlagen sowie ein zweites aus dem 14. Jh., ein silberner Buchdeckel und eine Sammlung von Skulpturen aus dem 15. Jh.; ferner die Bibel Kaiser Karls V., eine italienische Arbeit (14. Jh.). Schönstes Stück ist der farbige **Schöpfungsteppich** in Seidenstickerei (11. Jh.). Die Darstellungen lehnen sich an frühchristliche Vorbilder an, etwa in der Darstellung des bartlosen Christus als Weltschöpfer in der Mitte.

Über dem romanischen Kreuzgang (12. Jh.) ragt ein romanischer Turmstumpf auf, der sog. »**Turm Karls des Großen**«. Obwohl beschädigt, beeindrucken die Figurenkapitelle der Säulenarkaden durch die Vielfalt ihrer Darstellungen – biblische Szenen und Volksleben.
Mitte Juni–Mitte Sept. Mo.–Fr. 10–19, Sa. 10–20, So. 12–19 Uhr, Mitte März–Mitte Juni u. Mitte Sept.–Ende Okt. Mo.–Fr 10–18, Sa. 10 bis 19, So. 12-18 Uhr, sonst Mo.–Sa. 10–17, So. 12–17 Uhr | Eintritt 7,50 € (inkl.Museum, Kreuzgang, Sant Feliu) | www.catedraldegirona.cat

Kunstüberblick im Bischofspalast

Museu d'Art

Im einstigen Bischofspalais südlich der Kathedrale wurde ein Kunstmuseum eingerichtet. Es präsentiert Exponate von der Frühromanik bis zum Beginn des 20. Jh.s, unter denen der romanische Altar von Sant Pere de Rodes und die gotischen Retablos aus Sant Miquel de Cruïlles von Borrassà bzw. aus Púbol von Martorell herausragen.
Pujada de la Catedral, 12 | Di.–Sa. 10–/18/19, So. 10–14 Uhr
Eintritt 6 € | http://museuart.cat

Jüdisches Viertel

El Call

An der Freitreppe beginnt die **Carrer de la Força**. Zu beiden Seiten lag das Judenviertel »El Call«, dessen enge Gassen sich bis heute kaum verändert haben. Über Jahrhunderte besaß Girona eine bedeutende jüdische Gemeinde; deren letzte Mitglieder, schon lange zuvor drangsaliert (so durften sie keine Fenster zur Carrer de la Força öff-

GIRONA ERLEBEN

OFICINA DE TURISME
Rambla de la Llibertat, 1
Tel. 972 01 00 01
www.girona.cat/turisme

❶ EL CELLER DE CAN ROCA €€€€
Die Kochkunst der Gebrüder Roca ist legendär. Die kulinarischen Höhenflüge gehen Hand in Hand mit dem Preis (rechtzeitig reservieren!).
Can Sunyer, 48
Tel. 972 22 21 57
http://cellercanroca.com
So. sowie Mo., Di. mittags geschl.

❷ PROBOCADOR €€€
Mediterrane Leckereien in minimalistischem Design. Reisgerichte sind eine gute Wahl.
Carrer Hortes, 7,
Tel. 972 29 80 74
http://probocador.com
So.abends, Mo.abends, Di. geschl.

❶ CIUTAT DE GIRONA €€€–€€
Das moderne Hotel liegt mitten im historischen Stadtzentrum. Solide mit modernen Noten.
Carrer Nord, 2
Tel. 972 48 30 38
www.hotelciutatdegirona.com

nen), 1492 vertrieben wurden. Das **Museu d'Història dels Jueus** erzählt ihre Geschichte.

Museu d'Història dels Jueus: Carrer de la Força, 8 | Juli, Aug. Mo.-Sa. 10-19, So. 10-14, Sept.-Juni Di.-Sa. 10-18, So., Mo. 10-14 Uhr | Eintritt 4 €, 1. So. im Monat frei

»Arabische Bäder« aus späterer Zeit

Banys Àrabs

In der Carrer Ferrán el Catòlic gelangen Sie zu den sog. Arabischen Bädern. Sie wurden 1194, also lange nach der maurischen Herrschaft, wohl aus einer jüdischen Mikwe (rituelles Tauchbad) umgebaut und zeigen maurische und romanische Stilelemente.

Mo.-Sa. 10-18, So. 10-14 Uhr | Eintritt 3 € | www.banysarabs.org/en

Katalanisches Altertum

Sant Pere de Galligants

Ein Brückchen führt über den Galligants zur romanischen **Kirche** Sant Pere de Galligants. Der Bau aus dem 12. Jh. war einst Teil eines **Benediktinerklosters**; bemerkenswert sind die Schmuckrosetten und das Bänderwerk im Rundbogenportal. Heute stellt hier das **Museu d'Arqueologia de Catalunya** die Geschichte der Region vor.

Museu d'Arqueologia de Catalunya: Carrer Santa Llúcia, 8 | Di.-Sa. 10-18/19, So. 10-14 Uhr | Eintritt 7 € | www.macgirona.cat

Bunte Häuser säumen den Río Oymar, darüber erhebt sich die Kathedrale von Girona.

Spaziergang auf der Mauerpromenade

Passeig de la Muralla

Ein Spaziergang über die **Stadtmauern** rundet den Besuch in Girona ab. Lohn für die kleinen Mühen des Aufstiegs auf diesen Passeig de la Muralla (hinter der Kathedrale) sind herrliche **Aussichten**.

Rund um Girona

Beliebtes Naherholungsziel am See

Estany de Banyoles

Die Kleinstadt **Banyoles** (17 km nordwestl.) ist dank ihres Sees (Estany de Banyoles) ein beliebtes Ausflugsziel. Man kann darauf herumpaddeln oder ihn bis nach **Porqueres** im Südwesten umwandern, das ein romanisches Kirchlein (13. Jh.) besitzt.

Oficina de Turisme: Passeig Darder, 10, Banyoles | Tel. 972 58 34 70
http://turisme.banyoles.cat

Perfekt erhaltenes Mittelalter

Besalú

16 km nordwestlich von Banyoles erwartet Sie mit Besalú ein hübscher, mittelalterlich geprägter Ort am Riu Fluvià. Bummeln Sie zur Plaça Llibertat und zur mittelalterlichen **Alten Brücke** (Pont Vell) mit Wehrturm in der Mitte; zur Stadtseite sicherte ein Tor mit Fallgitter den Zugang. Von den Kirchen Besalús sind die spätromanische **Sant Vincenç** mit Reliquien des hl. Vinzenz von Besalú und vor allem

die wuchtige, dreischiffige **Sant Pere** (12. Jh.) bemerkenswert. Die Säulen ihres Mittelfensters tragen figurenreiche Kapitelle und werden von zwei Löwenskulpturen flankiert.

Oficina de Turisme: Carrer del Pont Vell, 1 |http://besalu.cat

Mittelalter in einzigartiger Vulkanlandschaft

Castellfollit de la Roca

Westlich von Besalú beginnt die Landschaft **La Garrotxa**, die der Riu Fluvià in eine nördliche und eine südliche Hälfte teilt. Letztere ist vulkanischen Ursprungs, was sich auch in der fantastischen Lage von Castellfollit de la Roca zeigt: Der Ort mit mittelalterlicher Altstadt klebt auf einem Basaltsporn fast 60 m über dem Fluvià. Nahe der äußersten Felsspitze steht hoch über der Schlucht die alte Kirche.

Bei einer Wanderung zum Kloster in **Sant Joan les Fonts** (3 km westl.) lernt man die eigentümliche Landschaft kennen.

http://en.turismegarrotxa.com

Wandern im vulkanischen Naturpark

Parc Natural de la Zona Volcànica de la Garrotxa

Das Städtchen **Olot**, 6 km weiter, ist das Zentrum des Landstrichs Garrotxa und Ausgangspunkt zu Ausflügen in den umliegenden Vulkanpark Parc Natural de la Zona Volcànica de la Garrotxa. In der Welt der längst erloschenen Vulkane lassen sich schöne, nicht besonders anstrengende Wanderungen unternehmen.

http://parcsnaturals.gencat.cat

Sehr fotogen: der Pont Vell von Besalú.

GRANADA

Provinz: Granada | **Höhe:** 662–780 m ü. d. M. | **Region:** Andalusien
Einwohner: 228 700

P14

»Wer Granada nicht gesehen hat, hat gar nichts gesehen«, lautet eine alte Weisheit. Wie wahr! Dafür steht allein die Alhambra, die »Rote Burg« der Mauren über der Stadt, Inbegriff eines Märchens aus Tausendundeiner Nacht, einzigartiges Zeugnis und Höhepunkt maurisch-arabischer Baukunst in Europa. Auch sonst steckt Granada voller Atmosphäre. Dafür bürgen allein die Tapas-Bars!

1001 Nacht in Andalusien

Die einstige maurische Königsresidenz, heute »nur« Provinzhauptstadt, liegt herrlich **am Fuß der Sierra Nevada** zwischen zwei Bergvorsprüngen, die zur fruchtbaren Vega des Río Genil steil abfallen. Granada ist vermutlich eine iberische Gründung. 711 n. Chr. fiel die Stadt in die Hände der Mauren, die sie Gharnátha nannten und auf einem Hügel ihr Burgpalais erbauten. Nach dem Untergang des Kalifats von Córdoba war Granada unabhängig, dann regierte die Dynastie der **Nasriden**, die es zur reichsten Stadt der Iberischen Halbinsel machte. Sie erlebte eine 250 Jahre währende Blütezeit bis zur Einnahme durch die Katholischen Könige 1492.

★★ Alhambra und Generalife

April–Mitte Okt. tgl. 8.30–20, sonst bis 18, Abendbesuche: April–Mitte Okt. Di.–Sa. 22–23.30, sonst nur Fr., Sa. 20 bis 21.30 Uhr | Eintritt 18 € tagsüber, 10 € am Abend | Online-Reservierung: http://tickets.alhambra-patronato.es (begrenztes Kontingent mit festem Zeitfenster) | Frühzeitig reservieren, keinesfalls zu spät kommen!
www.alhambra.org

Traumhafter Blick auf die Stadt

Alcazaba

Wie ein Schiffsbug ragt die Vorburg Alcazaba von der Höhe zur Stadt hinaus. Vom ersten Bau der unter Mohammed I. im 13. Jh. begonnenen Königsburg sind nur die Umfassungsmauern mit den gewaltigen Türmen übrig. Die **Puerta de la Alcazaba** führt in die Wehrgänge Jardín de los Adarves an der Südflanke; von dort hat man eine schöne Aussicht auf die Stadt. Noch umfassender ist der Blick von der **Torre de la Vela**, die sich 26 m hoch am Westende der Terrasse erhebt.

Ein Fremdkörper

Palacio de Carlos V

Der größte Fremdkörper auf dem Alhambra-Plateau ist der Renaissance-Palast Karls V. (▶ Baedeker Wissen, S. 258), den sich der Kaiser ab 1526 von Pedro Machuca erbauen ließ. Herzstück ist der innere

.HAMBRA UND GENERALIFE

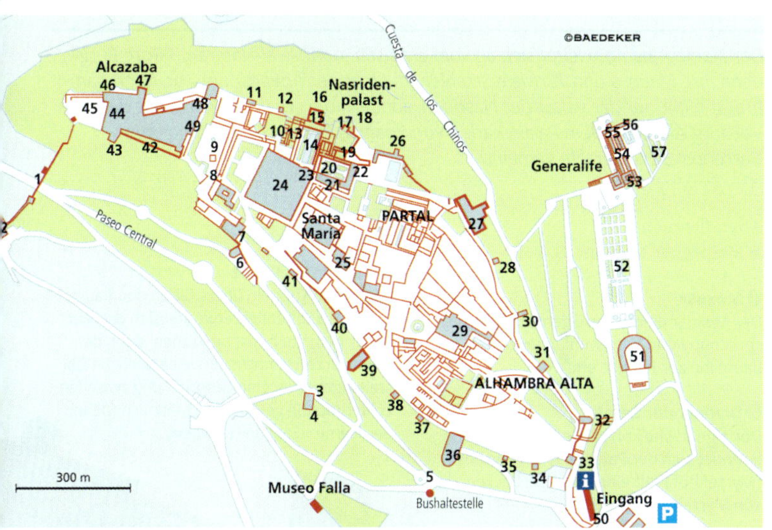

1 Puerta de las Granadas (Granatapfeltor)
2 Torres Bermejas (Rote Türme)
3 Fuente del Tomate (Tomatenbrunnen)
4 Monumento a Ganivet (Denkmal für den Granadiner Schriftsteller)
5 Fuente del Pimiento (Paprikabrunnen)
6 Pilar de Carlos V (Säule Karls V.)
7 Puerta de la Justicia (Tor der Gerechtigkeit)
8 Puerto del Vino (Weintor)
9 Plaza de los Aljibes (Platz der Zisternen)
10 Patio de Machuca
11 Torre de las Gallinas (Hühnerturm)
12 Torre de los Puñales (Turm der Dolche)
13 Mexuar (ehem. Audienzsaal)
14 Patio de los Arrayanes (Myrtenhof)
15 Salón de Embajadores (Saal der Botschafter)
16 Torre de Comares
17 Habitaciones de Carlos V (Gemächer Karls V.)
18 Tocador de la Reina (Ankleidezimmer)
19 Sala de las Dos Hermanas (Saal der beiden Schwestern)
20 Patio de los Leones (Löwenhof)
21 Sala de los Abencerrajes (Saal der Abencerrajen)
22 Sala de los Reyes (Saal der Könige)
23 Krypta
24 Palacio de Carlos V (Palast Karls V.)
25 Baños (Bäder)
26 Torre de las Damas
27 Torre de los Picos (Turm der Zinnen)
28 Torre del Cadí
29 Parador de San Francisco
30 Torre de la Cautiva (Turm der Gefangenen)
31 Torre de las Infantas (Turm der Infantinnen)
32 Torre del Cabo de la Carrera (Turm am Ende der Rennbahn)
33 Torre del Agua (Wasserturm)
34 Torre de Juan de Arce
35 Torre de Baltasar de la Cruz
36 Torre de Siete Suelos (Turm der sieben Stockwerke)
37 Torre del Capitán (Hauptmannsturm)
38 Torre de las Brujas (Hexenturm)
39 Torre de las Cabezas (Turm der Köpfe)
40 Torre de Abencerrajes (Turm der Abencerrajen)
41 Puerta de los Carros (Tor der Fuhrwerke)
42 Jardines de los Adarves (Wehrganggärten)
43 Torre de la Pólvora (Pulverturm)
44 Torre de la Vela (Wachturm)
45 Baluarte (Vorwerk)
46 Torre de los Hidalgos (Turm der Edelleute)
47 Torre de las Armas (Waffenturm)
48 Torre del Homenaje (Turm der Huldigung)
49 Torre Quebrada (Zerbrochener Turm)
50 Eingang zur Alhambra und zum Generalife
51 Theater
52 Jardines nuevos (Neue Gärten)
53 Pabellón Sur (Südpavillon)
54 Patio de la Acequia (Wasserbeckenhof)
55 Pabellón Norte (Nordpavillon)
56 Patio de la Sultana (Hof der Sultanin)
57 Jardines altos (Obere Gärten)

DIE ROTE BURG

BAEDEKER WISSEN

Der Name Alhambra leitet sich ab vom arabischen »Kala al-Hamra«, »Rote Burg«, denn ihre Mauern und Türme erstrahlen im Licht der Abendsonne rot. Mit Alhambra ist nicht nur der Palast der Nasriden, sondern die gesamte Anlage mit der Vorburg Alcazaba, dem Palast Karls I. von Spanien (Kaiser Karl V.) und dem Gartenpalast Generalife gemeint.

Abendbesuch:
▸ Magischer Moment, S. 269

❶ Mexuar
Der Mexuar diente der öffentlichen Rechtsprechung und Versammlungen. Karl V. baute ihn zur Kapelle um.

❷ Diwan oder Serail
Der eigentliche königliche Palast: Hier befindet sich der Patio de los Arrayanes (Myrtenhof) mit einem Wasserbecken, das von Myrten eingefasst ist.

❸ Harem
Im Zentrum liegt der Patio de los Leones (Löwenhof) mit dem Löwenbrunnen.

❹ Patio de Mexuar
Dieser Hof zeichnet sich durch seine Marmor- und Azulejoverkleidungen in warmen Tönen aus, was besonders im Cuarto Dorado (»Goldenes Zimmer«) zur Geltung kommt.

❺ Torre de Comares und Salón de Embajadores
Mit 45 m ist die Torre de Comares der höchste Turm der Burg. Im Erdgeschoss fanden im Salón de Embajadores (Saal der Botschafter) die Audienzen statt, dank seiner prächtigen Zedernholzkuppel und der Ornamentik einer der schönsten Räume der Alhambra. Der Thron des Herrschers stand dem Eingang gegenüber.

❻ Sala de la Barca
Halle aus sieben Arkaden, deren Name entweder von der schiffsförmigen Artesonadodecke oder vom arabischen »baraka« (Segen) stammt.

❼ Sala de los Reyes
Fünf hohe Kuppeln überwölben den Raum. Als große Seltenheit erweisen sich drei auf Leder gemalte höfische Szenen, denn der Islam verbietet normalerweise bildliche Darstellungen: u. a. eine Besprechung zwischen zehn prächtig gekleideten Männern (daher der Name »Saal der Könige«).

❽ Tocador de la Reina
Das »Ankleidezimmer der Königin« ist einer der anmutigsten Räume des Palasts: Er wurde von Isabella der Katholischen und den Gemahlinnen Karls V. und Philipps II. benutzt.

⑨ Torre de las Damas
Sie ist mehr Zierbau als Festung und einer der ältesten Bauten des Nasridenpalasts, errichtet unter Mohammed III. Anfang des 14. Jahrhunderts.

⑩ Palast Karls V.
Mächtiges Quadrat mit einem zweistöckigen Rundbau. Im Erdgeschoss befindet sich das Museo de la Alhambra, im oberen Stockwerk das Museo Provincial de Bellas Artes.

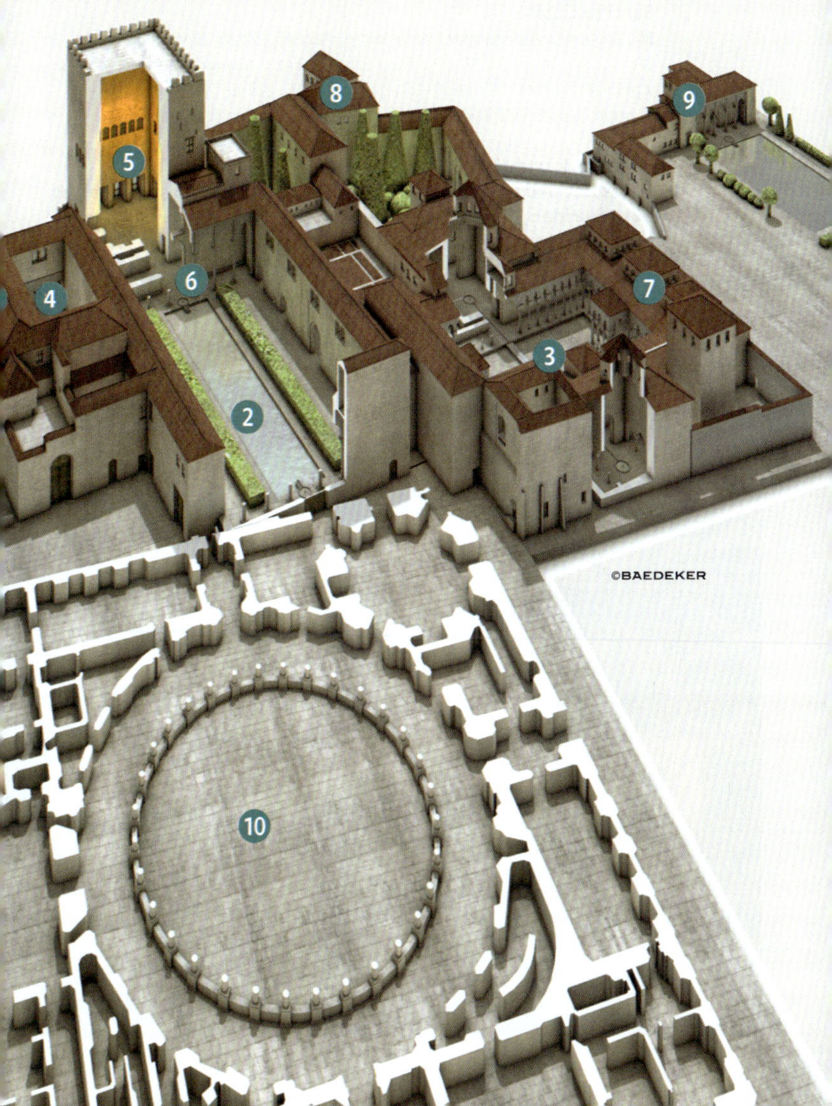

Säulenhof, ein zweistöckiger Rundbau mit dorischen Säulen in der ersten und ionischen in der zweiten Galerie (▶ Abb. S. 573).

Im Erdgeschoss stellt das **Museo de la Alhambra** maurisch-arabische Objekte aus, darunter vieles aus der Alhambra, u. a. Glas, Keramik und Schmuckfriese. Im oberen Stockwerk des Palasts wurde das **Museo de Bellas Artes** eingerichtet, das Gemälde und Skulpturen vom 15. bis 20. Jh. zeigt, darunter Künstler wie Alonso Cano und Juan Sánchez Cotán.

Museo de la Alhambra: April–Mitte Okt. Mi.–Sa. 8.30–20, sonst bis 18, So., Di. immer 8.30–14 Uhr | Eintritt frei | **Museo de Bellas Artes:** April–Mitte Okt. Di.–Sa. 9–20, sonst bis 18, So. immer 9–15 Uhr Eintritt 1,50 €, EU-Bürger frei | www.museosdeandalucia.es

Herzstück und Highlight

Palacio Nazaríes

Herzstück und unbestrittenes Highlight der Alhambra ist der **Palast der Nasriden**, unter Jūsuf I. (reg. 1333–1354) begonnen und unter Mohammed V. (reg. 1354–1391) größtenteils vollendet. Wie alle maurischen Profanbauten waren auch die Palastanlagen äußerlich unscheinbar. Ihre künstlerische Bedeutung lag vor allem in der überaus reichen Dekoration, ein Höhepunkt maurischer Kunst. Die Raumaufteilung, **Beispiel für islamischen Palastbau**, gliederte sich in drei

Abschnitte: den für öffentliche Rechtsprechung und Versammlungen bestimmten **Mexuar**, den eigentlichen Königspalast (**Diwan** oder **Serail**/El Serrallo) und schließlich die Frauengemächer (**Harem**/Harim), in denen sich das private Leben der Monarchen abspielte.
Alle Räume mündeten auf einen **Hof**, der im Diwan mit einem größeren Wasserbecken (Myrtenhof), im Harim mit einem Springbrunnen (Löwenhof, ▶ Abb. S. 587) versehen war.

Königlicher Erholungsort

Der Alhambra östlich gegenüber erstreckt sich der Palacio del Generalife (»djennat al-Arif« = »Garten des Architekten«), der 1319 unter Ismail I. vollendete **Sommersitz der Könige** (UNESCO-Welterbe). Dazu gehören eine schöne Zypressenallee, der **Paseo de los Cipreses**, und der mit Myrten- und Lorbeerhecken sowie Orangenbäumen bepflanzte Hof.
Von dort kommt man in die **Sala de los Reyes**, von deren Nebenraum ein Balkonfenster einen prachtvollem Blick auf Alhambra und Darrotal ermöglicht; eine weitere Rundsicht bietet der Mirador über dem Saal.
Östlich oberhalb des Hauptgebäudes erstreckt sich am Berghang der **Park** mit Terrassen, Grotten, Blumenbeeten, Wasserspielen.

Die gewaltige Burganlage der Alhambra vor der Kulisse der Sierra Nevada

Wohin in der Innenstadt?

Catedral

Siegesdenkmal des christlichen Spanien

Die Kathedrale **Santa María de la Encarnación** ist das Siegesdenkmal des christlichen Spanien in Granada, ein pompöser Renaissancebau, 1523 von Enrique Egas begonnen, weitergeführt von Diego de Siloé und 1561 unvollendet geweiht. Die gewaltige Westfassade (1667) geht u. a. auf Alonso Cano zurück.

Der Innenraum aus fünf Langschiffen und einem Querschiff kam erst nach 1703 zum Abschluss und ist mit Skulpturen und Gemälden, meist von Alonso Cano und Juan de Sevilla, reich ausgestattet. Großartig die 47 m hohe, von einer Kuppel überwölbte **Capilla Mayor** mit ihren Glasmalereien (16. Jh.) und großen Gemälden von Alonso Cano darunter. Sehenswert ist auch der **Domschatz**. Im rechten Seitenschiff liegt das heute geschlossene, prachtvolle gotische Portal zur Capilla Real (gesonderter Zugang: ► S. 267).

An die Südostseite der Kathedrale wurde anstelle der ehemaligen Hauptmoschee 1705–1759 die **Iglesia del Sagrario** erbaut; die Lonja, die ehemalige Börse mit schöner Loggia (1518–1522) an deren Ostseite, blieb unangetastet.

Catedrál: Mo.–Sa. 10–18.15, So. 15–18.15 Uhr | Eintritt 5 €
http://catedraldegranada.com

GRANADA ERLEBEN

OFICINA MUNICIPAL DE INFORMACIÓN TURÍSTICA

Plaza del Carmen, s/n
Tel. 958 24 82 80
www.granadatur.com

PROVINZ GRANADA

www.turgranada.es

GRANADA CARD

Der Touristenpass »Granada Card« (48 St. für 49 €, 72 Std. für 56,50 €) beinhaltet den Eintritt in viele Sehenswürdigkeiten wie Kathedrale und Alhambra (Zugangszeit mitreservieren!). Inklusive sind 9 Fahrten in städtischen Bussen.
http://entradas.granadatur.com

SEMANA SANTA

Ein festlicher Höhepunkt in der Karwoche ist die Prozession zum **Sacromonte** am Gründonnerstag zum »Cristo de los Gitanos«.

CORPUS CHRISTI (FRONLEICHNAM)

Das Stadtfest mit Prozession, Flamenco und vielerlei mehr dauert mehrere Tage.
2. Do. nach Pfingsten

FESTIVAL DE GRANADA

Vierwöchiges Festival für klassische und zeitgenössische Musik und Ballett; Aufführungen auch im Freilichttheater des Generalife.
Mitte Juni bis Mitte Juli
http://granadafestival.org

FESTIVAL DE JAZZ DE GRANADA

Festival mit internationalem Ruf.
Anfang November
www.jazzengranada.es

Granada ist berühmt für seine **Gitarrenbauer** und **Intarsienschnitzer**.
Haupteinkaufsstraßen sind Calle Reyes Católicos und Gran Vía de Colón, ein Bummel lohnt sich auch in der Cuesta de Gómerez, der Cuesta de Chapiz und der Calle Real de la Alhambra.

Granada ist eine der schönsten und stimmungsvollsten Städte Spaniens für **Flamenco** (Das ist ..., ▶ S. 12), der in kommerziellen Flamencolokalen und -höhlen (»tablaos«) von den Gitanos gepflegt wird, vor allem auf dem Sacromonte.
Nachtschwärmer gehen in die Straßen nördlich der Kathedrale, etwa in die **Calle Granada**.
Mehrere populäre Pubs gibt es in der **Calle Pedro Antonio de Alarcón**; am Wochenende geht es nahe der **Plaza Nueva** hoch her.
Sehr schön isti ein **abendlicher Spaziergang auf der Carrera del Darro** bis zum Paseo del Padre Manjón bzw. Paseo de los Tristes. Dort lebt Granada bis tief in die Nacht – vergnügte Scharen tummeln sich in den Bars und Cafés direkt unterhalb der angestrahlten Alhambra.

❶ INSTANTE

Ein populärer Spot für Live-Konzerte. Die Dekoration ist durch Bars der 1920er Jahre inspiriert worden.
Calle Ángel Ganivet, 9-11

❷ PARIPÉ

Guter Treff für diverse Cocktails und um Leute kennenzulernen.
Calle Moras, 2
www.grupoparipe.com

❸ CUEVA DE LA ROCÍO

In einer weiß gekalkten Höhle mit familiärer Atmosphäre erleben Sie Flamencoshows. Über deren Authentizität ist man geteilter Meinung.
Camino del Sacromonte, 70
Tel. 900 02 52 76
http://cuevalarocio.es

❹ SALA VIMAAMBI

Flamenco auf etwas andere Art präsentiert das ambitionierte kleine Kulturzentrum. In Studiotheater-Atmosphäre steigen meist freitags Konzerte.
Cuesta de San Gregorio, 30
Tel. 659 90 69 18
www.vimaambi.com

Eine Tapas- und Restaurantmeile ist die **Calle Navas**. Ein paar Hundert Meter weiter, rund um die **Calle Alhamar**, finden Sie alles von der Designerbar bis zur Stadtteilkneipe – viel weniger auf Touristen ausgerichtet.

❶ MIRADOR DE MORAYMA €€€€–€€€

Restaurant mit Garantie für einen gelungenen Abend: In einem typischen Carmen (Villa mit Garten) auf dem Albaicín mit herrlichem Blick auf die Alhambra genießt man granadinische Küche.
Calle Pianista García Carrillo, 2
Tel. 958 22 82 90
So. geschl.
www.miradordemorayma.com

❷ CHIKITO €€€

Klassiker bei Touristen und Einheimischen. Andalusische Traditionsküche mit überraschenden

Noten, z. B. hausgemachte Blutwurst-Pastete.
Plaza del Campillo, 9
Tel. 958 22 33 64
http://restaurantechikito.com
Mi. geschl.

❸ ARRAYANES €€€-€€

In Granada in orientalischem Ambiente marokkanisch zu essen liegt nahe, schließlich lebt hier die größte islamische Gemeinde Spaniens. Spezialitäten: Couscous-Gerichte, auch der arabische Salat und die Suppen sind interessant.
Cuesta Marañas, 4
Tel. 958 22 84 01
www.rest-arrayanes.com
Di. geschl.

❹ EL TRILLO €€€

Hervorragende mediterrane Traditionsküche in einer wunderschönen Villa mit Garten auf dem Albaicín.
Callejón del Aljibe de Trillo, 3
Tel. 958 22 51 82
www.restaurante-eltrillo.com

❺ BODEGAS CASTAÑEDA €

Tapas, Tapas, Tapas ... Häppchen & Wein in einer echt granadinischen Institution nahe der Plaza Nueva. Oft quirlig bis leicht chaotisch, was natürlich niemanden stört ...
Calle Almireceros, 1-3
Tel. 958 21 54 64

❻ LA TELEFÓNICA €€€-€€

Modern, schmackhaft, kreativ – außerdem sind die Portionen recht großzügig bemessen.
Calle Arcos de las Orejas, 1
Tel. 958 25 62 20
http://latelefonica.es

❼ KIOSKO LAS TITAS €€€-€€

Restaurant- und Cafépavillon mit einladender Terrasse im Park nahe der Flusspromenade am Río Genil. Ideal, um der Betriebsamkeit in der engeren Innenstadt zu entkommen.
Paseo de la Bomba, s/n
Tel. 958 12 00 19
http://kioskolastitas.com

❶ PARADOR DE GRANADA €€€€

Einer der schönsten (und teuersten) Paradores Spaniens: einmalig gelegen im alten Franziskanerkloster in den Alhambra-Gärten (40 Zi.). Nach Zimmern mit Blick auf die Alhambra fragen (und frühzeitig reservieren)!
Calle Real de la Alhambra, s/n
Tel. 958 22 14 40
http://paradores.es

❷ ALHAMBRA PALACE €€€€

Bau im neomaurischen Stil eines gigantischen Palasts (108 Zi.) in Top-Lage mit Top-Aussichten unterhalb der Alhambra. Das Restaurant tischt Regionales auf.
Plaza Arquitecto García de Paredes, 1
Tel. 958 22 14 68
www.h-alhambrapalace.es

❸ PALACIO DE SANTA INÉS €€€

Stadtpalast aus dem 16. Jh. am Fuß des Albaicín mit Charme, Ambiente und schönem Alhambra-Blick. Die 35 geräumigen Zimmer, gute Ausstattung, Atmosphäre und reichhaltiges Frühstück.
Cuesta de Santa Inés, 9
Tel. 958 22 23 62
www.palaciosantaines.es

❹ GAR-ANAT €€€-€€

Schmuckes Boutiquehotel mit Wohlfühl-Ambiente in einem renovierten Stadtpalast aus dem 17. Jh. (15 Zi.). Nehmen Sie ein Zimmer auf der Rückseite des Gebäudes.
Placeta de los Peregrinos, 1
Tel. 958 22 55 28
www.hotelgaranat.com

GRANADA
Jaén
Cartuja
Murcia
Estación RENFE
Jardínes del Triunfo
San Ildefonso
Hospital Real
Plaza del Triunfo
Gobierno Civil
San Andrés
Universidad
Catedral
Capilla Real
Palacio Arzobispal
Madraza
Corral del Carbon
Puerta Real
Ayunta-miento
Sta. Isabel la Real
Mezquita Mayor del Albaicín
San José
Chancillería
Plaza Nueva
Santa Ana
San Gregorio
San Luis
San Miguel de Alto
Sacro Monte,
Puerta de los Estandartes
El Salvador
ALBAICÍN
San Nicolás
San Juan
Casa de Castril
Museo
San Pedro
Baños Árabes
Casa del Chapiz
Internado Ave Maria
Camino del Sacromonte
Río Darro
Generalife
Palacio Arabe
Alcazaba
Palacio de Carlos V
Parador Nacional
ALHAMBRA
Puerta de las Granadas
Torres Bermejas
Casa de los Tiros
Capitanería General
San Matías
Santo Domingo
Santiago
Museo Falla
San Cecilio
Hospital Militar
Alhambra
Muralla
Constitución
Gran Vía de Colón
Calle Reyes Católicos
Cuesta de la Alhacaba
Carrera del Darro
Cuesta de Gomérez
Paseo Central
Calle Recogidas
Acera del Darro
Cuesta del Realejo
Calle Molinos
A-44
arque de las Ciencias, Museo CajaGranada
200 m
©BAEDEKER
1 Mirador de Morayma
2 Chikito
3 Arrayanes
4 El Trillo
5 Castañeda
6 La Telefónica
7 Kiosko Las Titas
1 Parador de Granada
2 Alhambra Palace
3 Palacio de Santa Inés
4 Gar-Anat
1 Instante
2 Paripé
3 Cueva de La Rocío
4 Sala Vimaambi

Grablege der Katholischen Könige

Capilla Real

Die Capilla Real, die spätgotische Grablege der Katholischen Könige wurde 1506–1521 an Kathedrale angebaut. Ein kunstfertiges Gitter von Bartolomé de Jaén trennt die Grabkapelle mit den reich verzierten **Grabmälern** ab: rechts Ferdinand († 1516) und Isabella († 1504) vom Florentiner Domenico Fancelli 1522 in Carrara-Marmor gearbeitet, links Philipp der Schöne († 1506) und Johanna die Wahnsinnige († 1555) von Bartolomeo Ordóñez. Dahinter erhebt sich der große Flügelaltar von Felipe Vigarny mit den Statuen der Katholischen Könige von Diego de Siloé. In den beiden Querschiffen fanden reich verzierte, geschnitzte Reliquienaltäre von Alonso de Mena (1623) ihren Platz, im linken Querschiff auch das berühmte **»Passionstriptychon« von Dierik Bouts**. Auf einigen Stufen geht man abwärts zur Krypta, wo in einfachen Bleisärgen die sterblichen Überreste der Herrscher und Prinzen ruhen.

Der angegliederte Museumsbereich bewahrt hervorragende Kunstschätze, darunter Gemälde von Botticelli, Rogier van der Weyden, Hans Memling u. a., die polychromen Holzskulpturen der betenden Katholischen Könige von Felipe Vigarny und persönliche Gegenstände des Königspaars wie das Schwert Ferdinands, Krone und Zepter Isabellas.

Calle Oficios, s/n | Mo.–Sa. 10.15–18.30, So. 11–18.30 Uhr | Eintritt 5 € | http://capillarealgranada.com

Ehemalige Koranschule

Madraza

Der Capilla Real gegenüber steht die Madraza, heute zwar barock, doch eigentlich das Gebäude der 1349 von Jūsuf I. gegründeten maurischen Koranschule, in der heute Teile der Universität untergebracht sind.

Viel Atmosphäre

Plaza de Bib-Rambla

Die Plaza de Bib-Rambla ist ein klassischer Altstadtplatz, vom Brunnen **Fuente de los Gigantones** geschmückt und umgeben von **Bars** und **Restaurants**. Der Name stammt vom maurischen Stadttor Bāb ar-Ramia. Nahebei verbreiten die Läden in der **Alcaicería** ein wenig von der Atmosphäre eines arabischen Souk.

Andalusiens großer Dichter

Centro Federico García Lorca

Im Zeichen des von den Faschisten ermordeten Dichters und Dramatikers Federico García Lorca (1898–1936) steht das Centro Federico García Lorca an der altstädtischen Plaza de la Romanilla.

Vielleicht interessanter ist außerhalb der City die **Huerta de San Vicente**, das museal aufgezogene Landhaus der Familie, wo auch Lorca die Sommer verbrachte.

In **Fuente Vaqueros** (18 km nordwestl.)schließlich kann man das Geburtshaus Lorcas besichtigen.

Im Schatten der Kathedrale von Granada haben sich Bars angesiedelt.

Centro García Lorca: Sommer Di.–Sa. 11–14 u. 18–21, Winter 11–14 u. 17–20, So. immer 11–14 Uhr | Eintritt frei | http://centrofedericogarcialorca.es | **Huerta**: Führungen Sommer Di.–So. 9–15, sonst 10–17 Uhr Eintritt 3 € | www.huertadesanvicente.com | **Casa Natal**: Führungen Di.–Sa. 10, 11, 12, 13, 16, 17 (April, Mai 17, 18), So. 10, 11, 12, 13, Juni–Sept. Di.-So. 10, 11, 12, 13, 14 Uhr | Eintritt 3 € | www.patronatogarcialorca.org

Über dem Río Darro

Plaza Nueva

Nordöstlich der Kathedrale trifft man sich abends in einer der **Bars** auf der Plaza Nueva. Auf der Südostseite steht die 1531–1587 erbaute **Audiencia** (Gerichtshof) mit zweistöckigem Arkadenhof, prächtiger Treppe und schöner Holzdecke. Das Nordostende des Platzes nimmt die Kirche **Santa Ana** ein, ein 1541–1548 errichteter Renaissancebau mit platereskem Portal und minarettartigem Turm von 1563. Sie markiert die Stelle, wo der Río Darro im Untergrund verschwindet.

Schöner Treffpunkt an einem Sommerabend

Am Río Darro

An der Plaza Nueva beginnt die **Carrera del Darro**, eine der ältesten Straßen Granadas, von der man wunderbare Ausblicke aufwärts zur Alhambra hat. Man kommt am **Bañuelo** (Nr. 31) vorbei, einem maurischen Bad aus dem 11. Jahrhundert. Oberhalb des Darro-Flusses wechseln sich Bars und Restaurants ab – es gibt kaum schönere Plätze für einen andalusischen Sommerabend.

Wohin in Sacromonte und Albaicín?

Gitanoviertel

Sacromonte

Am Ende der Carrera del Darro zweigt bergauf die Cuesta del Chapiz ab. Die **Casa del Chapiz**, ein schönes Beispiel für das Wohnhaus einer wohlhabenden Moriskenfamilie im 16. Jh., markiert die Abzweigung des **Camino del Sacromonte**. Dieser Weg führt – vorbei an zahllosen ehemaligen **Höhlenwohnungen**, in denen seit 1532 in Granada nachweisbar Gitanos wohnen – zum einstigen Benediktinerkloster Abadia del Sacromonte aus dem 12. Jahrhundert. Das **Museo Cuevas del Sacromonte** gibt Einblicke ins traditionelle Höhlenleben.

Kloster: tgl. 10-14 u.15–19 bzw. 15.30-18.15 Uhr im Winter Eintritt 5 € | http://abadiasacromonte.com
Museo Cuevas del Sacromonte: Mitte März–Mitte Okt. tgl. 10–20, sonst bis 18 Uhr | Eintritt 5 € | http://sacromontegranada.com

Maurisches Granada mit grandioser Aussicht

Albaicín

Von der Cuesta del Chapiz oder einer früheren Abzweigung der Carrera del Darro steigt man hinauf in die malerischen Gassen des Viertels Albaicín, das noch am deutlichsten die Atmosphäre des maurischen Granada atmet. Vom Vorplatz der 1525 erbauten Kirche **San Nicolás**,

ALHAMBRA IM MONDSCHEIN

»Es fehlen dem größten Dichter die Worte, um eine Mondnacht unter solchem Himmel und in derart herrlicher Umgebung würdig und wahr schildern zu können«, schrieb Washington Irving zutreffend: Bei **Abendbesuchen** durch die Gemächer des erleuchteten Nasridenpalasts zu schlendern ist in der Tat ein unvergessliches Erlebnis (Voraus-Reservierung ▶ S. 256).

im Oberbereich des Albaicín, genießt man die grandiose, häufig gemalte und fotografierte Aussicht auf die Alhambra vor dem Hintergrund der Sierra Nevada. In der Nähe liegt Granadas neue Moschee. Von der nahen Puerta Nueva zieht sich ein gut erhaltener Teil der arabischen **Stadtmauer** (Muralla árabe) hin zur Puerta Monaitia. Den besten Blick auf sie hat man von der Cuesta de la Alhacaba, die zur Plaza de Triunfo führt. Hier steht das einstige Haupttor Granadas, die **Puerta de Elvira**, die auf das 9. Jh. zurückgeht.

Etwas außerhalb

Überschwänglicher Barock

La Cartuja

Etwas außerhalb am Paseo de Cartuja im Norden liegt das 1516 gegründete **Kartäuserkloster** La Cartuja (Nuestra Señora de la Asunción). Dessen Kirche wurde im 17. Jh. überschwänglich barock gestaltet. Die Deckengemälde schuf Pedro Anastasio Bocanegra; Höhepunkt ist die **Sakristei** von Luis de Arévalo.

So.–Fr. 10–17.30, Sa. 10–12.15 u. 15–17.30 | Eintritt 5 €
http://cartujadegranada.com

Der Gründer der Barmherzigen Brüder

Hospital San Juan de Dios

Von der Plaza del Triunfo kommt man südwestlich zum Hospital San Juan de Dios. In der in reichem Barock ausgeschmückten Kirche ist hinter dem überdimensionalen Retablo der hl. Juan de Dios (Johannes von Gott; 1495–1550) begraben, der 1552 das Hospital gründete.

Sakrales Highlight der Renaissancestil

Monasterio de San Jerónimo

Ein sakrales Highlight ist das Monasterio de San Jerónimo, 1504–1563 erbaut, ein einstiges **Hieronymiten-Kloster** in der Calle Compás de San Jerónimo im Westen der Stadt. Höhepunkte des Besuchs sind der doppelstöckige **Kreuzgang** und das überkuppelte Innere der Renaissancekirche **Iglesia San Jerónimo** mit einem Hochaltar in einer überwältigenden Farbpracht aus Relief- und Figurennischen.

Mo.–Sa. 10–13 u. 16–19, So. 11–13 u. 16–19 Uhr | Eintritt 5 €

Naturwissenschaften zum Anfassen

Parque de las Ciencias

An der Avenida de la Ciencia, außerhalb des Stadtkerns, liegt das interaktive **Wissenschaftsmuseum**, abwechslungsreich und anschaulich aufgezogen, u. a. mit einer Reise in den menschlichen Körper. Auch gibt es ein Schmetterlingshaus, das Planetarium, einen Aussichtsturm und den Bereich »BioDomo« mit Land- und Wassertieren.

Di.–Sa. 10–19, So. 10–15 Uhr | Eintritt 7 €, BioDomo 6 €, Planetarium 2,50 € | www.parqueciencias.com

Rund um Granada

Spaniens höchstes Gebirge

Sierra Nevada

Die Sierra Nevada (»Schneebedecktes Gebirge«), das Dach Andalusiens und gleichzeitig das höchste Gebirge der Iberischen Halbinsel, liegt südostlich in Sichtweite von Granada und steigt mit dem **Cerro de Mulhacén** bis zu 3482 m ü. d. M. an. Im Winter lockt die Bergwelt als Skigebiet, sonst als Wanderterrain oder einfach zu einer Entdeckungsfahrt ab Granada.

Das Kerngebiet ist als **Nationalpark** (85 883 ha) geschützt (UNESCO-Biosphärenreservat). Über 2000 Pflanzenarten wachsen hier, davon über 60 endemisch. Tiere wie der Iberische Steinbock leben zurückgezogen. Rar machen sich auch Steinadler. Geologischer Ursprung des Gebirges waren vergletscherte Gebiete, auf die Täler in U-Form und Seen zurückgehen. Die oberen Bereiche der Sierra Nevada wirken mit Felsformationen und Geröll recht karg.

Eine gut ausgebaute Straße führt ab Granada über **Cenes de la Vega** (737 m) bis auf etwa 2100 m zur Skistation Sierra Nevada/Pradollano, die außerhalb der Saison trostlos daliegt. Danach geht es weiter aufwärts, bis die Straße hinter der 2500-m-Marke nahe der Albergue Universitario für den Durchgangsverkehr gesperrt ist; ab dort brechen

gut ausgerüstete Wanderer in die hochalpinen Regionen auf. Auch Mountainbiker suchen ihre Herausforderungen im Gebirge.
http://sierranevada.es

★ Las Alpujarras

Atemberaubende Bergwelt, uralte Naturlandschaft
Südlich der Sierra Nevada schließen sich die niedrigeren, fruchtbaren Berggegenden der Alpujarras an, die leichter zugänglich sind und schon zu maurischen Zeiten als »Obstgarten Granadas« galten.

Von der A-44 Richtung Süden zweigt die A-348 in den für sein Mineralwasser bekannten **Kurort Lanjarón** (725 m) ab. Hier beginnen die wildromantischen Alpujarras. In diese Bergwelt zogen sich, bis zu ihrer endgültigen Vertreibung unter Philipp II., die aus Granada geflohenen Mauren zurück und legten heute noch benutzte Terrassen für Oliven, Zitrusfrüchte und Gemüse an.

Eine der entlegensten und höchstgelegenen Gemeinden Spaniens ist **Trévelez** (1476 m). Hier können Sie den köstlichen luftgetrockneten Serrano-Schinken probieren und kaufen. Bei einer Rundfahrt lohnen sich auch Stopps in den hübschen Dörfern **Pampaneira** (1058 m) und **Capileira** (1436 m). Für die Quartiernahme gibt es diverse Landhotels und Landhäuser in den Alpujarras.

Oficina de Turismo: Avenida de la Alpujarra, s/n, Lanjarón
Tel. 958 77 04 62 | www.alpujarraturistica.com

Trévelez in den Alpujarras – das Schinkenparadies

6X ERSTAUNLICHES

Hätten Sie das gewusst?

1. HÖHLEN-STADTTEIL

Im **Barrio de Cuevas** von **Guadix** leben Einheimische noch heute in Wohnhöhlen. Praktischen Anschauungsunterricht vermittelt eine »Museumshöhle«, oder man nimmt Quartier in einem »Höhlenhotel«. (▶ **S. 273**)

2. HUNDERTE VON SÄULEN

Eine riesige **Kirche unter der Kirche** bildet die neoromanische Cripta de la Catedral der Madrider Kathedrale **Nuestra Señora de la Almudena**, in der sich buchstäblich ein Wald aus Hunderten von Säulen öffnet. (▶ **S. 321**)

3. GRANDIOSER GITTERSTEG

Die über den Nervión verlaufende »Hängende Brücke« **Puente Colgante**, ein technisches Wunderwerk, erlebt man besonders eindrucksvoll vom Gittersteg in 45 m Höhe – mit Blick auf den **Hafen von Bilbao**. (▶ **S. 122**)

4. »EUROPA-SPITZEN«

Die **Picos de Europa** ziehen massiv in ihren Bann. Mit der von **Fuente Dé** spektakulär 800 m überbrückenden Seilbahn **Teleférico** genießen Sie unterwegs und am Endpunkt von der Bergstation herrliche Ausblicke auf die Gebirgswelt. (▶ **S. 375**)

5. HEILIGER JAKOBUS!

In der **Krypta der Kathedrale** von Santiago de Compostela sollen die sterblichen Überreste des hl. Jakobus (Santiago), Urheber der Pilgerfahrt des Jakobswegs, begraben liegen – wenn man dran glaubt. (▶ **S. 430**)

6. ZAUBERHAFTE HÖHLENWÄNDE

In der **Cueva de El Castillo** westlich von Santander, einer der interessantesten Höhlen Kantabriens, sind die Wände mit prähistorischen **Felsmalereien** überzogen. Sie zeigen Hirschkühe, Hände und einen Wisentkopf. (▶ **S. 421**)

Wohnen in der Höhle

Guadix

Richtung Nordosten führt die A-92 von Granada durch eine beinahe unwirklich erscheinende, hügelige **Tuffsteinlandschaft** nach Guadix (55 km). Einzigartig sind die in den Tuff gegrabenen, noch heute bewohnten **Höhlenwohnungen** im Stadtteil Barrio de Cuevas; über vielen Wohnhöhlen ragen weiße Schornsteine auf. Wie es im Innern aussieht, erfährt man in einer »Museumshöhle« oder, hautnah, in einer der mietbaren Höhlenwohnungen bzw. einem »Höhlenhotel« (Auskunft im Oficina de Turismo).

Die **Kathedrale** von Guadix (16.–18. Jh.), mit mächtigem Turm und eigenwilliger Barockfassade, ist auf einer Moschee errichtet; an ihrem Bau war auch Diego de Siloé beteiligt. Sie besitzt ein schönes Chorgestühl. Über der Stadt thronen die Reste der **Alcazaba**.

Oficina de Turismo: Plaza de la Constitución, 15 | Tel. 958 66 28 04
http://guadix.es/turismo

Vor der Kulisse der Sierra Nevada

La Calahorra

Südlich von Guadix (17 km) erreicht man abseits der A-92 nach Almería die **Renaissanceburg** La Calahorra (16. Jh.) in der gleichnamigen Gemeinde. Im Gegensatz zu ihrem schroffen Äußeren mit vier gewaltigen Rundtürmen steht der elegante Renaissancepatio.

i.d.R. nur Mi. geöffnet

GUADALUPE

Provinz: Cáceres | **Höhe:** 640 m ü. d. M. | **Region:** Extremadura
Einwohner: 1800

Sind Sie gläubig? Oder stehen dem christlichen Glauben zumindest offen gegenüber? Falls ja, ist Guadalupe auf jeden Fall ein Ziel für Sie. Falls nicht, dann zumindest unter kulturellen Aspekten: Die Klosteranlagen sind Welterbe der UNESCO. Zudem bietet der altertümliche Ort mit seinen engen Sträßchen und der Plaza Mayor mit ihrem gotischen Brunnen viel Atmosphäre.

Guadalupe kennen alle Spanier als Heimat ihrer Nationalheiligen, der **Jungfrau von Guadalupe**. Dieses angeblich vom hl. Lukas geschaffene schwarze Madonnenbild soll im späten 13. Jh. oder frühen 14. Jh. ein Hirte hier in der Einsamkeit gefunden haben.

Alfons XI. stiftete 1340 das **Kloster** für die Verehrung der Heiligen Jungfrau von Guadalupe, das, zunächst von Hieronymiten bewohnt, später aufgelöst wurde. Seit 1908 leben hier Franziskaner.

GUADALUPE ERLEBEN

OFFICINA DE TURISMO

OFICINA DE TURISMO
Plaza de Santa María de Guadalupe
Tel. 927 15 41 28
www.guadalupeturismo.com

Feste mit Prozessionen für die hl. Jungfrau am
8. Sept. und 12. Okt.

GUADALUPE JORDÁ €€
Hier können Sie beste Küche der Extremadura genießen.
Plaza de Santa María de Guadalupe
Tel. 927 36 70 80
www.restauranteguadalupe.es

HOSPEDERÍA DEL REAL MONASTERIO €€
Praktisch: In der bedeutendsten Sehenswürdigkeit der Stadt kann man auch übernachten. Im Kloster von Guadalupe gruppieren sich die Zimmer um einen schönen Innenhof. Mit Restaurant.
Plaza Juan Carlos I, s/n
Tel. 927 36 70 00
http://hospederiaguadalupe.es

Ein Kult geht um die Welt

Guadalupe überall

Die Madonnenverehrung erreichte ihren Höhepunkt im 15. und 16. Jh., als die Konquistadoren vor ihrer Abfahrt das Kloster aufsuchten und die hl. Jungfrau zur **Patronin der** »**Hispanidad**« aufstieg, der geistigen Gemeinschaft der eroberten Gebiete. Kolumbus nannte eine von ihm entdeckte Insel Guadalupe, Mexikos Nationalheilige ist ebenfalls die Jungfrau von Guadalupe, die 1531 einem zum Christentum bekehrten Azteken erschienen sein soll; über 100 Orte in Lateinamerika und auf den Philippinen führen den Zusatz Guadalupe im Namen.

 Real Monasterio de Guadalupe

Tgl. 9.30–13, 15.30–18 Uhr | Eintritt 5 € | http://monasterioguadalupe.com

Weltkulturerbe

Klosteranlage

Die Klosteranlagen entstanden zwischen 14. und 18. Jh., sodass kein einheitlicher Stil dominiert. Die von den Türmen Torre de Santa Ana und Torre de la Portería flankierte, gelb strahlende **Fassade** stammt aus dem 15. Jh.; zwei Bronzetüren mit Szenen aus dem Leben Jesu und der Jungfrau öffnen sich in die Klosterkirche.

Bei der Schwarzen Jungfrau

Klosterkirche

Die Klosterkirche wurde im 14. Jh. begonnen und im 17./18. Jh. umgebaut. Den Skulpturenschmuck des barocken Retablos führten Giraldo de Merló und El Grecos Sohn Jorge Theotocopuli aus, die Gemälde

stammen von Vicente Carducho und Eugenio Cáxes. Prächtige Gitter trennen die Seitenschiffe ab; das reiche Chorgestühl (1744) und die beiden Orgeln von Churriguera sind barock. Unter den zahlreichen **Grabmälern** findet man diejenigen Heinrichs IV. von Kastilien und seiner Mutter María von Aragonien.
Hinter der Capilla Mayor liegt der achteckige **Camarín de la Virgen**. Eine rote Jaspistreppe führt in den Rokokoraum, den Gemälde von Luca Giordano und Statuen biblischer Frauengestalten schmücken. An der der Capilla Mayor zugewandten Wand steht der mit Emailbildern versehene Thron (1953) der **Schwarzen Jungfrau**. Er ist drehbar, sodass das Marienbild auch in die Kirche hineingeschwenkt werden kann. Die Statue selbst besteht aus Eichenholz und trägt einen prächtigen Brokatmantel. Zu Festtagen wird ihr eine über und über mit Edelsteinen besetzte Krone aufgesetzt.
Ebenfalls sehenswert: der Reliquienraum, die Schatzkammer, die barocke Sakristei (u. a. Gemälde von Francisco de Zurbarán) und die **Capilla de San Jerónimo** mit der »Apotheose des hl. Hieronymus«, eines der bedeutendsten Werke Zurbaráns.

Sakrale Textilien

Kreuzgänge und Stickereimuseum

An der Nordseite der Kirche liegt der zweistöckige **Claustro Mudéjar** (mudéjarer Kreuzgang; 14. Jh.) mit schönen Hufeisenbögen und einem Brunnentempel (Templete) im Zentrum. An ihn schließt sich der gotische **Claustro Gótico** (14.–16. Jh.) mit drei Galerien an. Bestickte Gewänder und Altartücher aus dem 14.–18. Jh zeigt das **Museo de Bordados** (Stickereimuseum) im ehem. Refektorium an der Westseite; im Ostflügel sind Gemälde und Skulpturen aus dem 15.–19. Jh. zu bewundern, darunter Werke von Juan de Flandes, Zurbarán, Pedro de Mena und eine Michelangelo zugeschriebene Christusfigur.

★ HUESCA

Provinz: Huesca | **Höhe:** 488 m ü. d. M. | **Region:** Aragonien
Einwohner: 54 500

Klein, aber fein, touristisch nicht abgefeiert, angereichert mit monumentalen Überraschungen und ein guter Ausgangspunkt für weitere Entdeckungen in der Pyrenäen- und Vorpyrenäenlandschaft: Das alles sind Vorzüge der Provinzhauptstadt Huesca.

Die **Römer** machten aus dem iberischen Osca ihre Urbs Victrix Osca. Im Mittelalter stieg Huesca nach der Vertreibung der Mauren durch Pedro I. 1096–1118 zur **Hauptstadt von Aragonien** auf.

HUESCA ERLEBEN

OFICINA DE TURISMO
Plaza López Allué, s/n, Tel. 974 29 21 70, www.huescaturismo.com

TATAU €€€€
Hier kommt man nicht hin, um zu sparen, sondern genüsslich ins leibliche Wohl zu investieren.
Calle Azara, s/n, Tel. 974 04 20 78
www.tatau.es
Mittagessen Di.–Sa., Abendessen nur Fr., Sa.

PEDRO I DE ARAGÓN €€–€
Ansprechende Qualität zu angemessene Preisen in einem Vier-Sterne-Haus.
Calle del Parque, 34
Tel. 974 22 03 00
www.hotelpedroidearagon.com

Wohin in Huesca?

Meisterwerk aus Alabaster

Catedral

Auf dem höchsten Punkt der Stadt erhebt sich am Ort einer Moschee die gotische Kathedrale (13./16. Jh.) mit ihrem figurenreichen Hauptportal (14. Jh.). Im dreischiffigen Inneren besticht die Kunstfertigkeit des alabasternen Hochaltars, an dem Damián Forment 1520–1533 arbeitete. Ebenfalls sehenswert ist das Renaissance-Chorgestühl.
Im angegliederten **Museo Diocesano** sind Exponate sakraler Kunst zu sehen und der Retablo de Monte Aragón von Gil Morlanes (Anfang 16. Jh.), ein alabasternes Meisterwerk.

Museo Diocesano: Mo.–Fr. 10.30–14, 16–19 Uhr, Sa. bis 14 Uhr | 4 €

Die »Glocke von Huesca«

Casa Consistorial

Gegenüber der Kathedrale steht das Rathaus (16. Jh.). Innen thematisiert ein Großgemälde von Casado de Alisal (1880) die grausame Legende der »Glocke von Huesca« (12. Jh.): Der von einer Intrige bedrohte König Ramiro II. lud damals alle wichtigen Adligen des Landes nach Huesca ein, um angeblich eine geheimnisvolle Glocke zu enthüllen, die im ganzen Land zu hören sein sollte. Er empfing die Adligen und ließ sie sofort hinrichten, wodurch Aragoniens Einheit gerettet wurde. Die Geschichte war allerdings reine Erfindung, um die Widersacher in die tödliche Falle zu locken.

Von der Vorgeschichte bis Goya

Museo de Huesca

Das Regionalmuseum ist im barocken Gebäude der ehemaligen Universität eingerichtet, das über dem alten aragonesischen Königspalast aus dem 12. Jh. erbaut wurde. Einer der Säle war Schauplatz der Er-

eignisse um die »Glocke von Huesca«. Exponate aus Archäologie und Bildende Kunst sind prähistorische und römische Funde, aber auch Zeugnisse aragonesischer Kunst, darunter Werke von Goya.
Plaza de la Universidad, 1 | Di.-Sa. 10-14, 17-20, So. 10-14 Uhr
Eintritt frei | http://museodehuesca.es/

San Pedro el Viejo

Grab der aragosnesischen Könige
Die Kirche San Pedro el Viejo, eines der ältesten romanischen Bauwerke des Landes, wurde im 12. Jh. auf den Resten einer Benediktinerabtei errichtet. Ihr Wahrzeichen ist der sechsseitige Glockenturm; das Tympanon am Hauptportal zeigt die Hl. Drei Könige.
In der **Capilla de San Bartolomé** sind die aragonesischen Könige Ramiro II. und Alfons I. bestattet. Der romanische Kreuzgang ist wegen seiner schön gearbeiteten Säulenkapitelle sehenswert.
Mo.-Fr. 10-14 u. 16-18, Sa. 10-15 Uhr. | Eintritt 4 €
http://sanpedroelviejo.com

Rund um Huesca

Arguis

Nach Norden in die Pyrenäen
Im Tal des Río Isuela geht es in Richtung Berge. An den grünen Wassern des **Embalse de Arguis** vorbei erreicht man das typische Pyrenäendörfchen Arguis (1200 m), einen viel besuchten Ausflugsort, von dem man eine prächtige Aussicht zurück in die Ebene hat.

Im Rathaus, erfährt man, was es mit der »Glocke von Huesca« auf sich hat.

Wenige Jahre nach ihrer Vollendung verlor die Burg von Loarre schon wieder ihre strategische Bedeutung, als Huesca von den Christen zurückerobert wurde.

Trutzige Burgruine

Montearagón

Ein Stück östlich von Huesca sind die Ruinen der Festung Montearagón, die gleichzeitig als Abtei fungierte, unübersehbar. Die Anlage wurde Ende des 11. Jh.s gegründet und brannte im 19. Jh. nieder.

Malerisches Örtchen über der Vero-Schlucht

Alquézar

Knapp 50 km östlich thront über der Vero-Schlucht Alquézar, einer der malerischsten Orte Aragoniens. Die Häuser ducken sich unter der Kollegiatskirche aus dem 12. Jh., deren Kreuzgang archaisch anmutende Säulenkapitelle zieren; heimelig gibt sich die kleine **Plaza Mayor**. Die Schlucht des Vero kann man erwandern.

Romanische Bilderbuch-Burg

Castillo de Loarre

30 km nordwestl. von Huesca erreichen Sie den Ort **Ayerbe**, weitere 8 km nordöstlich davon **Loarre**, überragt von einer der schönsten romanischen Burgen Spaniens. König Sancho I. Ramírez ließ das Castillo de Loarre, schier uneinnehmbar hoch, im 11. Jh. erbauen; bis ins 12. Jh. war es Residenz. Ein doppelter Mauerring mit Rundtürmen umgibt die Anlage, aus der der rechteckige Bergfried und die **Kirche Santa María** hervorragen. Diese gehörte zu einem in der Burg befindlichen Augustinerkloster und wurde über einer Krypta erbaut; Blumenornamente zieren die Kapitelle im Kirchenschiff.

Vom **Bergfried** bietet sich ein fantastischer Panoramablick; das Kastell fungierte schon als Hollywoodfilmkulisse für »Königreich der Himmel« von Ridley Scott.

Castillo de Loarre: tgl. ab 10/11 Uhr, Nov.–Feb. Mo. geschl., s. Jahreskalender auf der Website | Eintritt 6 € | http://castillodeloarre.es

Zum aragonesischen Jakobseg

Setzen Sie die Fahrt ab Ayerbe Richtung Nordwesten fort, tauchen bald die von der Erosion zu Türmen geformten, **rot schimmernden Felsen** Mallos de Riglos auf, ein beliebtes Kletterterrain.

Über den aussichtsreichen **Puerto de Santa Bárbara** (864 m) fährt man in das Tal des Río Aragón und kommt nach **Puente la Reina de Jaca**, Station auf dem Aragonesischen Jakobsweg.

Über die N-240 bzw. die A-21 weiter Richtung ▶ Pamplona passiert man unterwegs den **Yesa-Stausee** (Embalse de Yesa).

Abstecher und Haltepunkte

Auf der Weiterfahrt bieten sich Halts und Abstecher an: zum **Bergkloster** Monasterio de San Salvador de Leyre bei Yesa (romanische Krypta aus dem 11. Jh.), ins Städtchen **Sangüesa** am Río Aragón und in die **Schlucht von Lumbier** (Foz de Lumbier), wo eine Geierkolonie lebt.

www.monasteriodeleyre.com

JACA

Provinz: Huesca | **Höhe:** 820 m ü. d. M. | **Region:** Aragonien
Einwohner: 13 400

Eine freundliche Altstadt samt Kathedrale, dazu Sprungbrett in die in Sichtweite liegenden Pyrenäen: gute Gründe, nach Jaca zu kommen.

Hier führt seit dem Mittelalter der Aragonesische Jakobsweg (Camino aragonés) hindurch (▶ Baedeker Wissen, S. 612), der vom Pyrenäenpass Somport herabkommt. Jaca war übrigens die erste Hauptstadt des 1035 gegründeten Königreichs Aragonien.

Wohin in Jaca?

Reicher Figurenschmucck

Das bedeutendste Bauwerk Jacas ist die romanische Kathedrale (1040–1076), der erste spanische Kathedralbau dieses Stils. Noch

aus der Anfangszeit stammen Turm, Haupt- und Südportal sowie die Außenmauern. Große Schönheit zeigt der Figurenschmuck am Südportal und der Vorhalle, hier insbesondere an den Säulenkapitellen, wo Abrahams Opfer und der Laute spielende David zu erkennen sind. Innen schmücken Fresken von Bayeu (1792) Chor und Kuppel der Zentralapsis; unter dem Hochaltar sind die Gebeine der städtischen Schutzheiligen Santa Orosia bestattet.
Um den **Kreuzgang** zeigt das **Museo Diocesano** neben religiösen Kunstgegenständen hervorragende Beispiele romanischer Kirchenmalerei.
Museo Diocesano: Di.–Sa. 10–13.30 u. 16.30–19, So. 10–13.30 Uhr
Eintritt 6 € | www.diocesisdejaca.org

Hübescher Spaziergang

Zitadelle

Von den einstigen Befestigungsanlagen sind noch Reste der Stadtmauer aus dem 10. Jh. und die 1571 begonnene, nach französischem Vorbild fünfstrahlige Zitadelle (Castillo de San Pedro) erhalten. Kurios: In den Burggräben wird Rotwild gehalten. Die Zitadelle mit den Pyrenäen im Hintergrund gibt ein gutes Fotomotiv ab. Hinein muss man nicht unbedingt; es reicht schon ein Spaziergang außen herum.
Wechselnde Öffnungszeiten (s. Website) | Eintritt 8 €
http://ciudadeladejaca.es

Rund um Jaca

Nordwärts in die Aragonesischen Pyrenäen

Wintersportorte und Jakobsweg

Nördlich von Jaca führt die N-330 geradewegs hinauf die Aragonesischen Pyrenäen. Am Weg liegen Canfranc und **Candanchú** (www.candanchu.com), ein weiterer Wintersportort; auch **Astún** (www.astun.com/es) bietet eine ganze Reihe von Pisten.
Über den Pyrenäenpass **Puerto de Somport** (1632 m), nahe der spanisch-französischen Grenze, überqueren die aus Oloron-Sainte-Marie kommenden Jakobspilger noch heute die Berge. Allerdings kann der Weg im Winter verschneit und damit unpassierbar sein.

Legendärer Bahnhof

Canfranc

Im kleinen Grenzort Canfranc (600 Einw.), Ortsteil Canfranc-Estación, verbirgt sich mit der **Estación Internacional** eines der kuriosesten Bahnhofsgebäude Spaniens. König Alfons XIII. nahm den überdimensionierten Bau 1928 feierlich in Betrieb, doch er verlor schnell an Bedeutung.
In die Kinogeschichte ging der Bahnhof 1965 ein, als hier Sequenzen des Welterfolgs »Doktor Schiwago« gedreht wurden.
Führungen: nur von außen, tgl. außer Mo.| Reservierung online o. Tel. 974 37 31 41 | Eintritt 4 € | www.canfranc.es

Reiches Kloster

Santa Cruz de la Serós

Ein Kombi-Ausflug führt ab Jaca südwestlich in Richtung der **Sierra de Juan de la Peña**. Bevor das Bergsträßchen zum Kloster San Juan de la Peña beginnt, lohnt ein Halt in der kleinen Gemeinde Santa Cruz de la Serós, im 11. Jh. der Sitz eines reichen Klosters, von dem die romanische Kirche übrigblieb.

Grablege der aragonesischen Könige

★ San Juan de la Peña

In der Bergwelt liegt das ehemalige Kloster San Juan de la Peña (1115 m) völlig eingeklemmt unter gewaltigen Felsvorsprüngen. Die heute noch erkennbaren wesentlichen Bauteile stammen aus dem 10.–12. Jh. Zu ihnen zählen der Kapitelsaal (10. Jh.), die mozarabische Krypta (ursprünglich Untere Kirche, teilweise 9. Jh.) und die 1094 geweihte Obere Kirche. Deren Sakristei birgt die Grablege der Könige von Aragonien, die ihre heutige Gestalt im 18. Jh. erhielt. Vom stark restaurierten Kreuzgang stehen nur noch zwei Flügel, doch bezeugen diese die Meisterschaft der Säulenkapitelle.

San Juan de la Peña: Jahreskalender s. Website. | Eintritt 12 € (inkl. Kich in Santa Cruz de Séros) | www.monasteriosanjuan.com

Meisterliche Bildhauerarbeiten im Kloster San Juan de la Peña

Pyrenäentäler

Wandern in den Flusstälern

Die N-240/A-21 begleitet den Río Aragón nach Westen Richtung Pamplona. Vom Gebirge herab fließen ihm einige Flüsschen durch außerordentlich schöne, wenig besiedelte Täler mit herrlichen Dörfern zu, die man auf kleinen Straßen entlang des jeweiligen Wasserlaufs erforschen kann.

Überall bieten sich Wandermöglichkeiten. Es beginnt mit dem **Valle de Hecho,** dessen Hauptort Hecho als Keimzelle des Königreichs Aragonien betrachtet wird. Danach folgen das **Valle de Ansó** und das bereits zu Navarra gehörige **Valle de Roncal.**

Tal des Río Gallego

Thermalbad und Winterspaß

Auf der N-330 nach Osten erreicht man die Abzweigung der N-260, die im Tal des Río Gallego aufwärts nach **Biescas** (860 m) führt, einem zu beiden Seiten des Flusses gelegenen Marktort mit schönen alten Häusern.

Weiter nördlich erwartet Sie eine schöne Gebirgslandschaft mit dem Thermalbad **Balneario de Panticosa** (1636 m). Die Fahrt führt durch die enge Garganta del Escalar in den Ort, der prachtvoll an einem See in einem Felsenkessel liegt. Im Winter finden Skiläufer im 8 km entfernten **Panticosa** mehrere alpine und Langlaufpisten.

Ergänzend können Sie den Berg- und Wintersportort **Sallent del Gallego** (1310 m) erkunden; das Wintersportgebiet setzt sich mit **El Formigal** (1500 m) fort. Am Puerto de Portalet (1792 m) verläuft die spanisch-französische Grenze.

JACA ERLEBEN

OFICINA DE TURISMO

Plaza de San Pedro, 11–13
Tel. 974 36 00 98, www.jaca.es

FIESTA DEL PRIMER VIERNES DE MAYO

Bereits 760, wenige Jahrzehnte nach der maurischen Invasion, wurden die Eroberer wieder aus Jaca vertrieben. Daran erinnert man sich mit einem farbenprächtigen Stadtfest.
1. Fr. im Mai

BIARRITZ €€€–€€

Eine (fast immer) sichere Wahl, vor allem, wenn Sie Gegrilltes (»carnes a la brasa«) mögen. In der Nähe finden Sie weitere Restaurants zur Auswahl.
Avda. Primer Viernes de Mayo, 12
Tel. 974 36 16 32, Mi. geschl.
www.restaurantebiarritz.com

GRAN HOTEL DE JACA €€

Zentral gelegenes, solides Drei-Sterne-Hotel (165 Zi.).
Paseo de la Constitución, 1,Tel. 974 36 09 00, www.granhoteljaca.com

DRAMATISCHE KULISSEN

Im **Parque Nacional de Ordesa y Monte Perdido** haben Gletscherströme der Eiszeit U-förmige Täler wie das von Ordesa hinterlassen. Waldinseln krallen sich an majestätische Flanken, Felswände fallen Hunderte Meter senkrecht ab, darüber steigen steinerne **Türme** und **Pyramiden** auf. In diesem Nationalpark geben die dramatischen Kulissen ein Fest fürs Auge, auch um ein beliebtes Wanderziel: den »Pferdeschweif-Wasserfall« **Cascada Cola de Caballo**.

Pflanzen, Schluchten und Wasserfälle

Parque Nacional de Ordesa y Monte Perdido

Ab Biescas geht es ostwärts Richtung Torla, dem Tor zum wunderschönen Parque Nacional de Ordesa y Monte Perdido. Der Nationalpark zieht sich mit seiner reichen Pflanzenwelt, Schluchten und Wasserfällen im Tal des **Río de Ordesa** am Fuß des Monte Perdido (3352 m) hin. Das maximal 3 km breite, U-förmige Tal von Ordesa ist ein Gedicht der Natur (▶ Magischer Moment). In **Torla** (1200 m), wo es Unterkünfte gibt, liegt das Informationszentrum des Parks. Wer ausgedehnte Wanderungen auf den zahlreichen markierten Wegen unternehmen möchte, findet hier alle nötigen Auskünfte.

Für Fahrzeuge ist der Park nur beschränkt zugänglich, in der Sommersaison und während der Ferienzeiten gibt es einen eigenen kostenpflichtigen Bus-Service.

Informationszentrum: Avenida Ordesa, s/n, Torla | Bus: 5 € hin und zurück | www.ordesa.net

JAÉN

Provinz: Jaén | **Region:** Andalusien | **Höhe:** 574 m ü. d. M.
Einwohner: 111 700

Oliven, schier unglaubliche Hügelweiten besetzt mit Ölbäumen – so sieht es im Umland von Jaén aus. Und über der Stadt selbst ragt eine Burg majestätisch auf.

Während der Maurenzeit war Jaén Hauptstadt des Königreichs Dschaiján und bildete nach der Rückeroberung im Jahr 1246 einen **Vorposten der Reconquista**. Mit der Pracht anderer Städte in Andalusien kann und will man es nicht aufnehmen, dafür geht es unverfälschter zu.

Wohin in Jaén?

Castillo de Santa Catalina

Aussicht vom »Schiffsbug« in der Höhe

Außerhalb erhebt sich der Bergrücken mit dem mächtigen, 1246 von Ferdinand III. dem Heiligen eroberten Castillo de Santa Catalina, heute teils Parador-Hotel. Es geht auf eine **maurische Festung** zurück. Von der wie ein Schiffsbug hinausragenden Höhe bietet sich ein hervorragender Blick auf die Stadt und die umliegenden **Olivenplantagen**.

Mitte Juni–Mitte Sept. Mo.–Sa. 10–14 u. 17–21, sonst 10–18, So. immer Uhr | Eintritt 3,50 € | http://castillosantacatalina.es

Catedral

Hoch verehrte Reliquie

Inmitten der Altstadt ragt die mächtige Kathedrale **Mariä Himmelfahrt** empor, ein Werk der spanischen Renaissance, um 1500 unter Andrés de Vandelvira begonnen. Die Fassade trägt ein Marienbild von Pedro Roldán, Herrscher- und Heiligenfiguren.

Im Innern beeindruckt das **Chorgestühl;** in der Capilla del Santo Rostro wird angeblich ein Exemplar vom »**Schweißtuch der hl. Veronika**« bewahrt, mit dem die Heilige Christus auf dem Weg nach Golgatha das Gesicht abgewischt haben soll.

Unter der Sakristei liegt das **Dommuseum**.

Mo.–Fr. 10-14.30 u. 16.30–20.30, Sa. 10–20.30, So. 10–11.30 u. 16–20 Uhr | Eintritt 7 € | http://catedraldejaen.org

La Magdalena

Im Altstadtviertel am Fuß der Burg

Über die einst maurische Altstadt La Magdalena nordwestlich der Kathedrale verteilen sich einige interessante Stationen. Die **Capilla de San Andrés** wurde 1515 von Gutiérrez González Doncel gestiftet, dem Schatzmeister der Päpste Leo X. und Clemens VII. Prächtig ist

OBEN: Wie ein Schiffsburg ragt der Mirador de la Cruz Blanca am Castillo de Santa Catalina hervor. Von ihm eröfffnet sich ein fantastischer Blick auf die Stadt Jaén und die umliegenden Olivenhaine.

LINKS: Die Baños Árabes aus dem 11. Jh. wurden unter dem im 16. Jh. errichteten Palacio Villardompardo entdeckt, der heute ein Kulturzentrum beherbergt.

JAÉN ERLEBEN

OFICINA DE TURISMO

Carrera de Jesús, 2
Tel. 953 19 04 55
www.jaen24h.com

SEMANA SANTA

Karprozessionen von 16 Laienbruderschaften.

FIESTA DE NUESTRA SEÑORA DE LA CAPILLA

Patronatsfeierlichkeiten
um den 11. Juni

FERIA Y FIESTAS DE SAN LUCAS

Im Herbst steigt das Stadtfest; Anlaufpunkt ist das Festgelände (Recinto Ferial Alcalde Alfonso Sánchez). Zum Programm gehören die unvermeidlichen Stierkämpfe..
Eine Woche Mitte Okt.

❶ CASA ANTONIO €€€€

Diese Kreativküche will hohen Ansprüchen genügen.
Calle Fermín Palma, 3
Tel. 625 39 58 61
www.casantonio.es
So. abends, Mo. geschl.

❷ PANACEITE CENTRO €€-€

Bodenständige Mahlzeiten zu bodenständigen Preisen, ob Tomatensalat, Schinkenplatte oder frittierte Auberginen mit Zuckerrohrhonig.
Calle Bernabé Soriano, 1
Tel. 953 24 06 30
http://panaceite.com

❸ BOMBOROMBILLOS €€–€

Ein authentischer Tapas-Treff mit einigen überraschenden Kreationen.
Calle Pintor Carmelo Palomino, 12
Tel. 691 94 19 18
Mo. geschl.

❶ PARADOR DE JAÉN €€€–€€€€

Der Parador in unnachahmlicher Lage auf dem Castillo (toller Blick!) wurde umgesbaut, was den Aufenthalt noch komfortabler macht.
Tel. 953 23 00 00
http://paradores.es

❷ HO CIUDAD DE JAÉN €€

Etwas außerhalb im Nordosten der Stadt gelegen, doch Autofahrer wird der hauseigene Parkplatz zum Nulltarif freuen. Für kleines Geld bekommt man ein Taxi in die City. Gute Vier-Sterne-Qualität.
Autovía Bailén-Motril, km 36–37
Tel. 953 28 48 00
www.hotelesho.com

das Chorgitter von dem aus Jaén stammenden Meister Bartolomé. Westlich steht der Palacio Villardompardo, in dem ein Kulturzentrum untergebracht ist. Unter dem Palast wurden 1913 die größten **arabischen Badeanlagen** (Baños Árabes) Spaniens aus dem 11. Jh. entdeckt.

Die **Iglesia de la Magdalena**, über einer Moschee errichtet, ist das wohl älteste Gotteshaus der Stadt. Sie besitzt ein spätgotisches

Portal und einen wertvollen Retablo, vor allem aber einen sehr stimmungsvollen Hof.

Centro Cultural Baños Árabes: Plaza Santa Luisa de Marillac | Di.-Sa. 9-21, So. 9-15 Uhr | Eintritt frei | www.bañosarabesjaen.es

Malerei, Archäologie und Kultur der Iberer

Museen in der Neustadt

Am Paseo de la Estación nördlich der Altstadt liegen zwei erwähnenswerte Museen: das **Museo de Jaén** (Nr. 27; mit Gemäldesammlung und archäologischer Abteilung) und das modern ummantelte **Museo Internacional de Arte Íbero** (Nr. 41), das Kunst und Kultur der Iberer in den Fokus rückt.

Beide Museen: Di.-Sa. 9-21, So. 9-15, Mitte Juni-Mitte Sept. Di. - So. 9-15 Uhr | Eintritt frei für EU-Bürger | www.museosdeandalucia.es

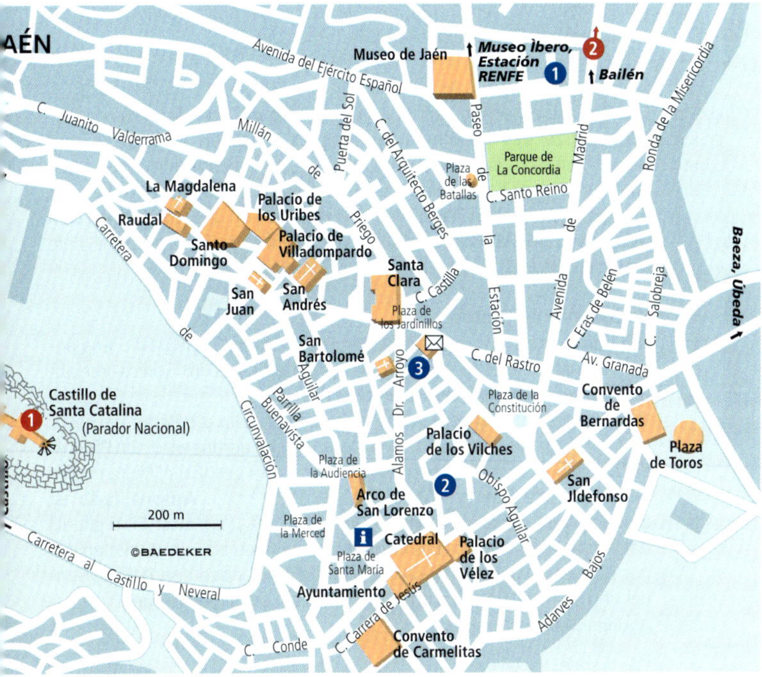

1 Casa Antonio
2 Panaceite Centro
3 Bomborombillos

1 Parador de Jaén
2 HO Ciudad de Jaén

★ JEREZ DE LA FRONTERA

Provinz: Cádiz | **Höhe:** 55 m ü. d. M. | **Region:** Andalusien
Einwohner: 212 700

Sherry und Rassepferde, wie und wo passt das zusammen? Ganz einfach: in Jerez de la Frontera. Kurz gesagt: Die Sladt öffnet sich als buntes Überraschungspaket.

Die größte Stadt der Provinz Cádiz vereint Alkoholisches (Sherry) mit Zucht und Sport und reichert ihr Gemisch an mit Flamenco (▶ Baedeker Wissen, S. 12), dem Alcázar, einer stattlichen Kathedrale samt gemütlichen Kneipen- und Bummelzonen

»An der Grenze«

Christen gegen Muslime

Die Gebiete zwischen Jerez und dem **Cabo de Trafalgar** waren 711 Schauplätze des Entscheidungskampfes zwischen Westgoten und Mauren, in dem das christliche Spanien auf Jahrhunderte den Muslimen unterlag. Hier verhinderte 1340 eine weitere Schlacht mit einem Sieg der christlichen Truppen die letzte Invasion aus Nordafrika. Den **Beinamen** »de la Frontera« (»an der Grenze«) führt Jerez wie viele andere Grenzstädte zu maurischen Gebieten seit 1379.

Kleine Sherry-Kunde

Sherry

Die berühmteste Spezialität dieser Stadt ist der Sherry (die Engländer konnten »Jerez« schlecht aussprechen), der im Solera-Verfahren hergestellt wird: aus den obersten Fässern mit dem jüngsten Wein wird über mehrere Jahre eine Teilmenge in die Reihe darunter und vorn dort wiederum in die unterste Reihe gefüllt wird. Ein **Fino** ist ein hellgelber, sehr trockener, lebendiger, kaum gesüßter Wein, mithin der typischste Sherry (Alkoholgehalt 15,5–17%). **Amontillado** ist amberfarben, trocken, aber weicher (16–18%), ein alter Fino gilt als der beste Amontillado. Ein **Oloroso** schließlich ist von dunkelgoldener Farbe und süßer (18–20%). Dann gibt es noch den **Dulce**, dunkel und schwer, und den noch schwereren, sahnigen **Cream**.

Bodega-Besichtigungen: ▶ S. 290

Wohin in Jerez de la Frontera?

Maurische Festung mit »Dunkelkammer«

Alcázar

Die mächtige Stadtburg der Almohaden, eine Mischung aus Wehranlage und Residenz, geht auf das 11. Jh. zurück. Innerhalb der Mauern

findet man eine gotische Kapelle, arabische Bäder und den in der Renaissance umgebauten **Palacio Villavicencio**; eine »Cámara Oscura« in dessen Turm projiziert ungewöhnliche Ausblicke auf eine Leinwand.
Juli–Sept. Mo.–Fr. 9.30–17.30, Sa., So. 9.30–14.30, Okt.–Juni tgl. 9.30–14.30 Uhr | Eintritt 5 €, mit Cámara Oscura 7 €

Prächtige Freitreppe

Catedral San Salvador

Vom Alcázar sieht man im Norden die Rückseite der 1695 im Barockstil auf den Grundmauern einer Moschee errichteten Kathedrale an der Plaza de la Encarnación. Bemerkenswert sind die barocke Freitreppe, die zum Schutz vor Erdbeben ausladend konstruierten Strebepfeiler und das Zurbarán-Gemälde »La Virgen Niña«, eine Darstellung Mariens als schlafendes Kind. Vom frei stehenden **Glockenturm** (Torre) bietet sich eine schöne Aussicht.
Mo.–Sa. 10–20, So. 13–20; Turm tgl. Mo.–Sa. 11–14.30, So. 16–19.30 Uhr | Eintritt Kathedrale 7 €, Turm 5 € | www.catedraldejerez.es

Sherry wird in einer Fassreihe, der Solera, verschnitten.

JEREZ DE LA FRONTERA ERLEBEN

OFICINA DE TURISMO
Plaza del Arenal, Edificio Los Arcos, Tel. 956 14 98 63
www.turismojerez.com

SHERRY-BODEGAS
BODEGAS ÁLVARO DOMECQ
Calle Madre de Dios, s/n, Tel. 956 33 96 34, www.alvarodomecq.com
BODEGAS FAUSTINO GONZÁLEZ
Calle Barja, 1, Tel. 622 64 63 63
http://bodegasfaustinogonzalez.com
BODEGAS TÍO PEPE
Calle de Manuel María González, 12, Tel. 956 35 70 16
www.tiopepe.com
BODEGAS TRADICIÓN
Führung auch durch eine Kunstsammlung mit spanischer Malerei vom 15.–19. Jh.; allerdings schlägt sich das im Preis nieder: 50 € p. P. inkl. Verkostung.
Plaza Cordobeses, 3; Tel. 956 16 86 28, www.bodegastradicion.es

Das **Festival de Jerez** bietet Musik und Tanz, auch Flamenco (Anf. Febr./Anf. März). Das große Pferde- und Folklorefest **Fería del Caballo** mit Umzug steigt Anfang Mai.
www.festivaldejerez.es

1 TABLAO FLAMENCO PURO ARTE
Gute, professionelle Flamencoshows.
Calle Madre de Dios, 10
http://puroarteflamencojerez.com

Rund um die **Calle Larga** finden Sie Mode, Kunsthandwerk, Keramik, Lederwaren und Schmuck. Ein Erlebnis ist auch der **Mercado Central de Abastos** (Calle Doña Blanca, 8).

1 VENTA ESTEBAN €€€–€€
Schmackhafte Qualität lockt viele Locals an. Breit gestreute Spezialitäten von Artischocken (alcachofas) bis Thunfisch-Carpaccio.
Colonia de Caulina, 11
Tel. 956 31 60 67
www.restauranteventaesteban.es

2 BAR JUANITO €
Leckere Tapas in riesiger Auswahl.
Pescadería Vieja, 8–10
Tel. 9627 45 69 89
www.bar-juanito.com
So. geschl., im Winter nur So. abends

3 ATUVERA €
Rustikale Gastro-Taverne mit originellen Noten, sowohl kulinarisch als auch dekorativ.
Calle Ramón de Cala, 13
Tel. mobil 675 54 85 84
http://atuverajerez.com

4 ALBORONÍA €€–€
Ein weiteres Tapas-Paradies mit exquisitem Fingerfood – begleitet von einem guten Tropfen.
Calle Gibraleón, 3
Tel. 627 99 20 03

1 JEREZ & SPA €€€–€€
Ansprechend aufgemachte Anlage (121 Zi.) mit Pool und Spa. Verschiedene Zimmertypen.
Avenida Alcalde Álvaro Domecq, 35, Tel. 956 30 06 00
www.hace.es

2 DOÑA BLANCA €€
Zentrale Lage und sympathische Preise sind wichtige Argumente für das Drei-Sterne-Haus. Die 30 Zimmer sind ordentlich und recht geräumig.
Calle Bodegas, 11
Tel. 956 34 87 61
http://hoteldonablanca.com

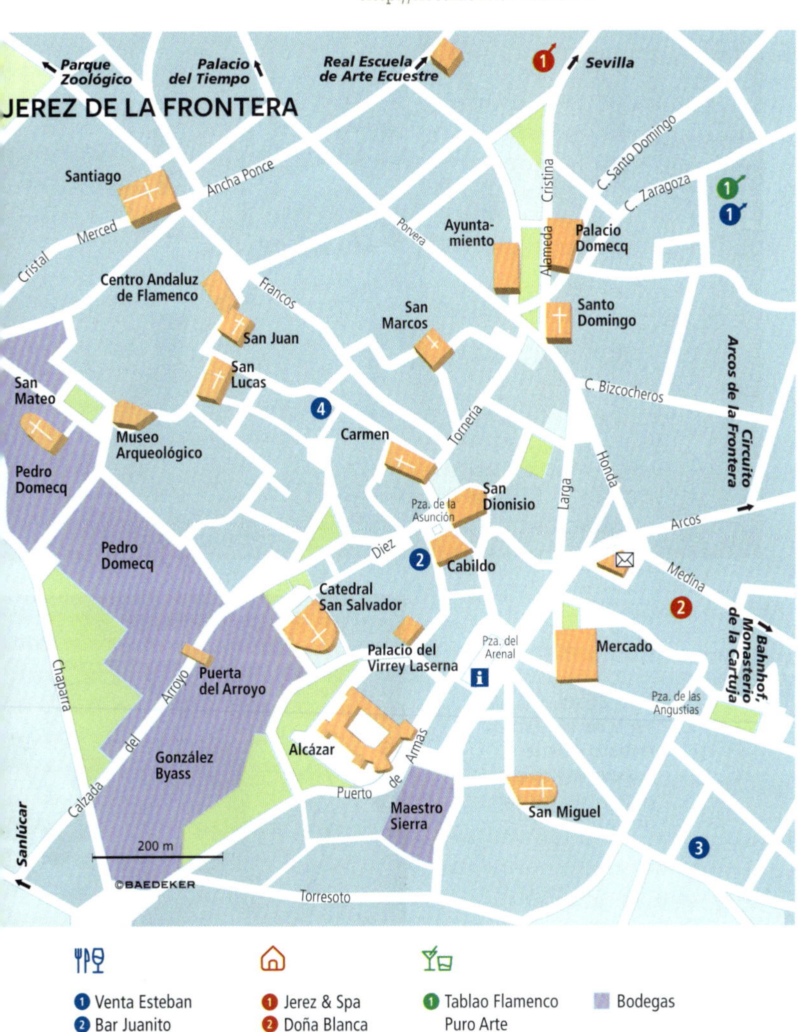

Bevor die edlen Andalusier in der Real Escuela Andaluza del Arte Ecuestre ihr Können zeigen, muss erst alles richtig sitzen.

Blaue Kacheln und stattliche Fassade

San Miguel

Östlich des Alcázar erkennt man den blau gekachelten Turm der Kirche San Miguel (1430–1512), deren reich gearbeitete Westfassade von 1672 stammt; am Hochaltar ein 1625 geschaffenes Retablo mit Reliefs von Martínez Montañés und Juan de Arce.

Besuch einer Kellerei

Sherry-Bodegas

Geradezu ein Muss in Jerez de la Frontera ist der Besuch einer der über 20 Kellereien (Bodegas in und um Jerez); **Führungen** finden teilweise auch auf Deutsch statt (Reservierung oft auf der Website, ► S. 290). Die Preise inkl. Kostproben können durchaus 20 € p. P. betragen.

Hohe Schule andalusischer Reitkunst

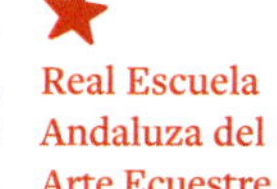

Real Escuela Andaluza del Arte Ecuestre

Im Norden der Stadt liegt die Königliche Andalusische Schule der Reitkunst. In den Ställen werden edelste andalusische Pferde gehalten, die von Araberpferden der Mauren abstammen und von Andalusien aus englische Vollblüter ebenso veredelt haben wie die Lipizzaner. Besucher lernen die Stallungen und die Museumsbereiche (Museo del Arte Ecuestre, Museo del Enganche) kennen und können ggf. auch beim Training zuschauen.

Höhepunkte sind die **Pferde- und Reitdarbietungen** »Cómo bailan los Caballos Andaluzes« (»Wie andalusische Pferde tanzen«) an wechselnden Tagen (meist Di., Do.).

Avenida Duque de Abrantes, s/n | Termine u. Tickets (ca. 24 €) s. http://entradas.realescuela.org | www.realescuela.org

Rund um Jerez de la Frontera

Andalusische Rassepferde im Kartäuserkloster

La Cartuja

Wenige Kilometer südöstlich von Jerez liegt das 1463 gegründete Kartäuserkloster La Cartuja, in dem im 16. Jh. erstmals deutsche, italienische und andalusische Rassepferde zur **Kartäuserrasse** gekreuzt wurden. Karl III. schenkte Mitte des 18. Jh.s der österreichischen Kaiserin Maria Theresia mehrere Cartuja-Hengste, die dann den Stamm der berühmt gewordenen Lipizzaner der Wiener Hofreitschule bildeten. Das Gestüt **Yeguada de la Cartuja** bietet samstags Pferde-Vorführungen.

Das **Kloster Santa María de la Defensión** besitzt ein prächtiges, freistehendes Renaissancetor (1571) und eine gotische Kirche. In den Nischen ihrer Fassade von 1667 stehen Figuren von Kartäusermönchen, zuoberst der hl. Bruno.

Yeguada de la Cartuja: Vorführungen Sa. 11 Uhr (i.d.R. Ende Nov.–Ende Febr. geschl.) | Eintritt 19 € (seitl. Plätze) o. 25 € (Haupttribüne) | http://yeguadacartuja.com

»Weißes Dorf« als Gesamtkunstwerk

Arcos de la Frontera

24 km nordöstlich von Jerez liegt Arcos de la Frontera, ein klassisches »Weißes Dorf«, dessen Altstadt halbkreisförmig hoch über dem Río Guadalete thront. Neben Adelspalästen sind die Kirchen **Santa María de la Asunción** mit wuchtigem Turm und **San Pedro** hoch über dem Abgrund beachtenswert, an der zwei arabische Banner an die Zeit als Grenzort zu den maurischen Gebieten erinnern.

Oficina de Turismo: Cuesta de Belén, 5 | www.turismoarcos.es

★★ LEÓN

Provinz: León | **Höhe:** 838 m ü. d. M. | **Region:** Castilla y León
Einwohner: 121 000

Diesen Mix macht der nordspanischen Provinzhauptstadt so schnell keiner nach: eine der schönsten Kathedralen des Landes, signifikante Station auf dem Jakobsweg, eine Altstadt mit vibrierendem Kneipenviertel und ein monumentales Erbe von der Romanik bis Gaudí.

Monumentales Erbe am Jakobsweg

Die Stadt am Río Bernesga verdankt ihren Namen der **VII. römischen Legion**, aus deren befestigtem Lager sie im 1. Jh. n. Chr. hervorging. Maurische Heere zerstörten die Siedlung 996, doch wurde sie während der Regentschaft Alfons' V. (999–1027) wiederaufgebaut.
Seine Glanzzeit erlebte León im 10.–12. Jh. als zeitweilige **Hauptstadt** des gleichnamigen Königreichs, bis 1230 die Königreiche León und Kastilien wiedervereinigt wurden und die Stadt an Bedeutung verlor – nicht allerdings für die **Jakobspilger** auf dem Weg nach ▶ Santiago de Compostela. Heute sieht man sie überall auf Schritt und Tritt.

Wohin in León?

Stilreine Frühgotik

Catedral Santa María de Regla

Die im 13./14. Jh. erbaute Kathedrale beherrscht die Altstadt an der Plaza de la Regla. Sie gilt als eines der hervorragendsten und stilreinsten Werke der Frühgotik auf spanischem Boden, eng verwandt mit den Kathedralen von Reims und Amiens.
Herausragend ist die **Westfassade** (Hauptfassade) mit ihren 65 und 68 m hohen Türmen, die das Mittelschiff mit der mächtigen Fensterrose und den drei reich mit Skulpturen geschmückten Portalen flan-

Durch Jahrhunderte alte Glasfenster fällt das Licht in die Katedrale von Léon.

kieren. Unter diesen wiederum sticht das Mittelportal (Puerta de Nuestra Señora la Blanca) hervor, dessen Mittelsäule eine Skulptur der Santa María la Blanca trägt. Im Tympanon, im Fries und in den Archivolten erkennt man die Darstellung des Jüngsten Gerichts.
Die überraschende Lichtwirkung der bis zu 12 m hohen Maßwerkfenster verleiht dem harmonischen Innenraum eine unvergleichliche Schönheit. Die **Buntglasfenster** (13.–20. Jh.), die eine Fläche von ca. 1800 m² einnehmen, suchen ihresgleichen in Spanien.
Der alabasterne, reich vergoldete **Chor**, 1575 von Esteban Jordán ausgeführt, ist so konstruiert, dass man durch eine Öffnung in seiner Mitte zum Mittelschiff hinaufblicken kann. Das prachtvolle Chorgestühl wurde im 15. und 16. Jh. von flämischen Künstlern geschnitzt. In den neuzeitlichen Retablo in der Capilla Mayor sind die vom ursprünglichen Flügelaltar stammenden Gemälde von Nicolás Francés (15. Jh.) integriert. Reliquien des Schutzpatrons der Stadt, des hl. Froilán, 900–905 Bischof von León, werden in einem Silberschrein von Enrique de Arfe vor dem Hochaltar aufbewahrt.

Von den Grabmälern in den Kapellen des Chorumgangs sind an der Rückwand der **Capilla Mayor** das des Königs Ordoño II. († 924) vom Anfang des 14. Jh.s und die **Capilla de Santiago** mit ihren wunderschönen Glasmalereien aus der Renaissance hervorzuheben.
Nördlich an die Kathedrale schließt der platereske **Kreuzgang** an (separater Zugang), der im 14. Jh. errichtet und im 16. Jh. umgebaut wurde. In den angrenzenden Räumen ist das **Dommuseum** mit seiner Sammlung wertvoller sakraler Exponate untergebracht.
Catedral: Mai–Sept. Mo.–Sa. 9.30–13.30 u. 16–19, So. 9.30–11.30 u. 15–20, Jan.–April, Okt.–Dez. nachm. bis 19, So. nur 13–15 Uhr | Eintritt Kathedrale 7 €, Museum 5 € | www.catedraldeleon.org

Im »feuchten« Viertel

Plaza Mayor

Vom Kathedralplatz schlendern Sie ein zur Plaza Mayor (südlich); an deren Westseite erhebt sich der zweitürmige **Consistorio Antiguo** (Altes Rathaus; 1677). Der Platz mit seinen Arkaden besitzt einnehmenden Charmen und große Lebendigkeit, die sich Richtung Westen in den zur **Plaza de San Martín** (Kirche San Martín aus dem 13. Jh.) und zur Plaza de San Marcelo führenden Gassen fortsetzt.
Beim abendlichen Bummel wird schnell klar, warum dieses Viertel auch »**Barrio Húmedo**« (Feuchtes Viertel) heißt – in den vielen Bars geht es feuchtfröhlich zu.
Eine ganz andere Stimmung herrscht auf der Plaza Mayor, wenn bis zur spanischen Mittagszeit der **Mercado** abgehalten wird. Dann bieten Bäuerinnen und Bauern, Eier, Knoblauch, Obst und Gemüse feilbieten. Vereinzelt kommen noch Handwaagen zum Einsatz!
Markt: Mi. und Sa.

Gaudí neogotisch

Plaza de San Marcelo

Die Plaza de San Marcelo westlich der Kathedrale, Schnittstelle zwischen Fußgängerzone und Plaza de Santo Domingo, umgeben einige bedeutende Bauwerke. Seinen Namen hat der Platz von der Kirche **San Marcelo** (1588–1627).
Auffälligstes Gebäude ist die **Casa Botines**, die der katalanische Architekt Antoni Gaudí 1892/93 in dem ihm eigenen neogotischen Stil entwarf. Heute wird das Stadtpalais museal genutzt, davor sitzt Gaudí in Bronze auf einer Bank.
Östlich erkennt man den an italienische Paläste erinnernden **Palacio de los Guzmanes** (1560) mit schmiedeeisernen Balkonen, eindrucksvoller Rundbogenfassade und großen Ecktürmen.
Casa Botines: So., Mo., Do. 10–19, Mi. 15–19, Fr., Sa. 10–20 Uhr
Eintri 7/10/12 € (Basis/mit Zusatzbereichen/span. o. engl. Führung)
www.casabotines.es

Königspantheon und Station am Jakobsweg

Colegiata de San Isidoro

Auf der **Plaza de San Isidoro** die romanische Colegiata de San Isidoro. Sie dient als **Grablege des Heiligen Isidor** (560–636), Bischof von

LEÓN ERLEBEN

OFICINA DE TURISMO

Plaza de la Regla, 2
Tel. 987 23 70 82
http://leon.es

❶ COCINANDOS €€€€

Ein hochklassiges Gastro-Erlebnis verspricht dieses preisgekrönte Restaurant mit originellen Kreationen. Reservierung empfohlen.
Plaza San Marcos, 5
Tel. 987 07 13 78; So., Mo. geschl.
www.cocinandos.com

❷ CATEDRAL €€–€

Einfach und bodenständig geht es hier zu. Beste Zentrumslage nahe Kathedrale und Plaza Mayor. Empfehlung: das Mittagsmenü.
Calle Mariano Domínguez Berrueta, 17; Tel. 987 21 59 18
So. abends, Mo. abends, Di. geschl.

❶ PARADOR SAN MARCOS €€€€

Im ehemaligen Kloster San Marcos (16. Jh.; ► S. 298) ist heute ein vornehmer Fünf-Sterne-Parador eingerichtet, der von seiner historischen Aura lebt. Weniger authentisch ist der moderne Anbau. Hervorragendes Restaurant.
Plaza de San Marcos, 7
Tel. 987 23 73 00
http://paradores.es

❷ HOTEL REAL COLEGIATA SAN ISIDORO €€€€–€€€

Quasi ums Eck von der Colegiata de San Isidoro gelegen: ein sehr stilvolles Haus. Geiches gilt für das Restaurant.
Plaza de Santo Martino, 5
Tel. 987 87 50 88
www.hotelrealcolegiata.com

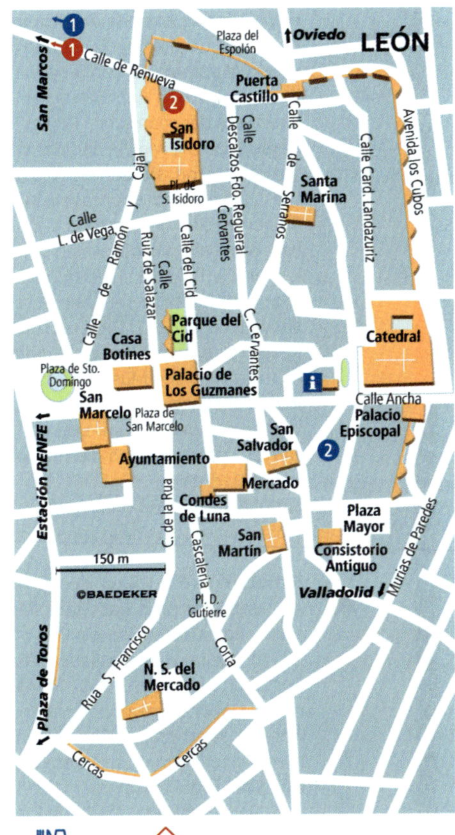

❶ Cocinandos
❷ Catedral
❶ Parador San Marcos
❷ Hotel Real Colegiata San Isidoro

Sevilla und Kirchenlehrer, dessen Gebeine Ferdinand I. 1063 aus Sevilla hierher überführen ließ, und Königspantheon. Schönste Teile der Außenfassade sind die beiden romanischen Südportale an der Plaza: links die Puerta del Cordero, das Hauptportal, mit Skulpturen der hll. Isidor und Pelayo sowie dem Gotteslamm; rechts die Puerta del Perdón, eines von zwei Vergebungsportalen für Pilger am Hauptas des Jakobswegs.
Im etwas düsteren Inneren beeindruckt vor allem die im 16. Jh. angefügte Capilla Mayor; der Schrein des hl. Isidor ist in der Mitte des Haupt-Retablo zu sehen.

Panteón de San Isidoro

»Sixtinische Kapelle der Romanik«
Zur Real Colegiata de San Isidoro gehört das separat zugängliche, mit einem **Museum** verbundene Panteón de San Isidoro, **Grablege der Könige**, Prinzen und Edlen von León und eines der bedeutendsten Zeugnisse der spanischen Romanik (1054–1066). Zwei Marmorsäulen, deren Kapitelle wie die der Wandpfeiler mit Pflanzen- und Tiermotiven skulptiert sind, stützen ein Kreuzgratgewölbe.
Die Decken sind überzogen mit einzigartigen **Fresken**, die in der Regierungszeit Ferdinands II. (1157–1188) angebracht wurden. Die Farbenpracht der Malereien (biblische Szenen, Jagdmotive, Darstellungen der Feldarbeit, verbunden mit Tier- und Pflanzenornamenten) trug dem Panteón den Beinamen »Sixtinische Kapelle der Romanik« ein (▶ Abb. S. 541). Die Grabstätten selbst spielen nur eine sekundäre Rolle, sie wurden längst geplündert.
Prunkstücke des Museums darüber sind die **Schatzkammer** (alter Reliquienschrein des hl. Isidor aus dem 11. Jh.; Achatkelch der Doña Urraca aus dem 11. Jh. und ein mit Emailarbeiten aus Limoges verziertes Kästchen) und die **Bibliothek** (u. a. Bibel von 960).
Jan.-März, Mitte Okt..-Dez. Mo.-Sa. 10-14 u. 16-19, So. 10-14, Mai-Mitte Okt. Mo.-Sa. 10-14 u. 17-20, So. 10-14 Uhr | Eintritt 5 €
www.museosanisidorodeleon.com

Convento de San Marcos

Schutzhaus für Pilger des Jakobswegs
Am Nordwestrand der Stadt liegt beim Ufer des Río Bernesga das ehemalige Kloster San Marcos (heute z. T. Parador-Hotel). Die über 100 m breite Hauptfassade (Osthälfte 1533–1541; Westhälfte mit Portal und Uhrturm 1708–1716) ist an Reichtum und Feinheit plateresker Dekoration unübertroffen. Das Hauptportal krönt ein barocker Apostel Jakobus in seiner legendären Gestalt als Maurentöter. An dieser Stelle stand seit dem 12. Jh. das **Stammhaus des Ordens der Santiago-Ritter**, der die Pilger auf dem Jakobsweg (▶ Das ist ..., S. 8) beschützte. Als Dank für ihre Taten veranlassten die Katholischen Könige den Bau eines neuen Klosters. Die 1541 geweihte **Klosterkirche** besitzt ein schönes Chorgestühl von 1543 und wertvolle Skulpturen.

LLEIDA

Provinz: Lleida | **Höhe:** 154 m ü. d. M. | **Region:** Katalonien
Einwohner: 140 800

Warum nach Lleida? Ganz einfach: um einmal eine katalanische Stadt abseits ausgetretener Pfade zu erkunden und von hier aus in die Hochpyrenäen aufzubrechen.

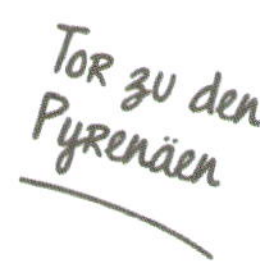

Lleida (Lérida) ist eine Gründung der Iberer, die sich lange den Römern widersetzte. Seit dem 6. Jh. Bischofssitz, war sie im im 12. und 13. Jh. voeübergehend Residen der aragonesischen Königer. Im Spanischen Bürerkrieg wurde die Stadt schwer bombardiert.

Wohin in Lleida?

Feine Bildhauerarbeit
Über der Stadt thront der Burgberg. Das mächtige, viertürmige **Castell la Suda**, maurischen Ursprungs (12. Jh.), diente den Königen von Aragonien auch als Palast.
Die Burganlage umschließt die aus dem 13. Jh. stammende, im 16. Jh. vollendete **Alte Kathedrale** (Seu Vella), die 1707–1949 als Kaserne diente. Sie wurde über einer Moschee erbaut, was erklärt, dass der Kreuzgang wie der Vorhof einer Moschee vor ihrer Hauptfassade liegt. Der Kreuzgang ist der beeindruckendste Teil der Anlage. Hohe Maßwerkfenster geben den Blick frei auf die Stadt, außerordentlich fein gearbeitete Säulenkapitelle zeigen Fabelwesen, verschlungene Pflanzen und Alltagsszenen. Die kunstvolle Ausfüh-

LLEIDA ERLEBEN

OFICINA DE TURISME
Carrer Major, 31 bis, Tel. 973 70 03 19, www.turismedelleida.cat

NASTASI €€
Ordentliche Zimmer und ein Spa. Die **Gastronomie** steht ganz im Zeichen katalanischer Küche.
Avenida Rovira Roure, 214
Tel. 973 24 92 22
www.hotelnastasi.com

NH PIRINEOS €€€–€€
Moderne, bewährte Qualität der NH-Kette. Gutes Preis-Leistungs-Verhältnis.
Passeig de Ronda, 63
Tel. 973 27 31 99
www.nh-hoteles.es

rung der Kapitelle wiederholt sich in der Kirche und in den Portalen. Der achteckige Glockenturm datiert von 1416.

Okt.–April Di.–Fr. 10–13.30 u. 15–17.30, Sa. 10–17.30, Mai–Sept. Di.–Sa. 10–14 u. 16–19.30, So. immer 10–15 | Eintritt 6 €
www.turoseuvella.cat/en

Eigenwillige Platzgestaltung

Plaça de Sant Joanc

Auf der Plaça de Sant Joan östlich des Burgbergs kann man in einer der **Bars** über die avantgardistische Platzgestaltung des baskischen Architekten Luis Peña Ganchegui sinnieren.

In den Hof schauen

Hospital de Santa María

An der Plaça de la Catedral liegt das ehemalige Hospital de Santa María (15./16. Jh.). Hinter dessen schlichter Fassade in katalanischer Gotik offenbart sich der **Innenhof** mit seiner Freitreppe als gefällige Schöpfung aus dem 18. Jahrhundert. Gegenüber steht die 1781 vollendete klassizistische **Catedral Nova**.

Romanisch-gotisches Kirchlein

Sant Llorenç

Bemerkenswert an der kleinen Kirche Sant Llorenç nordwestlich der Neuen Kathedrale sind der achteckige **Glockenturm** und wertvolle Retablos aus dem 14./15. Jh.

Die Maßwerkfenster im gotischen Kreuzgang sind der prächtigste Teil der Alten Kathedrale von Lleida.

Ein wenig Modernisme

Sehenswert sind außerdem einige Modernisme-Bauten von Francesc de Paula Morera i Gatell (1869–1951) wie der zum Stadttheater L'Escorxador umgebaute Schlachthof (Carrer Lluís Companys) und das ehemalige Kino Vinyes, heute Caixa-Forum (Avda. Blondel, 3).

Stadttheater, Cine Vinyes

 Pyrenäenrundfahrt

Die nachfolgend beschriebene Rundfahrt erstreckt sich ohne Abstecher über etwa 450 km; drei Übernachtungen sollten Sie auf jeden Fall einplanen.

Katalanische Gotik

Ab Lleida starten Sie nordostwärts ins jenseits des Riu Segre gelegene Balaguer, Hauptort der Landschaft Noguera. Er besitzt mit dem **Kloster Sant Domènech** ein anschauliches Beispiel für die Bauweise der katalanischen Gotik.

Balaguer

Oficina de Turisme: Plaça Comtes d'Urgell, 5 | Tel. 973 44 51 94
www.balaguer.cat/turisme

Stauseen und Bergwelt

Nördlich von Balaguer begleitet die Straße den mehrfach aufgestauten Riu Noguera Pallaresa. Zwischenstationen sind **Tremp** und **La Pobla de Segur**, wo der Riu Flamisell in den Riu Noguera Pallaresa mündet. Hier erwartet Sie nun die wirkliche Bergwelt der Pyrenäen. Bleiben Sie im Tal des Noguera Pallaresa, der immer wilder und reißender wird, gespeist von zahlreich zufließenden Bächen mit Wasserfällen.

Tal des Noguera Pallaresa

Rafting-Revier

Es geht talaufwärts zur wilden Kalksteinschlucht Desfiladero de Collegats mit dem 2082 m hohen Bou Mort zur Rechten.
Einst wurden auf dem Noguera Pallaresa die im Gebirge geschlagenen Baumstämme zu den Sägewerken in La Pobla de Segur hinabgeflößt; heute ist der Fluss ein beliebtes Rafting-Revier.

Desfiladero de Collegats

Dem Tal von Aran entgegen

Die Fahrt geht weiter über **Gerrií de la Sal**, das seinen Namen den Salinen am Fluss verdankt; dort befindet sich auch ein ehemaliges Benediktinerkloster (12. Jh.). Danach durchquert man wieder eine große Schlucht, passiert **Sort** und **Rialp**, von wo eine Zufahrt zum Wintersportort **Llesuí** (1400 m) abzweigt, bis man schließlich **Llavorsí** erreicht. Hier mündet der **Riu Cardós** ein (liebliches Tal).
Nordwestlich erreichen Sie **Escaló**, wo im Kloster Sant Pere del Burgal (10. Jh.) romanische Wandmalereien zu sehen sind. Etwas abseits der weiteren Strecke liegt der Wintersportort **Espot** (1318 m).

Von Gerrí de la Sal nach Espot

Wasserscheide zwischen Mittelmeer und Atlantik

Port de la Bonaigua

In nordwestlicher Richtung geht es aufwärts zum Port de la Bonaigua (2072 m), der eindrucksvollen **Passhöhe** auf der Wasserscheide zwischen Mittelmeer und Atlantik (erkundigen Sie sich vorher, ggf. ist der Pass gesperrt); Windungen und Kehren führen wieder abwärts ins Tal von Aran.

Eines der schönsten Pyrenäen-Täler

Vall d'Aran

Das Tal von Aran, in dem die Quellbäche der Garonne (span./katal. Garona) entspringen, ist eines der schönsten der Pyrenäen: **Wanderwege** und **Bergtouren** in herrlicher Landschaft, Gebirgsbäche, Winterspaß in den **Skistationen** Baqueira-Beret und Tuca-Betrén.
Im Tal, das 1308 zu Spanien kam, wird **Aranesisch** gesprochen, ein romanischer, dem Gascognischen verwandter Dialekt mit baskischen Anleihen. Daran zeigt sich einerseits die ethnisch-geografische Zugehörigkeit zu Frankreich, andererseits die jahrhundertelange Isolierung des Tals, die erst mit dem Bau einer Pass-Straße 1925 und des Vielha-Tunnels 1948 beendet wurde.
Der erste Halt nach dem Pass, **Salardú** (1265 m), wo man das Tal der Garona erreicht, besitzt mit Sant Andreu (13. Jh.) eine schöne romanische Kirche; der Ort eignet sich gut als Startpunkt für Wanderungen in die Dörfer des oberen Aran-Tals, z. B. nach **Tredós** (1295 m) mit seiner ehemaligen Templerkirche (12. Jh.).

Hauptort des Tals von Aran

Vielha

Die Straße mündet bei Vielha in die N-230. In dem Hauptort des Tals besichtigt man die Kirche aus dem 13. Jh. vor allem wegen ihrer **romanischen Christusfigur** »Crist del Mig Aran«; wer mehr über die Aranesen wissen will, geht ins Ethnologische Museum. Vielha bietet auch eine Reihe von Unterkünften, darunter ein Parador.

Zurück nach Lleida ...

Pico de Aneto

... durchquert man zunächst den 5 km langen **Tunel de Vielha** und sieht bei der Ausfahrt die majestätischen Spitzen der Maladeta mit dem Pico de Aneto (3404 m), des **höchsten Gipfels der Pyrenäen**.
Dann folgt man südwärts dem Tal des Ríu Noguera Ribagorçana, vorbei an El Pont de Suert und am Stausee **Pantà d'Escales**. Bei **Puente de Montañana** (540 m) biegt man auf der kleinen, kurvigen C-1311 nach Osten wieder nach **Tremp** ab, von dort geht es via **Balaguer** zurück nach Lleida.

Ein Tal voller romanischer Kirchen

Vall de Boí

Nördlich von **El Pont de Suert** (838 m; schöner arkadengesäumter historischer Kern) lohnt ein Abstecher ins Tal von Boí, um einige der schönsten romanischen Kirchen der Pyrenäen kennenzulernen. In **Boí** wartet Sant Joan mit schönen Fresken auf.

Nicht die Rocky Mountains, sondern der Nationalpark Aigüestortes

Taüll nennt mit den Kirchen Sant Climent und Santa María (12. Jh.) geradezu klassische Beispiele für romanischen Kirchenbau in den Pyrenäen sein Eigen: ein großes Hauptschiff mit drei Apsiden und ein frei stehender Glockenturm, im Fall von Sant Climent sogar sechsstöckig. Beide Kirchen besaßen einzigartige Wandmalereien (Originale heute im Museu Nacional d'Arte de Catalunya in ▶ Barcelona); für Taüll blieben nur Kopien. Am Ende des Tals liegt in herrlicher Landschaft der Thermalbadeort **Caldes de Boí**.
www.caldesdeboi.com

Parc Nacional d'Aigüestortes i Estany de Sant Maurici

Im »Gletschergarten«

Katalanische Pyrenäen

Nutzen Sie auch die Gelegenheit zu einem Besuch des Nationalparks; in **Boí** gibt es ein **Besucherzentrum** für Kataloniens einzigen Nationalparks. Hier erfahren Sie mehr zu schönen Wanderrouten (beste Zeit: Juni–Sept.). Ein weiterer Parkzugang besteht von **Espot** aus. Der Park lockt mit einer einzigartigen, bis knapp unter 3000 m

aufsteigenden Bergwelt und zahlreichen **Gletscherseen**, deren größter der **Estany de Sant Maurici** ist. Das Gebiet ist ein »Gletschergarten«, die charakteristische Landschaftsform der »Felszirkus«. Hier gedeihen – neben Nadelbäumen – Lilien, Enzian, Steinbrech, Eisenhut, Flechten in zahlreichen Arten. Seltene Tiere sind der **Pyrenäen-Desman**, der Pyrenäengebirgsmolch, Kaiseradler, Gänsegeier und Schneerebhuhn.
Casa del Parc Nacional: Carrer de Sant Maurici, 5, Espot

★ LOGROÑO

Provinz/Region: La Rioja | **Höhe:** 384 m ü. d. M.
Einwohner: 150 800

Hand aufs Herz: Dass Logroño eine versteckte Schönheit ist, sieht man der Hauptstadt der weltberühmten Weinregion La Rioja nicht gleich an. Rundherum breiten sich moderne, abweisende Außenbezirke aus. Doch das Panorama ändert sich komplett in der City – versprochen! Und in der näheren und weiteren Umgebung gibt es weit mehr zu sehen als Rebstöcke.

Wein aus der Rioja

Logroño liegt am Río Ebro und damit am Hauptjakobsweg (▶ Baedeker Wissen, S. 612), weshalb es für Pilger seit dem Mittelalter eine wichtige Station zwischen ▶ Pamplona und ▶ Burgos ist. Damals allerdings war der Wein noch nicht von großer Qualiät ...

Im Zentrum des Weinbaugebiets La Rioja

Weinstadt am Ebro

Logroño markiert den Schnittpunkt der drei Teilgebiete des Weinbaugebiets La Rioja. Zu unterscheiden gilt es die **Rioja Alta** (Obere Rioja) bis hin nach Haro, die **Rioja Baja** (Untere Rioja) nach Osten/Südosten hin sowie die bis ins Baskenland hineinreichende **Rioja Alavesa** nördlich des Ebro am Südabhang der Sierra de Cantabria. Berühmt ist der Rotwein, ein echtes Spitzenprodukt (▶ Das ist ..., S. 17 und Baedeker Wissen, S. 628). Wein wurde hier schon von alters her angebaut, doch erst französische Winzer, die in den 1870er-Jahren ihre von der Reblaus befallenen Weinberge aufgegeben hatten, führten den Rioja zu höchster Qualität. Die **Rotweine** werden aus den Traubensorten Tempranillo, Garnacha, Graciano und Mazuelo gekeltert; auch Weißwein wird produziert. Die anerkannt besten Weine bringen die Rioja Alavesa und Rioja Alta hervor.
Die Rioja Baja ist auch ein wichtiges Gemüseanbaugebiet, in dem u. a. Spargel wächst.

Aus der Rioja kommen mit die besten spanischen Rotweine: Weinfelder bei Laguardia.

Wohin in Logroño?

Ausgehen!

Altstadt

Die **Calle del Laurel** mit gut zwei Dutzend Tapas-Lokalen und Restaurants ist eine der schönsten Ausgehgassen Nordspaniens. Ein weiterer populärer Treffpunkt ist die blumengeschückte Promenade **Espolón.** Interessant in der Altstadt ist auch das Regionalmuseum **Museo de la Rioja** an der Plaza de San Agustín; es ist zum Teil im barocken Palacio de Espartero untergebracht.

Museo de la Rioja: Di.–Sa. 10–20.30, So. 10–14 Uhr | Eintritt frei
www.museodelarioja.es

Nicht ganz von Michelangelo

Concatedral

Die Co-Kathedrale (geteilte Diözese) **Santa María la Redonda** (15./18. Jh.) besitzt eine zweitürmige Barockfassade; im Inneren findet man gut gearbeitete Schnitzaltäre, ein kunstvolles Chorgestühl und ein der Schule Michelangelos zugeschriebenes Kreuzigungsbild hinter dickem Schutzglas. Am Gotteshaus vorbei führt die breite, nett aufgemachte Fußgängerzone.

LOGROÑO ERLEBEN

OFICINA DE TURISMO
Calle Portales, 50; Tel. 941 29 12 60
http://lariojaturismo.com

FIESTAS DE SAN MATEO
Das Weinlesefest lockt mit Traubenstampfen, Musik und Tanz.
Um den 20. Sept.

Zum gepflegten Shopping laden die von Arkaden flankierte **Calle de Portales** bei der Kathedrale sowie die **Gran Vía del Rey Don Juan Carlos I** ein.

MESÓN EGÜES €€€
Schmackhafte Fleischgerichte, dazu hervorragende Weine aus der Region; für gehobene Tafelfreuden.
La Campa, 3
Tel. 941 22 86 03

TORRECILLA €
Ein Tapas-Klassiker in Logroños berühmter Kneipengasse. Manchmal herrscht, wie überall rundherum, massiver Zulauf.
Calle del Laurel, 15
Tel. 619 55 36 88

AC HOTEL LA RIOJA €€
Vier-Sterne-Herberge in einem modernen Gebäude. Gutes Frühstücksbüffet. Die Altstadt erreicht man in 15 bis 20 Minuten zu Fuß
Calle Madre de Dios, 21
Tel. 941 27 23 50
www.marriott.com

F & G €
Am Rand der Altstadt nahe der Ebro-Brücke gelegen – wo der Jakobsweg beinahe vorbeiläuft. Gute Lage und günstiger Preis sind gewichtige Argumente für das Drei-Sterne-Haus.
Avenida de Viana, 2–6
Tel. 941 00 89 00
www.fglogrono-hotel.com

Einst königlicher Palast

Santa María del Palacio

Die Kirche Santa María del Palacio ist, wenn auch im 16. Jh. stark verändert, der Überrest des Palastes von Alfons VII., den dieser 1130 den Rittern vom Heiligen Grab schenkte. Ihr 45 m hoher, spitzer **Vierungsturm** Aguja de Palacio ist das Wahrzeichen der Stadt. Der schön ausgeführte **Hochaltar** stammt von Schülern Berruguetes.

Bartholomäus und Jakobus

Weitere Kirchen

Weitere interessante Kirchen in der Altstadt sind die romanisch-gotische **Iglesia de San Bartolomé** (schönes Figurenportal mit Martyrium des hl. Bartholomäus) und die nach dem hl. Jakobus benannte außen massiv und klobig wirkende **Iglesia de Santiago**, die unmittelbar an den Jakobsweg stößt, mit einem monumentalen Barockrelief von mit Jakobus als Maurentöter an der Südfassade..

Rund um Logroño

Jakobus der Maurentöter

Clavijo

In Clavijo (15 km südl.) entstand die Legende vom Apostel Jakobus als Maurentöter (»Matamoros«): Auf dem **Castillo de Clavijo** schlug Ramiro I. 844 die Mauren, wobei der Apostel als Ritter erschienen sein soll und die Schlacht zugunsten der Christen wendete, indem er zahlreiche Mauren tötete. Die Burgruinen hoch über dem Ort sind frei zugänglich.

Auf in die Bodega

Laguardia

Laguardia (15 km nordwestl.) lebt wie fast alle Orte der Rioja Alta und Rioja Alavesa von Wein und Fremdenverkehr. Der mittelalterliche Ortskern und die **Stadtmauer** (13. Jh.) wurden liebevoll restauriert.
Die **Iglesia de Santa María de los Reyes** (12.–16. Jh.) auf dem Altstadtplateau ist eine der beeindruckendsten Kirchen Nordspaniens, der Grund wird nach Eintritt in den geschützten Vorbau offensichtlich. Dort erhebt sich das alte **gotische Hauptportal**, ein bemaltes Meisterwerk aus Stein mit zentralem Bildnis der hl. Maria. An den Seiten stehen die Apostelskulpturen auf Sockeln, das Tympanon zeigt Szenen aus dem Leben Mariens. Führungen arrangiert das Touristenbüro – die einzige Möglichkeit, in die Kirche hineinzukommen.
Unterhalb des Ortes liegt die auf Stararchitekt Santiago Calatrava zurückgehende Wellendacharchitektur der **Bodegas Ysios**; diese Kellerei und weitere in und um Laguardia sind zu besichtigen (Infos im Touristenbüro; ▶ Das ist ..., S. 19).
Oficina de Turismo: Calle Mayor, 52 | Tel. 945 60 08 45
www.laguardia-alava.com

Avantgardistisches Statement

Elciego

6 km südwestlich von Laguardia brechen in Elciego (451 m) die **Bodegas Marqués de Riscal** mit der Umgebung. Hier hat der US-Architekt Frank O. Gehry ein architektonisches Ausrufezeichen gesetzt, als wär's ein Guggenheim-Museum in Kleinformat (▶ Das ist ..., S. 18).
www.marquesderiscal.com

Weinzentrum der Rioja Alta

Haro

Das Städtchen Haro (38 km nordwestl. von Logroño; 470 m), an der Mündung des Río Tirón in den Río Ebro gelegen, ist das Weinzentrum der Rioja Alta. Über ein Dutzend große **Bodegas** – die berühmtesten heißen »Muga« und »Bilbaínas« – zählt man hier, die meisten Kellereien sind zu besichtigen (▶ Das ist ..., S. 19).
Fixpunkt in der kleinen Altstadt ist die Plaza de la Paz. Als Höhepunkt im jährlichen Festkalender findet am 29. Juni (Peter und Paul) die **Batalla del Vino** (Weinschlacht) statt, bei der man sich mit einigen zehntausend Litern Rotwein bespritzt und ausgelassen feiert.

Wer dem Wein genauer auf den Grund gehen will, fährt ab Haro ins südöstlich gelegene **Briones**. Dort gibt es das erstklassige, informative **Weinmuseum** Museo de la Cultura del Vino, das auch eine Kunstabteilung und eine Bodega zu bieten hat.

Museo de la Cultura del Vino: Carreterra Nacional, 232 | Zeiten und Buchung s. Website | Eintritt Museum 17 €, mit Bodega-Führung 25 €, mit Degustations-Menü 67 € | http://vivancoculturadevino.es

Santa María la Real

Grablege der Könige von Navarra

Erste wichtige Pilgerstation am Jakobsweg westlich von Logroño ist die einst königliche Residenz **Nájera**, platziert vor einer Felsformation aus Buntsandstein. König García soll hier im 11. Jh. auf der Jagd eine Grotte mit einem Altar für die Jungfrau Maria entdeckt und den Bau des Klosters Santa María la Real veranlasst haben. Dessen heutige Kirche (15. Jh.) besitzt ein schönes Chorgestühl, der Kreuzgang mit gotischem Gewölbe ist mit plateresken durchbrochenem Maßwerk geschmückt. Weitaus bedeutender ist jedoch die **Grablege der Könige Navarras** (Steinsargdeckel der Doña Blanca de Navarra aus dem 12. Jh.; die übrigen Sarkophage meist aus dem 15. und 16. Jh.). Eine Marienfigur aus dem 13. Jh. markiert die Stelle, an der García den Marienaltar gefunden haben will.

Santa María la Real: Di. – So. ab 10 Uhr, Juli – Sept. auch Mo., Jan., Feb. Mo.-nachm. geschl. | Eintritt 4 € | www.santamarialareal.net

Rast vor der Kathedrale von Santo Domingo de la Calzada und Zeit für einen Blick auf den Hühnerkäfig drinnen

Ein Hühnerstall in der Kirche

Santo Domingo de la Calzada

20 km trennen Nájera von Santo Domingo de la Calzada, der bekanntesten Pilgerstation der Rioja. Der Name erinnert an einen Eremiten (1019–1109), der sich um die ilger kümmerte. An der Plaza del Santo stehen das **Pilgerhospiz** (heute Parador) und die Kathedrale. Vom 70 m hohen Glockenturm haben Sie eine schöne Aussicht.

Die romanisch-gotische **Kathedrale**, 1180 geweiht, nimmt den Platz einer vom hl. Domingo de la Calzada errichteten Kirche ein. Innen beeindruckt der großartige **Hochaltar** mit Retablo von Damián Forment; gegenüber erhebt sich ein gotischer Baldachin über der Grabstätte des heiligen Domingo (12. J.).

In einem Käfig hoch über dem Abgang zum Grab des hl. Domingo leben **ein weißer Hahn und eine Henne**, die an eine Legende erinnern: Einst wurde ein unschuldig wegen Diebstahls verurteilter junger Jakobspilger gehängt. Als nach Wochen seine Eltern zum Galgen kamen, lebte ihr Sohn immer noch. Sofort eilten sie zum Richter, der gerade ein gebratenes Huhn und einen Hahn verspeiste. Er hörte die Eltern an, erklärte dann aber, dies sei unmöglich, genauso gut könne plötzlich sein Braten aufstehen – und siehe da, Huhn und Hahn erhoben sich vom Teller und krähten nach Leibeskräften. Seither wird das Federvieh in der Kirche gehalten.

Oficina de Turismo: Calle Mayor, 33 | http://santodomingoturismo.es
Catedral: tgl. 9 – 19/20 Uhr | Eintritt 7 € | www.catedralsantodomingo.org

Dorf mit Atmosphäre

Ezcaray

14 km südlich von Santo Domingo de la Calzada liegt Ezcaray, ein netter Ort im Schatten des **Monte San Lorenzo** (2262 m). Atmosphäre schaffen die auf Holzsäulen stehenden, verandaartigen Vorbauten der Häuser und Adelspaläste (17. und 18. Jh.). Ab Ezcaray führt eine Bergstraße hinauf in ein kleines Wintersportgebiet.

Der Escorial der Rioja

★ Monasterio de Yuso und ★ Monasterio de Suso

Eine andere Route führt ab Santo Domingo nach Südosten Richtung Sierra de la Demanda in den kleinen Ort **San Millán de la Cogolla**. Sein Name gründet sich auf den **hl. Millán de Berceo**, einen Einsiedler, der 574 hier in der Zurückgezogenheit starb.

Der Ort ist für seine beiden Klöster berühmt (UNESCO-Welterbe). Das im Tal gelegene Monasterio de **Yuso** wurde 1053 gegründet. Benediktiner schufen dort mit den »Glosas Emilianenses« die ersten schriftlichen Zeugnisse in kastilischem Spanisch. Der heutige Gebäudekomplex, auch als »Escorial der Rioja« bezeichnet, wurde im 16.–18. Jh. erbaut. Die Kirche aus dem 16. Jh. enthält einen Retablo mit Gemälden von Juan Rizzi; in der Sakristei werden die elfenbeinverzierten Schreine (11. Jh.) mit den Reliquien der Heiligen Millán und Felix verwahrt. Zum Kloster gehören auch mehrere Kreuzgänge, von denen der **Claustro de San Agustín** von 1572 der schönste ist.

Das zweite und ältere der UNESCO-Klöster ist das auf der Höhe in den Fels gebaute Monasterio de **Suso**. Die kleine mozarabische Kirche, durch Hufeisenbögen in zwei Hälften geteilt, wurde 984 geweiht; in ihr wurde bis 1053 der Sarkophag des hl. Millán aufbewahrt. Vom Kloster hat man einen schönen Blick ins Tal.

Ein weiteres Kloster liegt tiefer südlich in der Bergwelt: das **Monasterio de Valvanera**, gegründet im 11. Jh. Das letzte Stück der Straße geht anhaltend bergauf. Die Klosterkirche bewahrt das Bildnis der Jungfrau von Valvanera, der Schutzheiligen der Rioja. Die Bergwelt bietet schöne Wanderwege.

Monasterio de Yuso: Ostern - Sept. Di. - So. 10 - 13.30 u. 16 - 18.30, (Aug. auch Mo. geöffnet), Okt. - Ostern Di. - Sa. 10 - 13 u. 15 - 17.30, So. 10 - 13 Uhr | Eintritt 7 € | https://monasteriodesanmillan.com/yuso | **Monasterio de Suso:** ganzjährig; nur geführt und nur mit Reservierung unter Tel. 941 37 30 82 oder Website | Zufahrt nur mit Zubringerbus aus dem Tal, Abfahrt am Besucherzentrum | Eintritt 4 € https://monasteriodesanmillan.com/suso

Zentrum der Rioja Baja

Calahorra

Im Ebrotal liegt Calahorra (50 km südöstl. von Logroño), das Zentrum der Rioja Baja. In der **Kathedrale** (1485 erneuert) sind in zwei Reliquienschreinen im Hochaltar die Reste der hier enthaupteten Märtyrer Emeterius und Celedonius bestattet.

Oficina de Turismo: Plaza del Raso, 16 | http://calahorra.es/turismo

Moderne Kunst im Gewerbegebiet

Museo Würth

Zwischen Logroño und Calahorra liegt im Gewerbegebie bei **Agoncillo** das Museum Würth. Der deutsche Schraubenproduzent unterhält dieses Gebäude, das in einer avantgardistischen Glasarchitektur erstaunliche Ausstellungen moderner Kunst zeigt.

Museo Würth: bei Agoncillo, Polígono Industrial El Sequero, Avenida Los Cameros, Parcelas 86–88 | Di.–Sa. 10–19, So. 10–14.30 Uhr Eintritt frei | www.museowurth.es

Auf Spuren ausgestorbener Urzeitriesen

Ruta de los Dinosaurios

In der südlich von Calahorra von den Flüssen Linares, Cidacos und Alhama begrenzten Region haben vor etwa 120 Mio. Jahren Dinosaurier ihre Spuren hinterlassen – es sind viele gut erhaltene Abdrücke vorhanden. Man kann die Stätten – z. B. bei Igea und Enciso – aufsuchen.
In **Enciso** (72 km von Logroño) gibt es überdies den auf Familien mit Kindern ausgerichteten Dinopark **El Barranco Perdido** mit Museum und Abenteueraktivitäten.

Jahreskalender s. Website | Eintritt je nach Saison 20 bzw. 25 €
www.barrancoperdido.com

LUGO

Provinz: Lugo | **Höhe:** 465 m ü. d. M. | **Region:** Galicien
Einwohner: 97 500

Hier vermischt sich der Charme galicischer Provinz mit erstaunlicher Monumentalität von Kathedrale und Stadtmauer.

Lugo wurde 14 v. Chr. von den Römern gegründet und ist damit die älteste Stadt Galiciens. Sie hinterließen die vollständig erhaltene und zum UNESCO-Welterbe erklärte Stadtmauer.

Älteste Stadt Galiciens

Wohin in Lugo und Umgebung?

Ein kostenloses Vergnügen!

Stadtmauer

Den Stadtkern von Lugo umschließt **vollständig** die von den Römern im 2.–3. Jh. n. Chr. erbaute, im 14. Jh. teilweise erneuerte Stadtmauer: 2131 m lang, 11 m hoch und 4,5 m dick. Von den einst 85 Türmen haben 50 die verschiedenen Belagerungen überstanden. **Zehn Tore** gewähren Einlass; die ältesten sind Porta Minha, Porta Falsa und Porta Rúa Nova. Bei den Toren kann man auf den Wehrgang hinaufsteigen und die Altstadt umrunden, was man unbedingt tun sollte.

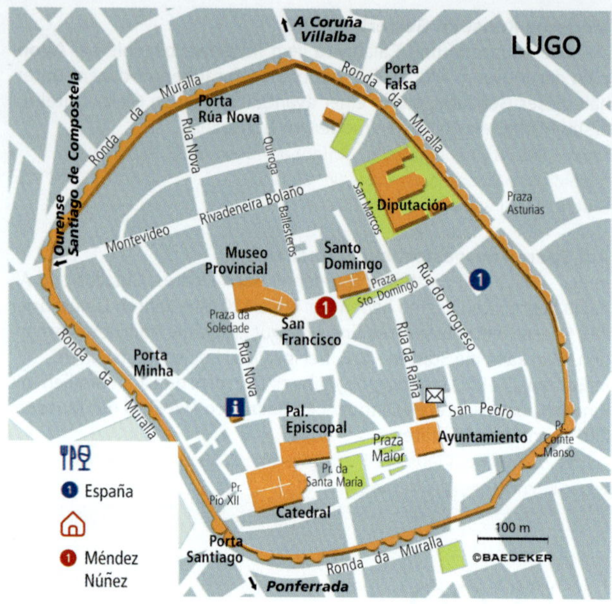

Lebhaftes Zentrum

Praza Maior

Lebhaftes Zentrum Lugos ist die Praza Maior, ein sich weit öffnender Platz mit Musikpavillon und einem breiten Boulevard an der Nordseite, wo die langen Tischreihen der Straßencafés einladen.
Die Ostseite des Platzes dominiert das um 1735 erbaute **Ayuntamiento** (Rathaus) mit seiner schönen barocken Fassade.

Gotisch-barock-klassizistisch

Catedral de Santa María

Gegenüber dem Bischofspalast (Palacio Episcopal) erhebt sich der Glockenturm der Kathedrale. Portal und Vorhalle, wo ein schöner romanischer »Segnender Christus« den Blick auf sich zieht, gehören zu den ältesten Teilen der aus Granit errichteten Kirche, die 1129 unter Leitung von Raimundo de Monforte begonnen wurde. Die barocke Hauptfassade ist doppeltürmig. Oberstes Ziel im Kathedralinnern ist die **Capilla de Nuestra Señora de los Ojos Grandes** (»Unsere Liebe Frau mit den großen Augen«), eines der schönsten Beispiele des galicischen Barock, geschaffen von Fernando Casas y Novoa, Schöpfer der Kathedralenfassade in Santiago de Compostela. In der Kapelle wird eine bemalte Marienstatue (12. Jh.) aus Alabaster verehrt.
Westlich öffnet sich das im 18. Jh. eingebaute Stadttor **Porta Santiago** mit einer Skulptur des Apostels Jakobus, wo eine breite Rampe auf die Stadtmauer führt.

Schönster Platz der verwinkelten Altstadt

Hinter dem Bischofspalast, dehnt sich die hübsche, verwinkelte Altstadt aus, deren schönster Platz die kleine Praza do Campo ist, von schiefen Arkadenhäusern umgeben und mit einem Brunnen in der Mitte.

Praza do Campo

Archäologie, Kunst und Handwerk im Kloster

Das Museo Provincial an der Praza da Soidade zeigt in einem einstigen Franziskanerkloster römische Funde, galicisches Kunsthandwerk, Gemälde, Münzen, Keramik. Attraktionen sind eine vollständig eingerichtete Küche, wie sie einst in galicischen Bauernhäusern benutzt wurde, und eine Sammlung von Sonnenuhren.

Mo.–Fr. 9–21, Sa. 10.30–14, 16.30–20, So. 11–14 Uhr | Eintritt frei
http://museos.xunta.gal

Museo Provincial

In einem galicischen Nest

In einem ländlichen Gebiet etwa 15 km südwestlich von Lugo liegt Santa Eulalia de Bóveda. Das winzige Nest ist an sich schon sehenswert: Niedrige schiefergedeckte Granithäuser, von Mauern eingefasst, und **Hórreos** (Agrarspeicher) formen das Bild eines in früheren Zeiten typisch galicischen Dorfes. Eigentliche Sehenswürdigkeit ist das zum Nationaldenkmal erklärte Kirchlein. Es war vermutlich ein römisches Nymphäum, bevor es zum christlichen Gotteshaus wurde; in der vorchristlichen Katakombe erkennt man noch das Quellbecken in der Mitte und **Wandmalereien**, die Vögel, andere Tiere und christliche Symbole darstellen.

Kirche: Di.–Sa. 8/10–14/14.30/15 Uhr | Eintritt frei

★ Santa Eulalia de Bóveda

LUGO ERLEBEN

OFICINA DE TURISMO
Prazo do Campo, 11
Tel. 982 25 16 58
http://concellodelugo.gal

FIESTAS DE SAN FROILÁN
Das große Patronatsfest steigt Anfang Oktober und bietet u. a. Musik, Folklore und Kulinarisches.

1 ESPAÑA €€€
Schmackhafte regionale Küche.
Rúa do Teatro, 10, Tel. 982 24 27 17
http://restespana.es
So. geschl.

1 MÉNDEZ NÚÑEZ €€–€
Solide Wahl im Zentrum. Extrem schwankendes Preisgefüge.
Rua da Raiña, 1, Tel. 982 23 07 11
http://hotelmendeznunez.com

Spektakuläre Aussichten von der Azotea-Terrasse im Círculo de Bellas Artes auf den Palacio Telefónica, eine Ikone aus den 1920er-Jahren

★★ MADRID

Provinz/Region: Madrid | **Höhe:** 655 m ü. d. M. | **Einwohner:** 3,27 Mio.

J14

Ausführlich beschrieben im Baedeker-Reiseführer »Madrid«

Spaniens pulsierende Hauptstadt magnetisiert auf ihre eigene Art und setzt ständig wechselnde Gesichter auf. Da gibt es Kunstmuseen, die zu den besten der Welt gehören, angeführt vom Prado, oder das überraschend grüne Madrid mit Parks und Flusspromenaden. Kontraste setzen Traumplätze wie die Plaza Mayor, Aussichtspunkte und Monumentalbauten wie die Kathedrale und der Königspalast.

Pulsierende Hauptstadt

Die Locals machen vor, wie und wo man ihre Stadt entdeckt: ob im Straßengewimmel, auf dem legendären Sonntagsmarkt »El Rastro« (▶ S. 320), im Stadtpark El Retiro, in Tapas-Kneipen, in alternativeren Vierteln wie Chueca und Malasaña, im Flusspark am Río Manzanares. Voller Energie stürzt man sich ins Kultur- und Nachtleben. Das lässt landläufige Mitteleuropäer zunächst einmal blass aussehen, kann aber auch ansteckend sein!

Von der maurischen Festung zum Wirtschaftszentrum

Geschichte und Gegenwart

Madrid ging aus der kleinen maurischen Stadt und Festung **Madschrít** aus dem 10. Jh. hervor. 1561 machte König Philipp II. Spaniens zentrale Hauptstadt daraus, die im Goldenen Zeitalter der Literatur und Kunst aufblühte. Erst Ende des 19. Jh.s begann Madrids Entwicklung zur modernen Stadt, die sich immer neu erfindet.

Heute ist sie ungebrochen **Wirtschafts- und Finanzzentrum** Spaniens, Sitz diverser Banken und zahlreicher Industrien, von Verlagshäusern, Theatern, Hochschulen, Forschungsinstituten, Fußballclubs (vor allem Real Madrid). Hier sind **Königshaus** und **Parlament** ansässig, aber auch überdimensionierte Auswüchse der Bürokratie.

Zwischen klarem Himmel und Smog

Klima

Die hohe Lage bewirkt **starke Temperaturschwankungen**, an einzelnen Tagen und jahreszeitlich. Die Sommer sind heiß (bis um 40 °C), auch im Oktober und November wird es oft noch sehr warm; im Winter nähert sich das Thermometer nachts dem Nullpunkt, sogar schon -12 °C wurden gemessen.

Manchmal besticht Madrid durch klaren, blauen Himmel, dann wiederum kann es Smog geben. Zur Luftverbesserung wurden neue Maßnahmen im Straßenverkehr gestartet; seither gibt es erhebliche Beschränkungen für Fahrzeuge im Innenstadtgebiet.

Wohin in der Altstadt?

Fixpunkt und Wahrzeichen des Stadtzentrums

Puerta del Sol

Dieser Platz ist ein geschäftiger Orientierungs- und Fixpunkt des Madrider Lebens und Schnittstelle der wichtigen Metrolinien 1, 2 und 3. Prägnantestes Gebäude ist die 1786 vom Franzosen Jacques Marquet errichtete **Casa de Correos** (Postamt), heute Sitz der Regionalregierung. Auf dem Platz steht auch das Wahrzeichen Madrids, die Statue **El Oso y el Madroño**, ein hoch aufgereckter Bär, der an einem Madroño/Erdbeerbaum knabbert.

Metro Sol (L1, L2, L3)

Ein kleiner Prado

Real Academia de Bellas Artes de San Fernando

Östlich der Puerta del Sol hat in einem barocken Palast die traditionsreiche Madrider **Kunstakademie** ihren Sitz. In ihrer hervorragenden ständigen Ausstellung zeigt sie Gemälde u. a. von El Greco und Francisco de Zurbarán. **Werke von Goya** sind besonders zahlreich vertreten. Das Museum besitzt die Aura eines kleinen, doch wesentlich intimeren und ruhigeren Prado.

Metro: Sol (L1, L2, L3); Sevilla (L2)
Calle de Alcalá, 13 | Di.-So. 10-15 Uhr | Einttritt 9 €, Mi. frei
www.realacademiabellasartessanfernando.com

MADRID ERLEBEN

CENTRO DE TURISMO

Plaza Mayor, 27
Tel. 915 78 78 10
www.esmadrid.com

Flughafen Madrid-Barajas Adolfo Suárez Madrid-Barajas 12 km nordöstlich; Anbindungen über die Metrolinie L8 und den Flughafenbus Airport Express.
12 **Metrolinien,** 3 Linien der Metro Ligero ML). Über eine **Magnetkarte** (Tarjeta Multi, einmalig 2,50 €) lädt man Einzel- oder Zehnerkarten; diese gilt auch für die roten **Stadtbusse**.
Für **Touristen** gibt es Karten für 1–7 Tage (8,40–35,40 €), für unbegrenzte Fahrten im ÖPNV.
Beliebt sind auch **Sightseeing-Busse** im Hop-on-Hop-off-System:
http://madrid.city-tour.com

CABALGATA DE LOS REYES

Am Vorabend des Dreikönigsfestes fahren bunt geschmückte Wagen durch die Innenstadt.

FIESTAS DE CARNAVAL

Karnevalsumzüge durch die Innenstadt, Musikdarbietungen und Einläutung der Fastenzeit (Febr./März).

SAN ISIDRO

Festlichkeiten zu Ehren des Stadtpatrons mit Umzügen, Kulturveranstaltungen (um den 15. Mai).

Einkaufsgegenden sind u. a. Preciados, Calles Mayor und Arenal, das Viertel um die **Plaza Mayor** sowie die Calle Princesa. Im Viertel **Salamanca** konzentrieren sich Juweliere und teure Boutiquen, v. a. um die Calle de Serrano und die Calle de José Ortega y Gasset. Sonntags steigt um die Ribera de Curtidores der bunte Flohmarkt **El Rastro** (► S. 320).

MUSICALS

Lope de Vega (Gran Vía, 57) und **Coliseum** (Gran Via, 78) gehören zu den besten Musical-Theatern.
Metro: Pl. de España (L3, L10), Callao (L3, L5), Santo Domingo (L2)
Alternative **Ausgehviertel** sind Malasaña, Chueca und La Latina. Hier einige angesagte Adressen:

❶ GALILEO GALILEI

Ob Jazz, Pop, Liedermacher, Humoristen. Live-Acts mit viel Ambiente.
Calle de Galileo, 100
www.salagalileogalilei.com

❷ GRUTA 77

Livekonzerte von Rock 'n' Roll bis Rock; auch Blues oder Reggae.
Calle Cuclillo, 6/Ecke Nicolás Moralesi; http://gruta77.com

❸ SALA CLAMORES

Immer wieder gut – ein unverwüstlicher Klassiker, für Live-Jazz.
Calle de Alburquerque, 14
www.salaclamores.es

❹ CORRAL DE LA MORERÍA

Eines der besten Flamenco-Lokale.
Calle de la Morería, 17, Tel. 913 65 11 13, www.corraldelamoreria.com

❺ TEATRO ESLAVA

Schaubühne für unterschiedlichste Shows, Konzerte, Tanzrhythmen.
C/ Arenal, 11, http://teatroeslava.com

❶ BOTÍN €€€€–€€€

Madrids ältestes Restaurant. Spezialität: »Cochinillo asado« (Spanferkel).
Calle de Cuchilleros, 17
Tel. 913 66 42 17
http://botin.es

❷ LOS MONTES DE GALICIA €€€€

Kulinarische Höhenflüge, u.a. aus Produkten aus Galicien. Originell: Kabeljau-Carpaccio und Jakobsmuschel-Sashimi.
Calle Azcona, 46, Tel. 913 55 27 86
http://losmontesdegalicia.es

❸ LA BOLA €€€€–€€€

Das beliebte Lokale serviert seit 1870 einen der besten Eintöpfe Madrider Art (»cocido madrileño«).
Calle La Bola, 5
Tel. 915 47 69 30
http://labola.es

❹ CERVECERÍA ALEMANA €€–€

Die Atmosphäre wusste schon Ernest Hemingway zu schätzen.
Plaza de Santa Ana, 6,
Tel. 914 29 70 33
www.cerveceriaalemana.com

❺ SOLO DE CROQUETAS €

Über 30 verschiedene hausgemachte Kroketten stehen zur Wahl. In der Avenida de Reina Victoria 15 gibt es ein zweites Lokal der kleinen Kette.
C/de Echegaray, 5
http://solodecroquetas.es

TAPAS-TOUR

Man beginnt in der ❻ **Taberna Los Austrias** (C/ Nuncio, 17) mit ein paar Häppchen, probiert im ❼ **La Chata** (Cava Baja, 24) einen Tomatensalat oder geschmorten Stierschwanz (»rabo de toro«) und kostet im ❽ **Almendro 13** (C/ Almendro, 13) Kroketten oder Tortilla.

❶ VP PLAZA ESPAÑA DESIGN €€€€

Spitzenhotel mit Außenpool, Wellnessbereich, Fitnessstudio, Lobby Bar, Dachterrasse mit Gingko Sky Bar
Plaza de España, 5, Tel. 915 95 55 10
www.plazaespana-hotel.com

❷ WELLINGTON €€€€

Bestechende Lage beim Retiro-Park.
Velázquez, 8, Tel. 915 75 44 00
www.hotel-wellington.com

❸ IBEROSTAR LAS LETRAS GRAN VÍA €€€€

Designhotel in einem Palast der Belle Époque, nahe der Puerta del Sol. Restaurant, Fitness, Dachpool.
Gran Vía, 11, Tel. 915 23 79 80
www.iberostar.com

❹ ALHAMBRA SUITES €€€–€€

Nahe der Puerta del Sol. Mindestaufenthalt wird manchmal verlangt.
Calle Espoz y Mina, 6, Tel. 915 22 91 03, www.suitealhambra.com

❺ PETIT PALACE PUERTA DEL SOL €€€€–€€€

Mitten in der geschäftigen Fußgängerzone nahe der Puerta del Sol.
C/ del Arenal, 4, Tel. 918 00 49 94, www.petitpalacepuertadelsol.com

❻ PUERTA DE TOLEDO €€

Funktionales Drei-Sterne-Hotel nahe dem Rastro-Sonntagsmarkt.
Glorieta Puerta de Toledo, 4
Tel. 914 74 71 00
www.hotelpuertadetoledo.es

❼ JC ROOMS SANTO DOMINGO €€–€

Günstig und zentral zwischen Teatro Real und Gran Vía. Einfach.
Cuesta de Santo Domingo, 16
Tel. 915 47 48 88; www.jchoteles-santodomingo.com

![restaurant icon]

1 Botín
2 Los Montes de Galicia
3 La Bola
4 Cervecería Alemana
5 Solo de Croqueta
6 Taberna Los Austrias
7 La Chata
8 Almendro 13

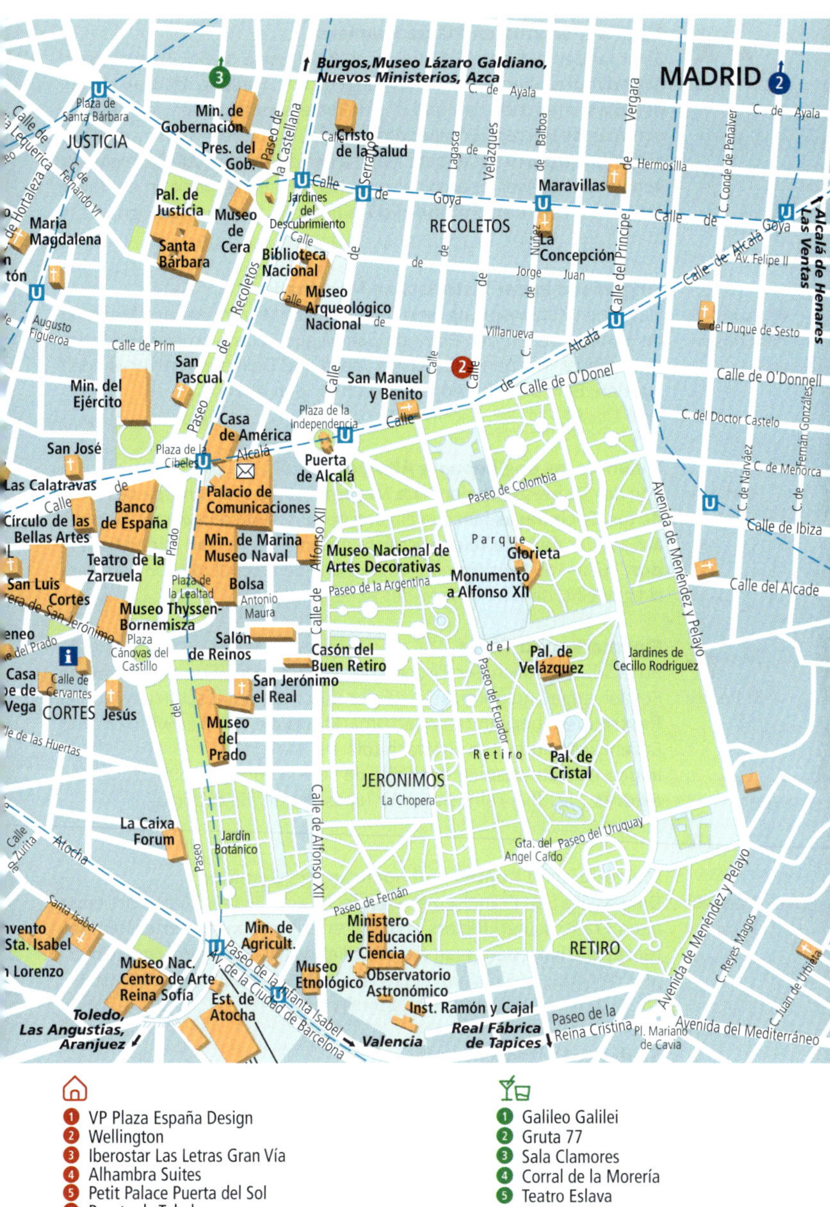

🏠
1 VP Plaza España Design
2 Wellington
3 Iberostar Las Letras Gran Vía
4 Alhambra Suites
5 Petit Palace Puerta del Sol
6 Puerta de Toledo
7 JC Rooms Santo Domingo

🍸
1 Galileo Galilei
2 Gruta 77
3 Sala Clamores
4 Corral de la Morería
5 Teatro Eslava

Plaza Mayor

Einer der schönsten Plätze Spaniens

Einst fanden auf dem Platz westlich der Puerta de Sol Turniere und Stierkämpfe, aber auch Hinrichtungen statt. Heute trifft man sich in den Bars unter Arkaden und in den Terrassencafés. Der nach Plänen von Juan de Herrera, Erbauer des Escorial, durch Juan Gómez de Mora ausgeführte, 1619 vollendete Platz, einer der schönsten Spaniens, ist von bemerkenswerter architektonischer Geschlossenheit. In der Mitte erhebt sich ein **Reiterstandbild Philipps III.** von Giambologna.

Metro: Sol (L1, L2, L3); Opera (L2, L5)

Mercado de San Miguel

Fingerfood in der historischen Markthalle

Nur einen Katzensprung westlich der Plaza Mayor liegt der Mercado de San Miguel an der Plaza de San Miguel. Das historische Marktgebäude ist in einen Tempel für Tapas und Delikatessen verwandelt worden. Eine beliebte Adresse, auch für den Abend!

So. – Do. 10 – 24, Fr., Sa. bis 1 Uhr | http://mercadodesanmiguel.es

Calle de Toledo

Hinunter ins eng bebaute Altstadtviertel

Von der Südwestecke der Plaza Mayor führt die steile Treppe des **Arco de los Cuchilleros** hinab in ein eng bebautes Altstadtviertel. Geradeaus auf der Calle de Toledo erreicht man die Kirche **San Isidro Labrador**, 1622–1651 aus Granit errichtet und dem Schutzpatron von Madrid geweiht, dem hl. Isidor »der Ackersmann«.

El Rastro

Flohmarkt und Tapas

Etwa 300 m südlich der Kirche drängen sich jeden Sonntagvormittag Schaulustige und potenzielle Käufer durch die Standschneisen von **El Rastro**, dem berühmten Allerleimarkt, wo die Händler wirklich alles Erdenkliche aufbieten – einfach toll!

In den Gassen westlich der Calle de Toledo rund um die Kirche **San Andrés** (17. Jh.) reiht sich eine Tapas-Bar an die andere.

Metro: Puerta de Toledo (L5)

San Francisco el Grande

Majestätische Kuppel und hochrangige Gemälde

Die Basilika San Francisco el Grande ist ein 1761–1770 am Ort eines alten Franziskanerklosters errichteter Kuppelbau. In der ersten Seitenkapelle links sieht man die »Predigt des hl. Bernhard« von Goya.

Metro: Latina (L5) | Juni–Sept. Di.–Fr. 10.30–14.30, sonst Di.–Sa. 10.30–12.30 u. 16–17.30 Uhr | Eintritt 5 €

Plaza de la Villa

Schönes Altstadtensemble

Die an die Calle Mayor stoßende Plaza de la Villa westlich der Plaza Mayor ist ein schöner Altstadtplatz. Hier liegen historische Bauten, darunter das Bürgerhaus **Casa y Torre de los Lujanes** und das ehem. Rathaus, die **Casa de la Villa** (1586–1696).

Metro: Sol (L1, L2, L3)

Ein Päuschen an der Plaza Mayor vor der Casa de la Panadería mit ihren zwei Ecktürmchen. Hier hatte die Gilde der Bäcker ihren Sitz.

Madrids neue Kathedrale

Catedral de la Almudena

In der Kathedrale **Nuestra Señora de la Almudena** verehren die Gläubigen das Bildnis der Schutzpatronin Madrids. Der gigantische Bau, 1883 begonnen, wurde 1993 geweiht. Ein großer Teil der Ausstattung stammt allerdings aus älteren Madrider Kirchen. Die modernen Wand- und Glasmalereien schuf Kiko Argüello, die Kuppelmalereien José Luis García. In der südlich vorbeilaufenden Seitengasse führt ein Eingang in die **Cripta de la Catedral**, wo sich in neoromanischem Stil ein spektakulärer Wald aus über 400 Säulen öffnet.

Metro: Opera (L2, L5) | Calle Bailén, 8 | tgl. 9–20.30 Uhr (Juli, Aug. bis 21), Krypta Mo.–Fr. 10–14 u. 16.30–20, Sa., So. 10–20 Uhr Eintritt frei (Spende | www.catedraldelaalmudena.es

Royale Pracht im Königspalast

Palacio Real

In Nachbarschaft der Kathedrale erhebt sich gebieterisch der Palacio Real, der Königspalast. Nach dem Brand des aus dem alten Alcázar hervorgegangenen Habsburgerschlosses an Weihnachten 1734 beauftragte Philipp V. die italienischen Architekten Juvarra und Sacchetti mit Plänen für einen Neubau. Sacchetti erbaute ein geschlossenes Quadrat aus Granit mit Innenhof und vorgeschobenen Ecken. König Felipe VI. und seine Familie wohnen nicht hier.

Beim Besuch geht es Schlag auf Schlag. Das beginnt bereits mit dem imposanten **Treppenhaus**, ausgemalt mit dem Fresko »Triumph der Religion und der Kirche« von Giaquinto. Über den Salón de Alarbarderos (Salon der Leibgarde) spannt sich das Deckengemälde »Apotheose des Äneas« von Tiepolo.

Die **Räume Karls III.** sind der Höhepunkt der Besichtigung. In zwei kleinen Sälen sieht man zunächst Deckenfresken von Mengs; es folgt der Salón de Gasparini mit seinen Chinoiserien und Möbeln, ein Prunkstück des Rokoko. Im Salon Karls III. starb der Monarch.

Es schließen sich das mit Porzellanplatten der Buen-Retiro-Manufaktur ausgelegte **Porzellankabinett** (Sala de Porcelana) und der mit gelber Seide ausgekleidete Gelbe Saal (Sala Amarilla) an; danach der **Gala-Speisesaal** mit Fresken von Mengs, Bayeu und González Velázquez sowie Brüsseler Gobelins, Sèvres-Vasen und chinesischem Porzellan; das Musikzimmer bewahrt eine kostbare Uhrensammlung.

Die von den Bourbonenherrschern Isabella II. bis Alfons XIII. als Wohnstatt genutzten **Bourbonen-Räume** nehmen den Ostflügel und Teile des Südflügels ein. Am prächtigsten erweist sich der mit rotem Samt ausgeschlagene **Thronsaal** mit dem Deckenfresko »Apotheose der spanischen Monarchie« von Tiepolo. Der Saal ist heute noch Schauplatz von Staatsakten.

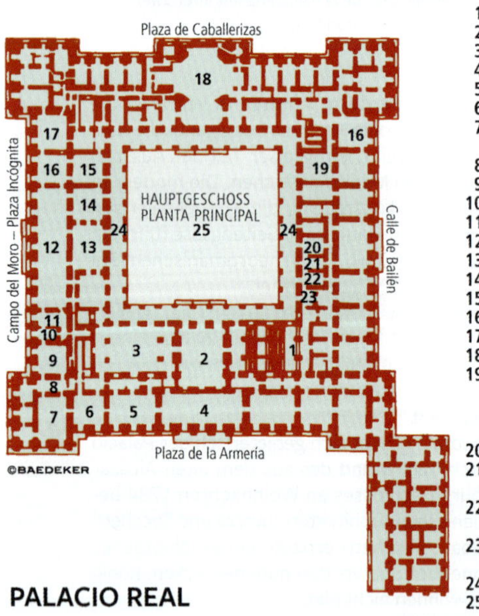

PALACIO REAL

1 Haupttreppe
2 Salon der Leibgarde
3 Säulensaal
4 Thronsaal
5 Saleta Karls III.
6 Vorzimmer Karls III.
7 Ankleideraum Karls III. oder Gasparini-Saal
8 »Tranvia« Karls III.
9 Salon Karls III.
10 Porzellankabinett
11 Gelber Saal
12 Gala-Speisesaal
13 Plateresksaal
14 Tafelsilberkabinett
15 Tafelgeschirrkabinett
16 Stradivarisaal
17 Instrumentensaal
18 Königskapelle
19 Wachensaal der Königin Maria Luisa oder Vorsaal zu den Gemächern der Königin Maria Christina
20 Billiardsaal Alfons' XII.
21 Rauchsalon oder japanischer Salon Alfons' XII.
22 Stuckaturenkabinett der Königin Maria Luisa
23 Edelholzkabinett der Königin Maria Luisa
24 Hauptgalerie
25 Innenhof

Eine **Gobelinsammlung** wird in den ehemaligen Privaträumen Karls IV. und seiner Frau María Luisa gezeigt.

In der **Galería de Pinturas** hängen einige der früher im ganzen Schloss verteilten Gemälde, darunter Werke von Caravaggio, Velázquez und Goya.

Im Vorbau links der Hauptfassade wurde die Waffensammlung **Real Armería** eingerichtet. Die wertvollsten der über 3000 Stücke sind die Paraderüstungen Karls V. und Philipps II.

Das **Museo de las Colecciones Reales** (Königliche Sammlungen) eröffnete 2023 nach jahrelangen Verzögerungen in einem dem Schloss zur Manzanares-Seite hin vorgebauten Riesenkomplex des Architekturbüros Mansilla + Tuñón.

Metro: Opera (L2, L5) | **Schloss:** April- Sept Mo.-Sa. 10-19, sonst bis 18, So. immer 10-16 Uhr (bei Staatsakten geschl.) | Eintritt 12 €; frei für EU-Bürger | www.patrimonionacional.es

Collecciones Reales: Mo.-Sa. 10-20, So. bis 19 Uhr | Eintritt 14 € www.galeriadelascoleccionesreales.es

Gepflegter Platz mit Königlichem Theater

Plaza de Oriente

Gegenüber dem Ostflügel des Palacio Real öffnet sich die schön begrünte und gepflegte Plaza de Oriente. In ihrer Mitte erhebt sich das **Reiterstandbild Philipps IV.**, vom Florentiner Tacca nach Modellen von Montañés gegossen; rundum stehen 44 Standbilder westgotischer und spanischer Könige.

Östlich an den Platz stößt das 1850 eröffnete **Teatro Real,** für Opernfreunde bis heute ein Highlight im Kulturleben der Metropole.

Teatro Real: tgl. 10.30-13.30 Uhr | Eintritt 8 € | www.teatro-real.es

Gemäldegalerie im Augustinerinnenkloster

Real Monasterio de la Encarnación

Der Herrera-Schüler Juan Gómez de Mora baute das Kloster der Augustinerinnen nördlich der Plaza de Oriente, heute **Museum** mit einer beachtenswerten Gemäldesammlung, darunter Werke von Ribera, Juan Carreño, Bartolomé Román, Carducho und Antonio de Pereda. Die angegliederte **Kirche** wurde 1761 unter Architekt Ventura Rodríguez umgestaltet.

Plaza de la Encarnación, 1 | Di.-Sa. 10-14, 16-18.30, So. 10-15 Uhr Eintritt 6 €, frei für EU-Bürger Mi. u. Do. 16-18.30 Uhr www.patrimonionacional.es

Fresken, Tapisserien und Gemälde

Monasterio de las Descalzas Reales

Die Tochter Karls V., **Johanna von Österreich**, stiftete im 16. Jh. ein Kloster der Barfüßerinnen in jenem Stadtpalast, in dem sie geboren wurde. Es war für jene Damen des Herrscherhauses und des Hochadels gedacht, die das klösterliche dem Hofleben vorzogen (oder vorziehen mussten). Ihnen ist die Ausstattung mit überaus wertvollen und bedeutenden Kunstwerken zu verdanken.

Schon die Treppe im Kreuzgang beeindruckt mit ihrem Prunk und Freskenschmuck von Claudio Coello (u. a. »Scheinloggia«), Colonna, Mitelli und Antonio de Pereda (»Kalvarienberg«). In den Sälen, Kammern und Gängen begegnen einem immer wieder Porträts der habsburgischen Herrscher. Im ehemaligen Nonnenschlafsaal sieht man die Brüsseler Wandteppichserie »Triumph der Eucharistie« nach Kartons von Rubens. Die hervorragende **Gemäldesammlung** besitzt u. a. Werke von Hans Memling, Zurbarán, Murillo und Tizian.
Plaza de las Descalzas Reales, 3 | nuur mit Führung (1 Std.) Di.-Sa. 10-14, 16-18.30, So. 10-15 Uhr | Eintritt 6 €, frei für EU-Bürger Mi. u. Do. 16-18.30 Uhr | www.patrimonionacional.es

Wohin im Osten?

Gran Vía

Pulsierender Boulevard

Vom Kloster geht es Richtung Norden zur **Plaza de Callao** an der Gran Vía, Inbegriff des großstädtischen Geistes Madrids. Sie verläuft von der Einmündung in die **Calle de Alcalá** im Osten bis zur Plaza de España im Westen (▶ S. 330) und wurde nach umfangreichen Abbrucharbeiten in der engen Altstadt 1910 begonnen.
Von der Plaza de Callao westwärts zur Plaza de España und ostwärts zum Red de San Luis ist die Gran Vía amerikanisch angehaucht: **Kinopaläste** im Broadway-Stil, v. a. das sich wie ein Schiffsbug vorschiebende Kino »Capitol« an der Plaza de Callao, der 1929 fertiggestellte **Palacio Telefónica** (Nr. 28; ▶ Abb. S. 314) an der Red de San Luis, der **Palacio de la Prensa** (1924; Nr. 46) und die **Musicaltheater**.
Metro: Gran Via (L 1, 5), Callao (L 3, 5), Plaza de España (L 3, 10)

Plaza de Cibeles

Madrids ikonischer Brunnen

Die Calle de Alcalá läuft Richtung Osten, vorbei am Monumentalbau **Círculo de Bellas Artes** (1926; Tipp: schöne Dachterrasse Azotea), und mündet in die Plaza de Cibeles. In der Mitte des Platzes lässt die Göttin Kybele ihren Wagen von Löwen durch den Brunnen **Fuente de Cibeles** (18. Jh.) ziehen. Die Anlage, ein Entwurf von José Hermosilla und Ventura Rodríguez, ist eines der Wahrzeichen Madrids.

Palacio de Cibeles

Mega-Palais mit Kulturzentrum und Dachterrasse

Das imposanteste Bauwerk am Platz ist der Palacio de Cibeles, einst Sitz des Post- und Telegrafenamtes; das Mega-Palais wurde 1905-1918 nach Plänen des Architekten Joaquín Otamendi erbaut. Heute befinden sich hier das Bürgermeisteramtes und das moderne **Kulturzentrum CentroCentro**. Höhepunkt des Besuchs ist die Auffahrt auf die Dachterrasse **Mirador Madrid** (70 m).
CentroCentro: Di.-So. 10.20-14, Mirador Madrid Di.-So. 10.30-14 u. 16-19.30 Uhr | Eintritt Mirador 3 € | www.centrocentro.org

Promenade zum Museumsdreieck

Von der Plaza de la Cibeles führt der breite, im 18. Jh. angelegte Paseo del Prado nach Süden zum Beginn des berühmten Museumsdreiecks Thyssen-Bornemisza/Prado/Reina Sofía).

Paseo del Prado

Seitlich versetzt nach Osten liegt unterwegs die Börse **Bolsa de Madrid** (Plaza de la Lealtad), prägnant ist auch die **Plaza de Cánovas del Castillo** mit Neptunbrunnen (Fuente de Neptuno) im Zentrum.

Die großen Drei der Kunst

Ein Ticket für drei große Museen

Kunstfreunde kommen um die drei großen Gemäldesammlungen Madrids – Museo Nacional Thyssen-Bornemisza, Prado und Museo Nacional Centro de Arte Reina Sofía – nicht herum. Ein Sammelticket, die **Tarjeta Paseo del Arte**, ist online oder an allen Kassen der jeweiligen Museen erhältlich.

32 € | www.museothyssen.org/abono-paseo-arte-museos-madrid

Fantastische Kunstreise durch die Jahrhunderte

★ Museo Thyssen-Bornemisza

Am Paseo del Prado 8 beherbergt der **Palacio de Villahermosa** die einzigartige Kunstsammlung Thyssen-Bornemisza. Die Werke, meist Gemälde, chronologisch und nach Schulen geordnet, decken einen Zeitraum vom 13.–20. Jh. ab.

Der Rundgang beginnt mit Meisterwerken der Frührenaissance, der Renaissance und des Barock, darunter »Die Verkündigung« Jan van Eycks und die überragende Porträtsammlung (u. a. Hans Memling, »Bildnis eines jungen Mannes«, **Hans Holbein d. J., »Heinrich VIII.«)**. Im ersten Stock werden holländische (17. Jh.), englische und französische (18. Jh.) sowie nordamerikanische Malerei (19. Jh.) präsentiert. Romantik und Realismus (Goya, Constable, Courbet und C. D. Friedrich), Impressionismus und Spätimpressionismus (Monet, Manet, Renoir, Sisley, Degas, Pissarro, Gauguin, van Gogh, Toulouse-Lautrec, Cézanne) sind ebenfalls zu sehen. Fauvismus und vor allem deutscher Expressionismus umfassen u. a. Werke der Künstlergemeinschaften »Brücke« und »Blauer Reiter«.

Den Abschluss bis hin zur Pop Art bildet das 20. Jh. (darunter Miró, Picasso, Dalí, Mark Rothko, Roy Lichtenstein).

Zur Hauptsammlung gesellt sich in einem modernen Anbau die umfangreiche Sonderabteilung mit der **Kollektion Carmen Thyssen-Bornemisza**, der fünften Ehefrau und Witwe des Barons Hans Heinrich von Thyssen-Bornemisza; hier finden sich Meisterwerke u. a. von Pierre-Auguste Renoir, Edgar Degas, Paul Gauguin und Vincent van Gogh.

Paseo del Prado, 8 | Mo. 12–16, Di.–So. 10–19 Uhr | Eintritt 13 €, Mo. frei | www.museothyssen.org

Für den Prado sollte man genügend Zeit mitbringen.

Prado

Eine der bedeutendsten Gemäldegalerien der Welt

Das am Paseo del Prado liegende Prado-Museum gehört zu den Höhepunkten eines Madrid-Aufenthalts. 1819 konnte das von Architekt Juan de Villanueva konzipierte Bauwerk als »Museum der Königlichen Gemäldesammlung« eröffnet werden; der 200. Geburtstag 2019 wurde ausgiebig gefeiert. Auf Stararchitekt Rafael Moneo geht der moderne **Erweiterungsbau** auf dem Gelände des Jerónimo-Klosters zurück. Im Übergangsbereich zwischen Neubau und klassizistischem Altbau befinden sich der Haupteingang, der Kartenverkauf und der Museumsshop.

Der Prado besitzt einen riesigen Fundus (Gemälde, Grafik, Skulpturen etc.), von dem nur ein kleinerer Teil ausgestellt werden kann. Zudem werden wegen Umstrukturierungen Säle zeitweise geschlossen und Bilder umgehängt. Genaueres zur aktuellen Anordnung zeigt vor Ort der Lageplan oder vorab der Blick ins Internet. Nachfolgend sind einige der Hauptkünstler und -werke angeführt, die man unbedingt gesehen haben sollte.

Spanische Malerei dominiert natürlich die Sammlungen. Mehrere Säle zeigen Werke von **El Greco** (1541–1614), u. a. »Edelmann mit Schwurhand«, »Anbetung der Hirten« und »Heilige Dreifaltigkeit«. Das spanische 17. und 18. Jh. ist vertreten durch Meister wie Jusepe Ribera (1591–1652) mit »Der Traum Jakobs« und »Martyrium des hl. Philipp«; Alonso Cano (1601–1667) mit »Das Brunnenwunder«; Francisco de Zurbarán (1598–1664) mit den »Herkulestaten« und einem Stillleben; Bartolomé Esteban Murillo (1618–1682) mit »Der gute Hirte« und »Unbefleckte Empfängnis«.
Bestens vertreten ist auch **Diego Velázquez** (1599–1660), u. a. mit »Triumph des Bacchus«, »Die Schmiede des Vulkan«, »Die Übergabe von Breda« (»Las Lanzas«), den Bildnissen der Zwerge des spanischen Hofes, »Die Spinnerinnen« und den berühmten »Las Meninas«. Das Werk von **Francisco de Goya** (1746–1828) nimmt auch räumlich eine Sonderstellung ein. Man sieht außer vielen der frühen, in Öl ausgeführten Entwürfe für die Madrider Teppichmanufaktur u. a. die Werke »Die Familie Karls IV.«, »Die nackte Maya«, »Die bekleidete Maya«, »Der Koloss«, »Die Erschießungen des 3. Mai 1808«, »Die Weinlese«, »Saturn verschlingt seinen Sohn« sowie zahlreiche seiner »Schwarzen Bilder«.
Beispiele für die **flämischen Maler** des 15. und 16. Jh.s sind Hieronymus Bosch (um 1450–1516, span. »El Bosco«) mit »Der Garten der Lüste« und »Der Heuwagen«; Pieter Brueghel d. Ä. (um 1525–1569) mit »Triumph des Todes«; Rogier van der Weyden (um 1400–1464) mit »Kreuzabnahme« und Hans Memling. **Deutsche Malerei** ist u. a. vertreten durch Albrecht Dürer (1471–1528) mit einem Selbstbildnis und »Adam und Eva«. Flämische und **niederländische Malerei** des 17. Jh.s bilden weitere Höhepunkte, darunter Rubens (1577 bis1640) mit »Die Drei Grazien«, »Anbetung der Könige«, »Das Urteil des Paris« und »Bauerntanz«; Rembrandt (1606–1669) mit »Artemisia«; van Dyck (1599–1641) mit »Karl I. von England«. Bei der **italienischen Malerei** dominieren Fra Angelico (um 1400–1455) mit einer »Verkündigung«; Raffael (1483–1520) mit »Heilige Familie« und »Kreuzweg«; Tizian (um 1490–1576) mit »Karl V. in der Schlacht von Mühlberg« und Tintoretto (1518–1594) mit »Fußwaschung Christi«.

Paseo del Prado, s/n | Mo.–Sa. 10–20, So. 10–19 Uhr | Eintritt 15 €, Mo.–Sa. 18–20, So. 17–19 Uhr frei | www.museodelprado.es

Ein Garten für die Wissenschaft

Jardín Botánico

Nach soviel Kunst gibt südlich des Prado-Museums der Real Jardín Botánico Gelegenheit für Streifzüge durch den von Juan de Villanueva entworfenen und 1781 eröffneten **Botanischen Garten**. Angelegt auf drei stufenförmigen Terrassen, wurde er u. a. berühmt durch seine aus den spanischen Kolonien importierten Pflanzen.

Tgl. ab 10 Uhr | Eintritt 4 € | https//rjb.csic.es

Gegenwartskunst im ehemaligen E-Werk

Caixa Forum Madrid

Auf der gegenüberliegenden Seite des Paseo del Prado liegt das moderne Kulturzentrum. Unter Einbeziehung eines um 1900 errichteten ehemaligen Elektrizitätswerks entstand ein architektonisch bemerkenswerter Komplex nach Plänen der Schweizer Architekten Herzog & de Meuron. Äußeres Wahrzeichen ist der **vertikale Pflanzengarten** von Patrick Blanc. Drinnen wird auf sieben Etagen ein breites Spektrum geboten: von Kunstausstellungen über Multimediakunst und Musik bis zu Workshops.

Paseo del Prado, 36 | tgl. 10–20 Uhr | Eintritt 6 € | http://caixaforum.org

Moderne Kunst und Picassos »Guernica«

Museo Nacional Centro de Arte Reina Sofía

Der Paseo del Prado endet an der Plaza del Emperador Carlos V. Hier steht der **Bahnhof Atocha** (kurios im älteren Teil: ein tropischer Garten) und ihm gegenüber das Museo Nacional Centro de Arte Reina Sofía im renovierten **Hospital San Carlos** (18. Jh.). Das Museum präsentiert eine riesengroße Sammlung moderner und zeitgenössischer Kunst, v. a. Werke spanischer Künstler. Vertreten sind u. a. Werke von Dalí, Gris, Miró, Picasso, Bacon und Braque. Unverrückbares Glanzstück jedoch ist Picassos monumentales Antikriegsgemälde »**Guernica**«, das hier nach längerer Odyssee seinen endgültigen Platz fand. Es ist eines der bekanntesten Kunstwerke der Welt, in dem Picasso die Gräuel der Bombardierung der heiligen baskischen Stadt Gernika/Guernica (► S. 233) im April 1937 thematisierte.

Daneben gibt es oft hochkarätige **Wechselausstellungen**.

Calle Santa Isabel, 52 | Mo., Mi.–Sa. 10–21, So. 10–14.30 Uhr | Eintritt 12 €, Mo., Mi.–Sa. 19.–21, So. 12.30.–14.30 Uhr frei
www.museoreinasofia.es

Madrids grüne Lunge

Parque del Retiro

Hinter dem Prado erstreckt sich der ausgedehnte Parque del Retiro, Madrids grüne Lunge. Der königliche Park und Schauplatz glanzvoller Feste wurde im 18. Jh. z. T. für die Bevölkerung geöffnet und ging 1869 in den Besitz der Stadt über. Seither ist er ein sehr beliebtes **Erholungsgebiet** für die Madrider, die hier als Mittelpunkt des Parks einen großen **Bootsteich** finden, an dem sich ein pompöses Reiterdenkmal für Alfons XII. erhebt.

Metro: Retiro (L2)

Wohin im Norden?

Ins Salamanca-Viertel

Puerta de Alcalá

Über den Nordwestausgang des Parks erreicht man die Puerta de Alcalá, ein 1769–1778 nach Plänen Sabatinis errichtetes historisches **Stadttor**. Von ihm zieht sich die elegante Einkaufs- und Geschäftsstraße **Calle de Serrano** nach Norden in den Stadtteil Salamanca. Er wurde im 19. Jh. auf schachbrettartigem Grundriss angelegt und ist heute eines der teuersten Viertel der Stadt.

Archäologische Zeitreise

Museo Arqueológico Nacional (MAN)

Östlich der Calle de Serrano erreichen Sie das Museo Arqueológico Nacional, das bedeutendste archäologische Museum des Landes. Zur Sammlung gehört iberische Kunst, darunter die berühmte Frauenbüste **»Dame von Elche«** (4./3. Jh. v. Chr.?). In der Abteilung für römische Kunst verdient die schöne Mosaikensammlung besondere Aufmerksamkeit; im Mittelpunkt der Kunst der Westgoten steht der Schatz von Guarrazar (Toledo) mit gold- und edelsteingeschmückten Votivkronen. Außerdem werden islamische Keramik, Metallarbeiten und Stuckfragmente sowie Beispiele romanischer religiöser Kunst aus Spanien gezeigt. Grabmäler, Skulpturen, Messkelche, Altaraufsätze u. a. belegen die Meisterschaft der spanischen Gotik.

Calle de Serrano, 13 | Di.-Sa. 9.30-20, So. 9.30-15 Uhr
Eintritt 3 €, frei Sa. ab 14 Uhr, So. ganztägig | www.man.es

Spaniwns Entdeckungsfahrten

Plaza de Colón

Gegenüber dem Archäologischen Museum öffnen sich die **Jardínes del Descubrimiento**, die an die spanischen Entdeckungsfahrten erinnern, ergänzt durch ein Kolumbusdenkmal an der Plaza de Colón.

Bei den Königlichen

Paseo de la Castellana

Von der Plaza de Colón führt der breite Paseo de la Castellana kilometerweit in den Norden der Stadt mit den Hochhäusern des **Azca-Viertels,** dem **Estadio Santiago Bernabéu**, wo Real Madrid seine Heimspiele austrägt (▶ Baedeker Wissen, S. 634), den um 14,3 Grad gegeneinander geneigten Hochhäusern **Torres Kio** und dem bis zu 249,5 m hohen Wolkenkratzerquartett **Cuatro Torres Business Area** (▶ S. 596).

Vielfältige Kunst und Impressionistenatelier

Museen am Wege

Noch vor dem Azca-Viertel lohnen sich für Kunstfreunde zwei Abstecher: zum **Museo Lázaro Galdiano** mit der Sammlung des Investors Lázaro Galdiano (Gemälde u. a. von Velázquez, Zurbáran, Murillo; Münzen, Elfenbein, Gobelins) und zum **Museo Sorolla** mit Werken des Landschafts- und Porträtmalers Joaquín Sorolla (1863–1923) in dessen einstigem Wohnhaus und Atelier.

Museo Lázaro Galdiano: Metro: Av. de América (L4, L6, L7, L9)
Calle Serrano, 122 | Di.-So. 9.30-15, Do. bis 19.30 Uhr | Eintritt 7 €, Do.nachmittag frei | www.flg.es
Museo Sorolla: Metro: Iglesia (L1), Rubén Darío (L5), Gregorio Marañón (L7, L10) | Paseo del General Martínez Campos, 37
Di.-Sa. 9.30-20, So. 10-15 Uhr | Eintritt 3 €, Sa. ab 14 Uhr u. So. frei
www.culturaydeporte.gob.es/msorolla/visita/

Wohin im Westen?

Schnittpunkt des alten mit dem modernen Madrid

Plaza de España

Das Nordwestende der Gran Vía markiert die Plaza de España am Schnittpunkt des habsburgisch-bourbonischen und des modernen Madrid. In seiner Mitte blickt **Miguel de Cervantes** vor seinem hohen Obeliskensockel etwas missmutig auf seine Romanhelden Don Quijote und Sancho Pansa. Den Platz dominieren die ersten Hochhäuser der Hauptstadt: das 1948 errichtete **Edificio de España** (107 m) im Osten und die **Torre de Madrid** (124 m) von 1957 im Norden.

»Westpark« mit ägyptischem Tempelgeschenk

Parque del Oeste

Ab der Plaza de España führt der Weg Richtung Nordwesten in den gefälligen englischen Parque del Oeste. Zuvor passiert man ein ungewöhnliches Monument: den **Templo de Debod**. Dieser ägyptische Amun-Tempel (4. Jh. v. Chr.) aus Assuan wurde Spanien von der ägyptischen Regierung geschenkt (archäologische Exponate).

Templo de Debod: Di. – So. 10 – 20 Uhr | Eintritt frei

Mit der Seilbahn

Casa de Campo

Im Westen jenseits des Río Manzanares beginnt die Casa de Campo, der einstige königliche Wald, mit Vergnügungspark, Zoo und großem Seegebiet. Vom **Parque de la Montaña** fährt eine Kabinenseilbahn (Teleférico) hinüber. Die Fahrt sollte man sich nicht entgehen lassen, denn sie bietet fantastische Ausblicke auf die Stadt; außerdem kommt man so ruck-zuck vom Zentrum in die grüne Lunge Madrids.

Teleférico: 4,50/6 € (einfach/hin und zurück)
http://teleferico.emtmadrid.es

An Goyas Grab

Ermita de San Antonio de la Florida

Tief unterhalb des Parque del Oeste liegen die Flussufer des Río Manzanares mit der Wallfahrtskapelle Ermita de San Antonio de la Florida. Im **Panteón de Goya** wurde Francisco de Goya begraben, der 1798 die Kuppel des schlichten klassizistischen Bauwerks mit einem spektakulären Fresko (Wunder des hl. Antonius) ausmalte.

Metro: Príncipe Pío (L6, L10) | Di.–So. 9.30–20 Uhr | Eintritt frei

Ein schönes Stück grünes Madrid

Madrid Río

Ein besonders schönes Stück grünes Madrid aus dem 21. Jh. lernen Sie entlang den Ufern des Río Manzanares kennen. Hier haben die Stadtverantwortlichen mit dem **Flussparkprojekt** Madrid Río ganze Arbeit geleistet (▶ Magischer Moment). Sogar einen »Strand« gibt es. Die schönsten Abschnitte für Spaziergänger liegen zwischen zwei Brücken: dem spätbarocken **Puente de Toledo** und dem modernen **Puente de Matadero**, der ebenso wie der **Puente del Invernadero** mit Mosaiken aus recycelten Glasscherben dekoriert ist. Der Puente

FLUSSPLÄTSCHERN UND KIEFERNDUFT

Die Millionenmetropole bietet auch ruhige Eckchen in der Natur, wo sich Kraft für weitere Unternehmungen schöpfen lässt. So im **Flusspark Madrid Río**, der sich kilometerlang am Río Manzanares entlang als Dorado für Spaziergänger, Radler und Jogger öffnet. Hier löst das Plätschern des Flusses den anderweitig dröhnenden Fahrzeugverkehr ab, hier duftet es nach Kiefern, hier stehen Sie vor wunderbar gepflegten Blütenteppichen.

de Matadero liegt in der Nähe des sehenswerten **Kulturzentrums Matadero** – wo sich einst der Schlachthof befand.

Matadero: Gelände tgl. 9–22, Ausstellungen i.d.R. Di.–Do. 17–21, Fr.–So. 12-21 | Eintritt frei | www.mataderomadrid.org

Außerhalb von Madrid

Auf Cervantes' Spuren

Alcalá de Henares

Spüren Sie dem Geist des berühmten Cervantes nach, besuchen Sie eine der berühmtesten Universitäten Spaniens, lassen Sie sich durch die nette Altstadt treiben – 30 km östlich von Madrid, ein schöner Tagesausflug, bequem per Bus oder Zug erreichbar. Alcalá de Henares zählt zum UNESCO-Welterbe.

Hauptziel ist das **Colegio Mayor de San Ildefonso**, die 1498–1508 erbaute Universität. Ihre platereske Hauptfassade an der Plaza de San Diego gehört zu den schönsten Spaniens. Besuche führen durch die Innenhöfe in die von einer Mudéjar-Kassettendecke überspannte Aula Magna, wo alljährlich am 23. April (dem Todestag von Cervantes) der wichtigste Literaturpreis der spanischsprachigen Welt vergeben wird, und in die Universitätskapelle San Ildefonso mit dem **Mausoleum des Universitätsgründers** Kardinal Francisco Jiménez de Cisneros (1436–1517). Cisneros liegt nicht dort begraben, sondern in der ebenfalls sehenswerten **Catedral de los Santos Niños**, der »Kathedrale der heiligen Kinder« – gemeint sind Justo und Pastor, die während der Römerherrschaft an dieser Stelle das Martyrium erlitten. Oben an der spätgotischen Kathedrale sieht man oft **Storchennester** – wie so häufig in Alcalá de Henares.

Besuchsklassiker in der Altstadt, allerdings weniger authentisch, ist die **Casa Natal de Cervantes**, nicht wirklich das Geburtshaus des weltberühmten Dichters Miguel de Cervantes (1547–1616), sondern der museal aufgezogene Nachbau eines Hauses im Stil des 16. Jh.s, dort, wo das Original vermutlich stand. Vor dem Zugang sitzen seine literarischen Figuren Don Quijote und Sancho Pansa fotogen in Bronze auf einer Bank. In der Straße mit dem Cervantes-Haus können Sie gut einkehren; ebenfalls empfehlenswert ist die als kleine Parkanlage mit Musikpavillon gestaltete **Plaza de Cervantes.**

Alcalá Turismo: Capilla del Oidor, Pl. de Cervantes | Tel. 918 81 06 34 www.turismoalcala.es | **Colegio Mayor de San Ildefonso:** Führungen stdl. 11–14 u. 16–18 Uhr | Eintritt 6 € | **Casa Natal de Cervantes:** Calle Mayor, 48 | Di.–Fr. 10–18, Sa., So. 10–19 Uhr | Eintritt frei http://museocasanataldecervantes.org

★★ El Escorial

Linienbus ab Station Madrid-Moncloa oder Nahverkehrszug ab Chamartín bzw. Atocha | **Oficina de Turismo:** Calle Grimaldi, 4 Tel. 918 90 53 13 | www.sanlorenzoturismo.es

Kloster: April–Sept. Di.–So. 10–19, sonst bis 18 Uhr | Eintritt 12 €, frei für EU-Bürger und Mi., So. ab 15 Uhr www.patrimonionacional.es

Herz des spanischen Weltreichs

San Lorenzo de El Escorial

56 km nordwestlich von Madrid war der Escorial als **königliche Sommerresidenz** Mittelpunkt des spanischen Imperiums und ist heute als riesiges Klosterschloss mit unermesslichen Kunstschätzen einer der meistbesuchten Spots des Landes (UNESCO-Welterbe). Er liegt am Südhang der Sierra Guadarrama, am Rand des **Städtchens** San Lorenzo de El Escorial (1028 m; 18 000 Einw.), wo Sie sich nach dem Besuch gut in einem der Gasthöfe stärken können.

Mit dem Escorial setzte sich Philipp II. ein gigantisches Denkmal.

Über 20 Jahre Bauzeit

Monasterio de San Lorenzo de El Escorial

Nachdem Spanien in der Schlacht von Saint-Quentin am Tag des **Hl. Laurentius** (10. August1557) die Truppen des französischen Königs Heinrich II. besiegt hatte, gelobte **Philipp II.**, ein Kloster zu Ehren des Heiligen zu errichten. Unter Hinzuziehung von Astrologen wurde der Standort des Komplexes ausgewählt, der Kloster, Kirche, Palast, Grabstätte, Bibliothek und Museum sein sollte und mit dem Philipp II. sich und seiner Herrschaft ein **monumentales Denkmal** setzte.
Die Bauarbeiten nach Plänen von Juan de Bautista de Toledo und Juan de Herrera dauerten 1563–1584; die Ausschmückung besorgten neben einheimischen Malern italienische Meister (Pellegrino Tibaldi, Luca Giordano) sowie die Bildhauer Pompeo und Leone Leoni.

Größte Renaissanceanlage der Welt

Gesamtkomplex und Klostergarten

Der gewaltige Komplex aus weißgrauem Granit bildet ein Rechteck von 161 × 204 m (▶ Baedeker Wissen, S. 336) mit der hoch aufragenden, von einer 90 m hohen Kuppel abgeschlossenen Basilika als Kern. Daran schließen sich westlich der **Patio de los Reyes** (Hof der Könige), südlich der **Kreuzgang** mit Sakristei und **Kapitelsälen**, östlich und nördlich der **Königspalast** an: insgesamt 16 Höfe, 2673 Fenster, 1250 Türen, 86 Treppen, 88 Brunnen und 16 km Gänge. Sehenswert ist der »Garten der Brüder« **Jardín de los Frailes** im Süden. Dort ziehen sich Wege um einen Teil der Fassade an schön beschnittenen Hecken entlang – und in weiter Ferne sehen Sie die Hochhäuser Madrids.

Monumentaler Sakralbau am Hof der Könige

Kirche

Strenge und Monumentalität charakterisieren die von Luca Giordano mit **Fresken** ausgemalte Basilika. Kaltes Licht fällt durch die Vierungskuppel auf den von Herrera entworfenen, 30 m hohen und vierstöckigen **Altaraufbau** aus Jaspis und rotem Marmor.

Wo Philipp II. residierte

Palacio de los Austrias

Im **Palast der Habsburger** (Palacio de los Austrias) halten Schlachtenbilder die einstige Stellung Spaniens als Weltmacht vor Augen, folgt man den Spuren Philipps II. . Sein Bett, in dem er am 13. September 1598 starb, steht angeblich noch immer in derselben Position wie damals. Für die Zier in den Palastbereichen sorgen blauweiße Schmuckkacheln, Königsporträts und Ölgemälde.

EL ESCORIAL

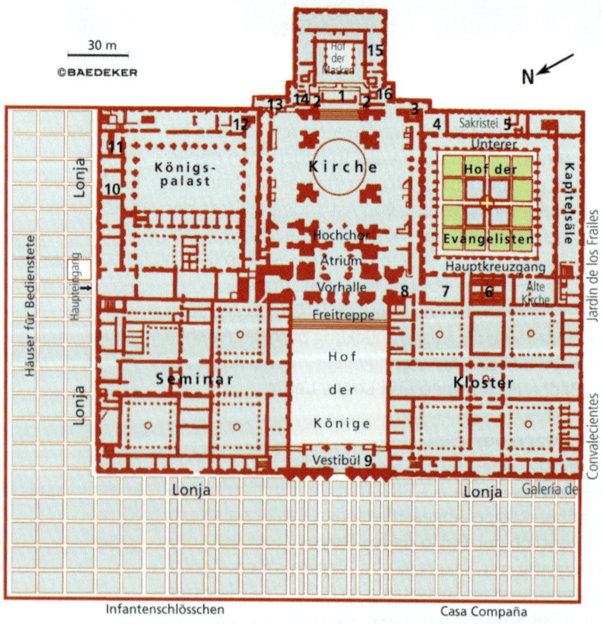

1 Hochaltar im Presbyterium
2 Königliche Oratorien
3 Treppe zum Chor, Zugang zum Pantheon
4 Antesacristía
5 Altar de la Sagrada Forma
6 Haupttreppe
7 Saal der Dreieinigkeit
8 Saal der Geheimnisse
9 Aufgang zur Bibliothek
10 Eingang zum Palast
11 Palasttreppe (zum Bourbonentrakt)
12 Aufgang zu den Räumen des 16. Jh.s
13 Saal der Schlachten
14 Gemächer der Infantin Isabel Clara Eugenia
15 Thronsaal
16 Gemach, Alkoven und Oratorium Philipps II.

Grablegen der Könige, Prinzen und Prinzessinnen

Panteón de los Reyes

Im **Pantheon der Könige** (Panteón de los Reyes), sind spanische Potentaten seit Karl V. in identischen Granitsarkophagen bestattet. Der achteckige Kuppelbau von Herrera wurde von Juan Gomez de Mora erweitert und 1654 vollendet. Der barocke Geschmack der Zeit setzte sich in der Ausstattung mit schwarzem Marmor und vergoldeter Bronze durch, entworfen vom Italiener Giovanni Batista Crescenti. Die Atmosphäre wirkt allerdings eher kalt und nüchtern als pompös. Das nachfolgende **Panteón de los Infantes** ist die Grablege spanischer Prinzen und Prinzessinnen.

Versammlungsräume der Klostergemeinschaft

Salas Capitulares

In den Kapitelsälen (Salas Capitulares) versammelten sich einst die Hieronymitenmönche. Beeindruckend sind die **Deckenfresken** (Ende 16. Jh.) und **Gemälde** hochrangiger Meister wie Jusepe de Ribera, El Greco, Tizian und Tintoretto.

Weitere Stationen

Kreuzgang, Sala de la Trinidad, Bibliothek

Weitere Stationen sind u. a. der untere Kreuzgang, die **Haupttreppe** (Escalera Principal, mit Fresko »Die Glorie der spanischen Monarchie« von Luca Giordano, 1692/93) und der **Saal der Dreifaltigkeit** (Sala de la Trinidad; Gemälde »Die allerheiligste Dreifaltigkeit« von Ribera). Der mit »Die Fundamente des Wissens« darstellenden **Fresken** von Tibaldi ausgeschmückte Bibliothekssaal enthält über 40 000 Bände.

Valle de Cuelgamuros (Valle de los Caídos)

Neuer Geist für einen monströsen Bau

Im Auftrag Francos

12 km nördlich von San Lorenzo de El Escorial liegt das »**Tal der Gefallenen**« Valle de los Caídos, das beklemmend an den Spanischen **Bürgerkrieg und die Franco-Diktatur** erinnert und zum Pilgerort für Spaniens Ultrarechte avancierte. Die »Gedenkstätte« entstand 1940–1958 im Auftrag Francos, der dafür 20 000 politische Gefangene schuften ließ. Im 262 m langen Hauptschiff der in den Fels gemeißelten Basilika wurden Franco und Falange-Führer Primo de Rivera beigesetzt, 33 847 faschistische Gefallene des Bürgerkriegs ruhen in einem Seitenschrein. Darüber erhebt sich mit 152 m das höchste freistehende Kreuz der Welt.

Nach langwierigen Diskussionen wurde Francos Leichnam 2019 exhumiert. Damit war der Weg frei, den Platz zu einer Gedenkstätte und einem Ort der Versöhnung zu machen. 2022 benannte man das Valle des los Caídos offiziell (nach dem Ort) in Valle de Cuelgamuros um; im April 2023 bettete man auch Primo de Rivera um.

Bus 660 ab San Lorenzo de El Escorial | Di.–So. 10–19 Uhr | Eintritt 9 €, Mi., So. ab 15 Uhr frei für EU-Bürger | www.patrimonionacional.es

MONUMENT MIT SYMBOLKRAFT

BAEDEKER WISSEN

San Lorenzo de El Escorial war Kloster für Hieronymitenmönche, Grablege für Kaiser Karl V., seinen Sohn Philipp II. sowie deren Angehörige und Nachkommen, Symbol für Philipps Sieg über Heinrich II. von Frankreich und für die Macht der Habsburger. Sein Grundriss symbolisiert einen eisernen Gitterrost, auf dem der hl. Laurentius von Rom über dem Feuer das Martyrium erlitten haben soll.

1 Puerta Principal
Nur das Hauptportal in der Mauerflucht ist verziert. Von hier gelangt man ins Kloster und in die Basilika.

2 Besuchereingang
Besucher betreten den Escorial durch den ehemaligen Zugang zu den Palastküchen. Hier sind Kasse und Klosterladen untergebracht.

3 Sala de Batallas
Ein 55 m langes Bilderbuch mit wichtigen Schlachten aus Spaniens Geschichte; hier unterrichtete Philipp II. seinen Sohn in Militärkunde.

4 Grabdenkmäler
In den Wandnischen rechts und links vom Hochaltar knien Philipp II. und Karl V. mit ihren Angehörigen. Unter dem Altarraum befindet sich das Pantheon, die königliche Grablege.

5 Escalera Principal
Luca Giordano malte das Fresko »Die Glorie der spanischen Monarchie« über der Haupttreppe.

6 Kloster
Gegründet für Hieronymiten, beherbergt das Kloster seit 1885 Augustinermönche.

7 Bibliothek
Die Bibliothek verbindet Kloster und Kolleg. Philipp maß ihr große Bedeutung bei, daher ihre reiche Ausstattung.

8 Galerie der Rekonvaleszenten
Zwischen den Bögen dieser der Sonne ausgesetzten Galerie erholten sich kranke Mönche.

2
3
4
5
6
8
©BAEDEKER

★ MÁLAGA

Provinz: Málaga | **Höhe:** 8 m ü. d. M. | **Region:** Andalusien
Einwohner: 579 100

Manche Städte erfinden sich neu. Sie streifen ihr altes Image ab und verpassen sich ein neues. Ein treffendes Beispiel dafür ist Málaga, das Besucher einst eher links liegen ließen. Heute ist es eine Stadt der Museen mit viel weiterem Potenzial.

Zwei Mal hinschauen

Einer der ältesten **Mittelmeerhäfen**, am Fuß der Montes de Málaga, wurde im 8. Jh. v. Chr. als Handelsplatz der Phönizier gegründet. Heute machen hier Kreuzfahrer der Moderne gerne Station. Auf den ersten Blick wirkt Málaga mit seinen Satellitenvierteln wenig einladend. Die Eindrücke ändern sich jedoch in der Altstadt, im Picasso-Museum, oder in einer der zahlreichen Kneipen bei einem Glas Süßwein (Vino de Málaga).
Der internationale Flughafen der zweitgrößten Stadt Andalusiens ist **Tourismus-Drehscheibe** an der ► Costa del Sol.

Wohin in Málaga?

Im »Bauch von Málaga«

Alameda Principal

Die Alameda Principal verbindet die **Plaza de la Marina** in der Altstadt mit dem Río Guadalmedina im Westen. Von der Hauptader führen Nebenstraßen nach Norden zur Markthalle **Mercado Central** (Calle Ataranzas, 10) auf dem Gelände einer ehemaligen maurischen Schiffswerft, an die noch ein Hufeisenbogen erinnert.

Spanische Maler

Museo Carmen Thyssen

Der im 16. Jh. erbaute **Palacio de Villalón** nördlich der Alameda Principal bildet den Rahmen für das moderne »Museo Carmen Thyssen«. Das von der Witwe des Unternehmers und Kunstsammlers Hans Heinrich von Thyssen-Bornemisza gegründete Museum zeigt eine wertvolle Gemäldesammlung (alte Meister wie Zurbarán, aber auch spanische und vorwiegend andalusische Künstler des 19./20. Jh.s). Über die ständige Sammlung hinaus sind Wechselausstellungen zu sehen.
C/ Compañia, 10 | Di.–So. 10–20 Uhr | Eintritt 10 €
www.carmenthyssenmalaga.org

Unter Palmen und Platanen

Paseo del Parque

Der von Palmen und Platanen gesäumte Paseo del Parque begleitet den Hafen. Blickfänge sind das 1912–1919 erbaute **Ayuntamiento** (Rathaus) und gegenüber der Brunnen **Fuente de Neptuno** von 1560.

Málaga erfindet sich neu. Dazu gehört das Centre Pompidou Málaga.

Spanische Dependance des Pariser Zentrums

Am Hafen liegt das **futuristische Bauwerk** des Centre Pompidou Málaga, verziert vom französischen Maler Daniel Buren. Hier entstand eine spanische Dependance des Pariser Centre Pompidou.

Centre Pompidou Málaga

Pasaje Doctor Carrillo Casaux, Muelle Uno | Mi.–Mo. 9.30–20 Uhr
Eintritt 7 € | http://centrepompidou-malaga.eu

»Einarmige« Kathedrale

Die Altstadt wird von der mächtigen Kathedrale dominiert. Der Kalksteinbau wurde anstelle einer Moschee 1538 nach Plänen von Diego de Siloé begonnen, 1680 durch ein Erdbeben teilweise zerstört und seit 1719 weitergeführt. Da der geplante Südturm nie zustande kam, erhielt die Kirche den Spitznamen »La Manquita« (die Einarmige). In dem 115 m langen Inneren fällt besonders der Chor (1592–1631) mit seinem schönen Gestühl von 1658 auf. Besichtigen kann man auch die Cubiertas, den Dachbereich.

Catedral

Mo.–Fr. 10–19.30, Sa. 10–18, So. 14–18 Uhr; Dachbereiche Mo.– Sa. stdl. 11–18, So. 16, 17, 18 Uhr | Eintritt 8 €, mit Dachbegehung 12 € |http://malagacatedral.com

MÁLAGA ERLEBEN

OFICINA MUNICIPAL DE TURISMO
Plaza de la Marina, 11, Tel. 951 92 60 20. http://visita.malaga.eu

In der **Semana Santa** werden voluminöse »tronos« (Prozessionsaltäre) durch die Straßen getragen. In der zweiten Augusthälfte steigt die **Feria**.

Eine Traditionsadresse ist das **Café de l'Abuela** (Calle Echegaray, 9). Schauplätze des **Nachtlebens** sind die Plaza de la Merced, Calle Granada und Calle Beatas nördl. der Kathedrale, das Gebiet um die Plaza Uncibay und Malagueta. Im Sommer geht es nach **Pedregalejo** an der Küste und v. a. auf die Avda. Juan Sebastián Elcano. Einkehrmöglichkeiten gibt es auch im Hafenbereich **Muelle Uno**.
www.muelleuno.com

Einkaufszonen sind u.a. die Straßen um die Plaza Flores, die Plaza de Félix Sáenz, die Calle Puerta del Mar und die Calle Nueva. Beliebte Shopping Center sind **Larios Centro** (Avenida de la Aurora, 25), **Málaga Plaza** (Calle Armengual de la Mota, 12) und auch Muelle Uno.

❶ JOSÉ CARLOS GARCÍA €€€€
In diesem Gourmettempel schwingt Spitzenkoch García den Kochlöffel. Dem Spitzenniveau spanischer Kochkunst entsprechen die Preise.
Plaza de la Capilla, Puerto de Málaga, Tel. 952 00 35 88
www.restaurantejcg.com

❷ MONTANA €€€€
Mediterrane Küche in einem alten Palais mit hübschem Innenhof.
Calle Compás de la Victoria, 5
Tel. 952 65 12 44,
http://restaurantemontana.com
Mo. geschl.

❸ TABERNA LOS 13 €€€–€€
Ein köstlicher Querschnitt durch die Küche Andalusiens. Hier stimmt gewöhnlich alles.
Calle Edison, 10, Tel. 606 29 53 77
http://tabernalos13.com
So.-abends, Mo. geschl.

❹ EL CHINITAS €€€
Traditionell spanisch mit Niveau. Auf drei Stockwerken werden v. a. Fisch und Meeresfrüchte serviert. Großzügige Portionen, stilvolles Ambiente.
Calle Moreno Monroy, 4–6
Tel. 952 21 09 72
https://el-chinitas.business.site

❺ ANTIGUA CASA DE GUARDIA €€–€
Authentische Traditionsbodega (seit 1840!) und beste Adresse für Málagaweine.
Alameda Principal, 18, Tel. 952 21 46 80, http://antiguacasade guardia.com, So. abends geschl.

❻ EL PIMPI €
Spitzenplatz, um Kaffee, ein Gläschen Wein oder Tapas zu genießen. Sonnenterrasse an neben dem Picasso-Museum. Restaurant deutlich teurer.
Calle Granada, 62/Calle Alcazabilla
Tel. 952 22 54 03, http://elpimpi.com

❼ EL VEGETARIANO DE LA ALCAZABILLA €€–€
Vegetarische Restaurants sind in Spanien nicht einfach zu finden – dieses überzeugt mit ausgewogener Küche.
C/ Pozo del Rey, 5

Tel. 952 21 48 58, http://elvegetarianodelaalcazabilla.com
So., Mi. geschl.

❶ PARADOR DE MÁLAGA GIBRALFARO €€€€

Von duftenden Pinien umrahmter Parador auf dem Burgberg, auch bekannt als »Balkon von Málaga«. Exzellente andalusische Küche im **Restaurant**.
Castillo de Gibralfaro
Tel. 952 22 19 02
http://paradores.es

❷ NH MÁLAGA €€€€–€€€

Komfortables, citynahes Vier-Sterne-Haus der NH-Kette
Calle San Jacinto, 2; Tel. 952 07 13 23, www.nh-hoteles.es

MÁLAGA

©BAEDEKER

❶ José Carlos García
❷ Montana
❸ Taberna Los 13
❹ El Chinitas
❺ Antigua Casa de Guardia
❻ El Pimpi
❼ El Vegetariano de la Alcazabilla

❶ Parador de Málaga Gibralfaro
❷ NH Málaga

Der bekannteste Sohn der Stadt

Museo Picasso

Die Herzen aller Picasso-Liebhaber schlagen höher, wenn sie den nördlich der Kathedrale den Renaissancepalast **Palacio de Bellavista** ansteuern, denn hier ist das Picasso-Museum untergebracht. Den Grundstock der Sammlung bildete die Stiftung der Schwiegertochter des Künstlers. Die strengstens bewachten Exponate werden hervorragend präsentiert und machen mit **Pablo Ruiz Picassos** unterschiedlichen Schaffensperioden, Stilen, Techniken und Materialien vertraut. Ein absolutes Museums-Highlight in ganz Spanien!

Calle San Agustín, 8 | tgl. ab 10 Uhr | Eintritt 9,50 €
www.museopicassomalaga.org

Wo das Künstlergenie geboren wurde

Museo Casa Natal de Picasso

Vom Museum Richtung Norden kommen Sie auf der Calle San Agustín, vorbei an der Kirche Santiago el Mayor (15. Jh.), zur **Plaza de la Merced**, einem der populärsten Plätze der Innenstadt mit Ruhebänken und Cafés. Dort steht das Haus (Nr. 15), in dem Pablo Ruiz Picasso am 25. Oktober 1881 das Licht der Welt erblickte. Es dient heute als **Museum** (erwarten Sie darin aber bitte nicht zu viel!), Galerie und Studienzentrum.

Museo Casa Natal de Picasso: tgl. 9.30–20 Uhr | Eintritt 4 €
http://museocasanatalpicasso.malaga.eu

Römisches Theater, maurische Burg

Alcazaba

Über dem Altstadtrand thront östlich die im 9. Jh. begonnene Alcazaba, einst Sitz maurischer Könige. Drei Mauerringe umlaufen den Burgberg. Von der Anlage sind u. a. die **Torre de la Vela** und der **Arco de Cristo** erhalten; den größten Reiz der Alcazaba machen jedoch die Panoramablicke auf die Stadt und den Hafen und ihre **Gartenanlagen** aus.

Am Westhang des Burgbergs führt ein steiler Treppenweg durch Gärten hinab zu den Resten des römischen **Teatro Romano**, erbaut zur Zeit des Kaisers Augustus.

Alcazaba: April–Okt. tgl. 9–20, sonst bis 18 Uhr | Eintritt 3,50 €;
Teatro Romano: Di.–Sa. 10–18, So. bis 16 Uhr | Eintritt frei

Fantastische Aussicht auf Stadt und Hafen

Castillo de Gibralfaro

Hoch über der Alacazaba liegt das Castillo de Gibralfaro (170 m; arab. »Jabal-Faruk: »Berg des Leuchtturms«), denn vermutlich stand hier oben schon zu Zeiten der Phönizier ein Leuchtturm, dessen Befestigung ins 13. Jh. zurückgeht. Das Kastell (heute Parador) ist Málagas **Oberburg**, die für Besucher mit der unteren Anlage jedoch nicht verbunden ist. Von der alten Ringmauer bietet sich eine fantastische Aussicht auf Stadt und Hafen. Am schnellsten kommt man per Bus aus der City hinauf.

April–Okt. tgl. 9–20, sonst bis 18 Uhr | Eintritt 3,50 €

Autos, Skulpturen und Vintage-Mode

Museo Automovilístico y de la Moda

Eine interessante Verbindung zwischen Inhalten und Gebäude stellt das **Automobil- und Modemuseum** etwas außerhalb südwestlich des Zentrums her, das in einer restaurierten **Tabakfabrik** (Tabacalera) von 1923 eingerichtet wurde. Zu sehen sind neben der großen Autokollektion auch Skulpturen und Vintage-Mode.

Avenida Sor Teresa Prat, 15 | tgl. 10–14.30 und 16–19 Uhr | Eintritt 10 € | www.museoautomovilmalaga.com

Rund um Málaga

In Kiefernwäldern

Montes de Málaga

An den nordöstlichen Ausläufern der Stadt (etwa 5 km) beginnt der wunderschöne **Parque Natural** de Montes de Málaga (knapp 5000 ha), der, von Wäldern aus Aleppokiefern durchsetzt, eine Höhe von 1032 m erreicht. Eine **Panoramastraße** führt bis Colmenar; es gibt mehrere Wanderwege durch den Park.

Megalithgräber und Wölfe

Antequera

Antequera (50 km nordwestl.; 577 m) wird überragt von der ansprechend restaurierten **Maurenfestung Alcazaba**. Benachbart ist Renaissancekirche Santa María la Mayor; im historischen Viertel steht an der Plaza de San Sebastián die Kirche San Sebastián (Ursprung im 16. Jh.) mit ihrer Turmfigur »Angelote« .

Echte Highlights sind die etwas außerhalb gelegenen, zum UNESCO-Welterbe erklärten **Megalithgräber** Dolmenes de Menga, Vera und El Romeral, Steinbauten aus der Jungsteinzeit.

Im **Lobo Park** südwestlich von Antequera leben in erfreulich geräumigen, naturbelassenen Gehegeflächen verschiedene Arten von Wölfen. Es gibt außerst informative Führungen durch das Gelände; kein Besuch in Eigenregie möglich.

Oficina de Turismo: Calle Encarnación, 4A | Tel. 952 70 25 05 http://turismo.antequera.es

Megalithgräber: Di.–So. ab 9 Uhr | Eintritt frei

Lobo Park: A-343, km 16 | nur mit Führung (1,5 t.St.) tgl. außer Mi. 11, 13, 15, 16.30 Uhr | Eintritt 13,50 € | www.lobopark.com

Fantastisch zerklüftete Karstlandschaft

Torcal de Antequera

Südlich von Antequera erstreckt sich die fantastisch zerklüftete Karstlandschaft des Torcal de Antequera, wo Wind und Wetter **bizarre Formationen** geschaffen haben. Über ein gut ausgebautes Wegenetz kann man kurze, eindrucksvolle **Wanderungen** durch den Park unternehmen. Es gibt ein Besucherzentrum beim Parkplatz.

Paraje Natural Torcal de Antequera: Besucherzentrum April–Okt. tgl. 10–19, sonst bis 17 Uhr | Eintritt frei | www.torcaldeantequera.com

★ MÉRIDA

Provinz: Badajoz | **Höhe:** 217 m ü. d. M. | **Region:** Extremadura
Einwohner: 60 300

Ziele in der abgeschiedenen, oft heißen Extremadura sind sicher nichts für jeden, doch Mérida spricht insbesondere Kulturreisende an: Es ist die an römischen Bauwerken reichste Stadt Spaniens und zählt daher zum Weltkulturerbe der UNESCO.

Römisches Erbe

Um 25 v. Chr. gründeten die Römer für die Veteranen der V. und X. Legion **Augusta Emerita**. Die Kolonie entwickelte sich rasch und wurde Hauptstadt Lusitaniens. Mit 50 000 Einwohnern war sie die größte römische Stadt in Iberien, dessen politisches und kulturelles Zentrum und gehörte zu den bedeutendsten Städten im Römischen Reich. Nach der Einführung des Christentums wurde sie als eine der ersten römischen Städte Sitz eines Erzbischofs.

1 Puente Romano
2 La Morería
3 Santa María
4 Arco de Trajano
5 Templo de Diana
6 Foro
7 Museo Nacional de Arte Romano
8 Termas (Thermen)
9 Casa del Anfiteatro
10 Acueducto de San Lazaro
11 Santa Eulalia
12 Acueducto de los Milagros
13 Puente de los Albarregas

1 Mérida Palace
2 Parador de Mérida

MÉRIDA ERLEBEN

OFICINA DE TURISMO
Plaza Margarita Xirgú, s/n
Tel. 924 33 07 22
http://turismomerida.org

KOMBI-TICKET
Für die wichtigen Bauten (Teatro, Anfiteatro, Circo, Alcazaba) gibt es ein preisreduziertes Kombi-Ticket (»entrada conjunta«; 16 €).

FESTIVAL INTERNACIONAL DE TEATRO CLÁSICO
Im Sommer findet ein Klassik-Festival im Römischen Theater statt, bei dem antike Dramen aufgeführt werden.
Juli/Aug.; www.festivaldemerida.es

❶ ILUNION MÉRIDA PALACE
€€€€–€€€
Das am Hauptplatz gelegene Haus aus dem 16. Jh. bietet Behaglichkeit in historischem Ambiente. Mit gutem Restaurant und Dachterrasse samt Pool.
Plaza de España, 19
Tel. 924 38 38 00
https://de.ilunionmeridapalace.com

❷ PARADOR DE MÉRIDA
€€€€–€€€
In einem ehemaligen Kloster logiert diese sympathische Vier-Sterne-Herberge mit empfehlenswertem Restaurant.
Calle Almendralejo, 58
Tel. 924 31 38 00
www.parador.es

Wohin in Mérida?

Puente Romano

Sechzig römische Brückenbögen
Den Fluss überspannt die unter Augustus erbaute, mehrmals erneuerte Brücke. Mit 60 Bögen aus Granit bringt sie es auf eine Länge von 792 m. Bis 1991, als die von Santiago Calatrava konzipierte Lusitania-Brücke eröffnet wurde, rollte der Verkehr noch über die antike Brücke. Nördlich erstreckt sich das römische **Ausgrabungsfeld La Morería**.

Alcazaba

Von der maurischen Festung zum Ritterkloster
Am östlichen Brückenkopf errichteten die Römer eine Befestigung, die die Westgoten übernahmen und die Mauren 855 zur Alcazaba vergrößerten. Die Santiago-Ritter wandelten die Festung im weiteren Verlauf des Mittelalters in ein Kloster um (heute Sitz der Regionalregierung).
April – Sept. tgl. 9–21, sonst bis 18.30/Uhr | Eintritt 6 €

Plaza de España

Rund um den zentralen Altstadtplatz
Wenige Schritte sind es von der Alcazaba nach Norden zur arkadenumgebenen Plaza de España mit der Kirche **Santa María la Mayor** (13./15. Jh.). Etwas nördlich des Platzes markiert der **Arco de Trajano** (Arco de Santiago), ein fast 13 m hoher römischer Triumphbogen

mit vierfacher Säulenreihe, das einstige Nordtor der römischen Stadt. In der alten Kirche **Santa Clara** (Calle Santa Julia, 1) zeigt die **Colleción Visigoda** westgotische Architekturteile.
Museo de Arte y Cultura Visigoda: April – Sept. Di.–Sa. 9.30–20, sonst bis 18.30, So. immer 10–15 Uhr | Eintritt frei

Vom »Diana-Tempel« zum römischen Forum

Templo de Diana

Auf der Calle Sagasta kommen Sie von der Alcazaba zum Templo de Diana mit sechs korinthischen Säulen an der Front, in dem jedoch nicht die gleichnamige römische Jagdgöttin verehrt, sondern ein anderer, nicht bekannter Kult gepflegt wurde. Im 16. Jh. verwendete man Teile des Tempels für den Bau des angrenzenden Palacio.
Auf dem Weg zum Nationalmuseum für römische Kunst passieren Sie anschließend die Reste des römischen Forums.

Mix aus Antike und Moderne

Museo Nacional de Arte Romano

Im Ostteil des Stadtzentrums liegen die wichtigsten römischen Baudenkmäler Méridas. Der antiken Geschichte widmet sich auch das architektonisch herausragende **Nationalmuseum für Römische Kunst**. Das moderne Gebäude von Rafael Moneo zitiert die römische Ziegelbauweise und nimmt in seiner bogenhaften Innengestaltung die Maße des Arco de Trajano auf.
Zu sehen sind u. a. eine beachtliche Münzsammlung mit zahlreichen in Augusta Emerita geschlagenen Münzen, Skulpturen, wie ein Augustus-Kopf aus Carrara-Marmor, Mosaiken, eine Glassammlung und im Theater entdeckte Malereien. Das Museumsgebäude überdeckt Teile der alten römischen Stadt (Ausgrabungen im Untergeschoss).
Calle José Ramón Mélida, s/n | April – Sept. Di.–Sa. 9.30–20, sonst bis 18.30, So. immer 10–15 Uhr | Eintritt 3 €, Sa. ab 14 Uhr u. So. frei
www.culturaydeporte.gob.es/mnromano/home.html

Bedeutendstes Architekturrelikt aus Römerzeiten

Teatro Romano

Gegenüber dem Museumsneubau verteilen sich die umfangreichsten römischen Architekturreste. Rechts in einen Berghang wurde das **Theater** eingefügt, das der römische Feldherr Agrippa 16 v. Chr. stiftete. Nach einem Feuer im 2. Jh. n. Chr. wurde es erneuert. Die halbkreisförmig angeordneten Sitzreihen konnten bis zu 3000 Zuschauer aufnehmen. Aus der Zeit des Wiederaufbaus stammt der Figurenschmuck an der Rückfront des Bühnengebäudes.
Calle Don José Alvarez Sáenz de Buruaga, 3 | April – Sept. tgl. 9–21, sonst bis 18.30/Uhr | Eintritt 6 €

Massenspektakel zum 1.

Anfiteatro Romano

Daneben erkennt man die freigelegten Überreste des Amphitheaters (8 v. Chr.), in dem bis **15 000 Zuschauer** Gladiatorenkämpfe verfolgten. Das Theater ließ sich fluten – so konnten hier Schiffe einfahren

und Seeschlachten ausgetragen werden. Nach dem Verbot der Gladiatorenkämpfe wurden die Baumaterialien z. T. für die Reparatur der Brücke über den Guadiana verwendet.
Öffnungszeiten u. Preise s. Teatro Romano

Wohn- und Badekultur römischer Bürger

Casa del Anfiteatro

Das römische **Bürgerhaus** gegenüber dem Amphitheater wurde im 1. Jh. n. Chr. errichtet. Reste von Wandbemalung und sehr schöne Bodenmosaiken überdauerten die Jahrhunderte.
Auf der gegenüberliegenden Straßenseite legte man Reste römischer **Thermen** frei (Termas).

Massenspektakel zum 2.

Circo Romano

Nordöstlich des Amphitheaters fand man jenseits der Bahnlinie die Überreste einer **Pferderennbahn** (Hippodrom »Circo Romano«). 30 000 Menschen konnten dort auf der 233 m langen Rundbahn Wagenrennen verfolgen. Nahebei erhielten sich drei Pfeiler des **Acueducto de San Lazaro**, eines einst 1600 m langen, 16 m hohen Bauwerks zum Wassertransport. Von einem weiteren Aquädukt, dem **Acueducto de los Milagros**, sind noch 37 Pfeiler mit zehn bis zu drei Stockwerke hohen Bogen erhalten.
Circo Romano: Öffnungszeiten u. Preise s. Teatro Romano

15 000 Zuschauer fanden im Amphitheater Platz.

MURCIA

Provinz/Region: Murcia | **Höhe:** 43 m ü. d. M. | **Einwohner:** 463 150

O19

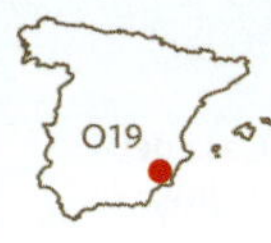

Die im Inland gelegene Provinzhauptstadt bringt ganz anders auf Betriebstemperatur als die »Heiße Küste« Costa Cálida am Mittelmeer (► S. 154). Altstadt, Kathedrale und die Osterfeierlichkeiten sind Argumente für eine Reise hierher. Zudem ist Murcia Geburtsort des Holzbildhauers Francisco Salzillo, dessen Kunstwerke hier zu besichtigen sind.

Ein fruchtbarer Landstrich

Murcia liegt inmitten des weiten Gemüseanbaugebiets Huerta de Murcia. Bewässerungskanäle, die vom Río Segura abgeleitet werden, machen aus der heißen, trockenen Küstenebene – im Juli und August kann die Temperatur auf über 40 °C steigen – einen äußerst fruchtbaren Landstrich, aus dem Obst und Gemüse in den Export Richtung Mitteleuropa gehen.

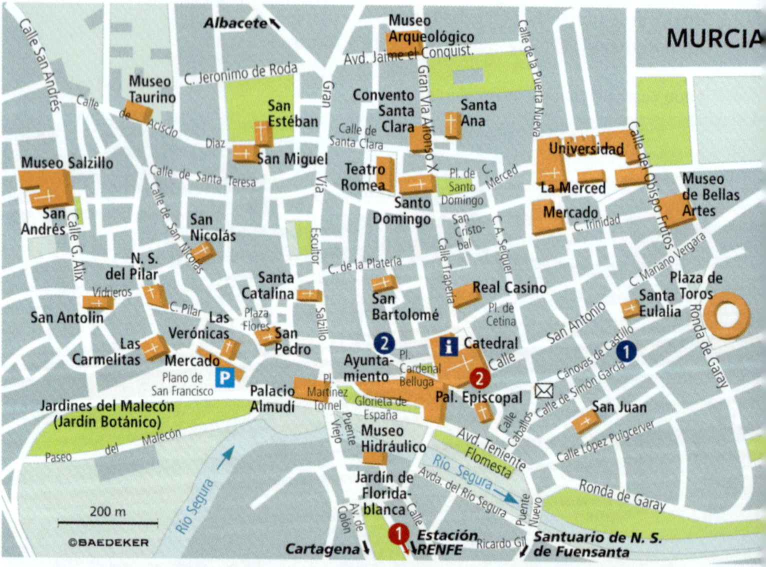
MURCIA
Albacete
Museo Arqueológico
Avd. Jaime el Conquist.
Calle San Andrés
Museo Taurino
C. Jeronimo de Roda
Calle de Acisclo
San Estéban
Diaz
San Miguel
Gran Vía
Convento Santa Clara
Calle de Santa Clara
Gran Vía Alfonso X
Santa Ana
Calle de la Puerta Nueva
Universidad
Calle del Obispo Frutos
Museo Salzillo
Calle de Santa Teresa
Calle de San Nicolás
Teatro Romea
Pl. de Santo Domingo
C. Merced
La Merced
Museo de Bellas Artes
San Andrés
Calle G. Alix
San Nicolás
Escultor
Santo Domingo
San Cristobal
C.A. Sequer
Mercado
C. Trinidad
C. Mariano Vergara
N. S. del Pilar
Vidrieros
C. de la Platería
Calle Trapería
Santa Catalina
San Bartolomé
Real Casino
Pl. de Cetina
Plaza de Toros
Santa Eulalia
San Antolin
C. Pilar
Las Verónicas
Plaza Flores
Salzillo
San Pedro
San Antonio
Ronda de Garay
Las Carmelitas
Mercado
Plano de San Francisco
Ayuntamiento
Pl. Cardenal Belluga
Catedral
Calle
Cánovas de Castillo
Calle de Simón García
Palacio Almudí
Pl. Martínez Tornel
Glorieta de España
Pal. Episcopal
Jardines del Malecón (Jardín Botánico)
Paseo del Malecón
Puente Viejo
Museo Hidráulico
Calle Caballos
San Juan
Calle López Puigcerver
Avd. Teniente Flomesta
Río Segura
Avda. del Río Segura
Jardín de Floridablanca
Ronda de Garay
200 m
Río Segura
Av. de Colón
Calle
Puente Nuevo
©BAEDEKER
Cartagena
Estación RENFE
Ricardo Gil
Santuario de N. S. de Fuensanta

1 Restaurante Salzillo
2 Acuario

1 Hotel Catalonia Conde de Floridablanca
2 Tryp Rincón de Pepe

MURCIA ERLEBEN

OFICINA DE TURISMO
Plaza Cardenal Belluga, s/n
Tel. 968 35 87 49
www.turismodemurcia.es

SEMANA SANTA
Die Karwoche wird mit besonderer Inbrunst begangen, v. a. wenn die 1411 gegründete Cofradía de la Sangre (Bruderschaft vom Blut) in einer eindrucksvollen **nächtlichen Prozession** die »Pasos« von Francisco Salzillo durch die Straßen trägt. Auch in **Lorca** (70 km südwestl.) sehr sehenswert.
http://semanasantalorca.com

FERIA
Zweiwöchiges großes Stadtfest (Folklore, Märkte, Prozessionen).
Anfang Sept.

❶ RESTAURANTE SALZILLO €€€
Von außen eher nichtssagend, doch drinnen ein Klassiker städtischer Gastronomie.
Calle Cánovas del Castillo, 28
Tel. 968 22 01 94
http://restaurantesalzillo.com

❷ ACUARIO €€€-€€
In dem familiären Restaurant werden lokale Gerichte angeboten, oft in interessanten, neuen Kombinationen.
Plaza Puxmarina, 1
Tel. 968 21 99 55
http://restauranteacuario.com

❶ HOTEL CATALONIA CONDE DE FLORIDABLANCA €€
In solider Moderne eingerichtetes Hotel in Altstadtnähe. Tapas und Wein in der **Gastrobar**.
Calle Princesa, 18
Tel. 968 21 46 26
www.cataloniahotels.com

❷ TRYP RINCÓN DE PEPE €€
Komfortables, zentral gelegenes Vier-Sterne-Haus der Tryp-Kette. Größere Preisspanne.
Calle Apóstoles, 34
Tel. 968 21 22 39
www.melia.com

Wohin in Murcia?

Königliche Innereien

★ Catedral de Santa María

Hauptsehenswürdigkeit ist die Kathedrale. Der stattliche gotische Bau wurde Ende des 14. Jh.s anstelle einer Moschee begonnen, im 16. Jh. z. T. erneuert und erhielt ab 1748 die überschwänglich barocke Westfassade. Vom 92 m hohen **Turm**, 1521 begonnen und erst 1792 vollendet, bietet sich ein lohnender Rundblick.
Die schönste der Seitenkapellen ist die **Capilla de Junterón**, ab 1525 im Renaissancestil erbaut. Die mit einem Gitter von 1497 abgeschlossene **Capilla Mayor** bewahrt in einer Nische links die Urne mit den

Eingeweiden Alfons' X. des Weisen (▶ S. 598), rechts die Gebeine des hl. Fulgentius und der hl. Florentina. Im Chor sieht man ein platereskes Gestühl. Unter den Kapellen des Chorumgangs ist die **Capilla de los Vélez** hervorzuheben; 1491–1507 als Grabkapelle der Familie Vélez angelegt, besticht sie durch das isabellinische Portal, die arabisch anmutende Figuren- und Pflanzenornamentik sowie die Kuppel.
In Kreuzgang und Kapitelsaal zeigt das **Museo Catedralicio** u. a. Arbeiten von Francisco Salzillo.
Kathedrale und Museo Catedralico: Di.–Sa. 10–17.30, So. 10–13 Uhr | Eintritt jew. 4 €, Turm 7 €, Kombiticket mit Kathedrale und Museum 10 € | http://catedralmurcia.org

Herrenklub mit Damensalon

Calle Trapería

Von der Kathedrale führt die Calle Trapería nördlich durch die Altstadt. Zusammen mit der nach Westen abzweigenden **Calle Platería** bildet sie den Kern der geschäftigen Fußgängerzone.
Ein auffälliges Gebäude an der Trapería ist das **Real Casino**, ein im 19./20. Jh. in diversen Stilrichtungen errichteter Herrenklub. Besonders anziehend gibt sich der Patio Árabe unter seiner Glaskuppel; am eigentümlichsten aber ist der **Frisierraum der Damen** (Tocador de Señoras) mit seinen Wandmalereien.
Casino: tgl. 10.30–19.30 Uhr | Eintritt 5 € | http://realcasinomurcia.com

Die Karfreitagsprozession von Murcia endet an der Kathedrale.

Meisterhafte Holzbildhauerkunst

Museo Salzillo

An der Plaza de San Agustín im äußersten Westen beherbergt die barocke Ermita de Jesús (1777) das Museo Salzillo. Es widmet sich den Skulpturen des Holzbildhauers Francisco Salzillo (1707–1783) und zeigt u. a. **Prozessionsfiguren** des Meisters (»Pasos«), darunter eine Abendmahlszene und eine einzigartige Weihnachtskrippe, deren über 500 Figuren die Trachten Murcias im 18. Jh. tragen.

Calle Dr. Jesús Quesada Sanz, 1 | Mitte Juni–Mitte Sept. Mo.–Fr. 10–14, sonst Mo.–Sa. 10–17, So. 11–14 Uhr | Eintritt 5 €
www.museosalzillo.es

OURENSE

Provinz: Ourense | **Höhe:** 126 m ü. d. M. | **Region:** Galicien
Einwohner: 103 800

Wollen Sie ein Stück von Galiciens tiefster Provinz entdecken, wo Massentourismus wahrscheinlich auf ewig ein Fremdwort bleiben wird? Dann kommen Sie ins freundliche, authentische Ourense.

Die Provinzhauptstadt im Süden Galiciens mit ihrem hübschen und belebten alten Kern war schon zur Zeit der Römerherrschaft wegen ihrer Thermalquellen »**As Burgas**« bekannt. Der Name Ourense leitet sich vermutlich vom sagenhaften Gold (span. »oro«) des Río Miño ab, weshalb die Stadt von den Römern **Aurium** genannt wurde.

Wohin in Ourense?

Eine der schönsten Kathedralen Galiciens

Catedral San Martíño

Die Bischofskirche von Ourense, nach der berühmten in ▶ Santiago de Compostela die schönste in ganz Galicien, wurde im 12. und 13. Jh. erbaut. Ihre beiden Seitenportale zeigen reichen Skulpturenschmuck. Herausragend ist die romanische Bauplastik des **Pórtico del Paradiso** (»Paradiespforte«) in der von innen zugänglichen westlichen Vorhalle. Stilistisch angelehnt an die Skulpturen am Pórtico de la Gloria in Santiago, stellen die bemalten Figuren im mittleren Bogen die 24 Alten der Apokalypse dar. Im Mittelpfeiler erkennt man die hl. Jungfrau und den Apostel Jakobus. An den Seiten sieht man die vier Evangelisten und vier Propheten.

Im Inneren teilt ein Gitter das Presbyterium mit dem Reiterbild des hl. Martin vom übrigen Kirchenraum ab. Hinter dem Altar erhebt sich ein gotischer Retablo (14. Jh.).

Ein ganz anderes Spanien offenbart sich vom Aussichtspunkt Xariñas de Castro hinab in das spektakuläre Tal des Río Sil.

Ein Meisterwerk des galicischen Barock ist die 1567–1574 entstandene **Capilla del Cristo**. Sie beherbergt neben einem großartigen Altar auch eine alte Christusfigur, die einst beim Cabo Finisterra angeschwemmt worden sein soll.

Das Dommuseum enthält außer wertvollen Emailarbeiten aus dem 13. Jh. auch acht im 10. Jh. gefertigte Schachfiguren aus Bergkristall.

Mo. 10–15 u. 16-18, Di.–Sa. 10–18, So. 13.30–18 Uhr | Eintritt 6 €
http://catedralourense.com

Versteckte kleine Thermalanlage

As Burgas

An der südwestlich der Praza Maior gelegenen Praza As Burgas ergießen sich in einer klassizistischen Treppenanlage die schwefelhaltigen **Thermalquellen** mit Temperaturen von 66–68 °C in drei eher unspektakuläre Brunnen.

Di.–So. 10–13, 17–21 Uhr | Eintritt frei

Römerbrücke und ihr modernes Gegenstück

Puente Romano

Den **Río Miño** weiter im Norden überspannt der auf die Römer zurückgehende, 1230 erbaute, wiederholt erneuerte Puente Romano; der mittlere Bogen hat eine Höhe von 38 m und eine Spannweite von 43 m. Das moderne Gegenstück sieht man flussabwärts: die **Milenio-Brücke** (Puente Nuevo) von Álvaro Varela.

Rund um Ourense

Cañón del Sil

Panoramablicke
Etwa 20 km nordöstlich von Ourense hat sich der Río Sil tief ins anstehende Gebirge eingekerbt und das wildromantische Schluchttal **Gargantas del Sil** geschaffen. Von verschiedenen Punkten genießen Sie herrliche Panoramablicke über die Schlucht, auch **Bootstouren** werden angeboten.

Monasterio de Santo Estevo

Spektakulär gelegen
Auf einem Felsbalkon hoch über der Schlucht liegt das ehemalige Kloster Santo Estevo de Ríbas de Sil mit Ursprüngen im 6. Jh., das Stilformen von der Romanik bis zum Barock zeigt. Heute ist darin ein komfortables Parador-Hotel eingerichtet.
Parador de Santo Estevo: Jan., Feb. geschl. | http://paradores.es

Ribadavia

Weinstädtchen
Flussabwärts am Miño entlang Richtung Westen (das Tal an sich ist schon prächtig!) liegt Rivadavia, einst Sitz der galicischen Könige. Das altertümliche Weinstädtchen (Ribeiro-Region) besitzt beachtenswerte Sakralbauten, darunter die gotische Klosterkirche Santo Domino. Auch das historische jüdische Viertel lohnt einen Besuch.
Oficina de Turismo: Praza Maior, 7 | http://turismoribadavia.gal

Allariz

Abstecher in den Süden der Provinz
Ein Abstecher in den Süden der Provinz Ourense bringt Sie nach Allariz, das von Adelshäusern geprägt und dessen historischer Stadtkern von mächtigen, über 1 km langen **Mauern** umgeben ist. Seine Bedeutung als einstige Hauptstadt während der Reconquista lässt sich nicht zuletzt an den zahlreichen Kirchen ablesen.
Oficina de Información: Paseo da Alameda, s/n | www.allariz.gal

OURENSE ERLEBEN

OFICINA MUNICIPAL DE OURENSE
Isabel la Católica, 2, Tel. 988 36 60 64, www.turismodeourense.gal

❶ A TABERNA €€€–€€
Ein klassisches, etwas strenges Interieur mit Keramiktellern an den Wänden gibt Raum für beste galicische Kochkunst.
Julio Prieto, 32; Tel. 988 24 33 32
http://ataberna.com
So. abends, Mo. geschl.

❶ EXE AURIENSE €€–€
Gute, moderne Vier-Sterne-Herberge (134 Zi. und Suiten). Mit Cafeteria.
Calle Alto do Cumial, 12, Tel. 988 23 49 00, www.eurostarshotels.com

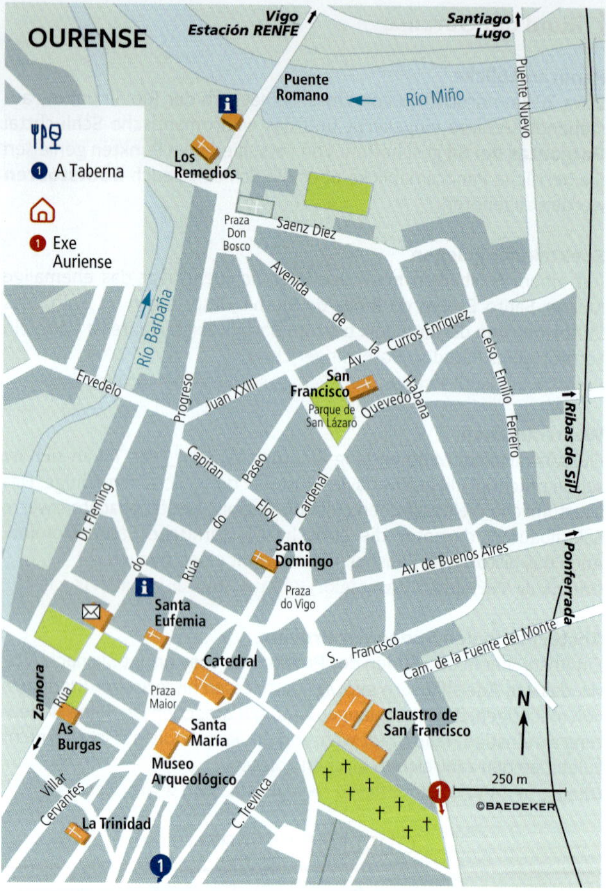

Majestätische Benediktinerabtei

Celanova In Celanova 20 km westlich von Allariz besucht man das 936 gegründete, heute überwiegend barocke **Kloster San Salvador** mit schönem Kreuzgangs und mozarabischer Kapelle San Miguel im Klostergarten. www.celanova.gal

Die »Akropolis Galiciens«

Castillo de Monterrei Das mächtige Castillo de Monterrei südöstlich von Allariz im gleichnamigen Weinanbaugebiet diente als Grenzfeste zum nahen Portugal, später als Gefängnis. Die Burg entwickelte sich zu einer wahren befestigten Stadt mit drei Mauerringen und ist heute ein Parador.

 OVIEDO

Provinz/Region: Asturias | **Höhe:** 228 m ü. d. M. | **Einwohner:** 217 700

Wo vereinen sich die Ströme asturischen Apfelweins mit einer fantastischen Altstadt, einer sehenswerten Kathedrale und dem UNESCO-Welterbe präromanischer Kirchen? Richtig, in Oviedo, der Hauptstadt Asturiens.

An der Stelle des antiken **Ovetum** entwickelte sich im 8. Jh. aus einem Mönchskloster die Stadt. Alfons II. verlegte den **asturischen Hof** nach Oviedo, das 810–924 Hauptstadt des den Mauren Widerstand leistenden Königreichs war, bis dieses mit León und Kastilien vereinigt wurde. Als man im 18. Jh. mit der Ausbeutung der Kohlevorkommen begann und die königliche Waffenfabrik errichtet wurde, war der Weg für den Aufstieg zur **Industriestadt** vorgezeichnet. Inzwischen verlagerte sich die Wirtschaft zunehmend zum Tourismus, ohne dass es jedoch zu Massenandrang käme. Die **Jakobspilger** verbanden ihre Wallfahrt (▶ Baedeker Wissen, S. 612) oft mit einem Besuch der Kathedrale, auch heute sieht man sie wieder im Stadtbild. allerdings liegt Oviedo nicht an der Hauptpilgeroute.

Hochburg des Apfelweins

Sidra stilecht

Asturien ist die Heimat der Sidra und Oviedo eine echte Sidra-Hochburg der Ausgehfreuden. Stilecht trinkt man den trüben Apfelwein in einer »**Sidrería**«: Aus der Flasche wird er in hohem Bogen ins Glas gegossen, damit er dekantiert; den letzten Schluck trinkt man nicht, sondern man schwenkt damit das Glas aus und schüttet ihn auf den (im Kneipeninnern meist mit Sägemehl bedeckten) Boden.
In Oviedo gilt die zentrale **Calle Gascona als »Apfelwein-Boulevard«** (Bulevar de la Sidra), hier reiht sich eine Kneipe an die nächste. Das merkt man nicht zuletzt am Geruch!
http://gasconaoviedo.es

Wohin in Oviedo?

Grandioser Reliquienschatz

Catedral del Salvador

Die 1388 begonnene, 1498 fertiggestellte Kathedrale wurde über einem von König Fruela I. im 8. Jh. errichteten Kirchlein erbaut. Der 82 m hohe, 1539 vollendete Turm zählt zu den schönsten Kirchtürmen Nordspaniens. Innen fällt der übergroße, prächtige Retablo in der Capilla Mayor mit Darstellungen des Lebens Jesu auf (1520). Im linken Seitenschiff enthält die barocke de **Capilla Santa Eulalia** eine vergoldete Silberkassette (11. Jh.) mit den Gebeinen der hl. Eulalia.

Höhepunkt ist die **Cámara Santa**, in der der Kirchenschatz mit der Heiligen Truhe aufbewahrt wird, einem wertvollen Reliquienschatz, der nach Fall des westgotischen Reichs von Toledo vor den Mauren nach Asturien in Sicherheit gebracht wurde.
Man betritt zunächst die im 12. Jh. erweiterte Vorhalle, die damals mit je sechs herrlich gearbeiteten Apostelpaaren an den Säulen und einem Christuskopf über der Tür ausgestattet wurde. Im anschließenden Raum steht die reliefgeschmückte, silberbeschlagene **Arca Santa** (Heilige Truhe), die aus dem Heiligen Land stammende Reliquien enthält. Zu den weiteren Prunkstücken zählen das Kreuz der Engel (Cruz de los Ángeles) aus edelsteinverziertem und goldbeschlagenem Zedernholz (9. Jh.) und das Siegeskreuz (Cruz de la Victoria), das angeblich Pelayo 718 oder 722 in der Schlacht von Covadonga gegen die Mauren begleitete und unter Alfons III. 908 aufgearbeitet wurde. Ans südliche Querschiff schließt sich ein **Kreuzgang** (Claustro; 9./15. Jh.) an.
Mo.–Sa. ab 10 Uhr | Eintritt 7 € | www.catedraldeoviedo.es

OVIEDO ERLEBEN

OFICINA DE TURISMO
Plaza de la Constitución, 4
Tel. 984 49 35 60
www.visitoviedo.info

❶ CASA FERMÍN €€€€
Das traditionsreiche Restaurant mit gut bestücktem Weinkeller serviert Gerichte mit überraschenden Geschmacksnuancen und Texturen.
Calle San Francisco, 8; Tel. 985 21 64 52; www.casafermin.com

❷ EL GATO NEGRO €€€
Rustikale Sidrería, die vom asturischen Bohneneintopf (»fabada«) bis zum Tintenfischsalat auftischt.
Plaza Trascorrales, 17
Tel. 984 08 75 11
http://sidreriaelgatonegro.com

❸ LA MÁS BARATA €€–€
Hier gibt es Grillfleisch und annähernd 20 verschiedene Reisgerichte.
Calle Campoamor, 28, Tel. 985 20 20 28, www.lamasbarata.com

❶ HOTEL CASTILLO DEL BOSQUE LA ZOREDA €€€€
Eine feudale Fünf-Sterne-Exklave einige Kilometer südwestlich. Den restaurierten Palast aus dem frühen 20. Jh. umgibt ein weites Gelände..
La Manjoya, s/n, Tel. 985 96 33 33
http://castillozoreda.com

❷ EUROSTARS PALACIO DE CRISTAL €€€
Moderne, Komfort und aufmerksamer Service gehen hier Hand in Hand. Hinter dem Design steht Stararchitekt Santiago Calatrava.
Calle Policarpo Herrero, s/n
Tel. 985 96 47 77
www.eurostarshotels.com

Paläste rund um den Kathedralplatz

Vor der Kathedrale öffnet sich die weite Plaza de Alfonso II. An ihrer Westecke stehen der Palacio de Valdecarzana (17. Jh.) und der Palacio de Camposagrado (18. Jh.); schräg gegenüber jenseits der Plaza de Porlier folgen der Palacio de Toreno (17. Jh.) und die **Universidad** (Universität), 1608 gegründet. Plaza de Alfonso II

An der Südseite des Domplatzes erkennt man in der Mitte das älteste profane Gebäude Oviedos, den **Palacio de la Rúa** (15. Jh.), südlich der Kathedrale die Kirche **San Tirso**, die, auf das 9. Jh. zurückgehend, im 18. Jh. ihre heutige Gestalt erhielt.

1 Casa Fermín
2 El Gato Negro
3 La Más Barata

1 Hotel Castillo del Bosque La Zoreda
2 Eurostars Palacio de Cristal

Spanische Kunst, großzügig präsentiert

Museo de Bellas Artes

Südlich der Kirche San Tirso schließt in der Calle de Santa Ana der barocke **Palacio de Velarde** an. Hier und in zwei weiteren Gebäuden zeigt das Museo de Bellas Artes Werke aus Renaissance und Barock sowie Bilder zeitgenössischer Maler Asturiens.

Juli, Aug. Di.–Sa. 10.30-14 u. 16–20, So. 10.30–14.30, sonst Di.–Fr. 10.30-14 u. 16.30–20.30, Sa. 11.30–14 u. 17–20, So. 11.30–14.30 Uhr
Eintritt frei | www.museobbaa.com

Schöne Altstadtplätze

Plaza de la Constitución

Die Calle de la Rúa/Calle Cimadevilla westlich des Museums mündet in die von Arkaden umgebene Plaza de la Constitución mit der ehemaligen Jesuitenkirche **San Isidoro** (1578; Südwestecke) und dem **Ayuntamiento** (Rathaus; 17. Jh.; Nordseite).
Von hier ist es nicht weit zum Markt **Mercado El Fontán** südwestlich der Kirche (Plaza 19 de Octubre) und zur lauschigen **Plaza de Daoiz y Velarde** noch weiter südlich, an der stattliche barocke Häuser stehen: Diese Gegenden sollten Sie sich auch für den Abend vormerken!

http://mercadofontan.es

Abends belebt

Plaza de la Escandalera

An San Isidoro vorbei erreicht man auf der Calle de Fruela Richtung Westen die Plaza de la Escandalera. Hier beginnt die **Calle de Uría**, der besonders spätnachmittags und abends belebte Hauptstraßenzug der Stadt.

Rund um Oviedo

Größte präromanische Kirche Spaniens

San Julián de los Prados

Im nördlichen Vorort Santullano, fast neben der Stadteinfahrt aus Avilés/Gijón, steht der größte und vollständigste präromanische Kirchenbau Spaniens (25 × 30 m): San Julián de los Prados aus der Zeit Alfons' II. Bemerkenswert ist vor allem die zweigeteilte Apsis: unten der Altar, darüber eine versteckte Kammer.

Nur mit Führungen, sehr wechselnde Zeiten, i.d.R. tgl. außer So. ab 9.30 o. 10 Uhr (s. Website) | Eintritt 4 € | www.sanjuliandelosprados.com

Welterbe am Hausberg

Naranco

Zu Füßen von Oviedos Hausberg Naranco (2 km nordwestl.; 634 m) gibt es zwei sowohl historisch als auch kunstgeschichtlich bedeutende Sakralbauten zu entdecken; beide gehören zum UNESCO-Welterbe-Verbund der **präromanischen Kirchen**.

Beide Kirchen: Führungen April–Sept. Di.–Sa. 9.30-13 u. 15.30–19, So., Mo. 9.30v13 Uhr, sonst Di.-Sa. 10–14.30, So. u. Mo. 10–12.30 | Eintritt jew. 4 €, Mo. frei (ohne Führung) | www.santamariadelnaranco.es

Königliche Empfangshalle

Santa María del Naranco

Von Santa María del Naranco auf einer von Bäumen umrahmten Wiese hat man einen schönen Blick auf Oviedo. Das kleine präromanische Gotteshaus, ursprünglich Empfangshalle im Palast des asturischen Königs Ramiro I. (um 850), wurde im 10. und 11. Jh. in eine Kirche umgewandelt. Das auf rechteckigem Grundriss errichtete Gebäude besitzt an beiden Stirnseiten dreibogige offene Vorräume und an der der Straße zugewandten Längsseite einen Treppenaufgang zur Kirchentür. Sowohl hier als auch im Inneren fallen die mit dem asturischen **Kordelmuster** gearbeiteten Säulen auf, die außen korinthische, innen trapezförmige Kapitelle tragen. Zwischen den Bögen erkennt man skulptierte Medaillons. Die Kirche gehört zum Weltkulturerbe.

Königliche Kapelle

San Miguel de Lillo

Oberhalb von Santa María gelangt man zur Kirche San Miguel de Lillo (9. Jh.), einst Kapelle des nicht mehr erhaltenen asturischen Königspalasts, die im 15. Jh. erneuert wurde. Auffallend ist das gedrungene Äußere des dreischiffigen Baus, an dem sowohl außen als auch innen das vertraute Kordelmotiv begegnet. Zu beiden Seiten des Eingangs haben Steinmetze in byzantinischer Tradition gearbeitete **Flachreliefs** angebracht: einen von Würdenträgern begleiteten Konsul.

Santa María del Naranco war einst Empfangshalle im Palast des asturischen Königs.

PALENCIA

Provinz: Palencia | **Höhe:** 749 m ü. d. M. | **Region:** Castilla y León
Einwohner: 76 300

In der Tierra de Campos liegt ein typisches Beispiel Altkastiliens. Weltbewegend geht es in der Provinzhauptstadt sicher nicht zu, doch manchmal liegt ja der Reiz im weniger Spektakulären.

Man staunt: Hier, auf der rauen kastilischen Hochebene, gründete Alfons VIII. kurz nach dem Sieg in der Schlacht von Navas de Tolosa im Jahr 1212 Spaniens erste Universität! Allerdings existierte sie nur knapp 50 Jahre, und nichts ist heute von ihr übrig. Geblieben in Palencia sind die Hinterlassenschaften der Römer und der Westgoten und eine entspannte Plaza Mayor.

Wohin in Palencia?

Mächtiger Bau mit kostbarer Ausstattung

Catedral San Antolín

Palencias Sehenswürdigkeit Nummer eins, die 1321–1516 erbaute Kathedrale, umschließt Reste einer westgotischen Kapelle aus dem 7. Jh. und einer darüber im 11. Jh. durch Sancho von Navarra errichteten romanischen Kirche. Den heutigen Bau prägen der unvollendete Südturm und die Puerta del Obispo (15. Jh.) mit der Statue des hl. Antolín. In der 130 m langen und 28 m hohen Kathedrale beeindruckt der wertvolle **Skulpturenschmuck von Simon von Köln und Gil de Siloé** am Trascoro. An dessen Rückwand führt eine Treppe hinab zur Krypta, der ursprünglichen Kirche, mit den Reliquien des Stadtheiligen San Antolín. Die Capilla Mayor von 1520 besitzt einen prachtvollen plateresken Retablo. Das **Dommuseum** zeigt flämische Gobelins aus dem 15. Jh. sowie Gemälde von El Greco und Zurbarán. In der Schatzkammer sind eine silberne Custodia von Juan de Benavente (16. Jh.) und ein **Lucas Cranach** zugeschriebenes Porträt Karls V. zu sehen.
Mo.–Sa. 10–14 u. 16–19, So. 10–13 u. 16–20 Uhr | Eintritt 5 €, Di. nachm. frei | http://catedraldepalencia.org

Kirche der Schutzpatronin

Nuestra Señora de la Calle

Die äußerlich bescheidene Kirche Nuestra Señora de la Calle (16. Jh.) bewahrt ein Bildnis der Schutzpatronin der Stadt.

Wo El Cid heiratete

San Miguel

In der an ihrem mächtigen Zinnenturm erkennbaren gotischen Pfarrkirche San Miguel (13./14. Jh.) weiter südöstlich wurden der spanische Nationalheld El Cid und Doña Jimena getraut.

PALENCIA ERLEBEN

OFICINA DE TURISMO
Calle Mayor, 31
Tel. 979 70 65 23
https://palencia-turismo.com
www.palenciaturismo.es

❶ AJO DE SOPAS €€€
Kleines gastronomisches Juwel.
Paseo del Salón, 25
Tel. 979 10 47 12
http://ajodesopas.com
Mo. geschl.

❷ LA MEJILLONERA €
Traditionsadresse für Tapas und einfache Gerichte wie Patatas bravas – frittierte Kartoffeln mit scharf gewürzter Mayonnaise.
Calle Los Soldados, 7
Tel. 979 74 47 68

❶ SERCOTEL REY SANCHO €€–€
Vier-Sterne-Hotel mit Sommerpool; gutes Preis-Leistungs-Verhältnis.
Avenida Ponce de Leon, s/n
Tel. 979 72 53 00
www.sercotelhoteles.com

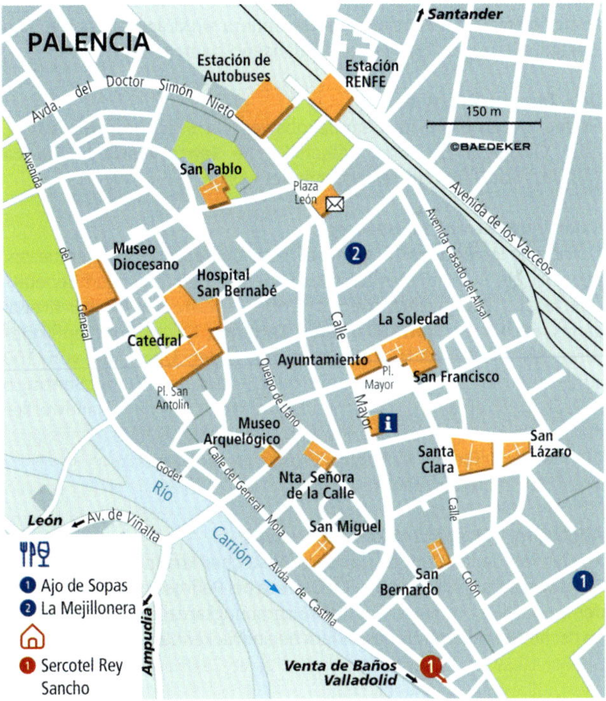

Riesen-Christus

Ermita Cristo del Otero

Die kleine Eremitage »Christus der Anhöhe« ist alljährlich im April Ziel einer Wallfahrt. Umso größer die 21 m hohe Christusstatue von Victorio Macho (1931).

Rund um Palencia

Westgotisches Kleinod

San Juan de Baños

Knapp 16 km südlich liegst das westgotische Kirchlein San Juan de Baños, laut einer Inschrift von König Rekkeswinth gestiftet und am 3. Januar 661 geweiht.

Jakobsstation mit romanischer Kirche

Frómista

Über die N-611 nach Norden, vorbei an den Burgen von Fuentes de Valdepero und Monzón de Campos, erreicht man nach 30 km Frómista, eine wichtige Pilgerstation am Jakobsweg. Vom einstigen Benediktinerkloster steht noch die hochromanische Sandsteinkirche **San Martín** (1086) mit achteckigem Vierungsturm und zwei Rundtürmen an der einfachen Hauptfassade. Das Innere wirkt archaisch, die Säulenkapitelle tragen Figuren- und Pflanzenornamente.

Den Tempelrittern nach

Villalcázar de Sirga

Folgen Sie ab Frómista dem Jakobsweg ein Stück nordwestwärts: nach Villalcázar de Sirga, dessen Kirche **Santa María la Blanca** (12. Jh.) von Tempelrittern gegründet wurde.

Sakrales Erbe am Jakobsweg

Carrión de los Condes

Carrión de los Condes (7 km nordwestl.), eine weitere Pilgerstation, bewahrt ein beachtliches sakrales Erbe mit dem einstigen Benediktinerkloster **Monasterio de San Zoilo** (11. Jh.; plateresker Kreuzgang), der Kirche **Santa María del Camino** (11. Jh.; Stierkopfskulpturen an der Fassade und Portalmotiv der Übergabe von 100 Jungfrauen an die Mauren) und dem Portal der Kirche **Santiago** (12. Jh.) mit einem romanischen Figurenfries, auf dem Handwerker dargestellt sind (▶ Abb. S. 29).

Oficina Municipal de Turismo: Callejón de Santiago, s/n
www.carriondeloscondes.org

Abstecher zur spätantiken Römervilla

Villa Romana La Olmeda

Ab Carrión de los Condes führt ein Abstecher knapp 25 km Richtung Nordwesten zur Villa Romana La Olmeda bei Pedrosa de la Vega. UNter der modernen Ummantelung des Ausgrabungsareals erwarten Sie fantastische **Mosaiken** mit besonders beeindruckenden Raubtierszenen.

Di.–So. 10.30–18.30 Uhr | Eintritt 5 €, Di. ab 15 Uhr frei
www.villaromanalaolmeda.com

Ausnahmezustand in Pamplona bei der Fiesta de San Fermín. An der Stierhatz scheiden sich heute die Geister. Und manche haben es nicht überlebt,

★ PAMPLONA · IRUÑA/IRUÑEA

Provinz/Region: Navarra | **Höhe:** 449 m ü. d. M. | **Einwohner:** 203 400

Der kollektive Ausnahmezustand machte Pamplona weltberühmt: die Fiesta de San Fermín alljährlich vom 6. bis 14. Juli mit alkoholisiertem Feiergetümmel und den Aufgalopps von Kampfstieren in den Gassen, von Ernest Hemingway in seinem Erfolgsroman »Fiesta« (1926) eingehend beschrieben. Was manchmal vergessen wird: In der Hauptstadt Navarras gibt es fast 360 normale Tage! Dann zieht es Jakobspilger, Kulturreisende und Ausgehfreudige in ruhigerer Atmosphäre in die Altstadt.

Pamplona wurde 75 v. Chr. von den Römern gegründet. Hier sammelte sich das maurische Heer, das 732 bei Tours und Poitiers besiegt wurde. Karl d. Große ließ 778 die Festung schleifen. Erst die Jakobspilger belebten die Stadt wieder – daran knüpft die Gegenwart an. Immerhin ist Pamplona die **größte Stadt am Hauptjakobsweg** (▶ Baedeker Wissen, S. 612) und bietet mit den Festungsanlagen, der Kathedrale, Kirchen und dem Stadtpark interessante Ziele. Auf Baskisch heißt die Stadt **Iruña** oder **Iruñea**, denn hier liegt ein Teil des historischen Siedlungsgebiets der Basken.

Ein berühmter Besucher

Ernest Hemingway

Hemingway-Fans bemühen sich oft schon Jahre im Voraus um das historische Zimmer 217 im **Gran Hotel La Perla**, von wo aus der Meister die Stiertreiben während der **Fiesta de San Fermín** (► unten) beobachtete. Dafür muss man allerdings ordentlich in die Tasche greifen (€€€€). Günstiger lassen sich Hemingways Spuren an seinem **Denkmal** an der Arena verfolgen, und natürlich im legendären **Café Iruña** (► unten), wo er und seine Entourage kräftig feierten.
Gran Hotel La Perla: Plaza del Castillo, 1 | www.granhotellaperla.com

PAMPLONA ERLEBEN

OFICINA DE TURISMO

C/ San Saturnino, 2 (am Rathausplatz); Tel. 948 42 07 00
www.pamplona.es

FIESTA DE SAN FERMÍN

Ausufernde Feier samt Massenbesäufnissen und **Stierläufen** (ab 7. Juli tgl. 8 Uhr) mit vor den Hörnern wegsprintenden Teilnehmern.
6.–14. Juli | www.sanfermin.com

❶ RODERO €€–€

Wer ein klassisches Gourmetrestaurant in der Innenstadt sucht, fühlt sch hinter dem recht unscheinbaren Eingang bestens aufgehoben.
Calle de Emilio Arrieta, 3
Tel. 948 22 80 35
http://restauranterodero.com

❷ CAFÉ IRUÑA €€

Pamplonas schönstes und bekanntestes Kaffeehaus datiert aus dem Jahr 1888, vor allem Ernest Hemingway machte es populär. Er lehnt in Bronze an der Bar im Nebenraum Große Terrasse, drinnen Tagesmenü.
Plaza del Castillo, 44; Tel. 948 22 20 64; http://cafeiruna.com

❸ EL TINGLADO €€–€

Hier und rundherum findet sich ein Konzentrat an Häppchen-Kneipen, wo auch die Locals gerne selber ausschwärmen.
Calle San Nicolás, 4
Tel. 667 72 56 21

❶ HOTEL NH PAMPLONA IRUÑA PARK €€€–€€

Außerhalb des Stadtkerns nahe dem Yamaguchi-Park gelegen, komfortable vier Sterne. Breite Preisspanne.
Calle Arcadio Larraona, 1, Tel. 948 19 71 19, www.nh-hoteles.es

❷ EUROPA €€€–€€

Im Zentrum, mit gutem Restaurant.
Calle Espoz y Mina, 11
Tel. 948 22 18 00
www.hoteleuropapamplona.com

Wohin in Pamplona?

Beliebter Treffpunkt

Plaza del Castillo

Den Mittelpunkt der teilweise noch von alten Festungsmauern umgebenen Kernstadt bildet die große Plaza del Castillo. In der Südwestecke sitzt im 1847 erbauten **Palacio de Navarra** die Regionalregierung (Palacio del Gobierno). Südlich dahinter folgt die Kirche **San Ignacio**, 1694 angeblich an der Stelle erbaut, an der Ignatius von Loyola, der Gründer des Jesuitenordens, als kastilischer Hauptmann 1521 bei einer Schlacht gegen die französischen Navarrenser verwundet wurde. Am Übergang zwischen dem Platz und dem **Paseo de Sarasate** erhebt sich das **Monumento a los Fueros**, eine Allegorie auf die Sonderrechte Navarras.

Mittendurch der Jakobsweg

Plaza Consistorial

Das im 17. Jh. errichtetete, 1953 erneuerte **Ayuntamiento** (Rathaus) an der nördlich gelegenen Plaza Consistorial besitzt eine schöne Barockfassade, die von Wappen tragenden Löwen und einem Posaune blasenden Engel gekrönt wird. Über die Plaza verläuft der Jakobsweg.

Ältestes Gotteshaus

Calle Mayor

Die mit zwei romanischen Türmen versehene gotische Kirche **San Saturnino** (13./14. Jh.) kurz vor Beginn der Calle Mayor ist das älteste Gotteshaus der Stadt; beachtenswert sind das Nordportal und ein schönes Retablo in der Taufkapelle.
Der weitere Verlauf der schnurgeraden Calle Mayor deckt sich mit dem **Jakobsweg**, der die Altstadt allmählich verlässt.

Auch ein Goya

Museo de Navarra

Das Regionalmuseum nördlich des Rathauses liegt oberhalb der altstädtischen Stierlaufgasse. Es nimmt den Platz des Spitals Nuestra Señora de la Misericordia ein, von dem noch das platereske Portal erhalten ist. Die Museumssäle zeigen u. a. römische Mosaiken, romanische Kapitelle aus dem alten Kathedralkreuzgang, gotische Wandmalereien sowie Gemälde u. a. von Morales und von Goya das Porträt des Marqués de San Adrián. Ein besonderes Exponat ist ein um 1004/1005 gefertigtes **maurisches Elfenbeinkästchen** aus Córdoba, das man im Kloster von Leyre fand.

Cuesta de Santo Domingo, 47 | Di.–Sa. 9.30–14, 17–19, So. 11–14 Uhr
Eintritt 2 €, frei Sa. nachm. u. So. frei

Grabstätte des navarresischen Königspaars

Catedral

Pamplonas Kathedrale, wenige Gehminuten nordöstl. der Plaza del Castillo, stammt größtenteils aus dem 15. Jh.; die Doppelturmfassade ist allerdings klassizistisch (1780). Vor dem Chor wurde das **navarresische Königspaar** Carlos III. »El Noble« und Leonora de Trastámara in alabasternen Sarkophagen (um 1420) des flämischen Meisters Janin Lomme bestattet; im Chor findet sich prächtiges Gestühl von Miguel de Ancheta (1530) und in der Capilla Mayor ein Retablo von 1507. Die Kathedrale ist der hl. Maria geweiht, deren Bildnis im Altarraum unter einem Baldachin zu sehen ist. Aus dem rechten Seitenschiff führt ein Portal mit schönem Tympanon mit dem »Tod Mariens« in den Kreuzgang (14. Jh.), mit seinen hohen Bögen einer der schönsten Nordspaniens. In den vom dort erreichbaren Räumen ist das Museo Diocesano eingerichtet. Eindrucksvoll wirken das reich geschmückte Refektorium und die sich anschließende riesige Küche mit einem 27 m hohen Kamin über der Kochstelle.
Der Kirchenschatz mit der Dauerausstellung »Occidens« enthält u. a. eine Sammlung romanischer und gotischer Marienskulpturen.

Kathedrale und Museum: April–Sept. Mo.–Sa. 10.30–19, sonst bis 17 Uhr | Eintritt 5 € | www.catedraldepamplona.com

Renaissance-Festung

Ciudadela

Etwas außerhalb südwestlich des Stadtkerns breitet sich die sternförmige Zitadelle (Ciudadela) aus; innen gibt es kleine Ausstellungszentren. Der Hauptzugang liegt an der Avenida del Ejército.

Autofrei: Puente la Reina, die schönste Brücke am Jakobsweg

Auf alten Festungsanlagen

Parque Taconera

Ebenfalls außerhalb der Altstadt liegt der Parque Taconera, in den das 1666 erbaute Stadttor **Puerta de San Nicolás** versetzt wurde. In den Stadtpark ist auch ein Teil der historischen Festungsmauern integriert; in den Burggräben tummeln sich Rotwild und Wasservögel.

Rund um Pamplona

Kreuzungspunkt zweier Jakobswege

Puente la Reina

In Puente la Reina (25 km südwestl.) traf und trifft sich die über den Pass von Somport via Aragonien kommende Route des Jakobswegs (Camino Aragonés) mit der über Südwestfrankreich herführenden (Camino Francés; ▶ Baedeker Wissen, S. 612).
Die Pilger setzen bis heute ihren Weg auf einer fünfbogigen **Brücke** über den Río Arga fort. Dieser Brückenbau aus dem 11. Jh. ist der schönste und bekannteste des gesamten Jakobswegs, bringt es auf eine stattliche Länge von 110 m und ist Fußgängern vorbehalten. Auf seinem höchsten Punkt genießt man das Ortspanorama.

Die **Calle Mayor** säumen alte Häuser und die Iglesia de Santiago mit sehr schönem Portal. In der Iglesia del Crucifijo, einer ehemaligen Templerkirche aus dem 11. Jh., wird ein berühmtes, angeblich deutsches Christuskreuz (14. Jh.) aufbewahrt.

Achteckiges Templerjuwel

Santa María de Eunate

5 km östlich von Puente la Reina beim Ort **Muruzábal** liegt die achteckige Templerkirche Santa María de Eunate, ein Juwel der Romanik (12. Jh.), das Jakobspilger auf dem letzten Stück des Camino Aragonés passieren.

Sehr wechselnde Öffnungszeiten, s. http://santamariadeeunate.es

Ins abgeschiedene Pyrenäental

Valle de Baztan

Über das 40 km nördlich von Pamplona gelegene **Oronoz-Mugairi** (mit netter Parkanlage Señorío de Bértiz und Wandergebiet) gelangen Sie in ein niederschlagsreiches, grünes Pyrenäental.

Das abgeschlossene **Tal von Baztan** besteht aus vierzehn Gemeinden, die sich seit dem Mittelalter selbst verwalteten und eine eigene Gerichtsbarkeit besaßen. Eine wichtige Einnahmequelle war und ist die Viehzucht. In jüngerer Zeit wurde das Tal durch die Kriminalromane der Spanierin Dolores Redondo bekannt.

Hauptort des Tals ist das altertümliche Städtchen **Elizondo**, von dessen wappengeschmückten Häusern und Palästen an der Plaza de los Fueros der barocke Palacio de Arizcunenea und das Ayuntamiento aus dem 18. Jh. die schönsten sind.

Oficina de Turismo: Plaza de Fueros,1, Elizondo
www.valledebaztan.com

»Hexendorf« im Baskenland

Zugarramurdi

Von Elizondo führt die Fahrt weiter Richtung Norden nach Zugarramurdi mit den **Cuevas de Brujas**. In diesen »Hexenhöhlen« sollen Hexensabbate stattgefunden haben, sagt zumindest die Legende. Den Höhlenkomplex kann man besuchen. Zum Thema gibt es im Ort auch ein Museum.

Höhlen und Museo de las Brujas: 15. Juli–15. Sept. tgl. 10.30–19, sonst Di.–So. immer ab 10.30 Uhr u. untersch. Schließzeiten) | Eintritt jew. 5,50 € | www.turismozugarramurdi.com

Schlanke Türme, zinnenbewehrte Mauern

Olite

Olite, 44 km südlich von Pamplona, erlebte seine Blüte im 15. Jh., als Karl III. von Navarra es zu seiner Residenz machte und die **Burganlage** beginnen ließ, ein Labyrinth aus Wehrgängen und Gebäudeteilen, heute teilweise Parador-Hotel.

Französische Baumeister begannen 1406 mit dem Um- und Ausbau der ursprünglichen Burganlage zum **Palacio Real**, einer Mischung aus Festung und Palast. Obwohl im 19. Jh. teilweise zerstört, bietet

sie heute noch einen schönen Anblick mit schlanken Türmen und zinnenbewehrten Mauern. Innerhalb der Burg waren große Gärten angelegt; hier ragt der Bergfried empor.
Die unterhalb gelegene Kirche **Santa María la Real** (14. Jh.) besitzt ein schönes gotisches Portal, in dessen Zentrum Maria von den Aposteln umgeben ist.
Palacio Real: April–Juni, Sept. Mo.–Do., So. 10–19, Fr., Sa. bis 20; Juli, Aug. tgl. 9–18, Okt.–März tgl. 10–18 Uhr | Eintritt 4,40 €
http://palaciorealolite.com

Ujue

Abgelegen, einsam
– und äußerst reizvoll. Das auf einer Anhöhe 19 km östlich von Olite thronende Ujue (815 m) ist eines der besterhaltenen mittelalterlichen Wehrdörfer Navarras. Im Altar der romanischen Kirche **Santa María** wird das Herz Karls II. von Navarra aufbewahrt.

Roncesvalles

Ikonische Stücke
Eine Tour führt von Pamplona aus ins östliche Pyrenäen- und Vorpyrenäengebiet Navarras. Knapp 50 km nordöstlich liegt Roncesvalles (962 m) am Hauptjakobsweg (Camino Francés). Im Zuge der Pilgerversorgung wurde 1130 eine **Augustinerabtei** gegründet. In der Kirche genießt ein reich mit Silber und Gold verkleidetes Marienbildnis Verehrung. Im Kapitelsaal findet man das Grabmal von Sancho VII. »El Fuerte«, unter dem die Kirche 1219 geweiht wurde.
Das Museum besitzt u. a. das **Evangeliar der Könige von Navarra**, Reliquienkästchen, einen Edelstein vom Turban des maurischen Heerführers in der Schlacht von Navas de Tolosa, wo die Muslime eine entscheidende Niederlage erlitten, sowie eine Kette, die Sancho in dieser Schlacht zerbrochen haben soll und die sich heute im navarresischen Wappen wiederfindet.
Museum: Anfang Feb.– Dez. tgl. 10– 14 u. 15.30– 17.30 | Eintritt 4,30 € (Führung inkl. Kiche) | **Kirche:** tgl. 8– 20 Uhr | Eintritt frei

Puerto de Ibañeta

Ein Heldenlied
2 km hinter Roncesvalles erreichen Sie den **Ibañeta-Pass** (1057 m), den bis heute wichtigsten Übergang der Jakobspilger.
Hier fand 778, noch vor Beginn des Pilgerwesens, eine Schlacht zwischen den Franken und einem baskisch-asturisch-navarresischen Heer statt, das Rache nahm für die Zerstörung Pamplonas beim Rückzug der Franken vor den Mauren. Deren Nachhut befehligte der Paladin Roland, der letztlich getötet wurde. Zwar hatten die Mauren nichts mit dem Kampf zu tun, doch lieferte er den Stoff für das im 12. Jh. entstandene französische **Rolandslied** »Chanson de Roland«, in dem der Heldenmut Rolands hervorgehoben und Karl der Große zum Retter der Christenheit stilisiert wird. Von der Passhöhe genießt man die Aussicht ins Grün; eine Säule erinnert an Roland.

Spätromanische Bildhauerkunst

Sangüesa

Südöstlich von Roncesvalles gelangen Sie durch das **Valle de Arce** und später am Río Irati entlang nach Sangüesa. Alfonso el Batallador ließ das Städtchen am Aragonesischen Jakobsweg im 12. Jh. befestigen. Im 15. und 16. Jh. bauten sich viele Adlige schöne Paläste.

Am Südportal der spätromanischen **Santa María La Real** können Sie einzigartig schöne romanische Bildwerke bewundern: im Tympanon das Jüngste Gericht, in den Bogenläufen Tiere, Fabelwesen und menschliche Figuren; darüber erkennt man Jesus, die Apostel und Propheten, selbst die Zwischenräume sind mit Fabeltieren ausgefüllt.

Oficina de Turismo: Calle Mayor, 2 | www.sanguesa.es

Eine Festung wie aus dem Bilderbuch

Castillo de Javier

Von Sangüesa geht es zur östlich gelegenen Burg von Javier (476 m; 14. Jh.) über dem Tal des Flusses Aragón, in der der **hl. Franz Xaver** (San Francisco Javier, 1506–1552) geboren wurde, Schutzpatron Navarras und Missionar in Japan, Indien und China, der in der Nähe von Kanton starb. Das Zimmer des Heiligen kann besichtigt werden.

März – Okt. tgl. 10–18.30, Nov.–Feb. bis 16 Uhr | Eintritt 3,50 €
www.castillodejavier.es

Grablege der navarresischen Könige

Monasterio de Leyre

Nordöstlich von Javier erwartet Sie mit **San Salvador de Leyre** ein eindrucksvolles Kloster in der Sierra de Leyre. Die Kirche ist eines der bedeutendsten Beispiele der spanischen Romanik. Der Klosterbau stammt zwar größtenteils aus dem 17. und 18. Jh., geht jedoch auf eine im 11. Jh. gegründete Abtei zurück, die Sancho III. zur Grablege der navarresischen Könige erkor. Aus dieser Zeit ist die Apsis erhalten, während das Kirchenschiff gotisch ist; in einer Kapelle im linken Seitenschiff werden die sterblichen Überreste der Könige von Navarra aufbewahrt. Die einfache, mit ihren niedrigen Säulen fast rudimentär wirkende Krypta ist der älteste Teil der Kirche. Die Puerta Speciosa, das Westportal, trägt reichen romanischen Figurenschmuck.

Unterhalb des Klosters erstreckt sich der lang gezogene **Stausee von Yesa.** Nördlich davon geben die **Pyrenäentäler** Salazar und Roncal weiteren Spielraum für Entdeckungen.

Monasterio de Leyre: tgl. 10–18/19 Uhr, Jan./Febr. Mo., Di. geschl.
Eintritt 5 €, Führung 7 €

Geburtsort eines Königs

Sos del Rey Católico

Ein letzter Abstecher führt von Sangüesa nach Aragonien. Nur 13 km südöstlich liegt das Festungsstädtchen Sos del Rey Católico, das sich sein mittelalterliches Stadtbild weitgehend bewahrt hat. Hier wurde 1452 im Palacio de Sada (12. Jh.) der spätere König **Ferdinand II.** von Aragonien, »el Rey Católico«, geboren. Seine Heirat mit Isabella von Kastilien steht am Beginn des Aufstegs Spaniens zur Weltmacht.

★★ PICOS DE EUROPA

Provinzen: Asturias, Cantabria, León
Regionen: Asturias, Cantabria, Castilla y León

Wer mancherorts an der Atlantikküste steht und ins Landesinnere blickt, traut seinen Augen kaum – so unwirklich, so erhaben wirken die Gebirgsmassen der Picos de Europa.

Majestätisches Gebirge

Die Picos de Europa sind zwischen den Flüssen Deva und Sella aufragendes, wildes und majestätisches Gebirgsmassiv mit tief eingeschnittenen Tälern und steilwandigen Gipfeln. Reißende, fischreiche Gebirgsflüsse gliedern sie in drei Teile. Im Westen steigt zwischen Río Sella und Río Cares das **Macizo de las Peñas Santas** (Macizo de Occidente) mit den Peñas Santas de Castilla als höchster Erhebung auf. Río Cares und Río Duje begrenzen das **Macizo de Urrieles** (Macizo Central), das in der Torre de Cerredo (2648 m) seine höchste Erhebung erreicht und der wildromantischste Abschnitt der Picos ist. Im Osten dehnt sich zwischen Río Duje und Río Deva das **Macizo de Andarra** (Macizo de Oriente) aus; der höchste Gipfel ist hier der 2470 m hohe Pico Cortés. Die fast 40 km lange, zur Küste parallel laufende Felsenschranke wird durch die niedrigere Sierra de Cuera vom Meer getrennt; die kürzeste Entfernung zum Golf von Biskaya beträgt 20 km.
Die Menschen in dieser Bergwelt treiben überwiegend Landwirtschaft und Viehzucht; berühmt ist der aus Kuh-, Ziegen- und Schafsmilch hergestellte **Cabrales**, ein dem Roquefort ähnelnder Schimmelkäse. Die Umgebung des Städtchens Potes, die Liébana, liegt sehr windgeschützt, sodass hier auch Kirschen und Walnüsse gedeihen. Und natürlich spielt der Fremdenverkehr eine große Rolle.

Spaniens erster Nationalpark

Parque Nacional de los Picos de Europa

Nahezu die gesamte Region wurde 1918 zum Nationalpark (67 127 ha) erklärt. Besonders die **Tierwelt** muss vor dem überhandnehmenden Tourismus geschützt werden. Hier leben Stein- und Habichtsadler, Geier, Füchse und Gämsen. Schwerer zu Gesicht bekommen wird man die Mitglieder der winzigen Wolfs- und Bärenpopulationen.

Tour durch die Picos de Europa

Wallfahrts- und Erinnerungsort

Covadonga

Prägnanter Einstiegspunkt ist Covadonga, eines der wichtigsten spanischen Heiligtümer, aber auch eine merkwürdige Mischung aus echter Frömmigkeit und Wallfahrtsrummel. In Covadonga liegt – im Sinne mittelalterlicher Reconquista – die Wiege Spaniens. Nach

Zerschlagung des Westgotenreichs durch die Mauren zog sich eine Handvoll westgotischer Krieger unter Führung von **Pelayo** in die unwegsamen Berge zurück. 722 (oder 718) schlugen sie die ihnen vom Emir Córdobas nachgeschickten Truppen in der **Schlacht von Covadonga** – der erste Sieg über die Mauren. Pelayo und seine Männer schrieben ihren Erfolg der Unterstützung der hl. Jungfrau zu und errichteten ihr zu Ehren in einer Grotte einen Altar.
Schon von unten sieht man die 1891 erbaute Basilika, zu der es in steilen Spitzkehren hinaufgeht. Neben der Kirche steht das Standbild des Fürsten Pelayo. Die **Santa Cueva** (Heilige Höhle) klebt hoch in der Felswand. Vor einer winzigen Kapelle steht der Altar der **Virgen de Covadonga** (18. Jh.), oft von Gläubigen umlagert (▶ Abb. S. 573). In der Nische rechts erkennt man den Sarkophag, in dem die sterblichen Reste von Pelayo, seiner Frau Gaudiosa und seiner Schwester Hemisinda liegen sollen.
http://santuariodecovadonga.es

PICOS DE EUROPA ERLEBEN

OFICINA DE TURISMO

Avenida Covadonga, 1, Cangas de Onís; Tel. 985 84 80 05
http://turismocangasdeonis.com

WANDERUNGEN

Die Picos de Europa sind ein hervorragendes Wandergebiet bis hin zum alpinen Bergsteigen. Für schwierige Touren sollte man unbedingt einen **Bergführer** nehmen. Die Nebel im Hochgebirge sind gefährlich.
Schutzhütten der Bergsteigerverbände oder Gemeinden stehen jedermann offen und sind günstige Ausgangspunkte für weitere Erkundungen (Auskünfte in den Tourismusbüros).

LECKERES AUS DER LIÉBANA

Aus der Liébana lohnt es sich etwas mitzunehmen: **Schinken** aus Potes, **Ziegenkäse** aus Santo Toribio, Wein, Likör und Tresterschnaps wie den **Orujo**.

Spezialität in den Restaurants: Cocido Lebaniego, Eintopf mit den besonders kleinen Kichererbsen der Liébana. Zur Verdauung empfiehlt sich der Kräutertee Té del Puertu, verfeinert mit ein paar Tropfen Orujo-Schnaps.

PARADOR DE CANGAS DE ONÍS €€€

Spitzenunterkunft über den Ufern des Sella, in der Nähe von Cangas de Onís in einem einstigen Kloster. Das **Restaurant** mit üblich hohem Paradores-Niveau.
Villanueva de Cangas, Tel. 985 84 94 02, http://paradores.es

LOS LAGOS NATURE €

Drei-Sterne-Hotel am Rathausplatz im Ortskern mit solide eingerichteten, hellen Zimmern. Im angeschlossenen **Restaurant** wird gute regionale Küche serviert.
Cangas de Onís, Plaza del Ayuntamiento, 3, Tel. 985 84 92 77
www.loslagosnature.com

Zwei Bergseen zum Wandern

Lago Enol, Lago de la Ercina

Ab Covadonga steigt eine lohnende, steile Straße (bis 18 %) südöstlich bergan und erreicht nach 8 km den **Mirador de la Reina**, von wo sich bei schönem Wetter eine prächtige Aussicht auf Gebirge und Meer bietet. Nach weiterer Auffahrt folgen der tiefblaue Lago Enol (1070 m) und der noch höher gelegene Lago de la Ercina, beide inmitten herrlicher Bergwelt und Startpunkte von **Wanderrouten.**
Die Parkverwaltung legt jährlich Beschränkungen für die Auffahrt zu den Seen fest. Während der Ferienzeiten (Ostern, Sommer) und um Feiertage, wenn mit Besucheranstürmen zu rechnen ist, ist die Straße für den Privatverkehr gesperrt (kostenpflichtige Zubringerbusse).

Geschichtsträchtiges Kreuz

Cangas de Onís

Cangas de Onís war im 8. Jh. die erste Residenz der asturischen Könige und pflegt heute beste touristische Infrastruktur mit Unterkünften und Restaurants. Eine dreibogige Brücke aus dem 13. Jh. mit großer Symbolkraft überspannt den Río Sella: Von ihrer Mitte hängt eine übergroße Nachbildung des asturischen Siegeskreuzes herab, das Pelayo in der Schlacht von Covadonga getragen haben soll.

Auf dem Wasser

Tal des Río Sella

Ein Stück flussabwärts starten Kanutouren für Selbstpaddler auf dem Río Sella, was wiederum von dessen Wasserstand abhängt; in und um Cangas de Onís bzw. Arriondas gibt es diverse Anbieter.
Wer spektakuläre Ansichten liebt, bewegt sich von Cangas de Onís gen Süden auf die enge, tiefe Schlucht des Río Sella zu, den **Desfiladero de los Beyos**. Nirgends in den Picos sind die Felswände so steil wie auf diesen 10 km, die der Sella gegraben hat.

Käse kosten

Garganta del Río Cares

Östlich von Cangas de Onís, vorbei an der Abzweigung nach Covadonga, erreichen Sie nach 27 km das Tal des Río Cares; diesem folgt man abwärts nach **Arenas de Cabrales** (120 m; 800 Einw.), das dem berühmten Edelschimmelkäse Cabrales den Namen gab.
Im Ort zweigt eine schmale, steile Straße durch das **obere Cares-Tal** zum 6 km südlich am Fuß des Gebirges **Poncebos** ab. Von hier kann man eine Wanderung (einfach ca. 3½ Std.) nach **Caín** unternehmen, entlang der herrlichen Schlucht des Cares; angesichts ungeschützter Abstürze sollte man allerdings trittsicher und schwindelfrei sein.
Geübte Alpinisten können von Poncebos mit einem Führer über das abgeschiedene Dorf **Bulnes** (625 m) – ohne Straßenanschluss, aber mit **Zahnradbahn** von Poncebos – auf schwierigen Bergpfaden über das Refugio de Camburero (1375 m) den **Torre de Cerredo** (2648 m) ersteigen, den höchsten Gipfel der Picos (etwa 10 Std.). Von dort oben sieht man hinüber zum spektakulärsten Gipfel der Picos, den 2518 m hohen **Picu Uriellu** (Naranjo de Bulnes).

Der Picu de Urielllu ist der spekatkulärste Gipfel der Picos de Europa.

Panes

Durch die grüne Schlucht des Cares erreicht man dann Panes (de Peñamellera), wo der Cares mit dem Río Deva zusammentrifft.

Tal des Río Deva

In die fruchtbare Liébana

Nun geht es nach Süden durch das enge, von steilen Felsen gesäumte, immer wieder wunderschöne Anblicke bietende Río-Deva-Tal, den **Desfiladero de la Hermida**. Man kommt nach **Lebeña**, wo mit der kleinen, dreischiffigen Kirche Nuestra Señora de Lebeña (10. Jh.) ein sehenswertes Beispiel mozarabischer Kirchenbaukunst in Kantabrien steht. Im hübschen **Potes** (27 km von Panes) ist die wilde Schlucht den malerischen Obst- und Weingärten der Liébana gewichen, die als Speisekammer der Picos gilt. Sehenswert dort ist die Torre del Infantado (15. Jh.).

Santo Toribio de Liébana

Ein berühmter Mönch

Von der Zufahrt nach Fuente Dé zweigt eine Nebenstraße zum Kloster Santo Toribio de Liébana ab, das auf das 7. Jh. zurückgeht, sich heute jedoch spätromanisch-gotisch und barock präsentiert. In der **Capilla de la Santísima Cruz** wird das angeblich größte Teilstück des Golgatha-Kreuzes aufbewahrt, das Bischof Toribio im 5. Jh. aus Jerusalem mitgebracht haben soll.

Das Kloster wurde berühmt durch den **Mönch Beatus**, der hier im 8. Jh. einen gegen den Arianismus gewandten Apokalypsekommentar schrieb, der vielfach in herrlichen Handschriften kopiert wurde.

Tgl. 10–15 Uhr | Eintritt frei | www.santotoribiodeliebana.es

Überwältigender Ausblick

Fuente Dé

Nahe des Parador von Fuente Dé (25 km westl. von Potes) fährt eine Seilbahn (Teleférico de Fuente Dé) 800 m steil hinauf zur Aussichtsplattform **Mirador del Cable** (1840 m; kein Betrieb bei starkem Wind). Von oben bietet sich ein überwältigender Ausblick auf die Bergwelt. Die Bergstation ist Ausgangspunkt für anspruchsvolle **Hochgebirgswanderungen**.

PLASENCIA

Provinz: Cáceres | **Höhe:** 415 m ü. d. M. | **Region:** Extremadura
Einwohner: 39 200

Die nördliche Extremadura beschert noch manch weißen Fleck auf Spaniens touristischer Landkarte, wie das auf einer Bergkuppe an den Ausläufern der Sierra de Gredos gelegene Plasencia.

J9

Das 1186 von Alfons VIII. unter dem Motto »Ut deo placeat« (»Möge es Gott gefallen«) gegründete und schon drei Jahre darauf zum Beischofssitz erhobene Plasencia gefällt auch noch 950 Jahre später, nicht zuletzt dank ihrer »doppelten« Kathedrale.

Wohin in Plasencia?

Zwei Kathedralen in einem Bauwerk

Catedrales

Das mit Abstand bedeutendste Bauwerk der Stadt, die Kathedrale, besteht aus zwei Teilen: Die romanische **Alte Kathedrale** entstand im 13./14. Jh.; die **Neue Kathedrale** im gotischen Stil wurde 1498 fortgesetzt, bis ins 16. Jh. plateresk fortgeführt, doch nie vollendet. An ihr arbeiteten mit Franz von Köln, Gil de Hontañón u. a. einige der bedeutendsten Meister ihrer Zeit. Herausragend sind die plantereske Nordfassade mit ihrem feinen Säulenschmuck und die Puerta del Enlosado am nördlichen Querschiff; innen die Capilla Mayor, die prächtige Reja von 1604, das Chorgestühl (1520) mit biblischen und ländlichen Szenen sowie der Retablo mit einem Relief der »Himmelfahrt Mariä« von Gregorio Fernández (1629). Durch eine Tür betritt man den älteren Teil der Kathedrale, die Pfarrkirche Santa María. Hier fin-

det man die romanische Puerta del Perdón und eine polychrome Marienstatue aus dem 13. Jh.; wertvoll sind auch verschiedene Gemälde von Morales.
Vom Kreuzgang (14./15. Jh.) führt eine Treppe von Gil de Hontañón auf eine Terrasse, von der man gut die Kuppel der Sakristei sieht.
Di.–So. 10–13.30 u. 17–19.30 Uhr | Eintritt 6 €
http://catedralesdeplasencia.org

Dienstag ist Markttag

Ciudad Vieja

Zwischen Kathedrale, Plaza de San Nicolás und Plaza Mayor (Di. morgens Bauernmarkt) liegt der sehenswerteste Teil der Altstadt: Kirchen, Adelspaläste und gekalkte Häuser mit galerieartigen Vorbauten.

Aussichtspromenade auf der Stadtmauer

Muralla

Die Stadt ist umgeben von einer aus der Gründungszeit stammenden doppelten Stadtmauer mit 68 Türmen, auf deren Nordostseite eine aussichtsreiche Promenade entlangführt.

Rund um Plasencia

Ein Vogelparadies

Parque Nacional de Monfragüe

Der aufgestaute Tajo durchfließt das Naturschutzgebiet südlich von Plasencia. Vorherrschend sind Kork- und Steineichen (Dehesas), Erdbeerbäume und wilde Olivenbäume. Eine vergleichbare Vielfalt an

Paradies nicht nur für Ornithologen: der Tajo im Parque Nacional de Monfragüe

Greifvögeln, darunter Mönchsgeier und Kaiseradler, findet man kaum mehr in Spanien. Auch Luchse leben hier. Einzige Ortschaft ist **Villareal de San Carlos**, sich das Besucherzentrum befindet.

Zur Kirschblüte ins Tal des Río Jerte

Valle del Jerte

Nordöstlich von Plasencia geht es ins Tal des Río Jerte – lohnend vor allem während der zehntägigen Kirschblüte (je nach Wetter Ende März/Anfang April). **Cabezuela del Valle**, das geografische Zentrum des Tals, liegt 50 km nordöstl. von Plasencia.

Oficina de Turismo: Paraje de Peñas Albas, s/n, Cabezuela del Valle
www.turismovalledeljerte.com

Wo Karl V. starb

★ Monasterio de San Jerónimo de Yuste

Etwa 40 Straßenkilometer nordöstlich von Plasencia liegt das 1404 gegründete, 1809 von den Franzosen verwüstete **Hieronymitenkloster** San Jerónimo de Yuste. Berühmt wurde es als letzter Aufenthalt Kaiser Karls V., der 1556 zugunsten seines Sohnes Philipp II. der Krone entsagte, sich nach Yuste zurückzog und hier am 21. September 1558 starb. Der Hauptaltar der Klosterkirche trägt die Kopie eines Tizian-Gemäldes, auf dem Karl V. mit seiner Gattin Isabella von Portugal sowie Philipp II. und Maria von Ungarn dargestellt sind.
An die Kirche schließt ein plateresker Kreuzgang an. Von der Terrasse bietet sich ein weiter Ausblick bis hin zur Sierra de Guadalupe.

April–Sept. Di.–So. 10–19, sonst bis 18 Uhr | Eintritt 7 €, frei für EU-Bürger Mi., So. jew. ab 15 Uhr | www.patrimonionacional.es

Wandern und Klettern

Sierra de Gredos

Die großartige Landschaft der Sierra de Gredos mit ihren schneebedeckten Gipfeln gehört zu den beliebtesten Wander- und Bergsteigerregionen Spaniens. Von Hoyos del Espino kann man auf einem schönen, gut ausgezeichneten Wanderweg zur **Laguna de Gredos** marschieren. Von dort führen markierte Wege zu den malerischen fünf Bergseen **Cinco Lagunas** sowie zum südlich über ihnen aufragenden Pico Almanzor, mit 2592 m der höchste Gipfel des Massivs. Ein Großteil dieser wildreichen Landschaft, in der noch Steinböcke und Gämsen leben, ist Naturpark.

Die traurige Gräfin

Arenas de San Pedro

Der von Wäldern umgebene Luftkurort Arenas de San Pedro (510 m) mit altem Ortskern eignet sich als Ausgangspunkt für Bergtouren durch die Sierra de Gredos. Zum Ort gehören die gotische Pfarrkirche Nuestra Señora de la Asunción (14. Jh.), das Pedro de Alcántara (17. Jh.) geweihte Kloster und das **Castillo de la Triste Condesa** (»Burg der traurigen Gräfin«), benannt nach Doña Juana de Pimentel (1404 – 1488), die sich nach der Hinrichtung ihres Mannes, des Condestable Álvaro de Luna, im Jahr 1453 hierher zurückzog. Er war Opfer einer Palastintrige geworden. Begraben ist sie in einem prächtigen Sarkophag in der Kathedrale von Toledo.

Südlich liegen die 1963 entdeckten Tropfsteinhöhlen **Cuevas del Águila**. Ein Kilometer ist begehbar.

Oficina de Turismo: Calle de la Triste Condesa, 1 | Tel. 920 37 02 45
www.arenasdesanpedro.es/web

Cuevas del Águila: Sommer tgl. 10.30–13 u. 15–18, Winter nachm. bis 19 Uhr | Eintritt 10 € | http://cuevasdelaguila.com

PLASENCIA ERLEBEN

OFICINA MUNICIPAL DE TURISMO

Calle Santa Clara, 4
Tel. 927 42 38 43
www.plasencia.es

SUCCO €€€

Eine der besten Adressen der Stadt, gediegenes Ambiente und gut umgesetzte Ideen - ob konfitierte Artischocken oder Schweinerippen mit Schwarzbier und geröstetem Apfel.
C/Vidrieras, 7, Tel. 927 41 29 32
http://restaurantesucco.es
Di. geschl.

HOTEL EXE ALFONSO VIII €€

Haus in nostalgisch-klassischem Stil und bester zentraler Lage.
Avenida Alfonso VIII, 32
Tel. 927 41 02 50
www.eurostarshotels.com

PONFERRADA

Provinz: León | **Höhe:** 543 m ü. d. M. | **Region:** Castilla y León
Einwohner: 63 200

Jakobspilger blicken bereits aus weiter Ferne der Montes de León auf das Becken von Ponferrada, doch die Hauptattraktion bleibt jedem Reisenden bis zum Schluss verborgen, bis man kurz davorsteht: die gewaltige Festung der Tempelritter.

Ponferrada liegt im Hochtal von **Río Sil** und **Río Boeza**, einer Gegend, in der bereits von den Römern Goldberggbau betrieben wurde. Der Name kommt von einer im 11. Jh. hier erbauten Brücke (lat. »pons ferrata«: »Eiserne Brücke«) für die Jakobspilge**r**.

Wohin in Ponferrada?

Zum Schutz der Pilger

Castillo de los Templarios

Das trutzige Castillo de los Templarios am Rand der Altstadt am Río Sil gründeten 1178 die Templer 1178 zum Schutz der Pilger. Die chronisch renovierungsbedürftige **Festung** ist eine der bedeutendsten Burganlagen Nordspaniens. Östlich des Kastells liegt die Basílica **Nuestra Señora de la Encina** (16. Jh.) mit dem Bildnis der Schutzheiligen des hiesigen Landstrichs El Bierzo.

Castillo: April–Sept. Di.–So. 10–14 u. 16.30–20.30, sonst nachm. 16–19 Uhr | Eintritt 6 €, Mi. frei | https://castillodelostemplarios.com

Altstadtbummel

Plaza del Ayuntamiento

Einen Bummel verdient auch die Plaza del Ayuntamiento nordöstlich mit dem 1692–1705 erbauten barocken Rathaus; die benachbarte Torre del Reloj ist ein Uhrturm, der einem historischen Stadtmauertor aufsitzt. Rundherum finden Sie nette Plätzchen zur Einkehr.

PONFERRADA ERLEBEN

OFICINA DE TURISMO
Calle de Gil y Carrasco, 4
Tel. 987 42 42 36
www.ponferrada.org

HOTEL AROI BIERZO PLAZA €
Nett am Rathausplatz in einem Stadtpalais aus dem 17. Jh. Mit Restaurant und rustikaler Taverne.
Plaza del Ayuntamiento, 4; Tel. 987 40 90 01; www.aroihoteles.com

Romanisch-mozarabisches Kirchlein

Santo Tomás de las Ollas

Etwas außerhalb im Nordosten stößt man auf das mozarabische Kirchlein Santo Tomás de las Ollas. Das um 930 errichtete Gotteshaus zeigt neben mozarabischen Stilmerkmalen wie Hufeisenbögen auch westgotische. Bemerkenswert ist der ovale Grundriss des Altarraums in Form eines elfseitigen Vielecks (Mo. geschl.).

Rund um Ponferrada

Bizarre Formen

Las Médulas

Etwa 25 km südwestlich von Ponferrada erreichen Sie das Dorf Las Médulas inmitten der Montes Aquilianos. An seinem Rand bricht der Bergrücken jäh ab, blickt man auf eine bizarre Landschaft aus braungelb-roten Kegeln und Türmen. All das ist nur bedingt ein Werk der Natur: Es handelt sich um die **Überreste des einstmals reichsten Goldbergbaus** im Römischen Reich, wie ihn Plinius d. Ä. beschrieb.
Das Gelände ist als UNESCO-Welterbe ausgewiesen. Den besten Überblick haben Sie vom Aussichtspunkt **Mirador de Orellán**, zu dem eine gesonderte Straße ins Gebirge hinaufführt; das letzte Stück muss man zu Fuß bewältigen.

Zwischenstation am Jakobsweg

Villafranca del Bierzo

Der Jakobsweg setzt sich nordwestlich von Ponferrada fort. Nach 20 km ist Villafranca del Bierzo erreicht, wo erschöpfte Pilger den Ablass in der romanischen Kirche Santiago erhielten; das Gotteshaus besitzt ein schönes Seitenportal zum Pilgerweg hin.
Größtes Gebäude der Stadt (nur von außen zu betrachten) ist das mit vier Rundtürmen bestückte **Castillo Marqués de Villafranca** aus dem 16. Jh.; außerdem sehenswert sind die große barocke **Jesuitenkirche** Santa María und die Plaza Mayor.

Oficina de Turismo: Av. Díaz Ovelar, 10 | Tel. 987 54 00 28
www.villafrancadelbierzo.org

Keltisches Dorf

O Cebreiro

Ins galicische Gebirge hinein geht es auf den hohen **Cebreiro-Pass** (1300 m) mit dem pittoresken Dorf O Cebreiro. Dort sind einige wiederaufgebaute »**Pallozas**« zu sehen, runde, strohgedeckte Steinhäuser keltischen Ursprungs. In den Ort duckt sich die frühromanische Kirche, ein Marienheiligtum.

Weiter auf dem Jakobsweg

Triacastela, Samos

Jakobspilgern stehen ab hier noch 160 Marschkilometer bis ▶ Santiago de Compostela bevor. Dabei kommen sie u. a. durch Triacastela mit der schönen Kirche Santiago und Samos mit einer großen Klosteranlage der Benediktiner.

Auch an der Praza da Leña in Pontevedra steht ein Cruceiro, eines der für die Region typischen steinernen Wegekreuze.

PONTEVEDRA

Provinz: Pontevedra | **Höhe:** 19 m ü. d. M. | **Region:** Galicien
Einwohner: 83 900

»Lebhaft« und »authentisch« sind passende Attribute für Pontevedra. In den Gassen der Altstadt – typisch galicisch mit Granithäusern und großen Fensterfronten – sieht man die Einheimischen gerne ausschwärmen. Mischen Sie sich unters Volk!

Pontevedra, im Delta der Flüsse Río Lérez, Río Alba und Río Tomeza an der Ría de Pontevedra gelegen, ist die Hauptstadt der gleichnamigen Provinz und war im Mittelalter unter dem Namen **Pontis Veteris** (Alte Brücke) ein bedeutender Hafenplatz.

Fußgänger haben Vorfahrt

Autofreie Innenstadt

Der individuelle Automobilverkehr wuurde sukzessive aus der Innenstadt verbannt – ein Konzept, das aufging. An den Zufahrtstraßen gibt es Tausende von Parkplätzen, über die Hälfte davon gratis.

PONTEVEDRA ERLEBEN

OFICINA MUNICIPAL DE TURISMO

de España, s/n (Ecke Avenida Montero Ríos)
Tel. 986 09 08 90
www.visit-pontevedra.com

MERCADO DE ABASTOS

Die Markthalle nahe der Uferstraße versammelt alles, was Galiciens Gewässer, Gärten und Weiden zu bieten haben.

❶ EIRADO DA LEÑA €€€

Galicische Kost vom Feinsten, aufmerksamer Service.
Praza da Leña, 3
Tel. 986 86 02 25
http://oeirado.com

❷ SANTA CLARA €€€-€€

Hausmannsküche mit innovativen Noten, eine interessante Kombination, die bei den Gästen gut ankommt. Typisch sind die Reisgerichte.
Santa Clara, 33, Tel. 986 10 42 44
www.restaurantesantaclara.com
Mo. geschl.

❶ PARADOR DE PONTEVEDRA €€€-€€

Der 2023 wiedereröffnete Parador liegt im Zentrum in einem Palast aus dem 16. Jh. und strahlt aristokratischen Glanz aus. Hier können Sie auch gut essen.
Calle Barón, 19, Tel. 986 85 58 00
http://paradores.es

❷ RÍAS BAJAS €€€-€€

Beliebtes Hotel im Stadtzentrum mit solider Ausstattung und guten Preisen.
Calle Castelao, 3, Tel. 986 85 51 00
http://hotelriasbajas.com

Wohin in Pontevedra?

Mehrere Sammlungden, mehrere Gebäude

Museo Provincial

Das Museo Provincial (Museo de Pontevedra) verteilt sich über mehrere Gebäude in der Stadt. Der Hauptsitz besteht aus den aus dem 18. Jh. stammenden Adelshäusern Castro Monteagudo und García Flórez an der **Praza da Leña**, einem der hübschesten Plätze Galiciens. Zu sehen sind u. a. frühzeitliche Funde, darunter ein keltiberischer Goldschatz, und eine Sammlung von Prozessionskreuzen (13.–19. Jh.). Eine andere Abteilung widmet sich der spanischen Marine.
Die **Gemäldesammlung** ist im modernen »Sexto Edificio« weiter nördlich untergebracht (Calle Padre Amoedo Carballo, 3).
Di.–Sa. 10–21, So. 11–14 Uhr | Eintritt frei | http://museo.depo.gal

Galicischer Barock

La Peregrina

Nahe der großen Klosterkirche **San Francisco** (14. Jh.) südlich des Museums erkennt man die **Kapelle** La Peregrina an ihrer eigenartigen Form: ein 1776 von Fernando Souto geschaffener Rundbau mit konvexer Fassade und schlanken Türmen, eines der schönsten Bauwerke des galicischen Barocks. In ihr wird die Schutzpatronin der Stadt, die Virgen de la Peregrina, verehrt.

Kirchenruinen und Lapidarium

Ruinas de Santo Domingo

Von der Kapelle geht man nach Nordwesten zur **Praza da España** mit den Ruinen der Kirche Santo Domingo (gal.: San Domingos). Geblieben sind fünf hohe Apsiden aus dem 14. und 15. Jh., die als Lapidarium des Museo Provincial gotische Grabmäler bewahren.

April - Okt.Di. - Sa. 10 - 14 u. 16 - 19.30, So. 11 - 14 Uhr | Eintritt frei

Kirche der Seefahrer

Santa María la Mayor

Die Kirche Santa María la Mayor der Seefahrerzunft nördlich der Praza da España (16. Jh.) besitzt eine prachtvolle Hauptfassade in Form eines Altaraufsatzes; beim Seitenportal rechts sollte man die Christusfigur »Cristo del Buen Viaje« beachten.

Tgl. 10.30–14, 18–21 Uhr | Eintritt frei

Skulptureinsel

Illa das Esculturas

Abwechslung bietet die Skulptureninsel Illa das Esculturas flussaufwärts am Río Lérez südlich des Universitätscampus, die als Naherholungsziel überdies kulturelle Noten pflegt. **Renommierte Künstler** sind hier mit Werken vertreten, darunter der deutsche Bildhauer Ulrich Rückriem (5 m hohe Stele), die US-Amerikanerin Jenny Holzer (acht Steinbänke, mit Sinnsprüchen versehen) und der Brite Richard Long (37 m lange Mauer aus Granitstücken).

★ RÍAS GALLEGAS

Provinzen: Lugo, La Coruña, Pontevedra | **Region:** Galicien

Als Gott die Welt erschuf, stützte er sich mit den Händen auf der Landmasse Galiciens ab. Dabei drückten sich seine Finger so tief ein, dass die Rías entstanden. Das braucht niemand zu glauben, doch die Meeresarme nicht zu entdecken, wäre sündhaft!

Fjorde, Strände, Fischerdörfer

Die tief ins Landesinnere einschneidenden Meeresarme der nordwestspanischen Atlantikküste sind von rauer Schönheit. Die regenreiche Gegend bietet grandiose, herbe Landschaften, einsame Strände, verschlafene Fischerdörfer und einige sehenswerte Städte. Hier spielt der Tourismus mancherorts nur eine begrenzte Rolle, hier lebt man zuweilen noch vom **Fischfang** – beste Voraussetzungen für Natururlaub und den Genuss galicischer Spezialitäten!

RÍAS GALLEGAS ERLEBEN

OFICINA DE TURISMO

Cambados, Paseo de A Calzada, s/n
Tel. 986 52 07 86
http://turismoriasbaixas.com

HOTEL PLAYA DE LAS CATEDRALES €€–€

Eine gute, küstennahe Unterkunft nahe Praia Area Longa und Praia das Catedrais (Rías Altas). Wie vielerorts öffnet auch dieses Hotel nur während der wärmeren Jahreszeit.
Barreiros, Carretera Playa de Reinante, 7, Tel. 982 13 40 12, www.hotelplayadelascatedrales.com

HOSTAL BAHÍA €

Freundlich geführter Gasthof im ebenso freundlichen Küsten- und Hafenort Laxe, wo sich wunderbar abschalten lässt. Die Zimmer mit Balkon sind etwas teurer.
Laxe, Avenida Besugueira, 2
Tel. 981 72 83 04
www.bahialaxe.com

Tourismus im Aufwind

Geografische Unterteilung

Die Meeresarme unterteilt man geografisch in die nördlichen **Rías Altas** (Obere Meeresarme) und die südlichen **Rías Baixas** (span. Rías Bajas; Untere Meeresarme). Hinzu kommen die mittleren Rias der Todesküste **Costa da Morte**. Der Name erinnert daran, dass an den zerklüfteten, sturmumtosten Küsten Hunderte Schiffe zerschellten. Dies ist gleichzeitig die wildeste, abgeschiedenste der galicischen Küsten, die Heimat keltischer Mythen. Für die Römer war hier »finis terrae«, das Ende der Welt. Größte Stadt an der Küste ist ▶ La Coruña. Wo Meer und Strände und herrliche Küstenlandschaften zusammenfinden, befindet sich der Tourismus natürlich in stetem Aufwind.

In die Rías Altas

Küstenstädtchen

Von La Coruña Richtung Norden

Südöstlich von La Coruña geht es ab der kleinen Stadt Betanzos (nette **Praza do Campo**; Klosterkirche **San Francisco**; fantasiereicher Pasatiempo-Park), einem versandeten einstigen Hafen, über **Pontedeume** (21 km nördl.; schöne Flusspromenade; Paläste, Kirchen und Festungsanlagen) und die Handels- und Marinehafenstadt **Ferrol** (Altstadt, Wehrmauern und Burgen) nach Cedeira.

An der Punta de la Estaca de Bares donnert der Atlantik gegen die Klippen.

Flanierpromenade und schöne Strände

Cedeira

Cedeira, Hafenstadt und Seebad an der geschützten, von Felsen gesäumten Bucht **Ria de Cedeira**, markiert einen ersten Höhepunkt: mit seiner beschaulichen Stimmung, der Flanierpromenade und rundherum schönen Stränden.

Hohe Klippen

Serra da Capelada

Eine nicht gerade einfache Fahrt, die durch eine wunderschöne Steilküstenlandschaft belohnt wird, führt über die nordöstlich von Cedeira gelegene Halbinsel der Serra da Capelada bis nach Ortigueira.
Auf der Strecke kommt man in den Wallfahrtsort **San Andrés de Teixido** (12 km nordöstl. von Cedeira) mit seinem Kirchlein. Der Legende nach muss, wer die Pilgerfahrt hierher versäumt, nach seinem Tod als Eidechse oder Wiesel in den Felsen ringsum hausen.
Von hier ist es nicht weit zu den Klippen von **Vixía de Herbeira**, die mit bis zu 612 m zu den höchsten Europas zählen.

Strände und Buchten an der schönen Ria

Ria de Ortigueira

Ortigueira weiter östlich, wohin ab Cedeira auch eine einfachere Strecke führt, die die Serra da Capelada ausklammert, liegt an der wunderschönen Ria de Ortigueira. Fischerhafen und Strände werden Sie begeistern.

Zum nördlichsten Punkt Spaniens

Punta de la Estaca de Bares

Von Ortigueira sind es noch 25 km nordostwärts bis zur Punta de la Estaca de Bares, dem von einem **Leuchtturm** gekrönten nördlichsten Punkt Spaniens. Zauberhaft ist das richtige Wort für den winzigen Fischerhafen **Porto de Bares** unterhalb des Leuchtturms. Zudem gibt es dort ein gutes Fischrestaurant, das A Muller Mariña.
Restaurant: Tel. 666 96 65 47 | kein Ruhetag

Hübsche Gassen, schöne Strände

Viveiro

Auf der Küstenstraße geht es südöstlich weiter nach Viveiro an der Mündung des Flusses Landro, einem angenehmen Städtchen mit hübschen Gassen, auch wenn hier der Tourismus schon etwas stärker zu spüren ist. Von der Stadtmauer ist die noch von Türmchen gekrönte **Puerta de Carlos V** erhalten. Ebenfalls sehenswert sind die Kirche **San Francisco** und das Stadtviertel **Malecón**. Baden kann man an der **Praia de Faro** und am Stadtstrand **Praia de Covas**.

An der »Kathedrale« des Ozeans

Praia das Catedrais

Wer sich weiter parallel zur Küste hält, erreicht im netten Hafenstädtchen **Ribadeo** den letzten Meeresarm Galiciens (Ria de Ribadeo), der die Region hier von Asturien trennt. Auf halber Strecke zwischen Foz und Ribadeo sollte man eine Abzweigung nicht versäumen, zur Praia das Catedrais, den »Strand der Kathedralen«. Bei Ebbe bleiben in der

Klippenlandschaft Formationen zurück, die (mit etwas Fantasie) gotischen Gotteshäusern ähneln und begehbar sind. Dieser Küstenabschnitt ist besonders wildromantisch; wegen Strömungen und Wellengang sollte man jedoch nur bei Ebbe bis Hüft- oder Brusthöhe ins Wasser gehen (und vorher die Gezeitentabelle studiert haben)! Westlicher Nachbarstrand ist die wilde **Praia Area Longa**.

Praia das Catedrais: ganzjährig, aber Ostern u. Juli–Sept. Zugang nur nach online-Reservierung: http://ascatedrais.xunta.gal) | Eintritt frei

An die Costa da Morte

Strände, Buchten, Klöppelspitzen

Abstecher ans Meer

Südwestlich von ▶ La Coruña kommen Sie über **Carballo** in den schön gelegenen Fischerort **Malpica de Bergantiños**; hier können Sie am tollen Sandstrand baden. Bleiben Sie der Küstengegend treu, haben Sie Gelegenheit zu weiteren Abstechern ans Meer: zum abgeschiedenen **Corme**, an die Strände Praia de Niñóns und Praia Balarés, zum etwas belebteren **Laxe** oder zur Praia de Traba.

Auch das an einer geschützten Bucht liegende hübsche **Camariñas** sollte man besuchen, wo die Herstellung feiner Klöppelspitzen (encajes) eine lange Tradition hat.

An der Praia das Catedrais zeigen sich bei Ebbe »architektonische« Felsformationen.

Marienheiligtum über den Küstenfelsen

Muxia

Auf der anderen Seite der Bucht liegt Muxia mit einem Marienheiligtum über den Küstenfelsen, dem **Santuario da Virxe da Barca** (»Jungfrau vom Boot«). Die Überlieferung will, dass hier die Jungfrau Maria in einem Boot anlandete, um dem Apostel Jakobus bei dessen Spanien-Mission persönlich Mut zuzusprechen.

Am Ende der Welt

Cabo Fisterra (Finisterre)

Nebensträßchen bringen Sie in den Ort **Fisterra** mit nettem Fischerhafen, winziger Festungsanlage und vielen Fischrestaurants. Ab hier führt ein Sträßchen an der romanischen Kirche Santa María das Areas vorbei zum **Leuchtturm** (Faro) über dem sagenhaften Cabo Fisterra (Finisterre = Ende der Welt).
Nicht immer bietet sich von dort ein **grandioser Blick** auf den weiten Atlantik. Manchmal ist das Kap, das den Mittelpunkt der eigentlichen Costa da Morte markiert, nebelverhangen. Hier endet auch die Verlängerung des Jakobswegs ab Santiago de Compostela.

In die Rías Baixas

Muschelzucht

Muros

Ab Fisterra geht es an der östlich liegenden weiten Bucht **Ría de Corcubión** entlang und über **Carnota** südöstlich im Landesinnern (Nationalmonument Hórreo de Carnota: ein langer Agrarspeicher aus Granit bei der Kirche) nach Muros. Dort werden im Fischerhafen auch Muscheln der Muschelzuchtflöße (bateas) angelandet.

Blick von der Landzunge über die Ría

Mirador de la Curota

Muros liegt bereits an der pittoresken **Ría de Muros e Noia**, der Sie nach **Noia** folgen, dem antiken Noega (schöne Altstadt mit Kirchen und Adelshäusern).
Wer die Rías Baixas überblicken möchte, fährt auf der AC-550 an der Ría entlang Richtung Süden auf die Landzunge mit dem **Aussichtspunkt** Mirador de la Curota; andernfalls kürzt man ab und fährt direkt nach Padrón weiter östlich an der Mündung des Río Ulla.

Die Gebeine des Apostels Jakob

Padrón

Der Legende nach soll im 22 km von ▶ Santiago de Compostela gelegenen Ort Padrón das Schiff mit den Gebeinen des Apostels Jakob (Santiago) gelandet sein. In der Kirche **Santiago de Padrón**, über einem romanischen und gotischen Vorgängerbau errichtet, wird unter dem Hauptaltar ein Stein gezeigt, an dem es angeblich festmachte. In Padrón starb die hoch verehrte galicische Dichterin **Rosalia de Castro** (1837–1885), deren Haus man besichtigen kann. In Padrón sollte man im Sommer in einer Tapas-Bar – mit gebotener Vorsicht –

Pimientos probieren, denn der Ort ist bekannt für den Anbau der süßlich-scharfen Peperoni.

Casa de Rosalía: Juli–Sept. Di.–Sa. 10–14 u. 16–20, sonst Di.–Sa. 10–13.30 u. 19, So. immer 10–13.30, Uhr | Eintritt 3 € http://museos.xunta.gal/es/museos/casa-museo-rosalia-castro

Ausflug zu den Muschelzuchtinseln

Ría de Arousa

An der folgenden Ría de Arousa reiht sich ein schöner Strand an den anderen, was auch ein Blick vom **Mirador de Lobeira** bestätigt. Wer sehen möchte, wie **Muscheln** wachsen, sollte eine Bootsfahrt zu den Muschelzuchtinseln unternehmen.

Hauptstadt der Weinregion Albariño

Cambados

Sehenswertester Ort ist Cambados an der Südseite der Ría. Um seine außerordentlich schöne **Praza de Fefiñanes** stehen ein über Eck gebauter Palast des 17. Jh.s, die Kirche San Benito und Arkadenhäuser. In der Umgebung von Cambados wachsen die Trauben für den fruchtigen weißen Albariño-Wein.

Oficina de Turismo: ▶ S. 384

Eleganter Spot

Illa da Toxa

Herrlich auf einer mit einer Brücke verbundenen Insel liegt Illa da Toxa (Isla de La Toja), einer der elegantesten Orte der galicischen Küste (Thermalkuren, Hotels; Wallfahrtskapelle). Das Kontrastprogramm dazu bietet das durchkommerzialisierte **O Grove** (El Gove) auf der anderen Brückenseite. Im **Aquarium** kann man die Unterwasserwelt dieser Küste studieren.

Acuario de O Grove: PSommer tgl. 11–14 u. 16–20, sonst nachm. bis 19 Uhr | Eintritt 15 € | http://acuariodogrove.es

Kornspeicher am Wasser

Ría de Pontevedra

An der Ría von Pontevedra lohnen sich – an der Nordseite – Besuche des Badeorts **Sanxenxo** und des Fischerhafens **Combarro** mit seinen am Wasser stehenden Hórreos (▶ Abb. S. 390) und den Betsäulen. An der Südseite erreicht man über ▶ Pontevedra den Marinehafen **Marín**. Schönster Strand hier ist die **Praia de Mogor**.

Vom Fischerdorf zum Badeort

Cangas

Über **Bueu** im Süden der Ría de Pontevedra erreicht man an der Ría de Vigo Cangas, das sich vom Fischerdorf zum Badeort entwickelt hat. Immer wieder eröffnen sich herrliche Blicke auf die Ría de Vigo, in der künstliche Muschelzuchtflöße verstreut sind.

Besuch begrenzt!

Illas Cíes

Die zum **Parque Nacional de las Illas Atlánticas** zählende Gruppe der Illas Cíes vor der Ría de Vigo war schon von Kelten besiedelt; Sir

In Combarro stehen die Kornspeicher direkt am Wasser.

Francis Drake versteckte sich hier auf seinen Kaperfahrten. Zum offenen Atlantik gibt es herrliche Strände; die Inseln **San Martín** und **Monteagudo** sind wegen ihrer Pflanzen- und Tierwelt bekannt. **Fährverbindungen** bestehen ab ▸ Vigo, Cangas und Baiona. Bei Fährverkehr öffnet auch der Campingplatz des Archipels.

Ostern u. Juni–Sept. | nur mit formeller Genehmigung s. http://autorizacionillasatlanticas.xunta.gal | **Camping:** www.campingislascies.com

Hier kam Kolumbus an

Baiona Südwestlich geht es entlang der Ría de Vigo nach Baiona; kurz davor schlägt die **Praia de América** einen weiten Bogen. Das schön gelegene Hafenstädtchen ist ein viel besuchter Badeort und war 1493 der Ankunftshafen der »Pinta« nach der »**Entdeckung Amerikas**«, weshalb Anfang März die »Festa da Arribada« gefeiert wird.

Auf den Mauern des im 16. Jh. erbauten **Castillo Monterreal**, heute Parador-Hotel, sollte man einen Rundgang machen, um die überwältigenden **Ausblicke** auf das Meer zu genießen. Sehenswert wegen ihrer Steinmetzarbeiten ist die romanisch-gotische Kollegiatskirche (12./13. Jh.).

Keltensiedlung

Monte Santa Tegra

Weiter am Meer entlang erreicht man **A Guarda**, einen kleinen Hafenplatz nahe der Mündung des Río Miño, der die Grenze zu Portugal bildet. Auf dem **Monte Santa Trega** (Santa Tecla; 314 m) einige Kilometer südlich liegen Reste einer einst großen keltischen Siedlung, die, von 500 v. Chr. bis ins 1. Jh. n. Chr. bewohnt, von den Römern kolonisiert wurde. Man vermutet, dass über 1000 steinerne, strohgedeckte Rundhütten hier standen, von denen einige rekonstruiert wurden. Ein kleines **Museum** (MASAT) zeigt Funde.

Sommer Di. – So. 10 – 20, sonst bis 17 Uhr | Eintritt 3 € pro Fahrzeug + 1,50 € pro Passagier | www.turismoaguarda.es

RIPOLL

Provinz: Girona | **Höhe:** 682 m ü. d. M. | **Region:** Katalonien
Einwohner: 10 600

Katalanisches Inland vom Feinsten – da machen die Entdeckungen des historischen Erbes einfach Spaß. So wie in Ripoll mit einem der bedeutendsten Zeugnisse der spanischen Romanik, dem Benediktinerkloster Santa María.

Neben der spanischen Romanik hinterließ auch der Modernisme, die katalanische Form des Jugendstils, in dem Städtchen Spuren: Joan Rubió i Bellver baute u. a. das Kirchlein **Sant Miquel de la Roqueta** und die **Casa Bonada**, beide im Stadtteil jenseits des Riu Ter.

Wohin in Ripoll und Umgebung?

Spirituelles und kulturelles Zentrum Kataloniens

Monestir/ Monasterio de Santa María

Wilfried der Haarige (Guifré el Pelos), Graf von Barcelona, gründete das Kloster 888 am Ort eines westgotischen Kirchleins aus dem 6. Jh. In der ersten Hälfte des 11. Jh.s drückte Abt Oliva ihm seinen Stempel auf. Ausgestattet mit einer immensen **Bibliothek**, entwickelte es sich zu einem Brennpunkt des mittelalterlichen Geisteslebens, der Wissbegierige aus ganz Europa anzog. Von der fünfschiffigen Basilika hat ein Brand 1835 nur wenig übriggelassen, die heutige **Kirche** (1883) an der Plaça d'Ajuntament gibt aber den romanischen Raumeindruck recht gut wieder.
Der bedeutendste Rest der romanischen Kirche ist das insgesamt gut erhaltene **Hauptportal** aus dem 12. Jh. mit einer überreichen Fülle bildlicher Darstellungen aus dem Alten und Neuen Testament.

Das Innere der Kirche strahlt düstere Majestät aus. Im rechten Querhausarm befindet sich das **Grabmal Berengars III.** (†1131), im linken dasjenige Wilfrieds des Haarigen.
Rechts vom Portal führen Stufen zum Kreuzgang (12.–15. Jh.).
April–Sept. Mo.–Sa. 10–14 u. 16–19, sonst Mo.–Sa. 10.30–13 u. 15.30–18, So. immer 10–14 (Mitte Juli–Aug. auch 16–19) | Eintritt 6,80 € | www.monestirderipoll.cat

»Heiliges Mysterium«

Sant Joan de les Abadesses

Auch im Ort Sant Joan de les Abadesses (10 km nordöstl.) gründete Wilfried der Haarige ein Kloster. Dessen große, 1150 geweihte Kirche birgt ein bedeutendes romanisches Kunstwerk: die geschnitzte **Kreuzabnahmegruppe** »El santissim misteri de Sant Joan de les Abadesses«, bestehend aus Christus, Maria, den beiden Schächern, den Hll. Johannes und Nikodemus sowie Joseph von Arimathia. In der Spätromanik (um 1250) entstanden, verrät sie bereits Anklänge der Gotik. Sehenswert ist auch der alabasterne gotische Marienaltar (1423).
Der Kreuzgang zeichnet sich durch seine zierlichen gotischen Säulenarkaden und Kassettendecken aus. Das Klostermuseum zeigt v. a. Exponate aus dem einstigen Kloster und anderen Kirchen.
Mai–Aug. Mo.–Sa. 10–13 u. 16–18, So. 10–13, sonst tgl. 10–13 Uhr. Eintritt 3 € | www.monestirsantjoanabadesses.cat

Mit der Zahnradbahn ins Pyrenäental

Val de Núria

Naturerlebnis und Eisenbahntechnik verspricht ein Ausflug ins Vall de Núria 20 km nördlich von Ripoll. In **Ribes de Freser** startet eine Zahnradbahn (Cremallera) in das abgeschiedene Pyrenäental. 15% Steigung, 1000 m Höhenunterschied und diverse Tunnel sind auf der 12,5 km langen Strecke zu bewältigen, bis man am **Stausee** und dem **Santuario der hl. Jungfrau** von Núria angelangt ist.
Hin und zurück 31 € | www.valldenuria.cat

RIPOLL ERLEBEN

OFICINA DE TURISME
Plaça Abat Oliba, s/n, Tel. 972 70 23 51, http://visit.ripoll.cat

SOLANA DEL TER €€€–€€
Solides Hotel für 1 bis 2 Nächte mit Campingareal und Restaurant.
C-17, km 92,5,
Tel. 972 70 10 62
www.solanadelter.com

LA TROBADA BOUTIQUE HOTEL RIPOLL €€€–€€
Gepflegtes Haus.
Passeig Honorat Vilamanyà, 4
Tel. 972 70 23 53, http://latrobadahotelboutique.com

Einfach grandios. Der Puente Nuevo überspannt die Tajo-Schlucht in Ronda.

RONDA

Provinz: Málaga | **Höhe:** 739 m ü. d. M. | **Region:** Andalusien
Einwohner: 33 400

Die Spannung steigt mit der Höhe, wenn Sie von der Küste hinaufkommen ins andalusische Hinterland. Die Kleinstadt formt als gewachsenes Gesamtwerk so etwas wie die Essenz Andalusiens en miniature. Plätze und Gassen gehören dazu, Kirchen, Spuren der Mauren. Doch da ist noch etwas, das wie ein Sog hineinzieht. Es ist Andalusiens spektakulärster Stadtschlund, der sich mitten in Ronda öffnet, ein brückenüberspannter Schnitt zwischen Alt- und Neustadt, bis zu 160 m tief: der Tajo.

Berühmt wurde der Aufenthalt Rainer Maria Rilkes, der den Winter 1912/1913 hier verbrachte und Ronda in einem Brief folgendermaßen beschrieb: »... wunderbar, dass ich Ronda gefunden habe, in dem alles Erwünschte sich zusammenfasst: die spanischste Ortschaft, fan-

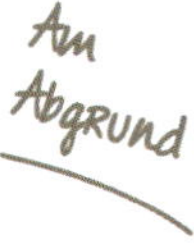

tastisch und überaus großartig auf zwei enorme steile Gebirgsmassive hinaufgehäuft, die die enge tiefe Schlucht des Guadaro auseinanderschneidet; die starke reine Luft, die über das weithin geöffnete, von Feldern, Steineichen und Ölbäumen freundlich ausgenutzte Flusstal aus den die spannendste Ferne bildenden Gebirgen herüberweht.« Er wohnte im Hotel Reina Victoria (heute Catalonia Reina Victoria; ▶ S. 396).

Puente Nuevo

Atemberaubender Blick in die Schlucht
Jeder Besucher Rondas wird zuallererst den atemberaubenden Blick in die Schlucht des **Río Guadalevín**, genannt El Tajo (Kerbe oder Schramme), riskieren. Sie wird überspannt vom 1751–1793 erbauten, 70 m langen Puente Nuevo.

Aussichtspromenade

Die neustädtische Brückenseite
Auf der Brückenseite der Neustadt (**El Mercadillo**) im Norden öffnet sich die **Plaza de España** mit dem Parador Nacional und einem Interpretationszentrum zum Puente Nuevo.
Ein Stück Fußmarsch weiter nördlich erreicht man die 1785 eröffnete **Plaza de Toros**, eine der ältesten Stierkampfarenen Spaniens (▶ Baedeker Wissen, S. 398). Um die Arena herum gelangen Sie zu r Aussichtspromenade und dem **Mirador de Ronda**, von wo sich ein herrlicher Blick auf das Umland bietet.

 Altstadt (La Ciudad)

Plaza de la Duquesa de Parcent

Auf Entdeckungstour in der Altstadt
Das größte Entdeckungspotenzial bietet zweifellos La Ciudad, die Altstadt südlich des Puente Nuevo, deren malerische Plaza de la Duquesa de Parcent das Rathaus (Ayuntamiento) und die Kirche Santa María la Mayor säumen.

Santa María la Mayor

Maurisches in der Stadtkirche
Die Kirche Santa María la Mayor, ursprünglich eine Moschee, ist noch von vier maurischen Kuppeln überwölbt; in christlicher Zeit wurde sie um die gotischen Seitenschiffe und die hochragende platereske Capilla Mayor erweitert. Sie besitzt ein kunstvolles Renaissance-Stuhlwerk und einen feinen maurischen **Mihrāb**, die nach Mekka gerichtete Gebetsnische.

Nov. – Feb. tgl. 10 – 18, März. Okt. bis 19, April. – Sept. bis 20 Uhr
Eintritt 4,50 € | http://colegiataronda.com

Palacio de Mondragón

Adam und Eva rustikal
Das Renaissanceportal des Palacio de Mondragón, westlich der Kirche am Abgrund erbaut, trägt ein recht rustikales Abbild von Adam und

Eva. Hier übernachteten 1485 die Katholischen Könige; heute ist im Palacio das **Museo Municipal** untergekommen.

Di. – Fr. 9.30 – 19, Mo., Sa. 10 – 14 u. 15 – 18, So. 10 – 15 Uhr | Eintritt 4 €

»Wassermine« und Gärten

Casa del Rey Moro

Die Casa del Rey Moro in der Calle de Santo Domingo (südöstl. des Puente Nuevo) war ein maurisches Adelshaus. Eine schier endlos lange Treppe tief im Innern, in den Fels geschlagen von christlichen Sklaven, führte hinab zum Fluss. Die »Wassermine« (**Mina de Agua**) diente als Brunnen und Verteidigungsanlage. Die umliegenden Gärten sind bekannt als **Jardines de Forestier**.

Tgl. 10 – 21.30 Uhr | Eintritt 8 €

Maurisches Badehaus

Untere Flussbrücken

Durch das 1742 errichtete Stadttor Puerta de Felipe V erreicht man die unteren Flussbrücken **Puente Viejo** von 1616 und **Puente de San Miguel**. Südlich des Puente San Miguel hatten sich die maurischen Herrscher im 13./14. Jh. die **Baños Árabes** erbauen lassen, eine von Hufeisenbögen in drei Räume unterteilte Badeanstalt.

Di. – Fr. 9.30 – 19, Mo., Sa. 10 – 14 u. 15 – 18, So. 10 – 15 Uhr | Eintritt 4,50 €

Sagenhafte Ausblicke verspricht der Mirador de Ronda.

RONDA ERLEBEN

OFICINA DE TURISMO

Paseo Blas Infante, s/n, Tel. 952 18 71 19, http://info.turismoderonda.es

Beeindruckende **Karprozessionen**. Rauschendes Stadtfest **Fiestas de Pedro Romero** zu Ehren der Stierkampflegende mit Umzug, fantasievoll gestalteten Trachten und Flamenco.
Ende Aug./Anf. Sept.

❶ ALBACARA €€€€

Das Restaurant im »Hotel Montelirio« serviert kreative Gerichte. Der Blick von der Terrasse ist fantastisch.
Calle Tenorio, 8, Tel. 952 87 38 55
www.hotelmontelirio.com

❷ TABERNA QUINTO TRAMO €€–€

Hier legt sich das komplette Team mit Kreativität und Service mächtig ins Zeug. Ein Genuss.
Carrera de Espinel, 75
Tel. 744 70 89 81

❸ TROPICANA €€€–€€

Ob Gemüse, Schweinefilet mit Foie gras oder Meeresgetier - hier versteht man sich auf alles und zaubert klasse Gerichte auf den Teller. Di. und Sa. sind Ruhetage.
Calle Virgen de los Dolores, 11
Tel. 952 87 89 85
http://tropicanaronda.negocio.site

❹ SIEMPRE IGUAL €

Leckere Tapas, ein passender Wein dazu, stimmiges Preis-Leistungs-Verhältnis - was will man mehr?
Calle San José, 2 (Ecke Calle Jerez)
Tel. 687 15 38 67

❶ LA ALAVERA DE LOS BAÑOS €€€–€€

Gemütliches andalusisches Landhaus etwas abseits des Mainstreams. Es liegt nicht hoch oben über der Schlucht, sondern weiter unten nahe den maurischen Bädern, was auch die Einrichtung inspiriert. Teppiche und Lampen stammen aus Nordafrika. Elf individuelle, rustikale Zimmer.
Calle Molino de Alarcón, s/n
Tel. 952 87 91 43
http://alaveradelosbanos.com

❷ CATALONIA REINA VICTORIA €€€€

Folgen Sie den Spuren Rainer Maria Rilkes, der hier den Winter 1912/1913 in Zimmer 208 (heute Gedenkzimmer) verbrachte – wohl damals schon war der Ausblick ein wichtiges Argument. Heute gibt es Schwimmbad und Spa, das umfassend renovierte Haus punktet zudem mit einer großzügigen Grünanlage.
Calle Jerez, 25
Tel. 952 87 12 40
www.cataloniahotels.com

❶ Albacara
❷ Taberna Quinto Tramo
❸ Tropicana
❹ Siempre igual

❶ La Alavera de los Baños
❷ Catalonia Reina Victoria

RONDA
Antequera, Hotel Reina Victoria, Estación RENFE
Alame da del Tajo
Teatro Espinel
M. Souvorin
Almendra
L. Borrego
Sevilla
Espinel
Carrera
Pza. del Socorro
EL MERCADILLO
Capitán Cortes
Virgen de la Paz
Plaza de Toros
Paseo de Blas Infante
Plaza de Toros
Río Rosas
Pza. de C. Abela
Templete de la Virgen de los Dolores
Posada
Las Tiendas
Los Vicentes
Nueva
Remedios
Ermita
Cecilia
Rosario
Cerillo
Santa
Cantos
Ríos
Clavero
Parador Nacional
Plaza de España
El Tajo
Jardines de Cuenca
La Mina
Real
Río Guadalevín
Puente Nuevo
Arco Arabe
Fuente
Padre de Jésus
Santo Domingo
Casa del Rey Moro
S. Antonio
Puente Viejo
Puente San Miguel
Tenorio
LA CIUDAD
Armiñán
Museo Lara
Palacio del Marqués de Salvatierra
Ruedo D. Elvira
Casa del Marqués de Moctezuma
Baños Arabes
Plaza del Gigante
Museo Peinado
Minarett
Museo del Bandolero
Ruedo Gameros
Moctezuma
S. María la Mayor
Carmen
Palacio de Mondragón
M. Montero
Plaza Duquesa de Parcent
Ayuntamiento
C. Escalona
Escalera
C. Molino de Alarcón
Camino de los Molinos
C. Cuesta de las Imágenes
Puerta de Almocábar
Espíritu Santo
C. Salvador Marín Carrasco
150 m
©BAEDEKER
San Francisco
Plaza Ruedo Alameda
C. Sauco
Calle de Marbella
C. Torrejones
Benarraba
Acacio
Algeciras
Costa del Sol

BLUTIGE TRADITIONEN

Es gibt Themen, bei deren Beschreibung man eigentlich mehr falsch als richtig machen kann. Ein solches ist der spanische Stierkampf, der zu einer klaren Positionierung herausfordert: dagegen oder dafür. Einen Mittelweg gibt es nicht.

Gegner versus Begeisterte

Die meisten Baedeker-Leser dürften dagegen sein und die Traditionen als blutiges Spektakel verfluchen, auch viele Spanier selber wenden sich mehr und mehr ab. Die Aficionados hingegen, die eingefleischten Kenner und Begeisterten des Stierkampfs, sprechen von hoher Kunst. Sie sehen im Stierkampf, der**Corrida de toros**, eine der letzten Annäherungen an den archaischen Kampf zwischen Mensch und Tier. Der allerdings ist nicht mehr überall möglich. In der Mittelmeerregion Katalonien sind Kämpfe in öffentlichen Arenen mittlerweile verboten.

Die klassische Landschaft des Stierkampfs und auch der Stierzucht ist und bleibt Andalusien. Die größte Arena besitzt zwar die Hauptstadt Madrid, doch im andalusischen Ronda befindet sich eine der bekanntesten und ältesten Arenen. Wer nicht live in einer Arena dabei ist, kann Pay-TV einschalten.

Die besten **Toreros** sind Medienstars und verdienen ihr Geld auch in Südfrankreich und einigen Ländern Lateinamerikas, schlechtere tingeln durch kleinere Arenen in der Provinz.

Für die einen Kunst, für die anderen Gemetzel: Beim Stierkampf gibt es keinen Kompromiss.

6x UNTERSCHÄTZT

Genau hinsehen, nicht daran vorbeigehen, einfach probieren!

1. SCHWINDELERREGEND ...

... entlang einer steilen Schlucht verlaufend, galt das spektakuläre »Königsweglein« **Caminito del Rey** als gefährlichster Weg der Welt. Nach langer Sperrung verläuft heute ein neuer, gesicherter Weg oberhalb des alten Stegs. (► **S. 401**)

2. WELT DER GITANOS

Dem Realisten und Genremaler ist in seiner Heimatstadt **Córdoba** das **Museo Julio Romero de Torres** gewidmet. Besonders mit sinnlichen Gitana-Porträts gelangen ihm tiefe Blicke in die Volksseele. (► **S. 179**)

3. BERÜHMTER GRANADINER

Granada bewahrt in seiner Umgebung anschauliche Spuren des Dichters und Dramatikers **Federico García Lorca** – in der **Huerta de San Vicente**, dem Landhaus seiner Familie, und in seinem Geburtshaus im nahen **Fuente Vaqueros**. (► **S. 267**)

4. DEM GENIE GANZ NAH

Dem Jahrhundertgenie Pablo Picasso dürfen Sie sich in seinem **Geburtshaus** Museo Casa Natal an der Plaza de la Merced in **Málaga** ganz nah fühlen. Bessere Einblicke in sein Werk ermöglicht das örtliche **Museo Picasso**. (► **S. 339**)

5. SURREALISTISCH UND KURIOS

Einfach Wahnsinn ist das **Teatre-Museu Salvador Dalí** in **Figueres**, ein surrealistisches Kuriositätenkabinett. Hier fand der exzentrische Meister auch seine – erstaunlich schlichte – letzte Ruhe. (► **S. 199**)

6. »MILCH« AUS ERDMANDELN

Erdmandelmilch (»**Horchata de chufas**«) ist eines der typischen Getränke am Mittelmeer, mineralreich, wohlschmeckend und gesund. Und am besten gekühlt serviert in einer **Horchatería**. (► **S. 626**)

Rund um Ronda

Karg

Serranía de Ronda

Südöstlich von Ronda erstreckt sich das karge Felsengebirge der Serranía de Ronda, in dem noch Königsadler und Steinböcke leben. Bei einem Ausflug gelangt man in typische Orte wie **Yunquera** (36 km östl.), **Jorox** (40 km östl.) oder das malerische **Tolox** mit Kurbad (40 km südöstl.).

In die Weißen Dörfer

Sierra de Grazalema

Mit seinen Kork- und Steineichenwäldern sowie Pinsapotannen gibt sich das Bergmassiv der Sierra de Grazalema westlich von Ronda nicht weniger wildromantisch. Man erkundet es im Rahmen der »Ruta de los Pueblos Blancos«, einer Rundfahrt über die wunderbaren Weißen Dörfer Grazalema, El Bosque und Ubrique – inklusive Abstecher in das zauberhafte **Zahara de la Sierra** –, oder natürlich in Wanderstiefeln.

Steinzeitliche Höhle

Cueva de la Pileta

22 km südwestlich von Ronda, einige Kilometer hinter **Benaoján**, erwartet Sie mit der Cueva de la Pileta eine Höhle mit prähistorischen **Tiermalereien**. Ihr Alter beziffern Experten auf 25 000 Jahre. Die Teilnahme an einer Führung (1 Std.) ist obligatorisch.

Führungen: Sommer: Mo.–Fr. 10.30, 11.30, 13, 16.30, 18, Sa., So. 10, 12, 13, 16, 17, 18, sonst Mo.–Fr. 11.30, 13, 16, Sa., So. 11, 12, 13, 16, 17 Uhr | Eintritt 10 € | Reservierung Tel. 677 61 05 00 o. contacto@cuevadelapileta.es | http://cuevadelapileta.es

Extravantes Städtchen im Bilderbuchformat

Setenil

Das »**Weiße Dorf**« Setenil (Setenil de las Bodegas; 19 km nördl. von Ronda) in fantastischer Lage wird von einem gotischen Kirchenbau und maurischen Burgmauern beherrscht; wesentlich interessanter jedoch sind die zahlreichen in den Felsen hineingebauten Wohnhäuser an der Calle Cuevas del Sol.

Schluchtenpfad für Schwindelfreie

★ Caminito del Rey

Der spektakuläre, knapp 8 km lange Caminito del Rey verläuft rund 50 km nordöstlich von Ronda über Klettersteige und Hängebrücken hoch über dem Abgrund. Errichtet wurde er 1905, um in dem unwegsamen Gelände Wasserkraftwerke mit Baumaterial zu versorgen. Als der spanische **König Alfonso XIII.** sich 1921 auf den schwindelerregenden Pfad wagte, erhielt dieser seinen Namen (»Kleiner Königspfad«). Er wurde kürzlich umfassend restauriert und gesichert, einige Stellen mit Glasboden ausgestattet.

Buchung (mit fixem Termin) auf der Website | Eintritt 10 €, Führung zusätzl. 8 € | www.caminitodelrey.info

★★ SALAMANCA

Provinz: Salamanca | **Höhe:** 802 m ü. d. M. Region: Castilla y León
Einwohner: 142 400

Eine kastilische Stadt in Reinkultur, vibrierendes Studentenpflaster, dazu einer der schönsten Plätze Spaniens, das bauliche Erbe und Ausgehfreuden satt – dies und noch mehr ist Salamanca. Allein der Name der Stadt am Río Tormes fließt elegant und geschmeidig dahin.

Altehrwürdige Universitätsstadt

Die aus leuchtend goldgelbem Stein errichteten Gebäude der Altstadt strahlen im klaren Licht der Meseta. Allerdings herrscht ein raues Klima: Der Winter ist oft bitter kalt, der Sommer zuweilen unerträglich heiß. Und trotzdem – das wunderbare Salamanca ist eines der allerersten Reiseziele in Spanien. Die Stadt wurde wegen ihres Reichtums an alten Bauten, darunter besonders schöne Beispiele des hier zum Höhepunkt gelangten **plateresken Stils**, zum Nationaldenkmal erklärt und in die Liste des **UNESCO-Welterbe** aufgenommen.

Goldgelb leuchtet das Rathaus von Salamanca an der Plaza Mayor.

Zentrum der Gelehrsamkeit

Universität

Ihren Ruf verdankt die Stadt bder 1215 von Alfons IX. von León gegründeten Universität, die mit denen von Bologna, Paris und Oxford wetteiferte und dem übrigen Europa die arabische Wissenschaft vermittelte. Im 16. Jh. zählte die Universität über 7000 Studenten. Nach vorübergehendem Niedergang konnte Salamanca längst wieder an seine große Epoche anknüpfen und zählt heute 30 000 Studierende.

Zwischen Plaza Mayor und Universität

Glanzvoller Mittelpunkt der Stadt

Plaza Mayor

Prächtiges Zentrum ist die von dreistöckigen Arkadenhäusern umgebene, leicht trapezförmige Plaza Mayor. Sie wurde 1729 auf Geheiß Philipps V. nach Plänen von Alberto de Churriguera begonnen und 1755 vollendet. Als »städtischer Festsaal« ist sie in ihrer Geschlossenheit einer der großartigsten Plätze Spaniens, auf dem bis ins 19. Jh. hinein auch Stierkämpfe abgehalten wurden. An der Nordseite erhebt sich das churrigueresque **Ayuntamiento** (Rathaus), gekrönt vom 1852 aufgesetzten Glockenturm. Die Ostseite bildet der **Pabellón Real** (»Königspavillon«) von Churriguera mit einer Büste Philipps V.

Romanischer Kirchenbau

Plaza Corillo

An die Südwestecke der Plaza Mayor schließt die kleine Plaza Corillo mit der Kirche **San Martín** (12. Jh.) an, einem spätromanischen Bau mit Relief des hl. Martin (13. Jh.) am Nord- und platereskem Dekor am Südwestportal; sie birgt gotische Grabmäler und einen Retablo von Alberto de Churriguera (1731).

Ein ritterliches Haus

Casa de las Conchas

Das 1514 erbaute »**Haus der Muscheln**« in der Calle Compañía war der Stadtpalast des Santiago-Ritters Talavera Maldonado (heute Bibliothek). Er ließ sein Haus in Anspielung auf die Jakobs-Pilgerschaft mit **Muschelreliefs** verzieren, die je nach Sonnenstand ein reizvolles Schattenspiel werfen. Bemerkenswert sind auch die kunstvoll gearbeiteten Fenstergitter, der zweistöckige Patio und das Treppenhaus mit herrlicher Kassettendecke.

Eintritt frei

Altstadtblick

La Clerecía

Gegenüber erhebt sich La Clerecía (1617), eine weiträumige kuppelgekrönte Jesuitenkirche mit wirkungsvoller zweitürmiger Fassade und einem prächtigen churrigueresken Hauptaltar. Die **Türme** kann manfür einen atemberaubenden Altstadtblick besteigen.

März–Nov. tgl. 10–20, sonst bis 18 Uhr | Eintritt 3,75 €; Kombiticket mit Universidad Pontifica 6 € | www.torresdelaclerecia.com

Päpstliche Universität

Universidad Pontífica

Direkt an die Kirche angebaut ist die Universidad Pontífica, an der Theologie, Philosophie und kanonisches Recht gelehrt werden. Ein Treppenaufgang führt in den im ersten Stock liegenden Umgang des außerordentlich schönen Barockhofs.

Führungen: Di.–So. | Eintritt 4 €, Kombiticket mit La Clerecía u. Torres 6 €

 Universidad de Salamanca

April–Mitte Okt. Mo.–Sa. 10–20, sonst bis 19, So. immer 10–14 Uhr
Eintritt 10 € | http://museo.usal.es

Ihrer Zeit voraus

Berühmte Lehrer

An der Universität unterrichteten u. a. der Mystiker Juan de la Cruz (1542–1591) und der Philosoph Miguel de Unamuno (1864–1936), der auch Rektor war. Auch Cervantes studierte hier, und zu Zeiten, als dies noch für hochgradige Ketzerei galt, erkannte man in Salamanca schon das Kopernikanische Weltsystem an.

SALAMANCA ERLEBEN

OFICINA DE TURISMO

Plaza Mayor, 32, Tel. 923 21 83 42
http://salamanca.es

Auf der **Plaza Mayor** steht gewissermaßen ein Tresen neben dem anderen. Preislich etwas günstiger als hier sind die Bars an der **Plaza del Mercado** und rings um die Universität.

❶ WINELOVERS €

Ein Paradies für Wein und Tapas-Fans - muss man gekostet haben!
Calle Iscar Peyra, 2
http://wineloversalamanca.es

❷ VINODIARIO €€

Kleine, feine Vinoteca, die bei Einheimischen ganz hoch im Kurs steht. Am besten rechtzeitig reservieren!
Plaza Basilios, 1, Tel. 923 61 49 25
http://vinodiario.com

❸ MOMO €

Das kleine, einfach eingerichtete Lokal bietet in erster Linie Tapas.
San Pablo, 13; Tel. 923 28 07 98

❶ HOSPES PALACIO DE SAN ESTEBAN €€€€

Fünf-Sterne-Haus in zentraler Lage. Edle Zimmer, auch das Restaurant hat Atmosphäre.
Arroyo de Santo Domingo, 3
Tel. 923 26 22 96, www.hospes.com

❷ PARADOR DE SALAMANCA €€€–€€

Moderner Parador mit einzigartiger Aussicht auf das alte Salamanca. Mit Sommerpool und Restaurant.
C/ Teso de la Feria, 2; Tel. 923 19 20 82, http://paradores.es

1 Universidad
2 Museo de Salamanca
3 Escuela Menores
4 Torre de Clavero
5 Palacio de la Salina
6 Casa de las Conchas
7 Museo de Art Nouveau y Déco
8 Universidad Pontífica
9 San Benito
10 San Martín
11 Ayuntamiento
12 La Clerecía
13 Universidad Pontífica
14 San Martín
15 Mercado

1 Winelovers
2 Vinodiario
3 Momo

1 Hospes Palacio de San Esteban
2 Parador de Salamanca

Meisterwerk des plateresken Stils

Hauptfassade

Der 1415–1433 errichtete Bau war noch recht schlicht. Erst 1534 fügte man die Hauptfassade mit ihrer verschwenderischen Fülle plateresken Schmucks an, das unübertroffene Meisterwerk dieses Stils in Spanien. Über den beiden Türen reihen sich auf drei Feldern feinstens ausgeführte Steinmetzarbeiten aneinander, unterbrochen von Pilastern.
In der Mitte der ersten Etage erkennt man ein Medaillon mit dem Bildnis der Katholischen Könige, darüber den Wappenschild Karls V. und den kaiserlichen Doppeladler; wiederum darüber sieht man den Papst, von Kardinälen umgeben, rechts davon Venus, Priamos und Bacchus, links Herkules, Juno und Jupiter. Am rechten Pilaster im ersten Feld hockt auf einem Totenkopf ein **Frosch**, eine Allegorie auf die Ausschweifung, aber auch Glücksbringer der Studenten.

Geballtes Wissen

Capilla de San Jerónimo und Bibliothek

Das Gebäude umschließt einen großen zweistöckigen Patio, um dessen unteren Gang sich Hörsäle, Aula, die Capilla de San Jerónimo und der Musiksaal gruppieren. Letztere ist ausgestattet mit wertvollen Wandteppichen und zwei Gemälden von Juan de Flandes.
Die ins Obergeschoss führende Treppe (16. Jh.) zeigt Schnitzereien mit Turnier-, Morisken- und Jagdszenen und trägt am Schlussstein das Wappen der Universität.
Über den mit einer Artesonadodecke versehenen Umgang erreicht man das isabellinische Portal der 1254 gegründeten Bibliothek. Der ursprünglich gotische Bibliothekssaal wurde 1749 umgestaltet; aus dieser Zeit stammen auch die mit ca. 40 000 Büchern und 3500 Handschriften gefüllten Bücherschränke.

Der Himmel von Salamanca

Patio de las Escuelas

Die Universitätsfassade blickt auf den Patio de las Escuelas, dessen Mitte ein **Denkmal** für den Humanisten Fray Luis de León (1527 bis 1591) ziert, der hier einst unterrichtete. Um den Platz gruppieren sich – neben dem Universitätsgebäude – weitere Bauten im reinsten plateresken Stil, die ihm eine einzigartige Atmosphäre verleihen.
Die südwestliche Seite des Platzes nimmt eine lange, von durchbrochenen Zierzinnen gekrönte Gebäudefront ein, deren linkes Portal ins **Hospital del Estudio** führt, das 1533 vollendete Studentenhospiz, heute Rektorat.
Die rechte Hälfte der Gebäudefront gehört zu den **Escuelas Menores**, deren einstöckigen Patio man durch ein doppelbogiges, mit prächtigen Wappenfeldern geschmücktes Portal und durch ein Vestibül betritt. In die **Sala Calderón de la Barca** wurde die Ausstattung der ehemaligen Universitätsbibliothek gebracht, darunter das einmalige Deckenfresko »**Cielo de Salamanca**« (um 1480) von Fernando Gallego, das den Stand der Himmelskunde im ausgehenden 15. Jh. darzustellen versuchte. Nicht alle Bilder sind erhalten, man erkennt aber

Gehäufte Gelehrsamkeit im Bibliothekssaal der Universität

noch Tierkreiszeichen, einige Sternbilder und die vier Winde. Sehenswert sind auch Skulpturen von Felipe de Vigarny und Gemälde von Juan de Vigarny.

Kunst, Archäologie und Völkerkunde

Museo de Salamanca

An der Stirnseite des Platzes liegt der Eingang zum Museo de Salamanca, das neben Archäologie und Völkerkunde Gemälde des 16.–19. Jh.s präsentiert. Es residiert in der **Casa de los Abarca**, die sich der Leibarzt Isabellas der Katholischen Ende des 15. Jh.s errichten ließ. Die Hauptfassade des Palasts wendet sich der Plaza Fray Luis de León zu.

Museo Salamanca: Juli–Sept. Di.–Sa. 10–14 u. 17–20, sonst Di.–Sa. 10–14 u. 16–19, So. immer 10–14 Uhr | Eintritt 1,20 €, Sa., So. frei
https://museodesalamanca.org

Rund um die beiden Kathedralen

Der jüngere Teil des Kathedralen-Duo

Catedral Nueva

Durch eine Gasse entlang der Universität gelangen Sie zur Kathedrale, deren Turm man schon vom Patio de las Escuelas aufragen sieht. Die Catedral Nueva (Neue Kathedrale), ein 1513 von Juan Gil de Hontañón begonnener, erst 1733 vollendeter stattlicher Bau mit spätgotischen, plateresken und barocken Formenelementen, zeich-

Die Neue Kathedrale bietet ein großzügiges Raumerlebnis.

net sich durch ihre **plateresken Portale** aus, von denen das dreiteilige Westportal sowie das Nordportal (Puerta de Ramos) mit dem Relief »Christi Einzug in Jerusalem« die schönsten sind. Der 110 m hohe Turm, dessen Kuppel vermutlich von Joaquín Churriguera stammt, wurde 1755 zum Schutz gegen Erdbeben in den unteren Geschossen ummauert.

Der r104 m lange und 48 m breite Kirchenraum wirkt trotz des Choreinbaus durch seine Weite und Höhe von 38 m großzügig. Im Chor befinden sich ein schön geschnitztes barockes Gestühl und Skulpturen von Alberto de Churriguera. Im Scheitel des Chorumgangs wird in der Capilla del Cristo de las Batallas ein aus dem 11. Jh. stammendes Kruzifix gezeigt, das El Cid seinem Kampfgefährten Jerónimo, dem späteren Bischof von Salamanca, geschenkt haben soll.

Die **Kapellen** bewahren zahlreiche Kunstwerke, darunter das Grabmal des Stifters Sanchez de Palenzuela (Capilla Dorada) sowie die Virgen de la Cueva, die Schutzheilige Salamancas (Capilla del Mariscal). Beachtenswert sind auch die Rokoko-Dekorationen der **Sakristei** und das Relicario.

Di.–Sa. 10–20, So. bis 18 Uhr | Kombiticket 10 € (beide Kathedralen, Claustro, Museum/Kapitelsäle, Bischofspalast)
http://catedralsalamanca.org

Glänzende Schöpfung der spanischen Romanik

Catedral Vieja

Die Neue Kathedrale ist unmittelbar verbunden mit der romanischen Alten Kathedrale (Catedral Vieja). Sie wurde um 1100 gegründet, wohl noch vor 1200 vollendet und ist eine der glänzendsten Schöpfungen dieser Zeit in Spanien.

Im Inneren beeindruckt in der Hauptapsis ein **monumentaler Retablo** mit 53 Darstellungen aus dem Leben Christi und dem Leben Mariä, ebenso wie das große Fresko des Jüngsten Gerichts im Gewölbe ein Werk von Nicolás Florentino, der ab 1445 daran arbeitete. Im Zentrum steht die bronzeverkleidete, mit Edelsteinen geschmückte Statue der Virgen de la Vega (12. Jh.).

Der Claustro (Kreuzgang; 12. Jh.) wurde 1755 beim Erdbeben von Lissabon, das sich bis Salamanca auswirkte, schwer beschädigt und ab 1785 ausgebaut, sodass aus romanischer Zeit nur noch wenig erhalten ist. Dazu gehören die mudéjare Capilla de Talavera mit Skulpturen von Alonso Berruguete und dem Grabmal des Stifters, der auch die Casa de las Conchas erbauen ließ, sowie die Capilla de Santa Bárbara (14. Jh.), in der die Doktoranden die Nacht vor der Prüfung verbringen mussten und auch ihre Prüfung ablegten.

Das **Museum** in den Kapitelsälen besitzt u. a. hervorragende Werke von Fernando Gallego (»Triptychon der Jungfrau mit der Rose«,

»Krönung der Jungfrau«), ein Triptychon von Juan de Flandes und eine elfenbeinerne Marienfigur aus dem 13. Jh.
Öffnungszeiten, KombitTicket: s. Catedral Nueva

Gallé und Lalique

Museo de Art Nouveau y Art Decó

An der Straße von der Catedral Vieja hinab zum Ufer des Río Tormes liegt die **Casa Lis**. Hier ist eines der wenigen Jugendstilmuseen Spaniens zu Hause, das Glasfiguren, Porzellanpuppen, Chryselephantin-Figuren, Emaillearbeiten, Bronzen, Gemälde, Elfenbeinstücke, Möbel, Schmuck sowie Glaskunst der berühmtetsen französischen Glaskünstler Émile Gallé (1846–1904) und René Lalique (1860–1945) ausstellt.
Calle Gibraltar, 14 | Mo.–Fr., So. 11–19, Sa. bis 20 Uhr | Eintritt 5 €
www.museocasalis.org

Das Stadtsymbol

Puente Romano

Von hier sieht man den Puente Romano über den Tormes. Von seinen 27 Bögen stammen die 15 auf der Stadtseite tatsächlich noch aus römischer Zeit. Die Brücke erscheint auch im Wappen der Stadt.

Berüchtigt

Convento de San Esteban

Flussaufwärts und dann links geht man zum etwas erhöht stehenden Dominikanerkloster San Esteban, dessen Kirche 1524–1610 entstand (Fassade mit überreichem platereskem Dekor). In ihr schuf José de Churriguera mit dem vergoldeten Hauptaltar (1693), den Claudio Coellos »Hl. Stephan« krönt, eines seiner Meisterwerke; die drei Nebenaltäre fertigten seine Schüler. Links vom Hochaltar sieht man das **Grabmal des Herzogs von Alba** (1507 - 1582), berüchtigter Statthalter der Spanischen Niederlande. An der Westwand über dem Hochchor brachte Antonio Palomino 1705 das große Fresko »Triumph der Kirche« an.
An die Kirche stößt der zweigeschossige Kreuzgang mit schönen Medaillons, Figurenschmuck und einer Treppe (Escalera de Soto) von Gil de Hontañón.
Plaza del Concilio de Trento, s/n | Sommer tgl. 10–14 u. 16–20, sonst nachm. bis 18 Uhr (Museum Mo. u. So.nachm. geschl.) | Eintritt 4 € | www.conventosanesteban.es

Vorbild Dante

Convento de las Dueñas

Nördlich gegenüber von San Esteban steht der Convento de las Dueñas mit plateresker Fassade von 1533. Er zeichnet sich durch seinen zweigeschossigen Renaissance-Kreuzgang aus; dessen **Säulenkapitelle** sind mit Fabelgestalten behauen, die ihre Vorbilder wohl in Dantes »Commedia Divina« fanden.
Plaza del Concilio de Trento, s/n | Mo.–Sa. 10.30–12.45, 16.30–18.30 bzw.19.30 Uhr | Eintritt 3 €

Westliches Altstadtviertel

Wehrhaftes Stadtpalais

Palacio de Monterrey

Von der Südwestecke der Plaza Mayor führt die Calle del Prior westlich zum stattlichen, um 1540 erbauten Palacio de Monterrey im Renaissancestil, dessen lange Galerie an der Südseite zwei reich ausgebildete, niedrige Türme flankieren.

April – Okt. Di. – So. 10.30 – 14.30 u. 16 – 20, sonst Di. – Do. 10.30 – 14.30, Fr. – So. 10.30-14.30 u. 16-18 Uhr | Eintritt 7 €, Führung 10 €, Spätabendführung 15 € | www.palaciodemonterrey.com

»Italienische« Kirche

La Purísima

In der gegenüberliegenden Kirche La Purísima des Convento de las Agustinas (1598–1636), entworfen von italienischen Künstlern, sind hervorragende Beispiele barocker Malerei zu sehen, u. a. ein Hauptwerk von Ribera (»Immaculata«).

Letztes von einst vier

Colegio Mayor Arzobispo Fonseca

Noch weiter westlich erreicht man das Colegio Arzobispo Fonseca (1527–1578) mit plateresкem Portal, das einzig erhaltene der einst vier Kollegs der Stadt. In der Kirche findet man einen schönen Retablo von Alonso de Berruguete. Der zweistöckige Innenhof mit reizvollen Säulenkapitellen und Medaillonbüsten ist ein Werk von Diego de Siloé.

Südöstlich von Salamanca

Zum Grab der hl. Teresa

Alba de Tormes

Im Städtchen Alba de Tormes (22 km südöstl.) pflegen noch einige **Keramikwerkstätten** das alte Handwerk. Vor allem aber ist es ein bedeutendes Wallfahrtsziel, denn hier starb 1582 die hl. Teresa de Ávila. Durch die Hofhaltung der Herzöge von Alba war die Stadt im »Goldenen Zeitalter« ein geistiges und politisches Zentrum, das in seiner Glanzzeit über 22 000 Einwohner und 18 Kirchen zählte, von denen lediglich vier die Zeiten überdauerten. Vom **Palast der Herzöge** ist nur die mächtige Torre de la Armería erhalten.

Der Ort ist voller Erinnerungen an das Wirken der großen Mystikerin **Teresa de Ávila** (▶ S. 69). Ihr Grab befindet sich in der reich ausgestatteten Kirche des 1570 von ihr gegründeten Karmeliterklosters **La Anunciación**. Die Überreste der Heiligen – Herz und Arm – werden über dem Altar in einem Schrein aufbewahrt.

An der hübschen Plaza Mayor steht die Backsteinkirche **San Juan**, ein romanisch-byzantinischer Bau aus dem 12. Jh., in der ein churrigueresker Retablo von 1771 und eine romanische Apostelgruppe in der Apsis besonders auffallen.

Oficina de Turismo: Calle Castillo, s/n | http://albadetormes.com

★ SAN SEBASTIÁN · DONOSTIA

Provinz: Guipúzcoa | **Höhe:** Meereshöhe | **Region:** Baskenland
Einwohner: 187 900

San Sebastián gilt als eine der schönsten Städte Spaniens. Schlagkräftige Argumente fehlen nicht: die Muschelbucht, die Strände, drei grüne Küstenhügel. Dazu ein netter Hafenbereich, Promenaden, die Altstadt mit ihren Kneipen. Zudem leuchtet über der Stadt der Sternenhimmel für höchste Kochkunst, was für Feinschmecker allein Grund ist, hier Station zu machen.

Königliches »Seebad«

Die Eleganz der Küstenstadt fußt auf dem spanischen Königshaus, das ab Ende des 19. Jh.s hier eine Sommerresidenz unterhielt. So stieg San Sebastián zum »Seebad« auf, ein heute leicht angestaubter Begriff. Die Stadt, die auf Baskisch Donostia heißt, ist seither eines der teuersten Pflaster in Spanien.

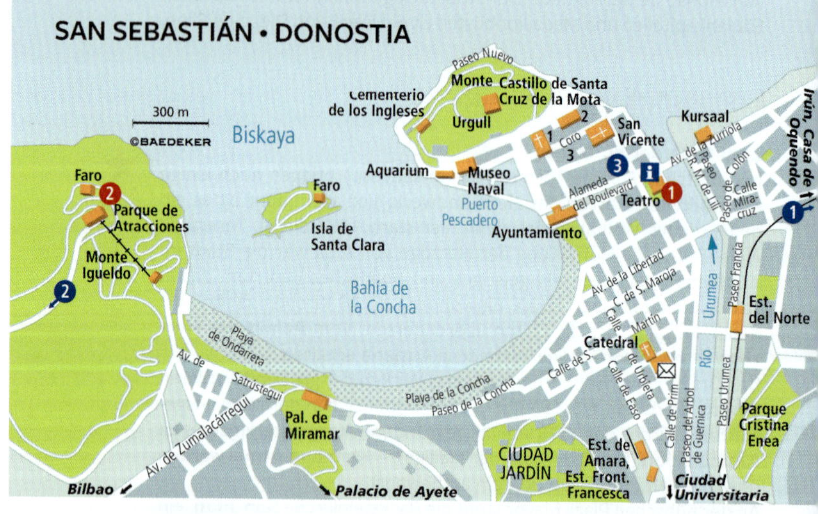

❶ Arzak
❷ Akelarre
❸ Bar Néstor

❶ María Cristina
❷ Mercure San Sebastián Igueldo

1 Basílica de Santa María
2 Museo de San Telmo
3 Plaza de la Constitución

SAN SEBASTIÁN ERLEBEN

OFFICINA DE TURISMO
Alameda del Boulevard, 8
Tel. 943 48 11 66
www.sansebastianturismoa.eus

Großes **Patronatsfest** mit gigantischen Trommelparaden am
20. Januar

Im Sommer wird die **Semana Grande** u. a. mit Feuerwerk, Konzerten und Sportwettbewerben gefeiert.
Eine Woche Mitte Aug.

Im Sept. findet das **Internationale Filmfestival SSIFF** statt
www.sansebastianfestival.com

Bestens shoppen kann man in der Zone zwischen der Plaza Gipuzkoa und der Plaza Buen Pastor, ferner um den **Mercado de la Bretxa**.

1 ARZAK €€€€
Eines der besten und teuersten Restaurants des Landes. Wer zu Spitzenköchin Elena Arzak kommt, bestellt das Degustationsmenü und achtet nicht auf den Euro. Frühzeitig reservieren!
Avenida Alcalde Elósegui, 273
Tel. 943 28 55 93, www.arzak.es
So., Mo. geschl.

2 AKELARRE €€€€
Hoch auf dem Igueldo gibt man sich leidenschaftlich der Neuen Baskischen Küche hin. Qualität und Preise sind gleichermaßen Spitze.
Paseo del Padre Orcolaga, 56, Barrio de Igueldo, Tel. 943 31 12 09, http://akelarre.net
So., Mo. geschl.

3 BAR NÉSTOR €€
Der rege Zulauf spricht für die Beliebtheit. Ob Tomatensalat oder Steak, alles schmeckt hervorragend.
Arrandegi, 11; Tel. 943 42 48 73
So. abends, Mo. geschl.
http://bar-nestor.negocio.site

1 MARÍA CRISTINA €€€€
Das exklusivste Haus am Platz bietet alles für einen luxuriösen Aufenthalt, was auch Promis zu schätzen wissen.
Paseo República Argentina, 4
Tel. 943 43 76 00
www.marriott.com

2 MERCURE SAN SEBASTIÁN IGUELDO €€€€–€€€
Traumaussichten über San Sebastián sind das beste Argument für die Wahl dieses auf dem Monte Igueldo gelegenen Hotels.
Paseo del Faro, 134, Tel. 943 21 02 11, www.monteigueldo.com

Pintxos, nicht Tapas!
Die Altstadt von San Sebastián hat **eine der höchsten Kneipendichten Spaniens**. Und hier gibt es nach Meinung von Kennern auch **die besten Häppchen des Landes**. Hochgenuss ist also garantiert! Begehen Sie aber keinen Fauxpas bei der Bestellung: Die Häppchen heißen auf Baskisch Pintxos (sprich: pintschos), nicht Tapas!

Kneipenviertel

Verlockende Pintxos gibt es an vielen Plätzen in San Sebastiáns Altstadt.

Wohin in San Sebastián?

Logenplätze

Altstadt

Mittelpunkt der Altstadt ist die arkadengesäumte **Plaza de la Constitución**, früher Schauplatz für Stierkämpfe; Nummerierungen an den Häusern zeigen die einstigen Logenplätze an. Rundherum finden sich reichlich **Pintxos-Kneipen**.
Nordöstlich des Platzes liegt die gotische Kirche **San Vicente** (1507); das Gotteshaus besitzt einen reich mit Figuren bestückten Schnitzretablo von 1584.

Stadtgeschichte im ehemaligen Kloster

Museo de San Telmo

Nahe San Vicente ist im ehemaligen Kloster San Telmo, einem Renaissancebau des 16. Jh.s, und einem modernen Anbau das thematisch breit gefächerte Museo de San Telmo (San Telmo Museoa, STM) eingerichtet. Es gibt Wechselausstellungen neben den ständigen Exponaten, wobei die Sektionen Schöne Künste und Volkskunde besonderes Augenmerk verdienen. Interessant sind auch der Kreuzgang und der Zugang in die alte Kirche.

Plaza Zuloaga, 1 | April–Okt. Di.–So. 10–20, sonst bis 19 Uhr
Eintrittt 6 €, Di. frei | www.santelmomuseoa.eus

Die Einsamkeit des Stiers in der riesigen Plaza de Toros Las Ventas in Madrid

Ursprünge

Die historischen Spuren des Kampfes zwischen dem Stier und dem Menschen sind alt, sie verlieren sich bis in prähistorische Zeiten in verschiedenen Kulturkreisen. Bis sich in Spanien das **Regelwerk der Corrida** im Verlauf des 18. Jh.s herausbilden konnte – wesentlich formuliert von der Familie Romero aus Ronda –, gab es die unterschiedlichsten Formen des Kampfes. Während und nach der Reconquista waren es meist nur Angehörige der obersten Schichten, die bei Festen am Hof und bei Waffenübungen zu Pferd gegen den Stier antraten.
Im Verlauf des 18. Jh.s – die Bourbonen tolerierten Kampfspiele bei Hofe immer weniger – waren es dann Dienstleute der Adligen, die ohne Pferd vor Publikum kämpften und damit die heutige Form des Stierkampfs begründeten. Zugleich begann die **systematische Aufzucht** von Kampfstieren, der Toros bravos.

Gelder aus der Staatskasse

Heute finden alljährlich etwa **11 000 Kampfstiere** den Tod in Arenen. Vehement dagegen wettert die spanische **Tierschutzpartei** (Partido Animalista, kurz Pacma; http://pacma.es) und fordert ein definitives landesweites Verbot. Die Partei erinnert auch daran, dass der Staat das Stierkampfwesen in einer Größenordnung von **600 Millionen Euro** unterstützt – und zwar mit dem Geld aller Spanier.

Churrrigueereske Pracht

Basílica de Santa María del Coro

Die 1764 vollendete Basílica de Santa María del Coro ist ein auf einen romanischen Vorgänger zurückgehender Barockbau mit reicher churrigueresker Fassade am Hang des Monte Urgull. Der Hauptaltar zeigt die beiden Stadtpatrone, die Virgen del Coro und den hl. Sebastian.

Hinauf auf den Stadtberg

Monte Urgull

Zwei Möglichkeiten gibt es, den Monte Urgull (135 m) zu erklimmen, auf dessen Spitze eine 12 m hohe **Christusstatue** emporragt und das **Castillo** de Santa Cruz de la Mota thront. Man nimmt den Stufenweg, der bei der Basilika beginnt, oder einen längeren Weg, der den kleinen **Cementerio de los Ingleses** im Westen passiert, auf dem englische Gefallene aus den Karlistenkriegen begraben sind.

Bootsfahrt

Hafen

Vom Sport- und Fischerhafe kann man in der wärmeren Jahreszeit mit dem Boot zur von einem Leuchtturm bekrönten **Isla de Santa Clara** in der Mitte der Muschelbucht übersetzen.
Das **Aquarium** bietet Touren durch die Meereswelt; u. a. geht es durch einen Acrylglastunnel mit 360-Grad Perspektive.

Boote zur Insel: hin und zurück 4 €, kleine Rundfahrt durch die Bucht 7 € | http://motorasdelaisla.com | **Aquarium:** April–Sept. tgl. ab 10, sonst Di.–So. ab 11 Uhr | Eintritt 14 € | http://aquariumss.com

Schöne Ausblicke über Felsenufern

Paseo Nuevo

Etwas oberhalb des Aquariums beginnt der Paseo Nuevo, eine schöne **Promenade**, die unterhalb des Monte Urgull über felsigen Ufern bis zur Mündung des Río Urumea führt und schöne Aussichten bietet.

Umstritten und preisgekrönt

Palacio Kursaal

An der Mündung des Río Urumea steht das wohl umstrittenste Gebäude der Stadt: der vom spanischen Stararchitekten Rafael Moneo entworfene, mit dem Pritzker-Preis bedachte Kongress- und Kulturpalast von 1999, der tatsächlich »Kursaal« heißt. Dahinter beginnt die **Playa de Zurriola**, die besonders Surfer anzieht.

Ein dominanter Turm

Neustadt

Südlich der Altstadt ragt der 75 m hohe Turm der 1880 von Manuel de Echave begonnenen, 1897 vollendeten Kathedrale **Catedral del Buen Pastor** im neogotischen Stil aus dem Häusermeer der Neustadt.

Treffpunkt »Muschelbucht«

Bahía de la Concha

An der »Muschelbucht« treffen sich alle – Flaneure und Jogger ebenso wie Wassersportler und Sonnenanbeter. Etwa auf Höhe der einstigen königlichen Sommerresidenz **Palacio de Miramar** treffen die Strände Playa de la Concha und Playa de Ondarreta aufeinander.

Auf den Felsen am Westende der Bucht platzierte der baskische Bildhauer **Eduardo Chillida** sein Skulpturenensemble Peine del Viento (»Windkamm«). Den größeren östlichen Teil der Bucht umrahmt der Paseo de la Concha, der schicksten Promenade der Stadt. Mitten in der Bucht liegt die kleine grüne, bis zu 48 m hohe Felseninsel **Isla de Santa Clara** (Bootsverbindung vom Hafen, ▶ S. 415), wo man zum Leuchtturm spaziert und drinnen eine Installation der aus San Sebastián stammenden Cristina Iglesias bewundert.

Auf dem zweiten Stadtberg

Monte Igueldo

Gegen Ende der Playa de Ondarreta verkehrt eine **Standseilbahn** (Funicular) hinauf auf den Monte Igueldo (184 m), von dem sich ein herrlicher Panorama-Rundblick auf Stadt, Meer und baskisches Bergland bietet. Auch ein leicht antiquierter **Vergnügungspark** (Parque de Atracciones) ist hier oben angesiedelt.

Funicular: tgl. ab 11 Uhr alle 15 Min. | hin und zurück 4,25 € inkl. Eintritt in den Park mit Aussichtspunkt | www.monteigueldo.es

Rund um San Sebastián

Typisch bunt

Pasai Donibane

Aus gerade einer einzigen Straße und einer Plaza besteht der alte Hafenteil von **Pasaia** (10 km östl.), Pasai Donibane, alles bunt und pittoresk. Von hier segelte 1777 der französische General Lafayette nach Amerika, um die Patrioten zu unterstützen. 1843 wohnte **Victor Hugo** im Haus Nr. 63.

Casa Museo Victor Hugo: wg. Restaurierung bis auf Weiteres geschl.

Umkämpft

Hondarribia

Nahe der spanisch-französischen Grenzstadt Irún nordöstlich von San Sebastián, an der Mündungsbucht des Río Bidasoa, war Hondarribia einst eine wichtige, häufig umkämpfte Festung gegen Frankreich. Auf einem Spaziergang durch die Gassen der **Altstadt**, die man durch die Puerta de Santa María (15. Jh.) betritt, begegnen einem alte, wappengeschmückte Häuser.

In der Pfarrkirche Nuestra Señora de la Asunción wurde am 3. Juni 1660 »per procurationem« die Ehe zwischen **Infantin María Teresa und Ludwig XIV. von Frankreich** geschlossen, der sich durch einen spanischen Minister vertreten ließ; am 9. Juni dann heirateten die beiden St-Jean de Luz von Angesicht zu Angesicht.

Von der Terrasse des **Palacio del Rey Carlos V** (Palast Karls V.; 12. Jh.) an der Plaza de Armas, heute Parador-Hotel, hat man Aussicht auf das französische Hendaye, die Flussmündung und den Leuchtturm am **Cabo Higuer** im Norden, wahrscheinlich die Stelle eines antiken Venusheiligtums.

Sandstrand, Sporthafen und Promenaden machen Hondarribia zu einem beliebten Badeort. Das Preisniveau ist hoch, die Parkplatzsuche oft ein leidiges Problem. Vom Hafen starten **Bootsausfahrten** durch die Bucht und bis hinter die Flussmündung aufs offene Meer.
Oficina de Turismo: Arma Plaza, 9 | Tel. 943 64 36 77
http://hondarribiaturismo.com

Zur Schwarzen Madonna

Straße auf den Jaizkibel

Von Hondarribia führt eine landschaftlich reizvolle Straße Richtung Westen auf den mit dichtem Gesträuch bewachsenen Sandsteinrücken des Jaizkibel (584 m) mit der Wallfahrtskirche **Nuestra Señora de Guadalupe**. Hier wird eine schwarze Madonna verehrt. Nahebei verläuft um die Festungsreste ein Spazierweg.

Skulpturen von Chillida

Hernani

Hernani (10 km südl. von San Sebastián) besitzt ein fantastisches Museum: Im 10 ha großen Skulpturenpark des **Museo Chillida Leku** in einem ehemaligen Bauernhaus kontrastieren Werke des berühmtesten baskischen Bildhauers **Eduardo Chillida** (1924–2002) in ihren matten Rosttönen mit den sie umgebenden begrünten Hügeln und uralten Bäumen.
Museo Chillida Leku: Barrio Jauregui, 66 | tgl. außer Di. 10–18, Juli, Aug. bis 19 Uhr | Eintritt 14 € | www.museochillidaleku.com

Vom Monte Igueldo geht der Blick auf die Muschelbucht und die Isla de Santa Clara.

SANTANDER

Provinz/Region: Cantabria | **Höhe:** Meereshöhe | **Einwohner:** 172 600

Wer über Spaniens schönste Küstenstädte sinniert, kommt an Santander nicht vorbei. Herrliche Strände zeigen zur weiten Hafenbucht hin.

Der schon in römischer Zeit bekannte Hafen ist bis heute einer der wichtigsten Handelsplätze im spanischen Norden. Ähnlich wie in San Sebastián ließ sich hier das Königshaus einen Palast errichten und leitete damit den Aufstieg zum mondänen Badeort ein. Die 1932 erfolgte Gründung der Sommeruniversität brachte weitere Impulse. 1941 wurden große Teile der Altstadt durch eine Feuersbrunst zerstört.

Wohin in Santander?

★ Centro Botín

Renzo Pianos »fliegendes« Gebäude

Architektonisches und kulturelles Aushängeschild der Stadt ist der Centro Botín. Der avantgardistische Koloss, ein Werk von Renzo Piano und Luis Vidal + Architects, stößt direkt an die Bucht und ist an die Promenade angebunden. In diesem 2017 eröffneten **Kunst- und Kul-**

SANTANDER ERLEBEN

OFICINA DE TURISMO
Paseo de Pereda (Jardines de Pereda), Tel. 942 20 30 00
http://turismo.santander.es

Im Sommer erinnert das historische Badefest **Baños de Ola** an die Anfänge des Badeturismus.
Mitte Juli–Mitte Aug.

Gruppen aus aller Welt treten beim **Festival Internacional Santander** an verschiedenen Spielstätten auf.
Aug., http://festivalsantander.com

1 CADELO €€€–€€
Gastronomische Perle mit originellen Kreationen. Frühzeitig reservieren!
Río de la Pila, 18
Tel. 942 22 10 51

2 BODEGA CIGALEÑA €€€
Traditionelle kantabrische Küche in uriger Umgebung, mit **Weinmuseum**.
Daoiz y Velarde, 19, Tel. 942 21 01 84, www.cigalena.com

3 BAR ABEL €€€–€
Hausmannskost mit freundlichem Service. Hier bekommt man schmackhafte Portionen (»raciones«): Seehechtbällchen mit Gambas oder eingelegte Sardellen.
Calle de Fernando de los Ríos, 62
Tel. 942 31 35 03

1 EUROSTARS HOTEL REAL €€€€
FElegantes Haus in der Höhe über Santander, mit fünf Sternen gekrönt und doch nicht überzogen teuer.
Paseo Pérez Galdós, 28
Tel. 942 27 25 50
www.eurostarshotels.com

2 NH CIUDAD DE SANTANDER €€
Modernes Haus in belebter Zone – Puerto Chico und die Buchtpromenaden liegen in bequemer Gehweite.
Paseo Menéndez Pelayo, 13–15
Tel. 942 31 99 00, www.nh-hoteles.es

turzentrum wird eine ständige Sammlung präsentiert, daneben gibt es Wechselausstellungen, Konzerte, Kino und Vorträge. Von den Außenanlagen samt Treppenaufstiegen blickt man schön über die Bucht.
Muelle de Albareda | Di. – Fr. 10 – 14 u. 16 – 20, Sa., So. 10 – 20 Uhr
Eintritt 9 € | www.centrobotin.org

Zwei Märtyrer

Catedral

Gegenstück zur Moderne ist die Kathedrale Nuestra Señora de la Asunción, ursprünglich gotisch (13. Jh.) und nach dem Stadtbrand wiederhergestellt. Sie birgt die große, separat zugängliche **Krypta Iglesia del Cristo** (um 1200) mit Gebeinen der Märtyrer Celedonis und Emeterius. Im Kreuzgang ist der in Santander geborene Schriftsteller und Gelehrte Marcelino Menéndez Pelayo (1856–1912) bestattet.
Tgl. 10–13/13.30, 16/16.30/17–19.30/20/21 Uhr | Eintritt frei

Im Palast von La Magdalena verbrachte König Alfons XIII. die Sommer.

Schade

MAS: Museo de Arte Moderno y Contemporáneo

Das städtische **Kunstmuseum** MAS in der Calle Rubio Nr. 6 nordwestlich des Rathauses, das u. a. ein Werk von Goya besitzt, würde man ebenso gerne besuchen wie das frühere Wohnhaus des in Santander geborenen Literaten und Historikers **Menéndez Pelayo** – wären beide nicht seit Jahren wegen Renovierung geschlossen.

Bis auf Weiteres geschl.

Zum Kleinen Hafen

Paseo de Pereda

Östlich des Parks **Jardines de Pereda** ziehen sich bis zum **Puerto Chico** (Kleiner Hafen) die Anlagen des aussichtsreichen Paseo de Pereda am Meer entlang.

Fischerei und Meereswelt

Museo Marítimo del Cantábrico

Das meereskundliche Museum zwischen Puerto Chico und Península de la Magdalena informiert umfassend über das Leben in der Kantabrischen See und die große Bedeutung des Fischfangs für die Küstenregion.

Avenida de Severiano Ballesteros, s/n | Mai–Sept. Di.–So. 10–19.30, sonst bis 18 Uhr | Eintritt 8 € | www.museosdecantabria.es/museo-maritimo

Flanieren auf der wunderschönen Halbinsel

Península de la Magdalena

Im Osten stößt die Halbinsel La Magdalena weit ins Meer vor. Hier erhebt sich der **Palacio Real de la Magdalena** (1912), einst Sommerpalast von König Alfons XIII., der heute Institute der Sommeruniversität beherbergt. Auf der Halbinsel gibt es schöne, schattige Spazierpfade, einen kleinen Freiluftzoo und Nachbauten historischer Schiffe.

Ein Hauch von Belle Époque

Strände

Die Halbinsel unterteilt die beiden städtischen Strandzonen. Sie beginnen im Westen an der **Playa de los Peligros** (östl. des Schifffahrtsmuseums), gefolgt von der sehr schönen **Playa de la Magdalena**. Nordwestlich der Halbinsel erstreckt sich der fantastisch schöne, saubere Badestrand **El Sardinero** mit seinen Strandterrassen, dem Gran Casino dahinter, Restaurants und mondänen Hotels, die heute noch einen Hauch von Belle Époque verbreiten.

Kunst beim Leuchtturm

Faro de Cabo Mayor

Etwa 2 km nördlich von El Sardinero blinkt seit 1839 der Leuchtturm des Cabo Mayor. Im ehemaligen Leuchtturmwärterhaus zeigt das Centro de Arte Faro de Cabo Mayor Kunst rund ums Thema Meer.

Rund um Santander

Wildpark in weiträumiger Landschaft

Parque de la Naturaleza Cabárceno

17 km südlich von Santander liegt in einem einstigen Eisenminengebiet ein Wild- und Naturpark. Man durchfährt das Gelände im eigenen Fahrzeug zwischen Elefanten, Löwen und Giraffen. Man kann das Gelände auch per **Seilbahn** überqueren.

Anfahrt über Obregón oder Cabárceno | tgl. 9.30/10–17/18 Uhr
je nach Saison 32–39 € | http://parquedecabarceno.com

Tropfsteine und zauberhafte Tierbilder

Cueva de El Castillo

Südwestlich von Santander geht es an der Industriestadt **Torrelavega** vorbei oder über Renedo ins Tal des Río Pas und weiter nach **Puente Viesgo**. In der Nähe wurden mehrere **Höhlen** mit 10 000–15 000 Jahre alten **Felsmalereien** wiederentdeckt, so die Cueva de El Castillo und die Cueva de la Pasiega. Die ausgemalten Höhlen zählen zu denprähistorischen UNESCO-Grotten Kantabriens (► Baedeker Wissen, S. 436). Besonders beeindruckend ist die Führung in einer kleinen Gruppe durch die südlich gelegene **El-Castillo-Höhle**, zu deren Eingang ab Puente Viesgo ein Sträßchen 1,4 km hinauf ins Gebirge führt. In der Höhle treten die Tropfsteine vor den Zauberbildern der steinzeitlichen Künstler zurück. Zu den Motiven zählen Hirschkühe, Hände, Reihen rötlicher Punkte und andere geheimnisvolle Zeichen, deren

Bedeutung bis heute nicht entschlüsselt ist. Die Besucherzahl ist begrenzt, unbedingt reservieren (Tel. 942 59 84 25).
Mitte Juni–Mitte Sept. Di.–Sa. 9.30–13.30 u. 14.30–18.30, So. 9.30–15, März–Mitte Juni u. Mitte Sept.–Mitte Okt. Di.–Sa. 9–13.30 u. 14.30–18, So. 9–14.30 Uhr; sonst Di.–Fr., So. 9–15, Sa. 9–14 u. 15–17 Uhr | Eintritt 5 € | http://cuevas.culturadecantabria.com

Zu Quelle und Stausee des Ebro

Reinosa

Südlich von Torrelavega geht es durch die Bergwelt hindurch ins Städtchen Reinosa. Bei **Fontibre**, 4 km westlich von Reinosa, entspringt in einem kleinen waldigen Tal der Ebro. Östlich von Reinosa beginnt der große, attraktive Ebro-Stausee (**Embalse de Ebro**), eines der größten Wasserreservoirs des Landes und besonders für Hobby-Ornithologen, Badegäste und Wassersportler ein lohnendes Ziel.

Unterirdisches Juwel

Cueva El Soplao

Etwa 60 km südwestlich von Santander können Sie die Soplao-Höhle mit vielfältigen **Tropfsteinbildungen** und Kristallisationen von Kalzit und Aragonit besichtigen. Die Anfahrt führt über **Rábago**.
Tgl. ab 10 Uhr, Okt.–Juni Mo. geschl. | Eintritt 14 € | www.elsoplao.es

SANTIAGO DE COMPOSTELA

Provinz: La Coruña | **Höhe:** 260 m ü. d. M. | **Region:** Galicien
Einwohner: 98 200

Dieser Platz ist einzigartig in Spanien: die Praza do Obradoiro, ein riesiges Rechteck zu Füßen der Kathedrale, gibt Raum für die zahlreichen Jakobspilger, Reisegruppen, gelegentliche Aufmärsche und Feste. Rundherum breitet sich die Altstadt aus, die ganz besonders von einem Baumaterial bestimmt wird: Granit.

Ziel der Jakobspilger

Santiago de Compostela, **der berühmteste spanische Wallfahrtsort**, lockt seit dem Mittelalter Jakobspilger aus aller Herren Länder an (▶ Das ist ..., S. 8; Übersicht der Pilgerwege ▶ Baedeker Wissen, S. 612). Zugrunde liegt eine Legende: Um das Jahr 813 fand angeblich ein Eremit namens Pelayo bzw. der nächstzuständige Bischof Teodomiro hier die Gebeine des **Apostels Jakobus des Älteren** (span. Santiago el Mayor), des spanischen Nationalheiligen. Nach Jerusalem und Rom stieg Santiago zum drittbedeutendsten Wallfahrts-

Endlich angekommenam Ziel des langen Marsches: die Kathedrale von Santiago de Compostela.

ziel der Christenheit auf. Fällt der Jakobustag, der Namenstag des Heiligen am 25. Juli, auf einen Sonntag, steht laut Papstprivileg ein **Heiliges Jahr** (Año Santo) an, nächstes Mal **2027**. Es beginnt traditionsgemäß mit der Öffnung der »Heiligen Pforte« (Puerta/Porta Santa) der Kathedrale auf der Praza da Quintana (▶ S. 432).

SANTIAGO DE COMPOSTELA ERLEBEN

OFICINA DE TURISMO

Rúa do Vilar, 63
Tel. 981 55 51 29
www.santiagoturismo.com

Bei den **Fiestas del Apóstol** wird der Apostel Jakobus mit Messen, Folklore, Konzerten und Theater geehrt.
2. Juli-Hälfte

Käse, Würste, Schinken, Fisch, Gemüse – in den Markthallen des **Mercado** im oberen (östlichen) Teil der Altstadt und an Freiluftständen, wo Bäuerinnen und Bauern ihre Waren feilbieten, gibt es eine riesige Auswahl. Das Treiben ist munter, das Preisniveau bodenständig.
Um den Markt herum konzentrieren sich **kleinere Geschäfte**.
www.mercadodeabastosdesantiago.com

❶ MESÓN 42 €€€

In der belebtesten **Restaurantgasse** der Altstadt gelegen. Spezialität: Fisch und Krustentiere. Sollte es dort zu voll sein, finden Sie rundherum reichlich weitere Lokale!
Rúa do Franco, 42, Tel. 981 58 10 09, www.meson42.com

❷ CAFÉ CASINO €

In Santiagos schönstem Kaffeehaus mitten im Geflecht der Altstadtgassen trifft man sich zu Kaffee und Kuchen oder warmen Bistro-Mahlzeiten.
Rúa do Vilar, 35, Tel. 981 57 75 03
http://cafecasino.gal

❶ PARADOR DE SANTIAGO €€€€

Der Parador logiert in einem der schönsten Stadtgebäude, der von Isabella und Ferdinand von Spanien gestifteten Pilgerherberge (später: Stadtspital) im Stil der Gotik und Renaissance, mit vier Innenhöfen und plätschernden Brunnen. Top-Lage am Kathedralplatz, gutes Restaurant.
Praza do Obradoiro, 1, Tel. 981 58 22 00, http://paradores.es

❷ EXE PEREGRINO €€€

Ein modernes Hotel mit soliden Zimmern am Südwestrand des Zentrums. Mit Sommerpool und schöner Aussicht von den Zimmern in den obersten Stockwerken.
Avenida Rosalía de Castro, s/n
Tel. 981 79 52 99
www.eurostarshotels.com

Mehr als nur ein Pilgerziel

Santiago de Compostela ist aber nicht nur Pilgerort, sondern auch Hauptstadt der Autonomen Region Galicien, Universitäts- und Studentenstadt. Die **Altstadt** zählt zum UNESCO-Welterbe. Es gibt auch kulinarisch manches zu entdecken. Darüber hinaus gehört Santiago de Compostela zu den regenreichsten Städten Spaniens – dies erklärt, warum überall aus den Ritzen von Gebäuden Moos wuchert.

UNESCO-Welterbe

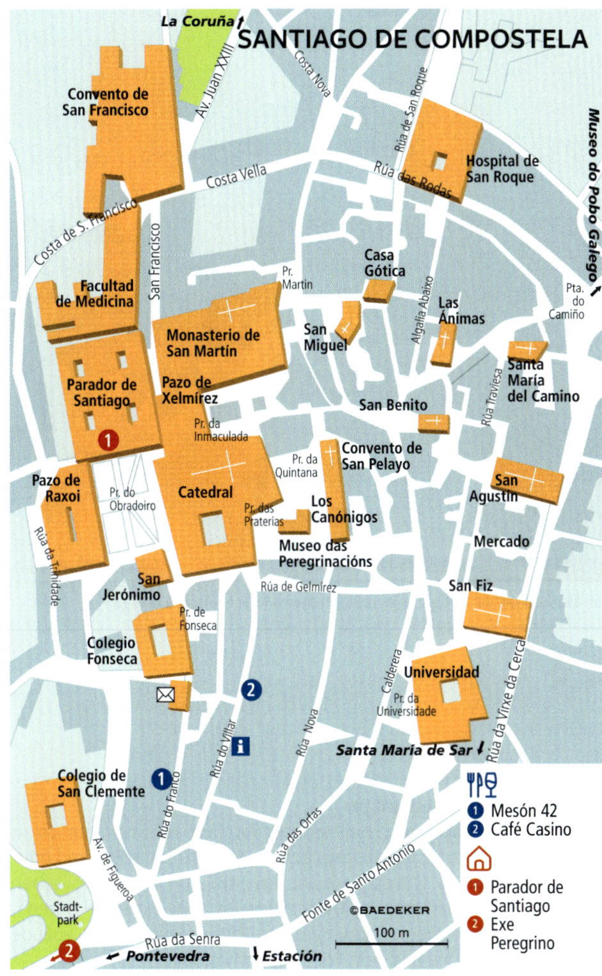

Viel Muskelkraft ist nötig, um den Botafumeiro in Schwung zu bringen

Catedral de Santiago

Tgl. 7–21 Uhr (kein Zutritt mit Pilgerrucksäcken) | Kathedrale Eintritt frei, Pórtico de la Gloria 12 € inkl. Museum
http://catedraldesantiago.es

Praza do Obradoiro

Treffpunkt der Jakobspilger
Auf dem **Kathedralplatz** inmitten der Altstadt wimmelt nur es so von Touristen, Händlern, Jakobspilgern zu Fuß, auf dem Fahrrad oder gar zu Pferd. An der Nordseite steht das 1489 von den Katholischen Königen gegründete **Hospital Real**, heute Parador-Hotel (▶ unten), mit herrlich platereskem, wappengeschmücktem Portal. Das Gebäude umschließt vier Höfe aus dem 16.–18. Jahrhundert.

Nördlich an die Kathedrale grenzt der Erzbischöfliche Palast, der über dem wiederhergestellten, romanischen **Pazo de Xelmírez** errichtet wurde. Gegenüber der Kathedrale zieht sich über die ganze westliche Längsseite des Platzes der **Pazo de Raxoi** (1777), in dem Rathaus und Regierung Galiciens untergebracht sind. Auffällig am obersten Teil der Fassade ist das riesige Relief des hl. Jakobus als Maurentöter.
Die Südseite des Platzes markiert das **Colegio de San Jerónimo**, als kleinstes, vergleichsweise schlichtestes Gebäude. Das schöne Figurenportal stammt von 1490. Südlich dahinter liegt das 1544 errichtete **Colegio de Fonseca** mit einem schönen, zugänglichen Innenhof.

Außen barock, innen romanisch

Außenansicht der Kathedrale

Die Kathedrale, trotz barocker Fassade im Inneren eines der hervorragendsten Denkmäler romanischer Baukunst (▶ Baedeker Wissen, S. 428), entstand 1060–1211 anstelle einer Kirche des 9. Jh.s. Die frühe Basilika wurde 997 von den Mauren unter Almansur zerstört, doch tastete er die Reliquien nicht an – so will es zumindest die Legende. Unter Alfons VI. begann der Neubau; nach Abschluss der wesentlichen Arbeiten kamen immer wieder neue Bauelemente hinzu, bis schließlich die barocke Umgestaltung der Außenseiten erfolgte.
Die der Praza do Obradoiro zugekehrte **Westfassade** ist eine der eindrucksvollsten Kirchenfassaden Spaniens. Sie wurde 1738–1747 von Fernando Casas y Novoa in verschwenderischem Barockstil ausgeführt. Über dem Mittelgiebel, flankiert von zwei 76 m hohen, reich gegliederten Türmen, erhebt sich das Standbild des hl. Jakobus. Die Fassade ist umfangreich restauriert worden.
Heute dient das **Südportal** (Puerta de las Platerías) oberhalb der Praza das Praterías (▶ S. 430) als Haupteingang in die Kathedrale; hinaus geht es durch das **Nordportal** (Puerta de la Azabachería).

Einst das erste Ziel aller Pilger

Pórtico de la Gloria

Ein heute gebührenpflichtiger Sonderzugang führt vor den Pórtico de la Gloria, der alten Westportalfassade zugehörig, die durch die barocke Umgestaltung von außen verborgen bleibt. Diese dreiteilige Vorhalle wurde 1166–1188 von Meister Mateo ausgeführt. In der Archivolte sind die 24 Ältesten der Apokalypse dargestellt. Die die **Wurzel Jesse** symbolisierende Mittelsäule war früher immer das erste Ziel der Pilger. All das war früher der Fall, als der Klerus von Santiago den Kunstschatz noch nicht teuer vermarktete. In der Mitte steht eine **Statue des Apostels**; das Kapitell zeigt die hl. Dreifaltigkeit. An der Säulenbasis zeugt der abgeschliffene Marmor vom jahrhundertealten Brauch, sie am Ende der Wallfahrt mit der Hand zu berühren. Ebenso war es üblich, mit dem Kopf die dem Altar zugewandte, kniende **Statue des Meisters Mateo** zu berühren – beides war früher der Fall, als der Klerus von Santiago den Kunstschatz noch nicht teuer vermarktete.

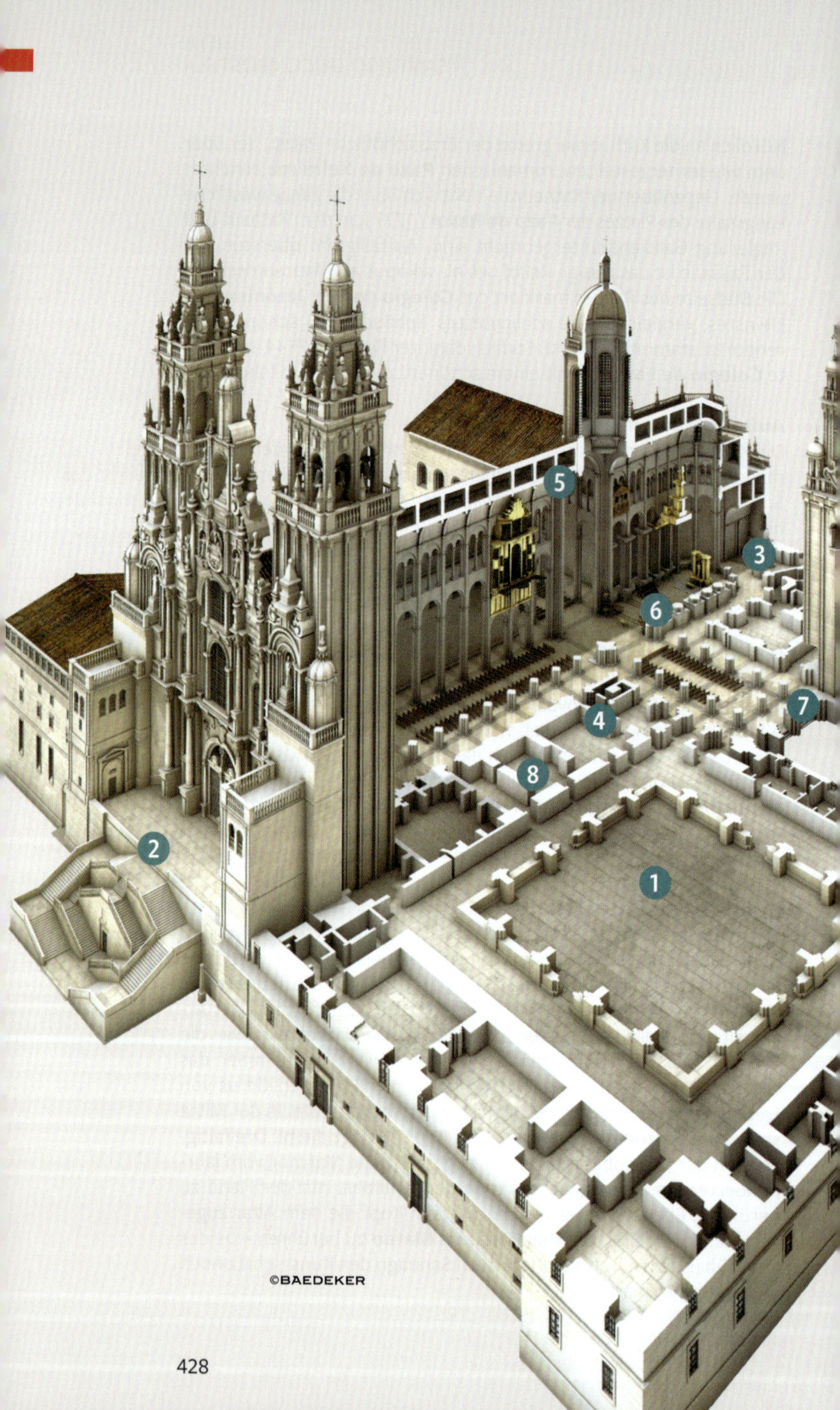

1
2
3
4
5
6
7
8
©BAEDEKER

ERSEHNTES PILGERZIEL

In der Kathedrale von Santiago de Compostela endet die Pilgerreise auf dem Jakobsweg. Ziel der Gläubigen ist das Grab des Apostels Jakobus (span. Santiago Apóstol) bzw. die Apostelfigur in der Capilla Mayor über dem Grab. Das großartige Bauwerk wurde im 17. und 18. Jh. von außen barock umgestaltet, im Inneren jedoch dominiert die Romanik.

1 Claustro
Der 1521–1586 im plateresken Stil erbaute Kreuzgang gehört heute zum Museumsbereich, in dem die Bandbreite von archäologischen Stücken über Skulpturen aus dem Mittelalter bis zu Wandteppichen reicht.

2 Portal
Eine 1606 angelegte Freitreppe führt zum Portal der majestätischen Kathedrale. Darunter befindet sich das romanische Gewölbe der Catedral Vieja, des ältesten erhaltenen Teils (11. Jh.) der Kathedrale.

3 Krypta
Unter dem Altar der Capilla Mayor geht es hinab zur Krypta mit den Gräbern des Jakobus und seiner Schüler Theodorus und Athanasius; die silberne Kassette mit den Gebeinen des Apostels wurde im 19. Jh. gefertigt.

4 Kuppel
In der 1445 vollendeten Vierungskuppel erkennt man die 1604 angebrachte Vorrichtung zum Schwingen des Weihrauchfasses »Botafumeiro«.

5 Capilla del Sagrado Corazón
Eine hohe runde Marmorkuppel im linken Seitenschiff überspannt die Capilla del Sagrado Corazón mit Bischofsgräbern.

6 Capilla de la Concepción
Sie birgt das Grabmal des Chorherrn Rodríguez, gestaltet von Cornelis de Holanda.

7 Capilla de Mondragón
Die Capilla de Mondragón im rechten Chorumgang ziert eine herrlich gearbeitete Decke.

8 Capilla de San Fernando
Hier ist der Kirchenschatz (»tesoro«) untergebracht. Unter den Exponaten (vor allem Prunkgewänder und Silberarbeiten) ragt eine silberne Custodia von Antonio de Arfe (1545) hervor.

Die gebündelten **seitlichen Säulen** tragen rechts Skulpturen von Petrus, Paulus, Jakobus und Johannes und im Bogen darüber Gottvater, Gottsohn und Szenen des Jüngsten Gerichts; links erkennt man Moses, Jesaja, Daniel und Jeremias, im Bogen u. a. den Erlöser, Adam und Eva.

Als einzige Figur im Pórtico de la Gloria lächelt **Daniel**, kirchenoffiziell zur Ankündigung des heiligen Engels von Reims. Der Volksmund will es besser wissen: Ihm zufolge freut(e) sich Daniel über die barbusige Maid gegenüber. Das missfiel der geistlichen Obrigkeit, weshalb sie die Brüste abschleifen ließ. Flugs formten die Bauern ihren Käse nach dem verlustig gegangenen Busen und nannten ihn **Queso de Tetilla** (Kleiner-Busenkäse).

Opulenz über dem Apostelgrab

Capilla Mayor

Den 94 m langen, im Mittelschiff 24 m, in der Kuppel 33 m hohen Kirchenraum beherrscht die über dem Grab des Jakobus errichtete, verschwenderisch gearbeitete Capilla Mayor (▶ Abb. S. 11). Der Hauptaltar besteht aus einem figurenreichen Aufbau aus Jaspis, Alabaster und Silber (1665–1669) und dem 1715 fertiggestellten eigentlichen **Altar**. Nicht mehr gestattet ist die Umarmung der Apostelfigur im Hochaltar zum Abschluss der Pilgerreise

Das Grab des Jakobus?

Krypta, Dommuseum

Ein Abstieg unter dem Altar führt in die Krypta zum (vermeintlichen) Jakobusgrab. Vom Innern der Kathedrale oder der Praza do Obradoiro aus gelangt man ins weitläufige Dommuseum.

»Raumdeo« mit finanziellem Mehrwert

Botafumeiro

Gelegentlich kommt in der Kathedrale das 1,5 m hohe, 50 kg schwere Räucherfass Botafumeiro aus versilbertem Messing zum Einsatz. Es hängt an einer Seilkonstruktion in der Hauptkuppel. Von acht Männern in Gang versetzt, rauscht es dynamisch durch das Querschiff, um Weihrauch zu verteilen – ein religiöses, würdevolles und einmaliges Erlebnis. Auch früher schon verteilte man Weihrauch in der Kirche – wenn auch aus profanen Gründen, denn nach ihren langen Märschen rochen die Jakobspilger oft ziemlich streng. Der Botafumeiro **kann vorbestellt werden** – gegen einen festen »Spendensatz« – Geschäft ist Geschäft.

Das älteste Kirchenportal

Porta de las Platerías

Oberhalb der Praza das Praterías können Sie das **Südportal** der Kathedrale studieren: die mit zahlreichen romanischen Bildwerken geschmückte **Porta de las Platerías**, das älteste erhaltene Kirchenportal. Der Figurenschmuck stammt teilweise vom 1117 zerstörten Nordportal. Man erkennt u. a. im Tympanon die Geburt Christi, die Anbetung der Könige und die Versuchung Christi; im Gewände die Er-

CATEDRAL DE SANTIAGO DE COMPOSTELA

1 Freitreppe
2 Obradoirofassade
3 Pórtico de la Gloria
4 Torre de la Carraca
5 Torre de las Campanas
6 Biblioteca
7 Sala Capitular
8 Torre de la Corona
9 Torre del Tesoro
10 Museumseingang
11 Sacristía
12 Tesoro
13 Vestíbulo
14 Capilla de las Reliquias
15 Puerta de las Platerías
16 Torre del Reloj
17 Capilla del Pilar
18 Capilla de Mondragón
19 Capilla de San Pedro
20 Puerta Santa
21 Capilla del Salvador
22 Capilla de N. Sra. Blanca
23 Capilla de San Juan
24 Capilla de la Corticela
25 Capilla de San Andrés
26 Capilla de San Fructuoso
27 Capilla del Espíritu Santo
28 Capilla de San Bartolomé
29 Capilla de la Concepción
30 Capilla Mayor
31 Apostelfigur mit Aufgang, darunter Krypta
32 Puerta de la Parroquia
33 Capilla de Santa Catalina
34 Capilla del Corazón
35 Capilla del Cristo de Burgos

schaffung Adams und die Vertreibung aus dem Paradies; darüber den Segnenden Christus, flankiert von Jakobus und Moses; schließlich den aus dem Grab aufstehenden Abraham.
Hier und auf der benachbarten Praza da Quintana geht der Blick hinauf zu den Kathedraltürmen: der altmexikanisch anmutenden **Torre del Tesoro** (Turm des Kirchenschatzes; Pendant an der Praza do Obradoiro: Torre de la Corona) und der gotischen **Torre del Reloj** (Uhrturm) aus dem 14. Jh.

Wohin in der Altstadt?

Über die Geschichte des Jakobswegs

Praza das Praterías

Unterhalb der Puerta de las Platerías führt eine breite Freitreppe hinab auf die Praza das Praterías. In ihrer Mitte steht ein hübscher **Brunnen**, die barocke **Casa del Cabildo** im Südwesten trägt geometrischen Fassadenschmuck.

Im vormaligen Gebäude des Banco de España wurde das hervorragend aufbereitete Pilgermuseum **Museo das Peregrinacións** eingerichtet. Es beleuchtet die Geschichte des Jakobswegs und seiner Pilger, zu den Exponaten zählen besonders sakrale Skulpturen.

Museo das Peregrinacións: Di.–Fr. 9.30–20.30, Sa. 11–19.30, So. 10.15–14.45 Uhr | Eintritt frei | http://museoperegrinacions.xunta.gal

Platz der »Heiligen Pforte«

★ Praza da Quintana

An der Ostseite der Kathedrale breitet sich die majestätische Praza da Quintana aus. Hier liegt die nur in Heiligen Jahren (wie 2021) geöffnete **Porta Santa** (17. Jh.), geschmückt mit Skulpturen von Propheten, Aposteln und Kirchenvätern aus dem 12. Jh. Die Figuren des Apostels Jakobus und seiner Schüler Athanasius und Theodorus über dem Tor wurden 1694 gefertigt.

An der Südseite des Platzes erstreckt sich die lange Säulenhalle der **Casa de los Canónigos** (17./18. Jh.), einst Wohnhaus der Chorherren. Die gesamte Ostflanke des Platzes nimmt die fast abweisend wirkende Fassade des **Convento de San Pelayo** ein, der im 18. Jh. sein heutiges Aussehen erhielt. Im Norden schließt eine Freitreppe den Platz ab, die zur nördlich der Kathedrale gelegenen Praza da Inmaculada führt.

Vom Benediktinerkloster zum Hotel

Praza da Inmaculada

Der Platz, auf den die 1769 entstandene **Pota de la Azabachería** (Nordportal) der Kathedrale blickt, wird dominiert vom 899 gegründeten ehemaligen Benediktinerkloster **Monasterio de San Martín** (heute Hotel und Priesterseminar). Sein mächtiges Säulenportal wurde 1590 begonnen.

Zum Seminarkomplex gehört auch die Kirche **San Martín** mit Fassade zur Praza San Martín, 1590 von Mateo López vollendet. Casas y Novoa und Miguel de Romay schufen ihren außerordentlich prächtigen Retablo; das nicht minder schöne Chorgestühl stammt von 1644.

Lebhaft

Rúa do Vilar, Rúa Nova

Südlich der Praza das Platerías durchziehen die arkadengesäumte Rúa do Vilar und Rúa Nova die Altstadt in Nord-Süd-Richtung. An ihnen reihen sich neben den typischen Granitbauten **Bars**, **Restaurants** und Souvenirshops.

Traumaussich

Parque da Alameda

Am Südwestrand der Altstadt erstreckt sich der Parque da Alameda. Im schönsten Park der Stadt genießt man vor allem im Frühabendlicht vom Ende der Promenade **Paseo da Ferradura** eine traumhafte Aussicht über die Ziegeldächer der Stadt auf die Hauptfassade der Kathedrale.

Wenn eine Kapelle aufspielt, herrscht in der Altstadt erst recht Gedränge.

Außerhalb der Altstadt

Galicische Volkskunde

Museo do Pobo Galego

Östlich der Altstadt wurde im ehemaligen **Monasterio de Santo Domingo** aus dem 18. Jh. das Museum des Galicischen Volkes eingerichtet. Es vermittelt eine umfassende Übersicht über galicisches Kunstschaffen, Lebensweise und Handwerk.

Costa de San Domingos, s/n | Di.–Sa. 11–18, So. 11–14 Uhr
Eintritt 4 €, So. frei | http://museodopobo.gal

Noch einmal Meister Mateo

Santa María do Sar

Der südöstliche Vorort Sar gruppiert sich um die romanische Kirche Santa María do Sar (12. Jh.), deren Säulen und Wände wahrscheinlich infolge des schlechten Baugrundes beträchtlich schief stehen. Beachtenswert ist der teilweise erhaltene **Kreuzgang** (Claustro; 13. Jh.) mit reichen Ornamenten des Meisters Mateo.

Claustro: Mo.–Sa. 10–14 Uhr | Eintritt 2 €
http://visitas.catedraldesantiago.es

Avantgardistisches für »Kulturpilger«

Cidade da Cultura

Östlich der Stadt erhebt sich auf dem Monte Gaiás die unvollendete »Kulturstadt« Cidade da Cultura, geplant unter Federführung des Dekonstruktivisten Peter Eisenman: ein überdimensioniertes Großprojekt in Stahl, Granit und Glas in Form einer »Muschel auf dem Berg«, das den Kostenrahmen sprengte und daher 2012 gestoppt wurde. Dennoch gibt es Ausstellungen und andere Kulturveranstaltungen. Dem seltsamen Areal, das oft einsam daliegt, ist ein gewisser architektonischer Reiz trotzdem nicht abzusprechen.
www.cidadedacultura.gal

 SANTILLANA DEL MAR

Provinz/Region: Cantabria | **Höhe:** 82 m ü. d. M. | **Einwohner:** 4200

C13

Ein Gedicht aus Stein, Gesamtkunstwerk aus Gassen und historischen Bauten – Santillana del Mar ist ein kantabrischer Ort der Extraklasse, der sich gleichwohl nicht als Geheimtipp etikettieren lässt. Dazu geht es manchmal doch schon zu wimmelig zu.

Die Ortsgeschichte begann im 6. Jh. mit der Verehrung von Reliquien der hl. **Juliana von Nikodemia**, die auf mysteriösen Wegen hierher gelangt waren. Auf eine erste Kapelle folgte ein präromanisches Kirchlein der Benediktiner, diesem die romanische Stiftskirche Ab dem Spätmittelalter setzte sich der **Landadel** fest und ließ sich wundervolle Paläste und Häuser erbauen. Von diesen Bildern profitiert der bezaubernde Ort bis heute.

Wohin in und um Santillana del Mar?

Stimmungsvolle Altstadt

Ortsspaziergang

Ein Spaziergang durch die gepflasterten, autofreien Gassen führt an den äußerlich schlichten, teils mit prächtigen Wap**pen geschmückten Herrenhäusern** vorbei. In der warmen Jahreszeit tragen die meisten Balkone Blumenschmuck und sorgen für ein farbenprächtiges Bild. Besonders schön ist die Gegend um die **Plaza de Ramón Pelayo** mit dem Palacio Barreda-Bracho (17. Jh.; heute Parador-Hotel Gil Blas; ► S. 438) und der Torre Borja-Barreda (15. Jh.).
Die interessantesten Gebäude in der **Calle Cantón** sind der Palast des Marqués de Santillana und die Casa de los Hombrones mit einem von zwei Kriegern flankierten Wappenschild. Auf dem Weg zum Kirchenvorplatz passiert man eine alte Viehtränke.

Die Calle Cantón gehört zu den hübschesten Ecken in Santillana del Mar.

Die Reliquien der Heiligen

La Colegiata

Die romanische Stiftskirche, bedeutendste ihrer Art in Kantabrien, nimmt die gesamte Nordseite der Plaza de la Colegiata ein. Im 12. Jh. über einer älteren Kirche errichtet, die die **Gebeine der hl. Juliana** bewahrte, zeigt sie über dem Hauptportal deren Bildnis.
Besonders sehenswert ist der romanische Kreuzgang (Ende 12. Jh.). Doppelsäulen mit fein skulptierten Kapitellen tragen die erhaltenen Gänge. Von dort aus betreten Sie die Kirche; der Hochaltar bewahrt den Reliquienschrein der Heiligen.
Im Hochsommer tgl., sonst Mo. geschl. | Eintritt 3 €

Prähistorische Bilder – Kulturerbe der Menschheit

Höhle von Altamira

Etwa 2 km südwestlich von Santillana birgt die Höhle von Altamira (Cuevas de Altamira) eines der großartigsten, als UNESCO-Welterbe geschützten Kulturzeugnisse der Menschheit (▶ Baedeker Wissen, S. 436). 1879 entdeckte der Naturwissenschaftler Marcellino Sanz de Sautuola die unterirdischen Säle mit den vor etwa 15 000 Jahren entstandenen Malereien wieder, die in Darstellungsweise und Farbkraft einzigartig sind.
Die Originalhöhle selbst kann aus konservatorischen Gründen heute nicht mehr besichtigt werden, wurde jedoch als **Nachbau** dem Publikum zugänglich gemacht.

STEINZEITKUNST

Die ältesten steinzeitlichen Höhlenmalereien weltweit wurden in der El-Castillo-Höhle gefunden und sind ca. 40 000 Jahre alt. Ihren Höhepunkt erreichte die Höhlenmalerei im Magdalénien vor ca. 19 000 bis 12 000 Jahren, als auch die spektakulären Bilder von Altamira entstanden. Aufgrund der Fundorte in Nordspanien sowie in Mittel- und Südfrankreich, v.a. in der Dordogne, spricht man von der Frankokantabrischen Höhlenkunst.

▶ **Decke der Altamirahöhle**
Die Menschen von Altamira haben 930 Bilder (Ritzzeichnungen, reine Kohlezeichnungen und farbige Darstellungen) hinterlassen, teils mit Einbeziehung der Deckenform. Abgebildet sind ihre Jagdtiere Hirsch, Bison, Pferd und Wildschwein.

▶ **Höhlen in der Region Kantabrien**
Die Zahl gibt das geschätzte Alter der Malereien an. In ganz Spanien sind 125 Bilderhöhlen bekannt.

Santander
Altamira 19 000
El Pendo 22 000
Chufin 13 500
El Castillo 40 000
Cullalvera 13 000
Hornos de la Peña 15 000
Las Monedas 16 000
Covalanas 22 000
10 km

Motive

Tiere: Am häufigsten gefunden wurden Darstellungen von Pferden und Bisons.

Menschen: Männer sind häufiger dargestellt als Frauen.

Tier-Mensch-Wesen: u.a. als Schamanen gedeutet

Hände (in der Frühphase): als Negativ (»Airbrush«) oder Positiv

Geometrisch-symbolhafte Formen

▶ **Maltechniken**
Verwendete Farbstoffe waren vermutlich Holzkohle, getönte Ocker oder verschiedene Erden und Mineralien – mit Fett, Eiweiß, Spucke oder Blut zu einer auftragbaren Farbmasse gemischt.

Herstellen/Verarbeiten der Farbe in einer Knochenschale, z.B. einer Gelenkpfanne.

Konturen wurden wahrscheinlich mit Kohle gezeichnet und oft zusätzlich in den Stein graviert.

Vermutlich wurde auch eine primitive »Airbrush-Technik« eingesetzt.

Selbst als Replik im Museo Nacional de Altamira faszinieren die steinzeitlichen Felsmalereien.

SANTILLANA DEL MAR ERLEBEN

OFICINA DE TURISMO

Calle Jesús Otero, 20
Tel. 942 81 88 12
http://santillanadelmarturismo.com

In der Altstadt finden Sie **Kunsthandwerk** und originelle Souvenirs. Spezialitäten sind Spirituosen und **Kulinaria**, darunter Wildschweinwurst, Käse, Kuchen und eingelegte Sardellen.

PARADOR DE SANTILLANA GIL BLAS €€€€

Hier übernachten Sie in einem altehrwürdigen Adelspalast mitten im Ort. Vorzüglich zubereitete Spezialitäten der kantabrischen Küche werden im Restaurant serviert. Ganz in der Nähe gibt es noch einen zweiten, etwas preisgünstigeren Parador, der wg. Renovierungsgaber bis mindestens Mitte 2025 geschlossen ist.
Plaza Ramón Pelayo, 11
Tel. 942 02 80 28
http://paradores.es

ALTAMIRA €€

Auch dieser Hotelbetrieb ist in einem geschichtsträchtigen Palais (16. Jh.) eingerichtet mit Zimmern in einer ansprechenden Mischung aus modern-ländlich und historisch.
Calle Cantón, 1
Tel. 942 81 80 25
http://hotelaltamira.com

Museo Nacional de Altamira

Exakt nachgebaut

Im Museumstrakt geht es hinein in die **Neocueva** (»Neuhöhle«), einen Nachbau der Originalhöhle mit exakten Kopien ihrer Felsmalereien. Die Decke des 9 × 18 m großen Saals ist mit mehrfarbigen, teilweise plastischen **Tierdarstellungen** bemalt, darunter mehrere Wisente, ein rotes Wildpferd, ein Wildschwein und eine Hirschkuh. Die steinzeitlichen Künstler nutzten die Struktur des Untergrundes und den Schattenwurf, um räumliche Eindrücke und Bewegungseffekte hervorzurufen. Der **Zugang ist begrenzt**, der Einlass erfolgt nur in Gruppen.

Mai–Okt. Di.–Sa. 9.30–18, sonst bis 20, So. immer 9.30–15 Uhr
Eintritt 3 € | Reservierung empfohlen s. www.culturaydeporte.gob.es/mnaltamira/home.html

SEGOVIA

Provinz: Segovia | **Höhe:** 1008 m ü. d. M. | **Region:** Castilla y León
Einwohner: 51 100

Ob historisch, baugeschichtlich oder kulinarisch – die Provinzhauptstadt fährt starke Geschütze auf. Und aktiviert die Fantasie: Fügen sich Segovias Highlights nicht zu einem Schiff zusammen? Also: der Alcázar als Bug, der Turm der Kathedrale als Mast, der römische Aquädukt als Ruder.

Bereits aus der Ferne sieht man Segovia majestätisch auf einem fast 100 m hohen Felssporn über den Flüsschen Eresma und Clamores thronen. Auf engstem Raum ballt sich in dem zum **UNESCO-Welterbe** erklärten Städtchen zusammen, was Kastilien so schön macht: hochherrschaftliche Häuser, malerische Gassen, großartige Kirchen, eine stolze Burg; dazu kommen die **Ausblicke** von der Stadt in die karge Hochebene und auf die Sierra de Guadarrama.

Iberer, Römer und Könige von Kastilien

Geschichte

Das von den Iberern gegründete Segovia erlangte mehrmals große Bedeutung. Unter den **Römern**, die es 80 v. Chr. eroberten, war es Schnittpunkt zweier Heerstraßen. Nach der Herrschaft der Westgoten und Mauren begann eine Neubesiedlung unter den Grafen von Kastilien, Segovia wurde Residenz der kastilischen Könige, unter ihnen **Alfons X. der Weise**. Nach weiteren Glanzzeiten unter den Trastámara und einer anschließenden Periode der Vergessenheit kam im 18. Jh. mit den Bourbonen neuer Glanz in die Stadt.

SEGOVIA ERLEBEN

OFICINA DE TURISMO
Hier bekommt man für 3 € die **Tarjeta Turística Amigos de Segovia**, mit Preisnachlässe in Restaurants, Unterkünften und Museen.
Plaza Azoguejo, 1, Tel. 921 46 67 21
http://turismodesegovia.com

❶ RESTAURANTE JOSÉ MARÍA €€€€–€€€
Kastilische Gerichte auf beste traditionelle Art, besonders Spanferkel.
Calle Cronista Lecea, 11
Tel. 921 46 11 11
www.restaurantejosemaria.com

❷ TABERNA LÓPEZ €€€–€€
Diese Taverne im Viertel San Lorenzo setzt auf traditionelle Hausmacherküche, wunderbar begleitet von einem der angebotenen Weine.
Calle San Cristóbal, 3, Tel. 921 43 36 18, www.tabernalopez.es
Di.abend geschl.

❸ MESÓN DE CÁNDIDO €€€€
Spanferkel hervorragend und authentisch – weil nach alter Väter Sitte mit einem Teller zerteilt.
Plaza Azoguejo, 5, Tel. 921 42 59 11, https://mesondecandido.es

❶ PARADOR DE SEGOVIA €€€€–€€€
Ein modernes Vier-Sterne-Haus nordöstlich außerhalb der Altstadt mit Wellnessbereich und Restaurant.
Crtra. de Valladolid, s/n, Tel. 921 44 37 37, http://paradores.es

❷ DON FELIPE €€–€
Eine gute, charmante Wahl im Ortszentrum.
Calle Daoíz, 7, Tel. 921 46 60 95
www.hoteldonfelipe.es

Kulinarischer Fixpunkt Kastiliens

Leckere Schweinereien
Segovia gilt als ein kulinarischer Fixpunkt Kastiliens. Grund dafür ist **Spanferkel** aus dem Backofen, spanisch Cochinillo asado. Einige Restaurants der Stadt bieten es an, so das Mesón de Cándido (s. o.).

Wohin in der Altstadt?

Acueducto Romano

Besterhaltenes Zeugnis römischer Architektur
Ausgangspunkt für einen Spaziergang durch die Altstadt ist die in einer Senke im Süden gelegene **Plaza Azoguejo**, die der Acueducto Romano überquert. Der römische Aquädukt (Ende 1. Jh.) ist eines der größten erhaltenen römischen Baudenkmäler in Spanien. Eine noch heute aus der Sierra de Fuenfría kommende 18 km lange, inzwischen ausgetrocknete Wasserleitung überspannt – mit 166 aus Granitquadern ohne Mörtel und Klammern erbauten Bögen (7–28 m hoch, 728 m lang) – das Tal südlich der Altstadt und führt bis zur Oberstadt,

SEGOVIA
200 m
©BAEDEKER
Convento de San Juan de la Cruz
La Vera Cruz
Alcázar
Real Casa de Moneda
Monasterio de Santa María del Parral
Paseo de Santo Domingo de Guzmán
Alameda del Parral
Río Eresma
Camino de la Cuesta de los Hoyos
Arroyo Clamores
San Andrés
Marqués del Arco
C. Manuel Entern
C. Arco de Santiago
San Esteban
Palacio del Marques del Arco
Torre de Hercules
Convento de Santa Cruz
San Vicente
San Lorenzo
Palacio Episcopal
Catedral
Pl. Mayor
Ayunt.
Capuchines
Calle San Agustín
San Nicolás
La Trinidad
Serafín
Mus. Prov.
San Miguel
C. del Taray
Pl. Huertos
Plaza San Martín
San Agustín
C. Juan Bravo
San Martín
Paseo de Salón
San Juan de los Caballeros (Museo Zuloaga)
Pl. Colmenares
Calle Seminario
Palacio de los Condes de Alpuente
Torréon de los Lozoya
Casa de los Picos
San Sebastián
Restaurante José María
Taberna López
Mesón del Cándido
Parador de Segovia
Don Felipe
Kalvarienhügel
Paseo de Ezequiel González
Estación de Autobuses
Cervantes
Ladreda
Plaza del Azoguejo
San Millán
Av. de Fernandez
San Clemente
San Justo
S. Francisco
Acueducto Romano
Academia de Artillería
Estación, Riofrío, Madrid
Plaza de Toros La Granja, Novacerrada, Madrid

wo sie im Norden unterirdisch beim Alcázar endet. Den Platz selbst überquert der Aquädukt, nachdem er in der südlichen Vorstadt noch einen Knick vollführt, auf 43 zweistöckigen Bögen auf einer Länge von 276 m.

Adelspalast mit facettierten Quadern

Casa de los Picos

Die Calle Cervantes führt rampenartig neben dem Aquädukt westlich hinauf in die Altstadt, wo man zunächst zur Casa de los Picos gelangt (Calle Juan Bravo, 33). Der Adelspalast aus der Renaissance (15. Jh.) verdankt seinen Namen den facettierten Quadern seiner Fassade.

Große Steinmetzkunst

San Martín

Schlendern Sie weiter Richtung Westen durch die von Läden, Bars und Restaurants gesäumte **Calle Juan Bravo** zur rechts erhöht gelegenen malerischen Plazuela de San Martín.

An der Plaza Azoguejo ist der römische Aquädukt 28 m hoch.

Die romanische **Kirche** San Martín (12. Jh.) umgibt an ihrer Nord-, Süd- und Westseite eine **Säulenhalle**, deren reich skulptierte Kapitelle florale Muster und vorwiegend biblische Szenen tragen. Innen findet man die gotische Capilla de Herrera und in der Capilla Mayor einen »Liegenden Christus« von Gregorio Fernández.

Lebhafter Mittelpunkt der Altstadt

Plaza Mayor

Lebhafter Mittelpunkt der Altstadt ist die Plaza Mayor mit **Straßencafés** und einem Musikpavillon in der Mitte. An ihrer Nordseite erhebt sich das schlichte **Ayuntamiento** (Rathaus; 17. Jh.), an der Südostseite die 1558 vollendete gotische Kirche **San Miguel** von Gil de Hontañón, die einen beachtenswerten Hauptaltar von 1572 birgt. In dieser Kirche wurde **Isabella I. die Katholische** 1474 zur Königin von Kastilien ausgerufen.

Eine Landmarke

Catedral

Den höchsten Punkt der Altstadt markiert die aus gelbem Gestein bestehende Kathedrale **Nuestra Señora de la Asunción**. Der Bau, außen geradezu lebhaft gegliedert und 1525–1593 von Juan und Rodrigo Gil de Hontañón errichtet, setzt mit seinem **100 m hohen Glockenturm** mit kuppelförmigem Helm von 1558 eine weithin sichtbare Landmarke (schöne Aussicht!).

Der helle, 105 m lange, sehr hohe **Innenraum** ist geprägt von einem reichen Sterngewölbe und farbenprächtigen Glasgemälden. Der marmorne Hochaltar trägt die Elfenbeinmadonna »Virgen de la Paz« (14. Jh.). Im linken Seitenschiff liegt die Capilla de la Piedad mit einer farbigen Holzgruppe der »Beweinung Christi« von Juan de Juni (1571) und einem Triptychon des Flamen Ambrosius Benson. Jenseits des Chors zeichnet sich die Capilla del Cristo del Consuelo durch ihr reiches Portal aus.

Der **Kreuzgang** entstand 1524–1530 größtenteils aus Material des beim Alcázar gelegenen Kreuzgangs der im 16. Jh. zerstörten alten Kathedrale. Rundherum wurde das **Dommuseum** eingerichtet. Zu den Exponaten gehören neben Gemälden (Pedro Berruguete, Luis de Morales) schöne **Brüsseler Gobelins** (16., 17. Jh.). Die Sala Capitular besitzt eine hübsche Artesonado-Decke.

Tgl. 9 – 21.30 Uhr | Eintritt 4 € inkl. Bischofspalast, Turmführung 7 € (Fr. – So. auch 21.30 Uhr, 10 €) | http://catedralsegovia.es

Eine Burg wie aus dem Bilderbuch

Alcázar

Der auf einem steilen Felsvorsprung zwischen den sich vereinigenden Tälern der Flüsse Eresma und Clamores aufragende Alcázar, ein vortreffliches Beispiel altkastilischer Burganlagen (▶ Baedeker Wissen, S. 444), geht auf das 11. Jh. zurück. Er wurde im 13. Jh. von Alfons X. dem Weisen neu erbaut und im 15. und 16. Jh. durch prachtvolle Ausgestaltung erweitert. In dieser Burg heiratete Philipp II. 1570 in

1
2
3
4
5
6
7
8
9
©BAEDEKER

PARADEBEISPIEL EINER BURG

Auf der Nordwestspitze eines Felsvorsprungs zwischen den beiden Flüssen Eresma und Clamores thront der Alcázar von Segovia, Paradebeispiel eines kastilischen Castillo. 1862 wurde er bei einem Brand stark beschädigt. Die Innenausstattung der Prachträume wurde im 19. Jh. mithilfe älterer Zeichnungen rekonstruiert.

1 Torre de Juan II
Die Zugangsseite der Burg wird vom unter Johann II. begonnenen Bergfried beherrscht. Ihn bekrönen ein Wehrgang und zehn runde Erkertürme.

2 Barbakane
Dazu gehören die Hebebrücke und Wachräume. Über dem Eingang prangt das Wappen der Katholischen Könige.

3 Sala de la Galera
Über die Sala del Trono geht es in die Sala de la Galera. Ihre Südwestwand war eine Außenmauer des mittelalterlichen Kastells, daran erinnern die romanischen Doppelfenster, die später freigelegt wurden. Schöne Aussicht!

4 Sala de la Piñas
Benannt ist der Saal nach den Pinienzapfenmotiven seiner Artesonado-Decke. Sie ist eine Kopie der ursprünglichen Decke von 1452.

5 Sala de los Reyes
Der Königssaal war der Hauptsaal. Der Wandfries mit der Königsgenealogie stammt aus dem 19. Jahrhundert.

6 Dormitorio del Rey
Im königlichen Schlafzimmer steht ein gotisches Bett aus Nussbaumholz.

7 Kapelle
Durch einen Laufgang, dessen moderne Glasfenster nach alten Stichen angefertigt wurden, gelangt man in die Kapelle. Ihre Decke (15. Jh.) stammt aus Cedillo de la Torre (Provinz Segovia).

8 Real Colegio de Artillería
In drei Sälen ist eine kleine militärhistorische Sammlung zu sehen.

9 Torre de Homenaje
Von der Terrasse blickt man über den Eresma auf das Kloster El Parral und die Kirche Vera Cruz.

ALCÁZAR VON SEGOVIA

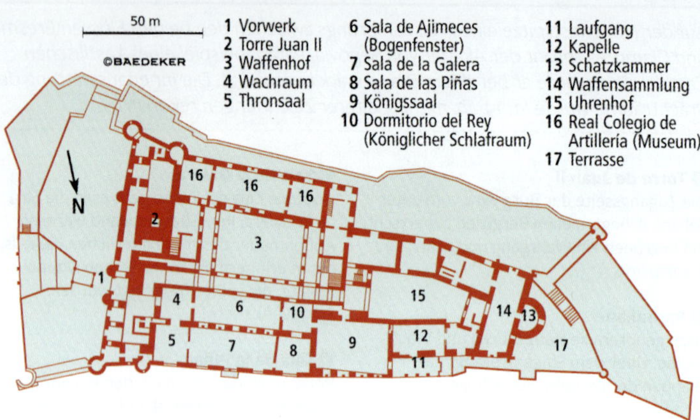

vierter Ehe Anna von Österreich, seine Nichte. Die von zehn halbrunden Türmen (»cubos«) umkränzte **Torre de Juan II** sowie die runde, spitzhelmbekrönte **Torre del Homenaje** am entgegengesetzten Ende stammen aus dem 14. Jh. Der mühevolle, weil sehr enge 152-stufige Aufstieg auf die Torre de Juan II wird mit einer überragenden Aussicht auf die Stadt, die Sierra de Guadarrama und die Hochebene belohnt.

Beim Gang durch die Burg lernt man den Lebensstil der höchsten Kreise im 15. und 16. Jh. kennen. Der Rundgang führt u. a. durch die **Sala del Trono** (Thronsaal) mit ihrer prächtigen vergoldeten Sternendecke. An sie schließt die **Sala de la Galera** an, deren Bogenfenster schöne Ausblicke auf das Flusstal freigeben. Darauf folgen mehrere historisch ausgestaltete Säle mit Möbeln, Gobelins, Waffen und Rüstungen sowie die **Kapelle**.

Unterhalb der Torre del Homenaje liegt der kleine **Burghof**; das militärhistorische Museum ist eher zu vernachlässigen.

April – Okt. tgl. 10 – 20, sonst tgl. 10 – 18 Uhr | Eintritt 10 € inkl. Turmbesteigung | www.alcazardesegovia.com

Wo sich die Zünfte trafen

San Esteban

Vom Alcázar geht es durch die engen Gassen Velarde und Pozuelo zur Plaza de San Esteban, wo der Turm (53 m) der spätromanischen Kirche San Esteban (13. Jh.; im Inneren barock) in die Höhe ragt. Er besteht aus sechs Segmenten, die durch Bögen aufgelockert sind, und wird von einem Helm mit Wetterhahn abgeschlossen. In der Säulenloggia fanden die Zunftversammlungen statt.

Zur Stadtmauer
Weiter geht es auf der **Calle Trinidad** Richtung Osten zur Plaza de la Trinidad mit der Torre de Hércules und der romanischen Kirche La Trinidad.
Nun spaziert man ein längeres Stück auf der Trinidad und der Calle San Agustín zur **Plaza del Conde de Cheste** an der Südspitze der Stadtmauer, wo mit der Casa del Marqués de Lozoya (14. Jh.), der Casa de los Marqueses de Moya und dem Palacio de Quintanar sehenswerte Adelshäuser stehen.

An der Stadtmauer entlang

Um den Altstadthügel verläuft eine Straße, die an mehreren sehenswerten Sakralbauten vorbeiführt und von der sich immer wieder **überwältigende Ausblicke** auf die ummauerte Stadt ergeben.

Kirchen der Romanik
Um die Plaza Azoguejo

Startpunkt ist die Plaza Azoguejo unterhalb des Aquädukts. Wenig östlich bergauf liegt die Kirche **San Justo** mit farbintensiven romanischen Fresken in der Apsis. Südwestlich führt die Avenida de Fernández Ladreda zur romanischen Kirche **San Clemente**, die Wandmalereien aus ihrer Erbauungszeit (13. Jh.) besitzt.
Ebenfalls romanisch ist die weiter östlich gelegene Kirche **San Millán**, 1111–1124 erbaut und damit eine der ältesten Kirchen der Stadt. Im Altarraum erkennt man noch Reste romanischer Fresken. Von San Millán gelangt man auf das Umgehungssträßchen.

La Muralla de Segovia
Stadtmauern

Rings um den Hügel ziehen sich fast lückenlos die alten Stadtmauern, die in ihren Fundamenten iberisch sind, von den Römern ausgebaut und im 11./12. Jh. wiederhergestellt wurden; sie sind bestückt mit 86 Cubos (halbrunden Türmen) und drei stattlichen Toren.

Majestätisch
Blick auf den Alcázar

Die Straße vollführt einen Bogen um die Nordostspitze der Stadt und überquert den Río Eresma. Von hier zeigt sich der aufragende Alcázar in seiner ganzen Majestät.

Wallfahrts-, Karmeliter- und Templerkirche

Convento de San Juan de la Cruz

Kurz nach der Brücke zweigt ein Sträßchen zu weiteren Kirchbauten ab: zunächst zur etwas klobigen Wallfahrtskirche **Virgen de la Fuencisla** aus dem 17. Jh. Dem 1586 von Juan de la Cruz (Johannes vom Kreuz, 1542–1591) gegründeten Konvent der Karmeliter stand der Heilige und Weggefährte Teresas von Ávila zeitweise als Prior vor. In der Kirche findet man die Reliquienkapelle des San Juan de la Cruz

links vom Hauptschiff, die modernen Malereien im Altarraum gehen auf den Karmeliter Gerardo López Bonilla zurück.
Östlich davon liegt die zwölfeckige Kirche **La Vera Cruz**, eine nach dem Vorbild der Jerusalemer Grabeskirche 1208–1217 erbaute ehemalige Templerkirche mit Wandmalereien aus dem 13. Jh.

Hieronymitenkloster oberhalb des Flusses

Monasterio del Parral

Nach wenigen hundert Metern zweigt eine Nebenstraße über den Eresma zum links am Hang gelegenen Monasterio de Santa María del Parral ab. Das 1447 von Heinrich IV. gegründete Hieronymitenkloster wurde vom Marqués de Villena finanziert; die isabellinische Kirche besitzt einen mächtigen Renaissance-**Retablo** (16. Jh.) und zwei **Alabaster-Grabmäler** von 1528, darunter jenes des Klosterstifters. Westlich des Klosters wurde bis 1730 in der Alten Münze **Real Casa de Moneda** das Geld des Spanischen Königreichs geprägt

Monsaterio: kostenlose Führungen Di.–So. 11 u. 17 Uhr
http://monjesjeronimos.es;
Moneda: Mi.–Sa. 10–14 u. 16–18, So. 10–14 Uhr | Eintritt 4,50 €.

Rund um Segovia

Schloss mit Jagdmuseum und weitläufigem Park

Palacio Real de Riofrio

Etwa 12 km südwestlich von Segovia ließ die Gemahlin Philipps V. nach dessen Tod ab 1752 den Palacio Real de Riofrío errichten, da sie nicht mehr nach La Granja zurückkehren wollte – zog dort allerdings nie ein. Das Schloss beherbergt heute u. a. ein **Jagdmuseum** und ist umgeben von einem weitläufigen Reh- und Hirschpark, dem **Bosque de Riofrio** (625 ha).

April–Sept. Di.–So. 10–19, sonst bis-18 Uhr | Eintritt 4 €,; frei für EU-Bürger Mi., So. ab 15 Uhr | www.patrimonionacional.es

Spanisches Versailles

★ La Granja de San Ildefonso

Auf der südöstlich von Segovia in die Sierra de Guadarrama führenden CL-601 erreicht man das Städtchen **San Ildefonso** (1156 m), reizvoll am Fuß des gewaltigen Peñalara (2430 m) gelegen. Der Ort entwickelte sich aus einem von Mönchen betriebenen Bauernhof mit Herberge (»Granja«). Im frühen 18. Jh. erkor Philipp V. ihn wegen der guten Luft zum Standort eines Schlosses, das an Versailles erinnern sollte und 1721–1739 entstand.
Man nähert sich dem **Schloss** La Granja de San Ildefonso von der Rückseite, die von der stattlichen Schlosskirche beherrscht wird. Zu entdecken gibt es u. a. den Thronsaal und andere Räume mit hervorragenden flämischen, spanischen und französischen Wandteppichen. Die **Schlosskirche** enthält das rotmarmorne Grabmal Philipps V. und seiner Gemahlin Isabella Farnese.

Wer die Wasserspiele in La Granja in Aktion erleben will, sollte vorher einen Blick auf die Website werfen.

Einzigartig sind die **Gärten**, auf die die prächtige Große Kaskade zuführt. Sie sind ein Werk der Franzosen Etienne Boutelou und René Carlier. Man ist überwältigt von der Formenvielfalt der Brunnenfiguren und Gartenplastiken, die meist der Fantasie von René Fremin und Jean Fermy entsprangen. Fast hinter jeder Ecke überrascht eine neue allegorische Gruppe mit der Lebendigkeit ihrer Gestaltung.
Für die grandiosen **Fuentes Monumentales** (Wasserspiele) von La Granja gibt es einen variblen Jahresplan. Erkundigen Sie sich vorab, online, wann genau während der wärmeren Jahreszeit im Schlosspark einzelne der Brunnen angestellt werden.
April–Sept. Di.–So. 10–19, sonst bis-18 Uhr | Eintritt 4 €,; frei für EU-Bürger Mi., So. ab 15 Uhr | www.patrimonionacional.es

Große Burgenrundfahrt

Glanzstück militärischer Mudéjar-Architektur

Castillo de Coca

Ab Segovia geht es nordwestlich auf der CL 605 über Santa María la Real de Nieva (28 km; Kirche mit schönem Kreuzgang) nach **Coca**. Dort erwartet Sie ein einzigartiges Beispiel des mudéjaren Burgenbaus mit

Graben und zwei Mauergürteln. Die Anlage des Castillo wurde im 15. Jh. auf Geheiß des Bischofs Alfonso Fonseca von maurischen Handwerkern auf quadratischem Grundriss errichtet. Als Baumaterial wurden einzig die für den **Mudéjar-Stil** charakteristischen, in geometrischen Mustern angeordneten Backsteine verwendet. Eine Brücke über den Burggraben führt durch das stattliche Haupttor Arco de la Villa hinter den ersten Verteidigungswall. An dessen Ecken erheben sich mächtige polygonale Türme, die wiederum mit Wehrtürmchen versehen sind.

Der Kernbau, ebenfalls mit hohen polygonalen Ecktürmen und runden Flankentürmen, wird dominiert von dem sich rechts vom Haupttor erhebenden **Lehnsturm**, einem mächtigen quadratischen Turm mit zinnenbewehrten Rundtürmen in den Ecken und je zwei kleinen Türmen an den Seiten (▶ Abb. S. 22/23).

tgl. 10.30/11–13, 16/16.30–18 Uhr; 1. Di. des Monats und Jan. geschl. Eintritt 3 € | Vorankündigung 48 St. vorher unter Tel. 617 57 35 54 o. visitascastillodecoca@hotmail.com | www.castillodecoca.com

Marktflecken mit malerischer Festung

Turégano

Weiter geht es über die kastilische Hochfläche 50 km ost-südostwärts nach Turégano (936 m). Der Ort besitzt eine laubenumgebene **Plaza Mayor** am Fuß der teilweise verfallenen **Kirchenburg** (13.–15. Jh.). Ihr zinnenbewehrter Mauerring mit Bergfried schließt die romanische Kirche **San Miguel** mit auffallendem Glockengiebel ein.

Über der Fluss-Schleife

Sepúlvedra

Von Turégano Richtung Norden kommen Sie ins malerische Sepúlveda (1032 m), das hoch über einer Schlinge des Río Duratón liegt. Der Ort kann noch gut erhaltene römische Befestigungen und mehrere romanische Kirchen vorweisen, darunter in beherrschender Lage die Kirche **El Salvador** (11. Jh.) mit Arkadengang und freistehendem Glockenturm; genießen Sie von dort oben die **Panoramablicke** auf die kastilische Hochebene.

Maurische Burg

Castillo de Castilnovo

Auf der Fahrt von Sepúlveda Richtung Süden (SG-P-2322) Richtung Pedraza können Sie unterwegs einen Abstecher nach links zum ursprünglich maurischen Schloss Castillo de Castilnovo (12.–15. Jh.) 2 km westlich des Orts **Condado de Castilnovo** einschieben.

Bergdorf mit Mauerring

Pedraza

Pedraza, 24 km von Sepúlveda entfernt, ist ein mauerumgürtetes Bergdorf mit einer mächtigen **Burg** auf einem Felsblock. Hübsch und typisch für Kastilien ist die **Plaza Mayor**.

Von Pedraza geht es auf der N-110 zurück ins 40 km südwestlich gelegene Segovia.

LA SEU D'URGELL

Provinz: Lleida | **Höhe:** 691 m ü. d. M. | **Region:** Katalonien
Einwohner: 12 300

Das Vorspiel bei der Anfahrt bilden Gehöfte und Maisfelder, saftgrüne Wiesen und Weiden, zerklüftete Felswelten. Um La Seu d'Urgell öffnet sich die Szenerie zum weiten Talbecken des Riu Segre, im Innern des Städtchens ballt sich monumentale Kraft.

Das Bischofsstädtchen La Seu d'Urgell ist Zentrum eines Agrargebiets und wird gern als touristischer Stützpunkt genutzt, ob von Wanderern oder Wildwasserfahrern. Herrliche Naturgebiete der **Pyrenäen** und Vorpyrenäen sowie der benachbarte Zwergstaat **Andorra** liegen gewissermaßen vor der Haustür. Wintersportfans brechen ins Gebiet **Alt Urgell** auf, das ideale Bedingungen für Skilanglauf bietet.

Wohin in La Seu d'Urgell?

Romanik auf italienische Art

Catedral La Seu

Die der hl. Jungfrau geweihte Kathedrale La Seu, die eine 839 geweihte Kirche ersetzte, veranlasste 1116 der hl. Ermengol; sie verdankt ihre Gestalt im Wesentlichen dem aus Italien stammenden Baumeister Ramón Llombard, der sie 1175–1183 mit zahlreichen italienischen Stileinflüssen errichtete, wie den vier Nebenapsiden in den Seitenschiffen und der Fassadengestaltung. Im 18. Jh. umgebaut, wurde sie Anfang des 20. Jh.s wieder in ihren romanischen Zustand zurückversetzt. Innen birgt sie einen gotischen Hochaltar und mehrere Reliquienschreine. Glanzpunkt des Bauwerks ist der Kreuzgang, der im 13. Jh. von Baumeistern aus dem Roussillon geschaffen wurde, wie die skulptierten Säulenkapitelle erkennen lassen.
Wertvollstes Stück im interessanten **Museu Diocesà** ist eine im 11. Jh. gefertigte Handschrift des **Apokalypsekommentars des Beatus von Liébana** mit schönen Buchmalereien. Auch eine Papyrus-Bulle des Papsts Silvester II. von 1001 und der silberne Sarkophag des hl. Ermengol von Pedro Llopart (18. Jh.) ragen hervor.
Neben dem Kreuzgang und von diesem zugänglich erhebt sich die Kirche **Sant Miquel** (11. Jh.), deren Innenraum mit romanischen Malereien geschmückt ist.
Jan.–Mai Di.–Sa. 10–13.30 u. 16–18, Juni–Sept. Mo.–Sa. 10–13.30 u. 16–19, Okt.–Dez. Di.–Sa. 10–13.30, 15.30–17.30 Uhr | Eintritt 4 €
www.museudiocesaurgell.org

LA SEU D'URGELL ERLEBEN

OFICINA DE TURISME
Carrer Major, 8
Tel. 973 35 15 11
http://turismeseu.com
http://laseumedieval.com/de

HOTEL ANDRIA €€
Klein, aber fein und gepflegt ist dieses Haus - und Prunkstück die Säulenterrasse.
Joan Brudieu, 24
Tel. 973 35 03 00
www.hotelandria.com

PARADOR DE LA SEU D'URGELL €€€
Vier-Sterne-Haus in günstiger Altstadtlage, einen Steinwurf von der Kathedrale entfernt. Mit regionalem Spezialitätenrestaurant.
Carrer Sant Domènec, 6
Tel. 973 35 20 00
http://paradores.es

Mittelalterliches

Altstadt

Um die Kathedrale herum erstreckt sich das mittelalterliche Stadtviertel mit dem **Bischofspalast** und weiteren historischen Gebäuden, vor allem entlang der Straßen Carrer Major und Carrer dels Canonges.

Wildwasser, Kanu und andere Abenteuer

Rafting Parc

Südlich außerhalb des Orts liegt in einem Naturgebiet der für die Oympischen Spiele 1992 eingerichtete Rafting Parc, wo Sportliche durch einen Wildwasserkanal fahren oder Moutainbike-Touren unternehmen können. Auch Stand-up-Paddling ist möglich.
Carretera Circumval.lació, s/n | http://raftingparc.cat

Rund um die Serra de Cadí

Wandern in den Vorpyrenäen

Parc Natural de Cadí-Moixeró

Diese ca. 230 km lange Fahrt umrundet weitläufig den Parc Natural de Cadí-Moixeró, Kerngebiet des bis 2647 m aufsteigenden Vorpyrenäen-Gebirgszugs **Serra de Cadí**. Wer diese Berglandschaft kennenlernen will, sollte die Wanderstiefel schnüren, etwa ab Guardiola de Bergueda, Bage, Saldes oder Fornols, wo es auch **Campingplätze** gibt.
http://parcsnaturals.gencat.cat/ca/cadi

Ins obere Segre-Tal

Bellver de Cerdanya

Von La Seu d'Urgell geht es zunächst nach Osten (N260) durch das obere Segre-Tal nach Bellver de Cerdanya (1061 m), einen Halt wert wegen der romanischen Kirche **Santa María de Talló** und der verwinkelten Altstadt, Ausgangspunkt für schöne **Wanderwege**.

Grenzstädtchen und Luftkurort

Puigcerdà

Nächste Station ist das alte Grenzstädtchen Puigcerdà (1202 m), reizvoll gelegen über dem Zusammenfluss von Riu Segre und Riu Carol. Erhalten hat sich nur wenig historische Bausubstanz, wie der **Glockenturm** der einstigen Kirche Santa María (14. Jh.) und das im 12. Jh. gegründete **Kloster**.

Spanische Exklave

Llívia

5 km nordöstlich erreicht man durch französisches Hoheitsgebiet die seit 1659 bestehende spanische Exklave Llívia (1223 m), einen mittelalterlichen, denkmalgeschützten Ort. Stolz des Museu Municipal ist eine Apothekeneinrichtung aus dem Spätmittelalter.

Museu Municipal: Di.–Sa. 9–14 u. 15.30–18, So. 9–14 Uhr (Aug. tgl. 10–19) | Eintritt 3,50 € | http://museullivia.net

Steinsalz und katalanische Romanik

Cardona

Über **Berga**, wo an Fronleichnam die berühmte »Festa de la Patum« mit Umzügen stattfindet, die u. a. den Kampf der Christen gegen die Muslime und den Kampf des Erzengels Michael gegen Luzifer darstellen, gelangen Sie in südlicher Richtung nach Cardona.

Dort erinnert der **Parc Cultural de la Muntanya de Sal** an die Steinsalzgewinnung. Interessant ist ein Besuch der alten Mine, bei Führungen geht es bis zu 86 m tief ins Erdreich. Zweiter markanter Punkt des Städtchens ist die zum Parador-Hotel umfunktionierte **Burg**, deren bemerkenswertester Teil die im 11. Jh. errichtete zylinderförmige Torre de la Minyona ist; innerhalb der Burganlage stellt die Stiftskirche **Sant Vicenç** de Cardona eines der schönsten Beispiele für den lombardischen Stil in Katalonien dar. Die dreischiffige, 1040 vom Bischof von Urgell geweihte Basilika besitzt mit der achteckigen Kuppel eine der ältesten dieser Art in Spanien.

Berga: www.lapatum.cat

Parc Cultural de la Muntanya de Sal: Führungen Di.–So. (span./kat.; begrenzte Teilnehmerzahl), 12,50 € | http://cardonaturisme.cat

Historischer Bischofssitz

Solsona

18 km nordwestlich von Cardona erreichen Sie die alte Bischofsstadt Solsona. Die **Kathedrale** Santa María geht auf eine 1163 geweihte romanische Kirche zurück, von der drei Apsiden und der Glockenturm erhalten sind, und zeigt eine Marienskulptur aus schwarzem Stein, die »Mare de Déu del Claustre«. Das Diözesanmuseum (Museu Diocesà) bewahrt besonders Schätze katalanischer religiöser Malerei.

Oficina de Turisme: Carretera de Bassella, 1 | Tel. 973 48 23 10
http://solsonaturisme.com

Museu Diocesà: Mitte März–Mitte Dez. Mi.–Sa. 11–18.30 (Juli., Aug. auch Di.), sonst Mi.–Sa. 11–17, So. immer So. 11–14, Uhr
Eintritt 4 € | http://museusolsona.cat

Felsenschluchten und ein Stausee

Grau de la Granta

23 km hinter Solsona erreicht man die C-14, auf der es nach Norden über **Oliana** durch die von hohen Felswänden umrahmte Schlucht Grau de la Granta zum über 10 km langen Stausee **Pantà d'Oliana** geht. An dessen Nordende liegt malerisch das Dorf **Coll de Nargó** mit der Kirche Sant Climent (11. Jh.). Hinter Organyà geht es talaufwärts durch die Schlucht **Grau de Organyà** und schließlich an einigen Dörfchen vorbei zurück nach La Seu d'Urgell.

 Abstecher nach Andorra

Ministaat zwischen Spanien und Frankreich

Ausdehnung, Sprachen, Währung

Wollen Sie nördlich von La Seu d'Urgell **ein neues Land entdecken**? Besser: ein Ländchen, denn das gebirgige Fürstentum, das auch an Frankreich stößt, ist nur 468 km² klein. Es wird Katalanisch, Spanisch und Französisch gesprochen. Währung im Steuerparadies ist der Euro. Auf engem Raum bietet Andorra ein abwechslungsreiches Gepräge. Die Berge steigen bis knapp 3000 m an. Es gibt Wintersportareale und Wanderstrecken.

Oficina de Turisme: Pl. de la Rotonda, s/n, Andorra la Vella
Tel. +376 75 01 00 | http://visitandorra.com

Ein ständiger Genießer der grandioen Aussicht am Roc del Quer in Andorra

Spartipp

Unbedingt volltanken, vor allem, wenn Sie weiterfahren nach Frankreich! Die Spritpreise in Andorra sind günstiger.

Hauptstadt, Ferienort, Einkaufsmeile

Andorra La Vella

Die Hauptstadt Andorra la Vella (1029 m; 22 500 Einw.), heute eine einzige riesige Einkaufsmeile, bietet auch ein historisches Bauwerk: Die um 1580 aus Naturstein für eine Adelsfamilie errichtete **Casa de la Vall.** ist heute Sitz der Regierung und Tagungsort des Consell General.

Führungen: 5 € | www.casadelavall.ad

Lombardische Romanik

Escaldes-Engordany

Vom Kur- und Badeort Escaldes-Engordany (1105 m; Thermalquellen) führt ein kurviges Sträßchen hinauf zur Kirche **Sant Miquel d'Engolasters**, einem typischen Beispiel für die romanisch-lombardischen Kirchen der Pyrenäen. Von hier kann man eine Wanderung zum **Stausee** Estany d'Engolasters unternehmen.

Tourismus und Automobile

Encamp

Das Tourismusstädtchen Encamp (1315 m; Anbindung zum Skigebiet Grau Roig/Gandvalira) wird Autofans interessieren: Das **Museu Nacional de l'Automòbil** lädt zu einem Streifzug durch die Geschichte des Automobils ein.

Südlich von Encamp liegt recht malerisch um eine Burgruine das Dörfchen **Le Bons** mit seiner Kirche Sant Roma von 1163.

Automobilmuseum: Av. de Joan Martí, 64 | Di. – Sa. 10 – 14 u. 15 – 18, So. 10 – 14 Uhr | Eintritt 5 € | http://museus.ad/es/museos/museo-nacional-del-automovil

Moderner Tempel als nationales Heiligtum

Santuario de Meritxell

Nördlich von Encamp thront rechter Hand auf der Höhe das Nationalheiligtum Andorras, das Santuario de Meritxell, die Kapelle der Hl. Jungfrau von Meritxell. Die alte, 1972 ausgebrannte Wallfahrtskapelle ersetzte der Architekt **Ricardo Bofill** durch einen modernen Kirchenbau. Er bewahrt das Originalbildnis der Jungfrau von Meritxell, seit 1873 Schutzpatronin Andorras.

Neues Heiligtum tgl. 9–19, altes Heiligtum tgl. 9–15 Uhr
Eintritt frei

★★ SEVILLA

Provinz: Sevilla | **Höhe:** 10 m ü. d. M. | **Region:** Andalusien
Einwohner: 692 000

Lassen Sie sich anstecken von der Lebensfreude der Sevillaner und hineinziehen in den Sog der andalusischen Hauptstadt! Die Kathedrale ist die gewaltigste in Spaniens Süden, das Viertel Santa Cruz eines der schönsten, der Real Alcázar beeindruckend. Sevilla ist selbstbewusst und stolz, verführerisch wie die leibhaftige Carmen, ein Temperamentbündel, Südspanien in ureigenster Essenz. All dies rechtfertigt den alten Spruch »Quien no ha visto Sevilla, no ha visto maravilla« – »Wer Sevilla nicht gesehen hat, hat noch kein Wunder gesehen«.

Vielfaches Wunder

Sevilla, **einer der heißesten Flecken Spaniens** und Festlandseuropas, liegt in einer fruchtbaren Ebene am Ufer des Río Guadalquivir, in dem sich, fast 100 km vom Atlantik entfernt, noch Ebbe und Flut bemerkbar machen. Schon die Römer unterhielten hier eine bedeutende Hafenstadt, nach Herrschaft der Mauren fiel Sevilla Mitte des 13. Jh. an das Königreich Kastilien.

Nach Kolumbus' Amerika-Entdeckung erlangte Sevilla eine Monopolstellung im **Überseehandel** und entwickelte sich zum Haupthafen Spaniens und Zentrum der spanischen Malerei. Mit dem Untergang des Kolonialreichs, und zunehmender Versandung des Guadalquivir, verlor es wieder an Bedeutung.

Wie ein Pilz wächst die Holzkonstruktion Metropol Parasol an der Plaza de la Encarnación. Sie bietet nicht nur Schatten, man kann auch oben auf ihr spazieren.

Die **Weltausstellung 1992** brachte Verbesserungen der Infrastruktur und spektakuläre Neubauten, doch wirtschaftlich herrscht seitdem eher unruhiges Fahrwasser. Eine sichere Konstante ist der Fremdenverkehr. Das Ensemble aus Kathedrale, Alcázar und Archivo General de Indias zählt zum UNESCO-Welterbe.

Opernbühne

Bekannt wurde Sevilla nicht zuletzt als Schauplatz berühmter Opern: Mozarts »Don Juan« und »Figaros Hochzeit«, Bizets »Carmen« spielen hier. Und um den Laden von Rossinis »Barbier von Sevilla« streiten sich gleich mehrere Straßen.

Mozart, Bizet, Rossini

SEVILLA ERLEBEN

OFICINAS DE TURISMO

Plaza del Triunfo, 1, Tel. 954 21 00 05, http://visitasevilla.es

Mit **Metro**, **Tram** und **Bussen** gelangt man zu allen wichtigen Spots. Metro-Tagesticket: 4,50 €.
www.tussam.es
www.metro-sevilla.es

SEMANA SANTA

Die Feierlichkeiten in der Karwoche sind eindrucksvoll. Am Palmsonntag beginnen die Umzüge der **Cofradías** (Bruderschaften) in den Stadtvierteln mit üppigst geschmückten Bildnissen und Aufbauten.

FERIA DE ABRIL

Die »Aprilmesse«, weltliches Hauptfest Sevillas (6 Tage) mit prächtigen Reiter- und Kutschenumzügen, endet mit einem Feuerwerk am Guadalquivir.
Beginn: 2. Woche nach Ostern

Shoppingzonen: zwischen Plaza Nueva und Plaza San Francisco und nördl. der Plaza del Duque de la Victoria. Beliebte Einkaufsmeile ist die **Calle Sierpes** (► S. 469), wo Sie Keramik, Flamenco-Mode, Spitzentücher oder Fächer bekommen.
Es gibt auch Designerläden und Märkte, etwa den **Mercado de Triana** und den **Mercado de Feria**. **Flohmarkt** ist donnerstags in der Calle Feria.
Mercado de Triana: Calle de San Jorge, 6, http://mercadodetrianasevilla.com | Mercado de Feria: Plaza Calderón de la Barca, http://mercadodelaferia.es

Sa., So. wird man im **Barrio Santa Cruz** in den Kneipenrevieren der Calle Mateos Gago und der Calle Argote Molina etwas erleben, ebenso um die Plaza de la Gavida und die Plaza del Salvador. **Livemusik** gibt es oft um die Plaza Alfalfa, an der Alameda de Hércules sowie in der Calle Tarifa. Von den Bars um die Plaza de Toros hat man einen schönen **Blick auf den Guadalquivir**. Im Sommer spielt sich das Nachtleben meist auf der östlichen Uferseite zw. Puente de Triana (Isabell II) und de la Barqueta flussaufwärts ab.

FLAMENCO

Sevilla zählt zu den renommiertesten Flamencozentren Andalusiens (► Das ist ..., S. 12), professionell getanzt und vorgeführt in sog. Tablaos:

1 LOS GALLOS

Pl. de Santa Cruz, 11, Tel. 954 21 69 81, www.tablaolosgallos.com

2 CASA DE LA MEMORIA

Calle Cuna, 6; Tel. 954 56 06 70, www.casadelamemoria.es

3 CLA CASA DEL FLAMENCO – AUDITORIO ALCÁNTARA

Calle Ximénez de Enciso, 28, Tel. 955 02 99 99, http://lacasadelflamencosevilla.com

4 MUSEO DEL BAILE FLAMENCO

Nicht nur Museum, auch spektakuläre Shows (► S .470).

Calle de Manuel Rojas Marcos, 3,
Tel. 954 34 03 11
www.museoflamenco.com

5 TABLAO EL ARENAL
Calle Rodo, 7, Tel. 954 21 64 92
http://tablaoelarenal.com

6 LA CARBONERÍA
Calle Céspedes, 21, Tel. 954 22 99 45

7 LONG ROCK SEVILLA
Diskothek mit Schwerpunkt Rock und Pop, Livekonzerte.
Calle Blanco White, s/n
www.longrock.es

8 THE SECOND ROOM
Coole Bar mit tollen Cocktails.
Calle Placentines, 19

9 TERRAZA-BAR
Fantastische Ausblicke auf die Giralda von der Terrasse des EME Catedral Hotel – gehobenes Preisniveau.
Calle Alemanes, 27
www.emecatedralmercer.com

10 LA GINTONERÍA
Hier trifft man sich in lässiger Atmosphäre auf einen Gin Tonic.
Calle Marqués de Paradas, 55

11 TEATRO LOPE DE VEGA
Konzerte im altehrwürdigen Theater.
Avenida María Luisa, s/n, Tel. 955 47 28 28, http://teatrolopedevega.sacatuentrada.es

12 TEATRO DE LA MAESTRANZA
Oper, Jazz und Klassik
Paseo de Cristóbal Colón, 22
Tel. 954 22 33 44
www.teatrodelamaestranza.es

1 GASCONA €€
Reisgerichte und unterschiedlichste raciones – ob Serrano-Schinken, Käse oder Frittiertes – einfach köstlich. Breite Preispalette.
Calle Castilla, 22
Tel. 636 47 45 63

2 TABERNA DEL ALABARDERO €€€€
Die Taverne erhob regionale Gerichte in den Olymp der Gourmetküche. Kulisse ist ein alter Stadtpalast.
Calle Zaragoza, 20
Tel. 954 50 27 21

3 CASA ROBLES €€€€–€€€
Testen Sie sevillanisch-gehobene Küche in einem Haus des 18. Jh.s. Tradition mit Innovation.
Calle Álvarez Quintero, 58
Tel. 954 21 31 50
www.casarobles.es

4 BODEGA PALO SANTO €€–€
Etwas ab vom Schuss, doch allein die Tapas sind den Weg wert. Originell und schön präsentiert.
Plaza de la Gavidia, 5
Tel. 695 54 89 57

5 ESLAVA €€–€
Tapas wie aus dem Bilderbuch. Die Häppchen sind wirklich exquisit!
Calle Eslava, 3, Tel. 954 90 65 68
http://espacioeslava.com/restauracion, So. abends, Mo. geschl.;

6 LA BARTOLA €€–€
Tapas in wunderbar kreativer Auswahl. Wartezeiten belegen die Beliebtheit.
Calle San José, 24
Tel. 955 27 19 78

7 MECHELA ARENAL €€€
Klein, aber fein. Hausgemachte Reis- und Pastagerichte, aber auch vielerlei mehr: Das Auge isst mit.
Calle Pastor y Landero, 20
Tel. 955 28 25 66
http://mechelarestaurante.es
So.-abends, Mo.-mittags geschl.

SEVILLA
ISLA DE LA CARTUJA
Río Guadalquivir
Convento de San Clemento
Basílica de la Macarena
Hospital de las Cinco Llagas
Muralla
Convento de Santa Clara
Omniun Sanctorum
Mercado
Santa Marina
San Julián
Centro Andaluz de Arte Contemporáneo
San Lorenzo
Alameda de Hercules
LA MACARENA
San Luis
Santa Isabel
Convento de Santa Paula
San Marcos
Palacio de las Dueñas
Parlamento de Andalucía
San Vicente
CENTRO
Santa Catalina
San Pedro
Metropol Parasol
Pl. Ponce de León
Museo de Bellas Artes
Palacio de Lebrija
Universidad Vieja
Estación de Autobuses
Iglesia del Salvador
Convento de San Leandro
San Illdefonso
Casa de Pilatos
Huelva, Itálica
Córdoba
Estación Santa Justa
Ayuntamiento
Plaza Nueva
Pl. S. Francisco
Museo del Baile
Monolitos Romanos
Santa Maria La Blanca
Acueducto
Plaza de Toros de la Maestranza
Catedral
Palacio Arzobispal
Sta. Cruz
SANTA CRUZ
TRIANA
Pl. Triunfo
Archivo General de Indias
Hospital de los Venerables Sacerdotes
Alcázar
Hospital de la Caridad
Santa Ana
Teatro de la Maestranza
EL ARENAL
Jardines del Alcázar
Estación de Cádiz
Granada, Málaga
Torre del Oro (Museo Marítimo)
Puerta de Jerez
Estación de Autobuses
Palacio de San Telmo
Universidad (Fábrica de Tábacos)
Pl. de D. Juan de Austria
Plaza de Cuba
200 m
©BAEDEKER
Teatro Lope de Vega
Glorieta S. Diego
LOS REMEDIOS
Plaza de España
Parque de Maria Luisa
Plaza de América
Puente de los Remedios
Puente San Telmo
Av. de Carlos V
Av. de Portugal
Av. de la República Argentina
Paseo de las Delicias
Paseo de Cristóbal Colón
Avenida de la Constitución
Paseo de Catalina de Ribera
Dr. Pedro de Castro

8 BAR EL COMERCIO €

Gut und günstig – was will man mehr von einer rustikalen, typischen Tapas-Bar?
Calle Lineros, 9

MEHR TAPAS

9 CERVECERÍA GIRALDA

Calle Mateos Gago, 1
http://cerveceriagiralda.es

10 CASA ROMÁN

Plaza de los Venerables, 1
www.casaromansevilla.com

11 EL RINCONCILLO

Calle Gerona, 40
www.elrinconcillo.es

12 MAQUILA BAR

Calle Degado, 4
www.maquilasevilla.com

13 TAVERNA SOL Y SOMBRA

Calle Castilla, 147–151
www.tabernasolysombra.com

1 ALFONSO XIII €€€€

Grandhotel der Extraklasse, erbaut zur Weltausstellung 1929, ein Hort der Exklusivität und Flaggschiff andalusischer Hotellerie.
Calle San Fernando, 2, Tel. 954 91 70 00, www.marriott.com

2 LAS CASAS DE LA JUDERÍA €€€€–€€€

Mehrere Häuser des Duque de Béjar, untereinander mit Patios und Gewölbegängen verbunden, bilden dieses Stadthotel, das mit stilvollen Zimmern und Brunnenhöfen verzaubert.
Plaza Santa María la Blanca, 5
Tel. 954 41 51 50, www.lascasasdelajuderiasevilla.com

3 CORAL DE LLOS CHICAROS €€€–€€

Ansprechend eingerichtete Apartments als gute Alternative zu gängigen Unterkünften (mehrere Preistypen/Standards).
Calle Lumbreras, 6, Tel. 954 90 02 00, www.patiohoteles.com/corral-chicharos.html

4 MONTE CARMELO €€

Haus der guten Mittelklasse in Los Remedios mit 65 schnörkellosen, modernen Zimmern.
Calle Virgen de la Victoria, 7
Tel. 954 27 90 00
www.hotelesmonte.com

5 EUROPA €€–€

Hotel der einfacheren Art, das mit zentraler Lage und Preisniveau punktet. Alle wichtigen Sehenswürdigkeiten erreicht man von hier zu Fuß.
Calle Jimios, 5, Tel. 954 50 04 43
u. a. booking.com

Essen & Trinken

1 La Gascona
2 Taberna del Alabardero
3 Casa Robles
4 Bodega Palo Santo
5 Eslava
6 La Bartola
7 Mechela-Arenal
8 Bar El Comercio
9 Cervecería Giralda
10 Casa Román
11 El Rinconcillo
12 Maquila Bar
13 Sol y Sombra

Übernachten

1 Alfonso XIII
2 Las Casas de la Judería
3 Corral de los Chicharos
4 Monte Carmelo
5 Europa

Ausgehen

1 Los Gallos
2 Casa de la Memoria
3 La Casa del Flamenco
4 Museo del Baile Flamenco
5 Tablao El Arenal
6 La Carbonería
7 Long Rock Sevilla
8 The Second Room
9 Terraza-Bar (EME Catedral Hotel)
10 La Gintonería
11 Teatro Lope de Vega
12 Teatro de la Maestranza

CATEDRAL DE SEVILLA

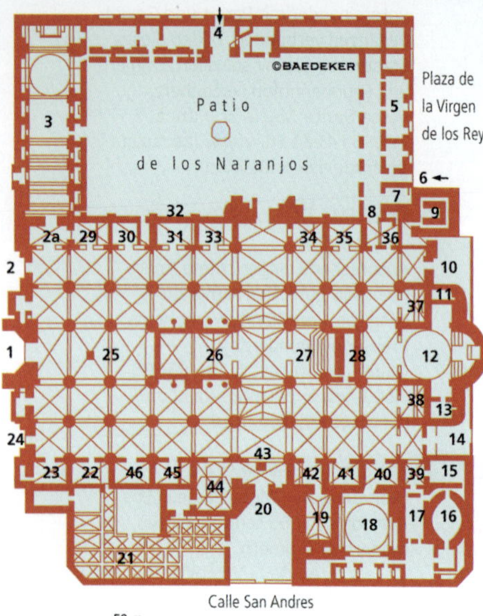

1 Puerta Mayor
2 Puerta del Bautismo
2a Giraldillo
3 Sagrario
4 Puerta del Perdón
5 Biblioteca Colombina
6 Puerta de Oriente
7 Capilla de la Granada (Granatapfelkapelle)
8 Puerta del Lagarto (Eidechsenpforte)
9 Giralda
10 Puerta de los Palos
11 Sala Capitular
12 Capilla Real
13 Sakristei
14 Puerta de las Campanillas (Portal der Glöckchen)
15 Contaduría Mayor
16 Sala Capitular
17 Antecabildo
18 Sacristía Mayor
19 Sacristía de los Cálices (Sakristei der Kelche)
20 Puerta de San Cristóbal (Puerta de la Lonja)
21 Dependencias de la Hermandad Sacramental
22 Capilla de Santa Ana
23 Capilla de San Laureano
24 Puerta del Nacimiento
25 Grabplatte des Fernando Colón
26 Coro
27 Capilla Mayor
28 Sacristía Alta
29 Capilla de San Antonio
30 Capilla de Escalas
31 Capilla de Santiago
32 Capilla Sacramental
33 Capilla de San Francisco
34 Capilla de las Doncellas
35 Capilla de los Evangelistas
36 Capilla del Pilar
37 Capilla de San Pedro
38 Capilla de la Concepción Grande
39 Capilla del Mariscal
40 Antesala (Vorraum)
41 Capilla de San Andrés
42 Capilla de Dolores
43 Grabdenkmal des Kolumbus
44 Capilla de la Antigua
45 Capilla de San Hermenegildo
46 Capilla de San José

★★ Catedral de Santa María de la Sede

Mo.–Sa. 11–19, So. 14–19 Uhr | Eintritt 12 € | www.catedraldesevilla.es

An Stelle der maurischen Hauptmoschee wurde 1402–1506 die Kathedrale Santa María de la Sede erbaut, mit 115 m Länge, 74 m Breite 40 m Höhe und 23 500 m² Gesamtfläche der größte und einer der reichsten gotischen Dome, unübertroffen in Raumwirkung und Fülle der Kunstschätze. Einer der Baumeister war Simon von Köln.

Vom Minarett zum Glockenturm

Giralda

An der Nordseite erhebt sich die Giralda (Wetterfahne), das berühmte, 96 m hohe, weithin sichtbare Wahrzeichen Sevillas. Der Turm wurde als **Minarett** der maurischen Hauptmoschee 1184–1196 auf römischen Sockeln errichtet; 1568 setzte man eine Glockenstube auf. Ihre Spitze trägt die 4 m hohe Windfahne, den **Giraldillo** – Allegorie auf den Glauben in Gestalt einer weiblichen Figur, die das Banner Konstantins trägt (heute Kopie, Original in der Nordwestecke der Kathedrale nahe dem Hauptportal). Von der ersten Galerie mit 24 Glocken – zu ihr führt eine sanft ansteigende, vormals auch für Reiter gedachte Rampe – hat man aus 70 m Höhe eine weite Aussicht über die Stadt. Darüber liegt die **Matraca**, ein hohes Holzgehäuse mit den in der Karwoche statt der Glocken benutzten Klappern.

Reich geschmückt

Portale

Von den reich geschmückten Portalen der Kathedrale sind besonders beachtenswert die hufeisenförmige **Puerta del Perdón** am Orangenhof, einst Haupteingang zur Moschee (noch mit bronzenen Torplatten aus maurischer Zeit), die **Puerta del Bautismo** (Portal der Taufe) und die **Puerta del Nacimiento** (Portal der Geburt) links und rechts der **Puerta Mayor** an der Westfassade.

Im Orangenhof

Patio de los Naranjos

Der Orangenhof (Patio de los Naranjos) war der Hof der Moschee. Der achteckige westgotische Brunnen in der Mitte ist der Rest der islamischen Midhā, des Brunnens für die religiösen Waschungen. Auch die **Capilla de Granada** (Granatapfelkapelle) in der Südostecke ist noch von der Moschee übrig geblieben.. Durch den Hufeisenbogen der **Puerta del Lagarto**, dem mit einem Holzkrokodil geschmückten Tor der Eidechse, betritt man die Kathedrale.

Wo ist Kolumbus begraben?

Innenraum

Der fünfschiffige Kirchenraum gehört zu den imposantesten der spanischen Gotik und zeichnet sich besonders durch die Klarheit seiner Proportionen, die Schönheit der Linienführung und die Fülle der Kunstwerke aus, von denen nur eine Auswahl genannt werden kann.
Die **Seitenkapellen** bewahren zahlreiche Grabmäler und Altargemälde; beachtenswert sind bei der Puerta Mayor rechts das Schutzengelbild von Murillo sowie vom selben Maler in der zweiten Kapelle des linken Seitenschiffs (Capilla de San Antonio) die »Taufe Christi« und »Das Christkind erscheint dem heiligen Antonius von Padua«.
Den **Chor** schließt ein schönes Gitter (Reja) von 1519 ab; das gotische Gestühl (Sillería) entstand 1475–1479.
Fast die gesamte **Capilla Mayor**, ebenfalls mit großer Reja (16. Jh.), nimmt der Retablo ein, ein Hauptwerk gotischer Holzskulptur in Spanien, 23 m hoch, 20 m breit. Mehrere Meister, darunter der Flame Pieter Dancart, arbeiteten 1482–1564 daran. Die Mitte zeigt das in Silber getriebene Bild der Virgen, umgeben von 45 holzgeschnitzten Darstellungen aus dem Leben Christi und Mariä.

CATEDRAL DE SANTA MARÍA DE LA SEDE

BAEDEKER WISSEN

Die Kathedrale sollte auf Wunsch des Domkapitels so groß sein, dass »sie uns (die Domherren) für verrückt erklären«. Es ist gelungen: Mit 115 m Länge, 74 m Breite und einer Höhe von 40 m in der Vierung ist sie die größte gotische Kirche der Welt geworden.

❶ Giralda
Sie wurde als Minarett der Hauptmoschee von 1184–1196 errichtet.

❷ Galerie
Die Aussichtsgalerie liegt 70 m hoch.

❸ Brunnen
Der achteckige Brunnen ist der Rest der muslimischen Midhā, des Brunnens für religiöse Waschungen.

❹ Bibliothek
Die im 13. Jh. gegründete Bibliothek des Domkapitels besitzt u. a. Handschriften von Kolumbus und die Bibel Alfons' des Weisen.

❺ Sagrario
Der Sagrario (1618–1662), ein Barockbau, birgt ein Retabel mit einer »Kreuzabnahme« von Pedro Roldán.

❻ Kirchenschiff
»Im Mittelschiff könnte Notre-Dame von Paris erhobenen Hauptes spazieren gehen«, so beschreibt Théophile Gautier den beeindruckenden Raum im Zentrum der Kirche.

❼ Chor
Den Chor schließt ein Gitter (1519) ab; das gotische Chorgestühl ist von 1475–1479. Die Capilla de la Concepción Chica an der Südwand bewahrt die »La Cieguecita« (Die Blinde) genannte Holzplastik der Jungfrau Maria.

❽ Capilla Mayor
Dominierend ist hier das Retabel mit 23 m Höhe und 20 m Breite. Es ist das größte Altarbild der Welt.

❾ Capilla Real
Vor dem Retabel mit dem Bildnis der »Virgen de los Reyes« (13. Jh.) ruhen in einem 1729 gefertigten Silberschrein die Gebeine Ferdinands III. des Heiligen, links davon Gebeine des Sohns Ferdinands, Alfons X. des Weisen, rechts der Gemahlin Ferdinands, Beatrix von Schwaben.

4

❿ Sacristía Mayor
Sie birgt wertvollste Kunstgegenstände, darunter die Schlüssel von Sevilla (1248), ein Reliquiar Alfons' X. in Form eines Triptychons (»Tablas Alfonsinas«), eine Kreuzreliquie der hl. Helene, den Bronzekandelaber »Tenebrario« von Bartolomé Morel und das Gemälde »Kreuzabnahme« von Pedro de Campana.

⑪ Capilla de San Antonio
Darin befinden sich u. a. die Gemälde »Taufe Christi« und »Das Christkind erscheint dem heiligen Antonius von Padua« von Murillo.

⑫ Capilla de Santiago
In dieser Kapelle sind u. a. ein Jakobusbild von Juan de Roelas und ein Bild von Valdés Leal (»Hl. Laurentius«) zu sehen.

Hinter der Capilla Mayor erstreckt sich an der Ostwand der Kathedrale die **Capilla Real**, ein 38 m langer Renaissancebau mit hoher Kuppel, der 1551–1575 anstelle der alten königlichen Grabkapelle entstand. Hier sind Ferdinand III. d. Hl., seine Frau Beatrix von Schwaben und beider Sohn Alfons X. der Weise bestattet. In der Apsis stehen vorne ein Altar mit dem 1729 verfertigten silbernen Reliquienschrein des hl. Ferdinand und hinten ein weiterer Altar mit der Virgen de los Reyes (13. Jh.), der Schutzpatronin der Stadt.
Hinter Ferdinands Schrein führen Stufen hinab in die **Krypta** mit den Gräbern Peters des Grausamen, seiner Geliebten María de Padilla und mehrerer Infanten. Links von der Capilla Real liegt die Capilla de San Pedro mit Retabelgemälden von Zurbarán.
In der Südostecke der Kathedrale hängt in der plateresken **Sala Capitular** (1530–1592) eine »Unbefleckte Empfängnis« von Murillo. Über einen Vorraum betritt man die **Sacristía Mayor**, einen im 16. Jh. erbauten Prachtraum mit schöner Kuppeldecke. Sie enthält den großartigen Kirchenschatz, zu dem u. a. die Schlüssel von Sevilla (1248) gehören. Die anschließende **Sacristía de los Cálices** birgt ein berühmtes Kruzifix von Montañés; ferner Gemälde von Goya, Zurbarán, Morales und Murillo. Nach Verlassen der »Sakristei der Kelche« steht man vor dem von Arturo Mélida geschaffenen **Grabdenkmal des Kolumbus**, das, zunächst 1892 in der Kathedrale von Havanna aufgestellt, nach dem Verlust Kubas im Spanisch-Amerikanischen Krieg 1898 hierher überführt wurde. Ob Kolumbus tatsächlich darin begraben ist, ist strittig – auch Santo Domingo, Hauptstadt der Dominikanischen Republik, reklamiert ein Kolumbusgrab für sich.

Real Alcázar

Tgl. 9.30–17/19 Uhr | Eintritt 13,50 € inkl. Gärten, zusätzl. 5,50 € für das Obere Königszimmer (Cuarto Real Alto)) | www.alcazarsevilla.org

Der Alcázar, das Schloss der maurischen, später der christlichen Könige, wurde in seiner jetzigen Gestalt in der zweiten Hälfte des 14. Jh.s unter Pedro dem Grausamen (Pedro el Cruel) durch maurische Baumeister errichtet.

Palast mit Handelskontor

Patio del León, Patio de la Montería

Man gelangt zunächst in den mit Orangen bepflanzten Patio del León und weiter in den Patio de la Montería, den Hof der königlichen Leibgarde. Im Gebäudetrakt rechts, dem **Cuarto de Almirante**, saß die für den Handel mit der Neuen Welt zuständige Casa de Contratación. Eine Prunktreppe führt von hier nach oben zu den Gemächern der Katholischen Könige.

Einfach märchenhaft: der Saal der Gesandten im Real Alcázar

Einfach märchenhaft

Palast Peters des Grausamen

An der Südseite des Patio erstreckt sich die prächtige Hauptfassade des eigentlichen Palasts Peters des Grausamen. Der **Patio de las Doncellas** (Mädchenhof) ist der bezaubernde Mittelpunkt. 1369–1379 erbaut, zeigt er Zackenbogen und durchbrochene Oberwände, getragen von 52 Marmorsäulen; die Verspieltheit der maurischen Dekore und Formen lässt an die Alhambra von Granada denken. Steht man in der Hofmitte und blickt auf die Westwand, liegt links der **Salón de Carlos V** mit prachtvoller Kassettendecke; rechts das herrlich gekachelte Dormitorio de los Reyes Moros, das Schlafgemach der maurischen Könige. Geradeaus betritt man den **Salón de Embajadores** (Saal der Gesandten). Der älteste und schönste Saal des Alcázar, mit arabischen Schriftzeichen und Schmuckfriesen übersät, besitzt eine prachtvolle Stalaktitenkuppel von 1420 aus Zedernholz.
Rechts und links davon richtete Pedro der Grausame seiner Favoritin María de Padilla Wohnräume ein; geht man nach rechts weiter, gelangt man in den kleinen maurischen **Patio de las Muñecas** (Puppenhof), den Innenhof der Privatgemächer. An ihn schließt sich links das **Dormitorio de Isabel la Católica** (Schlafzimmer der Königin) an; voraus liegt der Salón del Príncipe. Der den Salón de Embajadores abschließende lang gestreckte Saal ist der **Comedor**, der Speisesaal von König Philipp II.

Der Kaiser privat

Palast Karls V.

Über den **Patio del Crucero** gelangt man in die beiden Gemächer Kaiser Karls V. Die **Hauskapelle** ist mit Kacheln ausgekleidet, während im anderen Raum flämische Wandteppiche (16. bis 18. Jh.) hängen, darunter einige mit der Darstellung der Eroberung von Tunis.

Gartenkultur doppelt

Gärten des Alcazar

Die unter Karl V. angelegten Gärten des Alcazar mit Pflanzen, Wasserläufen und Grotten verbinden auf charmante Weise die Gartenbaukunst des Islam mit der der Renaissance. Durch eine Grottenwand sind sie in zwei Hälften unterteilt und enthalten u. a. unterirdische Badeanlagen sowie den Pabellón de Carlos V von 1540.

Rund um Kathedrale und Alcázar

Entdeckerarchiv

Archivo General de Indias

Zwischen Alcázar und Kathedrale erkennt man an der Plaza del Triunfo die **Casa Lonja** (ehem. Börse), 1583–1598 nach Plänen von Juan de Herrera im Hochrenaissancestil erbaut. Im ersten Stock ist seit 1781 das Archivo General de Indias eingerichtet, das wertvolle Urkunden und Schriftstücke aufbewahrt, die sich auf Entdeckung und Eroberung Amerikas und der Philippinen beziehen. Das Zentralarchiv ist allerdings kein Museum, sondern ein Magnet für Forscher aus aller Welt. Für Besucher gibt es gelegentlich Ausstellungen.

Di.-Sa. 9.30-17, So. 10-14 Uhr | Eintritt frei

Hübsch, aber ...

Barrio de Santa Cruz

Östlich des Alcázar dehnt sich der durchaus malerische, jedoch schon durchfolklorisierte Stadtteil Santa Cruz aus, in maurischer Zeit das Judenviertel (Judería). Heute lädt er mit blumengeschmückten Plätzen, Gassen, Patios und vor allem **Bars** und **Restaurants** ein. Hier befindet sich das prächtige **Hospital de los Venerables**, einst Krankenhaus für Priester, dessen Kirche Fresken von Valdés Leal, einen Elfenbeinchristus von Alonso Cano und Werke von Roelas sowie Rubens schmücken. Über die Plaza de Santa Cruz kommt man zur Kirche **Santa María la Blanca**, bis 1391 Synagoge; die Kuppelmalereien stammen von 1659.

Spanischer Barock

Hospital de la Caridad

Gegenüber der Südwestecke der Kathedrale, jenseits der Avenida de la Constitución, bildet das Hospital de la Caridad (1661–1664) der gleichnamigen Bruderschaft ein besonders prächtiges Beispiel des spanischen Barock. Die mit Azulejos geschmückte **Kirche** enthält Gemälde und Wandmalereien von Valdés Leal und Murillo.

Calle Temprado, 3 | Mo.-Fr. 10.30-19, Sa., So. 14-19 Uhr
Eintritt 8 € | www.santa-caridad.es

Am Guadalquivir

Paseo de Cristóbal Colón

Ein Bummel entlang des Guadalquivir führt vor die 36 m hohe **Torre del Oro** (1220, z. T. 1760). Der »Goldturm« war ursprünglich ein mit Goldazulejos geschmückter maurischer Wachturm, von dem eine Kette zu einem nicht mehr existierenden Turm auf dem Gegenufer gespannt werden konnte, um den Fluss zu sperren. Unter Pedro dem Grausamen diente er als Schatzhaus und Gefängnis, heute präsentiert ein **Museum** die Seefahrervergangenheit. In seiner Nähe legen **Ausflugsboote** zu einstündigen Touren auf dem Fluss ab.

Torre del Oro: Mo.-Fr. 10.30-19, Sa., So. 10.30-14 u. 15-19 Uhr
Eintritt frei, Spende (3 €) erbeten | http://fundacionmuseonaval.com/museonavalsevilla.html
Bootsfahrten: ab 30 € | http://crucerosensevilla.com

Nördliche Innenstadt

Plateresk

Plaza de San Francisco

Auf dem Platz nördlich der Kathedrale fanden einst Hinrichtungen, Turniere und Stierkämpfe statt. Hier steht das **Rathaus**, ein stattlicher Renaissancebau (1527–1564), dessen reich verzierter östlicher Teil als eine der reizvollsten Schöpfungen des plateresken Stils gilt.

Unter Sonnensegeln

Calle Sierpes

Jenseits des Rathauses beginnt die Calle Sierpes, eine **Fußgängerzone** mit Läden, Cafés und Restaurants. Gegen die Sommerhitze spannt man Segel über sie, was eine ganz eigene Atmosphäre schafft.

Flamenco in Theorie und Praxis

Museo del Baile Flamenco

Östlich des Rathauses kann man sich über Ursprünge und Varianten des Flamenco informieren (▶ Das ist ..., S. 12) und abends feurige Darbietungen erleben (▶ S. 458).

Calle Manuel Rojas Marcos, 3 | Museum tgl. 10–18 Uhr | Eintritt 10 €, Kombiticket mit Flamencoshow 29 €
Shows um 17, 19, 20.45 Uhr | Eintritt 25 €
http://museodelbaileflamenco.com

Adelspalast mit archäologischer Sammlung

Palacio de Lebrija

Ein Stück nordwestlich führt die Calle de la Cuna zum Palacio de Lebrija, einem schönen Beispiel für ein Sevillaner Adelshaus mit großer Freitreppe, Stuckdecke und Salons. Es werden archäologische Funde gezeigt, darunter Mosaiken aus Itálica (▶ S. 472).

Calle de la Cuna, 8 | tgl. 10–17 Uhr | Eintritt 12 €
http://palaciodelebrija.com

Erstklassige Gemäldesammlung

Museo de Bellas Artes

Dieses Museum der Schönen Künste, untergebracht im Convento de la Merced (17. Jh.) westlich des Palacio de Lebrija, besitzt eine erstklassige Gemäldesammlung vorwiegend spanischer Meister des 16. und 17. Jh.s.

In den Sälen, dessen prächtigster die reich ausgemalte ehemalige Klosterkirche ist, sind u. a. Werke von Francisco de Zurbarán (»Hl. Hieronymus«, »Der hl. Bruno besucht Papst Urban II.«), Bartolomé Esteban Murillo (»Der hl. Thomas von Villanueva verteilt Almosen«, »Die heiligen Justa und Rufina«), **El Greco** (»Bildnis seines Sohnes Jorge Manuel«) und **Lucas Cranach** (»Kalvarienberg«) ausgestellt. Vertreten sind auch Velázquez und weitere spanische Maler aus dem 18. Jahrhundert.

Plaza del Museo, 9 | Di.–Sa. 9–21, So. 9–15, Aug. nur Di.–So. 9–15 Uhr | Eintritt 1,50 €, EU-Bürger frei | www.museosdeandalucia.es

Adelige Wohnkultur

Casa de Pilatos

Der Volksmund bezeichnet die Casa de Pilatos an der Plaza de Pilatos (nördöstl. der Kathedrale) als Nachahmung des Hauses des Pilatus in Jerusalem. Das ursprünglich im Mudéjarstil von christlich-maurischen Baumeistern errichteten, heute den Herzögen von Medinaceli gehörende Palast vereint die Elemente von Mudejarstil, Gotik und Renaissance so gelungen, dass er fast auf eine Stufe mit dem Real Alcázar zu stellen ist.

Das Haus ist um einen einzigartigen **Patio** angelegt, der mit antiken Skulpturen und den Büsten von 24 römischen Kaisern geschmückt ist. Im Untergeschoss bestechen der **Goldene Saal** mit Fayenceschmuck und Kassettendecke, die herrliche Treppe ins Obergeschoss und die **Hauskapelle**; hier ist auch ein **Museum** für griechisch-römische Skulpturen eingerichtet.Das Obergeschoss zeichnet sich durch grünlichen Azulejoschmuck und eine Stalaktitendecke aus.
Plaza de Pilatos, 1 | tgl. 9–18 Uhr | Eintritt 10 €, oberer Bereich 5 €
www.fundacionmedinaceli.org

Stararchitekt am Werk

Puente de la Barqueta

Gegenüber dem Convento de San Clemente verbindet der Puente de la Barqueta, ein Entwurf des spanischen Stararchitekten Santiago Calattrav zur Expo 1992, die Innenstadt mit dem ehemaligen Weltausstellungsgelände auf der Isla de la Cartuj**a** (▶ S. 472).

Südliche Innenstadt

Wo Carmen schuftete

Fábrica de Tabacos

An der Calle de San Fernando liegt die aus der Oper »Carmen« von Georges Bizet bekannte ehemalige Tabakfabrik (Fábrica de Tabacos), in der die Schöne schuften musste. 1965 wurde die Fabrik geschlossen. Der 1757 errichtete Barockbau gehört heute zur Universität.

Reste der Ibero-Amerikanischen Ausstellung

Parque de María Luisa

Südlich der Tabakfabrik beginnt der Parque de María Luisa, gestiftet von der Infantin von Spanien, María Luisa Fernanda de Bourbón. Starke Aufwertungen erfuhr die Anlage, als hier 1929/1930 die berühmte Ibero-Amerikanische Ausstellung abgehalten wurde.
Von den Ausstellungsgebäuden sind noch die riesige, halbkreisförmige **Plaza de España** mit dem Palacio Central (zwei 82 m hohe Ecktürme) erhalten sowie an der Plaza de América der Pabellón Real, der Palacio del Renacimiento und der Pabellón Mudéjar.

Volkskunde und Archäologie

Museo Arqueológico

Im Pabellón Mudéjar zeigt das Volkskundemuseum **Museo de Artes y Costumbres Populares** Trachten aus dem 19. Jh., Kunsthandwerk, Möbel, Gerätschaften und vieles andere. Das **Museo Arqueológico** im Pabellón del Renascimiento stellt prähistorische, phönizische, griechische und römische Altertümer aus, darunter eine Dianastatue, Goldschmuck und Funde aus Itálica (▶ S. 472).
Museo de Artes: Mitte Juni–Mitte Sept. Di.–So. 9–15, sonst Di.–Sa. 9–210, So. 9–15, Uhr | Eintritt 1,50 €, EU-Bürger frei
Museo Arqueológico: wg. Umbau bis auf Weiteres geschl.
www.museosdeandalucia.es

Am Westufer des Guadalquivir

Das ursprüngliche Sevilla

Barrio de Triana

Das Barrio Triana auf dem rechten Ufer des Río Guadalquivir ist eines der volkstümlichsten Viertel Sevillas. Hier lebten Seeleute, Töpfer und Roma (Gitanos), die seit Beginn des 19. Jh.s den Flamenco pflegen. Heute geht man v. a. am **Abend** hierher, denn das Barrio ist legendär für seine Restaurants, und den Blick auf die erleuchtete Innenstadt am gegenüberliegenden Ufer sollte man sich nicht entgehen lassen.

Freizeitpark und zeitgenössische Kunst

Isla de la Cartuja

1992 war Sevilla Schauplatz der **Weltausstellung**; als Gelände diente die Guadalquivir-Insel La Cartuja, zu der die beiden Brückenneubauten Alamillo und La Barqueta hinüberführten.
Ein historisches Bauwerk ist das 1401 gegründete Kartäuserkloster **Santa María de las Cuevas**, in dem Kolumbus seine Fahrt plante. Es wurde ab 1839 vom Engländer Pickman als Keramikfabrik genutzt. Hier präsentiert heute das **Centro Andaluz de Arte Contemporáneo** (CAAC) zeitgenössische Kunst. Ebenfalls auf der Cartuja-Insel liegt der **Freizeitpark Isla Mágica** (Shows, Attraktionen, Fahrgeschäfte als Zeitreise in die Epoche der Entdeckungen, Aquapark).
CAAC: Avenida Américo Vespucio, 2 | Di.-Sa. 11-21, So. 10-15.30 Uhr Eintritt 3 €, Di.-Fr. 19-21 Uhr, Sa.nachm. frei | www.caac.es |
Isla Mágica: wechselnd, im Sommer ab 11 Uhr (Jahreskalender s. Website) | Tageskasse 37 €, online 25 € | www.islamagica.es

Rund um Sevilla

Prächtige Mosaiken

Itálica

Nördlich von Santiponce (7 km nordwestl. von Sevilla) liegen die Ruinen von Itálica. Die um 205 v. Chr. von Scipio Africanus d. Ä. gegründete römische Stadt war **Geburtsort der Kaiser Trajan und Hadrian**. Erhalten sind ein Amphitheater mit 25 000 Plätzen, Brunnen und Häuserreste mit zahlreichen gut erhaltenen Bodenmosaiken. Etliche der Funde zeigt heute das Museo Arqueológico in Sevilla.
21. März-20. Juni Di.-Do. 9-18, Fr., Sa. 9-21, 21. Juni-20. Sept. Di.-Sa. 9-15, 21. Sept.-20. März Di.-Sa. 9-18 , So. immer 9-15 Uhr Eintritt 1,50 €, EU-Bürger frei | www.museosdeandalucia.es

Antikes Bestattungswesen

Carmona

Etwa 35 km nordöstlich von Sevilla thront das stolze, altertümliche Landstädtchen Carmona über der fruchtbaren Vega de Corbones auf einem kahlen Hügelrücken, umsäumt von römischen Mauern mit mächtigen Stadttoren. Vom **Alcázar** Pedros des Grausamen ist wenig erhalten der schöne Parador an dieser Stelle ein Neubau. Der Turm

Dieses Bodenmosaik kann man im »Haus des Planetariums« in Itálica bewundern.

von San Pedro ähnelt der Sevillaner Giralda. Sehenswert sind auch Santa María (15./16. Jh.) mit ihrem hohen geweißten Innenraum, die Plaza Mayor und die vielen Herrenhäuser in den Gassen.

Was Carmona so besonders macht, ist seine **römische Nekropole** (westl. außerhalb der Mauern) mit über 900 Gräbern, z. T. mit Vorhöfen und Triklinen (Ruhebänken) für Leichenmahle. Besonders interessant ist das aus drei Räumen bestehende Triclinio del Elefante, benannt nach einer Elefantenskulptur, und die große Tumba de Servilia, ein Familiengrab in Gestalt eines Bienenkorbs.

Oficina de Turismo: Alcázar de la Puerta de Sevilla, s/n, Tel. 954 19 09 55 | http://turismo.carmona.org

Nekropole: Zeiten wie Itálica | Eintritt 1,50 €, EU-Bürger frei
www.museosdeandalucia.es

Sitz mächtiger Herzöge

In Osuna (85 km östl. von Sevilla) sollten Sie einen Gang durch die historische Altstadt unternehmen. Ziele: die Reste des **Palasts** der einst mächtigen Herzöge von Osuna und die hoch gelegene **Kollegiatskirche** (1534) mit fünf Gemälden von Ribera. Die viertürmige ehemalige **Universität** erwähnte Cervantes im »Don Quijote«.

Oficina de Turismo: Calle Sevilla, 37 | Tel. 954 81 57 32
www.osuna.es

SIGÜENZA

Provinz: Guadalajara | **Höhe:** 1004 m ü. d. M.
Region: Castilla-La Mancha | **Einwohner:** 4400

G16

Eine kleine Perle Kastiliens ist dieses Sigüenza, monumental geprägt von der Kathedrale und der Burg.

Strategischer Platz

Strategisch wichtig war einst die Kontrolle über das Tal des Río Henares – mit ein Grund für die Bürgerkriegsschlacht von August bis Oktober 1936, bei der Teile Sgüenzas zerstört wurden.

Wohin in Sigüenza und Umgebung?

Von der Altstadt hinauf zur Burg

Castillo

Die Altstadt mit ihren Adels- und Bürgerhäusern erkunden Sie am besten bei einem Spaziergang von der arkadengesäumten **Plaza Mayor** mit dem Rathaus von 1511. Von dort geht es hinauf zur Plaza del Castillo mit der **Burg** aus dem 12. Jh., heute ein Parador.

Ein anmutiger Knabe

Catedral

Die Kathedrale (12./14. Jh.) gehört zu den bedeutendsten spätromanischen Bauten Spaniens; mit ihren zinnengekrönten Türmen wirkt sie wie eine Festung und lässt sowohl romanische als auch gotisch-platereske Elemente erkennen. Der Retablo in der Capilla Mayor

SIGÜENZA ERLEBEN

OFICINA DE TURISMO
Calle Medina, 9, Tel. 949 34 70 07, http://siguenza.es

PARADOR DE SIGÜENZA
€€€€–€€€
Hier lässt sich Ritterleben erahnen: Der Parador, mit allen modernen Annehmlichkeiten in einer 1123 errichteten Burg untergebracht, ist einer der stimmungsvollsten ganz Spaniens. Dazu gehört natürlich auch ein exzellentes **Restaurant**.
Plaza del Castillo, s/n, Tel. 949 39 01 00, http://paradores.es

EL DONCEL €
Behagliches und günstiges **Hotels** (14 Zi.). Im **Restaurant** (€€€€) überzeugt Küchenchef Enrique Pérez (nicht nur) mit den Kreationen seines Degustationsmenüs.
Paseo de la Alameda, 3, Tel. 949 39 00 01, http://eldoncel.com

stammt von Giraldo de Merlo (1619). Die Capilla de Santa Librada enthält das Grab der Stadtheiligen, die Sakristei besticht durch ihre Kassettendecke. Berühmt wurde die Kathedrale wegen »**El Doncel**«, einer der schönsten spätgotischen Skulpturen Spaniens: Sie zeigt den aus Sigüenza stammenden Knappen (»doncel«) Isabellas der Katholischen in der Rüstung eines Santiagoritters, entspannt liegend und in einem Buch lesend. Der historische Knappe, Martín Vázquez de Arce, fiel 1486 im Kampf gegen die Mauren.
tgl. 10.30–14 u. 16–19.30 Uhr | Eintritt 6 € inkl. Museum (s. u.)
http://catedralsiguenza.es

Feine Kunst

Museo Diocesano

Das Diözesanmuseum zeigt vor allem religiöse Kuns. Herausragende Objekte der Sammlung sind Werke von Morales, Salzillo und eine »Unbefleckte Empfängnis« von Zurbarán.
tgl. 11–14 u. 16–19 Uhr | http://catedralsiguenza.es

Kirchen, Stadtpalast und ein hübscher Platz

Weitere Sehenswürdigkeiten

Ebenfalls sehenswert sind die Kirchen Iglesia de Santiago und Iglesia de San Vicente (beide 12. Jh.), die gotische Casa del Doncel (13.–16. Jh.) und die von Arkaden gesäumte Plazuela de la Cárcel.

Bilderbuchfestung

Jadraque

26 km südwestlich von Sigüenza erreichen Sie im Tal des Río Henares das Städtchen Jadraque, über dem weithin sichtbar das **Castillo del Cid** thront. Der spanische Nationalheld eroberte die Bilderbuchburg im 11. Jh. Die Kirche San Juan Bautista (16. Jh.) birgt einen besonderen Schatz: das Gemälde »Christus nach der Geißelung, seine Kleider aufhebend« von Zurbarán (1661).

★ SORIA

Provinz: Soria | **Höhe:** 1063 m ü. d. M. | **Region:** Castilla y León
Einwohner: 40 100

F17

»Unausgetretene Pfade« mag sich abgegriffen anhören, doch in dieser wenig bekannten Provinzhauptstadt trifft es zu. Also durchaus hinfahren.

Soria liegt in einem rauen Hochtal am Río Duero. Nachdem es Aragoniens König Alfonso el Batallador den Mauren entrissen hatte, war es im Mittelalter eine wichtige **Grenzstadt** an der Duero-Linie, die das christliche vom maurischen Spanien trennte.

Wohin in Soria?

Zweierlei

San Juan de Rabanera

Westlich der Plaza Mayor führt die Calle San Juan zur Apsis der Kirche San Juan de Rabanera, im 12. Jh. in byzantinisch-romanischem Stil errichtet. Das figurengeschmückte Tympanon des Portals wurde von der Kirche San Nicolás hierher gebracht; innen ein Retablo von Juan de Baltanás und Francisco de Ágreda.

Schafe brachten Wohlstand

Palacio de los Condes de Gómara

Unweit nördlich der Plaza kommt man an der Calle de Aguirre zum Palacio de los Condes de Gómara, einem Renaissancebau (16. Jh.) mit elegantem viereckigem Turm. Er ist prächtigstes Relikt aus der Glanzzeit der Mesta, der Vereinigung wohlhabender Schafzüchter, die vom 13. bis zum 19. Jh. die Wanderung der Herden von der Extremadura in die gemäßigteren Gebiete des östlichen Spanien überwachte und eine beträchtliche politische und wirtschaftliche Macht darstellte.

Schönste Romanik

Santo Domingo

Santo Domingo an der Plaza de los Condes de Lérida (2. Hälfte 12. Jh.) zeigt die schönste romanische Kirchenfassade Sorias. Der Figurenschmuck des **Portals** gibt Szenen aus der Heilsgeschichte wieder; zu beiden Seiten des Portals laufen zwei Blindbogenreihen mit Säulenkapitellen, auf denen die Schöpfungsgeschichte dargestellt ist.

Außen schlicht

Concatedral de San Pedro

Hinab in Richtung Duero, liegt linker Hand die große Co-Kathedrale San Pedro (12./16. Jh.). In ihrer Wirkung äußerst schlicht, besitzt sie ein platereskes **Portal** und einen romanischen **Kreuzgang** (12. Jh.) mit wunderbaren Zwillingssäulen und figurenreichen Kapitellen. Ein flämisches **Triptychon** von 1559 in der Capilla San Saturio ist ihr wertvollstes Ausstattungsstück.€

SORIA ERLEBEN

OFICINA DE TURISMO

Plaza Mariano Granados, 1, Tel. 975 22 27 64, www.turismosoria.es

PARADOR DE SORIA €€

Pluspunkte sind Lage und Aussicht, die moderne Architektur ist allerdings eher untypisch für einen Parador. Im Restaurant wird typisch kastilisch gekocht.

Parque del Castillo, s/n, Tel. 975 24 08 00, http://paradores.es

APOLONIA €

Zentral, funktional und preislich absolut in Ordnung. Leckere Tapas.

Calle de Pro, 5
Tel. 975 23 90 56

Aussicht vom Burghügel

Castillo de Soria

Die Anhöhe am Westufer des Duero, auf der sich Überreste der Burg erhalten haben, bietet, insbesondere vom (modernen) Parador-Hotel aus, eine schöne Aussicht auf Stadt und Landschaft.

Unter freiem Himmel

Monasterio de San Juan de Duero

Von den zahlreichen Sakralbauten ist das Monasterio de San Juan de Duero (13. Jh.), nordöstl. des Zentrums am östl. Flussufer, besonders beachtenswert. Um die Ruinen des ehem. Templerordensklosters entstand ein kleines **archäologisches Freilandmuseum**. Der romanisch-gotische Kreuzgang (Claustro) zeigt eine erstaunliche Vielfalt von Bogenformen, darunter ungewöhnliche verschlungene Spitzbögen. Vor oder nach der Besichtigung bietet sich ein Spaziergang am Fluss an.

Di.–Sa. 10–14, 16 –19, So. 10–14 Uhr | Eintritt 1 €

Umgebung von Soria

Gletscherseen, Felswände, Wälder und Matten

Sierra de Urbión

Die über 2000 m aufsteigende Sierra de Urbión nordwestlich von Soria gehört zu den noch kaum entdeckten landschaftlichen Schönheiten Nordkastiliens (Naturpark Sierra de Urbión y Laguna Negra). Dem Dichter **Antonio Machado** (1875–1939) lieferte die aus Gletscherseen, jäh abfallenden Felswänden, Wäldern und grünen Matten geformte Bergregion manche Inspiration lieferte. Auf seinen Spuren kann man z. B. von Vinuesa (43 km nordwestl. von Soria) zum 1700 m hoch gelegenen, von Felswänden eingeschlossenen Gletschersee Laguna Negra de Urbión (Schwarze Lagune) fahren. Ein zweiter schöner Platz ist die Laguna Negra de Neila auf 2000 m Höhe, zu erreichen über Quintanar de la Sierra (95 km nordwestl. von Soria).

TARAZONA

Provinz: Zaragoza | **Höhe:** 475 m ü. d. M. | **Region:** Aragonien
Einwohner: 10 600

F18

Manchmal, sagen Kenner von Tarazona, fühle man sich hier wie in einer Zeitblase, zumindest in der Oberstadt. Still haben Strukturen und Bauwerke die Jahrhunderte überdauert.

Tarazona liegt malerisch am Río Queiles im Norden der **Sierra del Moncayo** und nennt sich auch »La Ciudad mudéjar«, die Stadt des Mudéjar-Stils.

Der Glockenturm der Kathedrale in Tarazona, ein prächtiges Beispiel des Mudéjar-Stils

Wohin in Tarazona?

Typisch mudéjar

Catedral

Warum man Tarazona Stadt des Mudéjar-Stils nennt, verdeutlicht nicht zuletzt die Kathedrale Nuestra Señora de la Huerta. Glockenturm und Kreuzgang weisen die typischen Stilmerkmale auf.

Die Kathedrale selbst (12./13. Jh.) erfuhr im 15. und 16. Jh. zahlreiche Veränderungen; dazu gehören die Skulpturen und Reliefs am **Nordportal** von Juan de Talavera und die gotische **Capillo de los Calvillo** in der linken Hälfte des Chorumgangs. In ihr sind Kardinal Calvillo und sein Bruder, Bischof Pedro, in kostbaren Alabastersarkophagen begraben. Das hervorragende Altarbild schuf Yojanan Leví, der vom jüdischen Glauben zum Christentum konvertierte.

Di.–Fr. 11–14 u. 16–18, Sa. 10.30–14 u. 16–19, So. 10.30–14 u. 16–18 Uhr | Eintritt 4,50 €| www.catedraldetarazona.es

Klassische Stierkampfarena

Plaza de Toros Vieja

Nicht mudéjar, aber eine Rarität: Die Plaza de Toros Vieja ist keine Stierkampfarena im klassischen Sinn, sondern ein dreistöckiges Häuserachteck aus dem 18. Jh. mit Arkadenbalkonen auf der Innenseite, auf denen man zur Corrida Platz nahm.

Am anderen Flussufer

Altstadt

Die Altstadt zieht sich am linken Flussufer den Hang hinauf und wird vom schlanken, viereckigen mudéjaren Glockenturm der ältesten Kirche **Santa María Magdalena** (12. Jh.) dominiert.
Der **Bischofspalast** gegenüber stammt aus dem 14./15. Jh. und war ursprünglich Sitz der aragonesischen Könige; er besitzt eine kunstvolle Artesonado-Decke. Hinter dem Palast lag einst das **jüdische Viertel**, dessen Gassenführung unverändert erhalten blieb.

Reich geschmückt

Ayuntamiento

Die Fassade des Rathauses (16. Jh.) schmücken vollplastische **Reliefs** sowie ein langer **Fries**, der die Ankunft Karls I. von Habsburg in Spanien und dessen Krönung zum Kaiser Karl V. als Thema hat. Wappenfelder und eine Bogengalerie im oberen Stockwerk vollenden die Pracht des Gebäudes.

Rund um Tarazona

Von der Romanik zur Gotik

Monasterio de Veruela

Man verlässt Tarazona auf der N-122 in südöstlicher Richtung und biegt bei Vera de Moncayo (630 m) rechts zum Monasterio de Veruela ab. Das ehemalige, von einer zinnengekrönten Mauer umschlossene imposante Kloster wurde im 12. Jh. von Zisterziensern begonnen und im 15. Jh. vollendet. Der Übergang vom romanischen zum gotischen Baustil kommt in der Klosterkirche besonders gut zum Ausdruck. Der gotische Kreuzgang wiederum ist ein ansehnliches Beispiel für den Stil der Zisterzienser.
April.- Sept. Di..-So. 10.30.-20, sonst bis 18 Uhr | Eintritt 1,80 €

TARAZONA ERLEBEN

OFICINA MUNICIPAL DE TURISMO
Plaza de San Francisco, 1
Tel. 976 64 00 74, www.tarazona.es

EL GALEÓN €€
In diesem Traditionsrestaurant wird spanische Küche aufgetischt. Gutes Preis-Leistungs-Verhältnis.
Avda. de la Paz, 1; Tel. 976 64 29 65

BAR TRAVESÍA €
Ideale Anlaufstelle für den kleinen Tapas-Hunger.
Travesía Juan Navarro, 7
Tel. 976 64 15 56

LA FONDA €
Solides, zentrales Bed & Breakfast mit 17 Zimmern.
Calle Marrodan, 17
Tel. 621 27 53 78
www.lafondatarazona.es

In den Bardenas Reales ist es knochentrocken.

Wandern und Tiere beobachten

Parque Natural del Moncayo

In der **Sierra del Moncayo** südlich von Tarazona können Sie wandern und Tiere beobachten. In der 800–2300 m hohen bewaldeten Gebirgslandschaft leben u. a. noch Steinadler und Gänsegeier. In den Bergen im nördlichen Bereich des Naturparks liegt auch das Marienheiligtum und ehemalige Kloster **Santuario del Moncayo**.

Maurisch-jüdisch-christliche Gemeinschaft

Tudela

Tudela (22 km nordöstl. von Tarazona), die zweitgrößte Stadt Navarras, ist das Zentrum des Gemüseanbaugebiets Ribera. Bis ins 16. Jh. lebten Christen, Muslime und Juden in teilweise heute noch erkennbaren eigenen Vierteln friedlich nebeneinander.

Bedeutendstes Bauwerk ist die **Kathedrale**, im 12./13. Jh. am Übergang von der Romanik zur Gotik anstelle einer Moschee erbaut. Sie wird überragt von einem achteckigen Glockenturm und einem zweiten Turm mit Spitzhaube. Das Westportal trägt in den acht Archivolten eine großartige Figurengruppe, die das Jüngste Gericht darstellt.

»Grüner Weg« zum Radfahren und Wandern

Vía Verde

Zwischen Tarazona und Tudela verläuft die »Vía Verde de Tarazonica«, eine 22 km lange, ehemalige Bahntrasse. Solch »Grüne Wege« wurden überall dort angelegt, wo Eisenbahnstrecken stillgelegt bzw. ausgebaut, doch nie in Betrieb genommen wurden.

www.viasverdes.com

Mondähnliche Wüstenlandschaft
Ein Ausflug in die Bardenas Reales entführt in eine knochentrockene Wüstenei, mit ihren durch Erosion geformten skurrilen **Felsformationen**. Teile des UNESCO-Biosphärenreservats sind aus Naturschutzgründen nicht zugänglich, andere militärisches Sperrgebiet. Als Einstiegspunkt empfiehlt sich **Valtierra** nördlich von Tudela mit der nahe gelegenen Kapelle Nuestra Señora del Yugo.

Bardenas Reales

★ TARRAGONA

Provinz: Tarragona | **Höhe:** 0 – 160 m ü. d. M. | **Region:** Katalonien
Einwohner: 134 900

Und wieder die alten Römer. Auch hier hinterließen sie Spuren – und was für welche! Sieht man von ▶ Mérida ab, findet man in Spanien keine andere Stadt, die ähnlich viele architektonische Zeugnisse der römischen Herrschaft auf der Iberischen Halbinsel besitzt wie Tarragona.

Tarragonas Zentrum thront auf einem bis 160 m über dem Meer ansteigenden Hügel, den die Kathedrale krönt. Die Ursprünge der **Felsenfeste** Tarraco gehen bis ins 3. Jt. v. Chr. zurück. Unter den Römern stieg **Tarraco** zum Stützpunkt ihrer Macht in Iberien auf. Tarragonas archäologisches Vermächtnis gehört zum UNESCO-Welterbe.

Auf dem »Mittelmeerbalkon«

Rambla Nova

Hauptverkehrsader ist die Rambla Nova. Am Südende der Allee bietet der **Balcò del Mediterrani** eine weite Aussicht auf Meer, Küste, Hafen und den Platja del Miracle. Über die Gleise sieht man gnädig hinweg ...

Römisches Tarragona (Tarraco)

Archäologische Promenade

Passeig Arqueològic

Am **Portal del Roser** beginnt der Passeig Arqueològic. Er zieht sich die gewaltigen, 3–10 m hohen Mauern entlang, die den höchsten Teil der Stadt umgeben und fast ohne Unterbrechung auf 1000 m erhalten sind, und endet am Ostende des Stadthügels.

TARRAGONA ERLEBEN

OFICINA MUNICIPAL DE TURISME

Carrer Major, 37, Tel. 977 25 07 95
www.tarragonaturisme.cat

KOMBITICKETS

Für das **historisch-römische Tarragona** besorgt man sich am besten ein Kombiticket (entrada conjunta) für 15 € (Passeig Arqueològic, Pretori i Circ Romà, Amfiteatre, Fòrum de la Colònia, Casa Castellarnau, Casa Canals). **Kombiticket** (7 €) für Museu Nacional Arqueològic, Museu i Necròpolis Paleocristians, Centcelles.

1 ARCS €€€€

Fusion aus Tradition und Innovation: hohes Level erwarten unter Steinbögen aus dem 14. Jahrhundert.
Carrer Misser Sitges, 13
Tel. 977 21 80 40
http://restaurantarcs.com
So., Mo. geschl.

2 RESTAURANT NÀUTIC €€€–€€

Hafenrestaurant, in dem die Gäste Stimmung, Ausblicke und frischen Fisch genießen.
Port Esportiu, Club Nàutic
Tel. 977 22 58 24
www.nauticrestaurant.com

1 ASTARI €€–€

Ein guter Deal in zentraler Lage. Manche Zimmer mit Meerblick. Pool mit Chillout-Bereich.
Via Augusta, 95–97
Tel. 977 23 69 00
www.hotelastari.com

2 SB CIUTAT DE TARRAGONA €€–€

Ein moderner, nüchterner Block, der seinen Zweck erfüllt. Mit **Restaurant** und winzigem Dachpool im Sommer.
Plaça Imperial Tarraco, 5
Tel. 977 25 09 99
www.hotelciutatdetarragona.com

Die unterste Schicht, der Rest der iberischen **Stadtmauer** stammt aus dem 6. Jh. v. Chr. und besteht aus mächtigen, unregelmäßigen Werkstücken. Darüber liegt die nach 218 v. Chr. hochgezogene römische Mauer; zahlreiche ihrer Quader tragen iberische Steinmetzzeichen. Und über dieser erhebt sich der **Festungsbau** aus der Zeit des Augustus, während die sechs erhaltenen **Tore** aus der ältesten Zeit stammen.

April – Sept. Di. – Fr. 9.30 – 21, Sa. 10 – 21, So. 10 – 15 Uhr, sonst Di. bis Sa. 9 – 18.30, So. 10 – 15 Uhr | Eintritt 5 €

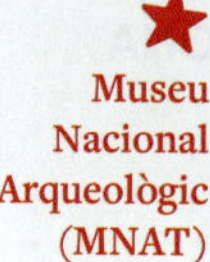

Museu Nacional Arqueològic (MNAT)

Bedeutung und Größe der Römerstadt Tarraco

Das Archäologische Museum enthält eine der bedeutendsten Sammlungen römischer Kunst in Spanien. Herausragend sind die **Mosaiken**, u. a. ein beeindruckendes Medusenhaupt, eine Bacchusszene und ein großes Mosaik mit über 40 verschiedenen Fischen; außerdem Skulpturen und Keramik sowie als Besonderheit eine 23 cm große Elfenbeinpuppe aus dem 4. Jh. n. Chr., die einem Kindergrab beigegeben war.

Plaça del Rei, 5 | wg. Umbauarbeiten **Ersatzausstellung** an der Mole Tinglado 4 am Hafen | Juni - Sept. Di. - Sa. 9.30 - 20.30, sonst Di. bis Sa. 9.30 - 14 u. 15 - 18, So. immer 10 - 14 Uhr | Eintritt 4 €
www.mnat.cat

Pretori Romà

Pontius Pilatus?

An das Museum stößt westlich der sog. Prätorenpalast (Pretori Romà; 1. Jh. v. Chr.), in dem angeblich Pontius Pilatus geboren wurde. Es handelt sich allerdings nur um einen der im Lauf der Zeit oft umgebauten Türme (Torre del Pretori). Sie begrenzten das Richtung Kathedrale liegende Provinzforum, das Tarraco als Provinzhauptstadt neben dem Stadtforum besaß. Vom Turmdach überblickt man die Reste des Forums. Unter den im Turm ausgestellten Grabungsfunden des Historischen Museums ragt der skulptierte Sarkophag des Hippolitus heraus.

Direkt an den Turm schloss der Zirkus (**Circ Romà**) an, von dem Fundamente und Gewölbe erhalten sind.

Öffnungszeiten und Preise wie Passeig Arqueològic

Amfitheatre Romà i Circ

Grausige Schauspiele

Richtung Platja del Miracle erreicht man im **Parc del Miracle** die Ruinen des Amphitheaters (2. Jh.). Die Arena für Gladiatoren- und Raubtierkämpfe bot Platz für 12 000 Zuschauer; 259 n. Chr. starben hier Bischof Fructuoso und die Diakone Augurio und Eulogio als Märtyrer.

Öffnungszeiten und Preise wie Passeig Arqueològic

Fòrum Local

Am einstigen Stadtforum

Westlich der Rambla Nova zeigen südwestlich der Plaça Corsini Säulen und einige Bogenreihen den Ort des Stadtforums an (Zugang: Carrer Lleida), auch Reste **römischer Wohnhäuser** sind erhalten.

Museu i Necròpolis Paleocristiàns

Frühchristliche Bestattungs- und Grabkultur

Ein gutes Stück weiter im Westen liegt eine altchristliche **Nekropole** aus dem 3.–6. Jh.; die sehenswertesten Funde, wie Blei- und Marmorsärge, Urnen, Mosaiken und Schmuckgegenstände, sind im Museu Paleocristiàns ausgestellt.

Av. Ramón y Cajal, 84 | Juni - Sept. Di. - Sa. 10 - 13.30 u. 16 - 20, sonst nachm. immer ab 15, So. immer 10 - 14 Uhr | Eintritt 4 €

Abstecher zum Fischerhafen

El Serrallo

Tarragonas Fischerhafen im Viertel El Serrallo liegt zwar etwas außerhalb südwestlich des Zentrums, doch der Weg lohnt sich: Hier tischen zahlreiche **Restaurants** leckere Fischgerichte auf.

Wohin in der Altstadt?

Am Übergang von Romanik zur Gotik

★ Catedral

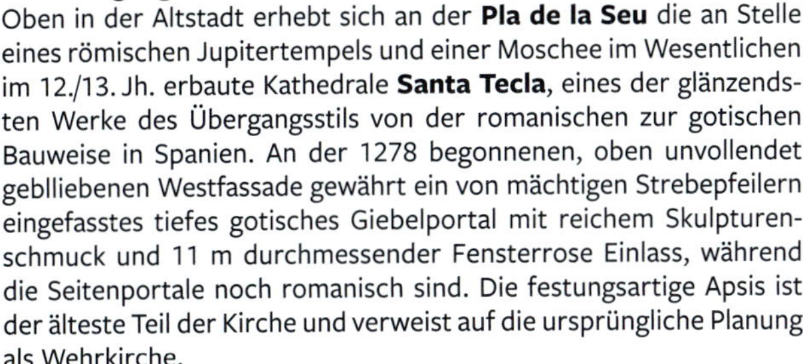

Oben in der Altstadt erhebt sich an der **Pla de la Seu** die an Stelle eines römischen Jupitertempels und einer Moschee im Wesentlichen im 12./13. Jh. erbaute Kathedrale **Santa Tecla**, eines der glänzendsten Werke des Übergangsstils von der romanischen zur gotischen Bauweise in Spanien. An der 1278 begonnenen, oben unvollendet geblliebenen Westfassade gewährt ein von mächtigen Strebepfeilern eingefasstes tiefes gotisches Giebelportal mit reichem Skulpturenschmuck und 11 m durchmessender Fensterrose Einlass, während die Seitenportale noch romanisch sind. Die festungsartige Apsis ist der älteste Teil der Kirche und verweist auf die ursprüngliche Planung als Wehrkirche.

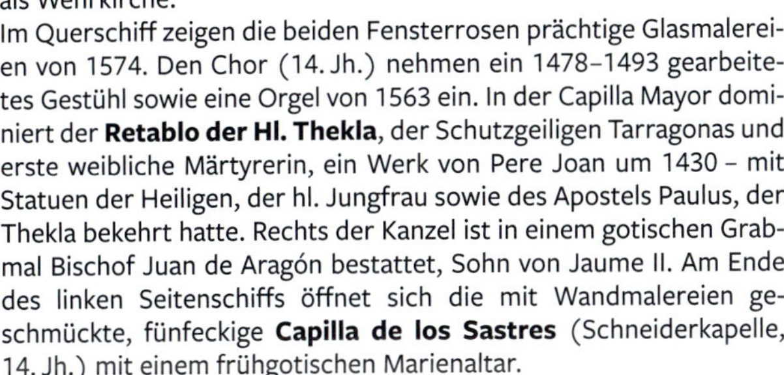

Im Querschiff zeigen die beiden Fensterrosen prächtige Glasmalereien von 1574. Den Chor (14. Jh.) nehmen ein 1478–1493 gearbeitetes Gestühl sowie eine Orgel von 1563 ein. In der Capilla Mayor dominiert der **Retablo der Hl. Thekla**, der Schutzgeiligen Tarragonas und erste weibliche Märtyrerin, ein Werk von Pere Joan um 1430 – mit Statuen der Heiligen, der hl. Jungfrau sowie des Apostels Paulus, der Thekla bekehrt hatte. Rechts der Kanzel ist in einem gotischen Grabmal Bischof Juan de Aragón bestattet, Sohn von Jaume II. Am Ende des linken Seitenschiffs öffnet sich die mit Wandmalereien geschmückte, fünfeckige **Capilla de los Sastres** (Schneiderkapelle, 14. Jh.) mit einem frühgotischen Marienaltar.

Der **Kreuzgang** wurde im 13. Jh. begonnen. Den großzügig angelegten, baumbestandenen Hof umgeben gotische Bögen, die jeweils drei Rundbögen vereinen. Dort zeigt das **Museu Diocesà** vornehmlich sakrale Kunst aus dem Mittelalter, darunter ein Altarbld von Jaume Huguet und Brüsseler Tapisserien. Der **Mihrāb** im Westflügel, eine muslimische Gebetsnische, ist noch ein Überrest der einstigen Moschee.

März–Okt. Mo.–Sa. ab 10, Juli–Mitte Sept. auch So. ab 15 Uhr, Jan., Feb. Nov. Dez. Sa u. So. geschl. | Eintritt 5 € inkl. Museum
www.catedraldetarragona.com

Höchster Punkt

Palau Arquebispal

Hinter der Kathedrale steht der Erzbischöfliche Palast (Anfang 19. Jh.). Der alte Festungsturm **Torre de l'Arquebisbe** markiert den höchsten Punkt der Stadt.

Rund um Tarragona

Baden

Strände

Vom Balcò del Mediterrani ziehen sich Promenaden hoch über dem Meer über Rabasada und Sabinosa bis zur **Punta de la Mora** hin zu den östlich gelegenen Stränden. Nach Südwesten gibt es Bademöglichkeiten an der Platja de la Pineda und in Salou an der ▶ Costa Dorada.

Daniel in der Löwengrube

Villa Romana de Centcelles

6 km nordwestl. des Stadtzentrums liegt das römische **Mausoleum** von Centcelles. Das Bauwerk aus dem 4. Jh. n. Chr. besitzt eine gut erhaltene Kuppel mit Mosaikszenen (»Daniel in der Löwengrube«), eines der ältesten frühchristlichen Kuppelmosaiken.

Juni–Sept. Di.–Sa. 10–13.30 u. 16–20, sonst Di.–Sa. 10–13.30 u. 15–17.30/18, So. immer 10-14 Uhr | Eintritt 4 €

Einer der mächtigsten Römerbauten Spaniens

Aqüeducte de les Ferreres

4 km nördlich von Tarragona verläuft der im Volksmund **Puente del Diablo** (»Teufelsbrücke«) genannte römische **Aquädukt**. Der zweistöckige Bau mit 25 Bögen, unten 73 m, oben 217 m lang, ist eines der mächtigsten römischen Bauwerke in Spanien. Die gesamte Länge der Wasserleitung beträgt 35 km.

Stadt Gaudís

Reus

14 km nordwestlich von Tarragona liegt die Industrie und Handelsstadt Reus. Hier wurde 1852 Antoni Gaudí geboren, mit dessen Schaffen das **Gaudí Centre** vertraut macht. Über die Stadt verteilen sich annähernd 30 nennenswerte Modernisme-Bauten, von Architekten wie Pere Casalles i Tarrats und Lluís Domènech i Montaner.

Gaudí Centre: Plaça del Mercadal | Mo.–Sa. 10–14, 16–19/20 Uhr Juli–Mitte Sept. Mo.–Sa. 10–20, sonst 10–14 u. 16–19, So. immer 10–14 Uhr | Eintritt 10 € | www.reusturisme.cat

Die Zisterzienserklöster Kataloniens

Ruta del Cister

http://larutadelcister.info | Kombiticket für Santes Creus, Poblet, Vallbona de los Monges 15 €, erhältlich jew. vor Ort

Steinmetzkunst in zwei Kreuzgängen

Monestir de Santes Creus

Weit im nordöstlichen Hinterland von Tarragona (N240 bis Valls; C-246 nach Osten; nach 7 km auf die TP-2002) liegt das Zisterzienserkloster der Heiligen Maria von den Heiligen Kreuzen (Reial Monestir de Santa María de Santes Creus). 1157 gegründet, zählt es zu den bedeutendsten Klosterbauten Kataloniens.

In der 1254 vollendeten romanischen Kirche mit zisterziensertypischer festungsartiger Fassade, achteckiger Vierungskuppel und gro-

ßer Fensterrose sind einige Könige Aragoniens in schönen Grabmälern bestattet, so Pedro III. und Jaime II.
Im Klosterkomplex gibt es zwei Kreuzgänge: den gotischen Neuen Kreuzgang mit einem einfachen Brunnenhaus und kunstvollen Säulenkapitellen, darunter die Geschichte von Adam und Eva und eine sehr heitere Darstellung eines Steinmetzen, sowie den romanischen Alten Kreuzgang. Weitere sehenswerte Räume sind der Kapitelsaal mit in den Boden eingelassenen Grabplatten von Domherren, das Dormitorium und der **Palau Real**, in dem die aragonesischen Könige die Osterwoche verbrachten.
Aiguamúrcia | Di.–So. 10–17 bzw. 15 Uhr | Eintritt 8,50 €

Montblanc

32 Türme
Nordwestlich von Santes Creus/Aiguamúrcia erwartet Sie das malerische alte Städtchen Montblanc. Es wird von mit 32 Türmen bewehrten **Stadtmauern** umgürtet und überragt von der Kirche Santa María aus dem 14. Jh. Das historische Zentrum steht unter Denkmalschutz.
Oficina de Turisme: Muralla de Santa Tecla, 56 | Tel. 977 86 17 33
www.montblancmedieval.cat

Monestir de Poblet

Grablege aragonesischer Könige
Von Montblanc geht es nordwestlich über den Heilbadeort L'Espluga de Francoli zum Kloster Santa María de Poblet, dem größten Zisterzienserkloster Kataloniens. Es wurde 1151 von Ramón Berenguer IV. gegründet, der Mönche aus dem französischen Narbonne herbeiholte. Die Bauten waren im Wesentlichen Ende des 14. Jh.s vollendet, doch Anfang des 19. Jh.s wurde das Kloster z. T. zerstört. Ab 1940 wurde es restauriert und wieder von Zisterziensern bewohnt. Es ist berühmt als Grabstätte der aragonesischen Könige und **noch heute von größter Wirkung**. Die gesamte Anlage ist von Mauern umgeben.

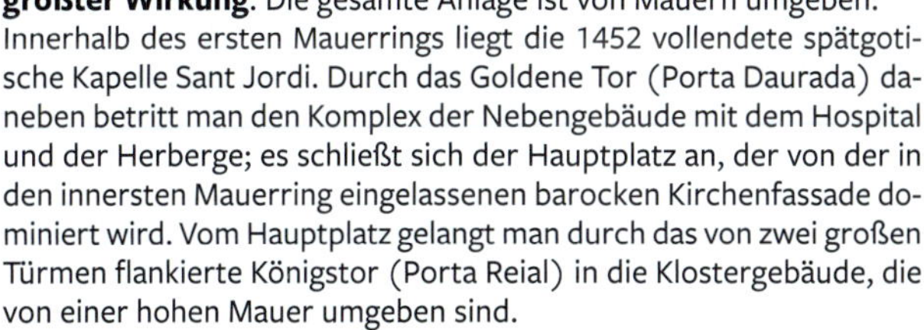

Innerhalb des ersten Mauerrings liegt die 1452 vollendete spätgotische Kapelle Sant Jordi. Durch das Goldene Tor (Porta Daurada) daneben betritt man den Komplex der Nebengebäude mit dem Hospital und der Herberge; es schließt sich der Hauptplatz an, der von der in den innersten Mauerring eingelassenen barocken Kirchenfassade dominiert wird. Vom Hauptplatz gelangt man durch das von zwei großen Türmen flankierte Königstor (Porta Reial) in die Klostergebäude, die von einer hohen Mauer umgeben sind.
Der frühgotische Kreuzgang beeindruckt schon durch seine Größe. Seine herrlichen Bögen enden in Kapitellen mit floraler Ornamentik; der der Kirche zugewandte Flügel wurde noch im romanischen Stil begonnen. Am gegenüberliegenden Flügel legte man ein Brunnenhaus mit 30 kleinen Fontänen an; ihm gegenüber liegen Küche und Speisesaal (12. Jh.).
An den Kreuzgang schließt sich der prächtige **Kapitelsaal** an, links davon die Bibliothek, das einstige Scriptorium. Das Dormitorium der

Laienbrüder über dem Weinkeller ist heute museal eingerichtet. Über dem Westflügel des Kreuzgangs liegt der **Palau del Rei Martí**, 1392–1452 im schönsten Flamboyantstil erbaut.
Die **Klosterkirche** wurde in der zweiten Hälfte des 12. Jh.s erbaut. Einzigartig ist die auf Veranlassung Pedros IV. geplante gotische Grablege der aragonesischen Könige beiderseits der Vierung, das **Panteó Reial**. Steht man vor dem Chor, den der meisterhafte alabasterne Hochaltar (1527) von Damián Forment ausfüllt, erkennt man rechts die Liegefiguren von Alfonso II. († 1196), Juan I. (1350–1395) mit seinen Ehefrauen María de Armanyach und Violante de Bar sowie Juan II. (1398–1479) mit Juana Enríquez; links Jaime I. (1208–1276), Pedro IV. (1320–1387) mit seinen drei Ehefrauen María von Navarra, Eleonor von Portugal und Eleonor von Sizilien sowie, neben der Kapelle links vom Chor bestattet, der 1410 verstorbene Martín I.
Mitte Juni–Mitte Sept. tgl. 10–12.30 u. 15–18.30, sonst nachm. immer bis 18.30 Uhr | Eintritt 8,50 € | www.poblet.cat

Damián Forment schuf den grandiosen Alabasteraltar für die Kirche des Klosters Poblet.

Grab einer Königin

Monestir de Santa María de Vallbona

Etwa 20 km nordwestlich von Montblanc liegt das letzte und kleinste der drei Zisterzienserklöster, der 1157 von Ramón de Vallbona gegründete Nonnenkonvent Santa María von **Vallbona de les Monges**. Die Anlage ist insgesamt schlichter als die beiden anderen, besitzt aber ebenfalls einen schönen gotischen **Kreuzgang**.

In der Kirche sind, vor dem Hochaltar mit der großen Marienfigur, Äbtissinnen des Klosters und Violante von Ungarn, Gattin Jaimes I., bestattet.

Di.–Sa. 10.30–13.30, 16–17/18, So. 12–13.30, 16/16.30–17/18 Uhr
Eintritt 7 € | www.monestirvallbona.cat

★ TERUEL

Provinz: Teruel | **Höhe:** 915 m ü. d. M. | **Region:** Aragonien
Einwohner: 35 900

Einst zog eine Bürgerbewegung mit dem Slogan »Teruel existe« (»Teruel existiert«) Aufmerksamkeit auf die Stadt und die strukturschwache Provinz. Im Tourismus mag man das immer noch rufen: Ja, es gibt Teruel tatsächlich – sogar als UNESCO-Welterbe von Mudéjar-Bauten! Dies hat die Stadt der langen Anwesenheit der Mauren zu verdanken.

Die am Río Turia auf einer von Schluchten umgebenen Höhe gelegene Provinzhauptstadt ging aus dem iberischen **Turfa** hervor, das 215 v. Chr. von den Römern verwüstet wurde. Noch lange nach der Reconquista lebten Mauren hier, genossen Sonderrechte und konnten sich frei entfalten; erst 1502 verloren sie ihre letzte Moschee.

Wohin in Teruel?

Schönster Mudéjar-Turm der Stadt

Torre de San Salvador

Über der Calle El Salvador im südlichen Stadtteil reckt sich der Turm der **Kirche San Salvador** in die Höhe. Er ist mit seinem Fliesenschmuck, den Ziegelsteinmustern und den Zinnen der schönste Mudéjar-Turm der Stadt. An ihm wurde 1277–1315 gebaut.

»Kleine Schwester« der Kathedrale

San Pedro

Über die Plaza de Torico kommt man zur Kirche San Pedro, die ebenfalls einen mudéjaren Turm (14. Jh.) besitzt, der in Dekor und

Ausführung dem der Kathedrale ähnelt. Auch das Chorhaupt ist mudéjar. Den »Liebenden von Teruel«, die hier in einer Grabkapelle ruhten, wurde inzwischen ein eigenes Mausoleum errichtet.
Calle Matías Abad, 3 | Öffnungszeiten und Preise s. u.

Ein berühmtes Liebespaar

★ Mausoleo de los Amantes

Ein Neubau bei San Pedro widmet sich **Los Amantes de Teruel** (den »Liebenden von Teruel«), deren romantische Geschichte sich angeblich 1217 in Teruel abspielte: Juan Diego Martínez de Marvilla wollte seine Geliebte Isabella de Segura ehelichen, doch ihr Vater wollte seine Tochter reich verheiraten und verweigerte die Zustimmung. Zu Isabellas Hochzeit mit einem anderen kehrte Juan Diego reich und unerkannt aus der Fremde zurück, um sie ein letztes Mal zu küssen. Doch sie musste ihm den Kuss verweigern, woraufhin er mit gebrochenem Herzen starb. Tags darauf erschien eine tief verschleierte Frau zu seinem Begräbnis, küsste den Toten – und verschied ebenfalls. Es war Isabella. Die von mehreren Dichtern besungene Liebesgeschichte wird gewöhnlich Mitte Februar in Teruel als **Festspiel** aufgeführt.
Das Gebäude umfasst das ursprüngliche Mausoleum. Hier liegen angeblich die Überreste der »Liebenden« als marmorne Liegefiguren auf Sarkophagen, die sich die Hände reichen.
Tgl. 10–14, 16–20 Uhr | Eintritt 9 € inkl. San Pedro (s. o.)
http://amantesdeteruel.es | **Festspiel:** www.bodasdeisabel.com

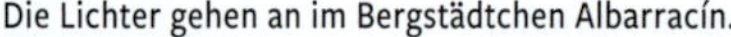

Die Lichter gehen an im Bergstädtchen Albarracín.

Fantasievoller Mudéjar-Stil

Santa María de Mediavilla, begonnen im 12./13. Jh., wurde im 16. Jh. zur Kathedrale erhoben. Auch ihr ursprünglich romanischer Mudéjar-Turm erhielt im 16. Jh. seine heutige Form. Typisch für diesen Stil sind Verzierungen mit grünen und schwarzen Azulejos und die glasierten Ziegel. Auch der Vierungsturm ist mudéjar. Für die Capilla Mayor schnitzte der aus der Picardie stammende Gabriel Joly den prächtigen Retablo (1535) auf dem Hauptaltar. Kunstvolles Ausstattungsdetail ist die Artesonado-Decke aus Holzkassetten (13./14. Jh.), bemalt mit Jagd-, Berufs- und höfischen Szenen, umrahmt von arabischen Schriftzeichen, maurischen Blumen- und geometrischen Mustern.

Catedral

Mo.–Sa. 11–14, 16–19/20 Uhr | Eintritt 6 €

Letzter der Mudéjar-Türme

Westlich der Kathedrale erkennt man den letzten der Mudéjar-Türme Teruels, den Glockenturm der Kirche San Martín, errichtet 1315/1316 wie der äußerlich ähnliche Torre de San Salvador.

Torre de San Martín

Römiches Vorbild

Im Norden der Altstadt überspannt der 1558 nach römischem Muster erbaute Aquädukt Los Arcos eine Schlucht und gleicht den Höhenunterschied zwischen mittelalterlichem und modernem Ort aus. Sein unterer Bogengang trägt eine Fußgängerbrücke.

Los Arcos

Dinosaurier

Eine Attraktion für Familien mit Kindern ist der Freizeitpark Dinópolis, der ein Stück östlich außerhalb der Stadt Urzeit und Dinosaurier in den Mittelpunkt stellt.

Dinópolis

Polígono Los Planos | Jahreskalender s. Website | Eintritt 31 €
www.dinopolis.com

TERUEL ERLEBEN

OFICINA MUNICIPAL DE TURISMO

Plaza de los Amantes, 1, Tel. 978 62 41 05, www.turismodearagon.com/ficha/teruel

LOCAVORE €€–€

Diese Gastrotaberna genießt zu Recht einen exzellenten Ruf.

Calle Bartolomé Esteban, 10
Tel. 978 60 58 04

PARADOR DE TERUEL €€€

Nobelherberge im Mudéjar-Stil mit Garten, Sommerpool und Restaurant mit regionalen Spezialitäten.

Carretera Sagunto – Burgos, km 122,5
Tel. 978 60 18 00
ttp://paradores.es

Einfach garndios: Toledo

Rund um Teruel

Albarracín

Bildschön

40 km westlich von Teruel liegt die Kleinstadt Albarracín (1171 m) inmitten der **Sierra de Albarracín**. Hier blühte im 11. Jh. ein maurisches Taifa-Königreich, zu Beginn des 14. Jh.s fiel Albarracín an Aragonien. In die Hänge über dem Río Guadalaviar gebaut, von mächtigen **Stadtmauern** umgeben und mit ihren engen, malerischen Gassen unter Denkmalschutz gestellt, zählt die Ortsanlage heute zur Vereinigung der »Schönsten Gemeinden Spaniens« (Los pueblos más bonitos de España; ▶ Abb. S. 490). Besonders um die Plaza Mayor herum verspürt man noch die mittelalterliche Vergangenheit. Blickfänge sind **Kathedrale** (16. Jh.) und **Castillo**.

Oficina Comarcal de Turismo: Calle San Antonio, 2 | Tel. 978 71 02 62
http://albarracinturismo.com

Felsmalereien

Aus vorgeschichtlicher Zeit

Im Gebiet südlich von Albarracín zeigen Felswände und Überhänge vorgeschichtliche Malereien (Pinturas Rupestres), u. a. Tiere und Jagdszenen. Es gibt diverse frei zugängliche Spots, darunter **Abrigo del Ciervo** und **Abrigo de los Cazadores del Navazo**. Im Touristenbüro in Albarracín hilft man gern bei der Besuchsplanung.

★★ TOLEDO

Provinz: Toledo | **Höhe:** 529 m ü. d. M. | **Region:** Castilla-La Mancha
Einwohner: 86 900

Toledo ist pure Magie. Ein faszinierendes Geflecht aus Gassen und Plätzen, dazu die Kathedrale, die Spuren von Meistermaler El Greco und der jüdischen Kultur des Mittelalters. Allerdings muss man bereit sein, die Stimmung in diesem Freilichtmuseum kastilisch-spanischer Geschichte, das zum UNESCO-Welterbe der Menschheit zählt, zu teilen – denn die Altstadt ist eine der meistbesuchten Spaniens. Es kann gelegentlich eng werden ...

Allein die atemberaubende Lage Toledos verdient das Attribut »stolz«: Die Kirchen, Paläste und Häuser der Stadt türmen sich auf einer an drei Seiten vom Río Tajo in tiefer Schlucht umflossenen Granithöhe.

»Stadt der drei Kulturen«

Geschichte

Toledo, eine der ältesten Städte Spaniens, war die Hauptstadt der iberischen Carpetaner und wurde 192 v. Chr. von den **Römern** erobert, die es Toletum nannten. Die **Westgoten** erkoren Toletum 534

TOLEDO ERLEBEN

OFICINA DE TURISMO

Plaza del Ayuntamiento, s/n
Tel. 925 25 40 30
http://turismo.toledo.es

PULSERA TURÍSTICA

Für sieben ausgewählte Monumente gibt es das preisreduzierte **Kombi-Armband** »Pulsera Turística« (12 €; u. a. Sinagoga Santa María la Blanca; Santo Tomé mit »Begräbnis des

1 Hacienda del Cardenal
2 La Fábrica de Harinas
3 Taberna El Botero

1 Parador de Toledo
2 Abad

Grafen von Orgaz«; Kloster San Juan de los Reyes).
http://toledomonumental.com

Zu **Fronleichnam** werden die Straßen der Altstadt farbenprächtig für die feierliche Prozession geschmückt. Wichtig im Jahreskalender sind auch die Karwoche (**Semana Santa**) und das **Jazzfestival** (Sept.).

❶ HACIENDA DEL CARDENAL €€€€
Edle, stilvolle Adresse in der ehemaligen Kardinalsresidenz. Spezialität: Lamm, Rebhuhn und Spanferkel, dazu gute Weine. Übernachtungsmölichkeit im Hotel.
Paseo de Recaredo, 24
Tel. 925 22 08 62
www.haciendadelcardenal.com

❷ LA FÁBRICA DE HARINAS €€€
Traditionelle Manchego-Küche mit innovativen Tendenzen, eine gelungene Mixtur. Im angeschlossenen Hotel San Juan de los Reyes kann man gleich übernachten.
Calle Reyes Católicos, 5
Tel. 925 28 35 35, www.hotelsanjuandelosreyes.com
Mo. geschl.

❸ TABERNA EL BOTERO €€
Fast egal, was man hier bestellt: Alles hat einen besonderen Pfiff. Die Beliebtheit dieser Taverne bei Spaniern spricht für sich.
Calle Ciudad, 5, Tel. 925 28 09 67
http://tabernabotero.com
Mo., Di. geschl.

❶ PARADOR DE TOLEDO €€€€
Der Parador auf einer Anhöhe hoch über dem Tajo bietet einen herrlichen Panoramablick auf die Altstadt.
Cerro del Emperador, s/n, Tel. 925 22 18 50, http://paradores.es

❷ ABAD €€
Im 19. Jh. logierte hier eine Eisenschmiede, heute hält sich das rustikale Interieur auf der Höhe der Zeit. Es gibt auch Apartments zum Übernachten, und die Altstadt ist zu Fuß gut erreichbar.
Calle Real del Arrabal, 1
Tel. 925 28 35 00
www.hotelabad.com

---

zur Hauptstadt ihres Reichs und hielten hier Konzile ab. Auf dem bedeutendsten 589 trat Westgotenkönig Reccared zum christlichen Glauben über. Auf die maurische Zeit (712–1085) folgte die Residenz der **Könige von Kastilien.** Unter Ferdinand III. und Alfons X. dem Weisen stieg Toledo zu einem Zentrum des Geistes und der Wissenschaften auf, geprägt auch durch die Toleranz unter den drei großen Religionen. Erst mit Verlegung der königlichen Residenz nach Madrid durch Philipp II. 1561 verlor die Stadt ihre politische Bedeutung. Die erfolglose **Belagerung des Alcázars** durch republikanische Truppen von Ende Juli bis Ende September 1936 wurde zu einem Gründungsmythos des Franco-Regimes. Um den Widerstand der ca. 1000 franquistischen Offiziere, Falange- und Guardia-Civil-Männer entstand eine Legende von heldenhaftem Opfermut, der jedoch nicht der Wirklichkeit entsprach.

Catedral de Santa María de la Asunción

Mo.–Sa. 10–18.30, So. 14–18.30 Uhr | Eintritt 12,50 € inkl. Turm u. Museen | www.catedralprimada.es

Eine der »Großen Drei«

Außenansicht

Die »Catedral Primada« wurde 1227–1493 an Stelle der maurischen Hauptmoschee errichtet und bildet zusammen mit denen von Sevilla und Burgos die »Großen Drei« der gotischen Kathedralen Spaniens. Im 90 m hohen Nordturm (1380–1440) hängt die 1753 gegossene Glocke »Campana gorda« (14 564 kg); der unvollendete Südturm trägt eine Barockkuppel.

An der Hauptfassade öffnen sich drei gotische Portale (1418–1450) mit reichem Skulpturen- und Reliefschmuck; am mittleren Eingang, der Puerta del Perdón, stellte Hans der Deutsche (Juan Alemán) die Jungfrau Maria dar, die dem hl. Ildefonso ein Messgewand reicht. Von den Seitenportalen ist am Ende des südlichen Querschiffs die 1458–1466 in reichstem gotischen Stil ausgeführte **Puerta de los Leones** beachtenswert.

Vollendete Renaissanceschnitzkunst

Chorgestühl

Das Innere der Kathedrale ist ohne die Capilla de San Ildefonso 120 m lang und schöpft seine Wirkung aus den 88 reich gegliederten Bündelpfeilern. Die prächtigen **Glasgemälde** stammen aus dem 16. Jh.

Der Chor birgt ein aus Walnussholz gefertigtes **Chorgestühl**, ein Meisterwerk der Schnitzkunst der Renaissance. Für den unteren Teil schuf 1495 Rodrigo Alemán 54 historische Reliefs mit Szenen von der Eroberung Granadas. Am oberen, 1543 vollendeten Teil schuf Alonso Berruguete die linke Seite mit biblischen Szenen einschließlich der alabasternen »Verklärung Christi«, die rechte Seite ist ein Werk von Felipe Vigarny. Auf dem Altar steht die romanische Steinfigur der **Virgen Blanca** (um 1300).

Zwei Königsgräber

Capilla Mayor

Die Capilla Mayor birgt den 1504 vollendeten **Retablo** aus vergoldetem und bemaltem Lärchenholz. Er stellt in vier Abteilungen übereinander in lebensgroßen Figuren Szenen aus dem Neuen Testament dar. Zu beiden Seiten des Hauptaltars liegen die **Gräber** der Könige Sancho II. und Alfons VII.

An der Rückseite der Capilla Mayor, mit Heiligenfiguren und Reliefs geschmückt, verbirgt sich der **Transparente**, ein marmorner Muttergottesaltar in churrigueresken Stil, der in eine bemalte und durchbrochene Kuppel übergeht (1722).

Beachtenswert im Chorumgang ist die **Capilla de Santiago** mit den gotischen Marmorgrabmälern des Condestable Álvaro de Luna und seiner Gemahlin. Gleich daneben liegt der Zugang zur plateresken **Capilla de Reyes Nuevos** mit dem Grab Enriques II. de Trastámara.

Vom Chorumgang erreicht man die **Sala Capitular** von 1512, die von einer Artesonado-Decke abgeschlossen wird. Zwei der Wandgemälde mit Bildnissen der Toledaner Erzbischöfe stammen von Francisco de Goya.

Große Kunst

Sacristía

Die 1592–1616 entstandene Sacristía ist heute **Gemäldegalerie**: am Altar die »Entkleidung Christi« (»El Expolio«, 1587) von El Greco, rechts davon die »Gefangennahme Christi« (1788) von Goya; an den Wänden ein Zyklus aus 16 Apostelbildern El Grecos, die Deckenbemalung stammt von Lucas Jordán. Des Weiteren findet man Werke von Morales, van Dyck, Raffael, Tizian, Mengs. Die Galerie setzt sich in den »Salas nuevas« mit Werken u. a. von El Greco und Caravaggio fort.
Westlich an die Sakristei grenzt die **Capilla del Virgen del Sagrario**, die ein Standbild der thronenden Jungfrau (um 1200) enthält; anschließend das **Ochavo**, ein Achteckraum mit hoher, 1670 ausgemalter Kuppel, wo annähernd 400 Reliquien versammelt sind.
In der **Capilla Mozárabe** (1504) wird montags bis samstags um 9 Uhr und sonntags um 9.45 Uhr nach westgotischem (mozarabischem) Ritus die Messe gelesen.

Highlight sakraler Goldschmiedekunst

Custodia

Herausragendes Objekt des **Domschatzes** in der Capilla de San Juan unter dem Nordturm ist die Monstranz (Custodia) des aus Deutschland stammenden Enrique de Arfe (1524): fast 3 m hoch und 172 kg schwer, mit 260 Statuetten aus vergoldetem Silber.

TOLEDO CATEDRAL

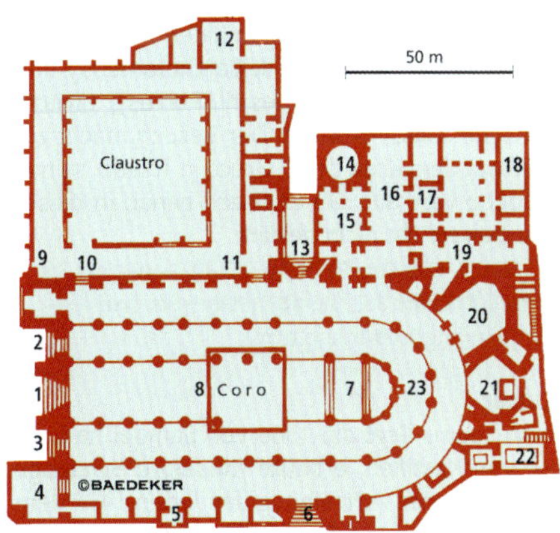

1 Puerta del Perdón
2 Puerta de la Torre
3 Puerta de los Escribanos
4 Capilla Mozárabe
5 Puerta Llana
6 Puerta de los Leones
7 Capilla Mayor
8 Trascoro
9 Puerta del Mollete
10 Puerta de la Presentación
11 Puerta de Santa Catalina
12 Capilla de San Blas
13 Puerta de la Chapinería (Puerta del Reloj)
14 Ochavo
15 Capilla del Virgen del Sagrario
16 Sacristía
17 Vestuario (Ankleideraum)
18 Ropería (Kleiderkammer)
19 Capilla de Reyes Nuevos
20 Capilla de Santiago
21 Capilla de San Ildefonso
22 Sala Capitular
23 Transparente

Gotischer Kreuzgang, barocke Fresken

Claustro

An der Nordseite der Kathedrale erstreckt sich der 1389 begonnene Kreuzgang (Claustro). Den Claustro bajo (unteren Kreuzgang) an der Süd- und Ostseite schmücken Fresken von Francisco Bayeu und Maella (1776).

Westliche Altstadt

El Grecos Sohn

Plaza del Ayuntamiento

Die Plaza del Ayuntamiento vor der Kathedrale umstehen das **Erzbischöfliche Palais** (Palacio Arzobispal) und das 1618 erbaute **Rathaus** (Ayuntamiento). Das mit zwei Ecktürmen und einem schönen Kachelfries von 1595 im Kapitelsaal ausgestattete Gebäude ist ein Entwurf von Jorge Manuel Theotocopuli, dem Sohn El Grecos.

Berühmtes Werk El Grecos

Santo Tomé

Südwestlich der Kathedrale liegt an der Plaza am Rande der **Judería**, des einstigen jüdischen Viertels, die Kirche Santo Tomé, ursprünglich eine Moschee, die im 14. Jh. auf Veranlassung des Grafen von Orgaz im gotischen Stil umgebaut und mit einem schönen **Turm** im Mudéjar-Stil versehen wurde. Sie bewahrt eines der Hauptwerke El Grecos, »**Das Begräbnis des Grafen von Orgaz**« (»El Entierro del Señor de Orgaz«, 1586) – die Legende, nach der die hll. Stephanus und Augustinus den toten Grafen ins Paradies holten. El Greco porträtierte sich auf dem Bild auch selbst: Er ist der Fünfte von links.

Tgl. 10–17.45/18.45 Uhr | Eintrittt 4 € | http://santotome.org

Einzigartige Werkschau

Museo del Greco

Das modern gestaltete Museum südwestlich von Santo Tomé umfasst eine einzigartige Werkschau mit Originalgemälden von El Greco (1541–1614), darunter »San Bartolomé« (Hl. Bartholomäus) und »Las lágrimas de San Pedro« (Die Tränen des hl. Petrus), diverse Porträts und eine historische Toledo-Ansicht. Der Besuch macht zudem in breiterem Rahmen mit dem Kreis des El Greco in Toledo, seinen Schülern und seiner Epoche vertraut. Ob El Greco genau in dieser Stadtgegend lebte und arbeitete, ist nicht geklärt.

Paseo del Tránsito, s/n | März–Okt Di.–Sa. 9.30–19.30, sonst bis 18 Uhr, So. immer 10–15 Uhr | Eintritt 3 €, Sa. ab 14 Uhr, So. frei
www.culturaydeporte.gob.es/mgreco/inicio.html

Jüdisch-spanische Kultur

Sinagoga del Tránsito

Westlich des El-Greco-Museums liegt die 1366 von Samuel ha-Levi, Schatzmeister Pedro I. von Kastilien, erbaute mudéjare Synagoge Sinagoga del Tránsito, die nach der Vertreibung der Juden 1492 dem Calatrava-Ritterorden übergeben wurde. Der einschiffige Raum ist de-

Einen ganze Reihe von Porträts im Museo del Greco, angeführt von »San Bartolomé«, gemalt um 1614.

koriert mit umlaufenden hebräischen Schriftzeichen mit Preisungen Jahwes, Samuel ha-Levis und Pedro I. Ebenso sehenswert sind die Schmuckfriese und die Zedernholzdecke. In den anschließenden Räumen wurde das **Museo Sefardí** eingerichtet, das Geschichte und Kultur der Juden in Spanien darstellt, der Sephardim.

Calle de Samuel Levi, s/n | März–Okt Di.–Sa. 9.30–19.30, sonst bis 18 Uhr, So. immer 10–15 Uhr | Eintritt 3 €, Sa. ab 14 Uhr, So. frei
www.culturaydeporte.gob.es/msefardi/home.html

Bedeutendere der erhaltenen Synagogen

Sinagoga de Santa María

Die heutige Kirche **Santa María la Blanca** nordwestlich des Museo Sefardi war die religiös bedeutendere der beiden erhaltenen Synagogen Toledos. Im 12./13. Jh. erbaut, wurde sie dem Calatrava-Orden übergeben und dient seit 1405 als christliches Gotteshaus. Prachtvoll sind die 28 blendend-weißen **Hufeisenbögen** mit Kapitellen in Pinienzapfenform, die die Artesonado-Decke stützen.

Calle de los Reyes Católicos, 4 | tgl. 10–17.45/18.45 Uhr | Eintritt 4 €
http://toledomonumental.com

Im Auftrags der Könige

San Juan de los Reyes

Weiter nordwestlich liegt das **Franziskanerkloster** San Juan de los Reyes, das 1476 nach dem Sieg über die Portugiesen in der Schlacht bei Toro (► S. 532) als Grablege für die Katholischen Könige und ihre Nachkommen gegründet, doch erst im 17. Jh. vollendet wurde.

An den Außenwänden der 1553 begonnenen **Kirche** mit isabellinischem Hauptportal sieht man Ketten von aus maurischer Gefangenschaft befreiten Christensklaven. Im Innern sind besonders sehenswert die Friese mit von Adlern gehaltenen Wappen der Katholischen Könige im Querschiff, das Gewölbe der Chorgalerie und der Retablo von Felipe Vigarny und Francisco de Comontes.

Der zweistöckige **Kreuzgang** (1504) mit seinen Maßwerkarkaden ist eine der glänzendsten Schöpfungen des spätgotischen Stils Spaniens; er besitzt in der oberen Galerie eine kunstvolle Artesonado-Decke.

Calle de los Reyes Católicos, 17 | tgl. 10–17.45/18.45 Uhr | Eintritt 4 €
www.sanjuandelosreyes.org

Großartiger Blick auf den Tajo

Puente de San Martín

Von San Juan können Sie zur 30 m hohen Brücke San Martín (1212 erbaut, 1390 erneuert) hinabgehen, um von dort den Blick in die Schlucht des Tajo zu genießen.

Am Grab El Grecos

Nordwestliche Altstadt

In der nordwestlichen Altstadt verdienen drei Kirchen besondere Beachtung. In **San Román** (13. Jh.) mit einem schönen mudéjaren Turm zeigt das **Museo de los Concilios y la Cultura Visigoda** eine Sammlung westgotischer Altertümer, darunter Kronen, Skulpturen und Schmuck.

Etwas weiter die Straße hinauf sieht man links die stattliche Barockfassade der zweitürmigen Kirche **San Ildefonso**, die auf die Jesuiten zurückgeht; vom **Turm** hat man einen schönen Ausblick.

Danach geht es zurück auf die Spur El Grecos. Der Künstler wurde in der Kirche des Klosters **Santo Domingo el Antiguo** bestattet, an dessen Ausschmückung er mitarbeitete.

Museo de los Concilios y la Cultura Visigoda: Calle San Román
Di.–Sa. 10–14, 16–18, So. 9–15 Uhr | Eintritt 2 €, Mi. ab 16 Uhr, So. frei
Museo-Convento de Santo Domingo el Antiguo: Plaza Santo Domingo el Antiguo | Mo.–Sa. 11–13.30, 16–19, So. 16–19 Uhr | Eintritt 2 €

Östliche Altstadt

Massige Festung hoch über der Altstadt

Alcázar

Die von Arkadenhäusern gesäumte **Plaza de Zocodover** ist der eigentliche Mittelpunkt der Stadt. Von dort gelangt man hinauf zum Alcázar, der über dem Ostabhang am höchsten Punkt Toledos thront.

Am alten Ort eines römischen Kastells auf viereckigem Grundriss mit Ecktürmen erbaut, erhielt er im 16. Jh. seine strenge Fassade und erlebte mehrfach schwere Zerstörungen. Heute ist hier das Museum der Streitkräfte (Museo del Ejército) untergebracht.
Di.–So. 10–17 Uhr | Eintritt 5 €, So. frei

Variabel
Östlich der Plaza de Zocodover gelangt man durch den maurischen **Arco de la Sangre** zum ehemaligen **Hospital de Santa Cruz**. Es wurde im 15./16. Jh. auf Veranlassung des Kardinals Mendoza, Beichtvater von Königin Isabella, von Enrique de Egas im Renaissancestil erbaut. Das Gebäude beherbergt das Museo de Santa Cruz, das mehrere Sammlungen vereint, darunter die **archäologische Abteilung** und die Sektion für **Kunsthandwerk** mit Glas und Keramik. Die **Gemäldesammlung** versteht sich als repräsentative Schau der Toledaner Kunst aus dem 16./17. Jh., darunter auch Werke El Grecos.

Museo de Santa Cruz

Calle Miguel de Cervantes, 3 | Mo.–Sa. 10–18, So. 9–15 Uhr | Eintritt 4 €, Mi. ab 16 Uhr u. So. frei | http://cultura.castillalamancha.es

Brückenblick auf die aufsteigende Stadt
Östlich unterhalb des Hospitals überspannt der Puente de Alcántara den tief eingeschnittenen Tajo. Die Brücke, ursprünglich ein römischer Bau, wurde von den Mauren 866 vollständig erneuert und erhielt ihre Gestalt im Wesentlichen im 13./14. Jh.; ihr Westende markiert der Torturm **Puerta de Alcántara** (1484), am Ostende steht ein Barocktor von 1721. Von der Brücke hat man einen prächtigen Blick auf die steil aufsteigende Stadt.

Puente de Alcántara

Nördliche Altstadt

Promenade mit Aussichtsterrasse
Von der Plaza de Zocodover geht man durch die **Calle de Armas** bergab Richtung Norden zum Paseo del Miradero, einer Promenade mit hoch gelegener Aussichtsterrasse, von der man bei klarem Wetter bis zur Sierra de Gredos sehen kann. Nach Westen führt der Paseo zur mächtigen, zweitürmigen **Puerta del Sol** (14. Jh.) im Mudéjar-Stil.

Paseo del Miradero

Einstige Moschee mit westgotischen Merkmalen
Danach links und unter der Puerta Cristo de la Luz hindurch, kommt man zur Mezquita del Cristo de la Luz. Die kleine ehemalige Moschee (10. Jh.) besitzt noch neun maurische Kuppeln und Säulen einer westgotischen Vorgängerkirche; der Chor wurde in christlicher Zeit hinzugefügt und zeigt noch Reste romanischer Wandmalereien.
Di.–Sa. 10–17.45/18.45 Uhr | Eintritt 4 €
http://toledomonumental.com

Cristo de la Luz

Maurisches Doppeltor

Puerta Nueva de Bisagra

Das maurische Stadtmauer-Doppeltor weiter nordwestlich entstand Mitte des 16. Jh.s. Von der Stadtseite betritt man durch einen von zwei Türmen bekrönten Vorbau den Innenhof mit Statue Karls V.; die der Stadt abgewandte Fassade trägt das kaiserliche Wappen.

Kunst hinter schlichter Fassade

Hospital de Tavera

Nördlich der Puerta Nueva führt der parkartige Paseo de Merchán zur Vorstadt Las Covachuelas. Hier erstreckt sich der große Komplex des von Kardinal Tavera gestifteten Hospital de Tavera (Hospital de San Juan Bautista; 1541–1599) mit zwei schönen, von doppelstöckigen Arkaden gesäumten Innenhöfen.
In der Kirche (1561) mit Marmorfassade von Alonso Berruguete ist unter der Kuppel in einem schönen Grabmal – zugleich Berruguetes letztes Werk – der Kardinal begraben. Den Retablo entwarf El Greco. Im 17. Jh. bezog die Duquesa de Lerma einige Räume. Die Kunstsammlung ist erstaunlich, in der Pinakothek sind Meister wie El Greco, Zurbarán und Luca Giordano vertreten. Hinzu kommen Mobiliar, flämische Teppiche aus dem 16./17. Jh. und die originalgetreu rekonstruierte **Hospitalapotheke** (16. Jh.).
Calle Duque de Lerma | Mi.–Sa. 10–14.30, 15–18.30, So. 10–14.30 Uhr
Eintritt 9 € | www.fundacionmedinaceli.org/monumentos/hospital

Rund um Toledo

Fünf prächtige Gemälde El Grecos

Santuario de la Virgen de la Caridad

Etwa 40 km nordöstlich von Toledo lockt **Illescas** (Abstecher von der A42) mit dem Santuario de la Virgen de la Caridad. Dort kann man fünf Bilder von El Greco bewundern: »Verkündigung«, »Christi Geburt«, »Marienkrönung«, »Nächstenliebe« und »San Ildefonso«.
Juli – Sept. Di. – Fr. 9 – 14 u. 17–19 (20. Juli – 20. Aug. nur vormittags.!), sonst Di. – Fr. 9 – 14 u. 16–17.30, Sa. immer 9.30 – 14.30 u. 16 – 20, So. immer 11.30-14.30 Uhr | Eintritt 5 €
www.elgrecoillescas.com

Stadt der blauen und gelben Kacheln

Talavera de la Reina

Das Städtchen Talavera de la Reina (80 km westl. von Toledo) im Tal der Flüsse Tajo und Alberche ist seit Jahrhunderten berühmt für seine Kachelproduktion, zu erforschen im Museo Ruíz de Luna.
Überall, wo sich Fliesen anbringen lassen, tat man es hier: an Hausfassaden, in Patios, an der Plaza del Pan und besonders prächtig in der **Ermita de la Virgen del Prado**. Sie ist herrlich ausgekleidet mit gelber und blauer Talavera-Keramik aus verschiedenen Epochen.
Museo Ruíz de Luna: in der Calle San Agustín el Viejo, 13; Di. – Fr. 8.30 – 15, Sa. 10 – 14 u. 16–18, So. 9.30 – 14.30 Uhr | Eintritt 3 €

TRUJILLO

Provinz: Cáceres | **Höhe:** 584 m ü. d. M. | **Region:** Extremadura
Einwohner: 9400

Trujillo ist eine Kleinstadt mit großer monumentaler Fülle inmitten der heißen Extremadura. Wenn sich die Störche auf den Dächern niedergelassen haben, scheint dort die Zeit stillzustehen.

Aus der einst bitterarmen Gegend stammen mehrere Konquistadoren u. a. **Francisco Pizarro** (1476–1541), der Eroberer Perus. Weitere Glückritter waren Francisco de Orellana, der als erster Europäer den Amazonas befuhr, der bärenstarke »Simson der Extremadura« Diego García Paredes, der die Stadt Trujillo in Venezuela gründete, und Nuño de Chaves, Gründer des bolivianischen Santa Cruz. Sie wurden in der Neuen Welt reich und ließen sich in Trujillo Paläste bauen, die die Stadt nachhaltig prägten.

Wohin in Trujillo?

Altstadtzentrum mit Konquistadorenpalästen

Plaza Mayor

Mittelpunkt Trujillos ist die Plaza Mayor mit dem **Reiterstandbild Pizarros** (1927), umgeben von Palästen der Konquistadorenfamilien. Die Südostecke des Platzes nimmt der Palacio de Piedras Albas ein, ein gotischer Bau mit Renaissancegalerie. Es folgt in der Nordostecke der Palacio de San Carlos, heute Nonnenkloster. Hervorstechend an dem Renaissancebau mit zweistöckigem Patio sind über einem Eckbalkon der doppelköpfige Adler, das Wappen der Familie Vargas-Carvajal und die Schornsteine in Form von Bauten aus den eroberten Ländern – Maya-, Azteken- und Inka-Pyramiden. Westlich daneben steht etwas erhöht die mit zwei ungleichen Türmen ausgestattete Kirche San Martín (15./16. J) mit den Gräbern der Konquistadoren Orellana und Vargas-Carvajal. Die Casa de la Cadena (Haus der Ketten) links davon war Sitz der Familie Chaves-Orellana; in der Gasse dahinter erhebt sich die Torre de Alfiler (Nadelturm).

Der prächtigste von allen

Palacio de los Marqueses de la Conquista

Über die Freitreppe geht man wieder hinab zur Südwestecke der Plaza zum plateresken Palacio de los Marqueses de la Conquista, dem prächtigsten der Paläste rundum, den sich Hernando Pizarro, Halbbruder Franciscos, errichten ließ. Zwölf die Monate symbolisierende Statuen zieren den Dachsims, die Fenster sind kunstvoll vergittert. Zu beiden Seiten des Eckfensters erkennt man die **Büsten** Francisco Pizarros und seiner Geliebten, der Inkaprinzessin Inés Yupanqui, ihrer

Tochter Francisca und deren Mann (und Onkel) Hernandos; über dem Fenster das prächtige Familienwappen. Rechts davon sollte man einen Blick in den Patio des **Palacio de Orellana-Pizarro** werfen.

Hauptkirche

Santa María la Mayor

Durch die **Puerta de Santiago** nach Westen betritt man den ummauerten Teil der Altstadt. In der gotischen Hauptkirche Santa María la Mayor (13. Jh.) sind der 1466 in Trujillo geborene Diego García de Paredes und Francisca Yupanqui, Frau und Nichte Hernando Pizarros, bestattet. Die Gemälde am Retablo stammen von Fernando Gallego. Am Kirchplatz steht auch das Geburtshaus von Francisco de Orellana.

Stammhaus der Familie

Casa Museo de Pizarro

Im Geburtshaus Francisco Pizarros, der als Schweinehirt in Trujillo begann, ist ein Interpretationszentrum zur Conquista untergebracht.
Calleja del Castillo, 1 | tgl. 10–14, 16–19.30 Uhr | 1,40 €

Ausblick auf Dächer und Türme

Castillo

Beim Pizarro-Haus beginnt der Aufstieg zum Castillo, von den Mauren auf römischen Resten errichtet, dann im 15./16. Jh. ausgebaut. Die mächtigen quadratischen Türme, typisch für islamische Militärarchitektur, sind noch erhalten.
Tgl. 10–14, 16/17–19/20 Uhr | 1,50 €

Spanien und Lateinamerika

Museo de la Coria

Das Museo de la Coria an der nördlichen Stadtmauer bietet eine durchaus interessante Ausstellung über die Konquistadoren.
Calle Puerta de La Coria, 12 | Sa., So. 11.30–14 Uhr | frei

TRUJILLO ERLEBEN

OFICINA DE TURISMO
Plaza Mayor, s/n
Tel. 927 32 26 77
www.trujillo.es

1 LA TROYA €€
Traditionsrestaurant mit herzhaften Gerichten der Extremadura; hier ordert man gerne das Hausmenü.
Plaza Mayor, 10, Tel. 927 32 13 64
www.mesonlatroya.es

2 LA ABADÍA €€€
Vegetarisches und Käse aus der Extremadura, aber auch Fleischgerichte.
Calle García de Paredes, 20
www.abadiatrujillo.com

1 PARADOR DE TRUJILLO €€€–€€
Ruhe und Zurückgezogenheit in einem ehem. Kloster aus dem 16. Jh. Das Restaurant serviert Regionalküche.
Calle Santa Beatriz de Silva, 1
Tel. 927 32 13 50; www.parador.es

★★ VALENCIA

Provinz/Region: Valencia | **Höhe:** 0–14 m ü. d. M. | **Einwohner:** 789 000

Welch eine mediterrane Beauty! Valencias himmelstürmende Architektur reicht von der Gotik bis zur Avantgarde. Museumskultur und Nightlife blühen. Es gibt Strände, einen grünen Park im alten Flussbett, nette Altstadtgassen, beste Einkehradressen und rauschende Volksfeste wie die Fallas.

Spaniens drittgrößte Stadt, geprägt von mildem, trockenem Klima, stößt ans Mittelmeer und die fruchtbare **Huerta de Valencia** mit ihren Zitruskulturen. Die lange Geschichte sah Griechen, Karthager, Römer und Mauren kommen und gehen. Unter **El Cid** eroberten die Christen 1094 die Stadt; fünf Jahre später starb er bei ihrer Verteidigung. Heute öffnet sich Valencia auch mit **modernen Bauten**, etwa von Norman Foster und Santiago Calatrava, und bietet mit der Metro ein gutes Transportmittel.

EIN STÜCK MITTELALTERLICHES RECHT

An der **Puerta de los Apóstoles** der Kathedrale tritt jeden Donnerstag Schlag 12 Uhr das **Tribunal de las Aguas** zusammen. Acht schwarz gekleidete Herren entscheiden über Zwistigkeiten um die Wasserrechte in der Huerta. Sie können sich dabei auf eine 960 unter dem Kalifen Al-Hakam begründete Tradition berufen. Im Ernstfall sind ihre Urteile – Wasserentzug oder Geldstrafe – keinesfalls Folklore, sondern verbindliches Recht – und heute immaterielles **Welterbe der UNESCO.** Fällt der Donnerstag auf einen Feiertag, zieht man die-Sitzung auf Mittwoch 12 Uhr vor. (http://tribunaldelasaguas.org).

Rund um die Kathedrale

Catedral

Der heilige Gral?
Die Kathedrale **Santa María de Valencia** an der Plaza de la Reina und die Gassen rundum bilden den Kern der Altstadt. Die äußerlich überwiegend gotische Kathedrale mit barocker Fassade wurde 1252–1482 anstelle einer Moschee errichtet. An ihrer Südwestecke erhebt sich der 68 m hohe, unvollendete achteckige Glockenturm **Torre del Miguelete** (»El Micalet«); von ihm bietet sich ein prächtiger Blick auf die Stadt. Am östlichen Querschiff öffnet sich die romanische **Puerta del Palau**, am westlichen die mit Skulpturen geschmückte gotische **Puerta de los Apóstoles** (► Magischer Moment), über der eine Fensterrose des 14. Jh.s schwebt. Die im 18. Jh. vollständig er-

neuerte Kathedrale enthält zahlreiche Gemälde, u. a. von Goya in der 2. Kapelle im rechten Seitenschiff. In der Capilla Mayor steht der Hochaltar (15. Jh.) mit 1509 gemalten Flügelbildern. Dahinter sollte man das **Kruzifix von Alonso Cano** (Capilla de la Buen Muerte) und daneben einen Alabasteraltar betrachten, zu dem auch als Reliquie ein Unterarm von San Vicente Mártir gehört. Vom rechten Seitenschiff betritt man den 1369 erbauten alten Kapitelsaal **Capilla del Santo Cáliz**, den ein sehr schönes gotisches Sterngewölbe abschließt. Sie birgt den mit Rubinen und Perlen besetzten »**Heiligen Kelch**« (Santo Cáliz), den manche als den sagenhaften Gral ansehen, mit dem das Blut Christi aufgefangen wurde. Das **Kathedralmuseum** präsentiert u. a. Gemälde von Künstlern der Valencianer Schule.

März–Nov. Mo.–Sa. ab 10.30, So. ab 14 Uhr, Jan., Feb., Dez. So. geschl.
Eintritt 9 € inkl. Museum, Turm 2,50 € | http://catedraldevalencia.es

Die Beschützerin der Obdachlosen

Nuestra Señora de los Desamparados

Ein Bogen verbindet die Nordseite der Kathedrale mit der Basílica de Nuestra Señora de los Desamparados von 1667. Das geschnitzte Marienbild von 1416 am Hauptaltar zeigt die »Beschützerin der Obdachlosen«, Schutzpatronin Valencias. Die Fresken in der Kuppel schuf Palomino. Etwas nordöstlich davon steht der **Almudín**, das mittelalterliche Kornhaus, heute städtische Ausstellungshalle.

Wo Seide gehandelt wurde

Lonja de la Seda

Von der Westseite der Plaza de la Reina, vorbei an der gotischen Kirche **Santa Catalina** mit ihrem reich verzierten sechseckigen Glockenturm, kommt man über die Plaza del Mercado zur Lonja de la Seda.

In der historischen **Seidenbörse** wurde die in ganz Europa verkaufte Valencianer Seide gehandelt. Der 1498 anstelle des maurischen Alcázars fertiggestellte prächtige Bau ist einer der schönsten gotischen Profanbauten Europas und mit besonders reichen Portalen, Fensterdekorationen sowie schönen Wasserspeiern (»gárgolas«) ausgestattet. Herausragend ist der **Börsensaal**, in dem die Geschäfte abgeschlossen wurden. Er besitzt ein reiches Sterngewölbe, das spiralig gewundene Säulen tragen; vom Saal kann man über einen kleinen Hof zum **Consulado del Mar** (1548) gehen, wo einst das örtliche Handelsgericht tagte.

Calle Lonja, 2 | Mo.–Sa. 10–19, So. 10–14 Uhr | Eintritt 2 €, So. frei

Ein Muss…

Mercado Central

… für alle Besucher ist ein Bummel durch den 1928 vollendeten Mercado Central südwestlich der Lonja, einen der schönsten Märkte Spaniens. Die Markthalle ist reich mit Azulejos ausgestattet und bietet an vielen Hundert Verkaufsständen alle Köstlichkeiten Spaniens, insbesondere natürlich aus der Huerta.

Mo.–Sa. 7.30–15 Uhr | www.mercadocentralvalencia.es

VALENCIA ERLEBEN

OFICINA DE TURISMO

Plaza del Ayuntamiento, 1 Tel. 963 52 49 08; www.visitvalencia.com/de
Weitere Auskunftstellen: Calle de la Paz/Carrer de la Pau, 48, Bahnhof Joaquín Sorolla, Flughafen

VALENCIA TOURIST CARD

Freien Eintritt zu Sehenswürdigkeiten und Museen bei kostenloser Nutzung

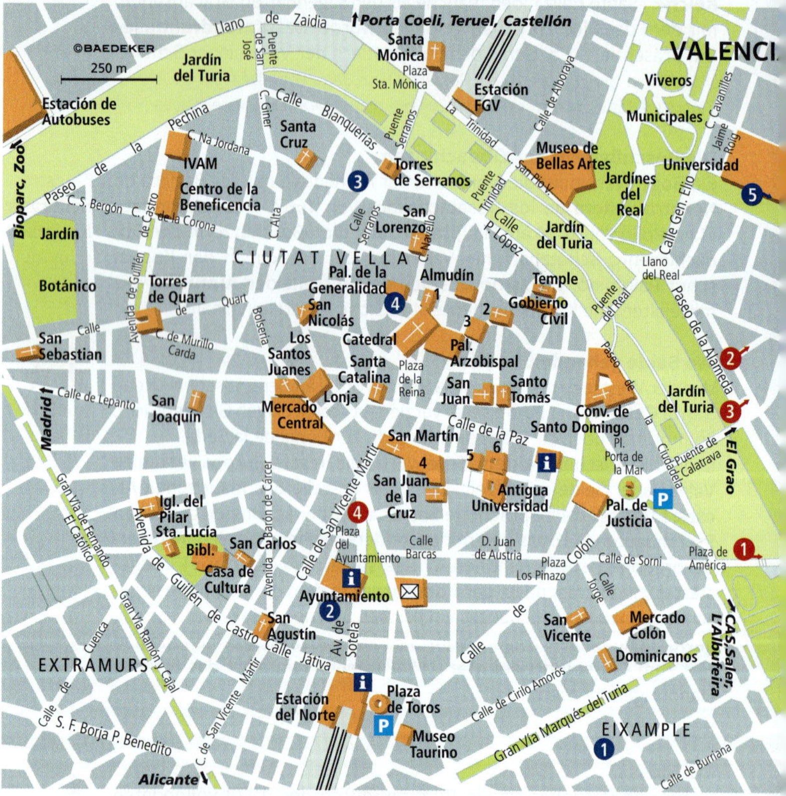

1 N. Sra. de los Desamparados
2 San Esteban
3 Museo de la Ciudad
4 Museo de Cerámica
5 Iglesia del Patriarca
6 Colegio del Patriarca

1 Riff
2 Navarro
3 El Forcat
4 Bodegó de la Sarieta
5 Bocadella Tapas

1 Las Arenas Balneario Resort
2 The Westin Valencia
3 Sweet Hotel Renasa
4 Hotel Venecia

des öffentlichen Stadtverkehrs bietet die »Valencia Tourist Card« (24/48/72 Std. zu 15/20/25 €). www.visitvalencia.com/de/valencia-tourist-card

FALLAS
Große Aufbauten (Fallas) mit teils riesigen Stoff- und Pappfiguren werden in den Straßen errichtet und am 19. März um Mitternacht verbrannt. Ein flammendes und vor allem lautes Spektakel, das man sich auf Youtube vorab anschauen kann!
Woche vor dem 19. März

GRAN FIRA
Großes Stadtfest im Juli mit Musik, Theater, Umzügen und großem Feuerwerk.
http://granfiravalencia.com

1 RIFF €€€€
Eine der feinen Adressen der Stadt, hier speisen Sie in ruhiger Eleganz und können sich von ausgefallenen Kreationen überraschen lassen.
Carrer del Conde de Altea, 18, Tel. 963 35 31 78, http://restaurante-riff.com, So. –Di. geschl.

2 NAVARRO €€€
Knackige Salate, hervorragende Reisgerichte (Paelleas!), Fisch vom Feinsten, allerdings nur mittags.
Carrer de l'Arzobispo Mayoral, 5
Tel. 963 52 96 23, http://restaurantenavarro.com, So. geschl.

3 EL FORCAT €€€–€€
Das Restaurant in einem Altstadthaus bietet ein großzügiges Ambiente. Spezialitäten sind Reisgerichte, vor allem Paella.
Carrer de Roteros, 12, Tel. 963 91 12 13, http://elforcat.com

4 BODEGÓ DE LA SARIETA €€–€
Hier werden typische Reisgerichte zu erschwinglichen Preisen serviert.
Carrer dels Juristes, 4
Tel. 963 92 35 38

5 BOCADELLA TAPAS €
Erarbeitete sich den Ruf, eine der besten Tapas-Kneipen der Stadt zu sein (östl. der Altstadt).
Calle Escultor Alfonso Gabino, 19
Tel. 960 11 02 16, http://bocadellatapas.com; ab 19 Uhr

1 LAS ARENAS BALNEARIO RESORT €€€€
Für jene, die mit allem Komfort am Meer logieren möchten. Ein Spitzenhaus hinter dem Strand Las Arenas. Auch die Gastronomie hält das Niveau.
Carrer d'Eugenia Viñes, 22–24
Tel. 963 12 06 00
www.hotelvalencialasarenas.com

2 THE WESTIN VALENCIA €€€€
Diese Nobelherberge ist in einem 1917 im modernistischen Stil errichteten Gebäude untergebracht. Mit allen Annehmlichkeiten (Health Club, zwei Restaurants).
Carrer d'Amadeo de Saboya, 16
Tel. 963 62 59 00
www.marriott.com

3 SWEET HOTEL RENASA €€
Ein gutes Mittelklassehotel mit Sauna, Fitnessraum und Restaurant.
Avenida de Catalunya, 5
Tel. 963 69 24 50
http://sweethotelrenasa.com

4 HOSTAL VENECIA €€€–€€
Die solide Bleibe punktet vor allem mit ihrer Lage. Zentraler geht's nicht als hier am Rathausplatz.
Plaza del Ayuntamiento, 3
Tel. 963 52 42 67
www.hotelvenecia.com

Wohin in der übrigen Altstadt?

Blick nach Westen

Torres de Quart

Die Straßen Caballeros und Quart/Cuarte führen vom Palacio de la Generalidad zu den Torres de Quart, dem 1440–1490 errichteten westlichen Stadttor, wo die Reisenden aus Kastilien Valencia erreichten.

Mo.–Sa. 10–19, So. 10–14 Uhr | Eintritt 2 €, So. frei

Ein Tempel der modernen Kunst

IVAM

Lohnend ist der Besuch des **Instituto Valenciano de Arte Moderno** (IVAM). Es zeigt Kunst des 20. Jh.s bis zur Gegenwart (permanente Sammlung und Wechselausstellungen).

Calle de Guillem de Castro, 118 | Di.–So. 10–19, Fr. bis 20 Uhr
Eintritt 6 €, Mi. 16–19 Uhr u. So. frei | http://ivam.es

Grüne Lunge

Jardín del Turia

Nahe dem IVAM öffnet sich Valencias grüne Lunge, erwachsen aus dem trockengelegten Flussbett des Turia: der Jardín del Turia. Die Parkanlage durchzieht auf einer Länge von 9 km die Stadt, eine echte Mega-Oase mit Palmen, Orangenbäumen, Wasserspielen. Es gibt aber auch Kinderspielgerät und Fußballfelder.

Am Ende der Königswege

Torres de Serranos

Am Nordrand der Innenstadt erheben sich die Torres de Serranos, das alte nördliche **Stadttor**, 1398 auf römischen Grundmauern errichtet. Hier endeten die Königswege aus Barceloan und Zaragoza.

Mo.–Sa. 10–19, So. 10–14 Uhr | Eintritt 2 €, So. frei

Hochrangig

Museo de Bellas Artes

Jenseits des Jardín del Turia liegt das Museum der Schönen Künste in einem 1683 erbauten **Priesterseminar**. In der ständigen Sammlung reicht die Reihe der Exponate von der Römerzeit bis ins 20. Jh. (Skulpturen, Architekturfragmente, Möbel). Herausragend sind Werke der Maler Diego Velázquez, Alonso Cano, Juan Ribalta, Francisco de Goya und Joaquín Sorolla. Es gibt auch Wechselausstellungen.

Calle San Pío V, 9 | Di.–So. 10–20 Uhr | Eintritt frei
http://museobellasartesvalencia.gva.es

Erstes und bestes Keramikmuseum Spaniens

Museo Nacional de Cerámica

Südlich der gotischen Kirche **San Martín** (1372) im Zentrum der Altstadt erhebt sich der auf das 15. Jh. zurückgehende, im 18. Jh. umgebaute **Palacio del Marqués de Dos Aguas** (barockes Alabasterportal von Ignacio Vergara), Heimat des Museo Nacional de Cerámica, des ersten und besten Keramikmuseums Spaniens.
Das Museum wurde 1947 auf Basis der Sammlung González Martí eingerichtet und besitzt über 12 000 Werke traditioneller volkstümlicher

Töpferkunst: aus Valencia und Umgebung, Azulejos aus Teruel, Fayencen aus Toledo und Sevilla, griechische, römische und arabische Objekte, auch chinesisches und japanisches Porzellan, moderne Arbeiten z. B. von Mariano Benlliure und Picasso. Glanzstück des Museums ist eine vollständig mit Fliesen ausgekleidete, mit allen Geräten ausgestattete **Valencianer Küche** (Anfang 19. Jh.).

C/ del Poeta Querol, 2 | Di.-Sa. 10-14, 16-20, So. 10-14 Uhr | Eintritt 3 €; Sa. nachm., So. frei | www.culturaydeporte.gob.es/mnceramica

Alte Meister

Colegio del Patriarca

Östlich des Museums liegt der Colegio del Patriarca (auch: Corpus Christi), 1586–1610 als Seminargebäude für das von Juan de Ribera, Erzbischof und Vizekönig von Valencia, gegründete Priesterseminar im Stil der Renaissance erbaut. In dem hier untergebrachten **Museum** sind bedeutende Werke alter Meister (u. a. Dierick Bouts, van der Weyden, Juanes, Ribalta, Morales, El Greco), prachtvolle Brüsseler Teppiche und schöne Beispiele valencianischer Kirchenkunst zu sehen. In der 1586 entstandenen Iglesia del Patriarca beeindruckt der Hochaltar mit einem »Abendmahl« von Ribalta (1606).

Calle de la Nave, 1 | Führungen (span.): Mo.-Sa. vorm. 12 €, ohne Führung 5 € | http://patriarcavalencia.es

Nach Süden

Calle de San Vicente Mátir

Von der Plaza de la Reina vor der Kathedrale führt die Calle de San Vicente Mártir nach Süden. Besonders in ihrem nördlichen Teil ab der Plaza wird sie ihrem Ruf als belebte Hauptstraße gerecht. Sie streift bald die **Plaza del Ayuntamiento**, an deren Westseite das Rathaus einen gewaltigen Block einnimmt.

Jugendstil

Estación del Norte

Südlich der Plaza del Ayuntamiento sieht man bald die Estación del Norte, einen schönen Jugendstilbahnhof, dessen Pracht man in der **Wartehalle** bewundern kann. Die Kacheln entwarf José Benlliure.

Außerhalb des Stadtzentrums

Perfekte Symbiose: Kunst und Kulinarik

Bombas Gens Centre d'Art

Dieses moderne Kunstzentrum wurde nördlich der Altstadt in einer ehemaligen Fabrik der 1930er-Jahre eingerichtet. Ein Schwerpunkt liegt auf abstrakter Kunst. Attraktive kulinarische Ergänzung: der sternegekrönte Gourmettempel **Ricard Camarena Restaurant** im selben Komplex mit hohen Ansprüchen und ebenso hohem Preisniveau (€€€€).

Avenida de Burjassot, 54-56 | Mi.-So. 11-14 u. 16-19 Uhr | Eintritt frei | www.bombasgens.com | https://ricardcamarenarestaurant.com

Valencias Blick in die Zukunft geht vom Museu de las Ciencias auf das CAC von Santiago Calatrava und Félix Candela. Rechts hinten die Halbkugel des L'Hemisféric.

Ciudad de las Artes y de las Ciencias (CAC)

Stadt der Künste und der Wissenschaften

Ganz im Südosten, am Südende des Jardín del Turia, entstand zur Jahrtausendwende Valencias avantgardistischer Stolz, gekoppelt an überdimensionierte Kosten für Spaniens Steuerzahler: die Stadt der Künste und Wissenschaften, entworfen von Santiago Calatrava und Félix Candela.

Im **L'Hemisféric**, einem wie ein riesiges Augenlid wirkenden Gebäude, wurde das IMAX-Kino untergebracht. Das **Museo de las Ciencias Príncipe Felipe** bietet die Möglichkeit, Entwicklungen der Wissenschaft und Technik hautnah kennenzulernen. Im **Oceanogràfic** wandern die Besucher durch diverse Biosysteme der Weltmeere.

Noch gewaltiger sind die Ausmaße des **Palau de les Arts Reina Sofía**. In dem Kunst- und Kulturzentrum für 4000 Besucher werden v. a. Opern aufgeführt. Und als multifunktionaler Event-Schauplatz für Konzerte ist das **Ágora** (CaixaForum) konzipiert.

Avenida del Professor López Piñero, 7 | tgl. ab 10 Uhr (s. Website) Oceanogràfic ab 33,70 €, Museo de las Ciencias 8,70 €, L'Hemisféric 8,70 €, Kombiticket ab 41,90 € | www.cac.es

Afrika in Valencia

Bioparc Valencia

Attraktion für Familien mit Kindern ist ein im Nordwesten der Stadt eingerichtetes Parkareal mit Tierarten speziell aus Afrika (Leoparden, Giraffen) in Gehegen, die deren natürlichen Habitats (z. B. Feucht- und Trockensavanne) nachempfunden wurden.

Avenida Pío Baroja, 3 | tgl. ab 10 Uhr (s. Website) | Eintritt 26,90 €
www.bioparcvalencia.es

Am Hafen

Bade- und Ausgehzonen

Die östlichen Ausläufer Valencias stoßen an den Hafenbereich und an die Strände **Las Arenas** und **La Malvarrosa** samt Ausgehzonen, Unterkünften und einladenden Promenaden.

Rund um Valencia

Strände, Dünen und ein riesiger See

Parque Natural de l'Albufera

Im Süden Valencias beginnt der durch Sümpfe, Reisfelder und einen riesigen See geprägte Naturpark L'Albufera, eines der bedeutendsten **Feuchtbiotope** Spaniens. Lohnend ist eine **Bootstour** über das Gewässer, wo eine vielgesichtige Vogelwelt heimisch ist. Ein schmaler Landgürtel trennt den See vom Mittelmeer.

http://albufera.valencia.es

Hannibal ante portas

Sagunt (Sagunto)

Im 25 km nördlich von Valencia gelegenen Städtchen Sagunt (49 m; 65 200 Einw.) zeugen mächtige Ruinen von seiner reichen Vergangenheit (seine Zerstörung durch Hannibal 217 v. Chr. löste den Zweiten Punischen Krieg aus), zuvorderst mit dem **Römischen Theater** (Teatre Romà) und der weitläufigen Burganlage. In der Unterstadt liegen die Plaça Major und die 1344 begonnene gotische Pfarrkirche Santa María, wenige Kilometer östlich die Hafen- und Strandgebiete.

Oficina de Turismo: Plaça del Cronista Chabret, s/n | Tel. 962 65 58 59
www.saguntoturismo.com | Teatre Romà u. Burg: April – Sept. Di. – Sa. 10 – 20, sonst bis 18 Uhr

Päpstliche Familie

Xàtiva

Weingärten und Orangenhaine umgeben das Städtchen Xàtiva (26 km südwestl.), das sich am Nordfuß des doppelgipfligen Monte Bernisa ausbreitet. Hier hatte die **Familie Borgia** (Borja), aus der die Päpste Calixtus III. (Alonso de Borja, 1378 –1458) und Alexander VI. (Rodrigo de Borja, 1431 –1503) hervorgingen, ihren Sitz. An Calixtus III., der im Gegensatz zum berüchtigten Alexander VI. ein bescheidenes Leben führte, erinnert die ihm geweihte Kapelle in der Stiftskirche La Colegiata (16./18. Jh.). Die malerischste Straße ist die Calle de Moncada, an der sich Paläste und Brunnen reihen.

In der am Hang liegenden romanisch-gotischen **Ermita San Feliu** finden sich schöne Retablos (15. Jh.) aus der Valencianer Schule. Zudem genießt man eine hervorragende Aussicht auf die Stadt. Auch vom **Castillo Mayor** kann man weit über die Landschaft blicken.

Oficina de Turismo: Avenida de Selgas, 2 | http://xativaturismo.com

Castillo Mayor: Di. – Sa. 10 – 21 Uhr | Eintritt 6 €

★ VALLADOLID

Provinz: Valladolid | **Höhe:** 698 m ü. d. M. | **Region:** Castilla y León

Einwohner: 298 000

Selbst Spaniern ist Valladolid nicht zwangsläufig ein Begriff. Das soll die Hauptstadt der landesgrößten autonomen Region Kastilien-León sein? Ja tatsächlich – mit einem attraktiven Hauptplatz, erstaunlichen Museen und ausgehfreudigen Locals.

Schon die Mauren kannten eine Siedlung, der man vermutlich den Namen **Velad-Olid** (Stadt des Statthalters) oder Balad-Walīd (Stadt des Walīd) gab. Ab 1452 hatte hier die **Real Cancillería**, das höchste Gericht Kastiliens, seinen Sitz. 1469 feierten die Katholischen Könige Ferdinand und Isabella ihre Hochzeit in Valladolid, und 1504–1506 verbrachte Kolumbus, kränklich und enttäuscht, hier seine letzten Lebensjahre. Im 16./17. Jh. war Valladolid unter Philipp II. und Philipp III. vorübergehend **königliche Residenz**.

VALLADOLID ERLEBEN

OFICINA DE TURISMO

Calle Acera de Recoletos, s/n
Tel. 983 21 93 10
www.info.valladolid.es

❶ LA PARRILLA DE SAN LORENZO €€€€–€€€

Hier tafelt man im Klosterkeller aus dem 16. Jh. – hervorragende Fleischgerichte, speziell das Milchlamm (lechazo).
Calle Pedro Niño, 1
Tel. 983 33 50 88
http://laparrilladesanlorenzo.es,
So.abend, Mo. geschl.

❷ SANTI (EL CABALLO DE TROYA) €€€

Im Renaissancegebäude mit traumhaftem Innenhof speist man in gediegener Eleganz. Gute Weinauswahl.
Calle Correos, 1
Tel. 983 33 93 55
http://restaurantesanti.es
So. geschl.

❸ PASIÓN GASTROBAR €€–€

Beliebte Gastrobar, ein Paradies für Raciones (kleinere Portionen).
Calle Pasión, 6, Tel. 983 33 94 09

❶ HOTEL IMPERIAL €€–€

Herrenhaus (16. Jh.) in günstiger Zentrumslageund nostalgischem Flair
Calle Peso, 4
Tel. 983 33 03 00
www.himperial.com

❷ HOTEL MOZART €€

Gutes Preis-Leistungs-Verhältnis. Die Zimmer sind zweckmäßig modern eingerichtet.
Calle de Menéndez Pelayo, 7
Tel. 983 29 77 77
http://hotelmozart.net

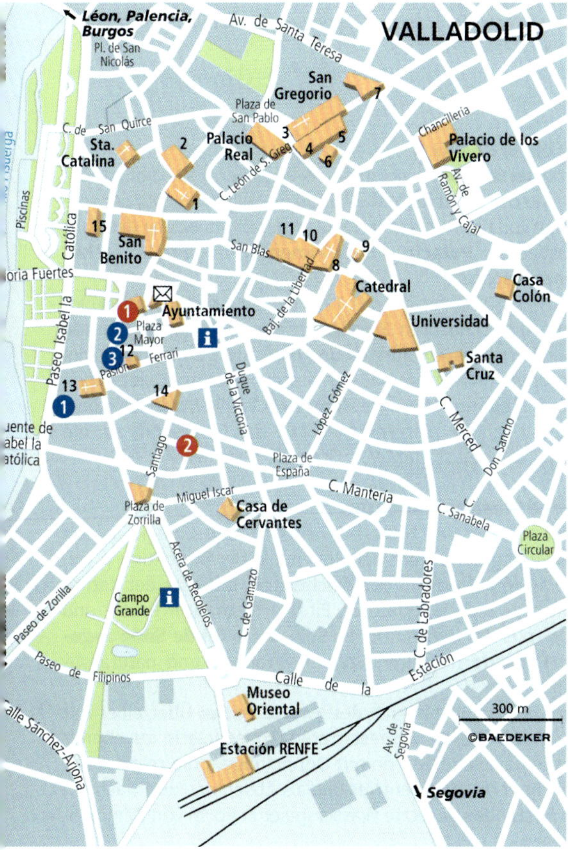

VALLADOLID

1 San Miguel
2 Museo de Valladolid
3 San Pablo
4 Palacio de los Pimentel
5 Casa del Marqués de Villena
6 Casa Zorrilla
7 Casa del Sol
8 Las Angustias
9 Santa María la Antigua
10 Teatro Calderón
11 Palacio Arzobispal
12 La Pasión
13 Santa Ana
14 Santiago
15 Patio Herreriano

❶ La Parrilla de San Lorenzo
❷ Santi (El Caballo de Troya)
❸ Pasión GastroBar

❶ Hotel Imperial
❷ Hotel Mozart

©BAEDEKER

Wohin in Valladolid?

Repräsentatives Herz der Altstadt

Plaza Mayor

Mittelpunkt der Stadt ist die weite, von Arkaden eingefasste Plaza Mayor mit dem 1908 im historistischen Stil errichteten **Ayuntamiento** (Rathaus).

Zeitgenössische spanische Kunst

Museo Patio Herreriano

Nordwestlich dahinter wurde 1499–1504 das **Monasterio de San Benito** erbaut, dessen Kirche eine mächtige offene Turmvorhalle besitzt; schmiedeeiserne Gitter von 1571 umschließen den Chor.
Im Gebäudekomplex ist das Museo Patio Herreriano de Arte Contemporáneo Español untergebracht mit seiner Sammlung zeitgenössischer spanischer Kunst von 1918 bis zur Gegenwart. Antoni Tàpies ist ebenso vertreten wie Pablo Serrano.
Calle Jorge Guillén, 6 | Di.–Fr. 11–14, 17–20, Sa. 11–20, So. 11–15 Uhr
Eintritt frei | http://museoph.org

Geburtsort eines Königs

Rund um die Plaza de San Pablo

An der Plaza de San Pablo nordöstlich liegt der 1527 vollendete Renaissancebau des **Palacio Real** (Palacio de Felipe II.), Sitz der spanischen Könige von Karl V. bis Isabella II.; an der Einmündung der Calle de las Angustias der **Palacio de los Pimentel**, in dem 1527 **Philipp II.** geboren wurde.
Dominiert wird der Platz von der seit 1276 belegten Kirche **San Pablo**. Ihre zwischen den schlichten Ecktürmen emporsteigende Fassade (1492) ist ein Werk des Architekten und Bildhauers Simon von Köln, das an dekorativem Reichtum mit der des dahinter anschließenden Colegio de San Gregorio wetteifert; dargestellt ist die Marienkrönung. Innen schließen schöne platereske Portale das Querschiff ab; die Statue des hl. Domingo stammt von Gregorio Fernández.

Isabelliniische Musterarchitektur

★ Colegio de San Gregorio

An San Pablo schließt der 1488–1496 entstandene Colegio de San Gregorio an, kunstgeschichtlich der Höhepunkt der Besichtigung Valladolids. Er wurde auf Geheiß des Beichtvaters Isabellas der Katholischen, Alonso de Burgos, errichtet. Einzigartig in ihrer Pracht und ein Musterbeispiel des isabellinischen Stils ist die **Gil de Siloé zugeschriebene Fassade** mit ihren Statuen, Wappen und naturalistischen Ornamenten.
Nicht minder prachtvoll gibt sich **der zweite Patio**: Über einer mit einfach gedrehten Säulen ausgestatteten Bogengalerie zu ebener Erde verläuft eine zweite Galerie mit Doppelbögen, die reich skulptiert sind, darüber ein Wappenfries und als Abschluss zum Dach hin in größeren Abständen gesetzte Wasserspeier in Form von Dämonen und Fabelwesen.

Standesgemäßes Logis für ein Skulpturenmuseum: das Colegio de San Gregorio mit seinem üppig skulptierten Patio – Doppelbögen, Friese und Wasserspeier

Heute beherbergt das Kollegium – zusammen mit dem Palacio de Villena, der Casa del Sol (16. Jh.) und der Iglesia de San Benito el Viejo – das **Museo Nacional de Escultura**, das bedeutendste spanische Museum für religiöse Holzbildhauerei und eines der wichtigsten dieser Art in Europa. Es besitzt Werke namhaftester Künstler des 16. bis 18. Jh.s., darunter Alonso Berruguete, Felipe Bigarny, Gregorio Fernández, Pedro de Mena, Alonso Cano und Francisco Salzillo. Ebenfalls sehenswert ist der fünfteilige Schnitzretablo eines unbekannten flämischen Künstlers mit der Heilsgeschichte mit Kreuzabnahme im Zentrum (um 1515) sowie das prächtige **Chorgestühl der Kirche San Benito** (1525–1529). Die wertvolle Sammlung komplettieren Möbel und Gemälde (u. a. Rubens, Ribalta, Zurbarán).

Calle Cadenas de San Gregorio | Di.–Sa. 10–14, 16–19.30, So. 10–14 Uhr | Eintritt 3 €, Sa. nachm., So. frei
www.culturaydeporte.gob.es/mnescultura/inicio.html

Wo die Katholischen Könige« heirateten

Palacio de los Vivero

Weiter östlich erreicht man den spätgotischen Palacio de los Vivero, in dessen Festsaal 1469 die Katholischen Könige Ferdinand (II.) von Aragonien und Isabella (I.) von Kastilien heirateten. Er war der Sitz der Cancillería und ist heute Provinzialarchiv.

Kolumbus und das Zeitalter der Entdeckungen

Casa Museo de Colón

Das Museo de Colón in einem Neubau auf einem Grundstück, das einer Familie Kolumbus gehört, lädt ein, sich mit dem Seefahrer und Entdecker zu befassen. Ob er hier tatsächlich starb, ist nicht gesichert.

Calle Colón | Di.-So. 10-14, 17-20.30 Uhr | Eintritt 2 €

Traditions-Universität

Universidad

Auf dem Weg zur Kathedrale im Westen passiert man an der Plaza Universidad die bereits 1346 gegründete Universität, deren stattliche Barockfassade 1715 die Brüder Diego und Narciso Tomé schufen.

Die Unvollendete

Catedral

Die 1582 von Juan de Herrera begonnene Kathedrale **Nuestra Señora de la Asunción** wurde ab 1730 von Alberto Churriguera fortgeführt, in ihren von Herrera vorgesehenen gewaltigen Ausmaßen jedoch nicht vollendet. Dennoch wirkten seine Pläne **stilbildend** für zahlreiche Kirchenbauten in Spanien und den Kolonien. Die wuchtige, einfache Bauweise setzt sich deutlich ab von der vorangegangenen Pracht des plateresken Stils. Von den vier geplanten Ecktürmen wurde nur der **Südturm** ausgeführt, den man heute besteigen kann.

Im Mittelpunkt des 122 m langen und 62 m breiten Inneren steht ein aus der Kirche Santa María la Antigua stammender Hochaltar von Juan de Juni (1561); ferner sind ein schönes Renaissancegestühl und ein Gemälde »Mariä Himmelfahrt« von Velázquez zu beachten.

In der sich anschließenden ehemaligen Stiftskirche zeigt das **Museo Diocesano y Catedralicio** u. a. eine 2 m hohe silberne Monstranz in Tempelform (1590), ein Hauptwerk des genialen Silberschmieds Juan de Arfe, und Skulpturen von Gregorio Fernández (»Ecce homo«, 1619).

Museo Diocesano: Di.-Fr. 10-13.30, 16.30-19, Sa. 10-14 Uhr | Eintritt 3 €, Turm 10 € (mit Führung) | www.catedral-valladolid.com

Zur Jungfrau mit den sieben Dolchen

Weitere Sakralbauten

Die Kirche **Santa María la Antigua** (12./14. Jh.) hinter der Kathedrale ist das älteste Gotteshaus der Stadt. Die benachbarte Kirche **Las Angustias** (1597-1604) bewahrt ein Meisterwerk von Juan de Juni von 1560, die hoch verehrte »Virgen de los Siete Cuchillos« (»Jungfrau mit den sieben Dolchen«). Zurück an der Plaza Mayor im Westen, erreicht man die ehemalige Kirche **La Pasión**, heute Schauplatz wechselnder Ausstellungen. Die Klosterkirche von **Santa Ana** südwestlich besitzt Gemälde von Goya und Ramón de Bayeu.

Casa de Cervantes

Wo Don Quijotes »Vater« wohnte

Miguel de Cervantes wohnte von 1604 bis 1606 in diesem Haus mit seiner Ehefrau, seiner Mutter und seinen beiden Schwestern. Es ist im Stil der Zeit eingerichtet.

Calle del Rastro, s/n | Di.-Sa 9.30-15, So. 10-15 Uhr | Eintritt 3 €, So. frei

Im Auftrag des Herrn

Museo Oriental

Das Augustinerkloster **Convento de los Filipinos** südlich der Casa de Cervantes beherbergt ein Museum für Ostasiatische Kunst. Hier werden u. a. Objekte aus China und von den Philippinen ausgestellt, die die Augustiner im Lauf ihrer Missionstätigkeit dort sammelten.

Paseo de Filipinos, 5 | Mo.–Sa. 16–19, So. 10–14 Uhr | Eintritt 5 €
www.museo-oriental.es

Rund um Valladolid

Abstecher ins Land der Burgen

Castillo de Simancas

Die Region Valladolid ist ein Land der Burgen. Bei einer ausgedehnten Rundfahrt (mind. zwei Tage) stößt man immer wieder auf stattliche Festungsanlagen. Dazu gehört das 11 km südwestlich von Valladolid gelegene Castillo de Simancas im gleichnamigen Ort, wo Karl V. 1540 das **Generalarchiv** des Königreichs einrichten ließ. Auch die Burgen von Torrelobatón (30 km westl.) und Curiel de Duero(6 km nördlich von Peñafiel, s. u.) lohnen.

Gewaltige Burg mit Weinmuseum

Peñafiel

Über Quintanilla de Onésimo und am Duero entlang geht es östlich von Valladolid nach Peñafiel (55 km) in einem Weinanbaugebiet. Dessen 211 m lange, im 10. Jh. von den Grafen von Kastilien gegründete Burg, die wie ein Schiff wirkt, wurde im 15. Jh. mit zwölf Rundtürmen und einem 24 m hohen Bergfried ausgebaut. Das Kastell beherbergt ein **Weinmuseum**. Im Ort findet man den **Convento de San Pablo** (14. Jh.) im Mudéjarstil und die große Plaza del Corso, auf der einst Stierkämpfe stattfanden.

Castillo de Peñafiel: Di.–So. ab 10 Uhr | Eintritt: 6,60 €

Gute Rote

Ribera del Duero

Die Entdeckungen um den Río Duero lassen sich gut mit dem Besuch einer der vielen **Weinkellereien** (Bodegas) kombinieren – schließlich befindet man sich im Anbaugebiet Ribera del Duero, das durch hochkarätige Rotweine hervorsticht. Allein im Bereich um Peñafiel öffnet ein gutes Dutzend Bodegas ihre Pforten. Im örtlichen Touristenbüro ist man bei der Organisation eines Besuchs behilflich.

Mudéjar-Themenpark

Cuellár, Olmedo

Südwestlich von Peñafiel geht es über Cuéllar (VA-223) mit seiner gut erhaltenen Burg aus dem 15. Jh. und Olmedo (CL-602) mit eiinem Mudéjar-Themenpark Richtung Medina de Campo.

Parque Temático del Mudéjar: Calle Arco de San Francisco, 1
tgl. 10–14 u. 16–20 Uhr | Eintritt 4,50 € | www.olmedo.es/pasionmudejar

Unten gedeiht der Wein, oben im Weinmuseum der Burg von Peñafiel kann man seine Entstehung und Geschichte studieren.

Castillo de la Mota

Eine der schönsten Burgen

Medina del Campo (19 km), Sterbeort Isabellas der Katholischen (1504), wird überragt vom Castillo de la Mota, einer der schönsten Burgen in Spanien. Die Backsteinanlage (15. Jh.) geht auf Fernando Carreño zurück. Die Tradition als **Marktort** lebt in Medina del Campo bis heute weiter, indem am Sonntag die Geschäfte geöffnet haben, dafür donnerstags geschlossen bleiben. Denn sonntags ist – seit 1870 – immer großer Markt.

Castillo de la Mota: Mo.–Sa. 11–14, 16–18/19, So. 11–14 Uhr | 4 €
www.castillodelamota.es | http://medinadelcampo.es

Tordesillas

Die Aufteilung der Neuen Welt

25 km nordwestlich von Medina del Campo erreichen Sie Tordesillas, wo sich häufig die spanischen Könige aufhielten. 1494 einigten sich im Kloster Santa Clara nach einem Schiedsspruch Papst Alexand-

ers VI. Spanien und Portugal auf den **Vertrag von Tordesillas**, der die damals bekannte Neue Welt und später entdeckte Gebiete unter beiden Ländern aufteilte: Alle Ländereien östlich einer Linie 370 Leguas (ca. 1770 km) westlich der Kapverdischen Inseln von Pol zu Pol sollten an Portugal fallen, alle westlich davon mit Ausnahme Brasiliens wurden Spanien zugeschlagen.
Lohnend ist ein Bummel durch die Altstadt zur **Plaza Mayor**, einem typisch kastilischen Hauptplatz mit Arkaden und dem alten Rathaus.
Oficina de Turismo: Calle Casas del Tratado | www.tordesillas.net

Frauen im Exil

Real Monasterio de Santa Clara

Das heutige Real Monasterio de Santa Clara war einst das Schloss von **Alfons XI**. Peter der Grausame ließ es, inspiriert vom Alcázar in Sevilla, im maurischen Stil umbauen und brachte hier die in illegaler Zweitehe mit ihm verheiratete María de Padilla unter. Nach dem Tod Peters zogen Klarissinnen ein. **Johanna die Wahnsinnige** lebte nach dem Tod ihres Gatten Philipp I. bis zu ihrem eigenen Ende 46 Jahre lang im Kloster.
Der maurische Einfluss zeigt sich besonders in den Hufeisen- und Zackenbögen im Patio Árabe und in der Kuppelkonstruktion der Capilla Dorada mit Freskenschmuck aus dem 16. Jh. In dieser sind u. a. das Harmonium Johannas der Wahnsinnigen und ein flämisches Klavichord ausgestellt, auf dem auch Philipp II. und Karl V. gespielt haben sollen. Am prächtigsten ausgestattet ist die Capilla Mayor der gotischen Kirche, deren einzigartige Artesonado-Decke aus dem Thronsaal Alfons' XI. stammt. Die Capilla del Contador Saldaña bewahrt einen flämischen Retablo mit Gemälden von Nicolás Francés.
Di.–Sa. 10–14 u. 16–18.30, So. 10.30–15 Uhr | Eintritt 6 €, Mi. nachm., Do. nachm. frei für EU-Bürger | www.patrimonionacional.es

VIGO

Provinz: Pontevedra | **Höhe:** 0–125 m ü. d. M. | **Region:** Galicien
Einwohner: 301 000

Die Meereslage hat der galicischen Hafenstadt seit eh und je den Stempel aufgedrückt und sie seemännisch rau angehaucht.

Galiciens größte Stadt, an der Ría de Vigo gelegen, zeichnet sich durch ihren Naturhafen aus, der bereits seit dem Altertum genutzt wird. Für Touristen ist Vigo zuvorderst das Sprungbrett an die schönen Strände der ▶ **Rías Baixas** und zu den vorgelagerten Inseln **Illas Cíes** (▶ S. 390).

Wohin in Vigo?

Mit schöner Fernsicht

Castillos

Vigo zieht sich am Abhang eines von Bergen umkränzten Hügels entlang, den die alten Befestigungen **Castillo de San Sebastián** (55 m) und **Castillo del Castro** (125 m) krönen; bei klarem Wetter hat man eine gute Fernsicht von der Höhe. Im Osten des Burghügels erstreckt sich die Neustadt.

Enge Gassen vom Meer zum Burghügel

Altstadt

Nordwestlich der Neustadt winden sich die engen Gassen der Altstadt vom Meer zum Burghügel hinauf. In ihrer Mitte erhebt sich die klassizistische **Colegiata Santa María**, die Anfang des 19. Jh.s erbaute Hauptkirche Vigos. Rund um die Rúa Real und am **Fischmarkt** herrscht der größte Trubel: mit Kneipen, Fischrestaurants und Austernständen. Das Ganze setzt sich fort im historischen **Fischerviertel Berbés**. Oberhalb davon zieht sich am Hang der **Paseo de Alfonso XIII** hin, mit schönen Ausblicken über Stadt, Hafen und Bucht.

Englischer Garten

Parque de Castrelos

Im Süden der Stadt erstreckt sich der Parque de Castrelos mit dem Pazo/**Palacio de Castrelos** (17./18. Jh.). Er beherbergt das Stadtmuseum mit Stadtgeschichte, Keramik, Mobiliar und einer Gemäldesammlung vornehmlich galicischer Künstler.

Museo da Cidade Quiñones de León: Di--Fr. 10--14, Sa. 17--20, So. 11--14 Uhr | Eintritt frei | www.museodevigo.org

Rund um Vigo

Charmante Bischofsstadt am Grenzfluss

Tui

Ein Ausflug in die alte Bischofsstadt Tui (25 km südl.) lohnt sich hauptsächlich wegen der Wehrkirche **Catedral de Santa María** (begonnen 1120). Ein spitzbogiges Portal gibt den Weg frei in die Vorhalle. Sehenswert im Innern sind das geschnitzte Chorgestühl (17. Jh.), der Retablo (18. Jh.) und der Kirchenschatz.
Am Wochenende nach Ostern begeht Tui sein **Patronatsfest zu Ehren von San Telmo**, eines Dominikaners, der 1246 hier verstarb. An ihn erinnert auch die im 18. Jh. erbaute Capela San Telmo.
Den **Río Minho** (span. Miño), der die spanisch-portugiesische Grenze bildet, überspannt eine 333 m lange, nach Plänen von Gustave Eiffel konstruierte Eisengitterbrücke, der Ponte Internacional. Herrliche Ausblicke über die Flusslandschaft bietet nördlich der Stadt der kleine **Parque Natural Monte Aloia** rund um den 629 m hohen gleichnamigen Berg.

www.catedraldetui.com

VIGO ERLEBEN

OFICINA MUNICIPAL DE TURISMO
López de Neira, 8
Tel. 986 22 47 57
www.turismodevigo.org

GRAN HOTEL NAGARI €€€€-€€€
Fünf Sterne, modern und in Hafennähe. Mit Spa und Restaurant.
Praza de Compostela, 21
Tel. 986 21 11 11
http://granhotelnagari.com

NH COLLECTION VIGO €€€
Komfortable Bleibe in einem historischen Haus (Anfang 20. Jh.). Mit 108 Zimmern, Restaurant und Lobby-BBAr.
Avenida García Barbón, 17–19
Tel. 986 43 36 43
www.nh-hotels.com

VITORIA-GASTEIZ

Provinz: Álava | **Höhe:** 525 m ü. d. M. | **Region:** Baskenland
Einwohner: 256 700

Nur nicht erschrecken! Wer die gesichtslosen Wohnblockmassen in den Außenbezirken ausmacht, möchte an der Hauptstadt des Baskenlands lieber gleich vorbeirauschen. Doch das wäre ein Fehler, wie Altstadt und Museen beweisen.

In Erinnerung an den Sieg der navarresischen Truppen 1181 erhielt der Ort unter König Sancho dem Weisen den Namen **Vitoria** (»Sieg«), womit der Aufstieg zu einem wohlhabenden Flecken begann. Für Basken heißt die Stadt, die zu den teuersten in Spanien zählt, **Gasteiz**. Wer es kalorienreich mag: **Trufas de chocolate** (Schokotrüffel) sind Spezialitäten in der Stadt. Ebenso bietet sich ein Kneipenstreifzug auf der Suche nach den besten Häppchen an, den **Pintxos**.

Wohin in Vitoria-Gasteiz?

Das rege Zentrum

Plaza de la Virgen Blanca

Die Plaza de la Virgen Blanca am Südrand der Altstadt ist umgeben von Häusern mit Glasveranden (Miradores). In ihrer Mitte erinnert ein **Denkmal der Schlacht von Vitoria** (»Batalla de Vitoria«) im Jahr 1813, als die Truppen des Herzogs von Wellington die Franzosen schlugen und Spanien von der Herrschaft Napoleons befreiten.

VITORIA-GASTEIZ ERLEBEN

OFICINA DE TURISMO
Plaza España, 1; Tel. 945 16 15 98
www.vitoria-gasteiz.org

NULLTARIF
Der Eintritt in städtische **Museen** ist frei (Bibat-Komplex, Museum der Schönen Künste, Museum der Sakralen Kunst, Waffenmuseum).

Höhepunkte im Festkalender sind der **Karneval** (Feb./März), das **Azkena Rock Festival** (Mitte Juni), das Internationale **Jazz-Festival** (Anf. Juli) die **Fiesta de la Virgen Blanca** (Anf. Aug.) mit Prozession und Wettbewerben in baskischen Sportarten und der er **Mittelaltermarkt** (Mercado Medieval) am 4. September-Wochenende.
www.azkenarockfestival.com
http://jazzvitoria.com

1 EL PORTALÓN €€€€
Spitzenrestaurant mit baskischer Küche in einem Adelspalast aus dem 15. Jh.
Calle Correría, 151
Tel. 945 14 27 55
www.restauranteelportalon.com

2 ARKUPE €€€–€
Gut essen in einem wunderschönen Gebäude aus dem 19. Jh. Es gibt aber auch einen günstigen Häppchen-Bereich (**Zona Picoteo**).
Calle de Mateo Moraza, 13
Tel. 945 23 00 80
www.restaurantearkupe.com
So.abends geschl.

3 TXIMISO €
Taverne mit sehr gutem Ruf, v. a. wegen ihrer hochklassigen Häppchen.
Calle Manuel Iradier, 8, Tel. 945 14 83 38, www.tximisotaberna.com

1 CIUDAD DE VITORIA €€€
Moderne Eleganz nahe dem Parque de la Florida mit guter Ausgangslage zur Stadterkundung.
Portal de Castilla, 8; Tel. 945 14 11 00; www.hoteles-silken.com

2 PARADOR DE ARGÓMANIZ €€€
Das altehrwürdige, aus Natursteinen errichtete Palais der Familie Larrea (12 km nordöstl.) war französisches Hauptquartier vor der Schlacht von Vitoria; heute hüllt sich das Gebäude in einen modernen Mantel. .
Argómaniz, Carretera N-1, km 363
Tel. 945 29 32 00
http://paradores.es

Die Kirche **San Miguel Arcángel** (14. Jh.) im Norden des Platzes trägt an ihrer Fassade die Figur der städtischen Schutzheiligen »Virgen Blanca«; der Retablo am Hochaltar (1624 – 1632) stammt von Juan de Velázquez und Gregorio Fernández. An der Apsis erkennt man außen eine Nische, in der die »Machete«, ein Säbel, aufbewahrt wurde, auf den der königliche Verwaltungsbeamte schwören musste, zum Wohle der Stadt zu arbeiten – wenn nicht, würde er damit geköpft.

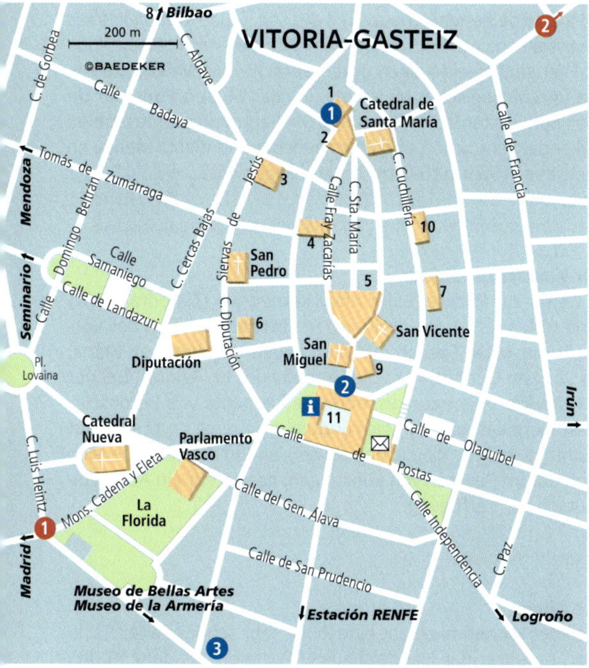

1 El Portalón
2 Torre de los Anda
3 Torre de Doña Otxanda
4 Palacio Escoriaza-Esquivel
5 Palacio de Montehermoso
6 Palacio de los Álava-Esquivel
7 Casa del Cordón
8 Estación de Autobuses
9 Los Arquillos
10 Bibat-Komplex
11 Plaza de España

1 El Portalón
2 Arkupe
3 Tximiso

1 Ciudad de Vitoria
2 Parador de Argómaniz

Die Apsis zeigt auf die **Plaza del Machete**, die die Anfang des 19. Jh.s als des Niveau-Unterschiedes zwischen Alt- und Neustadt entstandenen Laubenhäuser **Los Arquillos** begrenzen.
Alljährlich im August sieht die Plaza de la Virgen Blanca den Höhepunkt des Patronatsfests **Fiesta de la Virgen Blanca**, wenn vom Kirchturm San Miguels ein Seil über den Platz gespannt wird und eine an Rollen aufgehängte Puppe (»Celedón«) mit Regenschirm über die Köpfe der Zuschauer saust.

Vorbild Salamanca

Plaza de España

Die Plaza de la Virgen Blanca ist durch eine **Passage** mit der Plaza de España verbunden, 1791 nach dem Vorbild der Plaza Mayor in ▶ Salamanca angelegt.

Alt trifft neu

Bibat-Komplex

Zwischen der Kirche **San Vicente** und den Laubenhäusern Los Arquillos hindurch geht man die Calle Cuchillería hinauf nach Norden. Vorbei an der **Casa del Cordón** aus dem 15. Jh. mit ihrem sehr schönen, frei zugänglichen historischenr Hauptsaal erreicht man den 1525 erbauten Palacio de Bendaña,heute Teil des sog. Bibat-Komplexes aus altem Renaissancepalast und modernem Bau des Architekten Patxi Mangado. Hier sind zwei Museen untergebracht: das **Museo de Arqueología** (Archäologisches Museum) und das **Museo Fournier de Naipes** der Spielkartenfabrik Fournier. Die Sammlung umfasst eine beeindruckende, sehr schön und anschaulich präsentierte Menge an Kartenspielen vom Spätmittelalter bis zur Gegenwart.

Beide Museen: Di.–Sa. 10–14, 16–18.30, So. 11–14 Uhr | Eintritt frei
http://arkeologiamuseoabibat.eus | http://fourniermuseoabibat.eus

Nichts für Klaustrophobiker

Catedral Vieja de Santa María

Man geht weiter zur Rückseite der Alten Kathedrale (Catedral Vieja) Santa María (14./15. Jh.). Ihr dreibogiges **Statuenportal** in der Vorhalle zeigt in der Mitte Szenen aus dem Leben der Jungfrau Maria, rechts das Jüngste Gericht, links die Legende des hl. Ägidius. Bei der jüngsten Restaurierung hat man moderne Elemente wie Betonstützen bewusst nicht kaschiert. In die rundum erneuerte Krypta, hinauf ins Triforium (nichts für Klaustrophobiker) und in den Turmbereich kommt man nur im Rahmen von Führungen; dazu steht ein Audioguide auf Deutsch zur Verfügung.

Führungen 9 €, mit Turm 11 €, online-Reservierung unter www.catedralvitoria.eus

Baskische Küche

El Portalón

Nordöstlich der Kathedrale steht eine Reihe sehr schöner alter Backsteinhäuser, darunter das Handelshaus El Portalón aus dem 15. Jh., nun ein hervorragendes Restaurant (▶ S. 525).

Kulturabstecher in die Neustadt

Museen

Jenseits der Plaza de España beginnt die Neustadt. Sich rechts haltend, kommt man bald zum klassizistischen Gebäude des baskischen Parlaments **Palamento Vasco** und am Park La Florida zur 1907 begonnenen **Catedral Nueva María Inmaculada**; einen Teil ihres Innenraums nimmt das **Museo de Arte Sacro** mit sakraler Kunst ein.
Südwestlich der Neuen Kathedrale findet man am Paseo de Fray Francisco de Vitoria (Nr. 8) das **Museo de Bellas Artes** mit Werken baskischer Künstler sowie das **Museo de la Armería** (Nr. 3), in dem historische Waffen und Rüstungen zu sehen sind.
Das moderne Kunstmuseum **Artium** (Calle de Francia, 24) zeigt Ausstellungen zeitgenössischer baskischer und spanischer Kunst.

Museo de Arte Sacro: Di.–Fr. 10–14, 16–18.30, Sa. 10–14, So. 11 bis 14 Uhr | Eintritt frei | http://museosacrovitoria.eus | **Museo de Bellas Artes:** Di.–Sa. 10–14, 16–18.30, So. 11–14 Uhr | Eintritt frei | http://arteederrenmuseoa.eus | **Museo de la Armería:** Di.–Sa. 10–14, 16–18.30, So. 11–14 Uhr | Eintritt frei | **Artium:** Di.–Fr. 11–14, 17–20, Sa., So. 11–20 Uhr | Eintritt 5 €, nachm. u. So. frei | www.artium.eus

6X EINFACH UNBEZAHLBAR

Erlebnisse, die für Geld nicht zu bekommen sind

1. SPIELKARTEN ODER SCHÖNE KÜNSTE

Ob historische Spielkarten oder Schöne Künste – der Eintritt in die **städtischen Museen** der baskischen Hauptstadt **Vitoria-Gasteiz** kostet Sie keinen Cent. (▶ **S. 526**)

2. FEURIGES SPEKTAKEL

Bei einem Volksfest wie den **Fallas in Valencia**, wo buchstäblich der Boden brennt, wird im März ein echtes Spektakel abgefackelt – und Sie können zum Nulltarif dabei sein. (▶ **S. 509**)

3. TAPAS ZUM DRINK

In den Kneipen von **Granada** (im Süden) und **León** (im Norden) pflegt man (noch) die Tradition, Tapas umsonst zu Wein und Bier zu reichen. Was genau Sie dabei erwartet, ist nicht zu prognostizieren. Lassen Sie sich stets aufs Neue überraschen! (▶ **S. 621**)

4. ALTE MEISTER GRATIS

In den großen **Madrider Kunstmuseen** Thyssen-Bornemisza (Mo.), Prado (abends) und Real Academia de Bellas Artes de San Fernando (Mi.) kommen Sie zu ausgewählten Zeiten in den Genuss freien Eintritts. (▶ **S. 315, 325, 326**)

5. PILGER UND BESUCHER WILLKOMMEN

Spanische Kathedralen sind manchmal nur gegen Gebühr zugänglich - doch die von **Santiago de Compostela** steht allen Pilgern und Besuchern kostenlos offen. (▶ **S. 426**)

6. STIELLE TAGE ...

Einfach die Zeit vergessen, in die Stille eintauchen, das Wegenetz im Grünen erkunden: Das geht zum Nulltarif in den historischen Gartenanlagen neben dem Königspalast von **Aranjuez**. (▶ **S. 62**)

»Grüner« Parkring um die Stadt

Anillo Verde

Die Stadt umgibt der »Grüne Ring« Anillo Verde, mehrere Parkanlagen ideal zum Wandern und Radfahren: einfach in der Innenstadt ein Bike leihen und an den Stadtrand fahren. Es gibt mehrere Feuchtgebiete, in denen Rotwild und Weißstörche heimisch sind. 2012 war Vitoria »Grüne Hauptstadt Europas«.

Rund um Vitoria-Gasteiz

Die Schutzpatronin von Álava

Santuario de Estíbaliz

Etwa 10 km östlich liegt die romanische **Klosterkirche** Nuestra Señora de Estíbaliz (12. Jh.), wo die Schutzpatronin von Álava on Gestalt einer Schnitzfigur aus dem 12. Jh. verehrt wird. Die Südfront der Kirche zieren Flechtornamentik und aussagestarke Säulenkapitelle.

Nur Sa. 17–19, So. 11.30–13.30 Uhr

Drei Schutzgebiete

Naturparks

Vitoria-Gasteiz ist ein guter Ausgangspunkt zur Entdeckung weniger bekannter Naturparks im Baskenland. Etwa 20 km nordwestlich beginnt der **Parque Natural del Gorbeia**, wo man zum gleichnamigen Gipfel (1482 m) hinaufwandern kann.
Über den historischen Salinenort **Salinas de Añana** – Aussichtsterrasse, Führungen durch die Salzgärten mit Salzverkostung, »Salz-Spa« für Füße und Arme, gut ausstaffierter Shop – geht es 60 km westwärts in den **Parque Natural de Valderejo**, ein Kalksteingebirge und Heimat einer beachtlichen Kolonie von Gänsegeiern.
Drittes Naturschutzgebiet im Bunde ist der **Parque Natural Izki** (40 km südöstl. von Vitoria), wo sich diverse Rundwege durch eine Vegetation aus Buchs, Stein- und Pyrenäeneichen anbieten.

Salinas de Añana: http://vallesalado.com

★ ZAMORA

Provinz: Zamora | **Höhe:** 654 m ü. d. M. | **Region:** Castilla y León
Einwohner: 59 500

Wer in einer typisch kastilischen, touristisch unbekannteren Stadt ein »Museum der Romanik« erleben möchte, kommt nach Zamora. Viele seiner insgesamt 26 Kirchen wurden im romanischen Stil errichtet. Darüber hinaus ist Zamora bekannt für seine besonders feierlich und getragen begangene Semana Santa.

Die Kathedrale ist Zamoras größtes romanisches Bauwerk.

Die längste Zeit lag die Stadt am Río Duero im politischen Niemandsland. Als **Infantin Urraca** (1033 – 1103) hier ihre Residenz bezog, begann eine kurze Blüte, die sich im Kirchenbau niederschlug. Seit 1273 sind die Prozessionen der Karwoche belegt, die so zu den ältesten in Spanien gehören. 17 Bruderschaften nehmen heute daran teil.

Wohin in Zamora?

Catedral

Lebensfroh und derb
Im südlichen, etwas erhöht gelegenen Teil der ummauerten Alstadt erhebt sich über dem Río Duero die größtenteils romanische Kathedrale (1151–1174). Die mit Ecktürmen versehene Kuppel fällt durch ihr mit Steinplatten schuppenartig gedecktes Dach auf.
Das Innere, wo man einen Blick in das fein gearbeitete Kuppelgewölbe werfen sollte, birgt ein beachtenswertes **Chorgestühl** (1480) von Rodrigo Alemán, der in seinen Schnitzereien neben Heiligen auch Figuren der Antike und derbe, lebensfrohe ländliche Szenen darstellte. Die Capilla Mayor trägt einen schönen Marmorretablo; zu beiden Seiten des Hauptaltars sieht man zwei mudéjare Kanzeln. Gaspar Bercerra schuf die große Christusfigur in der **Capilla del Cristo de las Injuras** rechts vom Südportal.
Das **Dommuseum** im Kreuzgang aus dem 17. Jh. zeigt u. a. eine spätgotische Monstranz und flämische Wandteppiche (15.–16. Jh.).
April–Okt. tgl. 10–20, sonst 10–14 u. 16.30–19; Uhr | Eintritt 5 € inkl. Museum | https://catedraldezamora.wordpress.com

Reliquien der Schutzpatrone

San Ildefonso

Von der Kathedrale Richtung Plaza Mayor im Nordosten streift man die Kirche San Ildefonso (13. Jh.; später erneuert), in der Reliquien der beiden Schutzheiligen der Stadt, San Atilano und San Ildefonso, aufbewahrt werden.

Kirche des Templerordens

Santa María Magdalena

Weiter nordöstlich folgt die romanische Templerkirche Santa María Magdalena (12. Jh.), die der Straße ihr prächtiges **Bogenportal** mit Löwen- und Drachenköpfen und einer Rosette darüber zuwendet. Der Kirchenraum zeichnet sich durch kunstvolle Säulenkapitelle und Reliefs sowie zwei reich gearbeitete **Grabmäler** (13. Jh.) aus.

BAEDEKER MAGISCHE MOMENTE

GESPENSTISCHE PROZESSIONEN

Während der Karwoche **Semana Santa** versinken spanische Städte und Orte in gespenstischen Bildern. Dann ziehen Büßer in langen Gewändern bei Prozessionen durch die Straßen, verhüllen ihre Köpfe unter **spitzen Kapuzen**, tragen Aufbauten mit **Heiligenskulpturen**. Seien Sie Zaungast, verfolgen Sie die ungekünstelte Intensität all der Teilnehmerinnen und Teilnehmer von Laienbruderschaften: besonders spektakulär in ▶ Sevilla, ▶ León oder hier in Zamora.

Frühes Kirchlein

An der Plaza de Viriato steht rechts der **Palacio de los Condes de Alba y Aliste** (heute Parador, ▶ S. 532). Dahinter liegt die kleine, in der Zeit Urracas gebaute Kirche **San Cipriano**, in deren Apsis man das vermutlich älteste Gitterwerk in Spanien bewundern kann.

Plaza de Viriato

Museum des wichtigsten Stadtfests

Vom Platz nach links kommt man – vorbei an der seit dem 7. Jh. bestehenden Kirche **Santa María la Nueva** – zum Museum der Karwoche. Ausgestellt sind die prachtvollen Prozessionsfiguren, die die Bruderschaften durch die Straßen tragen. Wenige Schritte vom Museum flankieren zwei mächtige Türme das Stadttor **Puerta de Doña Urraca**.

Plaza Santa María Nueva, 1 | wg. Umbau bis auf Weiteres geschl. | http://semanasantadezamora.com

Museo de la Semana Santa

»Wilde« als Wappenträger

Jenseits der Plaza Mayor mit dem **Ayuntamiento** (Rathaus) von 1622 liegt an der Plaza de Sagasta der Palacio de los Momos (16. Jh.), heute Audiencia (Gericht). Das Haus verdankt seinen Namen der **Renaissancefassade**, an der Figuren von »momos« (»Wilden«) die Wappenkartusche halten.

Palacio de los Momos

Romanik aus dem Bilderbuch

Richtung Fluss erreicht man die Kirche Santa María de la Horta (12. Jh.), die einen stattlichen Turm, ein schönes Portal und einen gotischen Retablo besitzt.

Santa María de la Horta

Schöner Ausblick

Von der alten Brücke über den Duero, die noch auf römischen Fundamenten steht, bietet sich ein reizvoller Ausblick auf die Stadt.

Puente Viejo

Rund um Zamora

Gerettet

Von der N-122 Richtung Westen biegt man nach 12 km nach El Campillo am **Ricobayo-Stausee** (Embalse de Ricabayo) des Río Esla ab. Dorthin versetzte man 1931 die westgotische Kirche San Pedro de la Nave, die sonst im neu angelegten Stausee untergegangen wäre. Die vermutlich um 681 erbaute Kirche verdankt ihre Bedeutung den Skulpturen der **Säulenkapitelle**, eine der größten und wichtigsten bildhauerischen Leistungen des christlichen Spanien vor der Maurenzeit. Zu sehen ist u. a. die Opferung Isaaks durch Abraham.

April–Sept. Di.–Do. 10.30–13.30 u. 17–20, Fr., Sa. 10–13.30 u. 16.30–18.30, So. 10–13 Uhr, sonst nur Fr.–Sa. | Eintritt frei
http://sanpedrodelanave.blogspot.com

San Pedro de la Nave

ZAMORA ERLEBEN

OFICINA MUNICIPAL DE TURISMO

Plaza de Arias Gonzalo, 6
Tel. 980 53 36 94
http://turismo-zamora.com

SEMANA SANTA

In Zamora werden die Karprozessionen der insgesamt 17 Bruderschaften mit besonderer Inbrunst begangen (▶ Magischer Moment, S. 530).

❶ PARADOR DE ZAMORA €€€

Glanzstück des sonnendurchfluteten, als Nobelherberge hergerichteten Palastes (15. Jh.) ist der von Kolonnaden eingefasste Innenhof. Das **Restaurant** serviert schmackhafte kastilische Gerichte, wie wie Reis auf Zamora-Art oder gefüllten Kalbsbraten.
Plaza de Viriato, 5, Tel. 980 51 44 97, http://paradores.es

❷ NH ZAMORA PALACIO DEL DUERO €€–€

In diesem modern aufgezogenen Haus wird man sich wohlfühlen. Auch im **Restaurant** mit schlichten, stylishen Zügen. Die Altstadt ist fußläufig erreichbar.
Plaza de la Horta, 1, Tel. 980 50 82 62, www.nh-hoteles.es

Zweimal abgebrannt

Benavente

Das 66 km nördlich von Zamora zwischen Río Esla und Río Orbigo gelegene Städtchen (736 m; 17 400 Einw.) besitzt mehrere romanische Baudenkmäler. Dazu gehört die 1182 begonnene Kirche **San Juan del Mercado**, deren Südportal aus dem 12. Jh. ein schönes Tympanon und über dem Presbyterium eines der ältesten gotischen Gewölbe Spaniens sowie ein Kruzifix aus dem 13. Jh. trägt.
Um 1180 veranlasste Ferdinand II. den Bau der Kirche **Santa María del Azogue;** beachtenswert sind die fünf Apsiden, die Portalskulpturen und der Barockretablo.
Der Burgpalast **Castillo de los Pimentel** wurde 1810 von britischen Truppen niedergebrannt; der Nachfolgebau brannte 1887 ebenfalls ab, und im 20. Jh. erfolgte ein erneuter Wiederaufbau. Nur die **Torre del Caracol** (Schneckenturm) aus dem 16. Jh. ist original, heute Teil des Parador de Benavente.
Oficina de Turismo: Plaza Mayor, 1 | www.turismobenavente.es

Bei der Madonna mit der Fliege

Toro

Richtung Osten erreicht man auf der N-122 nach 30 km Toro. In das auf einem steil zum Duero abfallenden Plateau gelegene, von Getreidefeldern und Weinreben umgebene Städtchen fährt man, um eine der schönsten romanischen Kirchen der Region zu sehen: die im 12./13. Jh. erbaute Stiftskirche Santa María la Mayor.

Santa María la Mayor wurde 1160 bis 1240 errichtet**.** Besondere Beachtung verdient das gotische Westportal mit seinem Figurenschmuck (13. Jh.), darunter auf der Mittelsäule die Jungfrau Maria, die himmlischen Heerscharen in den Bogenläufen, das Jüngste Gericht auf der äußersten Archivolte und die Marienkrönung im Tympanon. In der Sakristei hängt das flämische Tafelgemälde »Madonna mit der Fliege« (»Virgen de la Mosca«; die Fliege sitzt auf dem linken Knie der Jungfrau); die Dame vorne rechts sehen manche als Porträt der Isabella von Kastilien. Ebenfalls in diesem Raum befindet sich ein italienischer Kalvarienberg aus Elfenbein.

Die einschiffige Backsteinkirche **San Lorenzo el Real** ist ein sehr gut erhaltener romanischer Bau mit Mudéjar-Elementen, wie dem Sägezahnfries in den Blendarkaden. Der Retablo aus dem 15. Jh. stammt

von Fernando Gallego. Im zu Beginn des 14. Jh.s gegründeten Kloster **Real Monasterio de Sancti Spiritus** mit Kreuzgang aus dem 16. Jh. ist in einem prächtigen Alabastergrabmal Beatrix von Portugal bestattet, die Witwe Johanns I. von Kastilien.
Die Kirche **San Salvador** de los Caballeros wurde zu einem Museum für christliche Skulpturen umfunktioniert. Im **Palacio de las Leyes** (de las Cortes) traten 1505 die Cortes zusammen.
Oficina de Turismo: Plaza Mayor, 1 | www.turismotoro.com
Santa María la Mayor: Di.–So. 10/10.30–14 u. 16.30/17–18.30/ 19.30 Uhr | Eintritt 4 €
Bono Toro Sacro: Kombiticket für 6 € für fünf sehenswerte Kirchen http://torosacro.com

★ ZARAGOZA

Provinz: Zaragoza | **Höhe:** 200 m ü. d. M. | **Region:** Aragón
Einwohner: 682 000

Unverwechselbare Zeichen setzt Aragoniens Hauptstadt: mit dem breiten Flusslauf des Ebro und dem Ensemble aus Türmen und Kuppeln der Basilika. Altstadt, Römer- und Maurenspuren ergänzen die Facetten für Besucher.

Seit alters her ist die aragonesische Königsresidenz ein bedeutendes **Marienheiligtum** und wichtigste Brückenstadt für den Verkehr aus den Pyrenäen nach Kastilien. Die Flüsse Ebro, Huerva und Gallego treffen hier mit dem Canal Imperial zusammen und bringen Wasser für die Huerta. Ein einschneidendes Ereignis war die **Weltausstellung 2008**.

Wohin in Zaragoza?

Spanische Welt

Plaza del Pilar

Mittelpunkt der von den Calles César Augusto und Coso umzogenen Altstadt ist die riesige Plaza del Pilar – 30 000 m² Fläche zwischen Basilika und Kathedrale La Seo, an deren Beginn der Brunnen **Fuente de la Hispanidad** in Form der Umrisse Lateinamerikas die spanischsprachige Welt symbolisiert, gut zu erkennen vom Turm der Basílica de Nuestra Señora del Pilar.
Westlich vor dem Brunnen liegt die kleine **Plaza de César Augusto** mit dem mudéjaren Torreón de la Zuda aus dem 14. Jh., an den sich noch Reste der **Römischen Mauern** anschließen.

Blickfang am Ebro: die Basílica de Nuestra Señora del Pilar mit ihren Türmen und azulejogeschmückten kleineren Kuppeln

Am Ort des Marienwunders

★ Basílica de Nuestra Señora del Pilar

Die barocke Basilika ist das Wahrzeichen der Stadt. Sie wurde am Ort eines Marienwunders erbaut, bei dem die Muttergottes im Januar des Jahres 40 n. Chr. den hier missionierenden Apostel Jakobus (Santiago) von einer Säule (»pilar«) herab anwies, ihr zu Ehren ein Gotteshaus zu errichten. Das Mirakel gilt nicht als Erscheinung Mariens, sondern wird von (Wunder-)Gläubigen als **leibhaftiges Auftreten der Muttergottes** bewertet.

Die heutige Kirche ist ein rechteckiger Bau mit großer Mittelkuppel, zehn kleineren Azulejos-Kuppeln und vier hohen Ecktürmen. Sie wurde 1681 von Francisco Herrera d. J. begonnen, doch erst Ende des 19. Jh.s fertiggestellt.

Der Innenraum ist klassizistisch. Im Chor gefallen ein schönes Gitter (1574) und das prachtvolle Gestühl (1548). Am gotischen Retablo teils aus Alabaster (1484–1515) in der Capilla Mayor arbeitete auch Damián Forment. Das bedeutendste Heiligtum ist die 1765 vollendete **Capilla de Nuestra Señora del Pilar** hinter dem Hochaltar, entworfen von Ventura Rodríguez; die prachtvollen Deckengemälde gehen zurück auf Bayeu (1781) und Francisco de Goya (1771). An der

Westwand steht über drei Altären die kleine Alabasterfigur der Jungfrau (frühes 15. Jh.) auf einer mit Silber beschlagenen Marmorsäule. Zwischen der Kapelle und dem Hauptaltar im nördlichen Seitenschiff küssen viele Gläubige einen Stein mit dem angeblichen Fußabdruck der Jungfrau.

Das **Museo Pilarista** zeigt neben Geschenken an die Jungfrau, Kronen, Gewändern u. Ä., mit denen die Statue an Festtagen geschmückt wird, die Originalentwürfe für die Deckenfresken. In der **Sacristía Mayor** werden liturgisches Gerät, Silberarbeiten und Brokatumhänge der Marienstatue präsentiert.

Äußerst lohnend ist der **Turmausblick** auf Baukörper, Teile der Stadt und den Flusslauf des Ebro.

Basilika: tgl. 8.30–13.30 u. 16.30–20.30 Uhr | Eintritt frei, Turm 4 €
Museo Pilarista: bis auf Weiteres geschl. | www.basilicadelpilar.es

Ehemalige Börse

Lonja

Auf die Basilika folgt nach dem Ayuntamiento (Rathaus) die Lonja (ehem. Börse, heute Ausstellungszentrum). Der 1551 vollendete Renaissancebau besteht aus einem großen Saal mit Wappenschmuck und Kreuzrippengewölbe.

Di.–Sa. 10–14, 17–21, So. 10–14.30 Uhr | Eintritt frei

ZARAGOZA ERLEBEN

OFICINA DE TURISMO
Plaza del Pilar, 1, Tel. 976 20 12 00, www.zaragoza.es

KOMBITICKETS
Museos de la Ruta de Caesaraugusta: 7 € | Abono 5 Museos: 9 €

FIESTAS DEL PILAR
Großes Stadt- und Marienfest um den Tag der Entdeckung Amerikas (»Día de la Hispanidad«).
Um den 12. Oktober

1 LA RINCONADA DE LORENZO €€€€
Klassische aragonesische Küche mit Wild, Geflügel, Fisch.
Calle La Salle, 3, Tel. 976 55 51 08
www.larinconadadelorenzo.com

2 CASA EMILIO €€–€
Gewöhnlich eine verlässliche Adresse für traditionelle Küche.
Avenida de Madrid, 5
Tel. 976 43 43 65

3 BAR HERMANOS TERESA €
Zwar nicht zentral, doch die vorzüglichen Tapas sind den Abstecher wert.
Calle del General Ricardos, 11–13
Tel. 641 15 67 76, www.barhermanosteresa.es, So. geschl.

1 PALAFOX €€€
Tradition und Design verbinden sich zu einem luxuriösen Wohnerlebnis. Mit Sauna und Sommerpool. Etwa 15 Gehminuten bis zur Basilika.
Marqués de Casa Jiménez, s/n
Tel. 976 23 77 00
www.palafoxhoteles.com

2 REINO DE ARAGÓN €€
Alles, was man für einen komfortablen Aufenthalt braucht. Zur verlässlichen »Silken«-Kette gehörig, Vier-Sterne-Haus im Zentrum.
Calle Coso, 80
Tel. 976 46 82 00
www.hoteles-silken.com

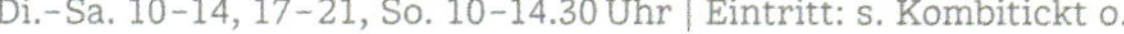

Museo del Foro de Caesaraugusta

Das Forum des römischen Zaragoza
An der Plaza de la Seo mit dem **Palacio Arzobispal** (Erzbischöfliches Palais; 18. Jh.) stellt das über den Ausgrabungen nordwestlich der Kathedrale errichtete Museum das römische **Caesaraugusta** vor, wie Zaragoza damals hieß: Baureste aus der Gründungszeit unter Kaiser Augustus sowie das unter Tiberius entstandene **Forum**.
Di.–Sa. 10–14, 17–21, So. 10–14.30 Uhr | Eintritt: s. Kombitickt o.

Catedral San Salvador (La Seo)

Fünf Schiffe
An der Plaza de la Seo erhebt sich die fünfschiffige gotische Kathedrale, die 1119–1520 anstelle der maurischen Hauptmoschee errichtet wurde. Ihr Hauptportal (barock) stammt von 1795, die Vierungskuppel von 1520 und der schlanke Glockenturm von 1686. In schönem Mudéjar-Stil blieb das Chorhaupt erhalten.

Der **Chor** zeichnet sich durch ein prachtvolles Gitter und ein spätgotisches Gestühl aus. In der **Capilla Mayor** erhebt sich hinter dem Altar ein großer Alabaster-Retablo mit drei großen Bildtafeln aus dem 15. Jh. Von den Seitenkapellen hervorgehoben seien die **Capilla de San Bernardo** mit plateresken Grabmälern des Erzbischofs Fernando und seiner Mutter Ana Gurrea (1552), die als Pfarrkirche dienende **Capilla de San Martín** (Grabmal des Erzbischofs Lope Fernández de Luna), schließlich die **Capilla de San Pedro Arbués** mit Grab des 1485 in der Kathedrale ermordeten und 1867 heilig gesprochenen Inquisitors Pedro Arbués. Das angegliederte **Museo de Tapices** besitzt wertvolle gotische und Renaissance-Wandteppiche aus Brüssel und Tournai.

Mo..-Fr. 10.-14.30 u. 16.30.-20, Sa. 10.-20, So. 10.-12 u.16.-20 Uhr
Eintrit 7 €

Goya im Renaissancepalast

Museo Goya – Collección Ibercaja

Wer sich für Francisco de Goya interessiert, sollte das Museo Goya – Colección Ibercaja westlich der Kathedrale besuchen. Neben Gemälden des Meisters sind Arbeiten aus seinen bedeutenden Grafikzyklen zu sehen.

Calle Espoz y Mina, 23 | Di.-Sa. 10-14 u. 16-20, So. 10-14 Uhr
Eintritt 8 € | http://museogoya.fundacionibercaja.es

Schönes Beispiel des Mudéjar-Stils

San Pablo

Die romanisch-gotische Kirche San Pablo (13. Jh.) westlich der Calle César Augusto erkennt man am achteckigen mudéjaren **Turm**. Ihren prachtvollen Hauptaltar schuf Damián Forment 1511.

Relikte der Weltausstellung

Früheres Expo-Gelände

Wahrzeichen der Expo 2008 UF DEM Gelände nordwestlich des Zentrums jenseits des Ebro war die 73 m hohe **Torre del Agua**, architektonischer Höhepunkt der von Stararchitektin Zaha Hadid entworfene »Brückenpavillon« **Pabellón Puente**, eine imposante Konstruktion über den Fluss. Eine Attraktion für Groß und Klein ist bis heute das **Acuario**, ein Flusswasseraquarium mit den Themenbereichen Nil, Ebro, Amazonas, Mekong, Darling und Murray River.

Acuario: Avenida de José Atarés, s/n | Mo.-Do. 11-19, Fr.-So. 10-20 Uhr | Eintritt 18 € | www.acuariodezaragoza.com

Wehrhafter Stadtpalast aus maurischer Zeit

La Aljafería

Westlich des Zentrums entstand im 9. Jh. eine maurische Feste, unter Abu Yafar ibn-Hud im 11. Jh. zur Residenz ausgebaut. Nach Vertreibung der Mauren wählten sie die Könige von Aragonien zu ihrem Sitz, und auch die Katholischen Könige residierten hier. Nach ihnen zog die Inquisition ein. Die Franzosen beschädigten 1809 große Teile des Gebäudes, das grundlegend renoviert wurde und heute zeitweise Sitz des Parlaments von Aragonien ist.

Die Aljafería ist das einzige erhaltene Bauwerk der maurischen Epoche Zaragozas. Davon kündet vor allem die prachtvolle kleine **Moschee** im Erdgeschoss, das auch in den übrigen Räumen alle Feinheiten maurischen Bauschmucks zeigt. Eine einzigartige gotische Treppe mit Kassettendecke führt ins Zwischengeschoss, dessen Mittelpunkt der **Thronsaal** mit einer überreich gearbeiteten und bemalten Artesonado-Decke ist. Im Obergeschoss residierten die aragonischen Könige; hier wurde in der Sala de Santa Isabel 1271 die hl. Elisabeth von Portugal geboren. Die **Torre del Trovador**, zu Zeiten der Inquisition Gefängnis, ist Schauplatz in der Verdi-Oper »Der Troubadour«.
Calle de los Diputados, s/n | April–Okt. tgl. 10–14 u. 16.30–20, sonst Mo.–Sa. 10–14 u. 16.–18.30 Uhr | Eintritt 5 €, erster So. im Monat frei
Online-Reservierungen: http://reservasonline.aljaferia.com;

Archäologie und Kunst

Museo de Zaragoza

Das Museum an der Plaza de los Sitios zeigt Funde aus Caesaraugusta, darunter ein Orpheus-Mosaik, Exponate aus maurischer Zeit sowie romanische und gotische Skulpturen. Die **Gemäldegalerie** widmet sich in erster Linie spanischen Meistern (Ribera, Goya, Bayeu).
Di.–Sa. 10–14 u. 17–20, So. 10–14 Uhr | Eintritt frei
www.museodezaragoza.es

Rund um Zaragoza

Goya-Fresken

Cartuja de Aula Dei

Richtung Norden am linken Ufer des Río Gallego entlang erreicht man nach 12 km auf der A-123 die Cartuja de Aula Dei, ein 1564 von Ferdinand II. gegründetes ehemaliges Kartäuserkloster (heute Gemeinschaft Chemin Neuf). Den Kreuzgang schmücken Bilder aus dem Leben des hl. Bruno von Antonio Martínez; in der spätgotischen **Klosterkirche** findet man Fresken von Goya zum Leben der hl. Jungfrau (1772).
Führungen: Sa. 10.30 u. 12 Uhr | Eintritt 7 €

Weiter auf den Spuren Goyas

Richtung Südwesten

Auf der N-330/A-23 nach Südwesten fährt man in das Dorf **Muel**, bekannt für sein Töpferhandwerk. Die Ermita de la Virgen de la Fuente ist mit Fresken Goyas ausgemalt.
Die Fahrt geht weiter über **Longares** (531 m), dessen Pfarrkirche einen eindrucksvollen »Ecce Homo« besitzt, nach Cariñena (410 m), Zentrum eines traditionsreichen **Weinanbaugebiets**.
Dort zweigt die A-220 zum 24 km östlich gelegenen Dorf **Fuendetodos** (750 m) ab, **Geburtsort Francisco de Goyas** , dessen Erbe man in seinem wiederhergestellten schlichten Geburtshaus hochhält.
Casa Natal de Goya: Di.–So. 11–14, 16–19 Uhr | Eintritt 3 €
https://fundacionfuendetodosgoya.org

H

HINTER-GRUND

Direkt, erstaunlich, fundiert

Unsere Hintergrundinformationen beantworten (fast) alle Ihre Fragen zu Spanien.

Auch Spanien hat seine »Sixtinische Kapelle«. Die Grablege der Könige, Prinzen und Edlen von León im Panteón San Isidoro in León wurde schon im 11. Jh. prachtvoll ausgemalt. ▶

DAS LAND UND SEINE MENSCHEN

Spanien in seiner ganzen Vielfalt: Geschichte und Gegenwart, Natur, Wirtschaft, Politik, Kunst, Kultur. Erfahren Sie mehr über das riesige Königreich!

Sonne, Strand und vieles mehr ...

Für jeden etwas

Es gibt keinen Zweifel, zumal Jahr für Jahr Millionen Besucher aus aller Welt nicht irren können: Spanien steht in der Spitzengruppe der **beliebtesten Reiseländer** auf dem Globus. Und das zu Recht! Die meisten Gäste suchen Sonne, Strand und Meer und finden es zuhauf. Aber war das schon alles? Mitnichten!

Da gibt es im Norden das weniger bekannte **grüne Spanien**: die wilde, zerklüftete Atlantikküste und das sanft wellige Binnenland von Galicien, die berggesäumte Küste Asturiens, Kantabriens und des Baskenland an der Biskaya, die kleine Rioja, wo der beste Wein Spaniens reift, die Gebirgszüge der Picos de Europa und natürlich die **Pyrenäen** mit ihren imposanten Bergriesen, Seen, ausgesprenkelten Dörfern.

Kastilien schließt sich an, das Kernland Spaniens, karg, melancholisch, faszinierend. Ein weiter Himmel überwölbt die stolzen Burgen, von denen es seinen Namen hat; mittendrin die Hauptstadt **Madrid**. Nach Westen hin wird es dann steiniger; von dort, aus der **Extremadura**, stammten die meisten Konquistadoren, die dem harten Dasein entfliehen wollten und im 16. Jh. in die »Neue Welt« aufbrachen. Im Südosten, durch die **Mancha**, ritten Don Quijote und Sancho Pansa auf der Suche nach Abenteuern; noch immer stehen hier die Mühlen, gegen die der »Ritter von der traurigen Gestalt« im Werk von Meisterliterat Cervantes anrannte (▶ Baedeker Wissen, S. 160).

Noch einmal über ein Gebirge, und schon ist man in **Andalusien**, für viele der Inbegriff Spaniens. Hier haben die Mauren großartige Kulturdenkmäler wie die Alhambra in Granada, aber auch Spuren im Alltag der heutigen Einwohner hinterlassen.

Die Mittelmeerküste hinauf geht es nach **Katalonien.** Eigenwillig, wie man schon hört, denn hier spricht man selbstbewusst Catalá, und wie man auch sieht am Modernisme in **Barcelona**.

Spanien à la carte

So vielfältig wie seine Landschaften ist auch Spaniens meist deftige Küche. Viel Olivenöl und reichlich Knoblauch finden sich in den Speisen fast aller Regionen. Im Süden haben sich **maurische Einflüsse** erhalten, z. B. Gewürze wie Zimt, Muskatnuss, Kreuzkümmel oder Safran. In den Küstenregionen isst man reichlich (sehr teuer gewor-

denen) **Fisch und Meeresfrüchte**. Verbreitet ist die **Paella**, die ursprünglich aus Valencia stammt und vielfach variiert wird. Weniger bekannt, doch ebenso lecker: die Zarzuela de mariscos, verschiedene gebratene und scharf gewürzte Fischarten, oder Merluza a la Vasca« Seehecht mit grüner Soße.
Wer es gerne herzhaft mag, der sollte sich den kastilischen Cocido, einen deftigen **Eintopf**, oder die asturische Fabada aus Bohnen nicht entgehen lassen. Für die Liebhaber von Wild empfiehlt sich **Kaninchen** aus Navarra und Aragonien. In Andalusien genießt man Rabo de buey (Ochsenschwanzragout) und trinkt dazu einen knochentrockenen **Sherry** oder einen sanften Oloroso.

Spanische Lebensart

Man kann ganz einfach am Lebensstil der Spanier teilhaben: Setzen Sie sich gegen 18 Uhr auf eine Plaza. Zunächst werden Sie dort ziemlich alleine sein, bis allmählich immer mehr Menschen heranströmen. Später beginnt die Zeit des Flanierens oder für den **Tapas-Kneipenzug**, den Tapeo. Schließen Sie sich an, schlendern Sie mit von Bar zu Bar, probieren Sie von den Tapas, und vergessen Sie darüber das geplante Abendessen und das Besichtigungsprogramm für den nächsten Tag. Wenn Ihnen das gelingt, haben Sie einen kleinen, aber sehr wesentlichen Zipfel spanischer Lebensart erwischt!

In Spanien beginnt der Abend, auch hier in der Altstadt von Sevilla, erst so richtig, wenn man in anderen Teilen Europas schon das Licht ausmacht.

Alpin geben sich Teile der Pyrenäen im Norden Spaniens.

Naturräumliche Gliederung

Festland-Spanien Auf dem spanischen Festland lassen sich drei Oberflächenformen unterscheiden: das Innere Hochland bzw. die Hochebene (Meseta), der das Hochland umgebende innere Gebirgsring sowie Gebirge und Becken der äußeren Randlandschaften.

Inneres Hochland (Meseta) Die ausgedehnte **Hochebene** der Meseta erstreckt sich auf einer Fläche von über 200 000 km^2 auf 600–1000 m Höhe. Das Kastilische Scheidegebirge (Cordillera Central), bestehend aus der bis auf 2592 m (Pico de Almanzor) aufsteigenden Sierra de Gredos südwestlich der Hauptstadt Madrid und der Sierra de Guadarrama (höchster Punkt Pico Peñalara, 2430 m) nordwestlich der Millionenmetropole, teilt die Meseta in eine nördliche und eine südliche Hälfte.

Die kleinere **Nordmeseta** (Meseta Septentrional) umfasst die historischen Landschaften von Altkastilien und León und wird vom Duero durchflossen. Die **Südmeseta** (Meseta Meridional) entspricht den Landschaften Neukastilien und Extremadura und flacht nach Südosten hin auf 300–150 m Höhe ab. Die Flüsse Tajo und Guadiana entwässern die südliche Hochebene, wobei die Gebirgskette der Montes de Toledo das Tajo-Becken vom Guadiana-Becken trennt.

Innere Randgebirge

Zu den Inneren Randgebirgen der Meseta zählen im Norden das **Asturische Gebirge**, dessen höchster Gipfel im Massiv der Picos de Europa die Torre de Cerredo (2648 m) ist. Von Nordosten nach Osten zur Mittelmeerküste zieht sich, teils hochflächig, teils gebirgig, das **Iberische Randgebirge** und schließt steil abfallend die Meseta zum Ebro-Becken hin ab. Die Südmeseta wird von der kargen **Sierra Morena** vom Becken des Guadalquivir getrennt.

Äußere Randlandschaften

Im äußersten Nordwesten liegt das **Galicische Bergland**, dessen Küste von zahlreichen **Rías** (»ertrunkenen Flussmündungen«) eingeschnitten wird. Diese Meeresarmen verleihen der Landschaft den Charakter skandinavischer Fjorde. Das auf 1700 m ansteigende **Kantabrische Gebirge** verbindet im Norden das Asturische Gebirge mit den **Pyrenäen** mit dem 3404 m hohen Pico de Aneto. Südwestlich schließt sich das bis zu 1700 m hohe **Katalonische Gebirge** an. Die beiden letztgenannten Gebirgszüge umschließen das Ebro-Becken, der das Katalonische Gebirge durchstößt und ins Mittelmeer mündet.
Im Süden erstrecken sich von der Meerenge von Gibraltar bis zum Cabo de la Nao am Mittelmeer die **Betischen Kordilleren** (Cordilleras Béticas) mit den höchsten Gipfel Kontinentalspaniens: dem **Cerro de Mulhacén** (3482 m) und dem Pico de Veleta (3428 m). Der Gebirgszug fällt zum Mittelmeer hin ab, sodass zwischen Südmeseta und Küstenlandschaft von Valencia eine relativ niedrig gelegene Verbindung offen bleibt. Zwischen den Betischen Kordilleren und der Sierra Morena dehnt sich das **Becken des Guadalquivir** aus, der in einem großflächigen Delta in den Atlantik mündet.

Flüsse und Seen

Die **Hauptwasserscheide** zwischen Atlantik und Mittelmeer verläuft von dem nach Frankreich hinab verlaufenden Pyrenäenfluss Ariège bis zum Pico de los Tres Mares im Osten des Asturischen Gebirges. Dort knickt sie scharf nach Südosten ab und wendet sich dann vor dem Jalón nach Süden, wo sie in den Betischen Kordilleren wieder in westlicher Richtung verläuft.
Das einzige große spanische Flusssystem, das ins Mittelmeer mündet, ist das des **Ebro**. Alle anderen großen Flüsse – Duero, Tajo, Guadiana und Guadalquivir – fließen in den Atlantik.
Als Beispiele größerer **Seen** sind das salzhaltige Mar Menor (Region Murcia), diverse Gletscherseen in den Pyrenäen und die Lagune von Albufera bei Valencia zu nennen. Darüber hinaus stößt man auf eine Vielzahl künstlicher Stauseen.

Dürren, Wassermangel

Auch Spanien leidet zunehmend unter den Folgen des **Klimawandels**. Ausbleibende oder geringere Winterniederschläge führen besonders im Süden immer wieder zu **Wasserknappheit**. Durch ungewöhnlich hohen Luftdruck in den Wintermonaten können atlantische Tiefausläufer immer seltener den Süden des Landes erreichen.

Langanhaltende **Trockenperioden** über mehrere Jahre treten auf der Iberischen Halbinsel periodisch auf. Als Folge der Dürre nehmen Wald- und **Buschbrände** zu, auch durch menschliche Fahrlässigkeit oder absichtlich verursacht. Durch den steigenden Wasserbedarf für Landwirtschaft und Tourismus (besonders Golfplätze!) ergeben sich ein ums andere Mal Versorgungs- und Verteilungsprobleme.

Großlandschaften und Regionen

Katalonien

Katalonien (span. Cataluña, kat. Catalunya) ist die nördlichste der spanischen Mittelmeerlandschaften, die in Natur und geschichtlicher Entwicklung gegenüber dem kastilischen Binnenland ein **eigenes Gepräge** besitzen; dies liefert den Hintergrund zum chronischen Gegenwartsthema von Unabhängigkeitsbestrebungen.
Das Katalonische Gebirge verläuft parallel zur Küste und verbindet die östlichen Pyrenäen mit dem nordöstlichen Randgebirge der Meseta. Ursprünglich ein Kettengebirge, wurde es später durch tektonische Störungen in isolierte Bergstöcke aufgelöst, den Montseny (1745 m) im Norden sowie den berühmten Montserrat (1237 m) mit der Klosteranlage (▶ S. 113) und den Montsant (1071 m) im Süden.

GROSSLANDSCHAFTEN

Zwischen dem Hauptzug des Gebirges und einer niedrigeren Küstenkette erstreckt sich das **Katalonische Längstal**, das Herz der Region, dicht besiedelt und bedeckt mit Olivenhainen, Weinbergen und Korkeichenwäldern (besonders bei Girona). Die von den Pyrenäen herabkommenden Flüsse, vor allem der Llobregat, durchbrechen das Gebirge in engen Talschluchten.
In den **Pyrenäen** zeigt sich auf katalonischem Gebiet ein Bild weitgehend menschenarmer, wilder Gebirgslandschaft. Im Quellgebiet des Segre liegt das kleine eigenständige **Fürstentum Andorra**. Im Osten senken sich die Pyrenäen zum Hügelland Empordà; Olivenhaine, Weingärten und Korkeichenwälder säumen hier den Fuß des Gebirges.
Katalonien hat große wirtschaftliche Bedeutung, vor allem durch den Tourismus. Die reizvolle **Costa Brava** mit Orten wie Roses und Tossa de Mar ist bis heute eines der meistbesuchten Ferienziele. Industriezweige sind Fahrzeugbau, Möbelfertigung, Textil und Leder, Papier und Druck, Nahrungsmittelproduktion sowie chemische Industrie. Auch der Obstbau (Orangen und Mandarinen) und der Weinbau samt Kellereiwirtschaft (Schaumwein) spielen eine nicht unerhebliche Rolle.

Aragonien, Navarra

Die früheren Königreiche Aragonien (span. Aragón) und Navarra liegen im Einzugsbereich des **Ebro-Beckens**, das im Norden von den Pyrenäen, im Südwesten vom Iberischen Randgebirge und gegen das Mittelmeer vom Katalonischen Gebirge begrenzt wird. Der Ebro tritt durch die Conchas de Haro in das Becken ein, folgt dann einer sanften Abdachung und bahnt sich in einem engen Durchbruchstal durch das Katalonische Gebirge den Ausgang zum Meer.
Von Gebirgen umschlossen, besitzt das **karge Hügelland** Aragoniens kontinentales Klima mit überaus trockenen Sommern. Den wegen seines Salz- und Gipsgehalts unfruchtbaren Boden bedecken Halfagrassteppen und dürftige Schafweiden. Der Anbau von Getreide und Gemüse beschränkt sich auf die Uferstrecken der Flüsse, besonders des Ebro und des Segre. Der Bewässerung des Landes dient fast nur der Canal Imperial (Kaiserkanal), der dem rechten Ufer des Ebro auf einer Strecke von fast 90 km folgt. Die wenigen Siedlungen des dünn besiedelten Landes halten sich an diese lang gestreckten Huertas (Flussoasen). Aragoniens Hauptstadt Zaragoza liegt in einer solchen Huerta, in der Mandeln, Oliven, Feigen und Weintrauben gedeihen.
Nördlich reichen Aragonien und Navarra bis zum Hauptkamm der **Pyrenäen**, die im Westen noch Mittelgebirgscharakter aufweisen und auf über 1500 m ansteigen. An ihren Ausläufern entstand im Mittelalter das kleine Königreich **Navarra**, nunmehr eine Autonome Gemeinschaft Seine Hauptstadt Pamplona (bask. Iruña/Iruñea) liegt in einem Vorpyrenäenbecken.
Östlich des Somportpasses (Puerto de Somport; 1632 m) steigt der Pyrenäenkamm zu einer gewaltigen natürlichen Grenzmauer an, deren höchster Gipfel Pico de Aneto (3404 m) im Granitstock der

Maladeta-Gruppe auf spanischem Boden liegt. Der Zentralkamm trägt in kleinen Hochseen Spuren einer stärkeren eiszeitlichen Vergletscherung. Dem Südfuß des Gebirges folgt die aus einer Bergkette bestehende Sierrenzone, die von den durchbrechenden Flüssen in einzelne Rücken zerrissen wird (Sierra de la Peña u. a.). Wälder und Seen bereichern die landschaftliche Szenerie, manche Gebiete stehen als **Naturparks** unter Schutz. Im Südteil Navarras wird es zum Ebro hin mit der Landschaft **Ribera** äußerst fruchtbar, was den Anbau von Obst und Gemüse ermöglicht.

Baskenland (País Vasco, Euskadi)

Die baskischen Provinzen Guipúzcoa, Vizcaya und Álava umfassen den östlichen Teil des Kantabrischen Gebirges zwischen dem bei Bilbao mündenden Nervión und den Pyrenäen. Die Landschaft hat **Mittelgebirgscharakter**; nur einige wenige Gipfel wie die Peña de Gorbea (1475 m) ragen höher empor. Durch Längstalfurchen wird das Küstengebirge vom Hauptkamm des Kantabrischen Gebirges getrennt.

Unter dem Einfluss feuchter Nord- und Nordwestwinde zeichnet sich das Küstenland durch reichen Pflanzenwuchs aus: auf den Höhen Eichen-, Buchen- und Kastanienwälder oder üppiges Farngestrüpp neben Aufforstungen mit Kiefern und Eukalyptus. Die Hügel und Täler sind mit Wiesen, Maisfeldern, Walnuss- und Obstbäumen bedeckt, in günstigen Lagen gedeiht vereinzelt Wein. Das angenehme Klima, üppiges Grün und typische trutzige Gehöfte geben dem Nordabhang des Kantabrischen Gebirges einen prägnanten Charakter. Gewaltig ist eine teils über 300 m hohe **Steilküste**, dazwischen liegen Fischersiedlungen, in denen mittlerweile der Tourismus überwiegt. Der Süden des Kantabrischen Gebirges unterscheidet sich landschaftlich und wirtschaftlich vom Küstengebiet. Weite Täler wechseln mit Beckenlandschaften ab.

Das Baskenland ist **eine der ältesten Industrieregionen Europas**. Früh konnten sich hier Eisen-, Stahl- und chemische Industrie etablieren. Auch Holzverarbeitung und Papierherstellung haben lange Tradition. Heute hat der Dienstleistungssektor im Allgemeinen einen größeren Stellenwert. Den Wandel zum Tourismus beflügelte nicht zuletzt das 1997 eröffnete Museo Guggenheim in Bilbao; seit Beginn des dritten Jahrtausends erweisen sich auch Designer-Weinkellereien und Sternerestaurants zunehmend als Tourismusmagneten.

Asturien (Asturias)

Das ehemalige Fürstentum Asturien, historischer Kern des spanischen Königreichs und heute eine Autonome Region mit Hauptstadt Oviedo, zieht sich am Golf von Biscaya entlang und wird fast ganz vom Kantabrischen Gebirge erfüllt. Dieses erreicht hier alpine Höhen und erhebt sich in den **Picos de Europa** bis zu 2648 m hoch. Im Westen sind die Bergzüge wild zerklüftet und von unerwarteter Romantik. Hohe Pässe führen nach Süden, die Autobahnachse Oviedo–León verbindet Asturien mit dem Inneren Spaniens.

Zerklüftet und wild zeigt sich die Küste Asturiens mit der Felsbrücke Castro de las Gaviotas bei Llanes.

Im Zentrum von Asturien, dem das ozeanische Klima ein grünes Pflanzenkleid verleiht, liegt das **Becken von Oviedo**, das sich als fruchtbares Hügelland bis an die Küste erstreckt. Außer Oviedo, dem deutlich kleineren Industriestadt Avilés und der Hafenstadt Gijón gibt es keine größeren Städte.
Zahlreich aber sind die **Fischerorte** an der durch die Steilabstürze der Kliffe sehr malerischen Küste. Hier entfaltet sich im Sommer streckenweise ein reges Badeleben. Mittlerweile übertreffen die Einnahmen aus dem Tourismus die der Fischerei. Traditionell ist die Wirtschaft Asturiens von Landwirtschaft (Mais- und Obstanbau, Viehzucht) und Bergbau (Steinkohle und Erze) geprägt.

Galicien (Galicia)

Galicien umfasst die Nordwestecke der Iberischen Halbinsel bis zur spanisch-portugiesischen Grenze. Waldige Tallandschaften (Kiefern, Eichen, Eukalyptus), von lang gestreckter Beckenform wie am Miño/Minho, werden von Gebirgszügen eingerahmt; dazwischen liegen von Flüssen in engen und steilen Tälern durchflossene Hochflächen.
Besonderen Charakter erhält Galicien durch die tief ins Land eingeschnittenen Meeresbuchten der **Rías** (Rías Altas an der Nord-, Rías Bajas/Baixas an der West- bzw. Südküste), in die die einzelnen Täler münden. Diese Buchten, oft mit vorzüglichen Sandstränden, sind nicht nur Zufluchtsstätten für Mensch und Vogelwelt an der oft sturm-

Bermeo an der baskischen Küste besitzt eine ansehnliche Fischereiflotte.

gepeitschten Küste; hier liegen auch wichtige Häfen wie Vigo und La Coruña (gal. A Coruña).

Galicien ist im spanischen Vergleich wirtschaftlich weniger entwickelt. Größere Industriebetriebe gibt es um die Großstädte La Coruña und Vigo. Einen größeren Ruf konnte sich die galicische Mode- und Textilindustrie erwerben (Label »Zara« des in La Coruña ansässigen Textilkonzerns Inditex). Nach wie vor eine gewisse Rolle spielt die traditionelle Fischerei, ergänzt durch moderne Aquakultur (besonders Muscheln) in den Meeresarmen, speziell den Unteren Meeresarmen (Rías Bajas/Baixas). Ein wichtiger Wirtschaftsfaktor ist der Kultur- und **Pilgertourismus** nach Santiago de Compostela; auf die Hauptstadt der Region laufen mehrere Strecken des Jakobsweges zu (▶ Das ist ..., S. 8; Baedeker Wissen, S. 612).

Im Landesinnern werden Viehzucht und Ackerbau (Mais, Weizen, im Südwesten auch Wein) betrieben. Allerorten trifft man auf **Hórreos**, längliche Speicherbauten zur Einlagerung von Maiskolben, Kartoffeln und anderen Agrarprodukten – kleine, stille Wahrzeichen Galiciens: Auf Steinstützen hoch über dem Boden erheben sich die tempel- oder sarkophagähnlichen Kästen mit Seitenwänden aus geschlitzten Steinplatten oder eng stehenden Holzlatten, die nur den Wind, nicht jedoch Vögel oder anderes Getier durchlassen. Zwischen Stütze und Kasten sind flache Steinscheiben als Mäusesperren eingeschoben.

Kastilien (Castilla)

Kastilien, die **Kernlandschaft Spaniens**, umfasst das zentrale Binnenland der Meseta. Die einst von zahlreichen Burgen gesicherte Hochfläche wird durch das Kastilische Scheidegebirge, eine Kette von Gebirgsgruppen (Sierra de Guadarrama, Sierra de Gredos, Sierra de Gata), in **Altkastilien** (Castilla la Vieja) im Norden und **Neukastilien** (Castilla la Nueva) im Süden getrennt. Diesen beiden westwärts geneigten Hochflächen folgen die großen, nicht schiffbaren Flüsse, wobei sie den Westrand in felsigen Schluchten queren. Die nördliche Abdachung in der unter ozeanischem Klima liegenden Region Kantabrien bildet das **Kantabrische Gebirge**.
Die bedeutende Höhenlage der **Meseta** (»Große Tafel«; Altkastilien über 900 m, Neukastilien 600–700 m) verleiht dem Klima einen kontinentalen Charakter **mit heißen Sommern und strengen Wintern**. Das früher wegen geringer Niederschläge, Baumarmut und dünner Besiedlung größtenteils ungenutzte Land wird heute, besonders nach dem Bau von Stauseen und der Aufforstung mit schnell wachsendem Eukalyptus, bewirtschaftet und dient den aus der Extremadura herüberziehenden Merinoschafherden als Weideland. Auf den großen Ebenen bei Palencia, Valladolid und Zamora sowie der Mesa de Ocaña in Neukastilien, die z. T. künstlich bewässert wird, baut man Getreide und Kichererbsen an.
Teils menschenleer sind die im Winter windgepeitschten **Páramos** oder Parameras, hoch liegende trockene Kalktafeln am Ost- und Nordrand der Meseta. Die nördliche Meseta Altkastiliens ist seit dem Mittelalter Durchzugsgebiet von Jakobspilgern auf dem Hauptweg nach Santiago de Compostela.

León

Die Provinzen León, Zamora und Salamanca der historischen Landschaft León werden geografisch und verwaltungsmäßig zu Kastilien-León gerechnet. Sie umfassen den Hauptteil der **Nordmeseta**, begrenzt im Norden vom Kantabrischen Gebirge und im Süden von der Sierra de Gredos. Den mittleren Teil der Region nimmt das **Duero-Becken** ein, das durch den Río Duero und seine Nebenflüsse mehr oder weniger stark zerschnitten wird.
In den Höhenlagen erlauben karge Böden und ungünstige Witterung neben bescheidenem Feldbau nur Viehzucht (Rinder, Kampfstiere, Schafe) auf den meist locker mit Korkeichen bestandenen Weiden. In den Flusstälern gedeihen Weizen und Roggen.

Valencia

Die Provinz Valencia erstreckt sich als schmale **Küstenlandschaft** vom Ebro-Delta bis zur Mündung des Segura; die Provinz Alicante (val. Alacant) südlich des Cabo de la Nao gehört landschaftlich jedoch schon zu Murcia. Die Meseta tritt hier mit ihren baumlosen, rötlich grauen Kalk- und Sandsteinhochflächen nahe an das Mittelmeer und bricht in einem von engen Talschluchten zerfurchten Steilhang zur Küste ab.

Flüsse wie der Guadalaviar und der Júcar, die bei Schneeschmelze oder nach Gewittergüssen in starken Flutwellen zu Tal stürzen und an der Küste einen Schwemmlandstreifen aufgeschüttet haben, versorgen das im Regenschatten des Hochlandes liegende Land mit Wasser für die Berieselungsanlagen. Durch die schon in der Antike angelegten Bewässerungsanlagen ist Valencia eine der fruchtbarsten Landschaften Spaniens.

Das bewässerte Land ist das Gebiet der **Huertas** (von lat. »hortus«: Garten) mit mehreren Ernten im Jahr. Neben Weizen-, Mais-, Luzerne- und Gemüsefeldern breiten sich besonders im Gebiet des sumpfigen Strandsees Albufera südlich von Valencia große Reisfelder aus, die wochenlang unter Wasser stehen müssen. Im Schatten der Orangen-, Aprikosen-, Mandel- und Feigenbäume wachsen Melonen und Tomaten. Reizvoller als in den oft geometrisch angelegten Huertas ist das Bild dort, wo Obsthaine in Terrassen angepflanzt sind oder Gruppen schlanker Palmen und Zypressen aufragen. Auf dem unbewässerten Land gedeihen Oliven, Wein und Johannisbrot.

Wirtschaftsfaktor Nummer eins ist der Tourismus: Der Golf von Valencia und die **Costa Blanca** zählen zu den meistbesuchten Urlaubsregionen Spaniens. Von großer wirtschaftlicher Bedeutung sind auch der Anbau von Obst und Gemüse für den Export sowie Konservierung und Verarbeitung landwirtschaftlicher Erzeugnisse. Hinzu kommen Fahrzeugbau, Textil- und Schuhindustrie.

Murcia

Südlich schließt sich an Valencia die Region Murcia an. Wie die Meseta in Valencia, so tritt hier das Andalusische Kettengebirge bis an das Mittelmeer. Die nördlichen Bergketten verlaufen parallel zur Küste und enden im Kalkvorgebirge des **Cabo de la Nao** (Cap de la Nau); die südlichen Vorketten sind teilweise abgesunken und ragen nur noch in Resten (Sierra de Cartagena) aus der Küstenebene auf.

Längere Perioden mit Hitze und Trockenheit sind typisch für das Klima, besonders von Ende Juli bis Ende September. Die bis auf die Flussoasen sehr dünn besiedelte Landschaft präsentiert sich weithin als **wüstenhafte Steppe**, in der nur Espartogras und dürres Gestrüpp gedeihen.

Um Landwirtschaft zu ermöglichen, wurde ein ausgeklügeltes künstliches Bewässerungssystem installiert. In den Huertas von Murcia, Totana und Lorca wachsen Orangen-, Zitronen- und Maulbeerbäume sowie Dattelpalmen, die bei Elche/Elx den schon von Mauren angelegten riesigen Palmenwald El Palmeral bilden.

Die Region Murcia ist ein riesiges Anbaugebiet für Obst und Gemüse; insbesondere Gurken, Tomaten, Paprika, aber auch Wein und Reis gedeihen hier und werden vermarktet. Und der kontinuierlich zunehmende Tourismus macht sich – wie bei den Hochhauskulissen von La Manga del Mar Menor – in der Landschaft nicht immer angenehm bemerkbar.

Extremadura

Die Extremadura bildet die westliche Fortsetzung der Meseta, doch wird das Tafelland hier von den Talfurchen des Tajo und des Guadiana sowie ihrer Nebenflüsse tiefer zerschnitten. Es ist im Norden durch die Sierra de Gata (1735 m), das Hochland von Béjar und die Sierra de Gredos (2592 m) von León und Altkastilien getrennt, fällt in der sanft ansteigenden Sierra Morena nach Andalusien ab und wird durch die Sierra de Guadalupe (1736 m) in die **Extremadura Alta** (Gebiet des Tajo, Provinz Cáceres) und die **Extremadura Baja** (Gebiet des Guadiana, Provinz Badajoz) geschieden.

Das Land ist **trocken** und – besonders am Fuß der Sierra de Gata – mit steinigen Heiden bedeckt. Der Anbau von Getreide und Hülsenfrüchten beschränkt sich auf die Gegend von Cáceres und die Extremadura Baja. In den Tälern gedeihen Wein, Oliven, Feigen und Mandeln, sowie auf den terrassierten Berghängen rund um Plasencia Maulbeerbäume. Vor allem im Norden wird Schweinezucht betrieben.

Im Herbst steigen die Schafherden von der Meseta herab und ziehen in den Wintermonaten durch die Extremadura.

Andalusien (Andalucía)

Andalusien, die südlichste Landschaft der Iberischen Halbinsel, ist in der Vorstellungswelt vieler Reisender immer noch gleichbedeutend mit dem klassischen Spanien. Und das entspricht tatsächlich eher der Wirklichkeit als dem Klischeedenken. In reizvollem Gegensatz stehen

Gemüse für Europa das ganze Jahr hindurch liefert Andalusien. Der Preis: das »mar plástico« (Plastikmeer) bei Almería.

hier schneebedeckte Hochgebirge und Dünenwälle der Küstenniederung, sonnenverbrannte Hochsteppen und üppig-grüne Flussoasen, Palmenhaine und Cistusheiden. Hinzu kommen **Baudenkmäler** einer glänzenden Vergangenheit, gipfelnd im Säulenwald der vormaligen Moschee von Córdoba sowie in Dekors, rot leuchtenden Türmen und prächtigen Höfen der Alhambra von Granada.
Den Süden beherrscht das **Andalusische Kettengebirge** (Cordillera Bética). In der schneebedeckten **Sierra Nevada** ragt der höchste Gipfel Festland-Spaniens (Cerro de Mulhacén, 3482 m) empor, im Wesentlichen dominieren aber gerundete Mittelgebirgsformen. Steppen, Ziegenweiden und Macchien überziehen die schuttbedeckten Bergregionen, in tieferen Lagen finden sich Korkeichen- und Kastanienwälder
Ganz anders der südliche, dichter besiedelte **Küstenstreifen**, der, von feuchten Ozeanwinden berührt, den Tourismus anlockte. In Terrassen ziehen sich Gärten mit Zuckerrohr und Bananen, Weinbergen und Baumwollfeldern hin. Málaga ist wichtigster Ausfuhrhafen. Hier sowie in Algeciras und Cádiz siedelte sich rege Industrie an.
Zwischen Andalusischem Kettengebirge und Sierra Morena liegt das vom Guadalquivir durchströmte **Andalusische Tiefland**. In den östlichen Teilen ist das Guadalquivir-Becken ein zerschnittenes Hügelland, nur unterhalb von Sevilla ein echtes Tiefland. Hier breiten sich von Wasservögeln belebte weite Sumpfgebiete (Marismas) aus. Das heiße, trockene Hügelland ist weithin mit Steppen und Weideflächen für Kampfstiere und Andalusierpferde überzogen. Nur wo künstliche Bewässerung möglich ist, wurden Gemüsefelder, Wein- und Obstgärten angelegt. In einer solch fruchtbaren Gartenlandschaft liegt Andalusiens Hauptstadt Sevilla. Die dem Meer zugewandte Provinz Cádiz ist das Land der Großgrundbesitzer.
Bedeutendster Wirtschaftsfaktor ist der Tourismus. Die Costa del Sol, aber auch Städte wie Sevilla, Granada und Córdoba ziehen jährlich Millionen Gäste an. Weitere Wirtschaftszweige sind der exportorientierte Obst- und Gemüseanbau, Fischerei und Viehzucht. Metall- und chemische Industrie verloren weitgehend an Bedeutung, alternative Energiegewinnung (Sonne, Wind) brachte allenfalls punktuell einen Durchbruch.

Pflanzen und Tiere

Folgenreiche Waldrodung

Riesige Pinien- und Eichenwälder prägten in Vorzeiten die Iberische Halbinsel. Sie wurden, besonders seit Beginn der römischen Besatzung und bis ins Mittelalter, für Erzverhüttung und zur Schaffung von Ackerland und Weidegrund weitgehend vernichtet. Einst, lautet ein geflügelter Spruch, konnten Eichhörnchen von den Pyrenäen bis Südspanien von Baum zu Baum springen, ohne den Boden zu berühren. Heute ist nur noch ein vergleichsweise kleiner Teil des Landes bewaldet.

Laubbäume, Koniferen

Im kühlen und feuchten Nordwesten überwiegen sommergrüne Laubbäume, wie Eichen, Buchen und Kastanien, in den Pyrenäen gedeihen Koniferen. Nach Süden hin trifft man auf Stein- und Korkeichenwälder, Strauchvegetation (Ginster, Thymian, Lavendel, Rosmarin) und immergrüne Hartlaubgewächse.

Macchia

In Mittel- und Südostspanien hat sich aus dem Unterholz der einstigen Wälder die Macchia herausgebildet, eine dichte, immergrüne Gebüschformation aus Baumheide, Johannisbrotstrauch, Erdbeerbäumen und wilden Oliven. In sehr trockenen, durch Beweidung beanspruchten Gebieten wurde sie zur **Garrigue**, auf der das Gebüsch niedriger bleibt und in größeren Abständen steht. Dazwischen ist der Boden oft nackt oder nur mit Gräsern und Disteln bedeckt.

Kulturpflanzen

Der **Olivenbaum** ist besonders typisch für Andalusien, aber auch nördlich bis hinauf nach Navarra zu finden, während er an der Mittelmeerküste bis jenseits der Pyrenäen und nach Südfrankreich vordringt. Weitere häufige Kulturpflanzen sind Korkeiche, Edelkastanie, Feigenbaum, Weinrebe (► Baedeker Wissen, S. 628) neben verschiedenen Palmenarten und dem Feigenkaktus.

In Andalusien wird Kampfstier-Zucht betrieben.

In den bewässerten **Huertas** der Mittelmeerküste werden u. a. Zitrusfrüchte, Pfirsiche, Mandeln, Datteln und Feigen geerntet. In Andalusien und Valencia sind **Reis**- und **Baumwollanbau** verbreitet. Eine exotische, kernreiche Frucht Andalusiens ist auch die aus Südamerika stammende Cherimoya (Chirimoya, Zuckerapfel).
An der Mittelmeerküste findet man die gesamte **mediterrane Flora**, von Bougainvilleen und Oleander bis hin zu Palmen und Agaven.

Artenschwund

Auch der Artenreichtum der Tierwelt ging durch die Entwaldung im Lauf der Zeiten stark zurück. Die Fauna entspricht zum Großteil der des übrigen Mittelmeerraums und Mitteleuropas.

Säugetiere, Vögel

In den **Hochgebirgsregionen** leben noch Gämsen, der Spanische Steinbock und vereinzelt Wölfe und Bären; man findet Füchse, Luchse und Wildkatzen, Wildschweine, den Spanischen Rothirsch, Greifvögel (darunter Kaiseradler) und Eulen; in den **Feuchtgebieten** trifft man Reiher, Rohrdommeln, Flamingos, Haubentaucher, Enten- und Gänsevögel an. Schließlich sind noch verschiedene Geierarten zu nennen (u. a. in der Extremadura, Navarra, Kastilien-León und im Baskenland), Weißstörche, Schlangen und Echsen. Eine Besonderheit der spanischen Tierwelt ist die auffällig gefleckte **Ginsterkatze** (Genetta); und auf dem Felsen von Gibraltar leben **Berberaffen** (Macaca sylvanus), die einzigen wild vorkommenden Affen Europas.

Unter Wasser

Der Artenreichtum in den **Mittelmeergewässern** ist ebenfalls im Rückgang begriffen; Begegnungen mit großen Zackenbarschen oder Kopffüßern gibt es kaum noch aufgrund zunehmender Gewässerbelastung durch Umweltgifte und Unterwasserjagd. Die Gewässer des **Atlantiks** sind noch vergleichsweise reich an Fischen, Krustentieren und Muscheln; es gibt auch professionell betriebene Zucht.

Bevölkerung

Bevölkerungsverteilung

In Spanien leben etwa 47,6 Mio. Menschen (2023; Bevölkerungsdichte: ca. 94 Einw./km²). Die Bevölkerung verteilt sich ungleichmäßig auf die einzelnen Regionen: Fast 80 % aller Spanier leben in gut 600 Ballungszentren und Städten mit über 10 000 Einwohnern.

Bauboom in den großen Städten

Die **Ballungszentren** liegen mit Ausnahme der Hauptstadt Madrid und Metropolen wie Zaragoza und Sevilla meist an der Küste bzw. in Küstennähe. Am dichtesten besiedelt sind die Region Madrid (2023: 850 Einw./km²) und die Provinz Barcelona (2023: 738 Einw./km²).
In den 1960er- und 1970er-Jahren ergoss sich ein Strom von **Zuwanderern** aus strukturschwachen ländlichen Regionen in die Städte, in denen Industrie, Handel und Tourismus Arbeitsmöglichkeiten boten.

ISLAS CANARIAS

Santa Cruz de Tenerife

49

Las Palmas de Gran Canaria

50

Grenzen der Autonomen Regionen

Grenzen der politischen Provinzen

1 La Coruña	14 Palencia	27 Castellón	40 Sevilla
2 Lugo	15 Burgos	28 Salamanca	41 Córdoba
3 Asturias	16 Álava	29 Ávila	42 Jaén
4 Cantabria	17 La Rioja	30 Madrid	43 Murcia
5 Vizcaya	18 Zaragoza	31 Cáceres	44 Cádiz mit Ceuta
6 Guipúzcoa	19 Tarragona	32 Toledo	45 Málaga mit Melilla
7 Navarra	20 Barcelona	33 Cuenca	46 Granada
8 Huesca	21 Zamora	34 Valencia	47 Almería
9 Lleida	22 Valladolid	35 Badajoz	48 Baleares
10 Girona	23 Segovia	36 Ciudad Real	49 Las Palmas de Gran Canaria
11 Pontevedra	24 Soria	37 Albacete	50 Santa Cruz de Tenerife
12 Orense	25 Guadalajara	38 Alicante	
13 León	26 Teruel	39 Huelva	

An den Peripherien der Großstädte entstanden riesige, funktionale **Satellitensiedlungen** meist ohne Rücksicht auf Ästhetik, was sich im Zuge des Baubooms Ende des 20./Anfang des 21. Jh.s fortsetzte und bis in die Gegenwart anhält.

Zeugen der Wirtschaftskrise

Nach 2011/2012 ließ die Wirtschaftskrise viele der leer stehenden Neubauten, die in Rekordzeit aus dem Boden gestampft worden waren, verrotten. Sie waren nie bezogen worden, bleiben bestehen als Ruinen der Moderne – surreale Bilder, samt umliegenden Straßen, Bürgersteigen, Parkplätzen, Laternen. Dank positiverer wirtschaftlicher Vorzeichen setzte ab 2019 eine zögerliche Entspannung auf dem Immobilienmarkt ein, bevor die Corona-Krise 2020 – 2022 vieles lahm legte..

Migration

Vom EU-Beitritts des Landes 1986 bis Anfang des 21. Jh.s war Spanien ein »gelobtes Land« für Migranten aus von Kriegen und Misswirtschaft gebeutelten Gegenden Afrikas und Asiens sowie Ländern Lateinamerikas wie Ecuador, Bolivien, Kolumbien. In manchen Städten stieg ihr Anteil auf 10 % der Gesamtbevölkerung. Sie füllten – meist zu Niedrigstlöhnen – Lücken auf dem Arbeitsmarkt in Industrie und Baugewerbe, in Haushalten Besserverdienender, in Tourismus oder Call Centern. Die Wirtschaftskrise führte teils zu **Rückwanderung** in die Heimatländer, vor allem nach Südamerika. Andere blieben nd haben sich mittlerweile als neue Generation fortgesetzt.
Trotz positiver Wirtschaftstrends und Entspannung nach Corona bleibt es für Emigranten schwierig, dauerhaft in Spanien Fuß zu fassen und ihren Lebensunterhalt zu bestreiten. Gesucht werden allenfalls Arbeitskräfte zu ausbeuterischen Niedriglöhnen, z. B. als Erntehelfer oder auf dem Bau Staatliche Unterstützung gibt es – wie für Spanier auch – kaum. So ziehen sie oft weiter in andere EU-Länder.
Andererseits versuchen von Afrika aus weiterhin »**Boat People**«, in windigen Kuttern über die Straße von Gibraltar Spaniens Festland zu erreichen, oft mittels krimineller Schlepper und gegen Zahlung horrender Summen. Den wenigsten gelingt es, hier ein neues Leben zu beginnen, die meisten ziehen weiter im Richtung Mitteleuropa.
Obwohl Fremdenfeindlichkeit kaum verbreitet ist, haben Latinos und Osteuropäer bessere Chancen auf dem Arbeitsmarkt als Afrikaner. So gibt es mittlerweile größere Gruppen von Bulgaren und Rumänen.

Volksgruppen und Sprachgebiete

Vielfalt ethnischer Gruppen

Spaniens Volksgruppen unterscheiden sich in Bräuchen, Traditionen und vor allem in der Sprache deutlich. Die Verfassung garantiert ihnen **Eigenständigkeit** und hat auch das Katalanische, Baskische und Galicische zu **offiziellen Sprachen** erklärt, die in den Schulen der entsprechenden Regionen unterrichtet werden.

Klassisches Spanisch (Castellano)

Jeder im Land versteht und spricht das klassische (kastilische) Spanisch (Español, Castellano). Es ist **Amtssprache** in über 20 Staaten der Erde und wird weltweit von mehr als 600 Mio. Menschen verstanden (2023: ca. 500 Mio. Muttersprachler). Daneben gehören auch **lokale Dialekte** wie das Asturisch-Leonesische, Aragonesische, Andalusische, Murcianische und Kanarische zur kastilischen Sprachfamilie.

Katalanisch (Català)

In Katalonien haben Politik und Verwaltung Katalanisch (Català) quasi zur Erstsprache gemacht. Dahinter steckt der Gedanke einer kompletten Loslösung von Spanien, unverändert ein brennendes Thema der Landespolitik. Das Katalanische (kast. Catalán) ist eine **eigenständige romanische Sprache**, die – teils in leichten lokalen Abwandlungen – von ca. 6 Mio. Menschen in Nordostspanien, Andorra, auf den Balearen und in Teilen Südfrankreichs gesprochen wird. Es zeigt hinsichtlich des Wortschatzes Einflüsse des Provenzalischen. Seit Ende der Franco-Ära (1975) gewann das Katalanische zunehmend an Bedeutung, sodass es das Spanische im täglichen Gebrauch oft überflügelt. Als Ausdruck ausgeprägten Selbstbewusstseins nutzen die Katalanen ihre Sprachkultur auch, um ein ums andere Mal die Forderung nach politischer Unabhängigkeit von Spanien zu erheben.
Zur katalanischen Sprachfamilie gehören auch das **Valencianische** (Valencià, kast. Valenciano; nicht offiziell als Sprache anerkannt) und das **Balearische** (Balear) der gleichnamigen Inselgruppe.

Galicisch (Galego)

Die galicische Sprache ist so eng mit dem **Portugiesischen** verwandt, dass sich die Sprachgrenzen verwischen. Die politische Grenze zwischen Galicien und Portugal entspricht diesen zumindest nicht.

Baskisch (Euskera)

Einen **Sonderfall** bildet das Baskische (kast. Vasco). Etwa 750 000 Menschen im spanischen und französischen Baskenland sprechen bzw. verstehen diese Sprache, die keinerlei Verwandtschaft zu anderen europäischen Sprachen aufweist (▶ Baedeker Wissen, S. 560). Baskisch ist eine **sehr alte Sprache** und die wohl letzte Überlebende aller vorindoeuropäischen Idiome.

Gitanos

Die Gitanos (Eigenbezeichnung Calé, Kalé) – Roma und Sinti als deren größte Untergruppe – stammen ursprünglich aus Nordwestindien, von wo sie bereits im Mittelalter auswanderten und sich zunächst in Europa ausbreiteten. Über Nordafrika gelangten sie mit den Mauren nach Andalusien. Sie verwenden das **Caló**, eine Sondersprache, die Teile anderer indoeuropäischer Sprachen und des Sanskrit enthält. Heute leben in Spanien etwa 600 000 bis 800 000 Gitanos – sozial und räumlich häufig als **gesellschaftliche Randgruppe** in ärmlichen, oft stark heruntergekommenen Barackensiedlungen. Zu ihren Einnahmequellen zählen Schrotthandel, Bettelei oder Stände auf Märkten.

DAS ÄLTESTE VOLK EUROPAS

Im Norden Spaniens, also am Golf von Biskaya und in den westlichen Pyrenäen zwischen Navarra und Kantabrien, lebt seit Jahrtausenden ein eigenwilliges Volk: die Basken.

Eine archaische Sprache

Über die Wurzeln der stolzen **Basken** ist wenig bekannt. Wahrscheinlich sind sie Nachfahren der Iberer, der spanischen Ureinwohner. Sie selbst bezeichnen sich als die »ältesten Europäer«.
Für ihre Besonderheit gibt es »handfeste Beweise«: Die baskische Sprache, **Euskara/Euskera**, wird heute von über einem Viertel der baskischen Bevölkerung gesprochen und ist zusammen mit dem Spanischen die offizielle Sprache von »Euskadi«, dem Baskenland. Es ist die **einzige noch lebende vorindogermanische Sprache** in Europa und mit keiner anderen europäischen Sprache verwandt.

Skurrile Sportarten

Auch im Sport gehen die Basken eigene Wege, wobei die Sportarten manchmal skurril wirken: das **Steineheben** etwa, bei dem sich Könner über 300 kg schwere Felsbrocken auf die Schultern wuchten, oder das **Wettholzhacken** – und natürlich der Nationalsport **Pelota**, vom Spielprinzip her ansatzweise vergleichbar mit Squash (weitere baskische Sportwettbewerbe ▶ S. 230).

Ein besonderer Saft

Vom Rest der Welt unterscheiden sich die Basken auch durch ihre **Blutgruppe** (Gruppe 0), die überproportional häufig vorkommt und sie tatsächlich als das **älteste Volk Europas** ausweist.

Sprünge inbegriffen: Die Folkloregruppe Itxas Argia tritt zu einer Volkstanzdarbietung vor der Bar Victor Montes in Bilbao auf.

Die meisten Gitanos sind **in Andalusien** ansässig. Hohe Arbeitslosigkeit, fehlende Schul- und Berufsausbildung, verbreiteter Analphabetismus und hohe Säuglingssterblichkeit kennzeichnen auch dort die Situation eines Volks, dem Spanien andererseits einen wichtigen Beitrag zu Kultur und Folklore verdankt: den Flamenco (▶ Das ist …, S. 12). Die **Integration** stößt zum einen auf Ressentiments in der spanischen Bevölkerung, zum anderen auch auf Widerstände seitens der Gitanos selbst, die an ihren Traditionen festhalten und ihr ausgeprägtes Zusammengehörigkeitsgefühl nicht von außen durchbrechen lassen wollen.

Staat und Gesellschaft

Staatsform

Die seit 1978 gültige Verfassung macht Spanien zur **parlamentarischen Monarchie**, die sich zu den Grundsätzen eines demokratischen und sozialen Rechtsstaats bekennt. Der **König** (Felipe VI.) als Oberhaupt des Staats soll als »Schiedsrichter und Lenker« über den Ablauf der Regierungsgeschäfte wachen und das Land nach außen repräsentieren. Er ist auch Oberbefehlshaber der Streitkräfte.

Parlament

Volksvertretung sind die **Cortes Generales**, bestehend aus den beiden Kammern Abgeordnetenhaus und Senat.
Das **Abgeordnetenhaus** (Congreso de los Diputados), die Volksvertretung mit 300 bis 400 Mitgliedern, wird alle vier Jahre gewählt (Kombination aus Direkt- und Verhältniswahl). Die Abgeordneten wählen den Ministerpräsidenten, der wiederum vom König ernannt wird.
Der **Senat** (Senado) ist die Vertretung der Autonomen Gemeinschaften, bestehend aus einer oder mehreren Provinzen. In jeder Provinz werden von den Wahlberechtigten vier Senatoren bestimmt. Zusätzlich ernennen die Parlamente der Autonomen Gemeinschaften einen Senator und pro 1 Mio. Einwohner weitere Senatoren. Der Senat besitzt gegenüber der Regierung ein **Vetorecht**.

Misstrauensvotum

Als wichtiges Element der Amtsenthebung eines **Ministerpräsidenten** sieht die Verfassung nach Vorbild des deutschen Grundgesetzes ein **konstruktives** Misstrauensvotum vor, verbunden mit dem Vorschlag eines Nachfolgers (da der Ministerpräsident formal nicht vom Parlament gewählt, sondern vom König ernannt wird). Damit wurde 2018 der Regierungschef Mariano Rajoy von der konservativen Volkspartei (PP) entmachtet; ihm folgte Pedro Sánchez von der Sozialistischen Arbeiterpartei (PSOE).

Wandel in der Parteienlandschaft

Spaniens Parteienlandschaft hat sich radikal gewandelt. Nach wie vor gibt es die beiden traditionellen Großparteien: die linksgerichtete **Partido Socialista Obrero Español** (PSOE) und die konservative **Parti-**

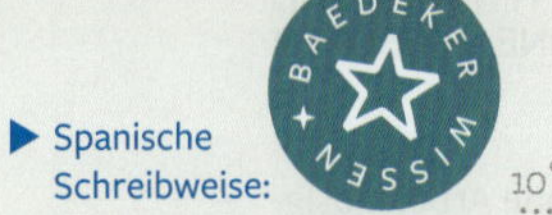

▶ Spanische Schreibweise:

Reino de España

Lage:
im äußersten Südwesten Europas

Einwohner:
ca. 47,6 Mio.
Größte Städte:
Madrid **3,27 Mio.**
Barcelona **1,66 Mio.**
Valencia **789 000**
Sevilla **692 000**
Zaragoza **682 000**

Im Vergleich:
Deutschland **84 Mio.**

Fläche:
Festland: **492 463 km²**
gesamtes Staatsgebiet (inkl. Balearen, Kanaren und nordafrikanische Exklaven Ceuta und Melilla): **504 782 km²**

▶ Staat

Parlamentarische Monarchie
Staatsoberhaupt: König
Regierungschef: Ministerpräsident
Volksvertretung: Cortes Generales, bestehend aus Abgeordnetenhaus und Senat

▶ Flagge

Die Flagge zeigt die mittelalterlichen spanischen Farben, das Wappen die Embleme von Kastilien, León, Aragonien, Navarra und Granada, flankiert von den »Säulen des Herkules«, den antiken Endpunkten der Welt (Meerenge von Gibraltar) mit dem Spruchband »Plus ultra« (»Immer weiter«).

▶ Regionen und Sprachen

17 Autonome Gemeinschaften
50 Provinzen

Offizielle Sprachen:
Kastilisch (Hochspanisch), Katalanisch (Catalan, ca. 25%), Galicisch (Gallego, ca. 7%) und Baskisch (Euskera, ca. 3%)
Sinti und Roma (span. Gitanos) sprechen eine Sondersprache (Caló).

▶ Religion

Römisch-katholisch **ca. 54 %,**
davon ca. die Hälfte praktizierend
Über **40 %** fühlen sich keiner Religion zugehörig.

Wirtschaft

Wichtigste Handelspartner: EU-Mitgliedsstaaten, angeführt von Frankreich u. Deutschland

BIP nach Sektoren:

Wichtigste Wirtschaftszweige: Tourismus (ca. 15% des BIP), Metall verarbeitende Industrie, chemische Industrie, Nahrungsmittel (u.a. Gemüse und Wein), Kommunikations- und Informationstechnik, Arzneimittel

BIP: **1328,92 Mrd. Euro** (2022)
BIP pro Kopf:
27 870 Euro (2022)
Wirtschaftswachstum:
+1,5 % (2022)
Verschuldung:
113 % des BIP (2022)
Arbeitslosenquote: **13,7 %** (2022)

Klimastation Madrid

Durchschnittstemperaturen

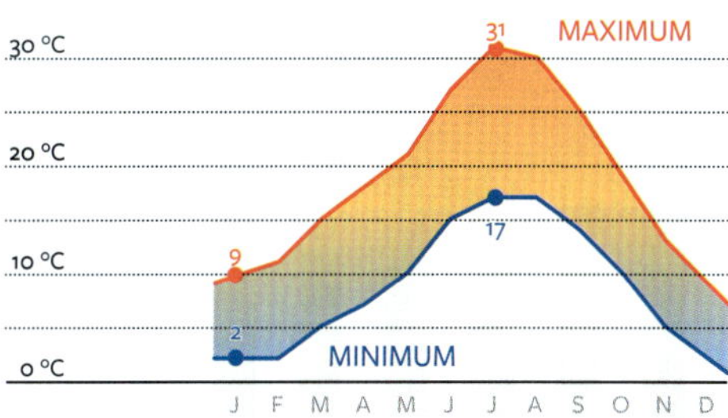

Niederschlag

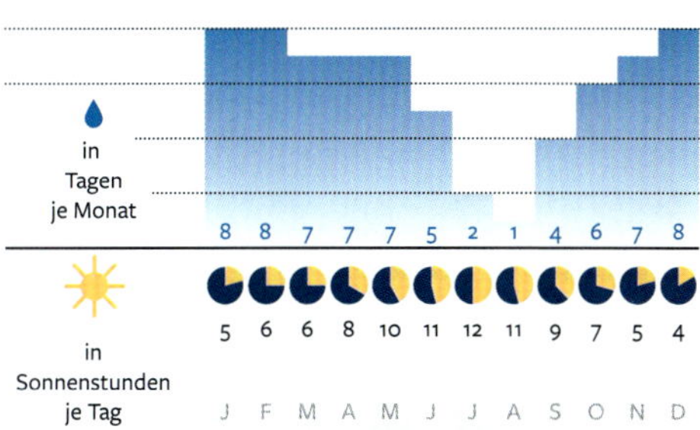

Volksgruppen und Sprachen in Spanien

Die Volksgruppen Spaniens unterscheiden sich vor allem in ihrer Sprache.

König Felipe VI. bei einer Militärparade zur Feier der gemeinsamen Wurzeln der spanischsprachigen Welt am 12. Oktober 2018, dem »Día de la Hispanidad«

do Popular (PP). Doch Politiker beider Lager haben sich durch eine unglaubliche Zahl an Korruptionsaffären sowie starke Einschnitte in die Sozialsysteme Sympathien bei der Wählerschaft verscherzt.
Aus Protest- und Bürgerbewegungen entstanden neue Parteien, die den beiden vormals Großen Konkurrenz machen, wie die Bürgerparteien **Podemos** (links) und **Ciudadanos** (liberal, mittlerweile im rapiden Abschwung). Zum Spektrum weiterer Traditionsparteien zählt immer noch die **Izquierda Unida** (IU; Vereinigte Linke).
Das Panorama komplettieren die. **rechtsradikale** Partei Vox und lokale bzw. regionale Parteien, die selbst in größeren Städten die Bürgermeisterinnen und Bürgermeister stellen.

Regionale Player

Ein gewisses regionales Gewicht entfällt **Katalonien** auf Parteien wie Junts per Catalunya und En Comú Podem, im **Baskenland** auf die Partido Nacionalista Vasco (PNV) und in **Galicien** auf den Bloque Nacionalista Galego (BNG).
Vor allem die Partei **Junts**, die bei den Parlamentswahlen 2023 wichtige Sitze erhielt, bereitet durch ihre radikale Haltung Kopfzerbrechen, fordert sie doch u.a. die Selbstbestimmung Kataloniens. Im Baskenland und in Navarra hat die Linkspartei **Bildu** einen gewissenEinfluss, die einst mit der Terrororganisation ETA sympathisierte.

Gewerkschaften

Die größten spanischen Gewerkschaften sind die sozialistische **UGT** (Unión General de Trabajadores; ca. 985 000 Mitglieder) und die kommunistischen Arbeiterkommissionen **CCOO** (Comisiones Obreras; ca. 972 000 Mitglieder). Beide sehen sich oft eher als Konkurrenten, statt konstruktiv miteinander zu kooperieren. Seit Jahren fällt die geringe Anzahl an Streiks auf, was Kritikern zufolge die politisch-finanzielle »Vereinnahmung« der jeweiligen Lenker nahelegt.

Regionalismus als Prinzip

Die Forderungen nach Unabhängigkeit haben ihren Ursprung dort, wo Sprache und Kultur sich deutlich von den kastilischen Spaniern unterschieden, v. a. in Katalonien und im Baskenland. In der Zweiten Spanischen Republik (1931–1936) erlangten beide ein Autonomiestatut. Unter dem **Franco-Regime** (1939–1975) wurden sämtliche Autonomiebestrebungen unterdrückt, das Kastilisch zur Staatssprache erklärt und traditionelle regionale Bräuche verboten.
Die Verfassung von 1978 gewährleistet das Recht auf **Selbstverwaltung** der Nationalitäten und Regionen. Neben Kastilisch sind Katalanisch, Baskisch und Galicisch als offizielle Sprachen anerkannt und werden in den Schulen der entsprechenden Regionen unterrichtet.

Gebietskörperschaften (Regionen)

Die wichtigste Veränderung bestand 1979–1983 in der Konstituierung der **17 Autonomen Gemeinschaften** (Comunidades Autónomas, CCAA) aus einer oder mehreren Provinzen. Jede von ihnen verfügt über ein eigenes Parlament und führt bestimmte Aufgaben in Selbstverwaltung durch (öffentliche Arbeiten, Kultur, Sozialfürsorge, Polizei, Gesundheitswesen, Umweltschutz). Sie unterscheiden sich beträchtlich hinsichtlich Größe, Bevölkerungsdichte und Wirtschaftskraft. Hoch entwickelte Gebiete wie das Baskenland und Navarra heben sich scharf ab von schwach entwickelten wie der Extremadura. Die ersten Regionen, die ein Autonomiestatut erhielten, waren das Baskenland und Katalonien.
Besonders in **Katalonien** sind Bestrebungen nach völliger Lösung vom spanischen Staat stark ausgeprägt. Ein ums andere Mal stehen Volksabstimmungen im Raum, doch diesen Bestrebungen schiebt die Zentralregierung in Madrid einen Riegel vor. Im **Baskenland** hingegen, wo die terroristische Untergrundbewegung ETA 2018 ihre Auflösung bekannt gab, hat sich die Bewegung der radikalen Unabhängigkeitsbefürworter merklich abgeschwächt.

Internationale Beziehungen

Spanien ist seit 1955 Mitglied der **UNO**, seit 1982 der **NATO** und seit 1986 der EG bzw. **EU**. Ferner gehört es Organisationen wie der Organisation für Sicherheit und Zusammenarbeit in Europa (OSZE), der Westeuropäischen Union (WEU) und der Europäischen Verteidigungsagentur (EVA) an. Aufgrund seiner **Kolonialgeschichte** unterhält das Land auch enge Beziehungen zu vielen Staaten Lateinamerikas und, wegen dessen geografischer Nähe, zu Nordafrika.

Wirtschaft

Extreme Wellen

Spaniens wirtschaftliche Entwicklung im 21. Jh. verlief bislang in extremen Wellen. Zu Beginn des Jahrtausends wuchs seine Volkswirtschaft – viertgrößte der Eurozone – über EU-Durchschnitt, ab 2008/2009 erlebte sie einen drastischen **Einbruch**, der in den Jahren danach wieder in einen leichten Aufschwung überging. Dann kam 2020 bis 2022 die gravierende Corona-Krise, gefolgt von einem erneuten Aufschwung. Die Arbeitslosigkeit, früher oft über der 20-%-Marke, hat sich bei etwa 13 bis 15 % eingependelt.

Probleme bleiben

Trotz leichter Entspannung besteht kein Anlass zur Entwarnung, noch immer leben Hunderttausende Familien an der Armutsgrenze. Extrem hoch ist die **Jugendarbeitslosigkeit**, die viele an Universitäten, in Technik- und Gesundheitsberufen gut ausgebildete junge Spanier zur Abwanderung zwingt, oft nach Deutschland. Eine der Ursachen ist das Fehlen eines flächendeckenden dualen Ausbildungssystems, das es jungen Leuten ermöglicht, berufliche Qualifikation zugleich in Ausbildungsbetrieb und Berufsschule zu erwerben.

Der Tourismus boomt

Klammert man die Coronajahre aus, bleibt der Tourismus mit über 15 % des spanischen BIP ein sehr wichtiger Wirtschaftszweig. Gewöhnlich kommen jährlich über **70 Mio. ausländische Besucher** ins Land (inkl. Balearen und Kanaren). Briten und Deutschen stellen neben Franzosen seit Jahren das Gros der Urlauber. Die Zahl der Hotelübernachtungen beläuft sich auf über 320 Mio. jährlich (mit Balearen und Kanaren). Bedeutend ist auch der Binnentourismus als Konsequenz der niedrigen Gehälter – teure Urlaubsreisen ins Ausland können sich nicht alle Spanier leisten. Bevorzugte Reiseziele sind Atlantik- und Mittelmeerküste sowie die Pyrenäen, neben Metropolen wie Madrid und Barcelona. Zunehmend lockt auch das Landesinnere Besucher an, die etwa im Rahmen des Turismo Rural (▶ S. 642) das noch unbekannte, ruhigere Spanien kennenlernen möchten.
Auch Kultur- und Pilgertourismus gewannen in den Inlandsregionen zunehmend an Gewicht (▶ Das ist ..., S. 8), ebenso Citytrips in facettenreiche Großstädte wie Valencia und Bilbao.

Handel und Investments

Haupthandelspartner sind die **EU-Länder**, allen voran Deutschland und Frankreich. Während sich Spaniens außenwirtschaftliches Engagement traditionell auf die Märkte Lateinamerikas richtet (Energiesektor, Telekommunikation), finden sich in Spanien selbst ausländische Investoren ein.

Land-, Vieh- und Forstwirtschaft

Rund 55 % der Landesfläche werden landwirtschaftlich genutzt; etwa 3 % der Erwerbstätigen sind im Agrarsektor beschäftigt. Hauptanbaugebiet für Getreide, Kartoffeln, Hülsenfrüchte und Zuckerrüben ist

Olivenernte in der Comarca Priorat in der Provinz Tarragona. Die mit Rüttelmaschinen von den Bäumen geschüttelten Früchte werden in Netzen aufgefangen.

die **Meseta**, das zentrale Hochland; die winterkalte und sommertrockene **Mancha-Ebene** Neukastiliens gilt als Kornkammer Spaniens.
Die Levante mit ihren **Huertas**, eine der fruchtbarsten spanischen Regionen, ist bedeutendes Anbaugebiet für Obst (Südfrüchte, Aprikosen, Mandeln, Feigen) und Gemüse. Reis wird in den bewässerten Küstenebenen des Mittelmeers angepflanzt. Dort werden auch Exportprodukte (Südfrüchte, Wein, Mandeln) erzeugt. Im Süden konzentriert sich, neben dem Anbau von Wein und Gemüse, mehrheitlich die spanische **Olivenproduktion**.
Wein wird in fast allen Regionen des Landes angebaut. Bei der **Weinproduktion** (▶ Baedeker Wissen, S. 628) konkurriert Spanien innerhalb Europas mit Frankreich und Italien.
In der **Extremadura**, nordwestlich der Sierra Morena, dominieren Rinder- und Schweinezucht, in den Gegenden der **Vorpyrenäen** Rinder- und Schafzucht. Die Rinderhaltung spielt auch in Galicien, Asturien und Kantabrien eine wichtige Rolle; Milch und Käse sind von vorzüglicher Qualität.

Der Bedarf an **Holz** als Rohstoff lässt sich nicht mehr aus eigenen ursprünglichen Waldbeständen decken, weshalb Aufforstung (schnell wachsende Eukalyptus-, Pappel- und Kiefernarten) immer wichtiger wird. Wirtschaftlich bedeutsam sind auch die Gewinnung von Harz und Terpentin aus Kiefern sowie die Produktion von Kork aus der Rinde der Korkeichen, die zum größten Teil in den Export geht.

Fischerei

Spanien gehört zu den großen Fischfangnationen, auch wenn die Erträge immer stärker zurückgehen. **Hauptfanggebiet ist der Atlantik**, die wichtigsten Fischereihäfen liegen daher im Norden und Nordwesten an der Küste Galiciens. Dort sind in den letzten Jahren Betiebe für auch kontrollierte Aufzuchtformen in **Aquakultur** entstaden, besonders Muscheln.
Mehr als ein Drittel der Fänge (vor allem Schellfisch, Sardinen und Thunfisch) wandert in Konserven, die vorwiegend für den Binnenmarkt bestimmt sind. Wegen knapper werdender Ressourcen und des technischen Fortschritts gehen aber – wie überall in der EU – auch in diesem Sektor die Beschäftigungszahlen zurück.

Bergbau und Energiewirtschaft

Spanien verfügt über vielerlei **Bodenschätze**, vor allem in den Randgebieten der Iberischen Halbinsel. Zu den mineralischen Rohstoffen zählen Pyrit, Zink, Magnesit, Quecksilber, Steinkohle, Braunkohle, Uran, Kupfer, Wolfram und Flussspat, doch ist der Anteil des Bergbaus am Bruttoinlandsprodukt insgesamt gering.
Energie lässt sich in Spanien nur zu weniger als der Hälfte aus eigenen Ressourcen generieren. Elektrische Energie wird in Öl-, Gas- und Kohle- sowie aus sieben Atomkraftwerken gewonnen. Erdöl muss größtenteils importiert werden. Eine wichtige Rolle bei der Energiegewinnung spielen Wasserkraftwerke, die über das ganze Land verteilten Windkraftanlagen sowie – in geringerem Maße – solarthermische Kraftwerke. Ein Ausstieg aus der Kernenergie ist nicht geplant.

Industrie

Die Industrie ist regional unterschiedlich verteilt, nur Nahrungs- und Genussmittelindustrie ist in allen Teilen des Landes vertreten. Wichtige Industriestandorte im Landesinneren sind Madrid, Valladolid und Zaragoza. In Asturien und im Baskenland konzentrieren sich die Eisen-, Stahl-, chemische Industrie sowie Schiff- und Maschinenbau.
Die Mittelmeerküste ist wirtschaftlich besonders gut entwickelt. So etablierte sich in Katalonien – vor allem im Ballungsraum Barcelona–Tarragona – chemische, Textil- und Automobilindustrie samt Zuliefergewerbe. Seat produziert u. a. in Martorell; in Zaragoza gibt es ein Opel-, in Pamplona ein VW- und im baskischen Vitoria ein Mercedes-Werk. Im Süden des Landes, um Algeciras und Cádiz, findet man Stahlwerke, Werften und eine bedeutende chemische Industrie.
Exportgüter sind Autos, Maschinen, Industrieanlagen, Zement, Eisen und Stahl, Textilien, Nahrungs- und Genussmittel.

GESCHICHTE

Als Welt- und Seemacht bestimmte Spanien die Geschicke anderer Länder und raubte ihr Gold und Silber. In die Heimat waren schon zuvor Invasoren eingedrungen und hatten dem Land ihren Stempel aufgedrückt, noch bevor es ein mächtiges Königreich wurde: Phönizier, Römer, Westgoten, Mauren.

Von der Frühzeit bis zu den Westgoten

Ureinwohner

Schon in der **Altsteinzeit** besiedelten Menschen die Iberische Halbinsel. Als die ältesten Bewohner gelten die Ligurer an der Nordostküste sowie die wahrscheinlich aus Nordafrika eingewanderten **Iberer** im Osten und Süden. Auch die Basken gehören vermutlich der vorindogermanischen Bevölkerung an (▶ Baedeker Wissen, S. 560). Im Norden, vor allem in den Provinzen Kantabrien und Asturien, sowie im Süden, in der Provinz Málaga, wurden **Höhlenmalereien** entdeckt (▶ Baedeker Wissen, S. 436). Berühmt ist die Höhle von Altamira in der Nähe von Santillana del Mar mit einzigartigen farbigen Tierdarstellungen. Aus der Kupferzeit stammen monumentale Grab- und Kultbauten der **Megalithkultur**, u. a. bei Antequera.

Die Tierzeichnungen an den Höhlenwänden von Altamira sind ca. 15 000 Jahre alt.

Phönizier, Karthager, Griechen, Keltiberer Ab dem 10. Jh. v. Chr. dehnten die Phönizier ihr Einflussgebiet auf den westlichen Mittelmeerraum aus. Sie gründeten, neben Karthago am Golf von Tunis, u. a. die Handelsstädte **Gadir** (Cádiz), Malaka (Málaga) und Tartessos. Auch im Landesinneren entstanden Siedlungen.
Ab 800 v. Chr. kolonisierten Griechen Teile der Ostküste. Nachdem die Karthager diese im 5. Jh. verdrängt hatten und zur führenden See- und Handelsmacht im Mittelmeerraum aufgestiegen waren, erweiterten sie ihre Herrschaft bis ins Ebro-Gebiet. Zudem drangen seit dem 6. Jh. keltische Stämme auf die Iberische Halbinsel vor und verschmolzen mit den im Norden siedelnden Iberern zu Keltiberern.

Karthager und Römer Der Kampf um die Vormacht im Mittelmeerraum führte im 3. und 2. Jh. v. Chr. zu Kriegen zwischen Karthagern und Römern. Die Zerstörung von Saguntum (Sagunt) durch den karthagischen Feldherrn Hannibal löste den **2. Punischen Krieg** (218–201 v. Chr.) aus, der mit Karthagos Verzicht auf seine iberischen Besitzungen endete.
197 v. Chr. errichteten die Römer die spanischen Provinzen Hispania citerior (Nordosten) und Hispania ulterior (Südwesten). Von dort aus drangen sie nach Norden vor, stießen aber auf heftigen Widerstand der Keltiberer. 133 v. Chr. nahm Scipio Aemilianus mit Numantia die letzte keltiberische Hochburg ein. Der Widerstand der Keltiberer gegen die römische Besatzungsmacht hielt bis zur endgültigen Romanisierung der Pyrenäenhalbinsel durch Kaiser Augustus (19 v. Chr.) an.

Völkerwanderung, Westgoten Zur Zeit der Völkerwanderung, ab etwa 400 n. Chr., setzten sich die aus der iranischen Steppe kommenden Alanen im heutigen Portugal, die germanischen Vandalen im Süden Spaniens und die Sueven im Nordwesten fest. 414 drangen die Westgoten unter König Athaulf ins Gebiet des heutigen Katalonien ein. Sie verdrängten die germanischen Stämme und begründeten 476, nach Zusammenbruch des Weströmischen Reichs, unter **König Eurich** die westgotische Herrschaft in Spanien, die bis zur Eroberung der Iberischen Halbinsel durch den arabischen Feldherrn **Tarik** (711) dauerte.

EPOCHEN

FRÜHZEIT BIS ZU DEN WESTGOTEN

15 000 v. Chr.	Höhlenmalereien wie in Altamira entstehen.
10.–5. Jh. v. Chr.	Phönizier, Griechen und Karthager gründen Siedlungen.
218–201 v. Chr.	2. Punischer Krieg
3. Jh. v. Chr.	Römische Herrschaft bis zum 5. Jh. n. Chr.
5.–8. Jh.	Herrschaft der Westgoten

DIE MAUREN UND DIE RECONQUISTA

711	Landung der Mauren bei Gibraltar

718 oder 722	(Mutmaßliche) Schlacht von Covadonga und Gründung des Königreichs Asturien. Beginn der Reconquista
756–1031	Emirat (ab 929 Kalifat) von Córdoba
1238	Gründung des Emirats von Granada
1474/1479	Vereinigung der Königreiche Kastilien und Aragonien
1492	Eroberung Granadas, Ende der maurischen Herrschaft

AUFSTIEG UND FALL DER WELTMACHT

1492	Kolumbus landet in Westindien.
1516–1556	Herrschaft des Habsburgers Karl I. Eroberung des Kolonialreichs in Mittel- und Südamerika
1580–1640	Unterwerfung Portugals
1588	Untergang der Armada im Ärmelkanal
1659	Im Pyrenäenfrieden Gebietsabtretungen an Frankreich
1701–1714	Spanischer Erbfolgekrieg
1804	Bündnis mit Napoleon I.
1805	Niederlage in der Seeschlacht bei Trafalgar
1808	Frankreich besetzt Spanien. Beginn des Befreiungskriegs

BÜRGERKRIEGE UND SOZIALE SPANNUNGEN

1812	Proklamation der ersten Verfassung
1834–1876	Drei Karlistenkriege (1834–1839; 1847–1849; 1872–1876)
1898	Spanisch-Amerikanischer Krieg
1923–1930	Diktatur Primo de Riveras
1931–1939	Zweite Republik
1936–1939	Bürgerkrieg
1939–1975	Diktatur General Francos

DAS DEMOKRATISCHE SPANIEN

1975	Juan Carlos I. wird König von Spanien.
1977	Erste demokratische Wahlen seit 1936
1978	Demokratische Verfassung und Regionalstatut
1986	Beitritt zur Europäischen Gemeinschaft
Ab 1996	Wirtschaftlicher Aufschwung

SEIT DER JAHRTAUSENDWENDE

2002	Spanien wird Euro-Land.
2008	Drastischer Einbruch der Volkswirtschaft
2014	Abdankung von König Juan Carlos I. zugunsten seines Sohns Felipe VI.
2015	Wahl der Protest- und Bürgerparteien »Podemos« und »Ciudadanos« ins Parlament
2018	Auflösung der baskischen Terrororganisation ETA
2019	Wirtschaftliche Erholung. Die drohende Abspaltung Kataloniens bleibt Dauerthema.
2020–2022	Corona-Krise, Einbruch von Wirtschaft und Tourismus
Seit 2023	Wirtschaftliche Erholung und Neuaufschwung, starke Preissteigerungen und Inflation bis zu 10 %

Die Mauren und die Reconquista

Unter maurischer Herrschaft

Die Mauren eroberten nach ihrer Landung bei Gibraltar im Jahr 711 in kurzer Zeit fast die gesamte Halbinsel. Seit 714 war Spanien (ausgenommen die Berggebiete Asturiens, Galiciens und des Baskenlands) Provinz des Kalifats der Omaijaden. Als 750 deren Dynastie in Damaskus gestürzt wurde, gründete Abd ar-Rahman I. 756 das **Emirat von Córdoba** und regierte es bis 788. Die Pyrenäenhalbinsel erlebte unter den religiös toleranten Omaijaden eine wirtschaftliche und kulturelle Blütezeit. Viele Christen traten zum Islam über und nahmen arabische Sprache und Sitten an. Das von den Mauren verbreitete antike und orientalische Wissen beeinflusste das gesamte christliche Abendland. Neue Anbaukulturen (Reis, Zucker) und -metoden (künstliche Bewässerung) sowie eine wachsende Seiden- und Waffenproduktion bescherten dem Omaijadenreich relativen Wohlstand.

929 errichtete Emir Abd ar-Rahman III. das **Kalifat von Córdoba**. Die Mauren expandierten in den Norden; 985–997 eroberte Almansur der Siegreiche, Großwesir des Kalifen Hischam II., Barcelona, León und Santiago de Compostela. Nach dem Sturz des letzten omaijadischen Kalifen Hischam III. 1031 löste sich das Kalifat von Córdoba in **mehr als 20 unabhängige Teilstaaten** auf (sog. Taifas.

Zum Schutz vor der Rückeroberung durch die Christen riefen die Emire 1086 die nordafrikanischen **Almoraviden** zu Hilfe, die unter Yusuf ibn Taschfin den islamischen Süden Spaniens wieder vereinten und ihrem Reich zuschlugen. 1146 wurde das Almoravidenreich vom nordafrikanischen Berberstamm der **Almohaden** erobert, die sich bis Mitte des 13. Jh.s auch in Spanien halten konnten.

Mohammed ibn al-Ahmar gründete 1238 das **Emirat von Granada** mit Málaga und Almería, das bis 1492 bestand. Granada wurde zur reichsten Stadt Spaniens und unter der Dynastie der Nasriden dessen kulturelles Zentrum. Mit dem Fall Málagas 1487 und Granadas 1492 endete die maurische Herrschaft in Spanien. Die **Vertreibung der Mauren**, die sich noch bis ins 16. Jh. verstreut in Berggebieten wie den Alpujarras halten konnten, bedeutete einen schweren Rückschlag für das wirtschaftliche und kulturelle Leben des Landes.

Christliche Rückeroberung

Die mittelalterliche Geschichte war geprägt von der **Reconquista**, der christlichen Rückeroberung maurischer Territorien (▶ Baedeker Wissen, S. 574). Sie wurde zwar lange von Machtkämpfen zwischen den christlichen Königreichen im Norden und Nordwesten behindert, doch letztlich führte sie zur Bildung des spanischen Nationalstaats.

Schon seit Beginn der Omaijadenherrschaft leisteten das unabhängige **Königreich Asturien** und die aus der Spanischen Mark Karls d. Gr. hervorgegangenen Grafschaften Katalonien und Navarra den Mauren heftigen Widerstand. Um 900 entstand die **Grafschaft Kastilien**, die mit Burgen und Kastellen Spaniens Norden zum Ebro absicherte.

Christliche Mächte

Die 1035 entstandenen Königreiche **Kastilien** und **Aragonien** stiegen zu beherrschenden christlichen Mächten der Iberischen Halbinsel auf. 1085 eroberte Alfons VI. von Kastilien Toledo und nahm den Titel eines »Kaisers von Spanien« an. Doch die Reconquista geriet wegen der von den Mauren zu Hilfe gerufenen nordafrikanischen Almoraviden ins Stocken. Erst im 13. Jh. gelang mit Unterstützung Portugals die gänzliche Rückeroberung bis auf das Emirat Granada, das sich noch bis 1492 in Händen der Nasriden behaupten konnte.

Die »Katholischen Könige«

Die **Heirat Ferdinands II. von Aragonien mit Isabella von Kastilien** 1469 führte zur Vereinigung der beiden bislang rivalisierenden Reiche und begründete den spanischen Nationalstaat unter den »Katholischen Königen«; 1512 sollte einzig noch das seit dem 10. Jh. unabhängige Königreich Navarra hinzukommen.
Als Granada am **2. Januar 1492** nach über zweijähriger Belagerung durch Ferdinand und Isabella fiel, endete die über siebenhundert Jahre währende Geschichte der Mauren in Spanien und damit auch die 250-jährige Herrschaft der Nasriden in Granada.

Pelayo, der Gründer des ersten christlichen Königreichs in Iberien, ist in der Höhle von Covadonga in Asturien beigesetzt. Sein Grab ist Wallfahrtsort.

ACHT JAHRHUNDERTE IM KAMPF

Innerhalb von nur drei Jahren seit ihrer Ankunft erobern die muslimischen Heere fast die gesamte Iberische Halbinsel. Nur die Berge Asturiens, Galiciens und des Baskenlands bleiben unbesetzt. Von hier aus beginnt die christliche Rückeroberung Spaniens.

BAEDEKER WISSEN

▶ **Jahrhundertelanger Krieg**
Beinahe 800 Jahre lang herrschte Krieg auf der Iberischen Halbinsel. Die Fronten verliefen nicht immer eindeutig: Christen stellten sich ebenso in den Dienst maurischer Fürsten wie muslimische Kämpfer in den spanischen Reihen zu finden waren. Das Ende der maurischen Ära bedeutete auch das Ende einer hoch entwickelten Kultur, die nachhaltigen Einfluss auf Europa hatte. Die Karte zeigt die wichtigsten Königreiche und Momentaufnahmen des Frontverlaufs.

▶ Verlauf der Reconquista

711
Der arabische Feldherr Tarik Ibn-Sijad überquert mit 7000 Mann die Meerenge von Gibraltar und schlägt das westgotische Heer bei **Jerez**.

722
In der Schlacht von **Covadonga** besiegen die von Pelayo geführten Westgoten erstmals die Mauren.

844
Unter Historikern umstritten ist, ob die Schlacht von **Clavijo** überhaupt stattgefunden hat. Sie ist aber fester Bestandteil des spanischen Nationalmythos: In ihr soll der Apostel Jakobus (Santiago) als Ritter auf einem weißen Schimmel die christlichen Truppen zum Sieg über die Mauren geführt haben. Seither ist er Nationalheiliger mit dem Beinamen »Matamoros« (Maurentöter).

المنصور بالله

al-Manṣūr bi-llāh
(der mit Gott Siegreiche)

929 – 1032
Unter dem Kalifat von Córdoba und insbesondere unter Almansur (938 – 1002), Großwesir des Kalifen Hisham II., erlebt die Iberische Halbinsel die höchste militärische Machtentfaltung der Mauren: Er erobert nacheinander **Barcelona** (985), **León** (987), Coimbra (987) und Santiago de Compostela (997).

1086 – 1147
Nach dem Zerfall des Kalifats von **Córdoba** erobert Alfons VI. von Kastilien 1085 **Toledo** und bedroht Sevilla. Der dortige Emir ruft 1086 die nordafrikanischen Almoraviden zu Hilfe. Sie drängen die Christen zurück. Es ist die Ära von El Cid (Rodrigo Díaz de Vivar), Gefolgsmann von König Alfons VI. und von diesem 1081 verbannt. Er schloss sich dem Maurenfürsten von Zaragoza an, verweigerte aber den Feldzug gegen Alfons. Nach der Aussöhnung eroberte er 1094 **Valencia** und wurde als Symbolfigur der Reconquista zum Nationalhelden.

1147 – 1212
Die ebenfalls berberischen Almohaden erobern das Almoravidenreich. Sie erleiden 1212 bei **Navas de Tolosa** gegen die Heere von Kastilien, Aragón und Navarra eine schwere Niederlage, die die endgültige Rückeroberung einleitet.

1492
Isabella I. (1451 – 1504) und Ferdinand II. (1452 – 1516) beenden mit der **Eroberung Granadas** die maurische Herrschaft.

Aufstieg und Fall der Weltmacht

Kolonialreich Als **Christoph Kolumbus**, unterstützt vom spanischen Königspaar, am 3. August 1492 mit den Karavellen »Santa María«, »Pinta« und »Niña« und 88 Mann Besatzung vom andalusischen Palos de la Frontera zu seiner ersten Entdeckungsfahrt aufbrach, war der Grundstein für das spanische Kolonialreich gelegt. Er landete am 12. Oktober auf der Bahama-Insel Guanahani und nahm sie unter dem neuen Namen San Salvador für die spanische Krone in Besitz. In den folgenden Jahrzehnten baute Spanien seine Kolonialherrschaft aus; die Konquistadoren Hernán Cortés und Francisco Pizarro eroberten Mexiko (1521), Peru (1534) und Chile (1537). Im **Vertrag von Tordesillas** (1494) hatten Spanien und Portugal vorsorglich eine Grenzlinie ihrer kommenden Besitzungen in Übersee gezogen.

Europäische Großmacht 1516 bestieg der Habsburger Karl I. den Königsthron von Kastilien und Aragonien und wurde 1519 als **Karl V.** zum römisch-deutschen Kaiser gewählt. Damit war Spanien – samt Kolonialbesitz und habsburgischen Gebieten – zur beherrschenden Kontinental- und Seemacht aufgestiegen. Als sein Sohn Philipp II. ab 1580 in Personalunion auch über Portugal regierte, erreichte Spanien zusammen mit den portugiesischen Kolonien seine größte territoriale Ausdehnung.

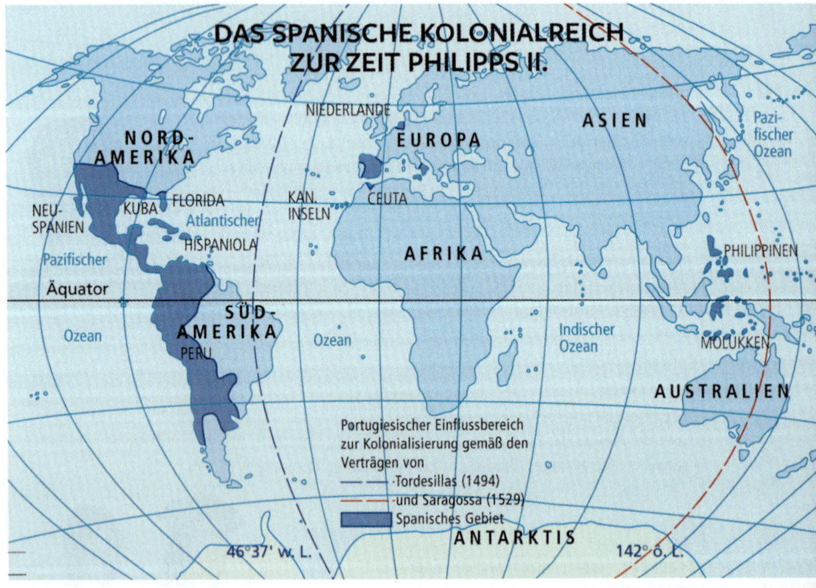

Spannungen und Konflikte

Die immer größer werdende Machtfülle brachte zahlreiche Konflikte mit sich: **Frankreich** sah sich durch die »habsburgische Umklammerung« herausgefordert; die Auseinandersetzung mit den **Osmanen** in Südosteuropa schwächte die Kräfte des Kaisers, und die beginnende **Reformation** beraubte das Imperium seiner religiösen Einheit.
1556 musste Karl V. abdanken, der spanisch-habsburgische Herrschaftskomplex zerbrach. Die westlichen und südlichen Territorien erbte sein Sohn **Philipp II.** , der 1561 Madrid zur Hauptstadt erhob; die habsburgischen Erblande fielen an Ferdinand I. Der **Freiheitskampf der Niederlande** 1572–1581 führte zum Konflikt zwischen Spanien und England. Durch den **Untergang der Armada** 1588 verlor Spanien die Vorherrschaft zur See.
Nach dem Tod Philipps II. büßte Spanien seine Hegemonialstellung ein, da die ständigen Kriege zdas Land wirtschaftlich ruiniert hatten. Schließlich war es so geschwächt, dass es im **Pyrenäenfrieden** von 1659, der im Wesentlichen die heutige Staatsgrenze festlegte, das Roussillon, die Cerdagne sowie Teile Flanderns an Frankreich abtreten musste; 1678 verzichtete Spanien auch auf die Franche-Comté und verlor endgültig seine europäische Vormachtstellung.

Schwächung der Herrschaft

Der Tod des kinderlosen Königs Karl II. 1700, der den französischen Bourbonen Philipp von Anjou zu seinem Nachfolger bestimmt hatte, löste den **Spanischen Erbfolgekrieg** (1701–1714) aus, der mit dem Friedensschluss von Utrecht endete. Nur mit Hilfe seines Onkels Ludwig XIV. konnte Philipp V. (1700–1746) seine Ansprüche gegenüber den österreichischen Habsburgern und den mit auf den Plan gerufenen Briten schließlich durchsetzen, musste jedoch die Niederlande, Mailand und Neapel an Österreich, Sizilien an Savoyen und Menorca und Gibraltar an Großbritannien abtreten.
Philipp V. etablierte in Spanien den französischen Absolutismus; seine Nachfolger Ferdinand VI. (1746–1759) und v. a. Karl III. (1759–1788) vollendeten den Aufbau eines zentralistischen Einheitsstaats.

Abhängigkeit von Frankreich

Außenpolitisch wurde Spanien von Frankreich abhängig und immer stärker in dessen Kriege hineingezogen. Der frankophile Manuel de Godoy, Günstling der Königin María Luisa, der während der Regentschaft Karls IV. (1788–1808) die Regierungsgeschäfte betrieb, gab schließlich jegliche selbstständige Außenpolitik zugunsten Frankreichs auf. 1800 trat Spanien seine nordamerikanischen Gebiete an Frankreich ab; in einem Bündnis mit **Napoleon I.** 1804 stellte es sich offen gegen Großbritannien, das am 21. Oktober 1805 in der Schlacht beim **Kap Trafalgar** unter Admiral Nelson die französisch-spanische Flotte vernichtete.
Die schlechte wirtschaftliche Lage – Resultat der verlustreichen Kriege – führte 1808 zu einem Aufstand in Aranjuez und zum Sturz Godoys sowie zur Abdankung Karls IV. Napoleon ließ Spanien besetzen

und installierte seinen Bruder Joseph als König (reg. 1808–1813). Doch schon mit dem Aufstand der Bevölkerung von Madrid am 2. Mai 1808 setzte der Widerstand gegen Napoleon ein. Juntas (Volksregierungen) organisierten den Guerillakrieg; ein britisches Heer unter General Wellesley, dem späteren Herzog von Wellington, unterstützte den spanischen **Befreiungskampf**.

Bürgerkriege und soziale Spannungen

Erste spanische Verfassung

Die Geschichte Spaniens im 19. Jh. war geprägt durch Bürgerkriege, verursacht durch eine restaurative Politik, wirtschaftliche Rückständigkeit und außenpolitische Misserfolge. 1812 proklamierten die in Cádiz versammelten Cortes (Ständeversammlung) die erste spanische Verfassung, 1813 befreite der Sieg Wellingtons in der **Schlacht bei Vitoria** Spanien von der Herrschaft Napoleons. Als Ferdinand VII. 1814 auf den spanischen Thron zurückkehrte, setzte er die Verfassung außer Kraft und regierte wieder absolutistisch.

Karlistenkriege

1830 bestimmte Ferdinand VII. seine Tochter Isabella zur Thronfolgerin. Als er 1833 starb, erhob jedoch sein Bruder Karl Anspruch auf den Thron. Es kam zum **1. Karlistenkrieg** (1834–1839), der zugunsten Isabellas endete. Damals wurden zahlreiche Kirchen und Klöster enteignet – vielfach ein irreparabler Gesamtschaden. 1843 mit 13 Jahren für mündig erklärt, schränkte Isabella II. die Verfassung ein (1845), schlug einen weiteren Aufstand der Karlisten nieder (**2. Karlistenkrieg**; 1847–1849) und versuchte, Spaniens Einfluss in Lateinamerika wiederherzustellen. Eine Revolte unter General Prim und Marschall Serrano führte 1868 zur Absetzung Isabellas, die nach Frankreich floh.
1869 bestimmten die Cortes Francisco Serrano y Dominguez zum Regenten bis zur Wahl eines neuen Königs. Schließlich wurde 1870 Amadeo I., Sohn Viktor Emanuels II. von Italien, zum König gewählt. 1872 begann der **3. Karlistenkrieg** gegen Amadeo I., der bis 1876 dauerte. 1873 dankte Amadeo ab, die im selben Jahr von den Cortes ausgerufene **Erste Republik** wurde ebenfalls von den Karlisten bekämpft.

Ende der Kolonialherrschaft

Alfons XII., der älteste Sohn Isabellas II., stellte die Monarchie wieder her und erließ 1876 eine neue, restaurative Verfassung. Nach seinem Tod 1885 übernahm seine Witwe Maria Cristina von Österreich bis 1902 für den unmündigen Alfons XIII. die Regentschaft. Langsam begann sich das durch Kriege und Unruhen geschwächte Land zu erholen, doch der Verlust der letzten großen überseeischen Kolonien (Kuba, Puerto Rico, Philippinen) im **Spanisch-Amerikanischen Krieg** versetzte dem Land einen Schock. Separatistische Kräfte, besonders Basken und Katalanen, und eine radikale anarcho-syndikalistische Arbeiterbewegung destabilisierten das labile innere Gleichgewicht.

Erster Weltkrieg und Diktatur

Nach dem Ersten Weltkrieg, in dem Spanien neutral blieb, entluden sich die sozialen Spannungen in **Unruhen**. 1923 übernahm General Primo de Rivera mit Billigung von Alfons XIII. die Leitung eines **Militärdirektoriums**; das Parlament wurde aufgelöst. **Primo de Rivera** wandelte zwei Jahre später die Militärdiktatur in eine zivile um, versuchte das Finanzwesen neu zu ordnen und eine Agrarreform durchzusetzen, was jedoch misslang. Die **wirtschaftliche Krise** löste Unruhen und Revolten aus und führte 1930 zum Rücktritt des Diktators.

Zweite Republik

Als 1931 die Republikaner die Kommunalwahlen gewannen, dankte Alfons XIII. ab und verließ das Land. **Niceto Alcalá Zamora** proklamierte die Zweite Republik, deren Präsident er bis 1936 blieb. 1931 erhielt Spanien eine **liberal-fortschrittliche Verfassung**: Einheitsstaat, Trennung von Staat und Kirche, Autonomiestatut für Katalonien (1932) und das Baskenland (1936). Aber auch eine Agrarreform konnte die tiefe soziale und ökonomische Kluft im Land nicht überwinden.

Militärrevolte und Bürgerkrieg

Als 1936 die aus Republikanern, Sozialisten und Kommunisten gebildete Volksfront die Regierung stellte, kam es am 17. Juli unter **Francisco Franco** y Bahamonde (1892–1975) zu einer Militärrevolte, die zu einem drei Jahre währenden Bürgerkrieg führte.

An der Front von Málaga im Spanischen Bürgerkrieg

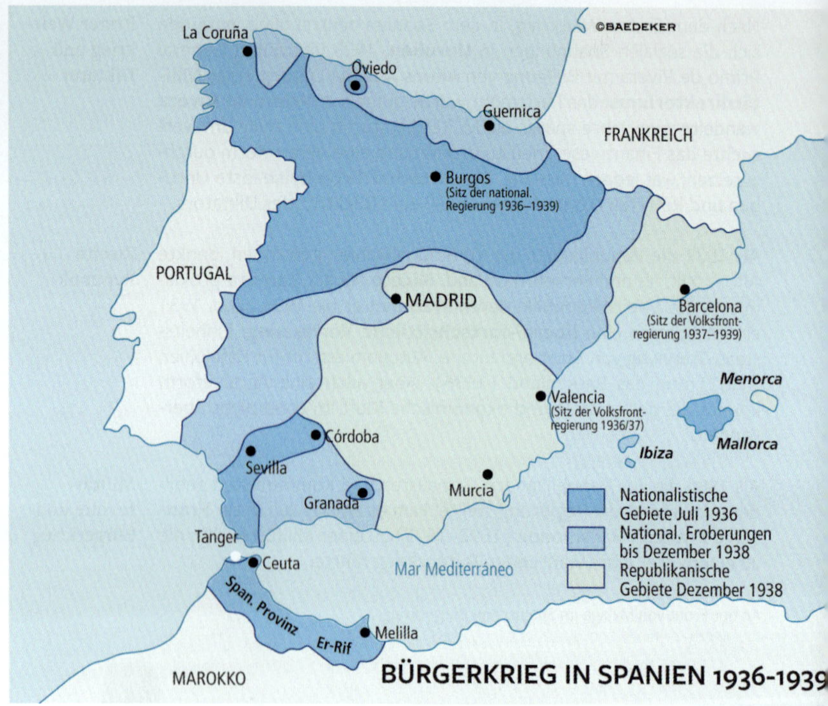

Franco bildete in Burgos eine **Gegenregierung** und wurde von der »Junta de Defensa Nacional« zu ihrem Chef (Caudillo) und Oberbefehlshaber der aufständischen Truppen ernannt. Als Führer der **faschistischen Falange** stützte er sich auf Monarchisten und konservativen Klerus.

Francos Truppen wurden von Deutschland, Italien und Portugal militärisch unterstützt, die republikanische Regierung von Mexiko und der Sowjetunion sowie internationalen Freiwilligenbrigaden. Im April 1937 wurde **Guernica** (Gernika), die »heilige Stadt der Basken«, von der hitlerdeutschen Legion Condor in Schutt und Asche gelegt; Mahnmal ist Pablo Picassos großformatiges Jahrhundertbild »Guernica«, heute Highlight der Sammlung des Madrider Centro de Arte Reina Sofía.

Am 18. November 1937 erkannten Deutschland und Italien die Franco-Regierung an, Anfang 1939 auch Frankreich und Großbritannien. Mit Einmarsch der faschistischen Truppen in Madrid am 28. März 1939 war der Bürgerkrieg faktisch beendet, offiziell am 1. April.

Diktatur Francos

Nach seinem Sieg etablierte Franco ein autoritäres Regime, wobei ihm die Falange-Bewegung zur Sicherung seiner Macht diente. Im **Zweiten Weltkrieg** blieb Spanien trotz Bindungen an die Achse Berlin – Rom weitgehend neutral. Auf Drängen Hitlers entsandte Franco jedoch die »Blaue Division« (etwa 18 000 Freiwillige) an die Ostfront. Nach 1945 war die Lage gekennzeichnet durch politische und wirtschaftliche **Isolation**; Spanien wurde nicht in die UNO aufgenommen und erhielt keine Hilfen aus dem Marshallplan. Doch schon 1950 wurden auf Veranlassung der USA (gegen Militärbasen im Land) die 1946 verhängten wirtschaftlichen und diplomatischen Sanktionen der UNO aufgehoben, 1955 wurde es deren Mitglied.
Die Falange unterdrückte jede Opposition gegen die Diktatur, die versuchte, die sozialen Spannungen durch Industrialisierung und Landreformen abzubauen. Studentenrevolten und Streiks, vor allem durch Separatistenbewegungen in Aragonien, Asturien und im Baskenland, richteten sich gegen politische Unfreiheit und soziale Missstände.

ETA im Baskenland

1959 kam es zur Gründung der **baskischen Untergrundbewegung** ETA (»Euskadi ta Askatasuna« – »Baskenland und Freiheit«). Sie sollte sich erst 2018 auflösen, nachdem sie bis dahin für viel Blutvergießen gesorgt hatte. Grund und Nährboden war das Streben nach **baskischer Unabhängigkeit**, zugleich jedoch richtete sie sich gegen die Repressionen der Diktatur. So durfte offiziell nicht mehr Baskisch gesprochen werden, Feste und Versammlungen wurden verboten.
Ab 1968 nahm die ETA ihren bewaffneten Kampf auf, der sich zuvorderst gegen den Staat und dessen Repräsentanten richtete (Politiker, Militär, Justiz, Polizei), doch bei späteren Bombenattentaten immer wieder ganz normale Bürger zu Opfern machte.

Wirtschaftsaufschwung und Monarchie

In den 1960er-Jahren erlebte das Land durch den aufkommenden **Massentourismus**, dank der von Gastarbeitern überwiesenen Gelder und durch Investitionen aus dem Ausland einen bedeutenden wirtschaftlichen Aufschwung, der jedoch Anfang der 1970er infolge der weltweiten Energiekrise wieder stark gebremst wurde.
1969 wurde Prinz Juan Carlos, Enkel des letzten spanischen Königs Alfons XIII., zum Nachfolger Francos und zukünftigen König ernannt. Als Franco am 20. November 1975 starb, wurde Prinz Juan Carlos als **Juan Carlos I.** König von Spanien.

Das demokratische Spanien

Die junge Demokratie

Unter Juan Carlos I. begann die **Redemokratisierung** des Landes, in deren Folge sich Spanien zu einem vollwertigen Mitglied der demokratischen Staatengemeinschaft entwickelte. Der König amnestierte politische Gefangene und ließ politische Parteien und Gewerkschaften

zu. Selbst zunehmende Gewaltakte der terroristischen Untergrundbewegung ETA und ein **Putschversuch** mehrerer Militärs (1981) konnten die junge Demokratie nicht gefährden.
Nach den ersten demokratischen Wahlen seit 1936 im Juni 1977 wurde Adolfo Suárez Regierungschef. Nach den Cortes-Wahlen von 1982, aus denen die Sozialisten (PSOE) siegreich hervorgingen, löste ihn Felipe González als Ministerpräsident ab (reg. 1982–1996).
Die von den Parteien ausgearbeitete neue demokratische Verfassung, die in einem Volksentscheid angenommen wurde, trat Ende 1978 in Kraft. Im Baskenland und in Katalonien wurden Regionalparlamente gewählt; in der Folge entstanden **17 Autonome Gemeinschaften**.
Durch Aufnahme Spaniens in den Europarat 1978 und in die NATO 1982 sowie den **Beitritt zur EG** 1986 erfuhr die junge spanische Demokratie außenpolitische Anerkennung.

Krisen der 1990er-Jahre

Die **Wirtschaftskrise** zu Beginn der 1990er-Jahre veranlasste Felipe González 1993 zu vorgezogenen Neuwahlen, bei denen die Sozialisten die absolute Mehrheit verloren. González bildete eine Minderheitsregierung. Der Gewinn der Wahlen von 1996 durch die konservative Volkspartei (PP) mit José María Aznar als Ministerpräsident (reg. 1996–2004) führte zu einem wirtschaftlichen Aufschwung. Dieser Erfolg wurde bei den Wahlen 2000 honoriert: Die PP gewann die absolute Mehrheit. Die ETA nahm wieder ihren Terror auf.

Seit der Jahrtausendwende

Anschläge und Regierungswechsel

2002 wurde Spanien Mitglied der **Euro-Zone**. Ein Problem blieben die Terroraktionen der ETA. 2004 kamen in Madrid zudem bei **Bombenanschlägen** islamistischer Terroristen auf Nahverkehrszüge und Bahnhöfe fast 200 Menschen ums Leben, Hunderte wurden verletzt. Die traumatischen Ereignisse, verbunden mit einer misslungenen Informationspolitik der politischen Spitze, führten bei den Parlamentswahlen kurz darauf zu einem erneuten Regierungswechsel. Die Sozialisten (PSOE) mit ihrem Spitzenkandidaten José Luis Rodríguez Zapatero (reg. 2004–2011) übernahmen überraschend die Macht.

Krisen und Affären

Aus den Wahlen 2008 gingen die Sozialisten erneut siegreich hervor. Regierungschef Zapatero musste sich bald danach mit den Auswirkungen der Immobilien- und Finanzkrise befassen, die auch in Spanien eine Wirtschaftskrise immensen Ausmaßes auslöste.
Die Krisenstimmung sorgte 2011 dafür, dass die von Mariano Rajoy (reg. 2011–2018) geführte PP die Parlamentswahlen gewann. Doch auch er bekam die Krise nicht in den Griff und machten – wie zuvor die Sozialisten – durch Korruptionsaffären von sich reden. Schwarzgeldzahlungen sollen selbst an Ministerpräsident Rajoy geflossen sein.

Eine rigorose Sparpolitik belastete die Bevölkerung und führte zu massiven Einschnitten im Kultur-, Bildungs- und Gesundheitssektor. Trotzdem tolerierten die Konservativen alteingefahrene, teure Strukturen, die (nur) die herrschende politische Klasse samt Beziehungsgeflechten von Zumutungen ausnahmen. Dies führte zu einer Vielzahl an Demonstrationen, Bürgerbewegungen und **neuen Bürgerparteien** wie Podemos und Ciudadanos (2015 ins Parlament gewählt).
Gleichzeitig erreichte die **Arbeitslosigkeit** besonders unter Jugendlichen traurige Rekorde: landesweit im Schnitt bis zu 27 %.

Skandalöses Königshaus

Skandalträchtig verhielt sich auch das Königshaus. Als Elefantenjäger in Afrika und notorisch treuloser Ehemann büßte der vormals so beliebte König Juan Carlos I. massiv an Glaubwürdigkeit ein und musste Mitte 2014 zugunsten seines Sohnes **Felipe VI.** abdanken. Der Skandal um den Ehemann von seiner Schwester **Infantin Cristina**, Iñaki Urdangarin, zog weite Kreise. Mit ihm wurde erstmals ein Mitglied der Königsfamilie wegen Korruption, Unterschlagung und weiterer Vergehen verurteilt. Jahre später trennte sich das Paar.

Neue Parteien, Minderheitsregierungen

Seit 2015 können die neu gegründeten Parteien **Podemos** (linksgerichtet) und **Ciudadanos** (Mitte) in den Cortes ein Wörtchen mitreden. Nachdem eine Regierungsbildung nach den Wahlen Ende 2015 gescheitert war, wurden Mitte 2016 Neuwahlen angesetzt, die jedoch ebenfalls keine klaren Mehrheiten erbrachten. Die meisten Stimmen (33 %) entfielen auf die konservative Volkspartei Mariano Rajoys. Dieser führte zunächst eine Minderheitsregierung, wurde jedoch 2018 durch ein Misstrauensvotum gestürzt.
Fortan führten die Sozialisten unter Pedro Sánchez ebenfalls eine Minderheitsregierung. Er berief erstmals mehr Frauen als Männer ins Kabinett und setzte damit ein deutliches Zeichen. 2018 war auch das Jahr, in dem sich die baskische Terrororganisation **ETA** endgültig auflöste; allerdings leben radikale Sympathisanten in legalen politischen Parteien wie dem sozialistischen Wahlbündnis **Bildu** weiter.

Aufwärtstrend, doch die Probleme bleiben ...

2019 setzte sich der wirtschaftliche Aufwärtstrend fort bei weiterhin hoher Staatsverschuldung. Während das Flüchtlings-Thema, wie in den Jahren zuvor, eine marginale Rolle spielte, kam es mit Großbritannien zu Diskussionen um die Rolle Gibraltars beim Brexit.
Kopfzerbrechen bereiteten die anhaltenden Abspaltungstendenzen der Mittelmeerregion **Katalonien**, die sich im Fall der Unabhängigkeit selbst aus EU und Währungsunion katapultieren würde – davor verschließen Befürworter allerdings die Augen.
Auch das Thema der eigentlich verschwundenen ETA war noch nicht vom Tisch. Im Baskenland kam es noch immer zu Demonstrationen für die Freilassung inhaftierter ETA-Kämpfer, in provokanter Verkennung der Tatsachen »politische Gefangene« genannt.

Nicht wenige Katalanen fordern die Unabhängigkeit von Spanien.

Corona und die Zeit danach

Nach der Corona-Krise 2020 – 2022 kann der Tourismussektor wieder durchatmen. Allerdings sind für die Spanier selbst die Preise für Unterkünfte und Restaurants an den Rand des Erträglichen geraten. Die **Inflation** 2023/2424 erreichte mitunter ein Rekordhoch von 10 %.
Problematisch bleiben die Jugendarbeitslosigkeit, die Bootsflüchtlinge und die Unabhängigkeitsbestrebungen in Katalonien.Der unerwünschte Altkönig **Juan Carlos I.** suchte sein Heil im Luxus von Abu Dhabi. Eine zweimalige Rückkehr 2023 nach Spanien brachte die Erkenntnis: Kaum jemand möchte ihn mehr in der alten Heimat sehen.
Politisch schlägt das Pendel wieder für die konservative Volkspartei aus. Die Sozialisten (verheerende Corona-Krisenmanager) verloren bei den Regionalwahlen im Mai 2023 deutlich, die Volkspartei wurde mit ca. 31,5 % stärkste kommunaleKraft auf. Gewinne verzeichnete auch die rechtspopulistische Partei Vox.
Die vorgezogenen Parlamentswahlen im Sommer 2023 führten die **politische Zerrissenheit** vor Augen. Die meisten Stimmen erhielt zwar die PP, die auf eine Koalition mit Vox (drittstärkste Kraft) angewiesen gewesen wäre – doch selbst das reichte nicht für eine Mehrheit. Auch für die Sozialisten und kleinere linke Parteien gab es keine Mehrheit – eine **Patt-Situation**. Ein Regierungsauftrag an PP-Führer Fejóo oder eine Koalition der linken Parteien mit den katalanischen Seperatisten standen Mitte September im Raum.

KUNST UND KULTUR

Spaniens Kunst und Architektur sind geprägt von den verschiedenen Kulturen, die auf der Iberischen Halbinsel ansässig waren und sich als Mäzene und Künstler, Bauherren und Architekten betätigten. Und dann gibt es einen spanischen Stil, der im katalanischen Modernisme wohl seine eigenwilligste Ausprägung fand.

Frühgeschichte und Altertum

Steinzeit

Erste künstlerische Formen, die **Höhlenmalereien** des franko-kantabrischen Raums (▶ Baedeker Wissen, S. 436), stammen aus der jüngeren Altsteinzeit (40 000–10 000 v. Chr.). Sie stellen meist Tiere dar, die als Jagdbeute, Fruchtbarkeitssymbole oder in anderen kultischen Funktionen eine zentrale Stellung im Leben der Jäger und Sammler einnahmen. Die Bilder erreichen hohe künstlerische Ausdruckskraft und erinnern in ihrer Stilisierung oft an Gegenwartskunst.
Die aus dem Magdalénien (17 000–10 000 v. Chr.) erhaltenen Felsbilder in der **Höhle von Altamira** zählen zu den bedeutendsten ihrer Art. Auch in der Nähe von Málaga und im Küstenhinterland Kantabriens (nicht nur Altamira) wurden steinzeitliche Höhlenmalereien entdeckt, so in der Cueva de El Castillo.
Der Mittel- und Jungsteinzeit zuzurechnen sind Felsbilder, die v. a. an der Mittelmeerküste zwischen Barcelona und Valencia größtenteils in Schluchten oder an überhängenden Felswänden gefunden wurden.
Zeugnisse jungsteinzeitlichen (6000–4000 v. Chr.) Kunstschaffens beschränken sich nicht auf Felsmalereien. An der Mittelmeerküste, in El Pany in Katalonien und bei Valencia, fand man zahlreiche Relikte der sog. **Impresso-Keramik** (mit Muschelabdrücken verzierte Gefäße).

Kupfer- und Bronzezeit

Die Kupferzeit (3000–1800 v. Chr.) weist schon stadtähnliche Siedlungsformen auf. Charakteristisch sind große **Grabstätten**, die mit Kraggewölben versehen oder als **Megalithgräber** vorkommen (so im andalusischen Antequera). Auf dem Gebiet der Keramik verbreitete sich die **Glockenbecherkultur** über die gesamte Iberische Halbinsel.
Die Bronzezeit (um 2000–1600 v. Chr.) bringt fein gearbeitete **Metallwerkzeuge** hervor, auch aus Gold und Silber.

Phönizier und Griechen

Auch die Völker, die die Iberische Halbinsel im Altertum kolonisierten, hinterließen Spuren. Von den **Phöniziern**, die ab 1100 v. Chr. Handelsposten an der Südküste gründeten, aus denen etwa die Städte Cádiz und Málaga hervorgingen, erhielten sich vor allem **Grabbeigaben**.
Ihnen folgten ab etwa 700 v. Chr. die **Griechen**. Deren bedeutendste Niederlassung war **Emporion** (Ampurias, kat. Empúries).

Spanische Ureinwohner Von den spanischen Ureinwohnern traten die an der Mittelmeerküste lebenden **Iberer** künstlerisch am deutlichsten in Erscheinung. Es sind vor allem Skulpturen, die von ihren Fähigkeiten zeugen und eindeutig griechischen Einfluss verraten. Bedeutende Bildhauerarbeiten sind die »**Dame von Elche**«, eine 1897 gefundene Büste (5./4. Jh. v. Chr., heute im Madrider Museo Arqueológico Nacional), die »**Dame von Baza**« (ebenfalls im Madrider Nationalmuseum) und beim Cerro de los Santos gefundene Statuetten (im Museo Arqueológico Provincial in Albacete).
Anschauliches Beispiel für den Städtebau der Iberer ist die Siedlung **Poblat Ibèric** bei Ullastret in der Provinz Girona.

Römische Kunst Aus römischer Zeit erhielten sich bedeutende Gebäudereste, u. a. in **Mérida** (Theater), Segovia (Aquädukt) und La Coruña (Leuchtturm); kleinere Fundobjekte liegen u. a. aus Mérida und Itálica in der römischen Provinz Baetica (bei Sevilla) vor.
Die Bedeutung der römischen Kultur dokumentiert sich auch darin, dass die bereits gänzlich romanisierte Bevölkerung im Jahr 74 n. Chr. das römische Bürgerrecht erhielt.

Westgotische und maurische Kunst

Westgotische Kunst Die Westgoten übernahmen im Kirchenbau neben altrömischen auch Elemente der byzantinischen Architektur, etwa die dreischiffige Basilika mit Holzdach, geschmückt mit Weinranken- und Traubendekor, und germanische Schmuckelemente wie Traufries, Rosette und Kreis. Bemerkenswert ist die Verwendung von Hufeisenbögen schon vor dem Einfall der Mauren.
Die bedeutendste erhaltene westgotische Kirche ist **San Juan Bautista** in Baños de Cerrato (bei Palencia) von 661, weitere Zeugnisse sind die Überreste des Kirchleins Santa María de Quintanilla de las Viñas (Provinz Burgos).

Präromanik in Asturien Die vor den eindringenden Mauren zurückweichenden Westgoten hinterließen in Asturien eine Architekturform, die, auch als »präromanische Kunst« bezeichnet, heute als UNESCO-Welterbe geschützt ist. Sie ist charakterisiert durch gestelzte Rundbögen, gedrechselt wirkende oder mit Fischgrätmuster dekorierte Rundsäulen und mit Doppelkordeln geschmückte Säulenkapitelle. Einige der Kirchen weisen im Grundriss die Form eines griechischen Kreuzes auf.
An den Ausläufern des Monte Naranco am nördlichen Stadtrand von Oviedo finden sich die wichtigsten Zeugnisse dieser Bauweise: die um 850 zunächst als Königshalle von König Ramiro I. erbaute Kirche **Santa María del Naranco** und die Palastkapelle **San Miguel de Lillo**.

Der Löwenhof in der Alhambra von Granada, Höhepunkt maurischer Architektur

Maurisch-arabische Kunst

Nach der Schlacht am Río Guadalete (711) errichteten die Mauren in Spanien Machtzentren, die sich vor allem im Süden durch eine Hochblüte des geistigen Lebens und damit verbunden eine großartige Entfaltung der Architektur auszeichneten. Manche für die spätere spanische Kunstentwicklung typische Eigentümlichkeit ist auf die islamische Kunst zurückzuführen.

Wesentliche Merkmale islamischer Baukunst sind reich verzierte **Hufeisenbögen**, das aus sieben Elementen (Rechteck, Parallelogramm, gleichseitige und rechtwinklige Dreiecke) bestehende **Stalaktitengewölbe**, überkragende, geschnitzte Vordächer, Zwillingsfenster aus zwei Hufeisenbögen, Kassettendecken und glasierte Ziegel. Die Bauweise der Moscheen (Hof und Betsaal) geht zurück auf das Haus des Propheten Mohammed in Medina.

Neben Moscheen hinterließen die Mauren Badehäuser und gewaltige Burgen wie den vollendeten Palastbau der **Alhambra in Granada**

(▶ Magischer Moment, S. 587). Maurisch-arabische **Fayencen** zeugen von der Kunstfertigkeit der Handwerker; weltberühmt waren die Damaszenerklingen aus Toledo.

»Gesichtsloser« Dekor

Da der Islam die Darstellung von Personen, besonders des Göttlichen, verbietet, sind Moscheen und andere Gebäude mit **Majolikakacheln** geschmückt. Sie tragen florale Ornamente und Schriftfriese, deren Muster unübertroffene Fantasie und Farbenfreude beweisen.

Mozarabischer und Mudéjar-Stil

In den maurisch besetzten Gebieten entwickelte sich unter den christlich gebliebenen »Mozarabern« ein christlich-maurischer Mischstil. Besonders prächtig entfaltete sich dieser in der Buchmalerei des 10. Jahrhunderts.
Kunstgeschichtlich bedeutender ist jedoch der **Mudéjar-Stil**, benannt nach den Mauren, die in den im Zuge der Reconquista wieder christlich gewordenen Gebieten geblieben waren. Sie erstellten im 12.–15. Jh. im Auftrag von Christen sakrale und profane Bauten, in denen sie maurische Stilelemente wie glasierte Ziegel, Kacheln, Hufeisenbögen, Sternrippengewölbe und kufische Schriftzeichen mit romanischen, gotischen und Renaissance-Elementen kombinierten. Ein gutes Beispiel dieser Architektur gibt die Stadt Teruel in Aragonien ab (UNESCO-Welterbe). Seinen Höhepunkt erreichte der Mudéjar-Stil jedoch im Dekorations- und Kunsthandwerk.

Romanik: Durchsetzung des Christentums

Kirchenbau

Um 1000 beginnt die »heißere Phase« der **Reconquista** (▶ Baedeker Wissen, S. 574), die fast 500 Jahre dauert und zu einer Umwandlung maurischer Bauwerke in christliche führt. Der Beginn einer eigenständigen spanischen Kunst lässt sich auf das 11. Jh. datieren. Unter französischem und lombardischem Einfluss setzt sich die Romanik durch.
Die **Kathedrale in Santiago de Compostela**, des – neben Rom – wichtigsten Wallfahrtsorts des europäischen Mittelalters, wurde 1060–1211 errichtet und stellt das bedeutendste frühromanische Bauwerk Spaniens dar. Die Kathedrale von Jaca (1040–1076) gilt hingegen als erster frühromanischer Kirchenbau des Landes.

Portalskulpturen

Die **Bildhauerkunst** der Romanik erreicht in Portalgestaltungen wie denen von Santa María in Ripoll, den Portalfiguren von San Vicente in Ávila, Santa María la Real in Sangüesa oder dem **Pórtico de la Gloria** der Kathedrale von Santiago de Compostela des Meisters Mateo ihre Höhepunkte.

Fresko- und Buchmalerei

Die katalanische Malerei, von byzantinisch anmutender Strenge, wird tonangebend. Weniger starr und jenseitsorientiert sind die **Fresken** des Königspantheons Colegiata de San Isidro in León; auch in Orten abseits der großen Durchzugsstraßen erhielten sich hervorragende Wandmalereien, vornehmlich aus dem 12. Jh. Die Buchmalerei der Zeit schafft eindrucksvolle Werke; zu den schönsten Beispielen zählen **Apokalypse-Handschriften** (10. und 11. Jh.), etwa zum Apokalypsekommentar des Mönchs Beatus von Liébana.

Gotik: Einflüsse aus Frankreich

Kirchen im romanisch-gotischen Übergangsstil

Die Zisterzienser brachten die burgundische Form der Spitzbogen-Gotik nach Spanien, beispielhaft zu sehen im **Kloster Las Huelgas** (1187) am Stadtrand von Burgos. Für lange Zeit entstehen Werke im romanisch-gotischen Mischstil wie die **Catedral Vieja von Salamanca**. Diese Bauten verraten immer noch eine einfache, erdgebundene Schwere, verbunden mit feierlicher Raumwirkung; das gotische Streben nach Höhe und die zunehmende Auflösung des Mauerwerks mit daraus resultierender neuartiger Lichtführung werden immer deutlicher. Die Kathedralen von Burgos, Toledo und León zeigen dann die vollkommene Übernahme des durch ausländische Meister ins Land gebrachten französischen Kathedralstils.

Umbauten von Moscheen

Moscheen werden nach der Reconquista durch in Hallenform angelegte Kathedralen ersetzt, wie die **Catedral de Santa María von Sevilla** (ab 1402), mit ihren fünf gewaltigen Schiffen eine der größten gotischen Kirchen überhaupt.

Plateresker Stil und Spätgotik

Der Mudéjar-Stil entwickelt sich, bereichert durch spätgotische und antike Formen, weiter zum plateresken Stil, wobei die mit vielfältigen Ornamenten und kleinformatigen Details geschmückten Fassaden oft überladen wirken. Frühestes Beispiel ist das von Silberschmied (»platero«) Pedro Díez 1488–1496 errichtete **Colegio de San Gregorio in Valladolid**. Die von den Brüdern Juan und Rodrigo Gil de Hontañón erbauten Kathedralen von Salamanca (Catedral Nueva) und Segovia, im prunkvollen Spätstil und mit überreicher Dekoration ausgestaltet, stellen die letzten großen Manifestationen gotischer Baukunst in Spanien dar. Sie sind bereits Ausdruck des nach Abschluss der Reconquista gestiegenen Nationalgefühls sowie des durch die Gold- und Silbersendungen aus den neu entdeckten Ländern Amerikas beginnenden Wohlstands.

Französisch inspirierte Plastik

Wie die Baukunst steht auch die gotische Skulptur und Plastik unter französischem Einfluss. Die Bauplastik zeigt sich am schönsten in den **Portalskulpturen**: bei den Kathedralen von León und Burgos, am Aposteltor (Puerta de los Apóstoles) der Kathedrale von Valencia und in Tarragona (Catedral, Giebelportal an der Westfassade).

In Katalonien und Aragonien finden sich große, aus einzelnen Reliefszenen komponierte Altaraufsätze (Retablos; teils in Museen abgewandert) und bedeutende Grabmäler wie das des Erzbischofs Lope Fernández de Luna in Zaragoza (Kathedrale, Capilla de San Martín). Im 15. Jh. orientiert sich die Plastik mit ihren wuchernden Formen stärker an niederländischen und deutschen Bildwerken.

Tafelmalerei

In der gotischen Malerei ist gleichfalls französischer, später italienischer und im 15. Jh. auch niederländischer Einfluss maßgebend. Eine große Anzahl italienischer Maler, darunter Gherardo Starnina und Nicolás Florentino, arbeitet im Land; als besonders einflussreich erweist sich die Malschule von Siena. Die **Schule von Barcelona**, die sich im 15. Jh. entwickelt, lässt in den Werken von Luis Dalmau, Bartolomeo Vermejo und Jaime Huguet schon starke eigenständige Merkmale eines ausgeprägten Realismus erkennen. Im späten 15. Jh. entstehen weitere Schulen in Valencia und Kastilien.

Renaissance: Vom Überschwang zur Reduktion

Bauten im Stilmix

In der Baukunst kommt es zu Stilmischungen zwischen spätgotisch-plateresken, maurischen und renaissancebestimmten Formen. Anschauliche Beispiele sind der Kreuzgang der Kathedrale von Santiago de Compostela, die Casa de Pilatos in Sevilla, der Hof der Universität (Patio de las Escuelas) und der Stadtpalast Casa de las Conchas in Salamanca.

Zentren des neuen Baustils

Der von Pedro Machuca 1526 auf dem Alhambra-Hügel von Granada erbaute **Palast Karls V.** (Palacio de Carlos V) mit innerem Säulenhof (▶ Baedeker Wissen, S. 258) ist das bedeutzendste Beispiel spanischer Hochrenaissance (für das allerdings Bauteile der maurischen Alhambra weichen mussten). Burgos wird unter Diego de Siloé (um 1495–1563) zu einem Zentrum neuen Bauens. Doch erst unter dem Einfluss der Gegenreformation, die gegen den Überreichtum an Ornamenten auftritt, kann sich eine neue, imposante Strenge entwickeln, deren Hauptwerk, die königliche Sommerresidenz **El Escorial** bei Madrid, von Juan de Herrera (1533–1597) 1584 beendet wird. Kloster, Festung und Schloss in einem, weist sie bereits frühbarocke Anklänge auf. Die 1580 ebenfalls von Herrera begonnene Kathedrale von Valladolid war in ihren Ausmaßen so riesenhaft geplant, dass sie zwar nie vollendet wurde, aber dennoch stilbildend wirkte.

Plastik: Tendenz zur Größe

Auch auf dem Gebiet der Plastik verdrängt die Renaissance nur sehr allmählich die nachwirkende Gotik. Die freistehende Tumba mit Liegefigur ist im **Grabmal Ferdinands und Isabellas** in der Capilla Real in Granada besonders eindrucksvoll gestaltet.

Alonso Berruguete (1480–1561), Damián Forment (um 1480–um 1540), Juan de Juni (1506–1577) und Felipe Vigarny (um 1475–1542) sind die großen Meister der spanischen Renaissance-Bildhauerei.
Die durch die Strenge der Gegenreformation unter Philipp II. bedingte »romanistische« (d. h. völlig auf Rom bezogene) Reaktion dämpft den Gefühlsüberschwang der Plastik zugunsten hehrer Größe und Starrheit. Sie kommt besonders in jenen nordspanischen Retablos zum Ausdruck, die gelegentlich die gesamte Chorwand bis zur Wölbung hinauf bedecken – etwa im Retablo der Kathedrale von Astorga (1562) von Gaspar Becerra.

Malerei: italienisch inspiriert

Zahlreiche Maler, darunter Juan de Juanes (1523–1579), Juan Fernández Navarrete (gen. »El Mudo« = der Stumme; 1526–1579), Bartolomé González (1564–1627) und Luis de Morales (um 1509 bis 1586), arbeitet nach dem Vorbild italienischer Renaissancemeister.

Barock und Klassizismus

Iberische Spielart des Barock

Die spanische Architektur bringt in die von Borromini geprägte architektonische Formensprache des Barock den auf den Bildhauer José de Churriguera (1665–1725) zurückgehenden fantasievollen, oft überladen wirkenden Stil des **Churriguerismus** ein, der ihrer charakteristischen Neigung zu ungehemmtem Dekorationsreichtum stark entgegenkommt. Anschauliche Beispiele sind die Sakristei der Cartuja außerhalb von Granada (1727–1764) von Luis de Arévalo oder der »städtische Festsaal« Plaza Mayor in Salamanca nach Plänen von Alberto de Churriguera (1729–1755).

Klassizismus: Gemäßigtere Bauformen

Unter den Bourbonen setzt in der zweiten Hälfte des 18. Jh.s eine Gegenbewegung ein, die sich der gemäßigten Formen des Klassizismus bedient. Bedeutendster Wegbereiter ist der Italiener Francisco Sabatini (1721–1797), Hofbaumeister Karls III.
Ein frühes Meisterwerk dieser Stilrichtung bildet der Palacio Real in Madrid, entworfen vom Italiener Filippo Juvarra und ausgeführt von Giovanni Battista Sacchetti. Das wichtigste Beispiel des klassizistischen Stils in Spanien jedoch, der **Prado in Madrid** (1785–1819), wird von Juan de Villanueva (1739–1811) konzipiert (▶ Abb. S. 326).

Barockplastik: Religiöse Themen

Die barocke Plastik beschränkt sich fast ausnahmslos auf religiöse Themen. Mit dramatischen Effekten, die häufig befremdlich wirken – indem man z. B. die Statuen mit Stoffgewändern und Perücken bekleidet und ihnen Augen einsetzt –, wird eine äußerst realistische Wiedergabe der Vorbilder angestrebt. Berühmt sind die »**Pasos**« (Heiligenfiguren), die bei großen Prozessionen mitgetragen werden, vor allem während der Karwoche Semana Santa.

Malerei: Visisonäre Bilder

Die spanische Malerei der Barockzeit zählt zu den kunstgeschichtlich bedeutendsten Leistungen Europas. Der geniale Manierist Domenikos Theotokopoulos aus Kreta, genannt **El Greco** (»Der Grieche«; 1541–1614), verleiht in seinen visionären Bildern dem religiösen Erleben größte Intensität und einzigartigen künstlerischen Ausdruck (»Begräbnis des Grafen Orgaz«, 1586, Santo Tomé, Toledo). Obwohl der spanischen Eigenart durchaus entsprechend, wirkte er nicht schulbildend. Einflussreich hingegen waren die Spanier Francisco Ribalta (1565–1628) und Jusepe (José) de Ribera (1591–1652), Lehrmeister von Velázquez, Zurbarán und Murillo.

Herausragende Maler

Francisco de Zurbarán (1598–1664) aus Fuente de Cantos in der Extremadura, Vertreter asketischer gegenreformatorischer Strenge, wurde bekannt durch seine Mönchs- und Heiligendarstellungen sowie ausgeprägte Helldunkeleffekte in der Manier Caravaggios.

Im berühmten Gruppenbildnis »Las Meninas« verewigte sich Diego Velázquez am linken Bildrand selbst. Das Bild hängt im Prado in Madrid.

Diego Velázquez (1599–1660) aus Sevilla, ein genialer Realist, der als herausragender spanischer Barockmaler gilt, schuf als Hofmaler Philipps IV. nicht nur wenig schmeichelhafte Porträts der Hofgesellschaft von höchst menschlichem Ausdruck, sondern auch zauberhafte Kinderbildnisse wie das Reiterbildnis des Prinzen Balthasar Karl oder das Bildnis der kleinen Infantin Margarita Teresia.
Der volkstümlichste Maler Spaniens, **Bartolomé Esteban Murillo** (1618–1682) aus Sevilla, blieb in seiner Arbeit ganz der katholischen Vorstellungswelt verhaftet. Neben Gemälden religiöser Visionen und Ekstasen schuf er reizvolle Genrebilder, liebenswerte Gassenbuben und seelenvoll-vergeistigte Heilige.
Nach der barocken Hochblüte des 17. Jh.s brachte die Malerei des 18. Jh.s kaum bedeutende Meister hervor, erst an der Wende zum 19. Jh. gelang es **Francisco de Goya** (1746–1828), die Stagnation zu überwinden und der Kunst neue Anstöße zu vermitteln. Voll tiefer Menschlichkeit und mit geschärftem Blick für die dunklen Seiten und Grausamkeiten des Lebens gestaltete er erschütternde Szenen. Als großartiger Porträtmaler fand er am Hof Karls IV. ein reiches Betätigungsfeld. Viele seiner Meisterwerke (über 120 Gemälde) sind im Madrider Museo del Prado ausgestellt.

Vom 19. Jahrhundert bis in die Gegenwart

Architektur: Mischung der Stile

Die Architektur des 19. Jh.s war wie im übrigen Europa gekennzeichnet durch eine Mischung verschiedenster historischer Stile, wie der **Historismus** sie bevorzugte. Typisches Beispiel ist die Catedral de la Almudena in Madrid, nach Entwurf des Marqués de Cubas 1895 in einem wilden Stilmix begonnen und 1993 geweiht.

Modernisme in Katalonien

Die katalanischen Architekten **Lluís Domènech i Montaner** (1850 bis 1923) und **Antoni Gaudí** (1852–1926) gingen als Vertreter des sog. neukatalanischen Stils (▶ Baedeker Wissen, S. 594) eigene Wege. Der **Temple de la Sagrada Família** in Barcelona, 1882 von Gaudí begonnen und bis heute im Bau, ist eine monumentale Kirche mit fantastischen, teils gotisierenden Formen von organisch anmutendem Charakter (▶ Baedeker Wissen, S. 110).

»Kathedralen« der Moderne

Aufsehen erregte der nordamerikanische Stararchitekt Frank O. Gehry mit dem **Museo Guggenheim** in Bilbao, das 1997 eröffnet wurde. Sein spektakulärer Museumsbau sollte durch seine Besuchererfolge eine Reihe weiterer Werke moderner Architektur auch andernorts in Gang setzen. In Bilbao und anderen Städten (z. B. Mérida) ist **Santiago Calatrava** (geb. 1951) mit modernen Brücken vertreten (▶ Abb. S. 115); zudem tat er sich mit dem Flughafengebäude »La Paloma« in Bilbao und als Architekt der Kunst- und Wissenschafts-

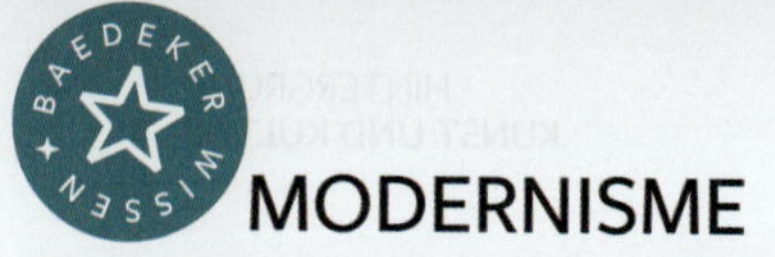

MODERNISME

Die industrielle Revolution und Errungenschaften wie Eisenbahn und Elektrizität brachten Katalonien im 19. Jh. einen wirtschaftlichen Aufschwung und damit die Voraussetzung für die um die Wende vom 19. zum 20. Jh. sich herausbildende katalanische Variante des Jugendstils, den Modernisme. Vor allem im Viertel Eixample in Barcelona entstanden wahre Prachtbauten.

Collegi de les Teresianes

Palau Güell

Güell Pavillons

Straßenlaternen/Plaça Reial

Parc de la Ciutadella

Drachen am Brunnen

Casa Vicens

Sagrada Família

Antoni Gaudí

* 25. Juni 1852 in Reus/Riudoms,
† 10. Juni 1926 in Barcelona
katalanischer Architekt

Gran Hotel Internacional (Abriss 1889)

Editorial Montaner i Simón

Castillo de los Tres Dragones

Lluís Domènech i Montaner

* 21. Dezember 1850 in Barcelona, † 27. Dezember 1923 ebenda
katalanischer Architekt und Politiker

Josep Puig i Cadafalch

* 17. Oktober 1867 in Mataró, † 23. Dezember 1956 in Barcelona
katalanischer Architekt, Kunsthistoriker und Politiker

Weltausstellung: Exposició Universal de Barcelona | **1888**

▶ **Politische Verhältnisse in Spanien**

1873–74 | Erste Republik

Königreich Spanien

1850 1860 1870 1880 1890

▶ **Ausgewählte Epochen aus Architektur, Kunst und Literatur**

HISTORISMUS

IMPRESSIONISMUS

ROMANTIK

NATURALISMUS

REALISMUS

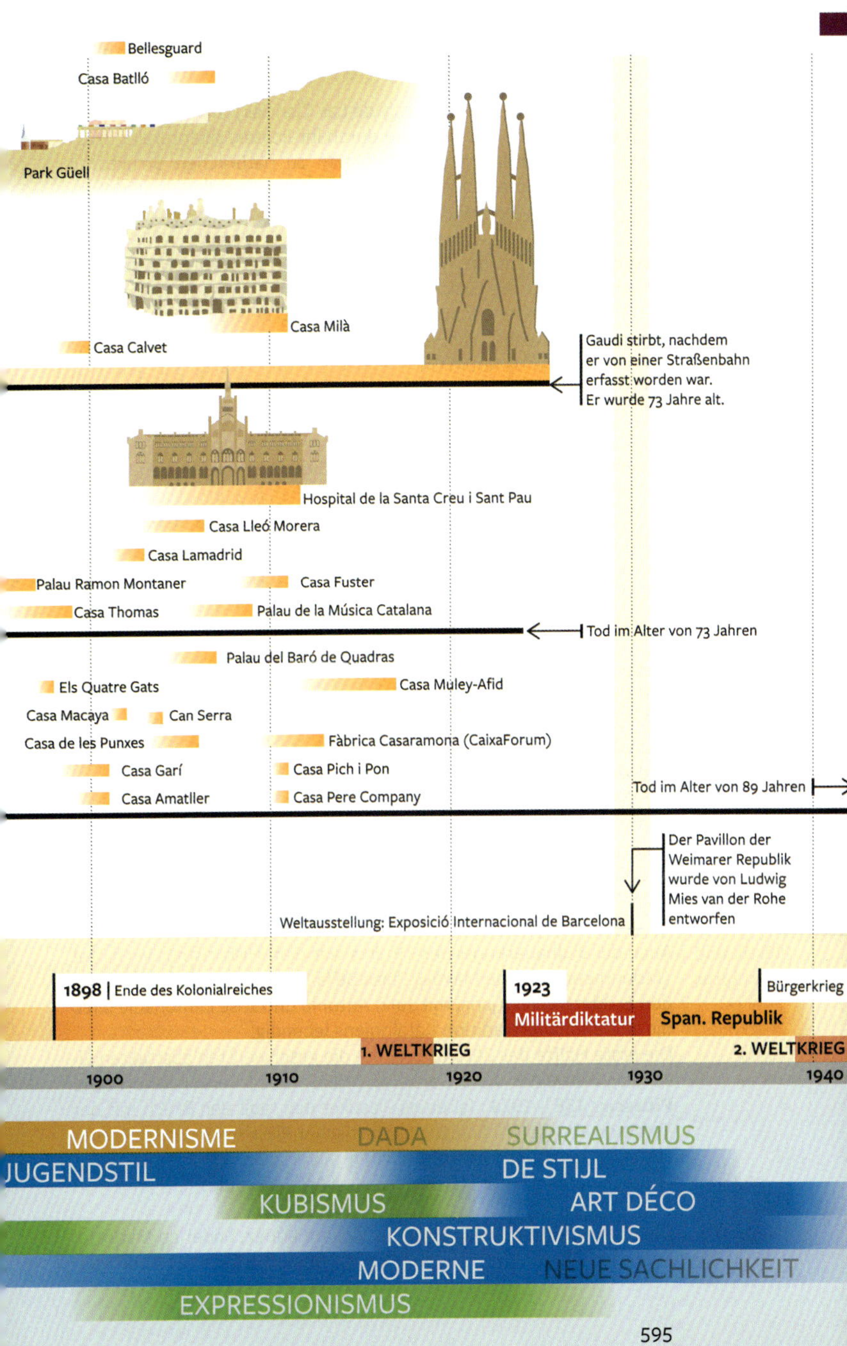

Bellesguard
Casa Batlló
Park Güell
Casa Milà
Casa Calvet
Gaudi stirbt, nachdem er von einer Straßenbahn erfasst worden war. Er wurde 73 Jahre alt.
Hospital de la Santa Creu i Sant Pau
Casa Lleó Morera
Casa Lamadrid
Palau Ramon Montaner
Casa Fuster
Casa Thomas
Palau de la Música Catalana
Tod im Alter von 73 Jahren
Palau del Baró de Quadras
Els Quatre Gats
Casa Muley-Afid
Casa Macaya
Can Serra
Casa de les Punxes
Fàbrica Casaramona (CaixaForum)
Casa Garí
Casa Pich i Pon
Casa Amatller
Casa Pere Company
Tod im Alter von 89 Jahren
Der Pavillon der Weimarer Republik wurde von Ludwig Mies van der Rohe entworfen
Weltausstellung: Exposició Internacional de Barcelona
1898 | Ende des Kolonialreiches
1923
Militärdiktatur
Span. Republik
Bürgerkrieg
1. WELTKRIEG
2. WELTKRIEG
1900
1910
1920
1930
1940
MODERNISME
DADA
SURREALISMUS
JUGENDSTIL
DE STIJL
KUBISMUS
ART DÉCO
KONSTRUKTIVISMUS
MODERNE
NEUE SACHLICHKEIT
EXPRESSIONISMUS

stadt (CAC, Ciudad de las Artes y de Las Ciencias) in Valencia hervor. Die meisten seiner Bauten fallen durch ihr lichtes, skulpturales Tragwerk auf. Oft drängen sich Parallelen zu natürlichen Strukturen (Blattwerk, Skelette) oder Flügeln auf. Sein Ausstellungs- und Kongresspalast in Oviedo mündete in einen Millionenprozess.

Gigantomane Türme

Beispiel gebend für die Architektur des 21. Jh.s wirkte **Madrid** mit seinem »Vier Türme Geschäftsviertel« Cuatro Torres Business Area. 2007–2009, inmitten schwerer Krisenzeiten, entstand hier ein Wolkenkratzer-Quartett aus Torre Espacio (Henry N. Cobb; 230 m), Torre PwC (Carlos Rubio Carvajal und Enrique Álvarez-Sala Walther; 236 m), Torre de Cristal (César Pelli; 249 m) sowie die Torre Caja Madrid (Torre Foster; 250 m) von Sir Norman Foster.

Monumente des Weins

In den Weinregionen **La Rioja und Navarra** wurde es zum Trend, einzelne **Weinkellereien** mit ungewöhnlichen Bauten zu schmücken: als Statussymbol, Lockmittel, Blickfang mit futuristischen Formen. Beispiele für diese Art der Architektur sind die Bodegas Marqués de Riscal in Elciego (Frank O. Gehry; ▶ S. 18), die Bodegas Ysios bei Laguardia (Santiago Calatrava) und die Bodega Arínzano bei Estella (Rafael Moneo).

Lokaler Größenwahn

Andere Bauwerke des 21. Jh.s entsprangen oft lokalem Größenwahn und führten durch gigantisch verschwendete Geldsummen zu polemischer Kritik, wie die »Galicische Kulturstadt« Cidade da Cultura hoch über **Santiago de Compostela**, konzipiert von Peter Eisenman und wegen Finanzproblemen nur in Teilen fertiggestellt.
Für die asturische Stadt **Avilés** schuf der legendäre Brasilianer Oscar Niemeyer ein Kulturzentrum, das seinen Namen trägt.
Bislang höchstes Gebäude in **Bilbao**, in Sichtweite des Guggenheim-Museums gelegen, ist die 165 m hohe Torre Iberdrola vom argentinisch-US-amerikanischen Architekten César Pelli.

Plastik und Skulptur

Auch die Bildhauerkunst des 19. Jh.s war dem Historismus verhaftet (Monument »Dos de Mayo«, Plaza de la Lealtad, Madrid, 1840). Mit den Brüdern Vallmitjana, mit Julio Antonio und José Llimonadie blieb die alte Bildhauertradition Kataloniens lebendig.
Die erste Hälfte des 20. Jh.s brachte die geschweißten abstrakten Eisenplastiken eines Julio González (1876–1942) hervor. Und **Pablo Picasso** (1881–1973) leitet als Plastiker den radikalen Bruch mit der Tradition ein; die Abhängigkeit kubistischer Plastik von der Malerei ist auffällig, gegenüber herkömmlichen Materialien wurden bevorzugt Pappe, Sperrholz und Fundstücke aller Art verwendet.

Malerei: Weg zur klassischen Moderne

Die **Porträtkunst** Goyas findet in Vicente López, Federico Madrazo, Leonardo Alenza und José de Madrazo bemerkenswerte Nachfolger.

Daneben entwickelt sich eine beachtliche Historienmalerei. Im 20. Jh. erlangt der Katalane José María Sert (1874–1945) internationale Bedeutung als Freskenmaler.
Pablo Picasso, führender Vertreter einer neuen Kunstentwicklung, begründet zusammen mit Georges Braque den **Kubismus**, der die dargestellten Gegenstände und Personen auf die Grundformen Kubus, Kegel und Kugel reduziert und gleichzeitig vielschichtige Betrachtungsmöglichkeiten zum Ausdruck bringt. Als bedeutendster Künstler des 20. Jh.s wird er zum großen Experimentator mit zutiefst menschlichem Anliegen. Dies kommt auch in seinem berühmten Antikriegsgemälde »**Guernica**« zum Ausdruck, das die Bombardierung der heiligen baskischen Stadt Gernika (Guernica) 1937 anprangert (heute im Centro de Arte Reina Sofía, Madrid).
Wie Picasso ist auch Juan Gris (1887–1927) dem Kubismus verpflichtet, während **Joan Miró** (1893–1983) sich dem im Paris der 1920er-Jahre entstehenden Surrealismus anschließt. Seine verspielt-heiteren Bilder zählen zu den liebenswürdigsten Schöpfungen moderner Kunst.
Salvador Dalí, einer der führenden Vertreter des Surrealismus, belebte die Kunstszene immer wieder durch seinen Hang zur Exzentrik. Kennenlernen lässt sich seine oft skurrile Welt am besten in Figueres, wo er das städtische Theater zu seinem Vermächtnis ausgestaltete.

Malerei und Skulptur der Avantgarde

Die spanische Avantgarde entwickelte eine radikal moderne Malerei, die auf beschreibende Bildmotive und kompositorische Regeln verzichtet. Richtungweisend für die Kunst des Informel war **Antoni Tàpies** (1923–2012), 1948 Mitbegründer der Gruppe »Dau al Set«. Dem Actionpainting wandte sich die Madrider Künstlergruppe »El Paso« zu, zu der Antonio Saura (1930–1998), Manuel Viola (1916–1987) und Martín Chirino (1925–2019) gehörten.
Vertreter des Informel in der Bildhauerei sind Jorge Oteiza (1908 bis 2003), Andréu Alfaro (1929–2019) sowie **Eduardo Chillida** (1924 bis 2002), einer der international renommiertesten spanischen Bildhauer, der durch wuchtige Betonplastiken von sich reden machte (»Elogio del Horizonte« in Gijón). In Hernani südlich von San Sebastián gibt es ein ihm gewidmetes Museum mit Skulpturenpark.
Im Hinterland der Costa Vascaschuf der Maler **Agustín Ibarrola** (geb. 1930) im eines der originellsten Freilichtkunstwerke Spaniens: den »Bemalten Wald« Bosque Pintado (Bosque de Oma); das Original wurde allerdings von einer Baumkrankheit befallen und 2022/2023 durch einen neuen »Bemalten Wald« ersetzt.
Nachwuchstalente der aktuellen Kunstszene werden durch Galerien, teils auch Museen gefördert. Der Konzeptkünstler Isidoro Valcárcel Medina (geb. 1937) stellte einmal fest, die heutigen Künstler Spaniens verstünden es nicht, richtig modern zu sein. Avantgardistische Jahrhunderttalente wie Picasso und Dalí gibt es eben nicht alle Tage.

INTERESSANTE MENSCHEN

Förderer der Wissenschaften: Alfons X. der Weise

1221–1284, Herrscher von Kastilien und León

Der 1221 in Toledo geborene Herrscher von Kastilien und León (reg. 1252–1284), Sohn Ferdinands III. und Beatrix' von Schwaben, agierte in der Politik ohne Fortune, tat sich jedoch in Künsten und Wissenschaften hervor. 1254 erhob er als Enkel Philipps von Schwaben Anspruch auf den deutschen Thron, wurde 1257 gewählt, übte jedoch nie die Herrschaft aus. Er umgab sich mit Dichtern und Gelehrten, gründete Schulen in Toledo, Sevilla und Murcia, ließ arabische, hebräische und lateinische Werke übersetzen, veranlasste die Herausgabe einer Gesetzessammlung (»Las Siete Partidas«) und ließ eine Nationalgeschichte verfassen, in der Heldenepen wie »El Cid« festgehalten sind. Auf ihn gehen die »**Alfonsinischen Tafeln**« (1272) zurück, ein Tabellenwerk zur Berechnung der Standorte von Mond, Sonne und damals bekannten Planeten. Seine wichtigsten Dichtungen finden sich in den »Cantigas«, 420 Lieder in galicischer Sprache, in denen seine tiefe Gläubigkeit zum Ausdruck kommt.

Ikone des internationalen Films: Luis Buñuel

1900–1983, Film- und Fernsehregisseur

Mit »**Un chien andalou**« (»Ein andalusischer Hund«), seinem Debüt 1929 – zusammen mit Salvador Dalí –, schuf der in Calanda (Aragonien) geborene Buñuel eine Art Kultfilm des Surrealismus, dem er 1930 »L'âge d'or« (»Das goldene Zeitalter«) ein weiteres Meisterwerk folgen ließ. Schon mit diesen beiden Filmen beschritt er einen Weg, der sein sozialkritisches Anliegen in detailversessene, realistische Bilder und surrealistische, albtraumartige Sequenzen umsetzte.

Nach Beginn der Franco-Diktatur 1939 emigrierte Buñuel zunächst in die USA, später nach Mexiko, wo mit »Los olvidados« (»Die Vergessenen«, 1950), »Viridiana« (1961; in Cannes mit der Goldenen Palme ausgezeichnet) und »El ángel exterminador« (»Der Würgeengel«, 1962) einige seiner bedeutendsten Filme entstanden.

Anfang der 1960er-Jahre kehrte er zurück,arbeitete in Spanien, Frankreich und Italien und drehte u. a. »Belle de jour« (»Schöne des Tages«, 1967), »Le charme discret de la bourgeoisie« (»**Der diskrete Charme der Bourgeoisie**«, 1972; Oscar als bester nicht englischsprachiger Film) und »Cet obscur objet de désir« (»Dieses obskure Objekt der Begierde«, 1977).

Letzte große Operndiva: Montserrat Caballé

1933–2018, Sopranistin und Primadonna

Ihre erste musikalische Ausbildung erhielt die in Barcelona geborene Sopranistin als Achtjährige am Konservatorium ihrer Geburtsstadt. Ihr Debüt hatte sie 1956 am Stadttheater Basel; 1959–1962 war sie am Stadttheater Bremen engagiert. 1962 ging sie zurück nach Barcelona.
Als Interpretin von Wagner-Opern entdeckte sie das italienische Repertoire für sich und sang Bellini, Verdi und Donizetti. Den internationalen Durchbruch erlangte sie 1965, als sie in der Carnegie Hall ohne große Probe Marilyn Horne in einer Konzertaufführung von Donizettis »Lucrezia Borgia« ersetzte. Fortan sang siein allen großen Opernhäusern und Konzerthallen der Welt. Doch sie beschränkte sich nicht auf Opern. 1987 brachte sie mit ihrem Freund Freddie Mercury, dem Sänger der Rockgruppe »Queen«, ein Plattenalbum mit Duetten heraus; einer der Titel war **»Barcelona«**. Die Sängerin wurden mit Ehrungen überhäuft, u. a. dem »Echo Klassik« für ihr Lebenswerk. 2014/15 wurde ihr in Spanien der Prozess wegen Steuerhinterziehung gemacht – eine unschöne Trübung ihrer Biografie. Beigesetzt wurde sie auf dem Friedhof Sant Andreu in Barcelona.

Vater Don Quijotes: Miguel de Cervantes Saavedra

1547–1616, Schriftsteller und Nationaldichter

Der Schöpfer des RomansDer sinnreiche Junker Don Quijote von der Mancha« (1605 und 1615) wurde als viertes von sieben Kindern eines wenig erfolgreichen Arztes in Alcalá de Henares geboren. Der junge Cervantes musste 1569 wegen eines Duells nach Italien fliehen und saß später zweimal wegen veruntreuter Gelder im Gefängnis.
1571 nahm Cervantes an der Seeschlacht von Lepanto teil, bei der seine linke Hand verstümmelt wurde. Auf der Schiffsreise nach Spanien wurde er von den Türken **nach Algier in die Sklaverei** verkauft und unternahm mehrere Fluchtversuche. Schließlich erwarb Hassan Pascha, der Bei von Tunis, den widerspenstigen Sklaven und ließ ihn für fünf Monate in Ketten legen. 1580 war das Lösegeld aufgebracht und Cervantes frei, doch völlig mittellos. Das Königshaus gewährte ihm eine Abfindung von 100 Dukaten.
Anschließend schlug er sich als Soldat und Kaufmann durch, wurde Proviantkommissar der Armada und 1594 Steuereintreiber in Granada. In diesen Jahren arbeitete er an seinem Roman »**Don Quijote**« (»El ingenioso hidalgo Don Quixote de la Mancha«), dessen erster Teil 1605 erschien (▶ Baedeker Wissen, S. 160). Trotz seines Erfolgs blieb Cervantes, der seit 1604 in Valladolid wohnte, arm, denn den Gewinn aus dem Verkauf des Buches teilten sich Verleger und Drucker. 1614 war der zweite Teil vollendet, doch auch dessen Erfolg konnte der Dichter nicht genießen. Er starb am 23. April 1616 in Madrid an Wassersucht und wurde in einem Kloster in der Innenstadt beigesetzt.

Exzentrisches »Enfant terrible«: Salvador Dalí

1904–1989, Maler, Grafiker, Allround-Künstler

Der am 11. Mai 1904 in Figueres geborene Salvador Dalí war einer der produktivsten, vielseitigsten und schillerndsten Künstler seiner Zeit. 1929–1935 gehörte er zur Gruppe der **Surrealisten**, die sich in Paris formierte. Seit Ende der 1940er-Jahre lebte Dalí fast ausschließlich im kleinen Portlligat an der Costa Brava (▶ Magischer Moment), doch nach dem Tod seiner Ehefrau und Muse Gala (Jelena Dmitrijewna Djakonowa; um 1894–1982) mied er diesen Ort und zog sich in deren Schloss beim Dorf Púbol in der Provinz Girona zurück, wo Gala auch begraben liegt. Dort starb er selbst am 23. Januar 1989.
Das umfangreiche Werk Dalís berührt fast alle Sparten der Kunst: Film, Malerei, Grafik, Architektur und Schmuckobjekte. Es zeichnet sich aus durch virtuose Beherrschung unterschiedlichster Techniken und einen respektlosen Umgang mit Themen und Motiven. Seine Gemälde sind Kompositionen, die einer oft beklemmenden Welt aus Träumen und Halluzinationen zu entstammen scheinen.
Bestattet wurde Dalí in dem von ihm selbst fantasievoll umgestalteten Teatre-Museu Salvador Dalí in seiner Heimatstadt Figueres. Eine gerichtlich angeordnete Exhumierung im Zuge einer DNA-Analyse und (erfolglosen) Vaterschaftsklage brachte ihn 2017 noch einmal ans Licht: Dabei war sein typisch nach oben **gezwirbelter Schnurrbart** angeblich noch vollständig erhalten ...

Legendenumwobener Nationalheld: El Cid

Um 1043–1099, Ritter und Söldnerführer

Der als **Rodrigo Díaz de Vivar** in Vivar bei Burgos geborene Ritter stand zunächst in Diensten der kastilischen Könige Sancho II. und Alfons VI., bis Letzterer ihn 1081 verbannte. Darauf schloss sich Rodrigo den maurischen Glaubensfeinden an und ging siegreich aus Gefechten gegen christliche Truppen hervor – bis zum erneuten Lagerwechsel und Aussöhnung mit Alfons VI. Mit seiner Gattin Jimena liegt er unter der Vierungskuppel der Catedral de Santa María von Burgos begraben. Unsterblich machte ihn das anonym überlieferte Epos »**Cantar de Mio Cid**« – nach seinem ehrfurchtsvollem Beinamen bei den Muslimen (arab. »sayyid« = Herr). Als eines der frühesten Werke spanischer Heldenepik um 1235 entstanden, beschreibt es ideologisch überhöht Leben und Taten eines vorbildlichen Ritters zur Zeit der Reconquista.

Einiger der Großreiche: Ferdinand II. und Isabella I.

Fernando II (1452–1516), Isabel I (1451–1504),

Mit der Heirat Ferdinands, König von Sizilien und Thronfolger in Aragonien, mit Isabella, Thronerbin in Kastilien und León, verschmolzen 1469 die beiden Reiche. Nach dem Tod von Isabellas Bruder Hein-

BEI DALÍ DAHEIM

Die Aura im museal aufrecht erhaltenen Küstenhaus **Casa Salvador Dalí** in Portlligat ist ganz besonders, da sehr intim. Durchschreitet man es in geführten Kleingruppen, fühlt man sich dem Jahrhundertkünstler so nah wie sonst nie. Hier wirft man Blicke auf sein Bett, sieht Vorlieben für **spleenige Dekors** bis hin zur ausrangierten Telefonzelle am Pool. Und in seinem **Atelier** wirken Pinsel und angebrochene Fläschchen mit Flüssigkeiten so, als würde der Meister gleich zurückkehren (▶ S. 198).

rich IV. 1474 erhob die neue Königin ihren Ehemann zum Mitregenten. 1478 führte sie die Inquisition in Kastilien und León wieder ein. Die Herrscher konzentrierten sich auf Kastilien, wo sie eine Zentralverwaltung einrichteten, und beendeten 1492 mit der Eroberung Granadas die Reconquista. Im selben Jahr landete Kolumbus, dessen Vorhaben Isabella bei Hofe durchsetzte, in Amerika. Als Begründer des spanischen Kolonialreichs sicherten sie sich ihren Platz in der Geschichte. 1496 verlieh Papst Alexander VI. (ein Spanier aus der berüchtigten Borgia-Dynastie) beiden den Ehrentitel »**Katholische Könige**«. Nach dem Tod Isabellas 1504 übernahm ihr Schwiegersohn Philipp I. (der Schöne) die Krone Kastiliens, verstarb jedoch schon zwei Jahre später. Ferdinand übte bis zu seinem Tod die Regentschaft für dessen Witwe, seine Tochter Johanna die Wahnsinnige, aus. Ihm folgte sein Enkel Karl I., der spätere Kaiser Karl V.

Gnadenlos: Francisco Franco

1892–1975, Diktator

Weniger als »interessante« denn berüchtigte Gestalt der spanischen Geschichte erwies sich Francisco Franco y Bahamonde, dessen Wille fast vierzig Jahre (1939–1975) uneingeschränkt in Spanien galt. Am 4. Dezember 1892 als Offizierssohn in El Ferrol geboren, verfolgte er zielstrebig eine militärische Karriere, bis er 1935 Chef des Generalstabs wurde. Die 1936 an die Macht gelangte Volksfrontregierung ahnte seine Gefährlichkeit und schob ihn auf die Kanarischen Inseln ab.
Mit Unterstützung deutscher und italienischer Faschisten bekämpfte Franco die Republik. Im September 1936 ernannte ihn eine Junta zum Generalísimo und »Haupt des Staats«; er selbst reklamierte für sich den Titel »**Caudillo**« (»Führer«) und übernahm 1937 das Regiment der faschistischen **Falange**. Nach dreijährigen Kämpfen war im März 1939 mit dem Fall Madrids der Bürgerkrieg praktisch beendet.
Franco hielt Spanien aus dem Zweiten Weltkrieg heraus, allerdings unterstützte er den deutschen Überfall auf die Sowjetunion durch Entsendung der »Blauen Division« (18 000 Mann).
Er errichtete eine berufsständisch organisierte Diktatur, die durch Armee, Falange und Guardia Civil jede oppositionelle Regung im Keim erstickte. Es gab weder Gewerkschaften noch politische Parteien, die Autonomiebestrebungen in Katalonien und im Baskenland wurden unterdrückt, der Katholizismus zur Staatsreligion erklärt. 1947 wurde die Monarchie offiziell wiedererrichtet, allerdings behielt sich Franco die Regentschaft auf Lebenszeit vor. Als der Diktator am 20. November 1975 starb, begann unter Juan Carlos I. die Rückkehr Spaniens zur Demokratie.

Andalusischer Märtyrer: Federico García Lorca

1898–1936, Lyriker und Dramatiker

Mit García Lorca und anderen Schriftstellern der **Generación del 27** (»Generation von 1927«) strebte die moderne spanische Lyrik einem letzten Höhepunkt vor dem Bürgerkrieg zu. Am 5. Juni 1898 in Fuente Vaqueros (Provinz Granada) geboren, studierte er Philosophie, Literatur und Jura, hielt sich 1929/1930 in New York und Kuba auf und übernahm 1931 die Leitung der Wanderbühne »La Barraca«, die in der Provinz spanische Klassiker auf die Bühne brachte. Kurz nach Ausbruch des Bürgerkriegs wurde er am 19. August 1936 von Falangisten ermordet. Zentrales Thema der Lyrik García Lorcas ist seine andalusische Heimat, deren Landschaft, Kultur und Mythen. Zudem zählt er zu den Erneuerern des erstarrten spanischen Theaters (»Bluthochzeit«, 1933; »Yerma«, 1934; **»Bernarda Albas Haus«**, 1936). Seinen Spuren kann man am besten in und um Granada folgen: im Sommersitz seiner Familie Huerta de San Vicente und in seinem museal hergerichteten Geburtshaus in Fuente Vaqueros.

Wegbereiter der Moderne: Francisco de Goya

1746–1828, Maler und Grafiker

Francisco de Goya y Lucientes wurde am 30. März 1746 in Fuendetodos bei Zaragoza geboren. Ausgebildet in Zaragoza und Madrid, arbeitete er dort ab 1775 für die königliche Teppichmanufaktur (Entwürfe ländlicher Szenen im beschwingten Rokoko) und wurde stellvertretender Leiter der Kunstakademie, die einen großen Bestand seiner Werke besitzt.
Sein Ruf ließ ihn 1799 zum spanischen **Hofmaler** avancieren, dessen Porträts sich durch schonungslose, oft karikierende Offenheit auszeichnen wie die »Die Familie Karls IV.« (Prado, Madrid). Daneben entfaltete er mit visionären, gesellschaftskritischen Grafikzyklen (»Los Caprichos«, 1793–1799; »Die Schrecken des Krieges«, 1810–1814) größten Einfluss auf die grafische Kunst. Die düster-fantastischen Werke seiner späten Schaffensphase spiegeln die bedrückenden politischen Zeitumstände (»**Schwarze Bilder**«).
1824 emigrierte Goya nach Frankreich, wo er am 16. April 1828 in Bordeaux starb. Erst zu Beginn des 20. Jh.s wurden seine sterblichen Überreste nach Spanien gebracht und in der Ermita de San Antonio de la Florida in Madrid bestattet.

Kirchlicher Erneuerer: Ignatius von Loyola

1491–1556, Ordensgründer und Heiliger

Das Burgpalais Loiola (Loyola) im Baskenland ist Heimat des einem Adelsgeschlecht entstammenden Ignatius von Loyola, der zunächst als Offizier in Diensten des Vizekönigs von Navarra stand und in seiner Jugend ein ausschweifendes Leben führte. Als er bei der Belagerung Pamplonas durch die Franzosen 1521 schwer verwundet wurde, brachte ihn während der Genesung die Lektüre von Bibel und Heiligenlegenden zu dem Entschluss, sich fortan der Religion zu widmen. 1534 legte er in Paris mit Gleichgesinnten den Grundstein für den **Jesuitenorden** (Gesellschaft Jesu; lat. Societas Jesu, SJ), den Papst Paul III. 1540 genehmigte. Ignatius war der erste General der Jesuiten, die in vielen Ländern missionarisch tätig wurden und als Vorkämpfer der Gegenreformation die Erneuerung der katholischen Kirche betrieben. Er wurde 1622 heiliggesprochen.

»Spanischer Molière«: Félix Lope de Vega

1562–1635, Dramatiker und Dichter

Félix Lope de Vega y Carpio gilt als Schöpfer der spanischen »Comedia« und bedeutender **Dramatiker des Goldenen Zeitalters**. 1562 in Madrid als Sohn eines Stickers in einfachen Verhältnissen geboren, studierte er kurz in Salamanca und bewies bald in Gedichten und Dramen sein literarisches Talent. Er nahm an der Armada-Expedition

OBEN: Keine Angst vor großen Namen – Málaga ehrt Pablo Picasso an der Plaza de la Merced.

RECHTS: Paco de Lucía sprengte die Grenzen des Flamencogitarrenspiels.

gegen England (1588) teil und ließ sich 1610 in Madrid nieder, wo er nach dem Tod seines Sohnes und seiner Frau Juana die Priesterweihe empfing. Er starb am 27. August 1635.
Lope de Vega, zu Lebzeiten als »Ungeheuer der Natur« und »Phönix des Geistes« bezeichnet, verfasste neben zahlreichen Kurzdramen, religiösen Stücken und Gedichten (Sonette, Romanzen, Lieder) über 1500 Komödien (etwa 500 davon erhalten). Im Vergleich mit Pedro Calderón de la Barca verkörpert er die originelle, volkstümliche Seite des spanischen Theaters.

Legende schon zu Lebzeiten: Rafael Nadal

geb. 1986
Tennisprofi

Nadal stammt aus dem Städtchen Manacor auf Mallorca und aus einer sportaffinen Familie. Ein Onkel, Miguel Ángel Nadal, kickte langjährig beim FC Barcelona, ein anderer Onkel, Toni Nadal, war Tennisspieler. Rafael nahm früh das Racket in die (linke) Hand und begann 2002 seine sagenhafte Profikarriere. Später wurde er **Olympiasieger** (2008 und 2016 auch im Doppel), Rekordchampion beim Turnier Roland Garros in Paris, gewann das Turnier von Wimbledon, stieg zur Nummer eins der Tenniswelt auf. Verletzungen warfen ihn das ein und andere Mal zurück. 2022 wurde er erstmals Vater - und auf dem Tennisplatz ist sein Landsmann Carlos Alcaraz erfolgreich in seine Fußstapfen getreten.

Großmeister der Flamenco-Gitarre: Paco de Lucía

1947–2014
Gitarrist

Paco de Lucía, als Francisco Sánchez Gómez in Algeciras geboren, war der bedeutendste Flamenco-Gitarrist seiner Zeit. Ausgestattet mit einer grandiosen Spieltechnik, bestach er als Sologitarrist ebenso wie als Begleiter von Sängern, vor allem des legendären Flamenco-Sängers **Camarón de la Isla**. Er arbeitete auch mit Jazzgrößen wie Al Di Meola, Larry Corryell und John McLaughlin zusammen.
1983 schrieb er die Musik für Carlos Sauras Musik- und Flamenco-Film »Carmen«, wobei er sich in dem Film selbst darstellte. Paco de Lucía starb 2014 in Mexiko an einem Herzinfarkt.

»Sonnenkönig« im Niedergang: Philipp II.

1527–1598,
Spanischer
König

Während der Regentschaft (1556–1598) Philipps II. (Felipe II), des am 21. Mai 1527 geborenen Sohns von Kaiser Karl V., stand Spanien auf dem Höhepunkt als **Weltmacht**. Es beherrschte weite Teile Italiens, die Niederlande, die Kolonien in Amerika, die Philippinen und Portugal. In der Seeschlacht von Lepanto schlug Philipps Halbbruder Juan de

Austria die türkische Flotte und sicherte damit Spaniens Vormachtstellung im Mittelmeer. Doch auch Spaniens Niedergang kündigte sich während Philipps Regentschaft an: Seit 1567 erhoben sich die Niederlande, und nach Thronbesteigung Elisabeths I. brach die alte Rivalität mit England wieder auf. Mit dem Untergang der Armada 1588 begann der Abstieg Spaniens als Seemacht.
Er festigte die Macht des Königshauses, errichtete ein **absolutistisches Regime**, verlegte die Hauptstadt von Toledo nach Madrid und ließ den Escorial errichten. Protestanten und Mauren wurden verfolgt, die Juden vertrieben. Philipps Kriege hatten die Finanzen so stark erschöpft, dass während seiner Regierungszeit dreimal der Staatsbankrott erklärt wurde. Als er am 13. September 1598 starb, war Spaniens Wirtschaft ruiniert, seine Zeit als Weltmacht vorbei.

Jahrhundertgenie der Moderne: Pablo Picasso

1881–1973, Maler, Grafiker und Bildhauer

Pablo Ruiz Picasso, am 25. Oktober 1881 in Málaga geboren, gilt als einer der bedeutendsten Künstler der Moderne. Nach ersten Lehrjahren bei seinem Vater studierte er an den Akademien von Barcelona und Madrid. 1904 übersiedelte er endgültig nach Paris.
Zunächst bestimmten melancholisch-anmutige Bilder sein frühes Werk, das entsprechend den hauptsächlich verwendeten Farben in Blaue und Rosa Periode eingeteilt wird. Mit seinem epochemachenden Schlüsselwerk »**Demoiselles d'Avignon**« (1907) schuf er die Voraussetzungen, um mit Georges Braque den Kubismus zu entwickeln.
Nach dem Ersten Weltkrieg kehrte Picasso zur figürlichen Darstellung zurück und näherte sich den Surrealisten an. Seine bisher eher geometrische Formensprache wurde zunehmend organisch. **Illustrationszyklen** nach antiken Texten, Werke, die sich mit dem Spanischen Bürgerkrieg, mit Kriegszerstörung und -verstümmelung auseinandersetzen – »**Guernica**« (1937), eines seiner berühmtesten Gemälde (Centro de Arte Reina Sofía in Madrid) –, Stierkampfszenen und Porträts waren nun die Hauptthemen. Nach dem Zweiten Weltkrieg beschäftigte er sich zunehmend mit der Keramik und Grafik.
Sein gesamtes Werk offenbart große Souveränität im Umgang mit der Kunstgeschichte, der eigenen Biografie und verschiedensten künstlerischen Techniken. Er starb am 8. April 1973 im französischen Mougins.

Porträtist und Humanist: Diego Velázquez

1599–1660, Maler

Diego Rodriguez de Silva y Velázquez, in Sevilla geboren, war der bedeutendste spanische Maler des 17. Jahrhunderts. Beeinflusst von Caravaggio, bevorzugte er religiöse Themen und andalusische Volkstypen. 1623 wurde er nach Madrid berufen, wo er Philipp IV. porträ-

tierte und zum **Hofmaler** aufstieg. Ein erster Italienaufenthalt 1629–1631 veränderte unter dem Eindruck der Kunst Tizians und Tintorettos seine Malerei, die eines seiner Hauptwerke, »Las Lanzas« (»Die Übergabe von Breda«, 1634/1635, Prado in Madrid, hervorbrachte. Die zweite Italienreise 1649–1651 änderte erneut seinen Stil. In dieser letzten Periode – er starb am 6. August 1660 in Madrid) – entwickelte er sich zu einem (fernen) Vorläufer des Impressionismus, der flüchtige Eindrücke von Licht und Farbe auf der Leinwand festhielt.
1656 entstand eines seiner bekanntesten Werke, »**Las Meninas**«, auf dem er Mitglieder des Königshauses samt Hofstaat beim Modellsitzen und sich selbst, hinter der Leinwand hervorschauend, porträtierte; ein Highlight der Sammlung des Madrider Prado.

Der Erfinder des Reiseführers: Karl Baedeker

1801–1859
Verleger

Als vielgereister Buchhändler ärgerte sich Karl Baedeker über »Lohnbediente«, die Neuankömmlinge gegen Trinkgeld in den erstbesten Gasthof schleppten. Nur: Wie sollte man wissen, wo man übernachten könnte und was es anzuschauen gäbe? In seiner Buchhandlung hatte er zwar Fahrpläne, Reiseberichte und gelehrte Abhandlungen über Kunstsammlungen. Aber wollte man das mit sich herumschleppen? Wie wäre es denn, wenn man all das zusammenfasste?
Gedacht, getan: Zwar hatte er sein erstes Reisebuch, die 1832 erschienene »Rheinreise«, noch nicht einmal selbst geschrieben. Aber er entwickelte es von Auflage zu Auflage weiter. Mit der Einteilung in »Allgemein Wissenswertes«, »Praktisches« und »Beschreibung der Merk-(Sehens-)würdigkeiten« fand er die klassische Gliederung des Reiseführers, die bis heute ihre Gültigkeit hat. Bald waren immer mehr Menschen unterwegs mit seinen »Handbüchlein für Reisende, die sich selbst leicht und schnell zurechtfinden wollen«. Die Reisenden hatten sich befreit, und sie verdanken es bis heute Karl Baedeker. Spanien beschreibt er erstmals im 1897 erschienenen Band »Spanien und Portugal«.

»
Die Nachtruhe wird in fast allen spanischen Städten durch das Geschrei des Nachtwächters beeinträchtigt
«

Baedeker's Spanien und Portugal, 1. Auflage 1897

E

ERLEBEN & GENIESSEN

Überraschend, stimulierend, bereichernd

Mit unseren Ideen erleben und genießen Sie Spanien.

Alles Nötige eingepackt für die nächste Feria ►

MICAELAVILLA

BEWEGEN UND ENTSPANNEN

Wandern, Reiten, Rad- und Skifahren, Wassersport aller Art – Spanien ist ein Land nahezu unbegrenzter Sport-Möglichkeiten – und das Relaxen am Strand zählt natürlich zu den beliebtesten »Aktivitäten« im Spanien-Urlaub!

Unterwegs mit Fahrrad oder Mountainbike

Geführte Mountainbike-Touren

»Vorsicht, gleich kommt Sand!«, ruft Radguide Christel, bevor es in eine Rambla geht. Ramblas wie diese sind ausgetrocknete Flussbette, die Andalusiens Naturpark **Parque Natural Cabo de Gata-Níjar** im Küstenhinterland zerfurchen. An den Seiten drängen schrundige Hänge mit Büschelbesatz heran, es duftet nach Thymian, die Erdkruste ist aufgeplatzt. Tief graben sich die Räder der **Mountainbikes** in den Sand in der Mitte der Rambla ein, hinterlassen Schlingerspuren. Das 2 km lange Wegstück zwischen El Pozo de los Frailes und Los Albaricoques gerät zum Kraft- und Balanceakt.

Pause bei einer Tour im andalusischen Kletterparadies El Chorro

Kurz vor dem Gehöft Cresillas Altas geht die Sand- in Schotterpiste über. »Achtung, die Steine sind extrem kantig«, warnt Christel, die sich drahtig und ausdauernd auf ihrem Full-Suspension-Modell hält.

Eine der beliebtesten Sportarten

Seit Jahren arbeiten »Almería Bike Tours« (▶ S. 619) **Radrouten** für Kleingruppen und Individualisten aus. Radfahren hat sich in Spanien zu einer der beliebtesten Sportarten entwickelt. Und wie das Beispiel zeigt, kann man selbst in der Touristenhochburg Andalusien ins wohlige Abseits wenig befahrener Pfade vorstoßen. Was wiederum Ortskenntnis verlangt, denn auf Beschilderungen darf man nicht hoffen.

Radeln auf dem Jakobsweg

Im Norden Spaniens spielt auch der Jakobsweg für Fahrradtouren eine Rolle (▶ Baedeker Wissen, S. 612). Allerdings gibt es keine separaten Fahradstrecken, sodass Radfahrer entweder (per Mountainbike!) den Wanderwegen folgen (Rücksicht nehmen!) oder die normale Straße benutzen müssen.

Pilger-, Bahn- und Wanderwege

Wandern auf dem Jakobsweg

Paradestücke spanischer Wanderstrecken sind die Achsen des Jakobswegs. Neben der Hauptroute **Camino Francés** von den Pyrenäen um Roncesvalles über Burgos und León bis Santiago de Compostela gibt es Varianten, so den Küstenweg am Atlantik (**Camino del Norte** über Bilbao, Santander, Oviedo) oder die **Vía de la Plata**, die von Sevilla in Andalusien Richtung Norden nach Santiago de Compostela führt (▶ Baedeker Wissen, S. 612). Von Santiago de Compostela kann man noch weiterwandern bis zum **Cabo Fisterra** (Finisterre), dem »Ende der Welt« in Galicien.
»Schnupperpilgern«: ▶ Das ist ..., S. 10

Stillgelegte Bahntrassen

Landesweit reizvoll sind die **Vías Verdes** (Grüne Wege) – alte Bahnabschnitte, die von Gleisen befreit und in fahrrad- und wandertaugliche Abschnitte durchs Grün verwandelt wurden, etwa zwischen Tarazona und Tudela. Auch vormals nur geplante Trassen sind inbegriffen. Mittlerweile umfasst das Netz über 3300 km
www.viasverdes.com

Naturschutzgebiete

In Nationalparks und anderen Na,turschutzgebieten findet man ausgewiesene **Wanderwege**, die, zum Teil recht anspruchsvoll, hoch in die Berge führen – schließlich ist Spanien nach der Schweiz das gebirgigste Land Europas. Das **Pyrenäengebiet**, aber auch das Hinterland der Costa Blanca bieten Landschaften von großem Reiz, die auf ausgeschilderten Wegen erwandert werden können. Auch Bergsteiger finden ausreichend Möglichkeiten, sich sportlich zu betätigen, v. a. in den Pyrenäen und Vorpyrenäen.

BAEDEKER WISSEN

ALLE WOLLEN NACH SANTIAGO

Was im Mittelalter Christenpflicht und eine nicht ungefährliche Angelegenheit wa ist spätestens seit Hape Kerkelings »Ich bin dann mal weg« für viele ein Selbstfindungstrip, den man gerne auch per Fahrrad oder all inclusive mit Gepäckbeförderung im vorausfahrenden Kleinbus bewältigt: Der Jakobsweg boomt, und nicht immer ist man allein unterwegs.

▶ Pilger gestern und heute

▶ Die drei wichtigsten Jakobsrouten durch Nordspanien

Camino francés
1 Saint-Jean Pied-de-Port (F)
2 Roncesvalles
3 Pamplona
4 Puente la Reina
5 Logroño
6 Burgos
7 León
8 Astorga
9 Ponferrada
10 Ruitelan
11 Palas de Rei
12 Santiago de C.
13 Finisterre

Camino del norte
14 Irún
15 Bilbao
16 Santander
17 Oviedo

Camino aragonés
18 Oloron (F)
19 Jaca

13 12 11
1500 m
1000 m
500 m

▶ Die Zahl der Pilger wächst stetig

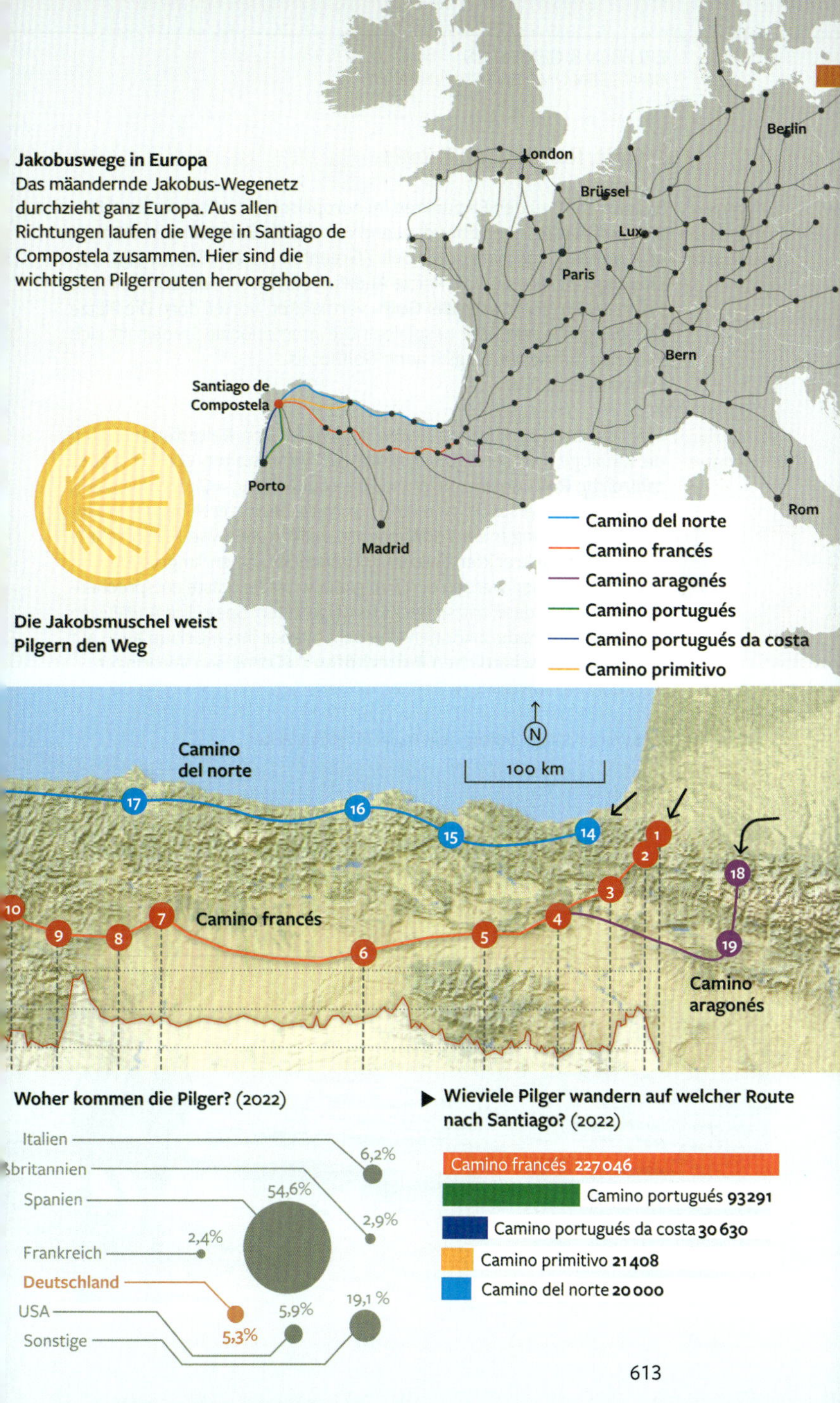

Jakobuswege in Europa
Das mäandernde Jakobus-Wegenetz durchzieht ganz Europa. Aus allen Richtungen laufen die Wege in Santiago de Compostela zusammen. Hier sind die wichtigsten Pilgerrouten hervorgehoben.
London
Berlin
Brüssel
Lux.
Paris
Bern
Santiago de Compostela
Porto
Madrid
Rom
Camino del norte
Camino francés
Camino aragonés
Camino portugués
Camino portugués da costa
Camino primitivo
Die Jakobsmuschel weist Pilgern den Weg
Camino del norte
100 km
N
Camino francés
Camino aragonés
Woher kommen die Pilger? (2022)
Italien 6,2%
Großbritannien 2,9%
Spanien 54,6%
Frankreich 2,4%
Deutschland 5,3%
USA 5,9%
Sonstige 19,1 %
Wieviele Pilger wandern auf welcher Route nach Santiago? (2022)
Camino francés 227046
Camino portugués 93291
Camino portugués da costa 30630
Camino primitivo 21408
Camino del norte 20000

Golf, Reiten und Tennis

Fixpunkt des Golftourismus

Spanien zählt zu den Fixpunkten im europäischen Golftourismus. Über **200 Golfplätze** liegen über das Land verteilt, die Benutzung ist oft nicht an eine Mitgliedschaft gekoppelt (Greenfee je nach Saison und Wochentag). Beliebt sind die Plätze Andalusiens, wo sich die Sonnenküste Costa del Sol als »**Costa del Golf**« vermarktet. Vorteil dort: Die Plätze sind das ganze Jahr über bespielbar. Die internationale Szene trifft sich zu vielen Turnieren. Es gibt auch Golfhotels.

Info-Websites: ▶ S. 619

Reitferien und -center

Möglichkeiten zum Reiten finden sich vielerorts, **R**eiterferien bieten die Kataloge diverser deutschsprachiger Veranstalter. Vor Ort gibt es zahlreiche **Reitcenter** (»Centros de equitación«, »Clubs hípicos«), zum Teil sehr versteckt gelegen – für Naturbegeisterte besonders interessant. Anfänger sind dort ebenso willkommen wie Fortgeschrittene, die im gestreckten Galopp gerne am Strand entlangreiten. Überall in Spanien werden den Fähigkeiten der Reitgäste entsprechende, gut ausgebildete, trittsichere Pferde gehalten. Speziell in Andalusien und der Extremadura können Pferdeliebhaber ihren Urlaub auch auf typischen herrschaftlichen **Reiterhöfen** (»Cortijos«) verbringen.

Veranstalteradressen: ▶ S. 619

Im Sattel am Strand entlang – ein Traum für geübte Reiter

Aufschlagen wie ein Profi

In einem Land, das mehrmals im Davis Cup triumphierte und Volksheroen wie Rafael Nadal hervorgebrachte (▶ S. 605), ist **Tennis** eine populäre Sportart, die man in sämtlichen Regionen des Landes ausüben kann.
In größeren Touristenorten und -zentren gibt es Clubs, deren Plätze jedem Tennisfan gegen Gebühr zur Verfügung stehen. Darüber hinaus bieten viele Hotels spezielle Tennisferien in großzügigen Anlagen mit zahlreichen Plätzen an.
Club-Übersicht: ▶ Website des Spanischen Tennis-verbands (S. 619)

In, auf und unter Wasser

Segel-Reviere

Zu den besten Segelrevieren Spaniens zählen die **Bucht von Cádiz** und die **Küste Kataloniens**. Zum Führen eines Segel- oder Motorboots ist eine Lizenz erforderlich.

Sporthäfen und Boots-Charter

Entlang der Landesküste gibt es rund **250 Häfen** für Sportjachten, allerdings mit recht unterschiedlicher technischer Ausstattung. Eine Anzahl von Charterunternehmen vermietet für kleine private Kreuzfahrten Jachten mit oder ohne Besatzung.
Bootscharter am Mittelmeer: ▶ S. 619

Surfen, ideale Freizeitaktivität in einem Urlaubsland mit über 2000 km Küste

Windsurfen Surfschulen und Geräteverleih findet man in den meisten Touristenregionen. Das Mekka aller Windsurfer ist das Meer vor **Tarifa**. Anfänger sind an den Küsten der **Costa Brava**, am **Mar Menor** nordöstlich von Cartagena oder in der **Bucht von Cádiz** besser aufgehoben. Im Norden Spaniens ist Surfen besonders im Baskenland an der **Costa Vasca** verbreitet, u. a. in San Sebastián und Zarautz.

Tauchkurse Tauchschulen (»Escuelas de buceo«, »cCntros de buceo«) an den Küsten bieten Kurse unterschiedlichen Niveaus für Anfänger bis Fortgeschrittene an. Vielerorts besteht die Möglichkeit, einen qualifizierten **Tauchschein** (»PADI open water diver«) zu erwerben.

PADI-Infoseite: http://travel.padi.com/de/tauchen-in/spanien

Winter- und Abenteuersport

Ski alpin und Langlauf Spanien mag manchen überraschen mit mehreren Wintersportgebieten für Ski alpin und Langlauf. Schnee fällt in den **Pyrenäen** Kataloniens, Aragoniens und Navarras, im **Kantabrischen Gebirge**, im Iberischen Randgebirge, im Kastilischen Scheidegebirge und in der **Sierra Nevada**. Die Saison beginnt in der Regel im Dezember und dauert bis März/April. In den meisten Wintersportzentren gibt es Skischulen und Materialverleih. Häufig wird beim Schneeuntergrund künstlich nachgeholfen – der Klimawandel schreitet voran.

Etwas Mut

Lokale Tourismusagenturen haben diverse Abenteueraktivitäten im Programm. Die Spanne reicht von Ballonfahrten (»vuelos en globo«) oder Fallschirmspringen (»paracaidismo«) über Paragliding (»parapente«) und Bungeejumping (»puenting«) bis zu begleiteten Höhlentrips (»espeleología«).

Beste Bedingungen zum Baden

Flaggenkunde

Mit über 2000 Strandkilometern ist Spanien klassische Destination für einen Badeurlaub. Insgesamt 550 Strände im ganzen Land dürfen sich mit dem Gütezeichen **Blaue Flagge** (»Bandera azul«) der Stiftung Umwelterziehung in Europa schmücken, das auf sauberes Wasser und gute Infrastruktur hinweist. Was nicht garantiert, dass man in der Praxis doch einmal eine andere Erfahrung macht. Auch Marinas können mit der Auszeichnung geadelt werden.
Warnflaggen am Strand haben folgende Bedeutung: grün – Baden erlaubt, gelb – Baden gefährlich, rot – Baden verboten.
Infos: www.banderaazul.org

Anschwemmungen und Sauberkeit

Speziell im Frühjahr kommt es an der Mittelmeerküste Kataloniens oft zu Anschwemmungen von Quallen, wovor meist die Behörden warnen. Andere Strände sind von Verschmutzungen betroffen, wie der von Getxo (Vorort von Bilbao), da sie im Einzugsgebiet von städtischer Industrie und Häfen liegen; trotz regelmäßiger Strandsäuberungen ist dort vom Baden abzuraten.

Costa Brava

Die »**Wilde Küste**«, der nördlichste Küstenstreifen am Mittelmeer von Portbou an der französischen Grenze bis Blanes, ist stark zerklüftet und häufig felsig. Dazwischen liegen kleine Buchten. Die steilen Vorgebirge sind oft nur zu Fuß, manchmal nur mit dem Boot erreichbar. An der Bahía de Rosas finden sich die ersten echten Sandstrände.

Costa Dorada

Die »**Goldene Küste**« umfasst den Küstenstrich der Provinzen Barcelona und Tarragona von der Mündung des Tordera (Malgrat) bis zur Ebromündung (San Carlos de la Rápita), inklusive der kleineren Costa del Maresme im Norden der Provinz Barcelona und der Costa del Garraf in deren Süden. Ihre überwiegend sanft abfallenden Strände mit feinem, goldgelbem Sand sind oft durch die in Ufernähe verlaufende Straße und Eisenbahn vom Hinterland abgeschnitten.

Costa del Azahar, Costa de Valencia

Die »**Orangenblütenküste**« Costa del Azahar erstreckt sich mit ihrer Fortsetzung Costa de Valencia südlich der Ebromündung von Vinaroz über das Küstengebiet der Provinz Castellón de la Plana/Castelló am weiten, offenen Golf von Valencia entlang bis nach Dénia, wo felsige Buchten in einen langen Sandstrand übergehen.

Die Strände bei Dénia bringen es auf eine Gesamtlänge von 20 km. Dénia ist der Schnittpunkt zur Costa Blanca, der es manchmal auch zugerechnet wird.

Costa Blanca, Costa Cálida

Die »**Weiße Küste**« Costa Blanca reicht am Mittelmeer weiter bis zur »**Heißen Küste**« Costa Cálida der Region Murcia. Die Strände sind vorwiegend flach und bestehen aus feinem, weißem Sand.

Costa de Almería, Costa Tropical

Als Costa de Almería wird der Küstenstreifen der gleichnamigen andalusischen Provinz bezeichnet, der sich über das Cabo de Gata bis Motril erstreckt. Hier findet man noch einsame, in Felsbuchten versteckte Strände. Westlich von Motril schließt sich das kleine Gebiet der »**Tropischen Küste**« Costa Tropical an, die bis kurz vor Nerja reicht. Ihr Zentrum ist Almuñécar.

Costa del Sol

Als »**Sonnenküste**« Costa del Sol, ein dicht besiedeltes Touristengebiet, bezeichnet man die andalusische Mittelmeerküste etwa von der Höhe von Nerja bis vor die Bucht von Gibraltar.

Costa de la Luz

Die »**Küste des Lichts**« Costa de la Luz erstreckt sich an der südspanischen Atlantikküste zwischen Tarifa und der Mündung des Río Guadiana an der portugiesischen Grenze. Neben ausgedehnten **Sandstränden** und ursprünglichen Dünenlandschaften gehört dazu auch die Großstadt Cádiz.

Rías Gallegas

Die Rías Gallegas an der **Atlantikküste** im äußersten Nordwesten (Provinzen Vigo, La Coruña und Lugo) sind von rauer Schönheit mit tief ins Landesinnere einschneidenden Meeresarmen. Hier wechseln sich Sandstrände mit schroffen, felsigen Abschnitten ab; der Wellengang ist beträchtlich höher als am Mittelmeer.

Costa Verde

Die Küste Asturiens trägt ihren Namen »**Grüne Küste**« zu Recht: Hinter den Stränden breiten sich Wiesen aus, dahinter steigen die bewaldeten Berge der Cordillera Cantábrica auf. Die im Gegensatz zu den Rías Gallegas weniger stark zerklüftete Küste bietet vereinzelt Sandstrände.

Costa de Cantabria

Die kantabrische Küste östlich der Costa Verde ist ähnlich der Asturiens durch **Felsbuchten** und längere **Sandstrände** gekennzeichnet. In **Laredo** findet man einen kilometerlangen Strand, auch **Santander** zeichnet sich als traditionsreicher Badeort durch weite Strandzonen aus.

Costa Vasca

Neben schönen Strandabschnitten gibt es an der **baskischen Atlantikküste** auch Problemzonen mit Industrie- und Hafenanlagen wie an der Mündung des Río Nervión bei Bilbao. Besonders schön hingegen ist die Strandstadt **San Sebastián**, nicht zuletzt für Surfer.

NÜTZLICHE WEBSITES

BERGSTEIGEN

FEDME FEDERACIÓN ESPAÑOLA DE DEPORTES DE MONTAÑA Y ESCALADA
Website des spanischen Berg- und Klettersportverbands mit Infos zu Fernwanderwegen, Berghütten u. Ä.
http://fedme.es

GOLF

GOLF SPAIN
Übersicht der »Campos de Golf« (samt Greenfee).
www.golfspain.com/es/campos

CAMPOS DE GOLF
Golfplätze in Spanien (mit Hotelangeboten).
www.camposdegolf.pro

RFAG REAL FEDERACIÓN ANDALUZA DE GOLF
Andalusische Golfvereinigung mit Links zu Clubs und Schulen.
www.golfandalucia.com

RADFAHREN

ALMERÍA BIKE TOURS
Geführte und individuelle Radtouren (Kleingruppen) durch Andalusien
www.almeria-bike-tours.de

VÍAS VERDES
Radeln auf stillgelegten Bahntrassen.
www.viasverdes.com

REITEN

EQUIBERIA
Reiterferien in Spanien
www.equiberia.com

RFHE REAL FEDERACIÓN HÍPICA ESPAÑOLA
http://rfhe.com

SEGELN

DELTA YACHT CRUISERS
Bootscharter auf dem Mittelmeer, auch für Familien
www.deltayachtcruisers.com

RFEV REAL FEDERACIÓN ESPAÑOLA DE VELA
Spanische Segelvereinigung (Verweise auf Regatten und Clubs).
www.rfev.es

TENNIS

RFET REAL FEDERACIÓN ESPAÑOLA DE TENNIS
Spanische Tennisvereinigung mit Übersicht der Clubs in allen Landesteilen (Link »Clubes«).
www.rfet.es

WANDERN

CAMINO DE SANTIAGO
Übersicht über die Jakobswege in Spanien
www.jakobsweg.de/vergleich-der-jakobswege

WINTERSPORT

ATUDEM ASOCIACIÓN TURÍSTICA DE ESTACIONES DE ESQUÍ Y MONTAÑA
Vereinigung von Berg- und Skistationen; hilfreiche Links.
www.atudem.es

ESSEN UND TRINKEN

Die Errungenschaften der spanischen Küche sind so vielfältig wie die einzelnen Regionen: facettenreiche Häppchen (Tapas), reichlich Meeresgetier, Eintöpfe, traditionelle Schänken, experimentierfreudige Küchenchefs. Kneipen und Cafés dienen nicht nur der Nahrungsaufnahme, sondern sind bis heute soziale Treffs – da mag der Fernseher im Hintergrund dröhnen, so laut er will.

Ein ganz eigener Rhythmus

In Spanien gilt es, sich an einen anderen Arbeits-, Lebens- und Mahlzeitenrhythmus zu gewöhnen. Alles beginnt später, klingt aber auch später aus. Im Allgemeinen nehmen Spanier das Frühstück nicht vor 7.30/8 Uhr zu sich. Das freut den Nachwuchs (die Schule startet oft erst um 9 Uhr) und alle Urlauber, die es gern gemächlich angehen. In manchen Landhotels des Südens wird das Frühstück nicht vor 9 Uhr aufgetischt.

Frugales Frühstück

Das eher spartanisch ausfallende Frühstück (desayuno) ist meist süß, Wurst und Käse sind die Ausnahme. Ein Milchkaffee oder Kakao, dazu Toast (tostada), Croissant (cruasán), süßes Brötchen (bollo suizo) oder Biskuit (magdalena) – das reicht. Auf abweichende Ansprüche ausländischer Gäste haben sich Unterkünfte in Touristenorten oder Hotels eingestellt – mit **Frühstücksbuffets** oder zumindest einer etwas reicheren Auswahl. Frühstück ist in spanischen **Hotels** meist nicht im Übernachtungspreis enthalten. Klären Sie vorher ab: inklusive (desayuno incluido) oder nicht (no incluido).

Mittag- und Abendessen

Im Gegensatz zum Frühstück fallen Mittag- und Abendessen reichlicher aus; drei Gänge sind üblich. Das mancherorts mittags angebotene **Tagesmenü** (menú del día) ist preiswerter als eine Mahlzeit à la carte: in einfachen Restaurants schon ab 14/15 € – mit drei Gängen, Brot und Hauswein, evtl. ist sogar noch ein Kaffee dabei.

Essenszeiten

In der Regel wird das **Mittagessen** (comida, almuerzo) von 13.30 bis 15.30 Uhr, das **Abendessen** (cena) von 21–23.30 Uhr serviert. Einheimische erscheinen freitag- oder samstagabends oft erst eine Stunde vor Mitternacht zum Dinner. Touristische Einrichtungen sind natürlich auf die Gewohnheiten der Urlauber eingestellt, doch selbst dort isst man meist etwas später als in deren Heimatland.

Restaurants

Restaurants haben in der Regel wöchentlich einen Ruhetag, oft montags; außerdem sind sie häufig am Sonntagabend geschlossen. Seit der Corona-Krise und dem Neustart der Gastronomie hat es sich zunehmend eingebürgert, in Restaurants (vor allem höherklassigen) rechtzeitige Reservierungen vorzunehmen.

Appetithäppchen oder Degustationsmenü?

Tapas (Pintxos)

Eine Klasse für sich sind traditionelle Zwischenmahlzeiten in Form von **Appetithäppchen**, die berühmten Tapas, die man im Baskenland Pintxos nennt. Tapas verspeist man gern zu Wein oder Bier, ihre Bandbreite reicht von Sardellen-Oliven-Spießchen, einer Miniportion Kartoffelomelette oder einem Käsestückchen auf Brot bis hin zu aufwändigeren Kreationen mit Fleisch und Fisch. In einigen Lokalen, v. a. auf dem Land, werden Tapas noch unaufgefordert und kostenlos zu Getränken gereicht – eine angenehme Überraschung, anknüpfend an alte Traditionen der Gastfreundschaft! Unter **Raciones** versteht man einen Teller mit verschiedenen Tapas für den etwas größeren Hunger.

BAEDEKER MAGISCHE MOMENTE

TOUR DE TAPA

Machen Sie es wie die Spanier: Ziehen Sie an lauen Sommerabenden von Kneipe zu Kneipe, um so viele köstliche Tapas wie möglich zu probieren. Scheuen Sie sich bloß nicht vor randvollen Bars, genießen Sie die Enge und Menge an lachenden Gesichtern, die Wortmalerei der temperamentvollen Sprache. Und treffen sie Ihre Wahl zwischen bewährten Klassikern und ausgefallenen Kreationen: aromatische Oliven, Boquerones (Sardellen) oder doch lieber nussigen Serrano-Schinken?

TYPISCHE GERICHTE

Spanien macht Appetit auf mehr – hier ein Überblick über typische Gerichte und Spezialitäten, die Sie unbedingt probieren sollten!

Paella: Die gemischte, safrangelbe Reispfanne ist ein Klassiker der Mittelmeerküche, insbesondere im Raum Valencia und an der Costa Blanca. Sie kommt in diversen Variationen auf den Tisch: mit Krustentieren (**paella de mariscos**, paella marinera) oder als gemischte Paella (**paella mixta**) mit Fisch, Muscheln sowie Schweine-, Hühner-, Lamm- und/oder Kaninchenfleisch. Hinein gehört auch Gemüse (Tomaten, Bohnen, Paprika). Zubereitet wird das Ganze traditionell in großen, kreisrunden Paella-Pfannen.

Chorizo: Die herzhafte, würzige Paprika-Knoblauchwurst wird landesweit in verschiedenen Gerichten verwendet. Sie findet sich in Eintöpfen oder als warmes Häppchen auf einem Stück Brot, kann aber auch roh und kalt verzehrt werden. Spaniens Küche zeichnet sich nicht durch besondere

Schärfe aus, doch bildet die scharfe (**picante**) Variante der Chorizo eine Ausnahme. Nicht-scharf heißt übrigens **dulce**, eigentlich süß – was die Chorizo definitiv nicht ist. Für deren Aroma und Farbe ist Paprikapulver (pimentón) verantwortlich. Der Geschmack der Wurst wird Sie vermutlich länger durch den Tag begleiten ...

Tortilla de patata: Das Kartoffelomelette, landesweit ein Klassiker, zählt dank reichlich Kohlehydraten zu den

garantierten Sattmachern. Ein ganzes Omelette wird man kaum schaffen, besser wählt man es tortenförmig geschnitten als Tapa oder ración mit einem ein Stück Baguette dazu. Auch ein belegtes Baguette (bocadillo) wird mit in Stücke geschnittener Tortilla serviert.

Gazpacho: Insbesondere in Andalusien Spezialität, ist diese kalte Suppe an warmen Tagen herrlich erfrischend. Hauptzutaten sind rohe Tomaten, die mit Gurke, Zwiebeln, Knoblauch, Olivenöl, etwas Essig, Wasser, Weißbrotstückchen oder -krumen, Salz und diversen Gewürzen püriert werden, sodass eine sämige Masse entsteht. Bei stärkerer Zugabe von Wasser nimmt die Mischung eher Saftcharakter an. Gazpacho sollte unbedingt eine Weile gut gekühlt werden.

Jamón Serrano: Allein der Gedanke an luftgetrockneten Schinken lässt Spanienkennern das Wasser im Mund zusammenlaufen. Das magere und aromatische Fleisch der Schweinekeulen erfordert längere Zeit der Reife und des Ausfettens (sudado). Bekannt ist der Jamón Serrano aus den kühleren Gebirgsregionen Andalusiens, etwa aus Trévelez in den Alpujarras und Jabugo aus der westlichen Sierra Morena. In Kneipen und Restaurants ordert man ihn gern portionsweise als ración.

Churros: Wer eine Portion dieses mit Zucker bestreuten Fettgebäcks in Kringel- oder Stäbchenform bestellt, sollte sich nicht vor Kalorien fürchten! Noch warm und kross, werden Churros – aus Brandteig in heißem Öl ausgebacken – von Spaniern bevorzugt in eine dickflüssige, ultrasüße Schokoladensauce getaucht. In diesem Fall bestellt man im Café churros con chocolate. Eine dickere Churros-Variante heißt **Porros**; diese können auch mit Schokolade oder Creme gefüllt sein.

Platos combinados

In Ferienorten und Großstädten erhält man häufig **Tellergerichte** (platos combinados), Mahlzeitenkombinationen, die gut sättigen. Schnörkellos sind eine Fleischbrühe (caldo), ein gemischter Salat (ensalada mixta), ein Gemüseteller (menestra; auch als ausgiebigerer Eintopf) und Rühreigerichte (revueltos).

Degustationsmenüs

Wer raffiniertere Menüs bevorzugt und nicht auf den Euro achten möchte, kann in gehobenen Restaurants auch das **Degustationsmenü** probieren (menú de degustación; ab etwa 50 €). Hier zeigt der Küchenchef/die Küchenchefin in Form von sechs bzw. mehr oder weniger kleinen aber feinen Gängen das ganze Spektrum seiner/ihrer kulinarischen Finesse. In Sternerestaurants liegen die Preise pro Person durchaus über der 200 €-Marke. Die Getränkebegleitung kostet extra, wobei es auch Angebote mit einem Festpreis passender Weinbegleitung gibt. Fragen Sie nach »Maridaje de vinos«: zu jedem Gang der passende Wein, ausgesucht und erklärt vom Sommelier.

Vegetarier und Veganer

Vegetarier und Veganer haben eher einen schweren Stand, denn diese Ernährungsformen sind in Spanien bislang kaum ausgeprägt. Fragen Sie ggf. nach Gerichten für Vegetarier (platos para vegetarianos) bzw. Veganer (para veganos).

Küchen der Regionen

Deftig und variantenreich

Die spanische Küche besitzt zwar überregionale Gemeinsamkeiten, doch Zutaten und Zubereitung variieren. Hinzu kommen ortstypische Spezialitäten, schließlich hat jede Region ihre Geschichte und Kultur.

Baskenland: Meeresgetier und Häppchen

Im Baskenland kann einem schwarz vor Augen werden. Zumindest beim Blick auf den Teller im Restaurant. **Txipirones en su tinta** heißt eine regionale Spezialiät: Tintenfisch gekocht in der eigenen Tinte, zu dem man Reis serviert. Basken lieben alles, was aus dem Meer kommt. Typisch sind **Fischeintopf** mit Thunfisch (marmitako) oder **Kabeljau** in Olivenöl mit Knoblauch (bacalao al pil-pil).
Ebenso berühmt sind sie für ihre Häppchen, die hier nicht Tapas, sondern **Pintxos** heißen und als kulinarische Kleinstkunstwerke zelebriert werden; die Altstadt von San Sebastián genießt einen legendären Häppchen-Ruf.

Navarra, Rioja, Kastilien-León

Im Norden Spaniens, wo Küste und Berge nah beieinander liegen, wird die Fischauswahl durch herzhafte Gerichte mit Fleisch, Gemüse und Hülsenfrüchten ergänzt. In Navarra, der Rioja und Kastilien-León kommen häufig gegrillte **Lammrippchen** (chuletillas de cordero), **Spanferkel** (cochinillo) und **Eintöpfe** mit Linsen (lentejas) und roten Bohnen (alubias rojas) auf den Tisch.

Spezialität Asturiens ist der **Fabada** genannte Bohneneintopf mit Speck, Blut- und Paprikawurst, während man in Kastilien gerne **Knoblauchsuppe** (sopa de ajo) und in Galicien gekochten **Vorderschinken** mit Steckrübenblättern (lacón con grelos) verzehrt.

Asturien, Kastilien, Galicien

Ebenso abwechslungsreich geht es in Katalonien zu: vom gemischten **Fischtopf** (suquet de peix) über eine **Pilzpfanne** (bolets a la llauna) bis zur **Schweinswurst** (botifarra), die kalt oder heiß zubereitet werden kann. Als bescheidener Klassiker Kataloniens gilt das **Tomatenbrot** (pa amb tomàquet), das in Manuel Vázquez Montalbáns Romanen um Pepe Carvalho, den Feinschmecker-Detektiv aus Barcelona, zu literarischen Ehren kam.

Katalonien: Fischtopf und Botifarra

Charakteristisch für die spanische Küche ist die Verwendung von Knoblauch und **Olivenöl**. Vor allem das hochwertige kaltgepresste aceite de oliva virgen stammt vielfach aus Andalusien.
Aus maurischen Zeiten stammen die **typischen Gewürze** der andalusischen Küche, wie Zimt, Muskatnuss, Kreuzkümmel, Safran. In süßsaure **Marinaden** (escabeches), ebenfalls auf die Muslime zurückgehend, legt man im Süden gern Sardellen, Muscheln und Fleisch ein.
Zu den weiteren Spezialitäten Andalusiens zählen eingelegte **Oliven** (aceitunas), **Ochsenschwanzragout** (rabo de buey) und ajoblanco, eine kalt servierte **Knoblauchsuppe**, in die aufgeweichtes Weißbrot und gemahlene Mandeln gehören.

Andalusien: Öl und maurische Gewürze

Im kargen Zentralspanien sind die Gerichte einfacher Leute populär; dazu gehören Innereien wie **Kutteln** (callos) oder der Cocido madrileño, ein deftiger **Eintopf** mit Kichererbsen (garbanzos), einigem Gemüse und Fleisch bzw. Speck. Beide Gerichte bekommt man oft in Madrid.

Zentralspanien: Arme-Leute-Küche

Reisgerichte, angeführt von der landesweit populären **Paella** (▶ Baedeker Wissen, S. 622), sind für die gesamte Mittelmeerküste typisch, v. a. für Valencia. Und wo immer dort **Feigen**, **Mandeln** und **Honig** ins Spiel kommen, ist von zuckersüßen maurischen Vorläufern auszugehen. Das gilt für Marzipan ebenso wie für die vor allem in der Weihnachtszeit beliebten **Turrones**: nougatähnliche Tafeln aus Honig und Mandeln.

Valencia: Paella und Süßigkeiten

Spanien produziert ausgezeichnete Käse mit geschützter Herkunftsbezeichnung, wie **Manchego** (queso manchego) aus La Mancha, einen Hartkäse aus Schafsmilch, oder **Cabrales** (queso cabrales), einen geruchsintensiven und vollaromatischen Schimmelkäse aus Arenas de Cabrales in Asturien, hergestellt aus Kuh-, Ziegen- und Schafsmilch – vielleicht die sinnlich intensivste Begegnung mit dieser Region!

Regionaltypischer Käse

Spaniens Weine – Sonne des Südens

Weltgrößte Anbaufläche

Spanien besaß 2017 mit knapp 1 Mio. Hektar die größte Weinanbaufläche der Welt (▶ Baedeker Wissen, S. 628). Die meisten Weine sind Qualitätsweine mit kontrollierter **Herkunftsbezeichnung** (**D. O.**: Denominación de Origen). Von den über hundert Sorten gehören einige zur internationalen Spitzenklasse, angeführt von den **Riojas** (Klassifizierung **D.O.Ca.**: Denominación de Origen Calificada).

Süßweine

Mit dem nach seiner Herkunftsstadt Jerez de la Frontera benannten **Sherry**, einem gespriteten Weißwein, brachten spanische Winzer eine Spezialität hervor, die englische Handelshäuser weltweit bekannt machten. Als Aperitif- oder Dessertweine werden auch andere Süßweine geschätzt, v.a. Moscatel, Vino de **Málaga** und Vino de Cómpeta aus dem Süden.

Getränke ohne und mit Alkohol

Reines Wasser

Mineralwasser (agua mineral) trinkt man in der Regel ohne Kohlensäure (sin gas). Wer Wasser mit Kohlensäure (con gas) möchte, sollte dies ausdrücklich bestellen. In einfachen Restaurants wird oft ein Krug mit **Leitungswasser** auf den Tisch gestellt.

Kaffee

Alternativen zum beliebten **Milchkaffee** (café con leche) sind ein kleiner Milchkaffee (cortado) oder ein **Espresso** (café solo).

Horchata

Köstlich und süß schmeckt die v.a. in und um Valencia verbreitete **Erdmandelmilch** (horchata). Das erfrischende, mineralstoffreiche Getränk aus braunen, erbsengroßen Erdmandeln (chufas; Wurzelknollen einer Zypergräserart) wird in **Horchaterías** kühl serviert.

KLEINES WEINGLOSSAR

bodega Kellerei
cava Schaumwein
cepa Reb-/Traubensorte
clarete leichter Rosé
cosecha Lese, Jahrgang
criado/elaborado por erzeugt von
crianza Qualitätsrotwein (mind. 2 Jahre gereift, mind. 1 Jahr im Eichenfass)
reserva Qualitätsrotwein (mind. 3 Jahre gereift, davon mind. 1 Jahr im Eichenfass)
gran reserva hochklassiger Qualitätsrotwein (mind. 5 Jahre gereift, davon mind. 2 Jahre im Eichenfass)
rosado Roséwein
seco trocken
semi-seco halbtrocken
vendimia Weinlese, Jahrgang
viña, viñedo Weinberg
vino blanco Weißwein
vino tinto Rotwein
vino de mesa Tischwein (ohne Prädikat)

Bier (cerveza) ist kaum weniger beliebt als Wein, wobei in Spanien besonders helle Biere der Pilsner Art getrunken werden. Zu den bekanntesten heimischen Biersorten zählen San Miguel, Mahou und Cruzcampo. Ein frisch gezapftes Bier bestellt man als »caña«.
Ein Mix aus Bier mit Zitronenlimonade (cerveza con limón bzw. clara) ist ebenfalls erfrischend, jedoch nicht überall verbreitet.

Cerveza

In Asturien sollte man **moussierenden Apfelwein** (Sidra) probieren – goldgelb und oft ein wenig herb. Sein Ausschank ist eine Kunst für sich – in hohem Bogen wird er aus der Flasche ins Glas gegossen, da er erst in Kontakt mit Sauerstoff seine Aromen voll entfaltet.

Sidra

Sangría – eine blutrote Bowle (sangre: Blut) aus Rotwein, Weinbrand, Früchten, Orangen- und Zitronensaft, meist mit Eiswürfeln serviert – ist eher ein Touristen- und Partygetränk, der verwendete Wein oft von minderer Qualität. Im Zweifelsfall sollte man davon Abstand nehmen.

Sangría

Nach einem üppigen Essen trinken Spanier gerne einen **Brandy**, meist aus dem Gebiet um die andalusischen Städte Jerez de la Frontera oder El Puerto de Santa María. Aus Zentralspanien kommt ein starker **Anislikör** (anís de Chinchón), aus dem Norden der **Orujo**, ein dem Grappa vergleichbarer Tresterbranntwein. Berühmt sind auch die **Kräuterliköre** Galiciens und ein aus Navarra stammender **Schlehenlikör** (pacharán; sehr süß).

Höherprozentiges

Gepflogenheiten im Restaurant

Im Restaurant sucht man nicht einfach einen freien Tisch, sondern wartet, bis die Bedienung einen Platz zuweist. Absolut tabu ist es auch, sich einfach zu anderen Gästen an den Tisch zu setzen.

Geduld

Bei Menüs werden die Preise oft ohne Mehrwertsteuer angegeben (IVA: Impuesto sobre el valor añadido; im Restaurant 10 %). Den Hinweis, ob sie eingeschlossen ist (IVA incluido) oder nicht (no incluido), entnimmt man der Speisekarte oder einem Aushang.

Mehrwertsteuer

Zufriedenheit mit dem Service vorausgesetzt, ist in Restaurants ein Trinkgeld in Höhe von 5 % des Rechnungsbetrags angemessen, die Faustregel 10 % inzwischen überholt. Kein Trinkgeld ist in Kneipen üblich, man lässt eventuell ein paar Münzen auf dem Tisch liegen.

Trinkgeld

Rechnungen werden stets für den **ganzen Tisch** gestellt. Für Kneipenzüge sollte man vorab einen Festbetrag pro Kopf in eine Gemeinschaftskasse geben. Auch hier wird nicht einzeln bezahlt. So zumindest praktizieren es die Spanier.

Gruppen-Rechnung

SPANISCHER WEIN

Lange galt spanischer Wein als höchstens alltagstauglich. Mittlerweile aber erfahren Spaniens Spitzenweine höchste Anerkennung der internationalen Fachwelt. Ein Handicap dabei ist die Trockenheit: Zwar besitzt das Land die größte Weinanbaufläche weltweit, aber auf Grund der Wasserknappheit liegt der Ertrag eher im Mittelfeld.

▶ **Spanien im Vergleich**

Rebfläche in Mio. ha

Produktion in Mio. hl (2022)

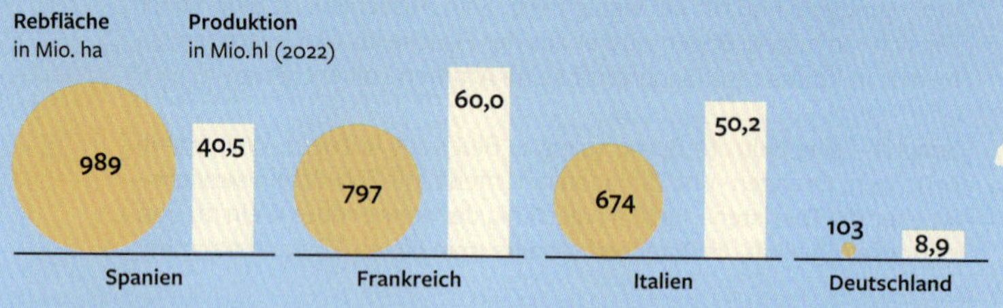

▶ **Klassifizierung**

Die Stufen DOCa und DO sind offiziell durch die Denominación de Origen Protegida (DOP) abgelöst, dürfen aber weiterhin verwendet werden.

- **VP** (Vino de Pago) ist die höchste Klassifizierung. Nur einzelne Weingüter in besonderen Lagen wurden bisher zertifiziert.
- **DOCa** (Denominación de Origen Calificada) Es gibt nur zwei Gebiete, die diese hohe Auszeichnung tragen.
- **DO** (Denominación de Origen) 67 Gebiete tragen diese Auszeichnung, sie werden streng überwacht und kontrolliert.
- Regionen, in denen nur **Vino de Calidad** (Landwein) hergestellt wird.
- **Cava,** Herkunft des beliebten Qualitäts-Schaumweins

▶ **Rebsorten**

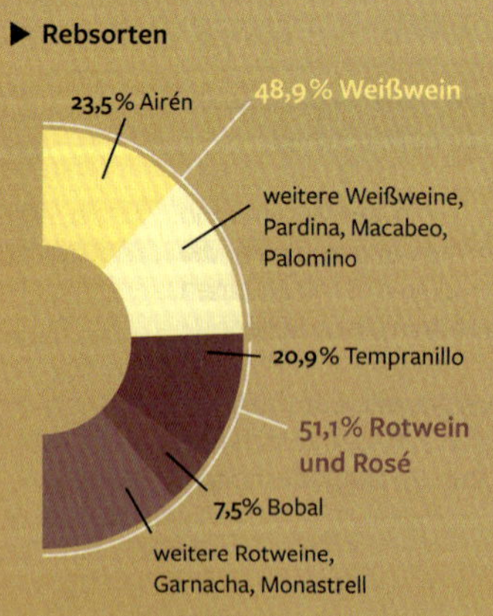

▶ **Trinkreife**

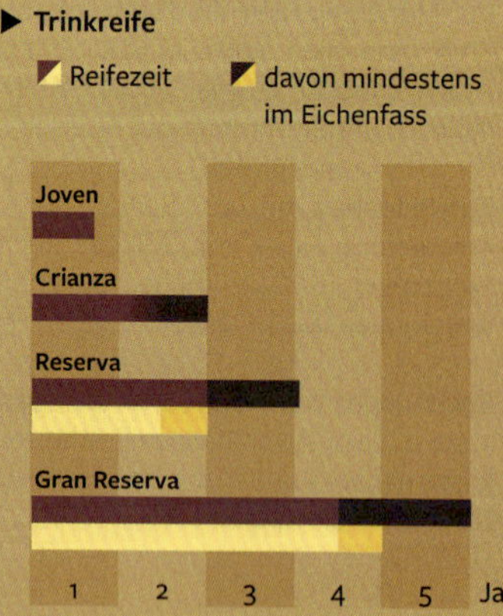

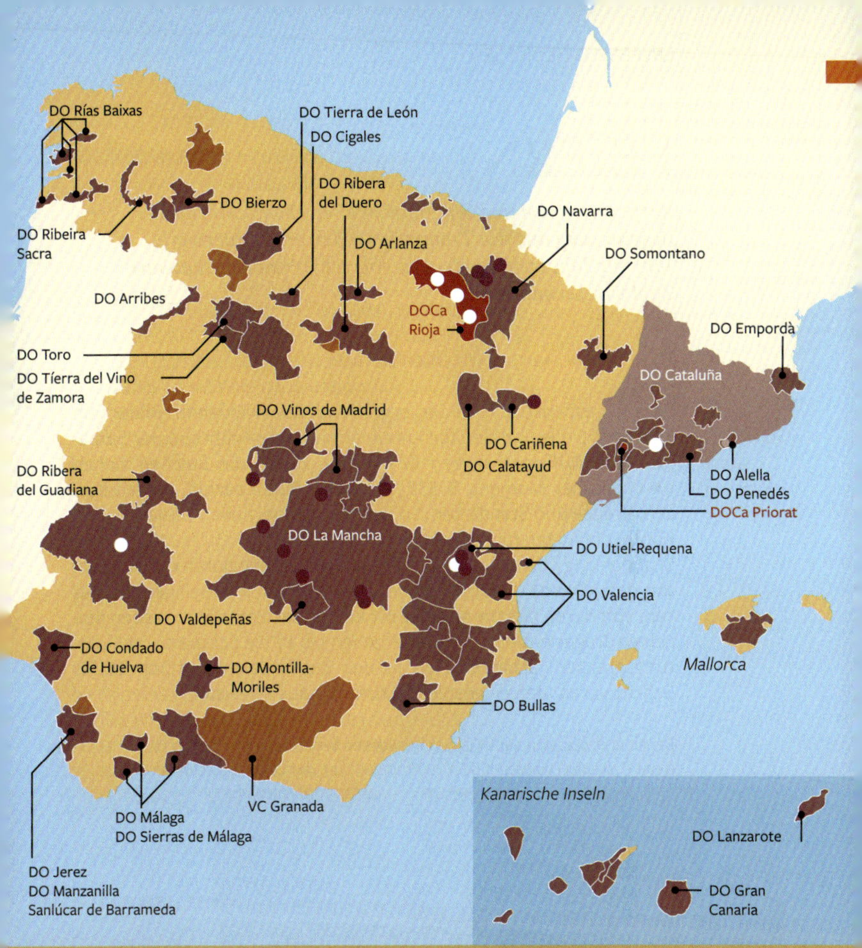

DO Rías Baixas
DO Tierra de León
DO Cigales
DO Ribera del Duero
DO Bierzo
DO Ribeira Sacra
DO Arlanza
DO Navarra
DO Somontano
DO Arribes
DOCa Rioja
DO Empordà
DO Toro
DO Tíerra del Vino de Zamora
DO Cataluña
DO Vinos de Madrid
DO Cariñena
DO Calatayud
DO Ribera del Guadiana
DO Alella
DO Penedés
DOCa Priorat
DO La Mancha
DO Utiel-Requena
DO Valencia
DO Valdepeñas
DO Condado de Huelva
DO Montilla-Moriles
Mallorca
DO Bullas
VC Granada
DO Málaga
DO Sierras de Málaga
DO Jerez
DO Manzanilla
Sanlúcar de Barrameda
Kanarische Inseln
DO Lanzarote
DO Gran Canaria

Weinkonsum im Vergleich

2022 wurden weltweit 240 Mio. hl Wein getrunken, davon deutlich über die Hälfte in Europa.

Frankreich
24714 hl
Italien
22800 hl
Deutschland
19800 hl
Groß-britannien
13034 hl
Spanien
10700 hl

Weinexportländer
in Mrd. €, 2022

Frankreich
8,7
Italien
7,9
Spanien
3,0
Chile
1,8
Australien
1,3
USA
1,3

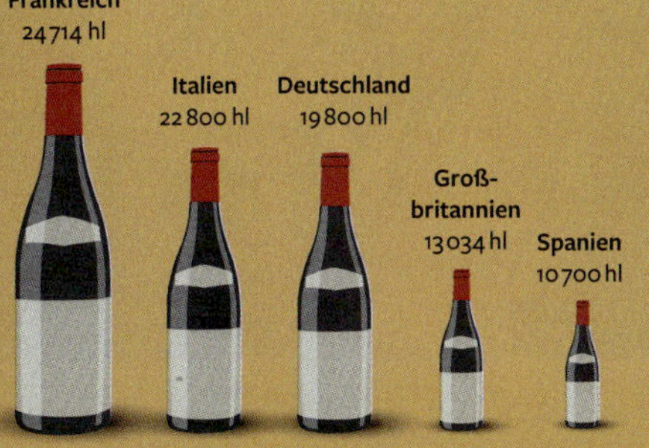

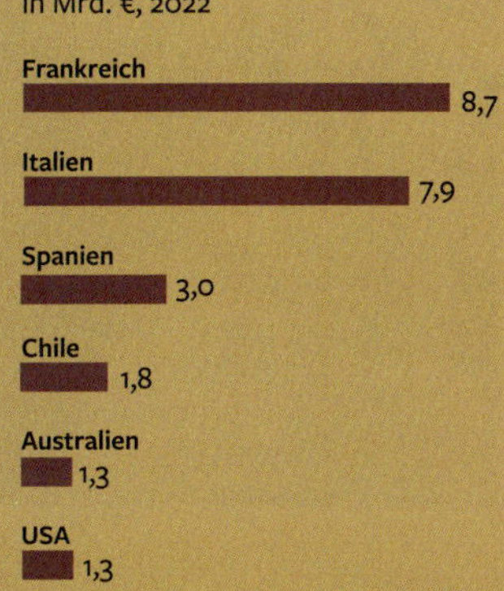

FEIERN

Karprozessionen und Wallfahrten lösen ebenso Stürme der Begeisterung aus wie Trommelparaden oder Feuerwerk. Jahr für Jahr steht landesweit eine schier unüberschaubare Zahl von Terminen an.

Semana Santa, die Karwoche

Lange Gewänder, spitze Kapuzen

Es sind gespenstische Bilder, ergreifend, überwältigend. Bilder von Schmerz, Stille und tiefster Anteilnahme, wenn während der Semana Santa **Büßer** in langen Gewändern durch die Straßen ziehen (▶ Magischer Moment, S. 530). Manche gehen barfuß, tragen Kerzen, Kreuze und Standarten. Spitze Kapuzen verhüllen Gesichter und Köpfe, die Augen funkeln durch schmale Schlitze.
Stundenlang über viele Kilometer marschieren sie durch die Straßen, mit den »**Pasos**«, tonnenschweren Aufbauten mit Heiligenskulpturen, von deren Gesamtgewicht oft ein ganzer Zentner auf jeden einzelnen Träger entfällt. Die Büßer gehen bis an die Schmerz- und Leistungsgrenzen, schieben sich in der Zuschauermenge Schritt für Schritt voran, den eingespielten Kommandos folgend.

Bei einer Prozession der »Kleinen Karwoche« Semana Santa Chiquita in Puente Genil (Córdoba) werden Kinder zu Protagonisten der Leidensgeschichte Christi.

Den Höhepunkt bilden die **Karfreitagsprozessionen**, die zu den eindrucksvollsten Erlebnissen im Festgeschehen zählen. Jeder einzelne Teilnehmer durchlebt dabei die Leidensgeschichte Jesu Christi, teilt symbolisch und körperlich den Schmerz des Gekreuzigten. Weniger als Showeffekt denn Ausdruck tiefinnerster Gefühle. Deshalb wirkt alles so dramatisch, intensiv, so an- und aufrührend. Selbst in Zeiten bröckelnden Glaubens ist alles ein Ausdruck tiefer Volksfrömmigkeit.

Höhepunkt der Karwoche

Rückgrat der Feierlichkeiten sind die zahlreichen Laienbruderschaften der **Cofradías** bzw. **Hermandades**. Allein in Sevilla gibt es mehr als fünf Dutzend dieser Vereinigungen, die sich durch die Farbtracht ihrer Tunikas und Kapuzen sowie ihre kunstvoll gearbeiteten Pasos unterscheiden; manche von ihnen zählen mehrere Tausend Mitglieder.

Laienbruderschaften

Feste rund ums Jahr

»In Spanien gibt es mehr als hundert erstaunliche Feste und so viele mehr, dass allein ihre Aufzählung uns alle überquellen ließe«, bemerkte einst Literaturnobelpreisträger Camilo José Cela – und untertrieb damit sogar. Tatsächlich könnte man ein Jahr lang täglich von Ort zu Ort ziehen und dabei nur einen kleinen Ausschnitt des spanischen Festkalenders miterleben.

Prall gefüllter Festkalender

Für die Fallas werden am 19. März (**Josefstag**) in den Straßen der Autonomen Gemeinschaft Valencia riesige, satirisch-komische Stoff- und **Pappmaché-Figuren** errichtet und am Ende der Festwoche verbrannt. Ein mittelalterlicher Brauch, als Zimmerleute, Schreiner und andere Handwerker jedes Jahr ihre Holzabfälle verbrannten – San José, der Zimmermann, ist ihr Schutzpatron. Zugleich wird mit dem Feuerritual, begleitet von reichlich Böllern, das Frühjahr begrüßt.

Fallas: Frühlingsfeste in Valencia

Das im April oder Mai gefeierte »Mauren- und Christenfest« **Moros y Cristianos** geht auf die Reconquista zurück (▶ Magischer Moment, S. 55). Mit Böllerschüssen und Schwertergeklirr inszenieren Hunderte von Teilnehmern in prachtvollen Kostümen den Kampf der Christen gegen die Mauren. »Sieger« sind die Zuschauer, vor denen sich wahre Farborgien entfalten. Echte Kämpfe gibt es nicht.

»Mauren- und Christenfest«

Wichtige Feste in Südspanien, v. a. Andalusien, sind die **Romerías**. Diese lokalen Wallfahrten führen zu meist außerhalb von Dörfern oder Städten gelegenen Heiligtümern (»santuarios«), kleinen Kapellen oder Kirchen, die einst nach (vermeintlichen) Marienerscheinungen oder anderen Wundern errichtet wurden. Dabei geht es nicht nur getragen, sondern auch feierlich-fröhlich zu; das kulinarische Miteinander darf nicht zu kurz kommen.

Lokale Wallfahrten

Bunte Volksfeste Auch **Ferias**, bunte Volksfeste, gelegentlich als »Jahrmärkte« bezeichnet und ursprünglich an feierliche Handelsabschlüsse auf Getreide- und Viehmärkten geknüpft, genießen einen hohen Stellenwert. Besuchern bietet sich hier mitunter die seltene Gelegenheit, echte Folklore zu erleben!

Zu Ehren kulinarischer Produkte Gemeinden organisieren gerne Feste um regionaltypische Produkte, um damit auf sich aufmerksam zu machen. In Touristengebieten kann es bei solchen Wein-, Fisch-, Meeresfrüchte-, Mandelblüten- oder Salzfesten oft recht kommerziell zugehen.
Für die »Tomatenschlacht« **Tomatina** Ende August, ein Volksfest im valencianischen Ort Buñol (val. Bunyol), wird sogar Eintrittsgeld erhoben. Das Spektakel, bei dem Zehntausende Kilo Tomaten für eine Matschorgie verschwendet werden, erscheint heute selbst vielen Spaniern als bedenklich, andere wiederum bestehen auf der Tradition.

Sportliche Ereignisse

Pelota Ein authentisches Erlebnis verspricht im Baskenland der Besuch eines Pelota-Matches. Bei diesem **Schlagballspiel** wird ein lederumwickelter Hartgummiball (pelota) im Einzel oder Doppel auf großen Freiluftfeldern oder in Hallen (frontónes) gegen eine Wand geschmettert – mit Holzschlägern oder mit den blanken Händen.

Motorsport Motorsport-Events locken Zuschauer aus nah und fern. Der Große Preis von Spanien (Gran Premio de España) auf dem **Circuit de Barcelona-Catalunya** steht regelmäßig im Jahreskalender der Formel 1. Motorrad-WM-Rennen werden auf den Strecken von Jerez de la Frontera, Barcelona, Aragonien und Valencia ausgetragen.
www.circuitcat.com/es

VERANSTALTUNGSKALENDER

GESETZLICHE FEIERTAGE

1. Januar: Año Nuevo (Neujahr)
6. Januar: Reyes Magos (Dreikönigstag)
März/April: Karfreitag (Viernes Santo)
1. Mai: Día del Trabajo (Tag der Arbeit)
15. August: Asunción (Mariä Himmelfahrt)
12. Oktober: Día de la Hispanidad (»Entdeckung« Amerikas)
1. November: Todos los Santos (Allerheiligen)
6. Dezember: Día de la Constitución (Verfassungstag)
8. Dezember: Inmaculada Concepción (Mariä Empfängnis)
25. Dezember: Navidad (Weihnachten)

Ein Feiertag, der auf einen Sonntag fällt, wird oft am Montag nachgeholt!

REGIONALE FEIERTAGE

Da der Festtagskalender jährlich neu festgelegt wird, sind geringe Abweichungen möglich.
19. März: San José, Sant Josep (Josefstag)
März/April: Jueves Santo (Gründonnerstag), Lunes de Pascua (Ostermontag)
Mai/Juni: Día del Corpus (Fronleichnam)
24. Juni: San Juan (Johannes d. T.)
29. Juni: San Pedro y San Pablo (St. Peter und Paul)
25. Juli: Día de Santiago (St. Jakobus)

JANUAR

CABALGATA DE LOS REYES

Am Vorabend des **Dreikönigstags** finden farbenfrohe Umzüge mit den »Hl. Drei Königen« statt.
5. Jan. in Madrid, Barcelona, Pamplona u. a.

SAN SEBASTIÁN

Großes **Patronatsfest** mit Trommelparade
19./20. Jan.

FEBRUAR / MÄRZ

KARNEVAL

Mit Umzügen und Festwagen wird ausgelassen Karneval gefeiert, allerdings nur punktuell, etwa in Cádiz.

FALLAS IN VALENCIA

Hunderte Kolossalfiguren aus Pappmaché werden überall in der Stadt aufgebaut und gehen bei der »Nacht des Feuers« (19. März) um Mitternacht in Flammen auf.
Woche vor dem 19. März

OSTERN

Die ergreifenden Prozessionen während der **Semana Santa** (▶ Magischer Moment, S. 530) sind in folgenden Städten besonders spektakulär: Alicante, Cartagena, Cuenca, Granada, León, Málaga, Murcia, Sevilla, Valladolid, Zamora

APRIL / MAI

FERIA DE ABRIL IN SEVILLA

6-tägiges Frühlings- und Volksfest mit Reiter- und Kutschenumzügen und einem abschließenden **Feuerwerk** am Guadalquivir
2. Woche nach Ostern

MOROS Y CRISTIANOS IN ALCOY

Trachtenumzüge und »Schlachtengetümmel« beim bekanntesten »Mauren- und Christenfest« (▶ Magischer Moment, S. 55).
Mehrere Tage Ende April
www.alcoyturismo.com

FIESTA DE LOS PATIOS IN CÓRDOBA

Fest der blumengeschmückten **Innenhöfe** (Patios), die die Bürger für Besucher öffnen
Erste Mai-Hälfte
http://patios.cordoba.es

SAN ISIDRO IN MADRID

Stadtfest zu Ehren des hl. Isidor mit Umzügen und Kulturveranstaltungen
Anf. bis Mitte Mai
www.esmadrid.com/de/veranstaltungskalender/sanisidro-madrid

FERIA DEL CABALLO IN JEREZ DE LA FRONTERA

Großes Pferde- und Folklorefest mit Umzug
Anfang/Mitte Mai

MAI / JUNI / JULI

ROMERÍA DEL ROCÍO

Einzigartige dreitägige **Wallfahrt** zur Schwarzen Madonna von El Rocío mit geschmückten Traktoren, Karren und Bruderschaften aus allen Teilen Andalusiens (▶ S. 213)
3 Tage an Pfingsten

FUSSBALL-GIGANTEN

BAEDEKER WISSEN

Der mit Abstand beliebteste Zuschauersport in Spanien ist Fußball. Dort kommt es regelmäßig zu »Gigantentreffen« zwischen den beiden Topteams der spanischen Liga: dem FC Barcelona und Real Madrid.

Einmal Spaniens Fußball-Künstler sehen, auf Tuchfühlung mit den Weltstars gehen, die beim FC Barcelona und Real Madrid zaubern! Wegen der hohen Nachfrage bei beiden Clubs ist dies kaum bei Topspielen der Champions League oder beim »**Clásico**«, dem Aufeinandertreffen beider Vereine, möglich. Wer an Karten kommen will, muss als Gast meist mit »normalen« Liga- oder Pokalspielen vorliebnehmen – doch auch das ist ein Erlebnis!

Més que un club

Der **FC Barcelona**, kurz »Barça«, mit dem Motto »Més que un club« (»Mehr als nur ein Club«) ist ein riesiges Wirtschaftsunternehmen (samt hoher Schuldenlast, ähnlich wie Real Madrid), vor allem aber **»das Haus aller Katalanen, eine politische Institution«**, wie der argentinische Starcoach César Luis Menotti, der dort Trainer war, einmal konstatierte.

»Barça« symbolisiert den **Kampf der Katalanen** gegen die Zentralregierung in Madrid. Zu Francos Zeiten war das Anfeuern des Vereins für Katalanen einzige Möglichkeit, ihren Unmut gegen die Diktatur zu äußern; Schmährufe gegen die Spieler Real Madrids waren

Am Estadio Santiago Bernabéu in Madrid vor dem »Clásico«

auch Protest gegen die Franco-Regierung. Erzfeinde blieben die »Königlichen« aus Madrid auch nach Einführung der Demokratie in Spanien. Barças Geschichte begann mit einem Schweizer! Im November 1899 setzte **Hans Gamper** eine Annonce in die Zeitung »Les Deportes« in Barcelona, um Mitspieler zu suchen: Denn als Ausländer durfte er nicht im damaligen Fußballclub Cataluña spielen. Er ahnte nicht, dass daraus eines der berühmtesten Teams und der mitgliederstärkste Fußballverein der Welt würde.
Trainer wie der Niederländer Johan Cruyff, Spieler wie Bernd Schuster, Diego Maradona, Xavi, Andrés Iniesta, Carles Puyol, Lionel Messi und der Brasilianer Neymar schrieben bei »Barça« Fußball-Geschichte. 2015 holte der Verein das Triple aus Champions League, Meisterschaft und Pokal; 2016, 2018 und 2019 konnte den Gewinn der Meisterschaft feiern, 2021 den Sieg im Pokal, 2023 im Supercup.

Die Königlichen

Real Madrid gründete sich 1902 als Abspaltung des ersten madrilenischen Fußballvereins »Football Sky«, der die neue Sportart aus England übernommen hatte. Die Männer trainierten und spielten auf Wiesen und Hinterhöfen – und später? Lockten die Millionen deutsche Kicker wie Günter Netzer, Paul Breitner, Uli Stielike, Mesut Özil, Sami Khedira, Toni Kroos und Antonio Rüdiger, ebenso Portugals Cristiano Ronaldo, bevor er weiterzog.
Der Fußballtempel Estadio Santiago Bernabéu wirft sich am Paseo de la Castellana auf, in einer der teuersten Gegenden im Norden Madrids (2023 umgebaut und modernisiert). Die Stars dagegen trainieren in der neu entstandenen **Ciudad Real Madrid** nordöstlich der City im Viertel Valdebebas (nachdem der Verein das alte Gelände beim Stadion zur Schuldentilgung für die Errichtung des Cuatro Torres Business Area verkauft hatte). Dieses »größte Trainingsgelände der Welt« umfasst auch Studios für den clubeigenen TV-Sender. Hier wird die Besonderheit eines Clubs zelebriert, der in jüngerer Vergangenheit gleich mehrfach die Champions League gewinnen konnte (2014, 2016, 2017, 2018, 2022) und 2020 und 2022 wieder Meister wurde.
2021 ging der Titel an den Lokalrivalen **Atlético de Madrid**, der aber nur schwer aus dem Schatten der Königlichen herauskommt.

Live dabei

In Barcelonas **Camp Nou** passen knapp 100 000 Zuschauer. Dort erfüllt sich der Traum eines jeden Fußballfans, einmal live dabei zu sein. Das ist bei Real Madrid nicht anders, obwohl das **Estadio Santiago Bernabéu** »nur« 81 000 Zuschauer fasst.
Tickets für Spiele die Spile beider Clubs kann man über die Vereinshomepages bestellen oder direkt am Stadion kaufen; sie sind allerdings alles andere als günstig. Ähnliches gilt für die Fanartikelshops. Und auch die **Vereinsmuseen** mit Pokalvitrinen, Fotos, Schautafeln und wahren Fußballreliquien präsentieren sich in gigantischem Format zu gehobenem Preis.
Am besten klickt man sich für die Kartensuche durch die jeweilige Vereins-Homepage. Dort finden Sie, was noch für welchen Tag erhältlich ist. Kaufen Sie nichts bei Schwarzhändlern, die nicht selten Fälschungen verhökern.
FC Barcelona: www.fcbarcelona.com
Real Madrid: www.realmadrid.com

FESTIVAL DE GRANADA
Festival für **Musik** und **Ballett** an stimmungsvollen Aufführungsorten (u. a. Freilichttheater des Generalife).
ca. 20. Juni bis 20. Juli
http://granadafestival.org

FIESTA DE SAN FERMÍN IN PAMPLONA
Die **Stierläufe** (»encierros«) durch Pamplonas Altstadt (ab 7. Juli) hat Ernest Hemingway beschrieben. Alkoholischer Massenrausch bis zum Umkippen, Stierkämpfe, Umzüge, Folklore und Feuerwerk.
6.–14. Juli | www.sanfermin.com

FIESTAS DEL APÓSTOL IN SANTIAGO DE COMPOSTELA
Patronatsfest zu Ehren des **Apostels Jakobus** mit Messen, Folklore und bunten Kulturprogrammen
2. Julihälfte

AUGUST

SEMANA GRANDE IN SAN SEBASTIÁN
Große Festwoche mit Musik, Sport- und einem Feuerwerkswettbewerb
Mitte Aug.

MISTERIO DE ELCHE
Die Basílica de Santa María in Elche ist Schauplatz eines **Mysterienspiels** aus dem 13. Jh. um Tod, Himmelfahrt und Krönung Mariens.
14./15. August
www.misteridelx.com

ASTE NAGUSIA IN BILBAO
tadtfest der **baskischen Kultur**: 9 Tage Fiesta, Feuerwerk, Konzerte …
Ab 1. Sa. nach dem 15. August

SEPTEMBER

FIESTAS DE PEDRO ROMERO IN RONDA
Das Andenken an den Torero Pedro Romero wird gefeiert – mit Stierkämpfen, historischen Trachten, eindrucksvollen Reiterumzügen und Flamenco.
Ende Aug./Anfang Sept.

FIESTAS DE CARTHAGINESES Y ROMANOS IN CARTAGENA
Während einer zehntägigen Fiesta werden die Kämpfe zwischen Karthagern und Römern nachgespielt. Umfangreiches Festprogramm mit Jahrmarkt und Partymeile.
2. Sept.-Hälfte
http://cartaginesesyromanos.es

FIESTAS DE SAN MATEO IN LOGROÑO
Weinlesefest mit Traubenstampfen, Folklore und reichlich Wein
Um den 20. Sept.

OKTOBER

FIESTAS DEL PILAR IN ZARAGOZA
9- bis 10-tägiges Stadt- und Marienfest zu Ehren der Stadtheiligen »Jungfrau von der Säule« mit Höhepunkt am Tag der **Entdeckung Amerikas** (»Día de la Hispanidad«, 12. Okt.). Theater, Konzerte, Kunsthandwerk, Folklore und Prozessionen mit Blumengerüsten
Um den 12. Okt.
www.zaragoza.es

DEZEMBER

HEILIGABEND
Weihnachtsumzüge im **Baskenland** und in **Navarra**.

SILVESTER
Große Jahreswechsel-Fiesta im Zentrum von **Madrid**.

NEUJAHR
Kurz nach dem Jahreswechsel schwärmen Feierfreudige ab etwa 1 Uhr kostümiert in der Altstadt von **Pamplona** aus.

SHOPPEN

Shopping-Fans werden in Spanien ihre Freude haben: lange Öffnungszeiten, beliebte Marken wie Zara, Mango und Desigual und natürlich große Malls mit allen bekannten internationalen Labels. Doch auch wer »typisch Spanisches« erstehen möchte, wird mit Sicherheit fündig!

Straßenmärkte und Markthallen

Lohnend und authentischer als die großen Einkaufszentren sind Streifzüge über die bunten Antiquitäten- und Flohmärkte (Rastros bzw. Rastrillos) und durch die **Markthallen** (Mercados) vieler Städte – die von Barcelona, Valencia und Santiago de Compostela sind besonders attraktiv!
In **Madrid** geht es auf dem sonntäglichen Straßenmark El Rastro um die Ribera de Curtidores quicklebendig zu.

Artesanía: typische Souvenirs

Typische Souvenirs sind Produkte des Kunsthandwerks (artesanía), das eine lange und reiche Tradition hat. Im touristisch weniger frequentierten Nordteil Spaniens fällt die Auswahl allerdings deutlich geringer aus.

Flippig und gerne bunt. Mode in einem Schaufenster der Modekette Custo Barcelona.

In der Region Murcia stellt man Artikel aus **Espartogras** her. Die im südlichen Mittelmeergebiet beheimatete Pflanze (Lygeum spartum), deren Blattfasern man zu Seilen und Papier verarbeitet, wird von Kunsthandwerkern auch zu Hüten, Schuhen und Taschen geflochten.

Gebrauchsgegenstände aus **Holz** kommen meist aus Valencia und Kastilien-León.

Fast jede Provinz Spaniens besitzt eigene Keramikzentren, doch ein großer Teil der angebotenen **Keramik** stammt aus Andalusien: Typisch sind dort kleine Henkelkrüge, Teller und Schalen in Grün und Blau auf weißem Grund, deren Vorbilder auf die Ära der Mauren zurückgehen. Weitere Keramikhochburgen sind Kastilien-La Mancha (Kacheln aus Talavera de la Reina) und Valencia, wo es ein Keramikmuseum gibt.

Kunstschmiedearbeiten findet man in Kastilien und Andalusien, **Damaszenerarbeiten** (Klingen mit besonderer Maserung aus Stahl und Eisen) in Toledo; in Albacete mit seinem Messerschmiedemuseum floriert die **Kleineisenindustrie** (Messer und Dolche: navajas und puñales). Sehr schön gearbeitete **Kupferkrüge** kommen vor allem aus Guadalupe und Granada.

Schmuckobjekte aus der renommierten Escola Massana in Barcelona genießen internationalen Ruhm. Als Materialien werden für den anspruchsvollen, nicht ganz billigen **Modeschmuck** u. a. Kunststoff, Kupfer, Stahl, mattiertes Silber oder Gold verwendet. Berühmt sind auch **Goldeinlegearbeiten** aus Toledo und die **Silberschmiedearbeiten** mit Gagat (azabache: Jett oder Pechkohle, ein imprägniertes fossiles Holz) aus Galicien, etwa Santiago de Compostela.

Qualitätvolle moderne **Lederarbeiten** (Schuhe, Kleidung, Accessoires) gibt es in Andalusien und Katalonien, solche traditioneller Art besonders in Córdoba (feines Corduanleder).

Die Herstellung feiner **Klöppelspitzen** hat im galicischen Camariñas lange Tradition. Beliebt sind die Mantillas genannten großen Kopftücher aus Granada sowie reich bestickte seidene Schultertücher (Mantones de Manila) aus Sevilla.

Handgewobene **Teppiche** in schönen Farben kommen insbesondere aus Cáceres, Granada und Murcia. Aus der Gebirgsgegend der Alpujarras (Provinz Granada) stammen bunte, preisgünstige Flickenteppiche (jarapas).

Granada und Madrid gelten als wichtigste Schulen für **Gitarrenbauer** in Spanien. Gefertigt werden besonders klassische Konzert- und Flamenco-Gitarren.

Kulinarische Mitbringsel

Mitbringsel mit eher kurzer Lebensdauer sind leckere Süßigkeiten, wie **Schmalzgebäck** (Plätzchen: mantecadas, Kuchen: ensaimada, Kringel, meist mit Anis: rosquilleras), **Blätterteiggebäck** (hojaldres), **kandierte Früchte**, weißer **Nougat** (turrón) aus Alicante oder **Schokotrüffel** (trufas de chocolate) aus Vitoria.

Einige **Klöster** pflegen alte Traditionen und verkaufen Beutelchen mit Gebäck. Dahinter stehen Gemeinschaften von Ordensschwestern. Billig ist das Backwerk in der Regel nicht.
Von guter Qualität sind **Weine** und **Spirituosen**, von denen man sowohl die spanischen Sorten als auch internationale Marken zu guten Preisen erhält.
Pasteten (patés) sind ebenfalls beliebt, ebenso eingelegte **Oliven**. Spargel aus Navarra genießt einen guten Ruf, und natürlich das **Olivenöl** – dessen Produktionszentren sich v.a. in Andalusien konzentrieren. Auch die ökologische Produktion gewinnt zunehmend an Bedeutung.

ÜBERNACHTEN

Ob feudal logierend in alten Burgen, Klöstern und Designerhotels, nett gebettet in Landhausunterkünften oder möglichst preiswert – eine passende Bleibe findet man in sämtlichen Regionen.

Klassische Hotels

Die klassischen Hotels (Symbol: H) sind nach ihrer Ausstattung mit Sternen klassifiziert: von einem (einfach) bis fünf Sterne (Spitzenkomfort), in erlesenen Einzelfällen mit dem Zusatz GL (Gran Lujo.

Besondere Häuser

Paradores de Turismo liegen in besonderen, oft historischen Gebäuden im ganzen Land verstreut (▶ Baedeker Wissen, S. 640).
Zunehmend findet man auch schmucke Boutique- und Designhotels, meist in Städten wie Barcelona oder Madrid. Gestiegenen Ansprüchen der Gäste kommen manche mit einem Wellness- oder Spa-Bereich entgegen. Charmante Hotels, auch im ländlichen Raum, abseits des Massentourismus, vermittelt die Kette Rusticae. Hotels des oberen Komfortsegments bieten in ganz Spanien bewährte Ketten wie NH, Meliá oder AC.

Günstigere Unterkünfte

Eine Stufe niedriger angesiedelt sind Gasthöfe (HS: »hostal«) oder, noch einfacher, Pensionen (P: pensión).
Meist deutlich schlichter wohnt man in einem Gästehaus (CH: casa de huéspedes; F: fonda), wo man mitunter noch mit Gemeinschaftsbädern rechnen muss.
Hoteles-Apartamentos (HA) verfügen über Kochgelegenheiten, zuweilen ist auch ein Restaurant oder Café angeschlossen.

Private Angebote

Übernachtungsmöglichkeiten bieten natürlich auch in Spanien Internet-Portale. In der Hochsaison weisen in den Orten manchnmal Schilder auf Vermietung von Privatzimmern (habitaciones).

PARADORES: BESONDERE HOTELS

Paradestücke spanischer Hotellerie, oft an touristisch wichtigen Punkten, stilvoll und auf hohe Qualität bedacht, sind die Paradores de Turismo. Sie bürgen für besonderes Erleben, als Fluchtpunkte vor Hektik und Rummel. Geschmack, Komfort und Geschichte gehen hier Hand in Hand.

Der Begriff »parador« leitet sich ab von »parar« (»anhalten«, »rasten«), und hier rastet man tatsächlich gern! Die landesweite Kette bündelt knapp 100 Paradores mit über 10 000 Betten, abseits normierter Standards: Kein Parador ist wie der andere. Sie haben oft ein feudales Ambiente und besonderes Flair, logieren sie doch **meist in historischen Gebäuden:** ehemaligen Klöstern und Pilgerspitälern, Stadtpalästen oder Burgen. Ihre Restaurants servieren exzellente Kost mit vorwiegend regionalen Spezialitäten (rechtzeitig reservieren!).

Paradores bieten in puncto **Lage und Flair** oft mehr als ein normales Hotel vergleichbarer Kategorie. Topmoderne Wellness- und Saunalandschaften allerdings sucht man dort vergeblich. Das wissen auch die Gäste, die flexibel

Der Parador im andalusischen Städtchen Carmona ist ausnahmsweise ein luxuriöser Neubau.

sind und interessiert an Kultur sowie Ausflügen und Freizeitaktivitäten.

Preise und Angebote

Nicht alle Paradores sind Luxusherbergen: Sie führen drei bis fünf Hotelsterne, das **Preis-Leistungs-Verhältnis** ist meist sehr gut. Das Preisniveau ikann extrem schwanken, nicht nur saisonal, sondern auch an Wochentagen und je nach Nachfrage; ein DZ kann anderntags mehr als das Doppelte kosten. Für Gäste ab 55 gibt es besondere **Ermäßigungen** (»Goldene Tage«: »Días Dorados«), aber auch Frühbucheraktionen oder vergünstigte 2-Nächte-Pakete (»Especial 2 Noches«).
Alle Paradores (Infos und Online-Buchung): http://paradores.es

Tourismus und Kultur

Den Startschuss zur Paradores-Kette gab **König Alfons XIII.**, der seine Jagdresidenz im Niemandsland der Sierra de Gredos südlich von Ávila Besuchern öffnete. 1928 weihte er das erste Haus ein, heute eines der weniger bekannten: den **Parador de Gredos**. Dahinter stand die Idee, auf weite Sicht Kulturschätze des Landes zu restaurieren, Traditionen zu pflegen und den Tourismus zu fördern.

Modern und ökologisch

Heute geht der Trend in eine andere Richtung. Hochmoderne Technik, ökologisch erzeugter Strom und verfeinerte regionale Kochkunst sind neuere Errungenschaften.
In **Alcalá de Henares** etwa war der Neubau architektonisch so ausgetüftelt, dass ein Modell davon im New Yorker Museum of Modern Art zu sehen war. Und im restaurierten Parador von **Villafranca del Bierzo** am Jakobsweg ist man stolz auf fortschrittliche Solartechnik.

Qual der Wahl

Bei solcher Vielfalt bleibt einem nur die Qual der Wahl. In der Reihe der **Spitzenhäuser** stehen diejenigen von Granada im Franziskanerkloster in den Alhambra-Gärten, León im Kloster San Marcos und Santiago de Compostela im Hospital Real.
Wer die Berge liebt, fährt nach Bielsa in die Pyrenäen. Wer die Atmosphäre einer Traumburg schätzt, nimmt in Sigüenza oder in Jaén Quartier. Und wer sommerliche Strandbesuche jenseits allen Rummels mag, wählt vielleicht den Parador de Cambados in Galicien.

Turismo Rural

Fern der Küsten, in traditionell weniger vom Tourismus profitierenden Regionen, wurden Landunterkünfte mit älterer Bausubstanz vorbildlich restauriert oder neu errichtet. Getreu den Idealen eines **Grünen Tourismus** (Turismo Rural, Turismo Verde).

Turismo Rural ist eine recht preiswerte Alternative für alle, die abseits der Touristenhochburgen Ruhe und Erholung suchen und dabei Land und Leute kennenlernen wollen. Oft stimmt noch das Preisniveau, obgleich die Tendenz auch hier steigend ist.

Landhäuser, -hotels und Gutshöfe

Unter **Casas rurales** versteht man Landhäuser mit familiärem Charakter, die komplett oder zimmerweise vermietet werden. Sie richten sich an Selbstversorger – eine Kochmöglichkeit ist meist vorhanden – und werden bei spanischen Urlaubern immer beliebter.

Daneben findet man Hoteles rurales (Landhotels) mit Restaurant. Luxuriösere Varianten ländlicher Unterkunft sind alte Gutshöfe.

Aktivitäten, Anreise

Ländliche Unterkünfte bieten oft Gelegenheit zu Aktivitäten aller Art, wie Radfahren oder Wandern, Höfe wie **Cortijos** oder **Fincas** bevorzugt Reiterferien.

Die Finca La Campana in El Chorro ist idealer Ausgangspunkt für den Schluchtenpfad Caminito del Rey.

Abgelegenere Häuser erreicht man nur mit dem eigenen Fahrzeug, mit öffentlichen Verkehrsmitteln kommt man in der Regel nicht direkt dorthin.

Camping und Caravaning

Spanien verfügt über ca. 1100 Campingareale (campings) – ideal, um im Wohnmobil, Wohnwagen oder Zelt zu übernachten. Rund zwei Drittel liegen an Küsten oder in Küstennähe (rechtzeitig reservieren!). Gelegentlich werden dort auch Häuschen (bungalows) oder fest installierte Wohnmobile (mobil-homes) vermietet.
Je nach Parzellengröße/Ausstattung werden Campingplätze kategorisiert (absteigend): Luxus (gran lujo), Spitze (primera categoría), Mittelklasse (segunda categoría) oder Basisausstattung (tercera categoría). **Saison** ist oft ganzjährig, bei manchen Plätzen nur von Ostern bis September/Oktober.

Wild campen

Wildes Campen ist offiziell **verboten**, auch das Parken von Wohnmobilen oder Campingwagen ist oft untersagt. In Santiago de Compostela ist sogar die Durchfahrt mit solchen Fahrzeugen nicht erlaubt.

Albergues Juveniles

Spanien verfügt über mehr als 250 **Jugendherbergen** (albergues juveniles). Sie stehen jedem offen, richten sich aber besonders an jüngere Leute; Voraussetzung für die Übernachtung ist ein Jugendherbergsausweis (Infos beim heimatlichen Verband).

Albergues de Peregrinos

Auch die Jakobsweg-Achsen werden von Unterkünften gesäumt: privat, kirchlich oder öffentlich geführte **Pilgerherbergen** (albergues de peregrinos). Für die Benutzung benötigt man einen **Pilgerausweis**, erhältlich bei den Jakobusgesellschaften im Heimatland.

Buchung und Preise

Viele Hotels und Gasthäuser ermöglichen auf ihren Websites Online-Buchungen mit Bestpreis-Garantie (oft günstiger als offizielle Tarife, wenn man nicht im Voraus reserviert). Online-Preise selbst sind variabel – je nach örtlichen Events oder allgemeiner Nachfrage (Ferienzeiten, Wochentage). In der **Hauptsaison** (Juli/Aug.), wenn auch die meisten Spanier unterwegs sind, sind die Preise am höchsten, ebenso während der Karwoche und um Weihnachten/Neujahr. Manche Ferienhotels in beliebten Touristenzentren verlangen in der Sommersaison einen Mindestaufenthalt (2 oder 3 Nächte).

Zusatzkosten

Frühstück (desayuno) ist oft nicht im Übernachtungspreis enthalten, ebenso wenig die Mehrwertsteuer (IVA; 10 %). Beide werden zusätzlich erhoben.
Kn Katalonien gibt es auch eine **Touristenabgabe** (0,50 – 2,50 € pro Nacht, je nach Unterkunft); Valencia hat sie Ende 2023 eingeführt (0,50 – 2 € pro Nacht, je nach Unterkunft), »um die Entwicklung des nachhaltigen Tourismus zu finanzieren« ...

NÜTZLICHE WEBSITES

PARADORES

Übersicht und Beschreibung sämtlicher spanischer Paradores mit Links und Buchungsmöglichkeiten.
http://paradores.es

HOTELS UND KETTEN

RUSTICAE
Hotels »mit Charme«, auch Landhotels
www.rusticae.com

NH HOTELS
www.nh-hoteles.es

MELIÁ HOTELS
www.melia.com

AC HOTELS
http://ac-hotels.marriott.com

TURISMO RURAL – LANDESWEIT

ASOCIACIÓN ESPAÑOLA DE TURISMO RURAL
www.ecoturismorural.com

ENCANTO RURAL
www.encantorural.com

ESCAPADA RURAL
www.escapadarural.com

VRBO
www.vrbo.com

TURISMO RURAL –REGIONAL

ANDALUCÍA TURISMO RURAL
http://andaluciaturismorural.com

FARATUR TURISMO RURAL ARAGÓN
www.ecoturismoaragon.com

TURISMO RURAL ASTURIAS
www.turismoasturias.es/turismo-rural

TURISMO RURAL DE CANTABRIA
www.turismoruralcantabria.com

TURISMO RURAL CASTILLA Y LEÓN
www.turismocastillayleon.com/es/turismorural

TURISMO RURAL CASTILLA LA MANCHA
www.turismocastillalamancha.es/naturaleza/casas-rurales

RURAL VERDCATALUÑA
http://ruralverd.com

ALOJAMIENTOS RURALES DE EUSKADI (BASKENLAND)
www.nekatur.net

CLUBRURAL – CASAS RURALES EN EXTREMADURA
www.clubrural.com/casas-rurales/extremadura

GALICIA TURISMO RURAL
http://galiciaturismorural.es

SIERRA NORTE DE MADRID
https://sierranorte.com/guias/alojamientos.php

CASAS RURALES NAVARRA
www.casasruralesnavarra.com

CASAS RURALES LA RIOJA
www.casasruraleslarioja.com

CLUBRURAL – CASAS RURALES EN VALENCIA
www.clubrural.com/casas-rurales/valencia

CAMPING

FEDERACIÓN ESPAÑOLA DE EMPRESARIOS DE CAMPING

Spanische Camping-Vereinigung; Links zu Regionalportalen und Übersicht der Campingplätze.
http://fedcamping.com/asociados

CAMPING INFO

Buchungsportal für Campingplätze nach Regionen und Kategorien.
www.camping.info/de/land/spanien

CAMPING SPANIEN

Über 500 Plätze mit Ausstattungsbeschreibung.
www.camping-spanien.com

JUGENDHERBERGEN

REAJ – RED ESPAÑOLA DE ALBERGUES JUVENILES

Übersicht aller Jugendherbergen.
http://reaj.com

HOSTELLING INTERNATIONAL

www.hihostels.com

DJH – DEUTSCHES JUGENDHERBERGSWERK

www.jugendherberge.de

ÖJHV – ÖSTERREICHISCHER JUGENDHERBERGSVERBAND

www.oejhv.at

SCHWEIZER JUGENDHERBERGEN

www.youthhostel.ch

PILGERHERBERGEN AM JAKOBSWEG

ALBERGUES DEL CAMINO DE SANTIAGO

www.alberguescaminosantiago.com

DEUTSCHE ST. JAKOBUS-GESELLSCHAFT

Ausstellung des **Pilgerausweises** zur Übernachtung in Pilgerherbergen.
http://deutsche-jakobus-gesellschaft.de/pilgerausweis

P

PRAKTISCHE INFOS

Wichtig, hilfreich präzise

Unsere Praktischen Infos helfen in allen Situationen in Spanien weiter.

Vejer de la Frontera ist in jeder Richtung attraktiv. ►

KURZ & BÜNDIG

ELEKTRIZITÄT
220 Volt/50 Hz; kein Adapter nötig.

NOTRUFE

ALLGEMEINER NOTRUF
Tel. 112 (landesweit)

PANNENHILFE

REAL AUTOMÓVIL CLUB DE ESPAÑA (R.A.C.E.)
Tel. 900 11 22 22 (kostenfrei)
www.race.es

RETTUNGSDIENSTE

ADAC-NOTRUFZENTRALE
Tel. 0049 89 22 22 22
(bei Fahrzeugschaden)
Tel. 0049 89 76 76 76
(bei Erkrankung/Verletzung)
Tel. 0049 89 76 76 77
(medizinischer Notfallservice)

ACE-NOTRUF IM AUSLAND
Tel. 00 49 71 15 30 34 35 36

DRF LUFTRETTUNG
Tel. 0049 71 17 00 70
www.drf-luftrettung.de

DRK-FLUGDIENST
Tel. 0049 211 917 49 90
www.drkflugdienst.de

ÖAMTC-NOTRUFDIENST ÖSTERREICH
Tel. 0043 12 51 20 00

ACS-NOTRUFDIENST SCHWEIZ
Tel. 0041 44 283 33 77

VORWAHLEN
nach Spanien: Tel. 0034
nach Deutschland: Tel. 0049
nach Österreich: Tel. 0043
in die Schweiz: Tel. 0041

WAS KOSTET WIE VIEL?
Doppelzimmer (sehr einfach): ab 50 €
Tapa (Häppchen): ab 1,30 €
Einfache Mahlzeit: ab 9 €
3-Gänge-Mittagsmenü: ab 14 €
Tasse Kaffee: ab 1,50 €
0,2 l Bier: ab 1,50 €
100 km Busfahrt: ab 10 €
1 l Benzin: ca. 1,65 €

ZEIT
MEZ mit Sommerzeit

ANREISE · REISEPLANUNG

Anreisemöglichkeiten

Mit dem Auto Für die Anfahrt mit eigenem Fahrzeug zu Zielen in Nord- und Westspanien empfiehlt sich die Route durch Südwestfrankreich parallel zur Atlantikküste über Bordeaux zum Grenzübergang Hendaye/Irun, für

Ziele im Süden und Osten Spaniens die Anfahrt durch das Rhône-Tal und über Perpignan zum Grenzübergang Le Perthus/La Jonquera (A-9/A-7). Wer lieber zentralere Gegenden Frankreichs durchquert, gelangt südlich von Oloron-Sainte-Marie durch den **Pyrenäen-Tunnel** nach Spanien; daneben gibt es Pyrenäenpässe. **Autobahnen** in Frankreich und Spanien (autopistas) sind **gebührenpflichtig**, die autobahnähnlichen spanischen Autovías sind kostenlos.

Busse verkehren von deutschen, österreichischen und Schweizer Städten u. a. nach Barcelona, Madrid oder Granada; für die Strecke Frankfurt am Main–Bilbao benötigen sie 21 bis 22 Stunden.

Mit dem Flugzeug

Direktflüge gibt es von Deutschland, Österreich oder der Schweiz u. a. nach Alicante, Almería, Barcelona, Bilbao, Jerez de la Frontera, Madrid, Málaga, Santiago de Compostela, Sevilla und Valencia. Drehscheiben innerhalb Spaniens sind Barcelona und Madrid. Die sog. **Billigfluglinien** fliegen auch weniger frequentierte Flughäfen wie Asturias/Oviedo oder Granada an.

Mit der Bahn

Für einige Ziele bieten sich Bahnrouten via Paris nach Hendaye/Irun oder via Lyon bzw. Perpignan nach Cerbère/Portbou an. Aufgrund unterschiedlicher Spurweiten muss man an der französisch-spanischen Grenze umsteigen.

Ein- und Ausreisebestimmungen

Reisedokumente

Reisende aus Deutschland, Österreich und der Schweiz benötigen für die Einreise einen gültigen Personalausweis oder Reisepass. Auch Kinder unter 16 Jahren brauchen einen eigenen Ausweis.

Fahrzeugpapiere

Nationaler **Führerschein** und **Kraftfahrzeugschein** werden bei EU-Bürgern anerkannt. Hilfreich ist die Internationale **Grüne Versicherungskarte** hilfreich. Kraftfahrzeuge ohne EU-Nummernschild müssen das ovale Nationalitätskennzeichen tragen.

Haustiere

Wer mit Hund oder Katze in den Urlaub fährt, benötigt einen gültigen **EU-Heimtierausweis**, in den die Kennzeichnung des Tiers mit Mikrochip und eine **Tollwut-Impfung** (mind. 21 Tage, max. 12 Monate vor Einreise) eingetragen sind.

Krankenversicherung

Gesetzlich Versicherte müssen im Krankheitsfall die **Europäische Krankenversicherungskarte** vorlegen, die ärztlichen Leistungen jedoch in der Regel zunächst selbst bezahlen. Gegen Einreichung der Quittungen erstattet die Krankenkasse im Heimatland (im Idealfall) später sämtliche Kosten (dort nähere Infos).

NÜTZLICHE ADRESSEN

FLUGGESELLSCHAFTEN

AUSTRIAN AIRLINES
www.austrian.com

EUROWINGS
www.eurowings.com

IBERIA
www.iberia.com

LUFTHANSA
www.lufthansa.com

SWISS
www.swiss.com

WEITERE GESELLSCHAFTEN
www.vueling.com
www.ryanair.com
www.transavia.com
www.easyjet.com

FLUGHÄFEN

AEROPUERTOS ESPAÑOLES Y NAVEGACIÓN AÉREA
Vereinigung aller spanischen Flughäfen (mit Links)
www.aena.es

AEROPUERTO DE ALICANTE-ELCHE (ALC)
9 km südwestl.; Busse nach Alicante und Elche

AEROPUERTO DE ALMERÍA (LEI)
9 km östlich; Bus ins Zentrum

AEROPUERTO DE BARCELONA-EL PRAT (BCN)
12 km südwestl.; Metro-Anbindung

AEROPUERTO DE BILBAO (BIO)
8 km nördl. bei Loiu; Bus ins Zentrum

AEROPUERTO DE JEREZ (XRY)
8 km nordöstl.; Bus ins Zentrum

AEROPUERTO DE MADRID BARAJAS ADOLFO SUÁREZ (MAD)
12 km nordöstl.; Airport Express, Linienbusse und Metro (L 8) ins Zentrum

AEROPUERTO DE MÁLAGA-COSTA DEL SOL (AGP)
8 km südwestl.; Stadtbusse, Nahverkehrszug ins Zentrum

AEROPUERTO DE SANTIAGO (SCL)
11 km östl.; Bus ins Zentrum

AEROPUERTO DE SEVILLA (SVQ)
12 km westl.; Bus ins Zentrum

AEROPUERTO DE VALENCIA (VLC)
8 km westlich; Bus und Metro ins Zentrum

EISENBAHN

RENFE – SPANISCHE BAHN
www.renfe.com

DEUTSCHE BAHN
www.bahn.de

BUSSE

EUROLINES/TOURING
Tel. 069 971 94 48 33 (D)
www.eurolines.de

FLIXBUS
Tel. 030 300 137 300 (D)
www.flixbus.de

Da gesetzliche Krankenkassen Kosten für Privatmediziner oder einen Rücktransport erkrankter Urlauber aus dem Ausland nicht übernehmen, kann überlegt werden, für die Urlaubsdauer eine private **Reisekrankenversicherung** abzuschließen.

Zollbestimmungen

Unter Mitgliedsstaaten der **EU** dürfen Waren für den privaten Gebrauch zollfrei ein- und ausgeführt werden. Höchstmengen: 800 Zigaretten, 400 Zigarillos, 200 Zigarren, 1 kg Tabak, 10 l Spirituosen, 90 l Wein (max. 60 l Schaumwein).
Freimengen bei Wiedereinreise in die **Schweiz**: 250 Zigaretten oder Zigarren, 5 l Getränke (18 Vol.-%), 1 l Spirituosen mit mehr als 18 Vol.-%. Freigrenze für Souvenirs: 300 SFr.

AUSKUNFT

Touristenbüros vor Ort

Touristenbüros in Spanien sind meist als **Oficina de Turismo** gekennzeichnet (Adressen ▶ Ziele von A bis Z). Leider sind die zuständigen Infozentren für Stadt und Region selten im selben Gebäude untergebracht, sondern meist an unterschiedlichen Standorten.

NÜTZLICHE ADRESSEN

SPANISCHE FREMDENVERKEHRSÄMTER
www.spain.info/de

IN DEUTSCHLAND
c/o Spanische Botschaft
Lichtensteinallee 1, 10787 Berlin
Tel. 030 882 65 43
berlin@tourspain.es

Reuterweg 51–53
60323 Frankfurt am Main
Tel. 069 72 50 33
frankfurt@tourspain.es

Postfach 15 19 40, 80051 München
(kein Publikumsverkehr)
Tel. 089 53 07 46 12
munich@tourspain.es

IN ÖSTERREICH
Walfischgasse 8, 1010 Wien
Tel. 01 512 95 80-10
vienna@tourspain.es

IN DER SCHWEIZ
Seefeldstrasse 19
8008 Zürich
Tel. 044 253 60 50
zurich@tourspain.es

TOURISMUSPORTALE DER REGIONEN
(teilweise auch auf Deutsch)

ANDALUSIEN
www.andalucia.org/de
ARAGONIEN
www.turismodearagon.com

ASTURIEN
www.turismoasturias.es/de
BARCELONA
www.barcelonaturisme.com
BASKENLAND
http://tourismus.euskadi.eus/de
COSTA BLANCA
www.costablanca.org/DEU
COSTA BRAVA
http://costabrava.org/de
COSTA CÁLIDA
www.turismoregiondemurcia.es/de
COSTA DEL AZAHAR
www.turismodecastellon.com/de
COSTA DEL SOL
http://de.visitcostadelsol.com
EXTREMADURA
www.turismoextremadura.com
GALICIEN
www.turismo.gal
KANTABRIEN
http://turismodecantabria.com
KASTILIEN-LA MANCHA
www.turismocastillalamancha.es
KASTILIEN-LEÓN
www.turismocastillayleon.com
KATALONIEN
http://katalonien-tourismus.de
MADRID
http://turismomadrid.es
www.esmadrid.com/de
MÁLAGA
http://visita.malaga.eu
MURCIA
www.turismoregiondemurcia.es/de
NAVARRA
www.visitnavarra.es
PYRENÄEN
www.lospirineos.info
LA RIOJA
http://lariojaturismo.com/de
VALENCIA
www.comunitatvalenciana.com/de

BOTSCHAFTEN IN SPANIEN

DEUTSCHLAND
Calle de Fortuny, 8
28010 Madrid; Tel. 915 57 90 00
http://spanien.diplo.de

ÖSTERREICH
Paseo de la Castellana, 91
28046 Madrid; Tel. 915 56 53 15,
Notfälle 670 519 652
www.bmeia.gv.at/oeb-madrid

SCHWEIZ
Calle Núñez de Balboa, 35A
28001 Madrid; Tel. 914 36 39 60
www.eda.admin.ch/madrid

SPANISCHE BOTSCHAFTEN

IN DEUTSCHLAND
Lichtensteinallee 1
10787 Berlin
Tel. 030 254 00 70
www.exteriores.gob.es/Embajadas/Berlin

IN ÖSTERREICH
Argentinierstraße 34, 1040 Wien
Tel. 01 505 57 88
www.exteriores.gob.es/Embajadas/Viena

IN DER SCHWEIZ
Kalcheggweg 24
Postfach 1333, 3000 Bern 16
Tel. 031 350 52 52
www.exteriores.gob.es/Embajadas/Berna

INFOS IM INTERNET

WWW.SPAIN.INFO/DE
Website der spanischen Tourismusbehörde mit Infos über touristisch interessante Einrichtungen, Freizeitparks, Volksfeste u.v.m.

WWW.SPANIEN-ABC.COM
Nachschlagewerk für Spanienurlauber und alle, die für längere Zeit dort leben möchten

WWW.JAKOBUS-INFO.DE
WWW.JAKOBSWEG.DE
Wissenswertes zum Jakobsweg

HTTP://EEE.CERVANTES.ES/DE
Spanisches Kulturinstitut Cervantes, Infos zu Sprachkursen im Land

WWW.SPANIENFORUM.DE
Themen von Urlaub bis Auswandern

WWW.SPANIENAUFDEUTSCH.COM
Eine breite Themenfülle

WWW.SPANIEN-REISEMAGAZIN.DE
Facettenreiches Online-Magazin zu Themen wie Reise und Kultur

ETIKETTE

Kleidung

In Spanien legt man großen Wert darauf, gepflegt auszusehen und eine gute Figur zu machen. Man verlässt auch an schwülen Tagen das Haus wie aus dem Ei gepellt. Badekleidung hat außerhalb des Strands nichts zu suchen. **In Kirchen und Klöstern** gelten Shorts und freie Schultern bei allen Geschlechtern als ungehörig. Bei Sakralbauten am Jakobsweg ist man Pilgern gegenüber inzwischen toleranter: Hier wird nicht erwartet, dass sie sich draußen umziehen.

Rauchen

Im **öffentlichen Raum** (Verkehrsmittel und Gebäude, Cafés, Bars und Restaurants) ist Rauchen generell verboten.

Restaurant

Man setzt sich inicht einfach zu anderen Gästen an den Tisch und begleicht die Rechnung für den ganzen Tisch, nicht gesplittet .

Du oder Sie?

Bei der Anrede ist das »Du« (»tu«) verbreitet, im Umgang mit Fremden ist allerdings zunächst das »Sie« (»usted«) respektvoller. Kennt man sich näher, geht man schnell zum »Du« über. Gleichaltrige tendieren meist sofort zum »Du«, auch sonst wird sich oft geduzt: selbst unter Studenten und Professoren oder Ärzten und Patienten.

GELD

Währung

Spanien gehört zur Eurozone. In **Gibraltar** zahlt man mit Gibraltar-Pfund (GIP; entspricht dem britischen Pfund).

Bar- oder Plastikgeld

Geldautomat heißt in Spanien »Cajero Automático«, z. T. mit deutscher Bedienungsanleitung. Bezahlen per **Kredit-** oder **Bankkarte** ist vielerorts üblich, vor allem Visa und MasterCard sind weit verbreitet.

Sperrnummern

Bei Verlust der Bank- oder Kreditkarte kann man die deutsche einheitliche **Sperr-Notrufnummer** benutzen: 0049 116 116, online www.sperrnotruf.de, die auch für SIM-Karten und die elektronische Identitätsfunktion des deutschen Personalausweises funktioniert.

GESUNDHEIT

Apotheken (farmacias)

Apotheken (grünes Kreuz auf weißem Grund) haben meist folgende **Öffnungszeiten**: Mo.–Fr. 9.30–13.30 und 16.30–20, Sa. 9.30 bis13.30 Uhr. Diensthabende Apotheken außerhalb dieser Zeiten nennt das an jeder Apotheke aushängende Informationsblatt **Farmacia de Guardia**. Notapotheken sind in Zeitungen abgedruckt bzw. im Internet abrufbar.

Medizinische Versorgung

Eine ausreichende medizinische Versorgung ist in Urlaubsgebieten und größeren Städten gewährleistet; nur in ländlich-abgeschiedenen Gegenden kann der Weg zum Arzt auch einmal länger sein. In Spanien gibt es keine freie Arztwahl. Man wendet sich in minder schweren Fällen an ein örtliches Gesundheitszentrum (Centro de salud, Ambulatorio«), bei gravierenden Problemen an ein öffentliches Krankenhaus (Hospital, Clínica); dort ist die Versicherungskarte vorzulegen (▶ Krankenversicherung, S. 651). In akuten Krankheitsfällen wendet man sich an die **Notfallstation** (Urgencia) des nächstgelegenen Krankenhauses.

Notruf: ▶ S. 648

LESETIPPS · FILME

Bildbände

DuMont Bildatlas, DuMont Reiseverlag, Ostfildern. – Die informativen, reich bebilderten Bände führen zu den Highlights der Regionen: **Andalusien** (»Maurische Pracht«), **Barcelona** (»Boomtown am Meer«) und **Spanien Norden** (»Jakobsweg«).

Romane und Erzählungen

Julián Ayesta: Helena oder das Meer des Sommers [1952]. dtv, München. Ergreifender Kurzroman um das Erwachsenwerden in der Zeit nach dem Spanischen Bürgerkrieg.

Miguel de Cervantes: Don Quijote. u.a. dtv, München. Die Abenteuer des »Ritters von der traurigen Gestalt« und dessen Knappen Sancho Pansa (und des Pferds Rosinante) sind das berühmteste Werk der spanischen Literatur und eine Säule der Weltliteratur – der richtige Schmöker für den Strand?

Der Cid. u.a. Reclam Verlag, Ditzingen. Um 1150 anonym verfasstes Heldenlied »El Cantar de Mio Cid« um Leben und heroische Taten des Nationalhelden El Cid (1043–1099; ▶ S. 600).

Ildefonso Falcones: Die Kathedrale des Meeres [2006]. Fischer Taschenbuch. Historischer Roman aus dem mittelalterlichen Barcelona um den Bau der Kathedrale Santa María del Mar. Starkes Lesefutter, von Kritik und Leserschaft begeistert aufgenommen.

Lion Feuchtwanger: Die Jüdin von Toledo [1955]. u. a. Aufbau-Verlag, Berlin. Der Roman über die Liebe des kastilischen Königs Alfons VIII. zur Jüdin Rahel beruht teilweise auf historischen Tatsachen.

Eduard Freundlinger: Pata Negra. Piper-Verlag. In Andalusien spielender Krimi des in Spanien lebenden Österreichers mit viel Lokalkolorit, ungewöhnlichen Erzählperspektiven und Handlungssträngen. Der Thriller ist Teil einer Andalusien-Trilogie.

Ernest Hemingway: Fiesta [1926]. Rowohlt-Verlag. – Hemingways Roman machte die Fiesta de San Fermín in Pamplona mit ihrem allmorgendlichen Stiertreiben weltberühmt.

Washington Irving: Erzählungen von der Alhambra [1829]. u. a. Anaconda. Kultbuch des amerikanischen Autors (1783–1859), der im 19. Jh. selbst in der Alhambra lebte. Poetische, fantasievolle Erzählungen um das Traumschloss der Nasriden in Granada.

Cees Nooteboom: Der Umweg nach Santiago [2007]. Suhrkamp. – Facettenreiche Reiseskizzen des niederländischen Meistererzählers über das Land seiner Leidenschaft.

Jan Graf Potocki: Die Handschrift von Saragossa [1803–1815; Erstausg. 1847]. u. a. Verlag Kein & Aber. Spannender Abenteuerroman des polnischen Romanciers (1761–1815) über die Reise des flandrischen Offiziers Alfonso van Worden von Andújar über die Sierra Morena nach Madrid. Ein Panoptikum von ineinander verschachtelten Geschichten und Anekdoten, mit Räubern und Gespenstern.

Dolores Redondo: Baztán-Trilogie: Das Echo dunkler Tage, Die vergessenen Kinder, Der nächtliche Besucher«). Bastei Lübbe. Düstere Krimis, angesiedelt im Baztán-Tal der Region Navarra; 2017 bis 2019 auch verfilmt.

Kurt Tucholsky: Ein Pyrenäenbuch [1927/28]. u. a. Insel-Verlag. Die essayistische Mixtur aus Feuilleton und Reportage ist Ergebnis einer Herbstreise 1925 durch die grandiose Gebirgslandschaft.

Carlos Ruiz Zafón: Der Schatten des Windes [2001]. Fischer-Taschenbuch. Im düsteren Barcelona der Franco-Diktatur begibt sich der Sohn eines Buchhändlers auf die Spuren eines vergessenen Autors und versucht, dessen rätselhaftes Schicksal aufzuklären.

Sachbücher

»Tierra sin pan« (»Land ohne Brot«), 1932 (Regie: Luis Buñuel; ▶ S. 598). Dokumentarfilm über die Menschen des bitterarmen Valle de las Batuecas in der Provinz Salamanca.

»Lorca – Mord an der Freiheit«, 1997 (Regie: Marcos Zurinaga). Thriller um die Suche nach den Mördern des 1936 bei Granada hingerichteten Dichters und Dramatikers Federico García Lorca (▶ S. 603). Mit Hollywoodstar Andy Garcia.

»Alles über meine Mutter«, 1999 (Regie: Pedro Almodóvar). Oscarprämierte, virtuos erzählte Tragikomödie über den Zusammenhalt des »schwachen« Geschlechts, der ein internationales Publikum für sich begeisterte.

»Das Meer in mir«, 2004 (Regie: Alejandro Amenábar). Der Fall eines nach einem Badeunfall querschnittsgelähmten galicischen Seemanns, der sterben möchte, beschäftigte einst die spanischen Gerichte. In der Titelrolle: Oscar-Preisträger Javier Bardem.

»Me too – Wer will schon normal sein?«, 2009 (Regie: Álvaro Pastor, Antonio Naharro). Hochgelobter, in Sevilla spielender Film nach einer wahren Geschichte von der Liebe zwischen einer Frau und einem Mann mit Down-Syndrom.

»The Limits of Control«, 2009 (Regie: Jim Jarmusch). Skurriler Antithriller über einen geheimnisvollen Mann, der sich von Madrid aus auf eine Spanienreise begibt (nach einem Essay des Underground-Dichters William S. Burroughs). Die mysteriöse, minimalistische Handlung spaltete die Kritik. Staraufgebot (Tilda Swinton, John Hurt).

»Dein Weg«, 2010 (Regie: Emilio Estevez). Ein älterer Arzt aus den USA erfährt vom Tod seines Sohns, der auf dem Jakobsweg unterwegs war, reist nach Europa und macht sich schließlich mit der Asche seines Sohns selbst auf den Pilgerweg. Poetisch, nachdenklich.

»8 Namen für die Liebe«, 2014 (Regie: Emilio Martínez-Lázaro). Culture-clash-Komödie – das Spiel mit Vorurteilen und Klischees zwischen Süden (Andalusien) und Norden (Baskenland) –, die das spanische Kinopublikum begeisterte. Eine Art spanisches Pendant zu »Willkommen bei den Sch'tis«.

»Parallele Mütter«, 2021 (Regie: Pedro Almodóvar). Drama des oscarprämiierten Atmeisters um zwei Frauen, die ungeplant schwanger werden. Mit Penélope Cruz.

»20 000 Arten von Bienen«, 2023 (Regie: Estíbaliz Urresola Solaguren). Feinfühliger Streifen um das Heranwachsen eines Trans-Kinds.

MEDIEN

Deutschsprachige Zeitungen

Deutschsprachige Zeitungen erhält man v. a. in den Touristenhochburgen der Mittelmeerküste. Für Urlauber interessant ist die deutschsprachige **Touristenpresse**, wie die Wochenzeitung »Costa Blanca Nachrichten« (Veranstaltungsprogramme, Ausflugstipps, Adressen deutschsprachiger Ärzte, Apothekennotdienste). An der Costa del Sol erscheint wöchentlich die deutsche Ausgabe von »Sur«.
Online: www.costanachrichten.com, www.surdeutsch.com

Rundfunk und Fernsehen

In den Touristenhochburgen des Südens senden Radiostationen wie Radio del Sol, Radio Mi Amigo und Xtra FM deutschsprachige Programme (www.costaradio.de).
Das staatliche spanische Fernsehen (Radio Televisión Española, **RTVE**) bietet zwei Programme (La Primera, La 2); **Privatsender** sind Antena 3, Telecinco und der Abo-Sender Canal Plus, die in vielen Kneipen pausenlos laufen.
Via Satellit sind in manchen Hotels Programme aus Deutschland, Österreich und der Schweiz zu empfangen.

PREISE · ERMÄSSIGUNGEN

Altersgruppen

Schüler, **Studenten** und **Senioren** erhalten gegen Vorlage des entsprechenden Ausweises vereinzelt in **staatlichen Museen** freien Eintritt, zumindest immer eine Ermäßigung.

Museen und Monumente

Manche Museen und Sehenswürdigkeiten gewähren **freien Eintritt für EU-Bürger**: immer, an bestimmten Wochentagen oder zu festgelegten Zeiten. Gelegentlich werden preisermäßigte **Kombitickets** für mehrere Museen oder auch archäologische Stätten in einer Stadt angeboten.

City Cards

Viele größere Städte bieten City Cards an; manchmal ist darin neben freiem oder ermäßigtem Eintritt für die diversen Sehenswürdigkeiten auch die Benutzung der öffentlichen Verkehrsmittel eingeschlossen. Zumindest für die Großstädte Madrid und Barcelona ist das eien Überlegung wert.

Bahnfahrten

Kinder unter vier Jahren fahren kostenlos mit der Bahn (dürfen aber keinen eigenen Platz besetzen), Kinder bis 14 erhalten 40 % Rabatt auf den jeweiligen Preis.

REISEZEIT · KLIMA

Reisezeiten

Die besten Reisezeiten sind **Frühjahr** (etwa von Mitte März bis Anfang Juni) und **Herbst** (Anfang September bis Anfang November; in Nordspanien nur bis etwa Mitte Oktober).

Sommer

Der Sommer empfiehlt sich besonders für Reisen in den atlantiknahen **Norden und Nordwesten** Spaniens. In der übrigen Zeit kann es hier zu reichlich Niederschlägen kommen, obwohl es auch im Sommer keine Schönwetter-Garantie gibt.

Auch die Badeorte an der **Südostküste** und die **Gebirgsorte** der Pyrenäen, der Sierra de Guadarrama und der Sierra Nevada werden im Sommer, dessen Hitze am Meer durch Seewinde gemildert wird, stark besucht und sind besonders während der spanischen Schulferien im Juli und August stark überlaufen. Im **Binnenland** wird es im Juli und August meist brütend heiß.

Herbst

Im **Landesinnern** der Iberischen Halbinsel ist der Herbst in der Regel wetterbeständig, doch erscheinen weite Landstriche dort nach der glühenden Sommerhitze wie ausgedörrt.

Winter

Dezember, Januar und Februar kommen vor allem für **Wintersport**, aber auch einen **Kuraufenthalt** an der Süd- oder Südostküste Spaniens in Betracht. An den Küsten des Mittelmeers hat sich für viele Besucher winterlicher **Langzeiturlaub** etabliert, und **Citytrips** in die Metropolen Madrid und Barcelona lohnen auch zur Winterzeit.

REGIONALTYPISCHE KLIMASTATIONEN

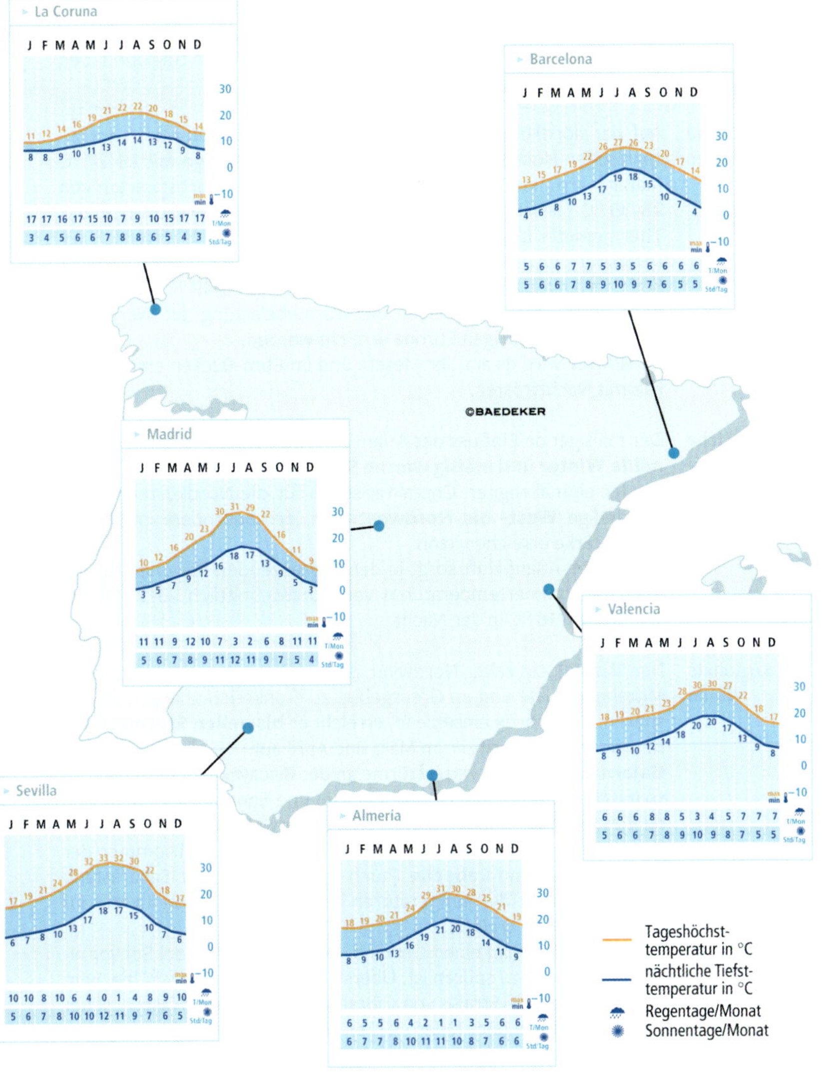

Ost- und Südküste Mit bis zu 3000 Sonnenstunden im Jahr gehören der Golf von Valencia und die spanische Ost- sowie die Südküste zwischen Almería und Gibraltar klimatisch zum Besten, was das **Mittelmeer** zu bieten hat. Von Juni bis September klettert das Thermometer auf 27–32 °C, manchmal über 40 °C.

An der Küste wird die Tageshitze ab dem späten Vormittag durch den einsetzenden **Seewind** gelindert.

Meseta und Ebro-Becken Auf der nördlichen, dem Atlantik zugewandten Seite der zentralspanischen Hochebene Meseta sind die **Sommertage** mit 23–27 °C mäßig warm, im Süden und im Ebro-Becken mit Höchstwerten von 28–35 °C (Sevilla) dagegen ziemlich heiß. Bei Hitzewellen kann das Thermometer überall auf 40 °C klettern.

»Hotspot« ist das **Tal des Guadalquivir** mit Extremwerten bis nahe 50 °C im Juli/August (Córdoba bis 46 °C, Sevilla bis 49 °C). Hitze und hohe Luftfeuchtigkeit treiben die Wärmebelastung auf Werte, die sonst kaum im übrigen Europa erreicht werden.

Im **Winter** wird es auf der Meseta und im Ebro-Becken empfindlich kalt mit Nachtfrösten.

Nördliche Atlantikküste Der mäßigende Einfluss des Atlantiks bringt den nördlichen Küsten **milde Winter und mäßig warme Sommer**, in denen es auch immer wieder einmal regnet. Charakteristisch für die Nordküsten ist der beständige **West- bis Nordwestwind**, der besonders im Winter Sturmstärke erreichen kann.

Die frische Atlantikluft sorgt in den angrenzenden Regionen für gemäßigte Sommertemperaturen von durchschnittlich 20–24 °C am Tag und 13–16 °C in der Nacht.

Regionale Winde Der **Mistral**, ein kalter Nordwind, ist vor allem an der nordöstlichen Mittelmeerküste und im Grenzgebiet zu Frankreich unangenehm zu spüren. Schlagartig einsetzend, erreicht er **bisweilen Sturmstärke**. Besonders häufig tritt er im März und April auf.

Galernas, heftige Gewitterstürme an der Biscayaküste zwischen der spanisch-französischen Grenze bei Irún und Santander, ziehen nach heißen Sommer- und Herbsttagen aus Nordwesten auf.

Von Afrika herüber weht im späten Frühjahr und Frühsommer der heiße Wüstenwind **Lebeche** (auch Garbino). Oft mit Saharastaub beladen, kann er die Temperaturen in Südspanien schon im Mai auf Höhen um 40 °C treiben.

Levante nennt man einen Ostwind, der an der Costa del Sol vor allem im Sommer zu spüren ist. Überstreicht er das relativ kühle, vom Atlantik durch die Straße von Gibraltar eindringende Wasser, bildet sich nachts über dem Meer starker **Nebel**, der sich oft erst gegen Mittag auflöst. Im Juli und August ist die Nebelwahrscheinlichkeit mit 30% am größten.

SPRACHE

Spanisch ist nach Englisch die wichtigste weltweit gesprochene Sprache. Längst nicht alle Spanier verstehen gut Englisch, und Deutsch wird nur in den großen Touristenzentren gesprochen. Es gibt zwei **Artikel**: Der männliche lautet »el« (Plural »los«), der weibliche »la« (Plural »las«). Bei der **Deklination** bleibt das Substantiv selbst unverändert, dafür wird eine Präposition benutzt: »de« für den **Genitiv**, »a« für den **Dativ**. Der **Akkusativ** wird bei Personen durch die Präposition »a« eingeleitet (»Veo a Juan« = Ich sehe Juan).

Aussprache

c vor »e«, »i« stimmloser Lispellaut, stärker als engl. »th«; Beispiel: gracias; **ch** stimmloses deutsches »tsch« wie in »tschüss«; **g** vor »e«, »i« wie deutsches »ch« in »Bach«; **gue**, **gui**/**que**, **qui** das »u« ist immer stumm, wie deutsches »g«/»k«; **j** immer wie deutsches »ch« in »Bach«; **ll**, **y** wie deutsches »j« zwischen Vokalen; Beispiel: Mallorca; **ñ** wie »nj« in »Champagner«.

KLEINER SPRACHFÜHRER SPANISCH

AUF EINEN BLICK

Ja. / Nein.	**Sí. / No.**
Vielleicht.	**Quizás. / Tal vez.**
In Ordnung! / Einverstanden!	**¡De acuerdo! / ¡Está bien!**
Bitte. / Danke.	**Por favor. / Gracias.**
Vielen Dank.	**Muchas gracias.**
Gern geschehen.	**No hay de qué. / De nada.**
Entschuldigung!	**¡Perdón!**
Wie bitte?	**¿Cómo dice / dices?**
Ich verstehe Sie / dich nicht.	**No le / la / te entiendo.**
Ich spreche nur wenig ...	**Hablo sólo un poco de ...**
Können Sie mir bitte helfen?	**¿Puede usted ayudarme, por favor?**
Ich möchte ...	**Quiero ... / Quisiera ...**
Das gefällt mir (nicht).	**(No) me gusta.**
Haben Sie ...?	**¿Tiene usted ...?**
Wie viel kostet es?	**¿Cuánto cuesta?**
Wie viel Uhr ist es?	**¿Qué hora es?**

KENNENLERNEN

Guten Morgen!	**¡Buenos días!**
Guten Tag!	**¡Buenos días! / ¡Buenas tardes!**

Guten Abend!	**¡Buenoas tardes! / ¡Buenas noches!**
Hallo! Grüß dich!	**¡Hola!**
Ich heiße ...	**Me llamo ...**
Wie ist Ihr Name, bitte?	**¿Cómo se llama usted, por favor?**
Wie geht es Ihnen / dir?	**¿Qué tal está usted? / ¿Qué tal?**
Gut, danke. Und Ihnen / dir?	**Bien, gracias. ¿Y usted / tú?**
Auf Wiedersehen!	**¡Hasta la vista! / ¡Adiós!**
Tschüss!	**¡Adiós! / ¡Hasta luego!**
Bis bald!	**¡Hasta pronto!**
Bis morgen!	**¡Hasta mañana!**

UNTERWEGS

links / rechts	**a la izquierda / a la derecha**
geradeaus	**todo seguido / derecho**
nah / weit	**cerca / lejos**
Wie weit ist das?	**¿A qué distancia está?**
Ich möchte ... mieten.	**Quisiera alquilar ...**
... ein Auto	**... un coche.**
... ein Boot	**... una barca / un bote / un barco.**
Bitte, wo ist ...	**Perdón, dónde está ...**
... der Bahnhof?	**... la estación (de trenes)?**
... der Busbahnhof?	**... la estación de autobuses / la terminal?**
... der Flughafen?	**... el aeropuerto?**

PANNE

Ich habe eine Panne.	**Tengo una avería.**
Würden Sie mir bitte einen Abschleppwagen schicken?	**¿Pueden ustedes enviarme un cochegrúa, por favor?**
Gibt es in der Nähe eine Werkstatt?	**¿Hay algún taller por aquí cerca?**
Wo ist bitte die nächste Tankstelle?	**¿Dónde está la estación de servicio / a gasolinera más cercana, por favor?**
Ich möchte ... Liter ...	**Quisiera ... litros de ...**
... Normalbenzin/ Super/Diesel.	**... gasolina normal/ súper/diesel**
Volltanken, bitte.	**Lleno, por favor.**
E-Auto-Ladestation	**estación de carga eléctrica**

UNFALL

Hilfe!	**¡Ayuda!, ¡Socorro!**
Achtung! / Vorsicht!	**¡Atención! / ¡Cuidado!**
Rufen Sie bitte schnell ...	**Llame enseguida ...**
... einen Krankenwagen.	**... una ambulancia.**
... die Polizei.	**... a la policía.**
... die Feuerwehr.	**... a los bomberos.**
Haben Sie einen Verbandskasten?	**¿Tiene usted un botiquín de urgencia?**
Es war meine (Ihre) Schuld.	**Ha sido por mi (su) culpa.**
Könnten Sie mir Ihren Namen und Ihre Anschrift geben?	**¿Puede usted darme su nombre y dirección?**

EINKAUFEN

Wo finde ich ...	**Por favor, dónde hay ...**
... einen Markt? / ... eine Apotheke?	**... un mercado? / ... una farmacia?**
... einen Supermarkt?	**... un supermercado?**

ARZT

Können Sie mir einen guten Arzt empfehlen?	**¿Puede usted indicarme un buen médico?**
Ich habe ...	**Tengo ...**
... Durchfall. / ... Fieber.	**... diarrea. / ... fiebre.**
... Kopfschmerzen.	**... dolor de cabeza.**
... Halsschmerzen.	**... dolor de garganta.**
... Zahnschmerzen.	**... dolor de muelas.**

ÜBERNACHTUNG

Können Sie mir bitte ... empfehlen?	**¿Podría usted recomendarme ...**
... ein Hotel	**... un hotel?**
... eine Pension	**... una pensión?**
Ich habe ein Zimmer reserviert.	**He reservado una habitación.**
Haben Sie noch ...	**¿Tienen ustedes todavía...**
... ein Einzelzimmer?	**... una habitación individual?**
... ein Doppelzimmer?	**... una habitación doble?**
... mit Dusche / Bad?	**... con ducha / baño?**
... für eine Nacht?	**... para una noche?**
... für eine Woche?	**... para una semana?**
Was kostet das Zimmer mit ...	**¿Cuánto cuesta la habitación con**
... Frühstück? / ... Halbpension?	**... desayuno? / ... media pensión?**

BANK

Wo ist hier bitte eine Bank?	**Por favor, dónde hay por aquí un banco?**
Ich möchte SFr in Euro wechseln.	**Quisiera cambiar francos suizos en euros.**

POST, TELEFON, INTERNET

Was kostet ...	**¿Cuánto cuesta ...**
... ein Brief / eine Postkarte ...	**... una carta / una postal ...**
nach Deutschland?	**para Alemania?**
Briefmarken	**sellos, estampillas**
Ich suche eine Prepaidkarte für mein Handy.	**Busco una tarjeta prepago para mi móvil.**
Internetanschluss	**conexión a internet**
Computer	**ordenador**
Ladegerät / Akku	**cargador / recargable**
Internetadresse	**dirección de internet**
E-Mail (-Adresse)	**(dirección de) correo electrónico**
@-Zeichen	**arroba**

ZAHLEN

0	**cero**	18	**dieciocho**
1	**un, uno, una**	19	**diecinueve**
2	**dos**	20	**veinte**
3	**tres**	22	**veintidós**
4	**cuatro**	30	**treinta**
5	**cinco**	40	**cuarenta**
6	**seis**	50	**cincuenta**
7	**siete**	60	**sesenta**
8	**ocho**	70	**setenta**
9	**nueve**	80	**ochenta**
10	**diez**	90	**noventa**
11	**once**	100	**cien, ciento**
12	**doce**	200	**doscientos, -as**
13	**trece**	1000	**mil**
14	**catorce**	2000	**dos mil**
15	**quince**	10 000	**diez mil**
16	**dieciséis**	½	**medio**
17	**diecisiete**	¼	**un cuarto**

RESTAURANT	RESTAURANTE
Wo gibt es hier ...	**¿Dónde hay por aquí cerca ...**
... ein gutes Restaurant?	**... un buen restaurante?**
... ein nicht zu teures Restaurant?	**... un restaurante no demasiado caro?**
Könnten Sie uns bitte für heute Abend einen Tisch für vier Personen reservieren?	**¿Puede reservarnos para esta noche una mesa para cuatro personas?**
Auf Ihr Wohl!	**¡Salud!**
Die Rechnung, bitte!	**¡La cuenta, por favor!**
Hat es (Ihnen) geschmeckt?	**¿Le / Les ha gustado la comida?**
Das Essen war ausgezeichnet.	**La comida estaba excelente.**

almuerzo, comida	Mittagessen
botella	Flasche
cena	Abendessen
camarero / camarera	Kellner / Kellnerin
cubierto	Gedeck, Besteck
cuchara / cucharita	Löffel / Kaffeelöffel
cuchillo / tenedor	Messer / Gabel
desayuno	Frühstück
lista de comida, menú	Speisekarte
plato	Teller
sacacorchos	Korkenzieher
taza / vaso	Tasse / Glas
ahumado	geräuchert
a la plancha	gegrillt
a punto	medium
bien hecho	durchgebraten
crudo	roh

empanado	paniert
frito	frittiert
hervido	gekocht
jugoso	blutig

DESAYUNO	FRÜHSTÜCK
café con leche	Milchkaffee
café solo / cortado	Espresso / Espresso mit Milch
café descafeinado	koffeinfreier Kaffee
chocolate	Schokolade
churros	im Fett gebackene Brandteigkringel
factura	süßes Stückchen
fiambre	Aufschnitt
huevo tibio	weiches Ei
huevos fritos / revueltos	Spiegeleier / Rühreier
jamón crudo / cocido	roher / gekochter Schinken
jugo de fruta	Fruchtsaft
zumo de naranja natural	frisch gepresster Orangensaft
mantequilla	Butter
medialuna	Croissant
mermelada	Marmelade
miel	Honig
pan / bolillo / pan tostado	Brot / Brötchen / Toast
queso	Käse
té con leche / limón	Tee mit Milch / Zitrone

ENTRADAS, SOPAS	VORSPEISEN, SUPPEN, EINTÖPFE
caldo	Brühe
cazuela	Eintopf
empanada	kleine Pastete
menestra	Gemüsetopf
puchero	Eintopf (Fleisch mit Gemüse, Kartoffeln)
sopa de fideos	Nudelsuppe
sopa de mariscos	Meeresfrüchtesuppe
sopa de pescado	Fischsuppe
sopa de verduras / sopa juliana	Gemüsesuppe

TAPAS	
albóndigas	Fleischbällchen
boquerones en vinagre	Sardellen in Essig-Knoblauch-Marinade
caracoles	Schnecken
chipirones	kleine Tintenfische
chorizo	Paprikawurst
ensaladilla rusa	russischer Salat
jamón serrano	getrockneter Schinken
morcilla	Blutwurst
pulpo	Tintenfisch
tortilla de patatas	Kartoffelomelette

PESCADOS Y MARISCOS	FISCHE UND MEERESFRÜCHTE
atún	Thunfisch
besugo	Brasse
centolla	Königskrabbe
corvina	Adlerfisch
dorado	Goldmakrele
langostinos	Garnelen
lenguado	Seezunge
ostras	Austern
pulpo	Krake
salmón	Lachs
trucha	Forelle

CARNE Y AVES	FLEISCH UND GEFLÜGEL
bife / chuletón	Steak / T-Bone-Steak
cabrito	Zicklein
carne picada	Hackfleisch
cerdo / lechón, cochinillo	Schwein / Spanferkel
ciervo	Wild
cochinillo	Milchferkel
chorizo	Paprika-Knoblauch-Wurst
chuleta	Kotelett
conejo	Kaninchen
cordero	Lamm
criadillas	Hoden
escalope	Schnitzel
estofado	Schmorfleisch
hígado	Leber
lengua	Zunge
lomo / filete	Lenden- oder Rückenstück
milanesa	paniertes Schnitzel
mollejas	Bries
morcilla	Blutwurst
parrillada	Grillplatte (Fleisch)
pato	Ente
pavo / guajolote	Pute
pollo / gallina	Huhn / Henne
riñones	Nieren
res / ternera	Rind / Kalb

ENSALADA Y VERDURAS	SALAT UND GEMÜSE
arroz	Reis
batata	Süßkartoffel
berenjenas	Auberginen
calabacín	Zucchini
cebollas	Zwiebeln
espárragos	Spargel
espinaca	Spinat
guisantes	Erbsen

lechuga	Kopfsalat
patatas / patatas fritas	Kartoffeln / Pommes frites
pepinos	Gurken
perejil	Petersilie
pimientos	Paprikaschoten

POSTRES, PASTELES	NACHSPEISEN, GEBACKENES
copa de helado	Eisbecher
crema	Sahne
dulces	Süßigkeiten, Desserts
dulce de leche	Karamellcreme
dulce de membrillo	feste Paste aus Quittenmus
flan	Pudding, Creme caramel
frutas en almíbar	Obst in Sirup (aus der Dose)
galletitas	Kekse
natillas	Cremespeise (sahnig)
sorbete	Sorbet
pastel / tarta	Kuchen / Torte
tocino del cielo	Dessert aus Eiern, Zucker, Sahne (sehr süß)

FRUTAS	OBST
albaricoques	Aprikosen
cerezas	Kirschen
ciruelas	Pflaumen
manzana	Apfel
melocotón / nectarinas	Pfirsich / Nektarinen
melones	Honigmelonen
membrillos	Quitten
naranja / limón	Orange / Zitrone
nueces	Walnüsse
peras	Birnen
plátanos	Bananen
sandías	Wassermelonen
uvas	Weintrauben

BEBIDAS	GETRÄNKE
agua mineral con / sin gas	Mineralwasser mit / ohne Kohlensäure
aguardiente	Schnaps
cerveza / caña	Bier / Glas Fassbier
gaseosa	weiße Limonade
horchata	Erdmandelmilch
jugo / exprimido de naranja	Orangensaft
leche	Milch
manzanilla	Kamillentee
té	Tee
vino blanco / tinto / rosado	Weißwein / Rotwein / Rosé
trocken / süß	seco / dulce

TELEKOMMUNIKATION · POST

WLAN WLAN (WiFi) ist in Hotels, Restaurants und Bars meist Standard (und kostenlos). WLAN-Hotspots (Zona Wifi) gibt es an öffentlichen Plätzen (Märkten, Kulturzentren), Bahnhöfen und Flugplätzen.

Telefonieren Das **Mobiltelefon** (»móvil«) wählt sich automatisch in das entsprechende Partnernetz ein.
Gewarnt sei vor gebührenpflichtigen **Hochpreisnummern**, oft nicht als solche erkennbar; sie beginnen mit 807, 901 oder 902. Echte (gebührenfreie) **Servicenummern** beginnen mit 900.
Vorwahlen: ▶ S. 648

Postdienstleistungen Briefe und Karten ins Ausland sind bis zu einer Woche unterwegs. Das **Porto** für Postkarten und Standardbriefe bis 20 g innerhalb Europas (auch Nicht-EU-Länder) beträgt 1,65 €.
Briefmarken (»sellos«) erhält man in Postämtern oder Tabakgeschäften (Schild mit »T« und gelbem Tabakblatt).
Postämter (»correos«) öffnen Mo.–Fr. 9–14 und 16.30–19.30 (in größeren Städten durchgängig), Sa. 9–12.30/13 Uhr.

VERKEHR

Öffentliche Verkehrsmittel und Taxis

Inlandsflüge Drehkreuze für Inlandsflüge sind Madrid und Barcelona, von dort werden landesweit kleinere Flughäfen angesteuert (▶ S. 650).

Eisenbahn Alle größeren Städte sind mit der staatlichen **RENFE** (Red Nacional de los Ferrocarriles Españoles; ▶ S. 650) erreichbar. Die **AVE-Hochgeschwindigkeitszüge** (»Alta Velocidad Española«) bedienen u. a. die Verbindungen Barcelona–Madrid, Barcelona–Valencia, Madrid–Valladolid, Madrid–Zaragoza, Madrid–Sevilla, Madrid–Valencia und Madrid–Málaga (in der Hochsaison frühzeitig **reservieren!**).
Im Nordteil des Landes verkehren auch **Schmalspurzüge** von **FEVE** (Ferrocarriles de Vía Estrecha; Streckenlänge knapp 1200 km). In manchen Orten gibt es daher verschiedene Bahnhöfe (Estación de

RENFE bzw. Estación de FEVE«). Die wichtigsten FEVE-Bahnhöfe sind Bilbao, León, Santander, Gijón, Oviedo, Ferrol.
Das Spezial-Zugticket **RENFE Spain Pass** berechtigt zu 4, 6, 8 oder 10 Zugfahrten innerhalb eines Monats. Infos und Kauf s.
www.renfe.com

Touristenzüge

Luxuszüge sind der **Al Andalus Expreso** in Andalusien und der **Transcantábrico** im Norden auf dem Schienennetz von FEVE – Hotelzüge im Rahmen einer mehrtägigen bzw. einwöchigen »Kreuzfahrt auf Schienen«. Buchungen:
http://eltrentranscantabrico.com, www.lernidee.de

Busverkehr

Ein dichtes Netz aus Buslinien verbindet alle großen und viele kleinere Städte. Am jeweiligen Busbahnhof (Estación de autobuses) kann man Fahrkarten erwerben. Busreisen sind günstiger als Bahnfahrten, die Busse allerdings an Wochenenden häufig voll.

Taxis

Taxis verfügen über Taxameter, für längere Strecken können feste Tarife gelten. Wartezeiten, Übergepäck und Haustierbeförderung kosten extra, ab 22 Uhr und an Wochenenden gelten Sondertarife, ebenso Aufschläge für die An-/Abfahrt von Flughäfen, Bahnhöfen und Busstationen sowie telefonische Vorbestellung.

Mitfahrzentralen

Speziell jüngere Leute, aber auch andere Traveller buchen gerne Mitfahrgelegenheiten. Das geht nach einer Registrierung in Spanien über BlaBlaCar.
www.blablacar.es

Straßenverkehr

Mietwagen

Reservieren Sie Ihr Fahrzeug besser von zu Hause aus. **Mindestalter** für die Anmietung eines Fahrzeugs: je nach Anbieter zwischen 21 und 25 Jahren. Voraussetzung ist die Vorlage einer **Kreditkarte** für die Abbuchung der **Kaution**. Der nationale Führerschein reicht aus.

Straßentypen

Autobahnen (autopistas; AP-...) sind **gebührenpflichtig** (Mautstationen); autobahnähnliche **Schnellstraßen** (autovías; A-...) können kostenlos befahren werden. Staus sind selten ...
Die nummerierten **Nationalstraßen** (Carreteras Nacionales; N-...) entsprechen deutschen Bundesstraßen und sind gut ausgebaut.
Auch die nummerierten **Landstraßen** (Carreteras Autónomas; A-... bzw. mit Provinzkürzel NA-... für Navarra) sind meist in gutem Zustand. Nicht nummerierte Nebenstraßen hingegen können sich als schlecht instand gehaltene **Pisten** entpuppen (Schlaglöcher, fehlende Mittelstreifen ...).

Stadtverkehr Fahrten in die **Innenstädte** sollte man nach Möglichkeit vermeiden, besonders in die Altstadtkerne, wo es oft sehr eng zugeht und meist eine strikte Einbahnstraßenregelung gilt. Manche Altstädte sind für Nicht-Anwohner gar nicht mehr befahrbar, im Zentrum Madrids gelten harsche Restriktionen. Verstöße werden mit Bußgeldern geahndet. Tückisch können auch Bergdörfer sein (z. B. in Andalusien), aus denen man sich tunlichst heraushalten sollte.

Parken In den meisten Städten ist Parken auf blau gekennzeichneten Plätzen gebührenpflichtig, an gelb bezeichneten Stellen verboten. Die Bezahlung erfolgt am Parkscheinautomaten oder in seltenen Fällen beim Parkwächter (Parkschein im Auto sichtbar auslegen!). Bei Überschreitung der Parkzeit auf Straßenparkplätzen kann das Fahrzeug abgeschleppt werden!

Verkehrsregeln Das Anlegen von **Sicherheitsgurten** ist im ganzen Fahrzeug Pflicht, **Telefonieren** am Steuer nur mit Freisprecheinrichtung erlaubt.

Es gelten folgende **Höchstgeschwindigkeiten**: innerhalb von Ortschaften: 50 km/h, außerhalb: 90 km/h; Schnellstraßen: 120 km/h; Autobahnen: 120 km/h (Pkw mit Anhängern je nach Gewicht 80 bzw. 90 km/h).

Beim **Linksabbiegen** außerhalb von Ortschaften gibt es auf größeren Straßen eigene Fahrspuren, die zunächst nach rechts ausweichen und dann (nach einem Stopp-Schild) die Hauptstraße kreuzen. Konfliktpunkte sind **Kreisverkehre**, da einheimische Fahrer oft von der Innen- über die Außenspur zum Abbiegen ausscheren.

Promillegrenze: 0,5 ‰, für Fahranfänger (unter 2 Jahre Fahrpraxis) 0,3 ‰. Bei Verstößen drohen hohe Geldstrafen.

Pannen, Unfälle Bei Pannen oder Unfällen muss das Fahrzeug **mit zwei Warndreiecken** nach vorn und hinten gesichert werden (Ausländer benötigen nur ein Dreieck). Vorschrift ist das Tragen einer reflektierenden **Warnweste** beim Verlassen des Fahrzeugs. Entlang der Autobahnen stehen in regelmäßigen Abständen **Notrufsäulen**.

Achtung: **Abschleppen** durch Privatfahrzeuge ist verboten, es muss ein Pannendienst gerufen werden (Pannenhilfe ▶ S. 648)!

Adressen Bei Adressangaben taucht manchmal statt einer Hausnummer die Abkürzung **»s/n«** auf – »sin número« (»ohne Hausnummer«). Im Zweifelsfall müssen Sie sich vor Ort durchfragen. Straße, »Calle«, wird oft mit **»C/«** abgekürzt.

GLOSSAR

Ajaraca Rautenmuster maurischer Bauten
Ajímez Zwillingsfenster mit Mittelsäule
Alfiz Rechteckiger Rahmen um Bogenfenster und Portale
Aljibe Arabische Zisterne
Architrav Auf Säulen oder Mauern aufliegender steinerner Quersturz, Träger des Oberbaus oder der Dachkonstruktion
Archivolte Bogenlauf an romanischen und gotischen Portalen
Artesonado Reich verzierte Kassetten- oder Felderdecke mit geometrischen Mustern
Azulejos Bemalte, glasierte Kacheln
Camarín Altarnische hinter dem Hauptaltar, oft mit Marienbildnis
Capilla Mayor Hauptkapelle mit dem Hochaltar
Cartuja Kartause
Churriguerismus Barockstil mit überreicher Ornamentik, benannt nach José Benito Churriguera (1665–1725)
Cimborrio Vierungskuppel
Claustro Kreuzgang
Cofradía Laienbruderschaft
Colegiata Stiftskirche
Colegio Konvikt, Erziehungsanstalt
Coro Chor, die Sitze der Geistlichkeit (in einerKirche)
Crucero Querschiff
Custodia Meist silbernes Gehäuse für die Monstranz
Fuente Brunnen
Gewände Schnittflächen an Fenstern oder Portalen, oft mit Säulen oder Skulpturen besetzt
Herrera-Stil Feierlich-strenger Renaissancestil, benannt nach Juan de Herrera (1530–1597)
Isabellinischer Stil Spätgotischer Stil, benannt nach Isabella der Katholischen. Er vereint gotische und maurische Elemente und zeichnet sich durch reiche Ornamentik und Skulpturenschmuck aus.
Kapitell Oberer Säulenschlussstein
Lonja Historische Warenbörse
Mantilla Kopf- bzw. Umschlagtuch aus Spitzen und Tüll
Mihrāb Richtung Mekka weisende Gebetsnische in Moscheen
Minhā Wasserbecken für rituelle Waschungen im Vorhof einer Moschee
Mozarabischer Stil Historischer Baustil der unter den Mauren lebenden Christen
Mudéjar-Stil Historischer Baustil der von Christen unterworfenen Mauren
Nave Kirchenschiff
Parroquia Pfarrkirche
Paso Heiligenbild, das bei Prozessionen umhergetragen wird
Plateresker Stil Filigran-ornamentaler Baustil; der Name leitet sich von der Verwandtschaft zu den Formen von Silberschmiedearbeiten her (span. »platero« = Silberschmied).
Reja Kunstvoll gearbeitetes Ziergitter
Retablo Mit Gemälden oder Skulpturen geschmückter Altaraufsatz
Sagrario Sakramentshaus
Sala Capitular Kapitelsaal
Sillería Chorgestühl
Trascoro Umfassungswand des Coro
Trassagrario Rückseite des Hochaltars
Triforium Laufgang unter den Fenstern von Mittelschiff, Querschiff und Chor
Tympanon Meist skulpturengeschmücktes Bogenfeld zwischen Türsturz und Portalbogen

REGISTER

A

B

C

D

E

F

G

N

P

R

S

T

KARTEN UND GRAFIKEN

BILDNACHWEIS

Adobe stock 190, 333, 367
age fotostock LOOK-foto 234 (© Succession Picasso/VG Bildkunst, Bonn 2019, 350
akg images 592
AWL images Abreu 499, Pipe 7
dpa/picture-alliance 579, 604 u.
DuMont Bildarchiv/Heuer 24/25, 34, 47, 57, 83, 91, 97, 99, 101, 102, 106, 108, 113, 142, 147u., 169 (2x), 175, 199, 216, 222, 266, 271, 292 (2x), 338, 397, 400, 457, 467, 543, 555, 573, 587, 609, 616, 637, U7
DuMont Bildarchiv/Selbach 5, 16/17, 26 u., 18, 29, 59, 86, 92, 115, 119, 181, 203, 221, 232, 260, 285 (2x), 295, 303, 305, 385, 393, 414, 417, 423 (o.), 433, 435, 438, 541, 544, 550, 553, 601, 621, 647
Jesús María Fontecha 167
Fotolia M.studio 622 m.
Getty images Alvarez 420; Bacete 163 o.; Creative 137; Costa 186, Davilla 160; Debat 26 o.; iStockphoto 206, 411; JackF/iStockphoto 490; Jordan/AFP 506; Larrea/age fotostock RM 251, 512; Leiva 20/21; Luis Roca/AFP 215; Maremagnum 408/409; NPhotos 402; photooiasson/iStockphoto 529; Pistolesi 12/13; Riopa/AFP 352; Simonkr 614; UIG 22, 269
Huber images Carovillano 155; Eiben 381; Pönitz 8/9; Rellini 227
iStockphoto ElenaGaak 623 m.; Yula 623 u.
Laif Azumendi 132, 560; Castle/Arcaid 331; Feck 630; Hervé/hemis.fr 326; Hilger 407; Jaeger 314; Knechtl 640; LVLucas Vallecillos/VWPics/Redux 185; René/hemis.fr 281; Stukhard 376; Tophoven 321
LOOK-photo Harding 363
Mauritius images age fotostock/del Castillo 151; age fotostock 51, 156, 300, 478, 634; Guy Corbishley/Alamy 604 o.; Aurora Photos/Hammer 14; French/Masterfile RM 399; Horree/Alamy 81; Tim Graham/Alamy 10/11; Little valleys / Alamy / Alamy Stock Photos 426; Ossorio-Castillo/Alamy 488; Vallecillos/Alamy, Wlodarczyk/Alamy 272
NurPhoto Ware/picture alliance 564
Rötting/Pollex 610, 642
Shutterstock 2/3, 62, 66, 70/71, 77, 78, 125, 131, 135, 158, 165, 194, 197, 210, 219, 225, 237, 239, 241, 277, 278, 283, 289, 303, 308/309, 359, 374, 390, 398, 347, 387, 423 (u.), 442, 450, 444/445, 473, 481, 492/493, 520, 527, 530, 535, 549, 567, 583, 622 (2x)
Tourist Info Alcoy picture archive 55
Vario Images 623 o.
Titelbild: mauritius images / age fotostock / Facto Foto

ATMOSFAIR

Reisen verbindet Menschen und Kulturen. Doch wer reist, erzeugt auch CO2. Der Flugverkehr trägt in erheblichem Maße zur globalen Erwärmung bei. Wer das Klima schützen will, sollte sich nach Möglichkeit für die schonendere Reiseform entscheiden (wie z.B. die Bahn). Gibt es keine Alternative zum Fliegen, kann man mit atmosfair klimafördernde Projekte unterstützen.
atmosfair ist eine gemeinnützige Klimaschutzorganisation unter der Schirmherrschaft von Klaus Töpfer. Flugpassagiere spenden einen kilometerabhängigen Betrag und finanzieren damit Projekte in Entwicklungsländern, die den Ausstoß von

nachdenken • klimabewusst reisen
atmosfair

Klimagasen verringern helfen. Dazu berechnet man mit dem Emissionsrechner auf **www.atmosfair.de** wieviel CO2 der Flug produziert und was es kostet, eine vergleichbare Menge Klimagase einzusparen (z.B. Berlin – London – Berlin ca. 10 €). atmosfair garantiert die sorgfältige Verwendung Ihres Beitrags. Alle Informationen dazu auf www.atmosfair.de. Auch MairDumont fliegt mit atmosfair.

IMPRESSUM

Ausstattung:
192 Abbildungen, 83 Karten und grafische Darstellungen, eine große Reisekarte

Texte:
Achim Bourmer, Tobias Büscher, Dr. Andeas Drouve, Rainer Eisenschmid, Hans-Jürgen Fründt, Helmut Linde, Dieter Luippold, Dagmar Lutz, Reinhard Zakrzewski

Aktualisierung:
Dr. Andeas Drouve

Bearbeitung:
Baedeker-Redaktion
(Rainer Eisenschmid)

Kartografie:
Franz Huber, München
Klaus-Peter Lawall, Unterensingen
KOMPASS-Karten GmbH, A-6020 Innsbruck; MAIRDUMONT, D-73751 Ostfildern (Reisekarte)

3D-Illustrationen:
jangled nerves, Stuttgart

Infografiken:
Golden Section Graphics GmbH, Berlin

Gestalterisches Konzept:
RUPA GbR, München

18., aktualiserte Auflage 2024

Trotz aller Sorgfalt von Redaktion und Autoren zeigt die Erfahrung, dass Fehler und Änderungen nach Drucklegung nicht ausgeschlossen werden können. Dafür kann der Verlag leider keine Haftung übernehmen. Jede Karte wird stets nach neuesten Unterlagen und unter Berücksichtigung der aktuellen politischen De-facto-Administrationen (oder Zugehörigkeiten) überarbeitet. Dies kann dazu führen, dass die Angaben von der völkerrechtlichen Lage abweichen. Irrtümer können trotzdem nie ganz ausgeschlossen werden. Kritik, Berichtigungen und Verbesserungsvorschläge sind jederzeit willkommen. Schreiben Sie uns, mailen Sie oder rufen Sie an:

MairDumont: Baedeker Redaktion
Postfach 3162, D-73751 Ostfildern
Tel. 0711 4502-262
www.baedeker.com

Printed in China

BAEDEKER VERLAGSPROGRAMM

Viele Baedeker-Titel sind als E-Book erhältlich.

A
Ägypten
Algarve
Allgäu
Amsterdam
Andalusien
Australien

B
Bali
Baltikum
Barcelona
Belgien
Berlin · Potsdam
Bodensee
Böhmen
Bretagne
Brüssel
Budapest
Burgund

C
China

D
Dänemark
Deutsche Nordseeküste
Deutschland
Dresden
Dubai · VAE

E
Elba
Elsass · Vogesen
England

F
Finnland
Florenz
Florida
Frankreich
Fuerteventura

G
Gardasee
Golf von Neapel
Gomera
Gran Canaria
Griechenland

H
Hamburg
Harz
Hongkong · Macao

I
Indien
Irland
Island
Israel · Palästina

BAEDEKER
F
FLORIDA

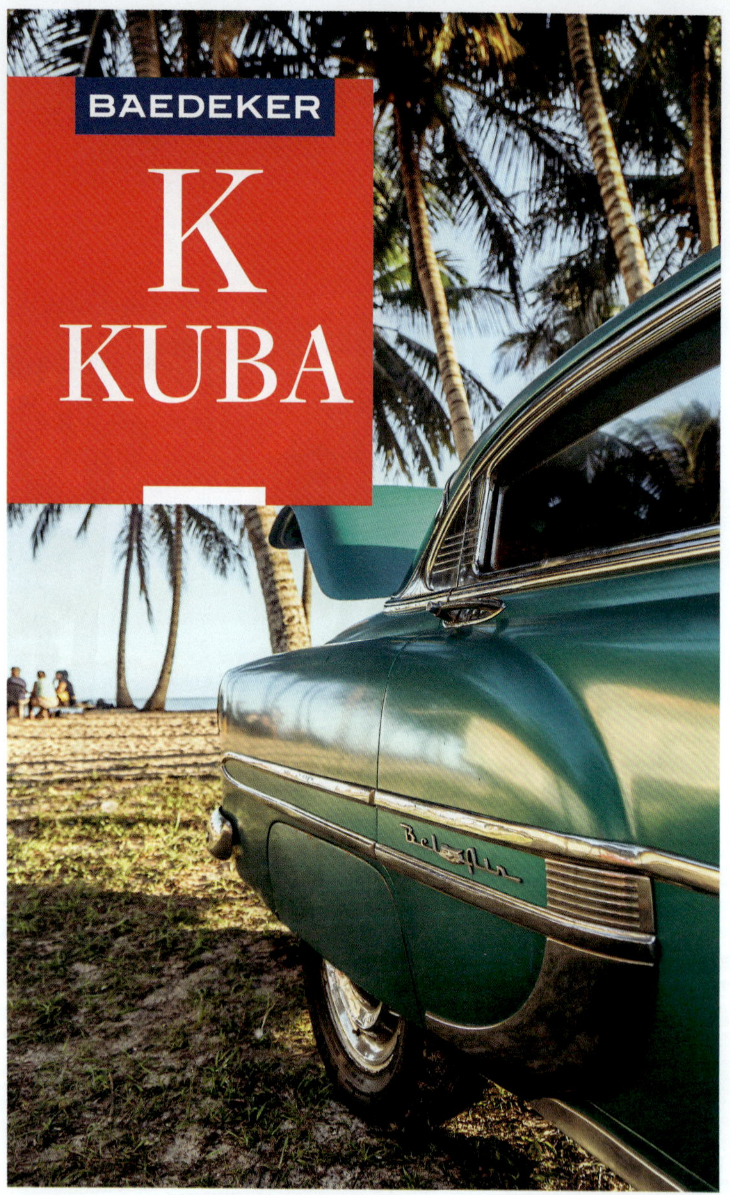
BAEDEKER
K
KUBA

Istanbul
Istrien · Kvarner Bucht
Italien

J
Japan

K
Kalifornien
Kanada · Osten
Kanada · Westen
Kanalinseln
Kapstadt · Garden Route
Kopenhagen
Korfu · Ionische Inseln
Korsika
Kreta
Kroatische Adriaküste · Dalmatien
Kuba

L
La Palma
Lanzarote
Lissabon
London

M
Madeira
Madrid
Mallorca
Malta · Gozo · Comino
Marrokko
Mecklenburg-Vorpommern
Menorca
Mexiko
München

N
Namibia
Neuseeland
New York
Niederlande
Norwegen

O
Oberbayern
Österreich

P
Paris
Polen
Polnische Ostseeküste · Danzing · Masuren
Portugal
Prag
Provence · Côte d'Azur

R
Rhodos
Rom
Rügen · Hiddensee
Rumänien

S
Sachsen
Salzburger Land
Sankt Petersburg
Sardinien
Schottland
Schwarzwald
Schweden
Schweiz
Sizilien
Skandinavien
Slowenien
Spanien
Sri Lanka
Südafrika
Südengland
Südschweden · Stockholm
Südtirol
Sylt

T
Teneriffa
Thailand
Thüringen
Toskana

U
USA · Nordosten
USA · Südwesten
Usedom

V
Venedig
Vietnam

W
Wien

Z
Zypern

Meine persönlichen Notizen

Meine persönlichen Notizen

Meine persönlichen Notizen

Meine persönlichen Notizen

OCÉANO ATLÁNTICO
Cabo Ortegal
La Coruña · A Coruña
Ferrol
Betanzos
Rías Gallegas
Galicia
Cabo Fisterra
Costa Verde
Cabo de Peñas
Gijón
Oviedo
Asturias
Santillana del Mar
Torre Cerredo 2648
Picos de Europa
Santiago de Compostela
Lugo
Pontevedra
Vigo
Ponferrada
Astorga
Teleño 2188
León
Ourense
Peneda 1373
Viana do Castelo
Braga
Guimarães
Bragança
Palencia
Burgos
Porto
Vila Real
Zamora
Valladolid
Aranda de Duero
R. Douro
Aveiro
Viseu
Salamanca
El Burgo de Osma
Castilla Vieja
PORTUGAL
Guarda
Ciudad Rodrigo
Segovia
Coimbra
Ávila
Béjar
Batalha
Castelo Branco
Plasencia
Cordillera Central
Madrid
Guadalajara
Alcalá de Henares
B. do Cabril
Talavera de la Reina
Estremadura
Santarém
R. Tejo
Embalse de Valdecañas
Cáceres
Portalegre
Trujillo
Guadalupe
Toledo
Lisboa
Extremadura
Aranjuez
Setúbal
Évora
Badajoz
Mérida
Castilla la Mancha
Alcácer do Sal
Ciudad Real
B. de Alqueva
Sines
Beja
Fregenal de la Sierra
Puertollano
Valdepeñas
Sierra Morena
Algarve
Córdoba
Linares
Úbeda
Portimão
Huelva
Andalucía
Jaén
Baeza
Cabo de São Vicente
Faro
Sevilla
Ecija
R. Genil
Cabañas 2036
Huéscar
Costa de la Luz
Golfo de Cádiz
Jerez de la Frontera
Ronda
Granada
Cádiz
Málaga
Picos de Europa
3481 Mulhacén
Almería
Costa del Sol
Tarifa
Gibraltar (GB)
Cabo de Gata
Estrecho de Gibraltar
Tanger
Ceuta (ESPAÑA)
Tétouan
Isla del Alborán
El-'Araïch (Larache)
AL MAGHRIB (MAROC)
100 km